U0920732

潮陽年鉴

2012（首卷）

中共汕头市潮阳区委
汕头市潮阳区人民政府　主办
《潮阳年鉴》编纂委员会　编

廣東省出版集團
广东人民出版社
·广州·

图书在版编目（CIP）数据

潮阳年鉴·2012：首卷／《潮阳年鉴》编纂委员会编．—广州：广东人民出版社，2012.8

广东省地方志丛书 ISBN 978－7－218－08103－8

Ⅰ．①潮… Ⅱ．①潮… Ⅲ．①潮阳年鉴·2012
Ⅳ．①Z526.53

中国版本图书馆 CIP 数据核字（2012）第 204105 号

潮阳年鉴·2012（首卷） 《潮阳年鉴》编纂委员会编

出 版 人：金炳亮

责任编辑：余小华
责任技编：黎碧霞
出版发行：广东人民出版社
地　　址：广州市大沙头四马路 10 号（邮政编码：510102）
电　　话：（020）83798714（总编室）
传　　真：（020）83780199
网　　址：http://www.gdpph.com
印　　刷：汕头市春风印务有限公司
书　　号：ISBN 978－7－218－08103－8
开　　本：787 毫米×1092 毫米 1/16
印　　张：21　**插　页**：68　**字　数**：730 千
印　　数：0001～2000 册
版　　次：2012 年 8 月第 1 版 2012 年 8 月第 1 次印刷
定　　价：200.00 元

如发现印装质量问题，影响阅读，请与出版社（020－83795749）联系调换。
售书热线：（020）83790604 83791487 **邮购**：（020）83781421

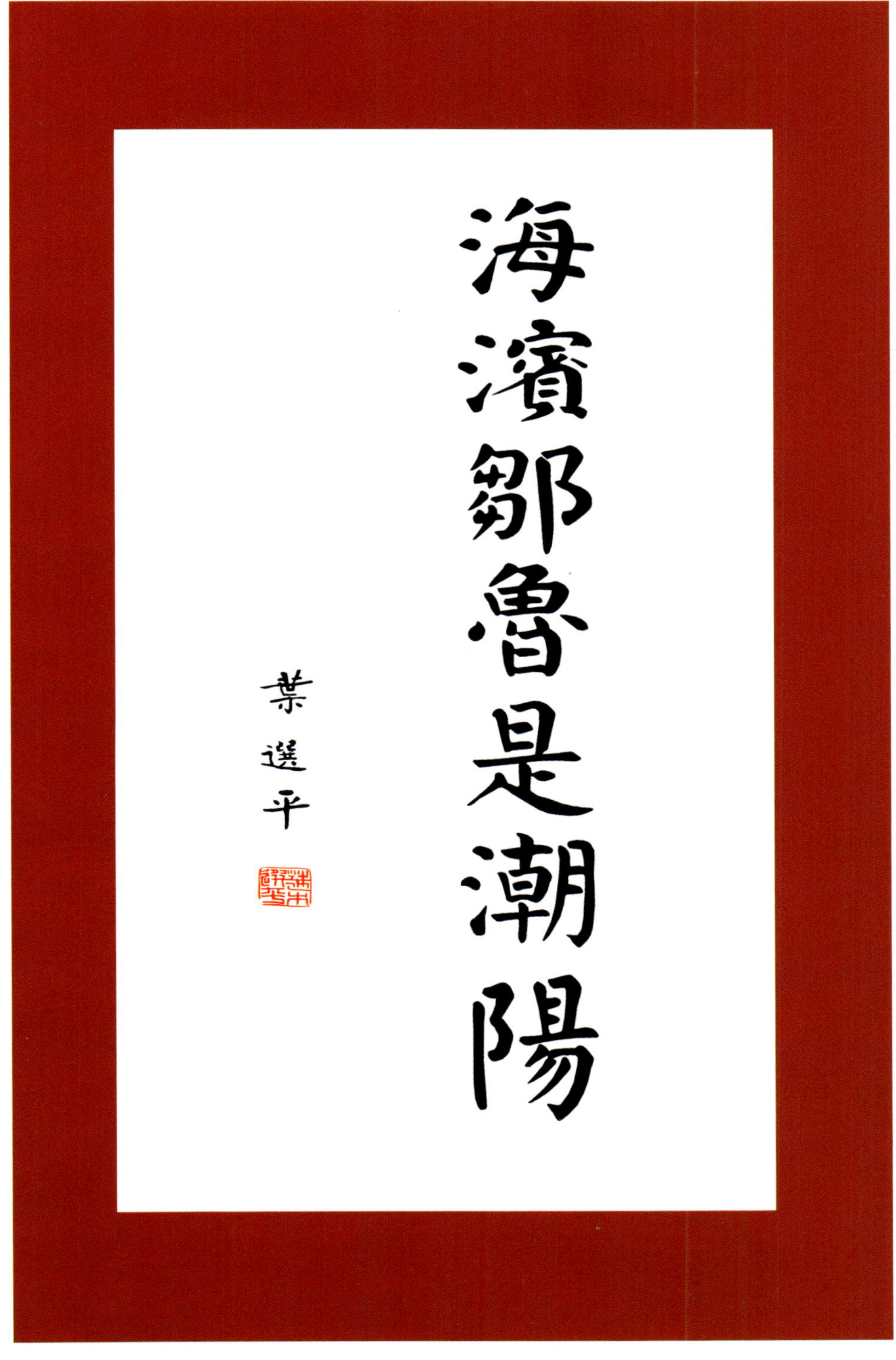

叶选平，曾任第七、八、九届全国政协副主席，广东省省长。

编辑说明

一、《潮阳年鉴·2012》（首卷）是中共潮阳区委、区人民政府主办，潮阳区年鉴编纂委员会负责指导，由《潮阳年鉴》编辑部组织编辑和总纂出版的一部综合性地方年鉴。每年出1卷。旨在全面、系统、准确地反映潮阳区自然、政治、经济、文化、社会等方面的基本情况，永载史册，为读者了解和研究潮阳提供基本资料。

二、本年鉴按编目、分目、条目三个层次进行分类编辑，以条目为表现内容的基本形式。首卷设序、刊前语、专辑、大事记、概况、党政、群团组织、民主党派、政法·军事、财政·税收、经济综合管理、科教文体卫、农业、交通·邮电·电力、商业流通、城乡建设·环境保护、外贸·旅游·口岸管理、金融·保险·证券、社会事业、镇（街道）·开发区、人物、文献专载、附录等23个编目、131分目、913条目，统计表1个，共计73万字。

三、本年鉴资料由区直各单位、各镇（街道），省、市驻潮单位提供，其中社会经济发展统计资料由潮阳区统计局提供。由于组稿单位与统计部门统计口径不尽相同，个别统计数字可能不一致，引用时请注意。

四、为反映全区重大活动和文明建设新貌，推介潮阳的企业和产品，特设宣传彩页，做到图文并茂，在《人物》中增设“潮阳籍中科院院士、工程院院士”、“潮商会长风采”内容，以反映潮阳人才辈出。

五、本年鉴的编辑出版，得到潮阳区各级党委、政府大力支持，有关部门和组稿单位、撰稿人及各方面人士大力协助，在此致以谢意。由于时间仓促，如有疏漏，敬请批评指正。

《潮阳年鉴·2012》（首卷）
编纂委员会及编辑部

潮阳区行政区划图

图例
市政府驻地
区/县政府驻地
镇/街道驻地
村(居)委会/自然村
旅游景点/学校
在建
高速公路
国道
省道
县道
县级以下的道路
(未定) 省界
(未定) 市界
县(区)界
镇(街道)界
比例尺：1:70000
0 1 2 3 4 5千米
注：本图市、县(区)、镇(街道)级行政区域界线系根据最新勘界成果资料编制
揭阳市区
榕城
渔湖
试验区
凤美
炮台
京岗
仙桥
东
县
地都
沙溪
金灶
关埠
小
北
山
西胪
谷饶
贵屿
铜盂
潮
阳
区
河溪
濠
市政府
陈店
司马浦
潮南(峡山)
和平
金浦
棉北
文光
城南
海门
胪岗
两英
成田
陇田
井都

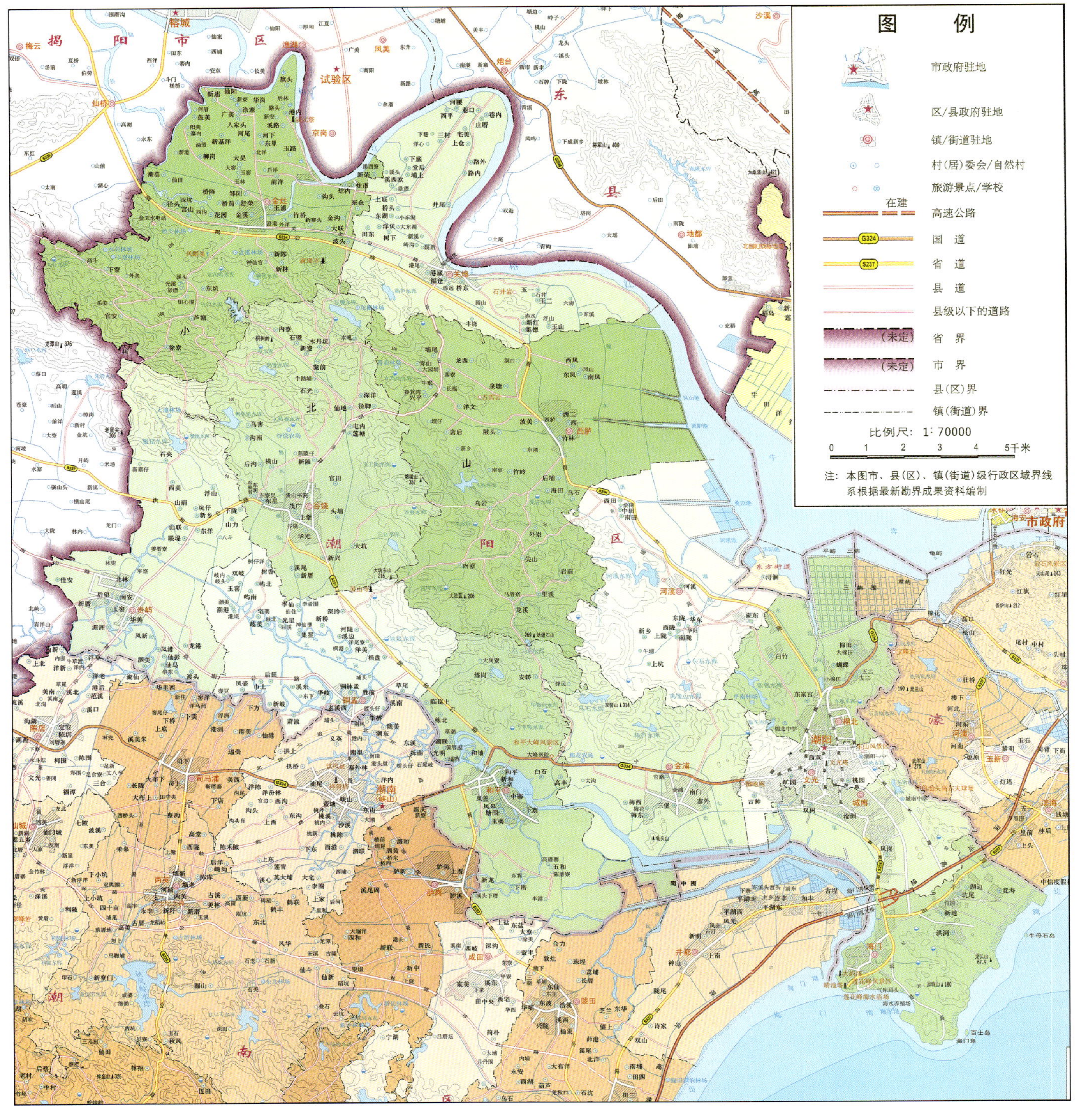

“潮之春——潮阳区首届迎春文化节”

潮阳区委、区政府在建设文化强区中，把弘扬传统文化和实施文化惠民工程作为工作的出发点和落脚点。为满足群众节日精神食粮的需求，在龙年春节组织的“潮之春——潮阳区首届迎春文化节”中特地安排压轴节目——2月5日至7日（农历正月十四至十六）三个晚上隆重举办“潮之春”2012年潮阳区元宵灯会，地点从城区南门桥至水门桥护城河两岸，水门桥至区政府党政办公大楼门前沿中华路至南门桥景观带都悬挂元宵彩灯。亮灯时间：晚上6时至12时；灯会活动时间：晚上8时至10时。

潮阳区举办的“潮之春”元宵灯会不单悬挂彩灯，还开展了丰富多彩的文化娱乐活动，彩灯经过的地方，安排了12台文化艺术展演：1. 民乐曲艺晚会（南门新河 湾大厦前广场）；2. 电影放映（门仔头新桥）；3. 潮乐演奏会（姚宗侠公园）；4. 灯谜竞猜（文光公园内）；5. 龙年新书展（文光公园内）；6. 迎春楹联展（文化馆前）；7. 剪纸艺术长廊（文光公园东侧）；8. 书画笔会（图书馆后）；9. 象棋擂台（镇二小学后门）；10. 灯谜竞猜（镇二小学前门）；11. 笛套音乐演奏会（府前花坛）；12. 潮剧名家票友演唱会（文光塔广场）。

潮阳区首届迎春文化节，城区群众、潮籍乡亲及周边地区游客近20万人参加活动，活动规模盛况空前，精彩程度前所未有。

2012年1月25日，由潮阳区委、区政府主办，区委宣传部、区文广新局承办的“潮之春——潮阳区首届迎春文化节”隆重开幕。

“春潮雅韵”气氛热烈、场面壮观。

邑人、中国广播民族乐团团长、著名扬琴演奏家、国家一级演员张高翔，著名胡琴演奏家、国家一级演员姜克美伉俪同台献演。

邑人、广东民族乐团团长、著名鼓乐演奏家、国家一级演奏员陈佐辉登台表演。

晚会演出结束时，潮阳区委书记陈新造（前右一）、区长杜怀丹（右二）等领导与演出人员热烈握手，祝贺演出成功。

著名歌唱家蒋大为在潮阳区首届迎春文化节上演唱

著名歌手郭峰在文化节上演唱

器乐演唱组合“玖月奇迹”在文化节上演唱

邑人，著名歌手马海生在文化节上演唱。

文光塔广场元宵之夜

万人空巷观灯会

“潮之春”元宵灯会主会场

桃园社区在文光塔下举行民间艺术表演

英歌舞故乡

遍地英雄

元宵灯会书市吸引众多青少年

潮剧欣赏专场

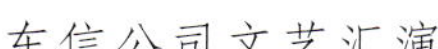

东信公司文艺汇演

潮阳区委书记陈新造（左五）、区长杜怀丹（左三），区委副书记张锡潮（左一），区委常委姚欣文（左二），区政协副主席、统战部部长吴锡龙（左六），东信集团董事长陈桂洲（左四）等观看书画笔会。

潮阳区委书记陈新造（右二），区长杜怀丹（左三），区委常委、常务副区长陈邦津（右一），区委常委、纪委书记吴军（左二），区委常委、区委办主任姚欣文（右三）等领导观看剪纸表演。

灯谜竞猜

东信公司笛套音乐献演

姚氏大宗祠举办元宵灯会

萧氏始祖祠（四序堂）举办元宵灯会

张灯结彩迎元宵

欢乐元宵夜

玩花灯，呈现欢乐祥和气氛。

群众观赏，热闹场面盛况空前。

文光卫士

2012年2月，潮阳区委宣传部与潮阳供电局联合举办“南网情深贺新岁、万家灯会闹元宵”大型动感艺术灯会。图为区领导陈新造、张锡潮、陈邦津、池小玲（右一）和区供电局局长马武雄（左一）为灯会推动启动杆。

元宵动感艺术灯会

安全节能专题灯谜场

中国南方电网服务文化图片展

安全节能灯谜会竞猜场面

元宵灯会新河湾夜景

古城盛装迎灯会

2011年8月24日，汕头市委书记李锋（前左二）等领导在潮阳区委书记陈新造（前左一）陪同下，深入西胪镇尖山村、里溪村，对潮阳区扶贫开发“规划到户、责任到人”情况进行专题调研。（柯晓摄）

2011年7月20日，汕头市委副书记、市长蔡宗泽（前左二）在区委书记陈新造（前左一）的陪同下到广东省金叶烟草薄片技术开发股份有限公司调研。（金叶公司提供）

2011年11月29日，汕头市委副书记、市长郑人豪（前右二）在潮阳区委书记陈新造、区长杜怀丹等陪同下到广东省金叶烟草薄片技术开发股份有限公司（址在金浦街道）调研。（金叶公司提供）

商务部外贸司副司长张夏令（前右三）、环境保护部污染防治司副司长李蕾（前左二）等领导在潮阳区区长杜怀丹（前左三）陪同下到贵屿镇对电子电器废弃物来源和处理情况进行调研。

2011年5月10日，广东凯迪服饰有限公司工业园举行庆典仪式。全国政协港澳台侨委会副主任、广东省委原副书记蔡东士（左二），中国纺织品商业协会会长李建华，汕头市政协主席罗仰鹏（左一），区领导陈壮生、林伟雄等和凯迪公司董事长马庆宣（右一）出席活动。（凯迪公司提供）

2011年11月16日，汕头市委常委、纪委书记、汕头“加快转型升级建设幸福汕头”工作监督领导小组组长孙光辉（前左三）带领市督查组对潮阳区转变经济发展方式，加快转型升级等工作进行督查。图为在区领导陈新造、杜怀丹陪同下到广东粤华公司实地考察。（李镇兴摄）

2011年1月，汕头市委常委、宣传部部长陈茸（左三），市文广新局局长姚英杰（左二）在潮阳区委书记陈壮生（左五），区长林伟雄（左一），区委常委、宣传部部长姚佐雄（右一），副区长张为东（左四）陪同下到潮阳区调研文化设施建设。（李镇兴摄）

2011年12月6日，省公安厅副厅长张永强（正面左一）到潮阳区检查指导“清网”工作。（公安分局提供）

2011年8月1日，汕头市委常委、宣传部部长陈芊（前左二）在潮阳区委书记陈新造（前左一），区委副书记张锡潮（后左二），区委常委、宣传部部长姚佐雄（右一）陪同下，检查潮阳区创建文明城市工作情况。（李镇兴摄）

汕头市委常委、警备区司令员徐红（中）、政委刘嘉（左一）在潮阳区委常委、潮阳区人武部政委杨涛广（右一）的陪同下到潮阳海门尖山哨所检查指导工作。（区人武部提供）

2011年8月24日，汕头市委、市政府在潮阳区召开扶贫开发“双到”工作现场会议。（柯晓摄）

2011年6月29日，潮阳区委举行纪念中国共产党成立90周年座谈会，表彰一批先进党支部和优秀党员。（李镇兴摄）

2011年9月1日，潮阳区委、区政府在深圳五洲宾馆举行在深潮阳籍企业家代表联谊酒会。应邀出席的有全国政协港澳台侨委会副主任、广东省委原副书记蔡东士，广东省原副省长许德立，企业家吴开松、郑开德等，潮阳区领导陈新造、杜怀丹、李逸珊、张锡潮等出席。（李镇兴摄）

2011年7月初，潮阳区委理论学习中心组举行扩大会议。（李镇兴摄）

2011年9月23日，潮阳区第三次党代会在影剧院开幕。（吴绍良摄）

2011年9月23日，潮阳区委书记陈新造代表区委向大会作报告。（吴绍良摄）

2011 年 11 月 5 日，潮阳区第三届人民代表大会第一次会议在影剧院开幕。（吴绍良摄）

2011 年 11 月 5 日，代理区长杜怀丹（11 月 8 日当选为区长）向大会作政府工作报告。（吴绍良摄）

2011年11月4日，政协潮阳区第三届一次会议在区党政办公大楼开幕。（吴绍良摄）

2011年11月6日，新当选区政协主席黄克坚在大会讲话。（吴绍良摄）

2011 年 3 月 3 日，潮阳区委召开创建文明城市暨宣传文化工作会议，会上表彰一批文明镇、文明社区。（吴绍良摄）

2011 年 7 月 21 日，潮阳区召开创建文明城市迎检动员大会。（吴绍良摄）

2011年9月30日，汕头市地方志书复审小组在潮阳区党政办公大楼举行《潮阳市志》志稿复审会议。（编辑部）

2011年11月24日，汕头市地方志书审查委员会在潮阳区党政办公大楼召开《潮阳市志》（稿）终审会议。（编辑部）

2011年11月24日，广东省人民政府地方志办主任陈强（前排左八），汕头市副市长郭大钦（前排左九），中共潮阳区委书记陈新造（前排左七），潮阳区区长杜怀丹（前排左十），汕头市地方志办主任吴小坚（前排左六）、副主任彭建伟（前排左十一），中共潮阳区委常委姚佐雄（前排左五），中共潮阳区委常委、区委办主任姚欣文（前排左十二），潮阳区副区长陈纯浩（前排左十三），中共潮南区委常委、区委办主任王楚彬（前排左四），《潮阳市志》专职审稿、潮阳县人大原副主任陈世英（前排左三）等与《潮阳市志》编纂人员合影。（编辑部）

2011 年 11 月 22 日，越南芹苴市人民委员会主席阮青山（右三）在区长杜怀丹（右四）、常务副区长马文玲（右二）陪同下，到广东省金叶烟草薄片技术开发股份有限公司参观考察。（金叶公司提供）

2011 年 9 月 29 日，潮阳区在影剧院举行庆祝中华人民共和国成立 62 周年群众歌会。（吴绍良摄）

2011年9月14日，由汕头市委宣传部主办、《汕头日报》编辑部承办、潮阳区委宣传部协办的“我是特区人·潮阳区论坛”主题活动在潮阳区举行。（李镇兴摄）

2011年10月20日，潮阳区首家按五星级标准建设的裕通国际大酒店举行落成试业剪彩仪式。（李镇兴摄）

2011年10月20日，计划投资30亿元的潮阳城区新河湾花园改造项目安居保障工程首期工程举行落成庆典。（吴绍良摄）

2011 年 7 月 19 日，广东省渔政总队粤东反走私基地，海监、渔政直属一支队筹建办举行揭牌仪式，区委书记陈新造参加揭牌。（吴绍良摄）

2011 年 7 月 19 日，潮阳区在海门镇举行潮阳渔业综合执法指挥中心大楼落成典礼。（吴绍良摄）

2011 年 9 月 1~3 日，潮阳区委、区政府在深圳市民中心会堂举行潮剧专场演出，庆祝广东潮剧发展和改革基金会深圳基地成立一周年，广东省委原副书记蔡东士（左三）、原副省长许德立（左二）、潮阳区委书记陈新造（右二）、代理区长杜怀丹（左一）、区委副书记张锡潮（右一）出席。（李镇兴摄）

潮剧演出结束，省、市、区有关领导与演员合影，共祝演出成功。（李镇兴摄）

2011年9月21日，潮阳区委书记陈新造（右二）、区委副书记张锡潮（右一）、副区长兼公安分局局长庄俊斌（左一）到文光派出所调研。（区公安分局提供）

2011年9月9日，潮阳区代理区长杜怀丹（前右一）到区公安分局调研。（区公安分局提供）

2011年底，潮阳区为经济困难群众举行潮剧免费专场，演出新编古装潮剧《金刀会》。图为区委书记陈新造向困难群众代表派发慰问金。（李镇兴摄）

2011年11月18日，区委书记陈新造、区委副书记张锡潮、区委常委池小玲（后排左二）、副区长陈纯浩（后排右一）到区文化馆调研，了解潮阳剪纸等民间艺术传承保护情况。（李镇兴摄）

2011年8月15日，区委书记陈新造，区委副书记张锡潮，区委常委、常务副区长陈邦津到区工商、国税、地税等部门调研。图为察看国税局办事服务区。（李镇兴摄）

2011年11月，区委常委、纪委书记吴军（右二）到区食监局检查工作。（区纪委提供）

2011年12月，区委常委、组织部部长林永河（前中）到关埠镇河腰村调研。（郑廷城摄）

2011年1月26日，潮阳区委、区政府举行文光塔广场落成庆典。参加庆典活动的有汕头市委常委、宣传部部长陈茸（右四），市文广新局局长姚英杰（左四）以及潮阳区委书记陈壮生（右三），区长林伟雄（左三），区政协主席李逸珊（右二），区委常委、纪委书记黄克坚（左二），区委常委、宣传部部长姚佐雄（右一），区人大常务副主任庄儒忠（左一）等。（李镇兴摄）

文光塔广场夜景（吴绍良摄）

护城河塔脚桥畔街景（编辑部）

潮阳城区建设新貌（2011 年 9 月航拍，柯晓摄）

海门镇及海门中心渔港一瞥（2011 年 9 月航拍，柯晓摄）

阳柳新河湾花园改造项目举行奠基典礼（吴绍良摄）

城区东山中信住宅区——东山花园（编辑部）

铜盂镇新鼎元住宅区（铜盂镇党政办提供）

2011年9月28日，潮阳区委、区政府在广东省金叶烟草薄片技术开发股份有限公司举行“重点扶持保护企业”揭牌仪式。图为潮阳区委常委、政法委书记方潮生（右一）与该公司总经理袁肖琴共同揭牌。（李镇兴摄）

广东省金叶烟草薄片技术开发股份有限公司全景（金叶公司提供）

位于和平镇的广东音像昂特有限公司（和平党政办提供）

位于和平镇的汕头市奥林磁电实业有限公司（和平党政办提供）

位于铜盂镇的汕头市齐心文具制作有限公司（铜盂镇党政办提供）

位于铜盂镇的汕头市汉隆钮扣服饰有限公司（铜盂镇党政办提供）

针织内衣产业是谷饶镇特色产业，有注册商标1900多件，省著名商标15个，2个国家免检产品和一批知名品牌。图为汕头市峻荣实业有限公司。（谷饶镇党政办提供）

汕头市时佳实业有限公司（谷饶镇党政办提供）

针织生产车间（编辑部）

位于平北工业区的汕头市星河电器有限公司（星河公司提供）

位于城区西岩山脚下的广东轻工机械二厂是广东省重点高新技术企业，其生产的国家级新产品有杀菌机、卸箱机、装箱机、装瓶压盖机、5万瓶/时啤酒灌装生产线等。（编辑部）

中国华能
CHINA HUANENG

华能国际电力股份有限公司海门电厂是南方电网首个百万千瓦级超超临界节能环保型绿色电厂，单机容量1036MW，全国最大，各项经济技术环保指标引领行业，机组在广东省节能调度排序第一。

华能海门电厂工程是汕头有史以来单项投资最大的工程项目，1、2号机组分别于2009年6月底和9月底投产发电。电厂积极培育创新型企业，共申请国家专利38项，其中APS一键启停、采用小汽机驱动引风机等科技项目获得国家级科技进步奖，电厂荣获国家级企业现代化管理创新一等奖；海门电厂是全国 首批脱硫脱硝与主体工程同步投运百万千瓦机组电厂，1、2号机组工程环保设施投入7.74亿元，占工程投资10.5%，被广东省环保厅授予“环保诚信企业”称号，成为华能首批“优秀节约环保型燃煤电厂”；电厂积极建设科普教育基地和潮汕文化展厅，推动地方文明建设，为构建和谐幸福汕头做贡献。

2011年海门电厂安全稳定发电，全年累计发电量155.48亿千瓦时，电厂用电率、供电煤耗等能耗指标和各项环保指标达到国内最好水平。取得了良好的经济效益、社会效益和生态效益。

华能海门电厂煤炭中转基地（航拍，柯晓摄）

华能国际电力股份有限公司海门电厂全貌（华能海门电厂提供）

华能国际电力股份有限公司海门电厂远景（华能海门电厂提供）

潮阳区供电局局长、法人代表：姚建生（区供电局提供）

万家灯火

万家灯火　南网情深

广东电网汕头潮阳供电局 2009 年 11 月 23 日划归广东电网公司直管，是广东电网公司全资子公司。2012 年 5 月 1 日划分为潮阳区、潮南区供电局，潮阳区供电区面积 665.74 平方公里，供电人口 167 万，供电客户 42 万户。供电局下设办公室、人力资源部、财务部、计划建设部、市场营销部、生产技术部、安全监察部、监察审计部（与纪委办公室合署办公）、党群工作部（与工会合署办公）、输变电管理所、电力调度控制中心、物流服务中心 12 个职能部门和谷饶、和平、贵屿、文光、城南、棉北、铜盂、西胪、金灶、金浦、海门、河溪、关埠 13 个供电所。在职员二 1632 人。2011 年 2 月成立潮阳供电局党委，下设 26 个党支部，现有中共党员 469 名。2011 年潮阳区全年完成供电量 31.59 亿千瓦时。至 2011 年底，潮阳电网共有 220 千伏变电站 2 座，主变 5 台，总容量 810 兆伏安；110 千伏变电站 11 座，主变 25 台，总容量 1111.5 兆伏安。110 千伏线路共有 23 回，总长度 233 公里。10 千伏线路 154 回，线路总长度 1495 公里。潮阳局先后获“广东省文明窗口单位”、“广东电网十一五电网规划建设先进集体”、“广东电网增供扩销先进集体”、“汕头市精神文明建设先进单位”、“汕头市纳税大户”等称号。

谷饶变电站（区供电局提供）

·广西壮族自治区马飚主席视察鸿瑞公司

·原桂林市陈建军副市长莅临鸿瑞科技园指导工作

·桂林市李志刚市长视察鸿瑞公司并与周修鸿董事长合影

·广西政协黄格胜副主席在周修鸿董事长陪同下视察鸿瑞公司

·广西新闻出版局邓纯东局长听取周修鸿董事长介绍光盘生产情况

广东鸿瑞投资有限公司简介

广东鸿瑞投资有限公司在周修鸿先生的带领下，于2004年3月份响应国家开发大西部以及广东省产业转移的号召进驻桂林，投资成立了“桂林鸿瑞科技发展有限公司、桂林鸿瑞商务印刷有限公司、桂林鸿瑞房地产有限公司、桂林高新担保有限公司、桂林瑞乐复合材料有限公司”，八年中在桂投资规模超过人民币十五亿元，产业涵盖了高科技产品的生产加工与研发、房地产开发、物业管理、融资担保、印刷产品的生产加工与研发（如烟包烟标生产）、高端产品无菌包材（如牛奶包、利乐包等产品）、图书发行、进出口贸易等诸多领域，建立起效益好、规模大、产业广的集团式企业。

2005年3月开工建设的“鸿瑞科技园”坐落于桂林高新信息产业园区内，用地面积七十八亩，建筑面积三万二千余平方米，由四层行政办公大楼、专用厂房、仓库、培训研发和后勤保障等八栋楼房联体而成。科技园以弧形行政办公大楼连带扇形厂房、仓库为主体，突出圆形特征，配套花草林木、石艺长廊、印象喷泉等景观，展现了鲜明的现代建筑风格和典雅园林风貌，科技园已成为广西桂林工业企业的标志性建筑物，“鸿瑞科技园”的建设为今后投资项目的发展奠定了基础和提供了保障。

“诚实、务实、创新、稳健、卓越”是公司始终坚持的经营理念，进驻桂林的短短几年里，鸿瑞公司以骄人的业绩连续5年被评为“广西优秀企业”，先后多次被桂林市政府、桂林市七星区政府、桂林国家高新区、桂林市消费者协会等表彰为“技术改造先进单位”、“经济工作先进单位”和“诚信企业”。

• 2005年，原广西壮族自治区党委书记刘奇葆视察鸿瑞科技园建设进度

• 周修鸿董事长陪同致公党中央副主席王宋大视察生产车间

• 广西壮族自治区区党委常委、宣传部部长沈北海听取周修鸿董事长介绍光盘生产流程

• 广西壮族自治区政府副主席李康在桂林市市委书记刘君陪同下视察鸿瑞公司

• 广西壮族自治区政府副主席李康、自治区计生委主任黄丹、桂林市市委书记刘君等领导到鸿瑞公司出席全区人口文化宣传年启动仪式

广东鸿瑞投资有限公司近年来投资的主要项目

桂林鸿瑞科技发展有限公司

桂林鸿瑞科技发展有限公司于2004年4月成立，拥有世界最先进的来自德国的光盘复制技术和数码技术，产品类型有CD、VCD、CD-ROM、DVD5、DVD9、DVD-ROM、CD-R、DVD±R(16X)及DVD±R(8X)等，光盘日生产能力达到30万张，投资额达五亿三千万元人民币，已成为我国西南地区最大的光盘生产基地。2007年顺利通过“ISO 9001质量管理体系”、“ISO 14001环境管理体系”、“OHSAS 18001职业健康安全管理体系”认证。

桂林鸿瑞商务印刷有限公司

桂林鸿瑞商务印刷有限公司于2008年11月成立，项目规划总投资8000万美元，被广西新闻出版局认定为“广西新闻出版印刷复制产业示范基地”和“广西新闻出版印刷复制科研教学实习基地”。公司拥有目前世界上先进的德国海德堡印前、印中、印后设备多台套，配备完善的“印通”印刷色彩管理系统和产品工艺设计中心，实施了“ERP”电子信息化系统管理，能为国内外众多企业提供优质完善、极具创意的“综合性”、“一体化”服务。公司主要产品有：烟包、酒标、高档化妆品盒、药盒、精美画册、精装书、精美纪念册、摄影作品集、高档手提袋等。2009年9月，顺利获取了“ISO 9001质量管理体系”、“ISO 14001环境管理体系”、“OHSAS 18001职业健康安全管理体系”认证证书。

桂林鸿瑞房地产有限公司

桂林鸿瑞房地产有限公司于2004年9月成立，主要从事房地产开发、销售及物业管理。公司于2005年3月承建桂林鸿瑞科技园建设项目，该项目用地面积78亩，总建筑面积约32000㎡，项目于2006年4月竣工验收并交付使用。2005年7月，公司在桂林黄金地段承建了“鸿瑞·香格里拉花园”住宅小区项目。该项目占地面积45.6亩，总建筑面积约100000㎡，总投资人民币3亿元，项目于2006年9月开工建设，2009年3月竣工并交付使用。

桂林高新担保有限公司

桂林高新担保有限公司于2004年7月成立。目前公司主要业务：为桂林市高新技术企业、重大高新科技项目的起步阶段、持有高新科技项目的创业者、留学回国创业者、下岗人员再创业的经营活动提供信用担保。

桂林瑞乐复合材料有限公司

桂林瑞乐复合材料有限公司于2010年11月经广西新闻出版局批准，桂林市工商管理局登记成立，注册资本人民币2000万元。总投资2亿元，年可生产液体包装12亿包，产值3亿多元；烟包20万大箱，产值2亿元，年生产能力达到5亿元，是西南地区规模最大的纸基复合材料包装生产企业。

厦深铁路全线控制性重点工程——榕江特大桥　(李俊伟摄)

国道324线潮阳红旗岭至金浦梅花路段路面大修工程于2011年顺利完工交付使用　(编辑部)

深汕高速公路潮阳路段
（航拍，柯晓摄）

2011年完成大修的324国道和平大桥（编辑部）

西胪镇万亩优质水稻生产基地（编辑部）

2011年，和平镇种粮大户马镇顺销售粮食2870吨，被国务院授予“全国粮食生产大户十大标兵”称号，获奖117匹马力东方红拖拉机一台。

（吴绍良摄）

中国三棱橄榄古树群芦塘保护区。2011 年金灶镇种植橄榄 1 万亩，其中三棱橄榄 8000 亩。

2011 年西胪镇杨梅节开幕，吸引了汕头、揭阳等地的游客前来观光品尝。西胪、金灶镇种植杨梅各 1.5 万亩。

城区西山森林公园 （编辑部）

河溪水库

位于棉北街道的汕头市培晖国兰有限公司兰花棚（编辑部）

位于海门镇的汕头集泰公司蔬菜种植基地（编辑部）

海门渔港是广东省内三大渔港之一，图为渔民们出海捕捞满载而归，将渔产品接驳上岸。（区海渔局提供）

海门水产市场为海洋捕捞渔产品集散地（区海渔局提供）

市场鱼类品种繁多（区海渔局提供）

城区文光塔广场晨练（编辑部）

潮阳体育中心（编辑部）

体育中心400米跑道（编辑部）

海门澳内湾是广东省帆板训练基地（编辑部）

2011 年 6 月 28 日，棉北街道后溪举行龙舟赛。（编辑部）

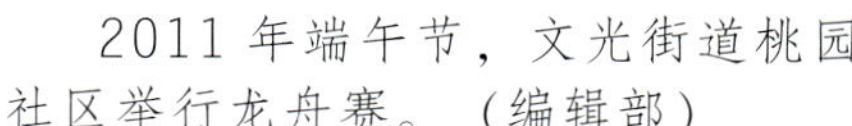

2011 年端午节，文光街道桃园社区举行龙舟赛。（编辑部）

2011 年端午节，铜盂镇老溪西举行龙舟赛。（陈绵濠摄）

潮阳纪念唐代民族英雄张巡、许远已有900多年历史。昔年，每年春节后都要举行巡城游神，改革开放后逐步演化为一种健康向上的文化活动。（吴绍良摄）

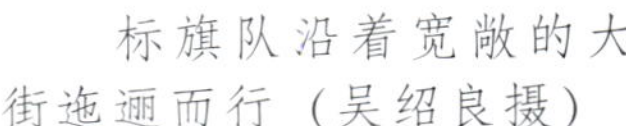

标旗队沿着宽敞的大街迤逦而行（吴绍良摄）

为纪念南宋抗元民族英雄文天祥以及众阵亡将士，自明初以来，潮阳小北山麓诸村，轮流举行隆重的祭奠活动，当地俗称“祭社”。

海门莲花峰全景（航拍 柯晓摄）

新开辟的大峰风景区人工湖（编辑部）

位于东山北岩脚下的孔庙（编辑部）

位于东山风景区的世贤园（编辑部）

位于城区的文光塔广场（编辑部）

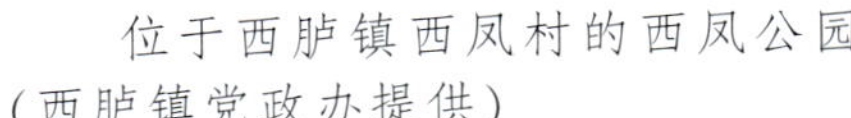

位于西胪镇西凤村的西凤公园（西胪镇党政办提供）

位于城区文光街道桃园的凤肚公园（编辑部）

位于河溪镇南陇村的农民休闲场所（河溪镇党政办提供）

位于铜盂镇老溪西社区的农民文化计生公园（铜盂镇党政办提供）

位于和平镇中寨社区的农民文化公园（李镇兴摄）

河溪湿地面积 2.4 万亩。2001 年，联合国环境规划署“南中国海”项目协调处将汕头海岸湿地列为湿地国际示范区时，河溪被列为示范点之一。（图为河溪湿地一角）

位于河溪水库和芝兰山一带总面积约 1.6 万亩的林地被规划为汕头河溪鸟类市级自然保护区。河溪水库周围森林生态系统保护较完好，栖息着许多鸟类及跨境越冬的候鸟，其中许多是国际协定中的保护鸟类。据初步调查，保护区内有鸟类 103 种，其中列入国家Ⅱ级保护的有黑翅鸢、领角、红隼、褐翅鸦鹃等 12 种，列入省级保护 19 种。（图为河溪湿地鸟类栖息地一角）

序

《潮阳年鉴·2012》（首卷）修成付梓面世，这是继第二轮修志圆满完成、《潮阳市志》出版发行之际潮阳又一文化建设成就，“志”成“鉴”就，可喜可贺。

潮阳是粤东古邑，地灵人杰，人才辈出，素有“海滨邹鲁”之美誉；加之气候条件优越，毗邻港澳台地区，是广东省重点侨乡之一。这些都是发展经济的有利条件。

改革开放30多年来，潮阳人民抓住机遇、勤奋拼搏，发扬先辈敢想敢干、敢为人先的气概，创造出骄人的业绩，推动了潮阳社会经济健康持续发展。今天，我们为传承中国优良文化传统，以“志”以“鉴”的方式记录潮阳发展的轨迹。

《潮阳年鉴·2012》（首卷）是以记述潮阳区2011年社会经济发展变化为主要内容的综合年鉴，内容涵盖自然和社会状况，包括政治、经济、文化、科技、教育、体育、卫生、地方军事等方方面面情况，反映全区各行各业的新变革、新成就、面临的新问题新挑战等。它为各级领导机关、企事业单位、各行各业以及社会各界人士提供可靠的综合信息和研究资料，让人们更好地认识潮阳、了解潮阳，更好地关心支持和建设新潮阳。

年鉴是“载录过去，借鉴现在，启迪未来”的工具书。《潮阳年鉴·2012》（首卷）的出版，就是让全区各级干部和群众在回顾以往工作时，有所依据，达到总结提高，扬长避短，为领导机关提供决策依据，为人们分析现状，探索未来提供借鉴，也为今后修志积累史料，具有“资政、教化、存史”作用。

鉴知过去，开创未来。愿全区人民珍惜来之不易的大好形势，珍惜政通人和的良好局面，脚踏实地，扎实工作，再创佳绩，谱写美好潮阳发展新篇章。

是为序。

陈新造

2012年9月5日

（本文作者系中共汕头市潮阳区区委书记、区人大常委会主任）

刊前语

潮阳，人杰地灵，练江、榕江孕育了许多杰出的人物，涌现出一批批著名的海外侨胞和知名的在外企业家。潮阳人历来敢想敢干，敢闯敢冒，特区精神一脉相承。

30多年的改革开放，潮阳2011年全区实现地区生产总值220.96亿元，财政一般预算收入10.53亿元。

30多年的改革开放，潮阳面貌发生了翻天覆地的变化，高楼建筑群犹如雨后春笋，工业发展区域集结而成，蔚然成风，蓬勃发展。

30多年的改革开放，潮阳从波澜起伏的大震荡中，逐步推动了发展，活跃了经济，普遍提高了人民的生活水平，促进了和谐。

棉北海堤、金关围、练江堤、城市防洪等列入省城乡水利防灾减灾工程项目基本完成，农业产业化程度不断提高，全区创建粮食高产示范片2个，发展农业龙头企业11家、优势农产品生产基地16个，三棱橄榄、乌酥杨梅是汕头市仅有的两个国家地理保护标志产品。累计投入1.46亿元完成134个行政村（社区）172公里的水泥路建设；投入1.44亿元完成78个村（社区）34.3万人饮水安全工程，解决群众行路难、饮水难问题。

潮阳人历来就有敢想敢干，敢闯敢冒的特区精神。特区的成功，在于坚持把创新当特区的灵魂和生命，向创新要发展优势，向创新要发展资源，向创新要发展空间。谷饶的内衣产业经历从贴牌加工到自主品牌的创立，并演绎出谷饶独特的内衣文化，引领着内衣时尚。内衣种类从文胸、内裤塑身内衣到运动休闲内衣、情趣内衣等应有尽有，花色品种多达5000余种。如今的潮阳区，针织服装、音像塑料、纸品文具、五金机电、建筑安装等五大支柱产业不断发展壮大。

迈进大特区时代，潮阳人用自己的智慧、胆略和远大目光，秉承不断创业、创新的精神，未来发展充满活力。

展望未来，潮阳区面临更多的新挑战、新困难、新问题：经济总体实力不强，能够带动经济发展的大项目少，主导产业缺乏竞争力，转型升级任务艰巨；基础设施建设相对滞后，资源环境保护压力较大……艰巨的使命更需奋力前行，在新的起点上“闯”出一条新的路子。

改革是特区的使命。在“后特区时代”，潮阳要敢想敢做，重新走到中国改革的前沿。这一次考验更具挑战，潮阳区绝对不能懈怠。区委、区政府决心“以新观念、新思路、新形象、新措施、新成效促进潮阳经济社会双转型，同心实干，努力开创幸福潮阳建设新局面”。我们更需坚定信心，迎难而上，克难而进，勇立潮头，再创新业。

站在特区扩围新的历史起点上，区委、区政府正坚持追求“好”、力争“快”、善于

"特"、突出"新"、立足"干"，倍加珍惜机遇、抓住机遇、用好机遇，自觉树立"特区人"意识，主动融入大特区发展格局，跳出潮阳一区、汕头一市、粤东一隅，跳出一个"任期"来谋划潮阳发展，提振信心，发挥优势，内外发力，提速发展，努力开创建设幸福潮阳新局面。目前，随着华能海门电厂、新大华石化等重点项目的相继落户以及潮阳港、海门国家中心渔港，华能海门电厂综合码头等重点基础设施的加紧规划和综合利用，潮阳正逐步形成以城区为中心，省道237线、234线为轴线，以沿海城市经济带、练江工业经济带、榕江生态经济带为纽带的"一城二轴三带"和以海门临港经济区、谷饶高铁物流经济区，贵屿拆解循环经济区"三大产业园区"为重点的城市发展新格局。谷饶"中国针织内衣名镇"、和平"粤东音像城"、铜盂"文具专业镇"等特色产业集群和以"泛海经济、城市服务、文化旅游"为核心的现代服务业和新型服务业的蓬勃发展，也为潮阳加快发展注入了新的动力。我们要进一步强化特区意识，强化经营城市的理念，要通过抓好城市规划，抓好土地资源规划，抓好产业园规划，提升城市的竞争力，增强经济发展的后劲，增加地方财政收入，化解目前经济上的一些压力。

不仅要看到潮阳所出现的经济升温、投资加速、人心思干的良好态势，还要看到潮阳在区位、港口、人文环境等方面所拥有的独特优势，更要看到潮阳众多海内外乡亲爱国爱乡、热心参与家乡建设的巨大潜能及后发优势，加快产业转型升级，是潮阳激活内力，借助外力，推动区域经济跨越式发展的必然选择。如今，潮阳人正围绕把潮阳建成汕头重要的次中心城区和制造业基地的发展思路，进一步明晰潮阳的区位定位、产业布局和发展模式，全力推进产业升级提速工程建设。包括以加快厦深高铁潮阳站建设为重点，打造区域交通枢纽和物流中心；以加快练江产业带转型为重点，推动潮阳产业经济"强二进三"；以加快贵屿国家级循环经济新型产业集聚为重点，推动贵屿拆解业转型升级和环境治理上新台阶；以加快金浦、铜盂、关埠、西胪工业园区的布局和建设为重点，构筑承接工业项目的平台；以改善投资环境，引进央企和著名企业为重点，力促一批重点项目在潮阳落地生根、开花结果。并以此建立起具有潮阳特色、技术先进、结构合理、清洁卫生、附加值高和吸引就业能力强的产业集群，全方位提高潮阳的自主创新水平，提升潮阳区域经济的综合竞争力。

2012年是"十二五"规划的开局第二年，也是潮阳加快与大特区对接的起步之年。潮阳人正着力用活用足特区政策，切实提高行政服务效能，转变工作作风，提高工作效率，改善服务质量，树立特区人的新形象，进一步激发海内外乡亲对潮阳融入汕头经济特区的认同感、归属感和自豪感，把海内外乡亲的智慧和力量都凝聚起来，共同肩负起加快特区新一轮发展的使命。

目　　录

群团组织

民主党派

政法·军事

财政·税收

经济综合管理

教科文体卫

农　业

交通 · 邮电 · 电力

商业流通

城乡建设 · 环境保护

外贸·旅游·口岸管理

金融·保险·证券

社会事业

镇（街道）·开发区

人 物

文献专载

附 录

2011年潮阳大事记

www.gdchaoyang.gov.cn

2011年潮阳大事记

1月

1日，金灶、海门、铜盂、和平、文光、棉北、城南、金浦等8家基层医疗单位开始实施国家基本药物制度，取消药品加成，实行零差率销售。谷饶、贵屿、西胪、河溪、关埠等5家基层医疗机构作为第二批实施单位，从7月1日起执行国家基本药物制度。

月初，西胪镇里溪村安全饮水工程一期竣工，实现供水到户，村民饮上甘甜自来水。这是汕头市教育局和市自来水总公司落实扶贫“双到”（规划到户，责任到人）工作的具体项目，副市长郭大钦出席工程竣工交付使用仪式。5月31日，郭大钦带队到里溪村慰问贫困户。是年，投入3.6万元，帮助里溪村完善教学设施。

6日，潮阳区公安分局召开重点整治地区社会管理创新工作现场演示会，省公安厅党委委员、副厅长张永强，省厅督导组领导，汕头市委常委、政法委书记、公安局局长郑通声，潮阳区委副书记张锡潮，区委常委、政法委书记、公安分局局长郭英杰，区委常委、区人民政府党组副书记吴锡龙等出席会议。

是日，中央4台“快乐汉语”《游滨海汕头·学快乐汉语》栏目组来潮阳拍摄大峰旅游景区。

中旬，潮阳区委、区人民政府筹资89.6万元，采购大米83吨、食油1600罐、方便面800箱、棉被3800多床，下拨到各镇（街道）救助困难群众，帮助他们过好春节。民政、工会、妇联、共青团等部门在春节来临之际，为特困户、“五保”户、低保户、敬老院、福利院、军休所等开展送温暖活动。

20日，阳柳集团和潮阳区关工委荣誉委员许锦清共襄义举，为1000户贫困家庭发放慰问金20万元、大米25吨、食油1000罐，让他们过好春节。8月2日，许锦清再襄义举，发放助学金30万元，资助文光街道300名贫困学子完成学业。中共汕头市委、市人民政府授予许锦清“汕头市文明市民”荣誉称号。

21日，省工商局党组成员、副局长郑勇明带领省局处长冯列明、张锐，在汕头市工商局副局长方健民和潮阳区人民政府副区长陈纯浩的陪同下，到潮阳区金灶镇工商所看望慰问基层工商干部。

24日，区委在区党政机关办公大楼召开第二届委员会第八次全体会议。会议学习中共十七届五中全会、中央经济工作会议和中共广东省委第十届八次全会、中共汕头市委第九届十次全会精神，审议通过《中共汕头市潮阳区委关于制定全区国民经济和社会发展第十二个五年规划的建议》。陈壮生代表区委常委会向大会作《推动科学发展，建设幸福潮阳》的工作报告。

26日，城区文光塔广场落成。广场总用地面积近1万平方米，配套绿化面积3035平方米，地下停车场面积4737平方米，是一个集文化、娱乐、休闲、商贸于一体的多功能综合性活动场所。它与修缮后的文光塔、影剧院以及护城河两岸景观成为城区一道亮丽的风景线。汕头市委常委、宣传部长陈茸出席广场落成庆典仪式。

下旬，广东省社会治安综合治理委员会作出决定：对“潮阳区社会治安重点地区”予以摘牌。自 2010 年 3 月潮阳区被省综治委列为社会治安突出问题重点区，实行挂牌督办以来，区成立由区委书记任组长的社会治安突出问题排查整治专项行动领导小组，省、市领导曾亲临潮阳督导、检查，重点打击“涉拐”、“涉枪”、“涉毒”、“涉赌”犯罪等治安问题。经过 9 个多月的整治，公安机关共抓获各类违法犯罪人员 5962 名，查破刑事案件 798 宗，抓获刑事犯罪嫌疑人 906 名，查处治安行政案件 4732 起，解救被拐妇女 11 名和历年被拐儿童 6 名，缴获枪支 40 支，全区社会治安取得明显治理成效。

下旬，香港日本无添加化妆品有限公司总裁、汕头市政协委员陈志明捐港币 44 万元，在春节来临之际，购买大米、棉被、食油等物资，慰问文光、城南、棉北三个街道和海门镇的贫困乡亲。陈志明是陈彦灿之子，祖籍潮阳。

是月，团区委、区青联举行潮阳区各界青年迎春联谊会，团区委书记、区青联主席郑晓霞发表了新春致辞。团汕头市委书记周崇凝，潮阳区区委常委刘晴虹，副区长张为东、马文玲出席联谊会。

是月，西胪镇西凤村发动 10 多位乡贤，筹资 600 多万元，建设西凤生态公园。该公园占地面积 40 多亩，环境优美，是村民休闲好去处。

是月，潮阳区城区分区规划编制工作正式开展，同年 9 月完成分区规划比选方案编制。

2 月

4 日，城南街道两名青少年在一家桌球室打桌球，与旁边打桌球的两名外地青少年发生口角，双方动用小刀，致一死一伤。潮阳警方 30 小时内侦破该案件，抓获嫌犯。

4～6 日，潮阳区在文光塔广场和文光公园，分别举行潮阳英歌舞专场表演、潮阳笛套音乐演奏会和潮阳剪纸展演。由汕头市委宣传部组织的“幸福春天”文艺巡演活动在文光塔广场演出。

6 日，全国政协副主席厉无畏莅临潮阳参观海门莲花峰，潮阳区政协主席李逸珊、副主席陈见新、秘书长黄少华接待。

16～18 日晚，元宵佳节期间，潮阳区在已改造一新的护城河河畔中心城区绵延 1500 米举办“护城河之春”元宵灯会。数万市民争观灯会，赏花灯、猜灯谜、看剪纸、听潮乐。

中旬，泰中友好协会副会长、泰国潮州会馆主席、泰万盛冷冻食品有限公司集团董事长陈汉士带领堂兄弟及其儿孙辈一行 20 多人，回祖籍谷饶镇大坑村探亲祭祖，向村里 800 多位长者分发红包，并资助村里 40 多位贫困大学生。

20 日，由上海潮汕联谊会名誉团长、上海市人大常委会副主任郑惠强率团的上海潮汕联谊会一行莅潮访问。潮阳区委书记陈壮生、区长林伟雄向客人介绍潮阳经济社会发展情况，双方畅叙乡谊，共商发展大计。

是日，香港黄大仙区潮籍乡亲访问团一行 480 人，到潮阳区铜盂灵山寺、和平大峰风景区、棉城双忠祠参观访问。区委统战部副部长彭绍长及有关部门负责人参加接待活动。

24 日，省召开人口和计划生育工作电视电话会议，会上宣布潮阳区晋升为省人口计生二类地区。

是月，潮阳区委书记陈壮生、区长林伟雄、副区长马文玲、外事侨务局局长郑旭生赴港参加香港潮阳同乡会第二十届会董就职典礼。

3 月

4 日，汕头市委常委、常务副市长郑人豪带队前往谷饶镇，现场察看厦深铁路潮阳站建设情况，并协调解决相关问题。

5 日，潮阳区委、区人民政府召开创建文明城市暨宣传文化工作会议，总结 2010 年的工作，表彰一批精神文明建设先进单位和个人，部署创建文明区和 2011 年的宣传文化工作。

9 日，潮阳区举行销毁非法机动车辆现场处理大会，对公安机关依法查扣的 3402 辆非法机动车进行公开销毁。区委常委、政法委书记、公安分局局长郭英杰，区委常委、区人民政府党组副书记吴锡龙，区政协副主席高修智等出席现场处理大会。

10～11日，潮阳区工商局联合区农业局、供销社开展“红盾护农保春耕”专项行动。

11～15日，在香港举行的“武德杯”第九届国际武术节上，初次参加群众性国际大赛的潮阳太极拳研究会队，总共获得11枚金牌、3枚银牌。运动员陈歌笙获3枚金牌，郑力飞获2枚金牌，肖锦雄、郑棉卿、杨桂城、姚植才、林少武、林棉滨各获1枚金牌。

12日，潮阳区以纪念唐代“忠义将领”张巡、许远两位“双忠圣王”为主题的潮阳“双忠”民俗春游文化活动，在潮阳城区盛大举行。巡游队伍绵延数公里，汇集了已列入国家级非物质文化遗产“潮阳民间艺术三瑰宝”的笛套音乐、英歌舞等民间艺术展演，吸引数万民众沿途观看。

15日，潮阳区消委会、区工商局牵头组织区农业、卫生、物价、质监、药监、烟草等成员单位在城区开展主题为“消费与民生”大型现场咨询宣传活动，副区长陈纯浩到现场指导咨询活动。同时还在城南街道康宁购物广场设置分会场，接受消费者的咨询投诉。

18日，公安部决定对潮阳区涉枪涉爆问题重点整治地区给予摘牌。

中旬，由国家非物质文化遗产专家委员会副主任乌丙安、联合国教科文组织亚太地区非物质文化遗产国际培训中心主任杨治、北京市文化局副局长阮兰玉等组成的专家组到贵屿镇考察省级非物质文化遗产——贵屿“街路棚”。

24日，国务院批复同意将汕头经济特区范围扩大到汕头全市，从5月1日起正式实施，实现经济特区覆盖全市2064.4平方公里。5月1日，潮阳区列入汕头经济特区范围。

25日，潮阳区召开公开选拔领导干部工作动员大会。根据区委决定，面向全区公开选拔5名副科级干部和10名镇（街道）团（工）委书记。

28日，由汕头市人民政府副秘书长、市妇儿工委副主任黄绍生，市妇联主席、妇儿工委副主任李楚兰带领的评估督导组到潮阳区，对潮阳区实施《潮阳区妇女发展规划》和《潮阳区儿童发展规划》进行评估督导。潮阳区委常委、区人民政府党组副书记吴锡龙，区长助理池小玲，区妇联主席马红文及成员单位相关领导陪同评估督导。

28～30日，政协汕头市潮阳区二届六次会议召开，会议聘请旅港同胞马伟武、郑卓标为区政协二届委员会名誉主席。

29日，中共汕头市委、市人民政府作出“关于表彰汕头市精神文明建设先进集体和先进个人的决定”。潮阳区信访局、金浦街道、总工会、潮阳实验学校等10个单位被授予“汕头市文明单位”称号。海门镇被授予“汕头市文明镇”称号。铜盂镇市上村等5个村被授予“汕头市文明村”称号。文光街道西门等4个社区被授予“汕头市文明社区”称号。林立言（文光街道潮声丝竹社社长，国家级非物质遗产潮州音乐传承人）被授予“汕头市文明市民”称号。刘伯仕（和平镇委书记）被授予“汕头市精神文明建设先进工作者”称号。

是月，厦深铁路潮阳站及周边地区控制性详细规划由汕头市规划设计研究院开始编制，同年11月规划草案在汕头市城乡规划局网站公示。5月编制厦深铁路潮阳站进站路规划，9月7～13日，召开规划方案征询意见会，11月24日，区规划委员会审议进站路规划。

4月

2日，汕头市海门渔港建设管理中心在潮阳渔政大队召开海门中心渔港潮阳辖区工程交工验收会。交工验收组查看了海门中心渔港潮阳辖区工程现场，查阅工程竣工资料，听取施工单位、监理单位、地质勘察单位、工程设计单位、建设单位、工程质量监督单位的总结和情况说明，施工符合图纸设计和标准规范的要求，工程质量合格，同意通过交工验收。工程建设南码头280米，北码头275米，护岸26米，南防波堤281米，堤头灯塔1座，航标6座及消防水电等配套项目，总投资2660万元。

4日，香港丽新集团原董事长林百欣夫人、“汕头市荣誉市民”林余宝珠和“汕头市文明市民”许锦清捐资为文光街道300户贫困户发放救济金和大米、食油等生活物质。

7 日，投资 1600 万元（其中乡贤蔡如青捐资 1000 万元），占地面积 1 万平方米，建筑面积 1.3 万平方米的西胪镇卫生院新址举行落成庆典仪式。

是日，潮阳区人民政府下发《关于推进企业上市的实施意见》，潮阳区第一批 12 家企业列为上市后备资源，总商会会员企业有：汕头市粮丰集团有限公司、广东省粤东磁电有限公司、广东粤华磁电实业有限公司、广东威信纺织有限公司、广东奥林磁电有限公司、汕头市时佳实业有限公司、汕头丰兴盛包装材料有限公司、广东乐普生文具有限公司、广东昂特音像有限公司、汕头市深港电工实业有限公司。

2010 年 11 月开始至 2011 年 4 月 9 日，潮阳区村、社区一级“两委”换届选举全面完成。全区 272 个村、社区共选出“两委”成员 1867 人。其中，支委 1150 人，书记、主任“一肩挑”127 人，女干部 297 人。下旬，对全区新当选的 272 个村（社区）书记、主任进行专题培训。

上旬，潮阳区通过创建全国科普示范区验收。省检查验收组由省科协党组成员、秘书长杨豪标任组长，带队对潮阳区进行检查验收。

12 日，省政协副主席、卫生厅厅长姚志彬在潮阳区有关领导陪同下莅城南街道社区卫生服务中心调研社区卫生工作。

18 日，和平镇工商所执法人员在开展“双打”专项行动监督检查中，发现凤皋小学对面腾飞市场内一商住楼内堆放着各式涉嫌假冒香烟内外盒标识，区工商局接报后立即组织有关股室、经检大队、和平工商所执法人员并联合公安、烟草部门对该场所依法进行检查。经现场清点，发现各式涉嫌假冒“白沙”、“七匹狼”、“双喜”、“哈尔滨”等 16 个品种，167 件，计 79 万张香烟内外盒标识。执法人员依法对现场进行查封，对涉案物品进行扣押，犯罪嫌疑人移交司法机关查处。

22 日，潮阳区委、区人民政府在影剧院召开全区人口和计划生育工作三级干部大会，区委书记陈壮生出席会议并讲话。

27～28 日，潮阳区总工会在文光塔广场隆重举行庆祝“五一”国际劳动节“欢乐五一、幸福潮阳”广场系列活动。活动内容有职工健身表演、卡拉 OK 演唱、广场电影、灯谜竞猜等。参加活动的有劳动模范、工会干部代表和职工群众 7000 多人。区委书记陈壮生、汕头市总工会副主席周波等出席活动。

是月，谷饶镇发生劫匪抢劫并持刀伤人案件，谷饶派出所重拳出击，共破获刑事案件 5 宗，刑事拘留犯罪嫌疑人 9 人，收戒吸毒人员 13 人，治安拘留 16 人，治安处罚 5 人。

是月，贵屿派出所破获 6 个抢劫团伙和 1 个盗窃团伙。刑拘 18 人，破获其他案件总共刑事拘留 38 人，缴获手枪 3 支，刀具 8 把，摩托车 17 辆。

是月，和平、关埠 2 个镇开展中心镇总体规划编制工作，同年 11 月完成规划初步成果编制。

5 月

4 日晚，团潮阳区委、潮阳区青联在潮阳区影剧院隆重举行纪念“五四”运动 92 周年大会暨“永远跟党走”文艺晚会，区委书记陈壮生，区政协主席李逸珊，团汕头市委书记、市青联主席周崇凝，区委副书记张锡潮等领导出席会议。来自全区各条战线、各行各业的共青团员和青年代表 1000 多人参加活动。大会举行“新团员入团宣誓、老团员重温入团誓词”仪式，通报 2010 年度潮阳区“五四红旗团委”、“十佳团支部书记”等获奖先进集体、先进个人的表彰决定。

6 日，潮阳区人民检察院对谷饶镇新厝村原村支部书记兼主任黄某等 24 人以聚众斗殴罪向区人民法院起诉。黄某于 2010 年 12 月 13 日带集 100 多人携带 53 把规格一致的木棒，在汕头市龙湖区某综合市场集中，分乘 6 辆小汽车和 2 辆大巴客车前往谷饶镇，准备与村民斗殴，潮阳警方在灵山路口截获并将黄某等 30 多人抓获归案。

上旬，省财政厅召开省 2011 年国家农业综合开发高标准农田建设示范工程项目竞争立项评审会，潮阳区有 1 万亩农田获得示范区立项资格。该项目获 1200 万元高标准农田资金投资，通过建提水泵站、防渗渠、排灌渠、机耕路等，使项目建成旱涝保收高产稳产农田。

12 日，中央 2 台“财经频道”《消费主张》栏目组来潮阳拍摄潮汕特色美食“赵记鲎粿”。

15 日，以全国侨联副主席、中华总商会当然永远荣誉会长、香港潮阳同乡会荣誉会长陈有庆为名誉团长、陈智文为团长的香港潮阳同乡会访问团一行23人莅故乡潮阳参观访问。

18日，上海市潮汕商会会长、上海姚记扑克股份有限公司董事长姚文琛一行莅潮，潮阳区政协主席李逸珊、秘书长黄少华参加接待。

25日，金灶镇绿色水果基地申报金玉三棱橄榄地理标志产品标志的使用并获得国家质监总局的批准，成为潮阳区第一个专用标志使用的单位。

25～26日，由省人大常委、环境资源委员会副主任委员郭德勤带队的省人大调研组到潮阳区，对获省人民政府补助的污水处理设施潮阳污水处理厂投入使用后运营情况进行调研。

28日，举办“潮阳乡村旅游节系列活动”——2011年潮阳·西胪杨梅节。

29日，金灶镇第六届杨梅节开幕，汕头市副市长张应杰出席开幕仪式。是年，该镇1.5万亩杨梅总产量2.8万吨。

31日，省老促会副会长蔡德、柯义林，理事李惠琴等在汕头市老促会常务副会长徐斯池等陪同下到潮阳区调研。深入西胪镇和金灶镇卫生院实地考察。

是月，按照省教育厅的工作要求，做好代转公工作。潮阳区有1361名代课教师参加考试，有851名被区人社部门录为职工。

6月

16日，潮阳区召开销毁非法机动车现场处理会，公安机关对3069辆无牌无证、假牌假证等非法机动车进行公开销毁。其中，包括22辆汽车、2811辆二轮摩托车、236辆三轮摩托车。

18日，素有“潮汕讲古大王”美誉的老艺人陈四文走完他92岁的生命历程。陈四文出生于民国9年（1920），是关埠镇东湖村人，他在戏剧曲艺界说书表演了50多年。

中旬，中国关工委教育发展中心授予潮阳区关工委“热心助学先进单位”奖牌，授予陈世英、陈景明“热心助学先进个人”奖状。

22日，汕头市人民政府颁布实施《汕头市城乡居民基本医疗保险办法》，全市实行城乡居民基本医疗保险一体化，新型农村合作医疗业务工作从2012年1月1日起归口汕头市人力资源和社会保障局。

25日，中共汕头市委作出《关于表彰先进基层党组织、优秀共产党员和优秀党务工作者的决定》。潮阳区文光街道桃园等12个社区（村）党支部、金浦派出所党支部、财政局党总支被授予“先进基层党组织”称号。公路局党总支书记、局长林志坚等5人被授予“优秀共产党员”称号。谷饶镇党委副书记陈武鹏等5人被授予“优秀党务工作者”称号。另外，文光街道旷园社区党支部书记高三、谷饶镇径脚村党支部书记朱裕兴2人连续担任村（社区）党组织书记30年以上，获市委颁发的荣誉证书。

26日，潮阳区禁毒办组织公安、检察、法院、司法、团委、妇联等单位在文光塔广场举办“青少年与合成毒品”为主题的纪念“6·26”国际禁毒日咨询活动暨大型禁毒图片展，向前来观展、咨询的群众发放《禁毒法》等宣传材料。

30日，潮阳区政协名誉主席、香港力嘉国际集团董事长马伟武为汕头市第二届“广东扶贫济困日”捐款活动捐款500万元。

是月底，高考放榜，潮阳区再创佳绩。全区报考人数1.13万人，上一批线1276人，占汕头市34.8%，上线率11.3%；二批线以上5338人，比2010年增加322人，上线率47.4%；三批线以上9282人，比2010年增加479人，上线率82.3%。在理科、文科全市总分各前十名中，潮阳区占11名。

上半年，公布第六次全国人口普查数据，潮阳区常住人口162.7万人，占全汕头市30.2%，在汕头市七个区（县）中，常住人口最多。

7月

1日，经中共广东省委批准，陈新造任中共潮阳区委书记。

19日，潮阳区在海门中心渔港码头举行海洋渔业综合执法指挥中心大楼落成典礼。省海洋与渔业局副局长、省渔政总队总队长刘物开，汕头市副市长张应杰，省打私办协调处处长钟均任，省渔政总队副总队长高庆营，汕头市海洋与渔业局局长黄文魁，市渔政支队支队长麦贤仕、政委陈潮清，潮阳区区长林伟雄、常务副区长郑耿斌，海门镇委、镇人民政府和区直有关单位的领导等参加大楼落成典礼。

20日，吴南生无偿捐赠给广东省博物馆、汕头市博物馆、深圳博物馆、广州艺术博物院的书画作品共计74件/套在省博物馆展出，省委书记汪洋到场观展。此次展出的捐赠书画作品中，有较大艺术价值和文物价值的元人《平沙落雁图》等。吴南生是潮阳区关埠镇人，曾任广东省委书记、省政协主席。

28日，潮阳区全面完成镇党委换届选举工作。全区9个镇共选出105名党委委员，50名纪委委员。党委委员平均年龄41.8岁，比上届下降0.5岁，大专以上文化程度占96.2%，比上届提高8.7%。

是日，潮阳区佛教协会举行换届大会，释传正当选会长。汕头市委统战部副部长、市民宗局局长纪思复，区委常委刘晴虹，区人大常委会副主任马泽武，副区长陈纯浩，区政协副主席、区委统战部部长姚润民等出席会议。

29日，区委在区党政机关办公大楼召开第二届委员会第九次全体会议。会议学习贯彻中共十七大、十七届五中全会精神和胡锦涛总书记在庆祝中国共产党成立90周年大会上的重要讲话，听取陈新造代表区委常委会作《加强社会建设，创新社会管理，为建设幸福潮阳作出新贡献》的报告。

是日，由潮阳区人民医院医生组成的青年医疗志愿队前往驻海门镇海军92619部队50分队开展义医义诊、送医送药活动，向全体官兵传授健康知识、发放健康宣传资料和爱心药包。活动结束后，区青年篮球队与海军92619部队50分队篮球队进行了篮球友谊赛，欢庆“八一”建军节！

30日，以农业部渔业局副局长崔利锋为组长的督查组，到潮阳区督查渔业安全生产和伏季休渔、“护渔2011”执法工作。省渔政总队副总队长吴大畏、汕头市海洋与渔业局局长黄文魁、潮阳区区长助理池小玲等陪同检查。

8月

3日下午，西胪镇外埢村民黄荣哲等4人驾驶2辆摩托车到外埢水库钓鱼，至16时许发现有3名陌生男子将他们2辆摩托车盗走。黄某等人发现后即徒步追赶并呼叫抓贼。外埢村治保员郭振成、村民郭梁平见状主动上前拦截盗车贼，遭3名盗车贼操刀攻击，郭振成、郭梁平奋不顾身与其搏斗，致头部等多处受伤，二人被送医院后郭梁平不治身亡，郭振成脱险。公安机关为郭梁平等申报“见义勇为”光荣称号。

4日，潮阳区个私协会被广东省个体劳动者协会、广东省私营企业协会评为“全省个私协会服务工作先进单位”。

4~14日，潮阳区工商行政管理局开展为期10天的“黑网吧”、“电子游戏”专项整治统一行动，防止暑假期间“黑网吧”、“电子游戏”死灰复燃。全系统共出动执法人员685人次，查处取缔“黑网吧”7户，立案查处3宗，罚没金额2.18万元，查扣电脑设备17台（套）。

5日，由潮阳区人大常委会副主任李育荣带队的区人大、政协检查组深入和平镇安轿村，检查区委组织部、区工商局落实扶贫开发“双到”的工作情况，对区工商局扶贫“双到”工作采取“扶智、扶技、扶资”的形式，取得良好效果给予肯定。

8日，汕头市粮丰集团有限公司潮阳区粮油平价商店正式挂牌开业，该商店和东方康宁购物广场有限公司两家商店被汕头市物价局授予潮阳区第一批“农副产品平价商店”。主要销售粮油、农副产品等，价格低于市场价5%以上。

11日，北京潮商助学基金会会长、北京潮人商会常务副会长、阳柳集团董事局主席陈才雄为“北京潮商助学基金”的启动捐资1000万元。多年来，陈才雄的阳柳集团在兴教助学、修桥造路、扶贫济困、维护治安、抗震救灾等方面先后捐资数千万元。

15日，潮阳区委书记陈新造，区委副书记张锡潮，区委常委、常务副区长陈邦津，区委常委、宣传部长姚佐雄，副区长陈纯浩一行到潮阳区工商局调研指导工作。

同日，潮阳区实施“234”工程之后，提升软环境实力，重点项目建设大提速。棉北海堤加固工程和城市防洪工程竣工，海门中心渔港一期工程交工验收、汕头市重点项目潮阳裕通大酒店将于9月底试业，山洽会茵悦豪苑和新河湾北区一期2个房产开工项目主体工程已完工，广东金叶烟草薄片技术开发有限公司在完成国内第一条具有自主创新专利造纸法再造烟叶生产线的基础上，投资5亿元进行再造烟叶第二期项目续建，预计年内建成投产。

17日，2011年广东专利奖近日“出炉”，汕头市潮阳区广东粤华磁电实业有限公司的“可刻式光盘生产线”夺得专利优秀奖，获省人力资源和社会保障厅以及广东省知识产权局的表彰和奖励。

中下旬，潮阳区公安分局在省、市两级公安机关的协助下，经过11天的连续作战，成功侦破关埠镇“20110818”持枪抢劫金铺案件，一举抓获全案犯罪嫌疑人11名，缴获作案枪支3支、子弹5发，被抢金银首饰悉数追回，同时连带侦破贵屿镇“20110814”持枪杀人案及其他抢劫案8宗、盗窃案1宗，打击震慑涉枪犯罪活动。

21日，中共广东出入境检验检疫局党组决定郑建荣任汕头出入境检验检疫局潮阳办事处主任(处级)。

22日下午，潮阳区工商局召开部分企业家代表、评议代表和特邀监督员参加的政风行风工作座谈会，汕头市局党组成员林益钦支队长、区人大常委会副主任马泽武、副区长陈纯浩和有关职能部门领导参会。

23日，中共汕头市委常委同意，杜怀丹任潮阳区区委委员、常委、副书记；同日，中共潮阳区委常委同意，杜怀丹任潮阳区人民政府党组书记。8月26日，潮阳区第二届人民代表大会常务委员会决定任命杜怀丹、庄俊斌为潮阳区人民政府副区长；决定杜怀丹为潮阳区人民政府代理区长。

24日，潮阳区工商联（总商会）举行2011年高校贫困生助学金发放仪式。此次捐资助学活动得到24名企业家和2位社会人士献爱心，捐资金额20.3万元，受资助的贫困生60名。商会连续9年开展捐资助学活动，筹资128万余元，受助贫困生292名。

25日，汕头市委书记李锋一行先后来到市公安局、光大银行汕头分行帮扶的潮阳区西胪镇尖山村和市教育局、自来水总公司帮扶的西胪镇里溪村，详细了解扶贫“双到”工作开展情况。

30日，潮阳区举行2011年特困学生助学工程助学金发放仪式，来自社会各界热心企业捐赠的52.2万元帮助202名贫困大学新生和中学生圆了求学梦。阳柳集团、潮星集团、合群集团、晨光投资有限公司等共捐赠52.2万元。

是月，金灶镇总体规划获区政府批准实施。

9月

10日，潮阳区委、区人民政府决定授予广东省金叶烟草薄片技术开发有限公司、裕通国际大酒店等318家企业为“潮阳区重点扶持保护企业”，以支持重点企业（项目）发展，促进全区经济社会更好更快发展。是月19日，潮阳区先后在广东省金叶烟草薄片技术开发有限公司和裕通国际大酒店举行“潮阳区重点扶持保护企业”挂牌仪式。区人民政府制定《潮阳区扶持保护重点企业（项目）实施办法》，营造“亲商、便商、扶商、富商”的社会氛围，确定潮阳区域内具有独立法人资格、诚实守信、依法经营、照章纳税、配套达标、生产安全的企业中上年度产品销售收入（批发销售额）在2000万元以上或纳税额超过200万元的国有、集体、民营、“三资”企业认定为重点企业，重点项目是指当年度被列入区级以上重点推进的投资建设项目。目前已设扶持重点企业（项目）专项基金，连续5年每年安排500万元，专项用于扶持企业技术改造、技术创新和服务体系等项目建设。

13～15日，中国有色金属公司总裁、日本五金矿业株式会社社长彭卜钢、日本同控股集团有限公司部长吉月、珠三角循环经济研究院杜欢政等一行就贵屿镇循环经济产业园区建设进行实地考察。

22日，汕头市、潮阳区工商局领导代表省局到海门镇新德社区明德园市场举行授牌仪式，授予海门镇新德社区明德园市场“省创建文明集市示范单位”。

22～25日，中共汕头市潮阳区第三次代表大会在城区召开。会议代表350名，列席人员29名。会议总结第二次党代会以来的工作，科学规划未来五年的发展蓝图。大会选举产生区第三届委员会，由委员53名（其中常务委员11名、候补委员10名）组成。区委书记陈新造，副书记杜怀丹、张锡潮。选举产生区第三届纪律检查委员会，由纪委委员21名（其中纪委常委7名）组成。

是月，潮阳区人民医院住院楼扩建附楼工程列入2011年省级财政投资县级医院1300万元建设项目计划。

10月

5日，潮阳区上千人参加2011年西山重阳敬老登山活动。汕头市副市长郭大钦、潮阳区委书记陈新造、代区长杜怀丹等参加本次活动。

中旬，潮阳区分别被中国科协和省科协授予“2011～2015年全国科普示范区”和“2011～2015年广东省科普示范区”称号。近几年来，潮阳区进一步完善科普工作协调管理制度和基层领导网络建设，不断增强科学技术普及和应用能力，提高公众科学文化素质。

20日，举行城区新河湾花园改造回迁安居工程首期落成庆典暨粤东大型综合商业广场奠基仪式，参加庆典的嘉宾有：中共广东省委原副书记蔡东士、汕头市政协主席罗仰鹏、市人大常委会副主任陈友烈、市人民政府副市长郭大钦、市政协副主席林依民、市纪委副书记林健民、潮阳区委书记陈新造、代区长杜怀丹、区政协主席李逸珊，区委副书记张锡潮、区委常委、纪委书记吴军、区人大常委会代理主任庄儒忠。该工程项目是2011年汕头经济特区建立30周年庆祝活动之一。

11月

3～6日，政协汕头市潮阳区第三届委员会第一次会议在城区召开，出席会议委员205名。会议选举产生区政协三届委员会常务委员会，黄克坚当选区政协三届委员会主席，副主席6名。列席区第五届人代会。

4～9日，汕头市潮阳区第三届人民代表大会第一次会议在城区召开。会议代表419名，列席代表28名。会议听取区人民政府代理区长杜怀丹作《潮阳区人民政府工作报告》、区人大代理主任庄儒忠作《潮阳区人大常委会工作报告》、区人民法院院长曾澄熙作《潮阳区人民法院工作报告》、区人民检察院代理检察长陈辉光作《潮阳区人民检察院工作报告》。会议选举人大常委会组成人员28名，主任陈新造，副主任6名，常委21名。选举区人民政府区长杜怀丹，副区长陈邦津、陈纯浩、马文玲、李绪明、庄俊斌、黄志荣；选举区人民法院院长曾澄熙；选举区人民检察院检察长陈辉光。

16日下午，由汕头市委常委、纪委书记孙光辉带队的督查组到潮阳区，就“加快转型升级，建设幸福汕头”工作开展督查。孙光辉一行察看广东粤华新光电科技有限公司生产车间，听取广东粤华新光电科技有限公司负责人关于企业生产经营情况的介绍。

17日，潮剧、潮菜、潮汕工夫茶入选中国“城市名片”。

21日，华电丰盛燃煤电厂项目码头工程在海门作业区举行项目奠基仪式。

23日，省人民政府副秘书长、省人口计生委主任张枫带队到潮阳区金浦街道调研人口计生工作。

24日，汕头市人民政府地方志书终审委员会在潮阳区召开《潮阳市志》终审会议。省人民政府地方志办公室主任陈强应邀出席，汕头市副市长郭大钦到会。会议由市政府副秘书长黄绍生主持，陈强主任发表指导性意见，区委常委、区政府党组副书记姚佐雄代表编纂单位作情况汇报，潮南区有关领导参加会议。经终审委员会审议表决，同意《潮阳市志》通过终审。要求该志略作修改再报汕头市地方志办公室复核后便可送出版社出版。

26日，国美电器潮阳中华城盛大开业。“中华城”坐落于潮阳城区繁华的中华路府前广场商业圈，楼高十三层，首三层建筑面积1.2万平方米。

是月，潮阳区农业局组织区农业龙头企业粮丰集团有限公司等单位参加在成都举行的第九届中国国际农产品交易会。

是月，按照省审计厅及市审计局的统一部署，在区审计局内完成审计专网线路及视频会商系统整个安装工程。

12 月

1 日，潮阳区举行《针织内衣》和《调整型文胸》联盟标准审查发布会，与会审查专家组经过认真、细致的审查后认为，该两项标准符合内衣行业发展的要求，具有科学性和可操作性，对企业有较强的技术指导作用，一致同意通过审查并予以发布成为汕头市联盟标准。至此，潮阳区共发布联盟标准 4 个。

1 ~3 日，潮阳区农业局组织区农业龙头企业粮丰集团有限公司、海门启兴萝卜专业合作社参加在广州举办的 2011 年中国绿色食品博览会。

6 日，省公安厅副厅长张永强在省厅“清网行动”督导组长李国喜、汕头市公安局副局长罗美胜等陪同下到潮阳区公安分局检查指导“清网行动”工作。

7 日，由北京潮人商会荣誉会长杨贤足带领的北京潮人商会访问团一行 33 人莅潮阳访问，区委书记陈新造、区长杜怀丹等会见了访问团一行，并陪同参观海门莲花峰。随后进行座谈。陈新造向客人介绍潮阳的经济社会发展情况和投资环境。

是日，海门镇工商所根据举报，联合镇综治办联防队在位于海门镇潮海路段坎顶山脚边查获一造假烟丝存放窝点。该窝点为砖墙构建的平房，面积约 100 平方米，现场存放有制作假烟的烟丝、烟梗共计 367 袋，其中塑料袋装 248 袋，麻袋装 119 袋，每袋重量约 60 公斤，总计 22 吨。执法人员对现场拍照取证、清点相关财物，完善相关案件文书材料，依法将该案移交潮阳区烟草局调查处理。

10 日，汕头市重点项目之一、潮阳首家按五星级标准建设的裕通国际大酒店正式开业举行庆典活动，海南省人大常委会原副主任王守初，广东省政协原副主席、党组副书记许德立，广东省政协原副主席李统书参加。

13 日凌晨 3 时左右，潮阳区文光街道桃园社区三村一民宅发生火灾，区消防大队接报后立即出动 3 台消防车赶赴火灾现场救援，明火于 3 时 30 分被扑灭，过火面积 16 平方米。事故造成户主配偶、儿媳和两个孙女 4 人死亡。

是日，省人大常委会副主任、总工会主席邓维龙，省总工会副主席、党组副书记郭泽宇莅潮阳，先后到华能海门电厂、裕通实业控股集团有限公司、汕头市培晖国兰有限公司调研指导工作。

15 日，潮阳区召开全区“治贪、治庸、治懒、治散”专项整治动员大会。会议提出要结合实际，找准重点，明确方向，认真念好“防、查、评、惩”四字诀，切实做到防有抓手、治有重点、整有方向、改有效果，扎实推进“四治”专项整治行动，确保取得实实在在的成效。

20 日上午 10 时许，海门镇部分群众因担心正在做前期论证工作的华电发电项目对环境造成污染，受一小部分人蛊惑，几百名不明真相的群众聚集到海门镇政府，并于中午 12 时左右到深汕高速公路海门出入口聚集，堵塞车辆通行，造成深汕高速公路海门段一度堵塞。事发后，汕头市、潮阳区主要领导第一时间赶赴现场向群众说明情况，耐心做好现场群众的解释工作。公安机关全警出动，积极配合党委、政府全力做好维稳工作，使事件在较短时间内平息。深汕高速公路于下午 4 时恢复双向通车。

21 日，潮阳区物价局价格认证中心被广东省物价局命名为 2010 ~2011 年度价格认证机构规范化建设达标单位。

是年，潮阳区加快治安视频监控系统建设，全面铺开社会管理工作。至年底，全区设视频监控摄像头 2.5 万个。

是年，潮阳区旅外华人华侨、港澳台胞捐资 3932.6 万元兴办公益福利事业，其中，捐资 210 万元，兴办公益事业 5 宗；捐资 120 万元，兴建殡仪馆 1 宗；捐资 2400 万元，兴建和平镇里美力嘉中学；捐资 41.8 万元救助贫困户。

2011 年度，广东三凌塑料管材有限公司的给水 PE 管材管件和汕头市友情精细化工实业有限公司的洗发水获得 2011 年广东省名牌产品称号。

（年鉴编辑部综合整理）

潮阳概况

www.gdchaoyang.gov.cn

潮阳概况

建置沿革

【建置隶属】 潮阳为粤东古邑，春秋战国时期地属岭南百越。秦时潮阳地属南海郡。汉时潮阳地属南海郡揭阳县。西晋时潮阳地属南康郡揭阳县。东晋时潮阳地属东官郡揭阳县。东晋隆安元年（397）始置县于海之北，称潮阳，属义安郡。南北朝宋、齐时，义安郡隶广州。隋时义安郡改称潮州，潮阳县属之。唐先天元年（712）潮阳县治设临昆山（位于今和平、铜盂2镇交界处），元和十四年（819）潮阳县治迁至新兴乡棉阳（后称棉城）。宋时全国分18路，潮阳县属17路广南东路之潮州。元、明、清，潮州先后改称潮州路、潮州府，潮阳县属之，此后建制一直未变，但其隶属名称，从广南东路至惠潮嘉分巡兵备道，其间变动频繁。

民国元年（1912），潮阳县直隶广东省都督府。民国3～38年（1914～1949），潮阳县先后隶属广东省巡抚使署潮循道、广东省长公署、广东省东江行政善后处、广东省东江善后委员公署、广东省东区绥靖委员公署、广东省第五、第六、第七行政督察专员公署。

1949年10月20日潮阳县城解放，成立潮阳县人民政府，至1967年2月，潮阳县先后隶属潮汕临时专员公署、潮汕行政督察专员公署、潮汕专员公署、粤东办事处、粤东行政公署、汕头专区行政专员公署。1967年3月隶属汕头地区军事管制委员会。1968年3月隶属汕头地区革命委员会。1980年1月起隶属汕头地区行政专员公署。1983年7月汕头地区和汕头市合并，潮阳县隶属汕头市。1993年4月9日，潮阳撤县设市，改由省直辖，汕头市代管。2003年1月29日，潮阳撤市分设潮阳区和潮南区，成为汕头市辖区。

【境域演变】 明嘉靖四年（1525）和四十二年（1563）潮阳县分别析出隆井都的三分之一和大坭、西头、惠来3都及洋乌、氵戒水、黄坑3都置惠来县和普宁县。万历九年（1561），洋乌、氵戒水两都复归潮阳县。清雍正十年（1732）重划氵戒水都大部（存5图）、洋乌都尾及贵山都一半归普宁县。

民国22年（1933），析出两英圩及河浦寮等18个乡村，成立南山移垦委员会（后改称南山管理局）。民国23年（1934）岩石划入汕头市。

1950年南山管理局撤销，原所属乡村复归潮阳，增设第十区。同年6月，普宁县的石桥头西乡、贵玉乡、南安乡、军埠村划归潮阳县。1958年5月，潮阳大长陇乡（保留山柄村）及石船乡的碗仔等9村和陈店乡的石港村划归普宁县；达濠镇、河浦乡、珠园乡划归汕头市。是年9月，潮阳县雷岭乡的蔗尾等14村划归惠来县。12月，惠来县与普宁县合并，其东红人民公社（辖田心、仙庵、周田、靖海）划归潮阳。1961年惠来复县，田心、仙庵、周田、靖海复归惠来县，惠来县的雷岭人民公社，汕头市的达濠、河浦人民公社划归潮阳县。1975年达濠人民公社再次划归汕头市；惠来县田心人民公社划归潮阳县。1993年4月9日，撤销潮阳县设立潮阳市。1994年4月河浦镇划归汕头市。2003年1月29日，潮阳市一分为二，分设潮阳、潮南两个区。

【行政区划】 潮阳县旧辖4乡，即新兴、兴仁、奉恩、丰欢，统14团。明洪武十四年（1381），将14团改为16都。新兴乡分县廓、峡山、黄陇、洋乌4都；兴仁乡分举练、贵山、泚水、黄坑4都；奉恩乡分直浦、竹山、招收、砂浦4都；丰欢乡分隆井、大坭、西头、惠来4都。嘉靖年间析都划入新置的惠来县和普宁县，全县存10都。隆庆元年（1567）增设附廓都。清雍正十年（1732）原泚水5图改设附都，全县共13都。

民国初沿袭旧制。民国10年（1921）全县改为9个区，辖143个乡、8个乡级镇。民国35～38年（1946～1949），全县乡镇几经合并，成为9区2镇69乡。

1949年解放初，潮阳县区、乡（镇）设置依旧。1950年3月撤销南山管理局，其辖下乡村复归潮阳，设第十区。1952年1月，全县改为17区274乡和棉城镇（辖11乡）；8月区划重新调整为17区1镇119乡，即：棉城镇和一区（金浦区）、二区（海门区）、三区（达濠区）、四区（和平区）、五区（峡山区）、六区（谷饶区）、七区（铜盂区）、八区（贵屿区）、九区（司马浦区）、十区（陈店区）、十一区（河浦区）、十二区（两英区）、十三区（石船区）、十四区（沙陇区）、十五区（井都区）、十六区（灶浦区）、十七区（西胪区）。1956年12月撤销区建制，改设为3镇44乡，即：棉城、海门、达濠3镇和金浦、平西、凤岗、广澳、潮光、和平、溪头、港头、峡山、东浦、泗联、谷饶、深石、和练、中练、贵屿、南阳、上练、司马浦、大布、仙城、金溪、陈店、石桥头、大长陇、河浦、珠园、钱塘、两英、古厝、金瓯、雷岭、石船、沙陇、成田、井都、关埠、下林、金玉、灶浦、西胪、华阳、桑田、波美等44乡。1957年11月，全县政区调整为3镇27乡，即：棉城、海门、达濠3镇和平西、金浦、凤岗、河浦、珠园、和平、港头、沙陇、井都、峡山、司马浦、两英、石船、雷岭、陈店、金溪、大长陇、上练、贵屿、南阳、铜盂、谷饶、灶浦、西胪、桑田、华阳、关埠等27乡。1958年5月划出达濠及大长陇等镇乡后，全县存2镇24乡，同年6月，政区再度合并为2镇17大乡，即：棉城、海门2镇和金浦、和平、峡山、谷饶、铜盂、贵屿、司马浦、陈店、两英、石船、雷岭、沙陇、井都、关埠、金玉、西胪、桑田等17大乡。

1958年9月，建立政社合一的人民公社体制，全县划分为13个人民公社，即：红潮（1959年改称棉城，下同）、前锋（海门）、和平、金星（沙陇）、灯塔（峡山）、东风（陈店）、群英（两英）、红场、上游（贵屿）、红锋（谷饶）、先锋（金玉）、红星（关埠）、幸福（西胪）人民公社。1959年增设金浦、铜盂、井都人民公社及和平柑桔农场、河溪农场（1962年改称河溪人民公社）。1961年增设司马浦、仙城、灶浦、成田人民公社。1962年和平柑桔农场改为和柑人民公社（1970年改称胪岗人民公社）。1964年增设城郊人民公社，棉城人民公社改为棉城镇。1975年海门人民公社改为海门镇。1983年12月，社队建制改为区乡建制，全县政区分为2镇24区，下辖316乡12管理区14街道办事处12渔业队。同年9月增设沙陇、和平、峡山、陈店、两英、谷饶、关埠7个乡级镇，其中和平、峡山、谷饶、沙陇4镇未组建镇人民政府。1986年11月撤销区的建制改为镇建制，全县设棉城、海门、金浦、和平、胪岗、峡山、沙陇、成田、井都、田心、河浦、两英、司马浦、陈店、仙城、贵屿、谷饶、铜盂、金玉、灶浦、关埠、西胪、河溪、雷岭、红场等25镇，原城郊行政区划归棉城镇管辖。1992年设置管理区办事处作为镇人民政府的派出机构，同时调整村（居）民委员会。全县设390个管理区办事处、176个居民委员会、547个村民委员会、11个渔业队。1994年11月撤销棉城镇、金浦镇，改设为文光、棉北、城南、金浦4个街道办事处，作为潮阳市人民政府派出机构。1999年撤销管理区办事处，全市26个镇（街道）设村（居）委会539个，其中居民委员会157个、村民委员会382个。2003年1月29日，撤销潮阳市、分设潮阳区、潮南区。潮阳区辖文光、棉北、城南、金浦4个街道办事处和海门、河溪、和平、西胪、关埠、灶浦、金玉、谷饶、贵屿、铜盂10个镇。同年11月金玉、灶浦2镇合并，称金灶镇。2011年，全区仍辖13个镇、街道，设村（社区）272 个，其中村 179 个，社区 93 个。

2011 年潮阳区各镇（街道）辖下村（社区）一览表

镇、街道（辖下村、社区数）	面积（平方公里）	人口		村（社区）数		村（社区）名称
		户数	人数	村	社区	
文光街道（10）	12.03	46738	162905		10	兴归、文光、平和东、西双、平东、桃园、西门、双望、旷园、古帅
城南街道（14）	25.88	23111	107413		14	五响、龙井、新华、五仙、后双园、口美、新宫、东内、沧洲、大南、凤北、凤南、凤东、凤上
棉北街道（9）	29.78	13174	53120		9	平北、平南、平西、东家宫、白竹、棉田、五三、蝴蝶、五二
金浦街道（5）	44.17	16058	85540		1	三堡
				4		寨外、南门、梅东、梅西
海门镇（16）	30.54	20767	120740		11	城南、城北、城关、北新、新德、莲峰、莲新、和睦、东门、北门、西南门
				5		洪洞、湖边、新地、坑尾、竞海
和平镇（21）	58.94	31884	173698		19	练北、临昆上、潮联、光明、堀内、和平、凤皋、新和、里美、塘围、下寨、下厝、和铺、高丰、白石、中寨、凤善、新龙、五和
				2		练岗、安轿
铜盂镇（28）	42.91	24092	127665		3	胜前、铜钵盂、老溪西
				25		树香、屿北、屿南、玉窖、双岐、潮港、宅美、岐美、光星、集星、李仙、新桥、深玲、溪边、河陇、洋美、草尾、桶盘、华岐、溪东、凤田、新岐、肖渡、市上、凤壶
贵屿镇（27）	52.13	37332	151885		8	龙港、仙彭、华美、南安、北林、联堤、东洋、贵屿
				19		仙马、凤港、凤新、泗美、玉窖、渡头、后望、新厝，湄洲、佳安、山力、下陇、新乡、坑仔、浮山、山联、山前、西美、石夹
谷饶镇（27）	70.29	27977	160375		5	仙波、上堡、茂广、华光、新兴
				22		莲塘、径脚、石壁、新寮、木丹坑、石光、案前、深洋、屯内、仙地、官田、乌窖、横山、后沟、沟南、东明、东星、头埔、新光、大坑、新厝、溪美
河溪镇（12）	55.57	17748	86100		1	河溪
				11		南田、西田、中田、湖东、华东、西陇、南陇、上坑、东陇、上陇、新乡

续上表

镇、街道（辖下村、社区数）	面积（平方公里）	人口		村（社区）数		村（社区）名称
		户数	人数	村	社区	
西胪镇（27）	109. 82	31556	173504		4	西一、西二、竹林、波美
				23		东凤、西凤、南凤、海田、后埔、乌石、泉塘、陂头、东潮、竹岭、店后、洋文、兴平、青山、埔尾、龙西、内拳、尖山、乌岩、岩前、外拳、龙溪、里溪
关埠镇（30）	54. 56	27385	130993		4	桥东、福仓、港底、关埠
				26		玉一、玉二、玉山、集德、新红、树下、洋贝、田东、庄厝、东湖、桥头、上底、埔上、堂后、下底、西平、河腰、巷内、巷口、宅美、上仓、路外、路内、井美、溪西欧、三村
金灶镇（46）	79. 13	30393	142908		4	灶市、金玉、玉浦、金溪
				42		波头、金沟、溪路、旗头、大联、新寨头、东仓、新荣、灶内、沟头、前洋、玉路、港内、东里、河下、新基洋、人家头、广美、涂寨、仙阳、新庙、华岗、竹桥、新林、新陈、花园、柳岗、大吴、舒荣、邹阳、东坑、芦塘、桥前、桥陈、宫山、径头、潮美、徐寮、官安、河尾、鼓美、下寮
合计	665. 74	348215	1676846	179	93	

自然地理

【地理位置】 潮阳区位于广东省东部沿海，北至东北隔榕江与揭阳市、揭东县、汕头市相望，东连汕头市濠江区，东南濒临南海，南隔练江与潮南区相望，西邻普宁市。地理坐标北纬23°19′～23°33′，东经116°17′～116°43′。地域面积665. 74平方公里，外海岸线长26. 3公里，海域面积4000多平方海里。

【地形地貌】 潮阳区地形地貌的基本特征是自南向北呈平原—山地—平原。练江中下游三角洲平原，地势平坦开阔，由陆向海，范围包括贵屿、铜盂、和平等沿江地区；小北山自西北向东南延伸，山体狭长，丘陵起伏，岗岭连绵，海拔多为200～300米、主峰大尖山海拔447. 2米，为潮阳、普宁分水岭。低山丘陵主要分布于金灶、谷饶、西胪、河溪、和平、金浦、文光、城南、棉北、海门境内，自西北向东南呈带状分布。其中白鹭山（大寨山）海拔406. 3米、大寨顶（老虎岩）386. 1米、小尖山383. 4米、烟墩山356. 6米、岩头山348米、双髻山314米。海拔200～300米的主要有岩头山、湖仔山（狮头山）、官母坑陵（虎仔山）、赤寮东山、仙陂山、蛤蟆石山、猴仔山、塔山（西山）、葫芦山、狮尖山（梅峰）、北再（埔尾后壁）、白虎山、大坑东山、大肚篮、狮腰等。丘陵广泛分布于低山丘陵区之南北两侧和东部沿海地区，北侧自金灶、关埠、西胪至河溪，主要低丘有外洋尾山、狮尾西山、金溪南面山、鲤鱼头、老人山、石井山、仙公岽、安上天、外拳岭、南寮山、虎山、龙寮山、上坑山、大湖山、虎头山和将军山等。南侧有贵屿、谷饶、铜盂、和平至金浦，主要低丘有安宁山、长陵、搭壁燕、双时钟、白尖峰、雷打石、赤杜岭、龙山尾、鸡笼山、案前东山、牛头山、三点崩、凤山、鲂鱼山、梅西山、古吊山（龟头山）和吊篮山等。东部的棉北、文光、城南、海门一带丘陵，除海拔278.4米的掠鸟尾和243.4米的东山外，余均为低丘台岗，主要有棋盘石、北岩山、五联山、狮山、滴丢山、洪厝山、崎坑山（大烟墩）、狗狼山、尖山和青山等。100米以下的台岗散布于辖内各镇（街道）。

【气候】 潮阳区属南亚热带季风气候带，海洋性气候明显，夏无酷暑，冬无严寒，光照充足，雨量充沛，四季常青。

气温 历年平均气温21.8℃，年际变化在20.9℃～23.3℃之间，变幅2.4℃。常年最冷月在1月或2月，3月起气温逐月回升；最热月在7月或8月，9月起气温逐月下降。月平均最高气温28.1℃，最低13.6℃，月平均气温年较差14.5℃。历年极端最低气温1.6℃，出现于1991年12月29日，年际变化在1.6℃～7.4℃之间；历年极端最高气温38.2℃，出现于2002年7月4日，年际变化在34.2℃～38.2℃之间。

日照 潮阳区地处低纬度，北回归线横贯区境北部，日照时间长。历年平均日照时数2136.4小时，年日照百分率50%左右。

热量 潮阳区热量资源充足，历年≥0℃平均积温8028.4℃，≥10℃平均积温7971.9℃。常年除小北山极部有5～10天霜日外，其余地区基本无霜，这种优越的热量条件对农业生产十分有利，全区绝大部分地区四季宜耕，一年多熟。

降水 潮阳区历年平均降水量1693.4毫米，最多为1983年2740.3毫米，最少为1963年812.6毫米，相差达1927.7毫米。

一年中，雨季和旱季明显。历年10月至次年3月为旱季，降水量占全年17%；4～9月为雨季，降水量占全年83%。历年月份最多降水量830.1毫米，出现于1966年6月；历年1日内最大降水量396.4毫米，出现于1983年6月19日。历年平均降水日数132.9天。各年降水日数差异较大，最多的1975年为174天，最少的1963年仅97天，相差达77天。历年最长连续降水日数为20天，出现于1997年6月29日至7月18日。历年一次最大过程降水量636.6毫米，出现于1990年7月30日至8月5日。

风 潮阳区风向随季节变化明显。冬半年多东北风，夏半年多偏南风。历年平均风速在2.5～3.2米/秒之间。历年最大风速（2分钟平均）为25米/秒，出现于1979年8月2日；瞬间极大风速40米/秒以上，出现于1969年7月28日。

灾害天气 潮阳区主要灾害天气有低温霜冻、低温阴雨、台风暴雨等。低温霜冻一般出现于每年1～2月，小北山高丘地区平均每10年一遇，对越冬作物危害较大。3月出现的低温阴雨，俗称“倒春寒”，对早稻播种育秧危害较大，全区大约每10年一遇。台风暴雨是潮阳区主要灾害性天气，历年台风最早出现于5月，最晚终止于11月，7～9月为台风盛期。从福州至海口登陆的台风，对潮阳都有影响，平均每年5次，其中1967年最多达10次；1985年最少仅1次。台风绝大多数带来强烈降水，使农业、渔业、水利、通信、交通以及人民生命财产造成损失，平均每2年1次。但在干旱季节，台风影响（不是正面袭击）时，带来充沛的降水，对农业生产和调节气候有利。

2011年气候概况 年平均气温22.3℃、最高气温37.1℃（8月28日）、最低气温5.5℃（1月17日），年降水量1193.5毫米、日照时数2361.2小时。年平均气温比历年偏高0.5℃；年降水量比历年偏少四成多，属大旱年；年日照时数偏多一成。

【水系】 潮阳区有练江水系、榕江水系以及独流入海的大湖坑小河。

练江发源于普宁大南山五峰尖西南麓杨梅坪的白水礤，自西向东流经区境南部，在潮阳区境的支流主要有：

贵屿水 旧名桂江。发源于小北山普宁市南径蛇仔陵，由西而东至龙门村东侧转南至潮阳区境军寮附近，汇合区境另一支流蟹窑水（发源于大尖山南坡，东南流经浮山、山力埔折西南经南阳至军寮），南抵贵屿玉窖出练江。流程17.4公里，流域面积45.0平方公里。

谷饶水 古称仙陂水。新中国成立后以流经官田村而称官田水。主流发源于小北山东棚青排山南麓，向西流经水吼瀑布，又向南汇合径门、鸡笼山、径脚等水，至新兴村附近又汇入三合、灵山、赤寮市溪水，至神山仔汇入鲤鱼陂水后，向南于溪东仔注入练江。流程24.1公里，流域面积129.1平方公里。

练北水　古称西丰水。发源于小北山卢厝陵，西流至练北村汇入练江得名。流程6.8公里，流域面积13.0平方公里。

水吼水　发源于小北山和平水吼山，西流过和洪公路水吼坑桥于古和平桥尾汇入练江。流程2.6公里，流域面积3.0平方公里。

太和水　发源于小北山双髻山北侧，西流经狗眠村折南过广汕公路太和桥得名。下游古称“载水港”。该水于高丰、白石间汇入练江。流程8.0公里，流域面积12.0平方公里。

七里港水　发源于双髻山南麓，以流经广汕公路北侧七里港桥得名。流程9.5公里，流域面积10.6平方公里。

东岩水　发源于东山岭后，南流经东岩得名，转向西南出凤岗桥入练江龟头海。流程7.5公里，流域面积10.0平方公里。

前溪　护城河东门桥以南河段，自东山凤肚至护城河汇风吹涵等水出前溪河口。流程7.0公里，流域面积11.0平方公里。

海门坑内水　发源于坑内山，西流经海门和睦桥出练江。流程3.0公里，流域面积4.0平方公里。

榕江发源于陆丰县凤凰山，曲折东流，横贯潮阳区北部，干流自金灶镇与揭阳市交界处坛嘴起进入潮阳区境，东流经关埠西坪附近的双溪嘴与发源于丰顺县的北河汇合，经石井入牛田洋，又经西胪、河溪、棉北等地至草屿。流程52.2公里，区境流域面积334.5平方公里。

潮阳区处于榕江下游南岸及牛田洋西岸，为强感潮区，江宽一般为300～1000米，最宽华阳港至牛田洋东岸4000米，潮势汹涌，江水沛然，下游河道蜿蜒，蛇曲发育，江阔槽深，500吨级的轮船可畅通无阻。区境流入榕江下游及牛田洋的主要支流从西北至东南共有6条：

下寮水　俗称石水缸水。发源于潮普交界的小北山大尖山西北麓，向北流经徐厝寮、官母坑、下寮至九斗北面入揭阳市境。在区境内上游段流程8.5公里，流域面积25.0平方公里。

磜吼水　发源于小北山北麓石梨山，以流经磜吼瀑布得名。向北流经芦塘、溪头、侯神寮、径头经深坑汇入潮水溪。流程8.6公里，流域面积14.2平方公里。

西胪水　俗称陂溪。发源于小北山赤杜岭乌寮坑，向东南流经青山、店后、陂头、波美、西胪，东流出西胪大关水闸汇入牛田洋。流程11.9公里，流域面积21.8平方公里。

河溪　发源于小北山烟墩山东北侧的竹竿陵，向东南流经乌岩、外拳，先后汇入内拳文堂水和桃李溪水，过大板桥瀑布、河溪盘遗址，出谷口折东注入牛田洋。流程18.8公里，流域面积43.0平方公里。

华阳水　俗称涸垅坑。发源于小北山鸡笼山，流经华阳汇牛埔、新乡、旧铺等支流，至华阳桥下石堤注入牛田洋。流程8.1公里，流域面积23.0平方公里。

后溪　古称牛担湾。发源于旧铺岭茶坑，向东南流至护城河5.5公里为红肉坑，汇合牛头山、水流坑、北岩坑等水转北于后溪河注入牛田洋。流程8.5公里，流域面积13.5平方公里。

大湖坑小河发源于海门镇湖边村坑底山，南流汇合坑尾、新地、大王、水吼诸水折东流至龙头山东侧入南海。流程6.0公里，流域面积19.0平方公里。

【水库塘堰】　潮阳区有库容1000万立方米以上的中型水库1座，库容100万立方米以上的小（一）型水库16座，库容100万立米以下的小（二）型水库73座，分布于13个镇（街道）塘堰112个，总集雨面积135.0平方公里，总库容8251万立方米，正常库容7313万立方米，可灌溉耕地10.7万亩。

潮阳区中型、小（一）型水库基本情况表

类型	水库名称	建设地点	开工年月	竣工年月	集雨面积（平方公里）	最大坝高（米）	总库容（万立方米）	正常库容（万立方米）	灌区面积（亩）
中型	河溪	河溪	1957.12	1958.5	40.6	34.5	1748.0	1583.0	21600
小（一）型	蟹窑	贵屿	1953.11	1954.3	7.9	23.7	658.0	532.0	8020
	洞内	和平	1954.12	1955.4	2.8	19.3	217.0	193.0	2519
	河鸡	河溪	1955.12	1956.2	2.3	20.5	182.7	162.0	4365
	乌石	金浦	1955.11	1956.2	2.8	21.9	204.0	150.0	2667
	葫芦	金浦	1955.11	1956.3	2.0	22.0	217.0	185.0	3386
	东棚	谷饶	1955.12	1956.3	2.5	21.6	197.6	178.0	4272
	狮尾岭	金灶	1956.10	1957.1	1.1	21.1	108.0	103.6	1275
	三合	谷饶	1956.10	1957.5	2.4	14.0	105.0	99.0	1729
	新铺	棉北	1956.10	1957.9	3.4	17.8	327.0	315.0	2210
	谷鸡	谷饶	1957.10	1958.1	1.9	24.6	135.0	126.0	1526
	东岩	城南	1956.10	1958.4	2.5	17.5	167.5	154.0	2466
	飞英	西胪	1958.9	1959.3	5.1	22.8	528.0	500.0	8999
	径门	谷饶	1959.12	1960.6	2.3	25.8	211.0	184.0	3560
	鲤鱼陂	谷饶	1958.11	1960.7	6.1	23.7	597.0	514.0	4780
	新丰	棉北	1960.9	1964.12	1.0	20.0	100.3	89.0	435
	树下	关埠	1973.10	1974.5	1.4	27.5	122.3	108.0	2000

潮阳区小（二）型水库基本情况表

水库名称	建设地点	开工年月	竣工年月	集雨面积（平方公里）	最大坝高（米）	总库容（万立方米）	正常库容（万立方米）	灌区面积（亩）
水沟岭	金灶	1957.12	1958.2	0.4	13.0	18.8	11.5	345
大冬瓜		1957	1958.9	0.4	12.0	27.0	24.7	63
狗槽坑		1958.10	1959.1	0.1	18.0	16.8	16.3	63
大池肚		1958.8	1959.2	0.7	15.0	67.0	62.0	715

续上表

水库名称	建设地点	开工年月	竣工年月	集雨面积（平方公里）	最大坝高（米）	总库容（万立方米）	正常库容（万立方米）	灌区面积（亩）
葫芦门	金灶	1959. 1	1959. 10	0. 1	14. 0	10. 0	10. 0	63
第四池		1958. 10	1959. 12	0. 5	18. 0	36. 0	22. 2	168
神山仔		1962. 8	1963. 10	0. 3	14. 0	14. 0	12. 9	84
龙钟池		1965	1966. 8	0. 3	12. 0	10. 0	9. 5	84
陂头山		1973. 1	1973. 12	0. 5	12. 0	25. 0	24. 2	84
郭公田		1972	1973. 12	0. 3	12. 0	12. 0	10. 0	63
石梨		1972	1974. 3	0. 3	16. 0	15. 0	12. 0	126
大坑口	关埠	1957. 11	1958. 5	0. 4	14. 0	22. 7	22. 0	800
蟹地		1957. 10	1958. 2	0. 4	13. 5	11. 0	10. 0	500
岭顶	西胪	1953. 10	1954. 1	0. 3	11. 5	17. 0	16. 0	491
百二丘		1957. 12	1958. 2	0. 3	13. 3	24. 0	23. 0	423
文堂		1958. 1	1958. 5	0. 9	15. 2	71. 1	65. 1	1671
坑底		1957. 11	1958. 5	0. 8	15. 5	42. 0	39. 4	1425
水鸡地		1958. 7	1959. 2	0. 9	16. 9	90. 4	80. 0	1327
石水坑		1963. 11	1964. 3	0. 6	12. 0	33. 8	30. 0	393
龟山		1964. 9	1965. 9	0. 9	12. 1	31. 0	25. 6	445
冷水坑		1965. 9	1966. 3	0. 5	14. 7	35. 4	32. 5	393
洞尾		1965. 11	1966. 4	0. 4	16. 0	13. 2	12. 0	196
羌园		1965. 10	1966. 5	0. 3	13. 5	20. 5	19. 1	295
江龙		1966. 10	1967. 8	0. 4	15. 8	24. 4	23. 0	246
南陂湖		1971	1972. 12	1. 1	20. 5	50. 3	42. 0	295
尖石	河溪	1966. 12	1967. 11	0. 3	15. 5	24. 5	21. 5	333
里篮		1966. 12	1967. 11	0. 4	16. 8	31. 3	31. 3	401
石夹		1974	1975	0. 2	12. 5	10. 0	10. 0	266
凤肚	文光	1956. 10	1957. 10	0. 4	15. 0	13. 5	12. 8	16
风吹涵		1958. 1	1959	0. 2	15. 0	17. 0	15. 0	12
岭后		1959. 12	1960. 12	0. 5	20. 0	67. 3	53. 5	121
内邢	城南	1958. 1	1958. 7	0. 2	12. 0	11. 0	10. 1	205
竹仔蜡		1957. 12	1958. 11	0. 5	16. 0	47. 8	42. 4	864
后堀		1978	1979	0. 7	20. 0	35. 0	32. 0	729
大坑	棉北	1956. 12	1957. 2	0. 7	17. 0	28. 0	26. 5	83
东坑		1956. 12	1958. 11	0. 7	17. 5	45. 0	42. 4	155
五吼		1957. 12	1959. 11	1. 8	16. 0	29. 0	27. 4	88
岩肚		1962. 12	1963. 4	0. 5	15. 0	15. 0	14. 0	30
坑尾		1970	1971. 4	0. 3	13. 5	26. 0	24. 5	44

续上表

水库名称	建设地点	开工年月	竣工年月	集雨面积（平方公里）	最大坝高（米）	总库容（万立方米）	正常库容（万立方米）	灌区面积（亩）
坑底	海门	1957.9	1958.3	0.2	10.0	11.0	10.0	329
大王		1957.1	1958.4	0.3	15.0	30.0	28.0	494
坑内		1956.12	1958.5	1.0	19.0	68.0	62.0	453
水吼		1958.10	1961.11	0.4	14.0	30.0	27.7	490
孔子坑		1965.10	1969.5	0.4	14.0	29.0	25.5	144
崩坑		1970.10	1971.12	0.2	15.0	11.0	10.0	21
长埔坑				0.2	15.0	13.0	12.0	23
青官	金浦	1954.11	1955.2	1.2	17.0	84.9	51.5	1610
龟头内		1956.12	1957.3	0.6	13.0	20.0	18.4	184
牛寮肚		1958	1958	0.3	13.0	20.0	17.0	187
柴龙虾		1958.1	1959.9	0.3	12.5	15.5	13.7	175
双沟堀		1958.4	1959.12	0.2	11.0	16.0	14.1	202
下坑		1959.12	1960.5	0.2	9.0	14.0	13.0	100
十八丘		1963	1964.3	0.2	11.0	14.0	12.5	175
陂仔头		1965.9	1966.3	0.8	14.1	44.0	41.0	301
九层		1964	1966.6	0.9	22.0	55.0	50.0	307
上水吼	和平	1955.12	1956.3	0.8	12.3	27.0	26.0	400
牛踏内		1965	1966	0.9	17.0	33.0	30.0	600
下水吼		1965	1966	0.4	11.6	25.0	24.0	300
卢厝龙		1974.10	1976	0.5	17.0	21.0	20.0	100
篮南坑		1969	1978	0.7	8.6	14.5	13.5	100
灵山	铜盂	1956.9	1957.6	1.2	15.1	90.5	67.7	1202
湖仔		1956.2	1958.12	0.2	13.9	11.0	10.0	150
坑底		1963	1969.12	0.1	12.1	11.7	10.8	250
长龙		1972.1	1972.4	0.4	16.5	13.0	12.0	250
东坑篮	谷饶	1953.2	1954.2	0.3	12.5	25.0	21.0	250
皮刀地		1955.12	1956.3	0.8	16.7	76.4	54.2	1124
湖仔		1956.4	1956.7	0.2	11.5	18.0	15.4	90
新开田		1957.12	1958.2	0.5	14.0	28.0	22.7	270
三口池		1957.12	1958.2	0.4	13.6	11.0	10.5	67
径底		1958.2	1958.4	0.5	12.8	25.0	22.3	449
顶寮		1958.2	1958.4	0.3	12.0	15.0	14.6	315
大湖		1963.10	1964.1	0.5	11.5	36.0	32.4	1124
卧狗		1972	1973	0.3	13.5	12.5	12.0	135

潮阳区各镇（街道）塘堰基本情况表

镇（街道）	塘堰个数	集雨面积（平方公里）	总库容（万立方米）	正常库容（万立方米）	灌溉面积（亩）
金灶	11	1.2	46.0	38.7	550
关埠	4	0.3	9.2	7.0	135
西胪	25	2.1	84.4	75.4	1119
河溪	6	0.2	10.7	10.7	185
棉北	9	0.7	25.5	25.5	185
文光	1	0.2	4.0	4.0	30
城南	6	0.4	24.0	24.0	478
海门	7	0.6	36.0	30.5	250
金浦	8	0.9	50.0	45.2	720
和平	3	0.4	12.2	10.5	400
铜盂	6	2.0	17.0	17.0	280
谷饶	21	3.1	49.8	49.8	1640
贵屿	5	1.2	9.3	8.2	380

资源物产

【土地资源】　潮阳区地域面积665.74平方公里，耕地面积24.54万亩（约合163.6平方公里），林地面积32.08万亩（约合213.9平方公里），其余为民居、工矿企业、道路、水面及尚未开发利用的土地。由于人口众多，土地资源匮乏。

潮阳土壤分赤红壤、水稻土、滨海砂土、滨海盐渍沼泽土。赤红壤由花岗岩风化而成，主要分布于小北山系中丘地带和东部沿海低丘地带，以种植林、果为主。水稻土以潮沙泥土、泥肉土、麻砂泥土、麻砂质土、宽谷冲积土和咸酸土为主，分布于全区各地，以练、榕两江平原为多，其地势平坦开阔，土层深厚肥沃，适宜种植多种农作物，水稻年均亩产600～800公斤，最高亩产超1吨。滨海砂土为海相砂堤堆积物，分布于沿海边缘一带，未开垦的已种植木麻黄防风固沙，已开垦的逐步发展为果蔬种植基地。滨海盐渍沼泽土，为练江龟头海、和平、金浦、文光和榕江牛田洋、关埠、西胪、棉北、河溪围垦的海滩涂，多发展成咸塭田或鱼塭。

【水资源】　潮阳区地处榕江与练江中下游地区，上游入境水量年均2.6亿立方米，丰水年3.6亿立方米，枯水年1.9亿立方米。年平均降水量1693.4毫米。全区大小河流集雨总面积651.0平方公里，年平均径流总量5.5亿立方米，水库塘堰总库容8251万立方米，人均不足400立方米，属贫水区。榕江支流水力资源理论蕴藏量不足0.2万千瓦，已开发0.1万千瓦，属水资源枯竭区。

【矿产资源】　潮阳区有钛铁、磁铁、铝、钨、锰、铅、锡、稀土金属、云母、锆英石、石灰石、独居石、瓷土、石棉、石英砂、花岗岩等矿品。储量较丰的是海门沿海的石英砂，是制造玻璃的原料；另分布于区内山区、丘陵和台岗地的花岗岩，约1亿立方米，是优良的建筑材料。

【植被】　潮阳区境内植被带有较明显的南亚热带泛热带特色。昔年城区木棉树高耸，海湾堤畔红树林遍生，山腰坡麓林竹参差，水边寨旁榕槐竞茂。既有乔、灌木混交，又有针、阔叶同林。林（竹）木主要有马尾松、湿地松、加勒比松、鱼鳞松、黑松、台湾相思、大叶相思、马占相思、肯氏相思、金合欢、银合欢、落羽杉、池杉、水松、大叶桉、小叶桉、柠檬桉、白千层、蒲桃、苦楝、川楝、麻楝、桃花心木、樟树、木棉、千年桐、三年桐、石栗、乌桕、山乌桕、秋枫、羊屎乌、大叶榕、细叶榕、垂柳、杨柳、茶树、柯木、漆树、竹柏、侧柏、圆柏、铁刀木、凤凰木、法国梧桐、椆木、裂汁椎、榆木、朴树、母生、银桦、臭椿、夹竹桃、苗竹、绿竹、厘竹、桂竹、黄凤竹、花凤竹、青皮竹、麻竹、毛竹、刺竹、石竹、粉单竹等，分属47科、共125种。滨海砂荒原早先只有野菠萝、老鼠刺防风固沙，20世纪50年代中后期引种木麻黄，营造防护林带。防潮堤边的红树林几已绝迹，代之木麻黄与绿竹间栽的护堤林带。农用地主要种植粮食、油类、蔬菜、水果、花卉等，四季常青。

农作物　粮食以水稻、甘薯为主，还有玉米、马铃薯、苏木薯、姜薯、大薯、芋头、大豆、黑豆、白豆、红豆、赤豆、绿豆、蚕豆等。其中产于河溪镇上坑村的姜薯，品质优良，闻名海内外。油类以花生为主，还有芝麻、油菜子、蓖麻、向日葵、油桐等。蔬菜有大白菜、小白菜、油菜、春菜、芥菜、甘蓝、包菜、花椰菜、萝卜、西洋菜、菠菜、厚合、莴苣、茼蒿、韭菜、洋葱、葱、蒜、薤（六茄）、蕹菜、苋菜、芹菜、芫荽、胡萝卜、益母草、沙葛、菜豆、四季豆、荷兰豆、豌豆、藕、西红柿、茄子、辣椒、竹笋、姜、南姜、冬瓜、南瓜、黄瓜、苦瓜、角瓜、丝瓜、瓠、菱角、荸荠等，食用菌有蘑菇、金针菇、凤尾菇等。其中产于棉北街道东家宫黄瓜、文光街道东山益母草，河溪镇华阳生姜，西胪镇莲藕、竹笋远近闻名。果类以柑、香蕉、荔枝、红柿、杨桃、杨梅、橄榄、乌榄、番石榴、油甘、梨、青梅、菠萝为主，还有橘、橙、柚、金桔、黄皮、香橼、柠檬、菠萝蜜、莲雾、龙眼、番荔枝、枇杷、李、桃、柰、芒果、石榴、葡萄、草莓、西瓜、甜瓜、梨瓜、木瓜、番木瓜、果蔗等。其中西胪镇内羍乌酥杨梅、上四（兴平、店后、洋文、青山）红柿，金灶镇芦塘三棱橄榄、径头香蕉，谷饶镇乌窖狮头油甘（也称余甘子），和平镇蕉柑等具有悠久的种植历史，久负盛名。

花卉　品种繁多，常见的有菊花、山茶花、月季花、角花、杜鹃花、海棠花、扶桑、报春花、美人蕉、大丽菊、白锦花、芙蓉花、灯笼花、鸡冠花、百日红、一串红、蟹兰、九龙吐珠、荷花、海天星、玫瑰花、指甲花、蔷薇花、金凤、昙花、太阳花、文竹、水竹、富贵竹、观音竹、报年红、万年青、七星剑、吊兰、柏木、棕榈、罗汉松、苏铁、蒲葵、柽柳、紫荆、壁兰、凤兰、石莲花、仙人掌、火旺、刺球、四季桔、点雾、石榴、腊梅、芝兰、米兰、君子兰、玉兰、白兰、茉莉、丁香、九里香、夜来香、郁金香、鹰爪、夜合、桂花等。

野生中草药　主要有天冬、麦冬、栀子、石苇、淡竹、野葛、排钱草、车前草、蛇舌草、谷精草、金樱子、兰香草、鸡血藤、山银花、莪术、仙茅、鸭跖草、海芋、小芦根、白茅、金丝草、艾、山白菊、鬼针草、金挖耳、石胡荽、蟛蜞草、地胆草、一点红、鼠曲草、羊耳菊、瓜子金、苍耳、剪刀股、六棱菊、金纽扣、野枇杷、多头苦荬、尖刀草、大红花、半边莲、四叶莲、白牛藤、八宝塔、钩藤、狗肝菜、鸡矢藤、中华青牛胆、假马齿苋、水蜈蚣、紫珠、凤仙花、金香草、白曼陀罗、颠茄、龙珠、望江南、点规菜、苦蘵、虎舌红、风轮菜、活血丹、白绒草、毛麝香、筋骨草、半枝莲、赪桐、臭梧桐、黄藤、刺苏、万灵草、马鞭草、牡荆、二叶红薯、马蹄金、驳骨草、钩吻、锦地罗、朱砂根、九层塔、积雪草、苦刺根、草龙、水龙、过江藤、野牡丹、地稔、金锦香、白花蚶壳草、山芝麻、山麻、倒地铃、冰糖草、鸡骨香、地锦草、油甘根、蓖麻、白心虹、红心虹、韩信草、小花远志、小叶三点金、含羞草决明、魔芋、鹊仔豆、钉地根、宝珠草、凉粉草、茅莓、虎耳草、伽蓝菜、脚目草、天芥菜、白花菜、阴香、山香根、蓝果、南五味子、金狮藤、十大功劳、马齿苋、土人参、瓜仔草、莲子草、刺苋、青箱子、土荆芥、槐叶苹、白饭菜、马龙鱼、乌屎榕、蒌叶、蕺菜、三白草、鹧鸪菜、独叶笔、井栏边草、芒萁、贯众、金毛狗、卷柏、肾蕨、土木贼、半边旗、三枝标、梅叶冬青、瓜支菜、毛蓼、大炭母、华凤仙、紫茉莉、白瑞香、春花木、白桂木、光叶花椒、猴耳环、白楸、倒吊葫芦、三点金草、落地生根、算盘子、络石、百合、桃金娘、岗松、石苹、含羞草、灯笼草、青蒿、竹膀投、牵牛花、芒杆、山麻黄、水蓼、山鸡椒、巴戟等共402种，其中植物药386种，分属133科，计菌类3科3种，蕨类16科26种，裸子5科6种，被子109科351种。

人工栽培的中（草）药有川芎、淮山、泽泻、生地、党参、沙参、藿香、柴苏、穿心莲、何首乌、木蓝、莲等。

【动物资源】 野生动物 潮阳区境内走兽主要有狼、狐狸、山狗、豪猪、野猪、粉猪、野羊、野兔、黄猄、水獭等10余种；爬行类主要有穿山甲、乌龟、赤米龟、蜥蜴、蟒蛇、铁线蛇、两头蛇、金环蛇、银环蛇、眼镜蛇、过树蛇、青竹标、水蛇、涂蛇、沙律蛇、秤杆蛇、黄头蛇、滑鼠蛇、灰鼠蛇等，其他还有家鼠、松鼠、田鼠、青蛙、蛤蟆、蟾蜍等；飞禽常见的有麻雀、乌鸦、喜鹊、老鹰、斑鸠、鹧鸪、白头翁、百灵鸟、乌豆鸟、水鸟、水鸭、翡翠、海鸥、燕子、杜鹃、雁、雨燕、天鹅、白鹭鸶、鹑鸹等。

家养动物 主要有猪、牛、羊、狗、猫、兔、鸡、鸭、鹅、鸽、鹌鹑、鹦鹉、画眉、八哥，蜜蜂及蚕等。

【水生物资源】 潮阳区水生物资源丰富，常见的鱼类220多种，贝壳生物50多种。

海洋鱼类 有蓝点鲅（马鲛鱼）、鲥鱼（三犁）、鲈鱼、六带、石斑鱼（红过鱼）、云纹石斑鱼（乌过鱼）、乌鲳、银鲳（白鲳）、四指马鲅（午笋）、鲻鱼（乌鱼）、棱鲻（尖头鱼）、黄唇鱼（金钱鮸）、鮸（鳘）鱼、大黄鱼（金龙鱼）、黄鳍鲷（黄墙）、红笛鲷（红鸡鱼）、黑鲷（乌荚）、红鳍裸颊鲷、星斑裸颊鲷、花胡椒鲷（胶齐）、海鳗、颚形短体鳗（红皮鳗）、前肚鳗（血鳗）、尖吻蛇鳗（杜龙）、黑点裸胸鳝（鳗堤）、海鲶（成鱼）、带鱼（青棕带）、鳓（淡鱼）、姥鲨（程鲨）、噬人鲨、牙鲆（比目鱼）、蓝圆鲹（巴浪）、颌圆鲹（竹叶巴浪）、竹荚鱼（阔目巴浪）、金色少沙丁（姑鱼）、鲐鱼（油筒、花仙鱼）、绒纹单角鲀（鹿仔）、长蛇鲻（那哥）、长条蛇鲻（那哥狮）、短尾大眼鲷（红目孔）、单线鲱鲤（红糟）、双线鲱鲤（红糟）、银方头鱼（马头）、绿鳍鱼（角鱼）、真鲷、黄鲷、二长棘鲷（撒涩）、金线鱼（哥鲤）、日本金线鱼（哥鲤）、刺鲳（月鲫）、斑鲦（金耳环）、多鳞鱚（沙尖）、小带鱼（牙带）、黄姑鱼（皮鳡）、叫姑鱼（鳡仔）、黑鳃梅童鱼（红口鳡）、眼镜鱼（猪刀鱼）、沟鲹（古板）、黄鲫（黄雀鱼）、鳓鱼、小公鱼（江鱼）、日本鳀（乌饶）、何氏鳐（鲂鱼）、花点魟（锦鲂）、无斑鳐鲼（乌肉燕）、横纹无刺鲼（燕鱼）、黑斑双鳍电鳐（痹仔、厘秤盒）、路氏双髻鲨（公子鲨）、黑印真鲨（青鲨）、狭纹虎鲨（虎鲨）、木叶鲽（干品称鲽脯）、宽体舌鳎（龙舌）、条鳎（虎舌）、达氏犁头鳐、鳗鲶（沙毛）、甘锥、蛇鱼、沙酸、扁鳎（花舌）、软稿、金针鱼等。

淡水鱼类 有鲤鱼、鲫鱼、鳡鱼（竿鱼）、飘鱼（苦初）、麦穗鱼（坑荚）、七丝鲚（凤尾鱼）、银鱼、调鱼、泥鳅、胡子鲶（塘虱）、鲶鱼（鲇鱼）、乌鳢、攀鲈（巴毛）、黄鳝、鳗鲡（乌耳鳗）、花鳗鲡（卢鳗）、鳖（脚鱼）等。

人工养殖的家鱼主要有青（乌鱼）、鲩（草鱼）、鳙（胖头鱼）、鲢（鳞鱼）、鲮（鲮箭）、罗非鱼、银鲫、丰鲃、露斯塔野鲮、加州鲈鱼、白鲳、桂花鱼（鳜鱼）等。

贝壳生物 甲壳类，海生的有墨吉对虾、长毛对虾（大虾、白虾、明虾）、斑节对虾（花虾）、刀额新对虾（沙虾）、日本对虾（竹节虾）、短须对虾（丰虾或风虾）、脊尾白虾（白须公）、毛虾、龙虾、虾婆、虾姑、红头虾、大脚仙虾。

淡水的有长脚虾，大肚虾等。

蟹有锯缘青蟹（水蟹、青蟹）、毛蟹、蟹狮、长脚蟹、乜蟹、蟛蜞蟹、大脚蟹、三疣梭子蟹（三目蠘），此外还有鲎。

人工养殖的有中华绒螯蟹，尤以河溪镇桑田膏蟹闻名海内外。

双壳类，海生的有毛蚶（丝蚶）、翡翠贻贝（淡菜）、短齿蛤（薄壳）、蓝蛤（红肉）、西施舌（红卵）、杂色花蛤、大蛤（车白）、日月贝（月舌）、小刀蛏（蟟蛁）、大头蛏、指甲蛏、爷头蛏（咬墙）、泥蚶、牡蛎（蚝）等。

淡水养殖的有蚬、背角无齿蚌（脚蛏）、蛤雷等。

单壳类，海生的主要有响螺（哺螺）、角螺、红螺、梨螺、九孔螺（鲍鱼、石决）、烧螺、钉螺、钱螺等。海门镇南弘海珍养殖场是广东省级鲍鱼良种场，其自主培育的南弘杂交鲍，技术水平国内领先，拥有年育杂交鲍苗1000万粒、选育良种亲鲍2吨、养殖商品鲍40吨的生产能力。

淡水养殖的有田螺、石螺、有粟螺等。

此外，海生物还有乌贼（墨斗）、枪乌贼（鱿鱼、唢管）、鳟鱼（猴水）、海蜇（水母、蛇）、鳗鲡苗、海龟、绿蠵龟（杨桃龟）等。可入药的有海龙、海马、海蛇、海麻雀等。

【旅游资源】 潮阳区风景名胜、文物古迹共计90多处，为粤东之冠。其中属省文物保护单位4处、市县文物保护单位38处、镇文物保护单位39处。重点旅游风景区有5处：

东山风景区　地处棉城东山，林木茂盛，亭榭、牌坊和古迹、寺观、庙宇错落于山、泉、林木之间。从南往北，依次是东岩、曲水流（紫云岩）、大小北岩、石泉岩等景胜。

东岩由卓锡寺、金顶寺和石岩寺组成。东岩的卓锡古寺系唐贞元六年（790）大颠创建；金顶寺建于南宋；石岩寺建于明崇祯十七年（1644）。三寺几经兴废。1984年以来，海内外善信乐捐巨款，对岩寺进行全面修缮、扩建。卓锡寺内先后建成观音殿、斋堂、大雄宝殿两侧厝包，拓展殿前大埕，总建筑面积1300平方米，建万佛阁、宿舍770平方米，修筑水泥路面积600平方米；金顶寺内先后修建、扩建观音殿、大颠殿、关公殿、玄天上帝殿、玉皇上帝殿、观经楼、牌坊、功德堂等，总建筑面积680平方米；石岩寺也基本翻新，琉璃瓦光彩夺目，圣尊金碧辉煌。东岩群山簇拥，奇岩异石，山清水秀，茂林修竹，空气清新，揽山、林、石、洞、涧、泉之胜，且有唐、宋、元、明、清、近代至当代仕宦名流题刻41处。

东山中段的景点，从下而上是法容庵，楼阁式；严华寺，优雅清幽；城隍庙、紫峰善堂穿插其间；超真观依废址分金北移，唐咸亨二年（671）江西龙虎山道士陈假庵始创，今存《开山假庵真宅》墓碑于观内；东岳大帝（阎罗王）庙；祀张巡、许远的双忠庙；还有《分杯献骑》石雕，丘逢甲碑刻《重修大忠祠记》。双忠庙左有灵济宫，祀晋代名医吴猛与许逊。登临曲水流（紫云岩与水帘亭），依山而建，呈阶梯式，分上下两层，上层有巧圣庙及亭、文昌阁、观音阁、协天上帝庙、孔庙、天后庙，下有轩辕庙、巧圣夫人庙、观音菩萨庙、玄武庙、超真观等，旁建魁星楼，面海依峦，极林木泉壑之美。有“引人入胜”、“万壑争流”牌坊，翼然于半山之间。魁星楼左有水帘亭，建于南宋绍兴前。周围摩崖石刻、碑刻甚丰。灵济宫左侧的桐阴古寺，建于北宋，几经兴废，2007年在遗址重建的桐阴古寺主要建有三山门、天王殿、圆通宝殿、大雄宝殿、地藏阁、藏经楼、千佛阁、齐天阁、钟鼓楼、功德堂、祖堂及客堂、僧舍等。如今的桐阴古寺精雕细琢、曲径回栏、造景点缀，倚青山矗立高阁，瞻古城创辟层楼，圆通宝殿重檐四垂，典雅玲珑。位于“引人入胜”牌坊之右前侧的慈恩禅寺，建于2001年，依山构筑，依托天然，顺台造景，尤以大雄宝殿妙置瀑布流泉，与曲水流遥相呼应。其次是倚山辟双层佛阁、僧舍及藏经阁，突显该寺的独特建筑。

东山中段与北段的连接点是方广洞山冈，天然大石为墙，顶着巨石而成南北相通之过道，夏暑炎热，但洞内仍是凉风清爽，故俗称“风鼓洞”。过方广洞山冈，小北岩景点隐约于修竹丛林中。小北岩始建于清初，建筑面积约800平方米，属“四点金”式结构，有龙泉、小蓬莱、放生池诸景。峰回路转处为大北岩，明隆庆四年（1570）创建，主要建筑有观音阁、般若寺（大雄宝殿）、所堂、皈化塔。1980年后进行改建和扩建，先后建成藏经楼、弥勒殿，重建大雄宝殿、斋堂，建筑总面积1920平方米。岩下是石洞玉龙宫，巨石盖顶，石洞天成，祀真气皇师，民国13年（1924）修建。1986年后进行扩建改建，先后建成“三清殿”，供奉三清祖师；改建石洞玉龙宫，供奉鸿钧老祖和玉皇上帝；新建“万寿殿”，供奉瑶池金母、六十太岁。拓展重建后的石洞玉龙宫占地面积8000平方米，建筑面积4000多平方米。飞檐翘角，亭榭牌坊点缀得体，凸现古色古香的道教传统特色。大北岩与石洞玉龙宫之间的山间狭缝称二洞，建筑因势利导，依次是弥勒佛殿、大雄宝殿、斋堂、石亭、地藏阁、孔庙，二洞奉祀神位儒、释、道俱全。

东山北段乃石泉岩，明天启年间（1621～1627）建，屡经兴废。1986年后逐步扩建、改建，新建改建大雄宝殿、前厅、斋堂、佛堂，总占地面积5万平方米，建筑面积5000平方米，以石林构筑的洞、亭、阁、殿堂于一体的齐天阁为石泉岩一大特色。

纵观东山风景区，正是潮阳宗教“一条街”，儒释道俱奉祀，也是潮阳民俗文化的集成。

莲花峰风景区　地处海门镇滨海。正门牌坊雄伟壮观，广东省政协主席吴南生题书的“莲花峰”三字遒劲俊逸。风景区内奇石耸立，树茂花繁，亭台凌空，碑刻琳琅。南宋祥兴元年（1278）十一月，文天祥勤王至此，登莲花峰望帝舟，此后引来无数政要名人至此凭吊并题刻于石，形成宝贵的摩崖石刻群，是广东省文物保护单位。2001 年 11 月，景区荣膺国家首批 AAA 旅游区。

莲花峰是临海拔地突起的一簇花岗岩石。登上临峰顶刻有“心朗海天”的小亭，放眼眺望，只见大海浩瀚，水天相连，波光闪烁，渔帆点点。近岸波涛汹涌，浪花激溅，景象十分壮观。春秋冬夏，晴雨晨夕，景色变幻无穷，仪态万千。这里的水光山色随季节更迭，分为“碧海晴波，浅滩怒涛，晨曦幻彩，大屿塔影，狮首灯光，春朝蒙雾，秋阳浴日，夕阳归舟”八景，风姿绮丽。

莲花峰和文天祥英名紧紧相连。文相命题“莲花峰”和剑刻“终南”，为莲花峰留下了忠宗旧迹而闻名遐迩。

景区内有忠贤祠，明万历二十二年（1594），游击江应龙、隐君吴从周倡建，祀文天祥，左祀元末处士张奂。后，右祀江应龙、吴从周。祠内墨宝甚丰。忠贤祠后有莲峰古寺，始建于明永乐年间（1403～1424），称钟南古刹，民间称观音堂，三进厅。清咸丰二年（1852）全面修缮。民国 29 年（1940）日军炮轰海门时受损，寺残破。1995 年重建大殿落成，诸佛、菩萨圣像开光。1997 年 10 月四十八臂观音圣像开光。古寺占地面积 3600 平方米，建筑面积 2000 平方米，建有天王殿、大雄宝殿、念佛堂、大悲阁及两厢方丈楼、僧舍楼、钟鼓楼等，规模宏大，为景区内亮点之一。风景区内还有文天祥石雕像，1987 年建造，高 16 米，由 74 块不同规格花岗岩石雕筑而成。文天祥石雕像面向大海，巍然卓立，令瞻仰者肃然起敬。像座镌刻广东省政协主席吴南生所撰文天祥生平，全国书法协会主席启动手书。

灵山风景区　位于铜盂镇塔口山麓，以灵山寺为主体形成的风景区，素以“道迹贤踪”饮誉海内外，是粤东重点名刹之一。

灵山寺于唐贞元七年（791）由高僧大颠创建。唐长庆二年（822）穆宗赐额“护国禅院”；宋大中祥符五年（1012）真宗敕赐新译第一部藏经 278 卷（已佚）；宋天圣七年（1029）仁宗诏改灵山寺为“开善禅院”。宋景祐元年（1034），邑人许申撰文《敕赐灵山开善禅院之记》，述院盛况，碑刻尚存。清康熙四十年至四十五年（1701～1706）知县彭象升捐俸重建留衣亭。

灵山寺负山面湖，林木苍郁，水清泉甘，幽雅沁人。寺内有留衣亭、白石槽、千丛果、祝圣碑、写经台、开善藏、拔木坞、舌镜塔等八景；还有唐井，宋、明、清碑刻；另有 500 多年树龄的甘棠树及其连理枝和清康熙年间信如法师亲植的壁兰（信兰）。

灵山寺屡经兴废，但在历史长河中每废必修。从 1981 年起，在清代建制基础上进行扩建。先后塑佛像、造佛龛、添法器，修复大雄宝殿，改建四面通廊；修复灵山八景；兴建塔院僧舍，扩建东西通廊两侧厝包（僧舍）；改建观音阁和念佛堂、钟楼、鼓楼；扩建新客堂和新斋堂；兴建千佛塔；扩建北厢楼；改建大雄宝殿为重檐四溜水之结构；扩建南厢楼和改建观音厅；新建万佛阁、开善藏；改建留衣亭、灵福亭和写经台；新建外山门和六角亭；兴建大颠纪念堂等，使灵山寺的建筑面积从 1978 年前的 2000 平方米扩大到 3 万多平方米，千年古刹焕发出新的光彩。2000 年成功举办了 1200 多年来首次传戒大法会，使大颠祖师的道场更加声名远播。

1983 年国务院批准灵山寺为全国对外开放的佛教寺之一。

大峰风景区　位于广汕公路和平路段北侧。潮阳人民为纪念大峰祖师功德，在其陵寝故地营造的风景区，规模 2.62 平方公里。

宋大峰祖师墓始建于明洪武二十一年（1388），碑文为“宋大峰忠国大师墓”。清顺治、乾隆及民国时期先后重修。20 世纪 90 年代和平报德古堂将古墓修葺一新。在墓冢东侧建报德亭，旅泰侨领郑午楼为亭书匾。

风景区的主轴建筑是祖师亭，位于大峰祖师墓前，由 16 条巨型石柱支撑，直径之大为粤东地区所罕见。亭内有大峰祖师汉白玉雕像，由缅甸刻造运进，高 2.8 米，重 3.5 吨，雕镂精细，法像庄严。大峰祖师亭前有造型崎岖的假山、飞珠溅玉的观音菩萨养生池、五彩缤纷的奇花异卉、绿茵如毯的芳草地。

牌坊“南疆一峰”位于风景区主轴线前端，由

168块大花岗岩石组成，是粤东最大的石牌坊。全国政协副主席叶选平为牌坊题匾。坊前广场，排列12生肖石雕，栩栩如生；敬师台等建筑群形成主轴线，规模壮观。

主轴线周围的建筑还有玉石观音养生池、喷水池、诚德亭、培英亭、迎日亭、邀月亭、吉祥亭、报德楼、亭阁石刻，掩映在绿荫之间。宋大峰祖师纪念馆内有缅甸汉白玉祖师雕像，高5.93米、宽3.5米，是粤东最大的汉白玉雕像；馆内书画工艺品陈列甚丰。翰园位于纪念馆南侧，园内有碑林、八仙石雕、假山莲池、亭阁石刻、休闲石凳、快乐秋千、雅座茶室、曲径回栏等，此外还有人工湖，成为远近闻名的新风景区。

古雪岩风景区　位于西胪镇波美虎山北麓，坐西南向东北，面积1.4万平方米，由天然巨石和人工巧妙构筑而成。称莲花院，唐贞元六年（790）“亦大颠旧址也”（明隆庆《潮阳县志》）。宋代拓建古雪岩。元代遭兵燹之乱而废。明弘治戊午（1498）科举人、乡贤黄用直主持修复。原结构为三厅二天井加后库、厢房、通廊。1984年波美乡人民政府倡修，乡贤黄世豪捐资修葺大雄宝殿，殿前凿刻昂首蹲伏的大石龟，俗有“麒麟闻经、金龟听法”之说。同年乡贤黄仁兴捐资把正殿改建为三厅四天井，后厅主殿为重檐庑殿式琉璃瓦的玲珑土木结构殿宇。雕塑全堂佛像和五百罗汉群像，形态逼真生动，独具禅林风采。崖刻篆书“别有洞天”系书画家王兰若题书，“古岩飞雪”系当代名僧茗山题书，“超凡入圣，古岩飞雪”为邑人、书画家陈大羽题刻。寺内保存铸保1个，石雕龙头“醴泉”一处，碑刻2通，石脚桶1个，还有四季杨桃树和铁树各1株，有鼓石、莲花石、鹰石等景胜，是闻名远近的旅游胜地。

潮阳区的旅游景点还有：位于文光街道塔山南麓，建于晋朝的海潮古刹（西岩）；位于西胪镇乌岩山麓建于唐代的梅峰岩（乌岩寺）；位于金浦街道，建于北宋绍圣二年（1095）的曾山古寺；位于关埠镇玉一西南，由三峰寺与梅峰寺构成，建于北宋政和元年（1111）的石井岩；位于和平镇后灵豁，建于北宋宣和二年（1120）的灵泉寺；位于城南街道凤上，建于明洪武十三年（1380）的白云岩；位于西胪镇波美虎山南麓，建于宋代的长美岩；位于金灶镇涵元塔下，建于明嘉靖年间（1522～1566）的经山古寺；位于和平镇下寨，建于清光绪十年（1884）的灵华寺；位于河溪镇桑田马鞍山南麓，建于明天启五年（1625）的海棠古观；位于关埠镇下底，建于清光绪八年（1882）的黄武贤提督府，始建于民国16年（1927）的厦林居士林；位于棉北街道平南路段，建于1988年的紫华莲寺（紫竹精舍）等等。

西园　为潮阳区闻名中外的园林，位于文光街道西环路东侧，邑人萧钦（鸣琴）创建，著名建筑师萧眉仙（寿仁）设计、施工。建于清光绪年间（1875～1908），耗资38万两纹银，历时15年竣工。占地面积1330平方米，建筑面积约900平方米，分泥木结构二层书房楼、房山山房及假山三部分，还有天井、莲池和六角亭等。花园综合中外古今园林建筑艺术，风格独创，景趣清幽。亭与假山的造型均为不规则棱状体。钳墙悬板式和同轴垂直悬板式楼梯2座，构筑奇特。清光绪戊戌（1898）科状元夏同和为“西园”题匾，假山中还有名人题刻多处。清光绪末，“西园”模型送北京博览会展出，获最高奖。

明安里　位于铜盂镇洋美村，占地面积近2万平方米，由旅港企业家吴镇明伉俪于2001年投资2000多万元兴建。其格局为8座“四点金”簇拥1座大祠堂的“八马拖车”，连后库1座，雅称“九龙吐珠”。整围建筑群呈中心对称，共构“五街六巷”之布局，加上前后四周宽阔的石板通道、绿地花圃、水池、长廊、围墙、门楼，和谐而完善。

“明安理”各座的屋面，均采用灰木琉璃瓦结构，外观古色古香。楹檩桁架之间，饰以工艺精细、小巧玲珑的金漆木雕和色彩绚烂的油画彩绘。屋脊飞檐配上晶莹鲜艳、栩栩如生的嵌瓷点缀。此外，还有泥粉画、石刻等潮风潮味浓厚的民间艺术巧妙地装饰在屋内外各个相关位置，给人一种美轮美奂的感觉。

“明安里”祠堂内匾、正门内外匾以及8座“四点金”和后库的内外匾均精心策划，邀请史树青、沈鹏、孙轶青、梁鼎光、陈景舒等数十位当代书画家题写。祠前照壁汇集中国历代近百位状元墨宝，镌刻成碑林，配以屋顶错落有致、地面平坦笔直的长廊，构成书法精粹之大成，令游人叹为观止。

此外，还有关埠万亩水稻（生态保护区）、金灶万亩香蕉林、西胪海边千亩红树林，以及西胪乌岩村、金灶芦塘村两处农业生态园区等，形成生态旅游新亮点。

潮阳区丰富的旅游资源凸现了“海、山、水、园、林”的特色，组成“滨海风光、宗教文化、文物古迹、农业生态”四大旅游景观。

人口　民族　语言

【人口】 1949年潮阳解放时，共有174236户、826466人，其中男405794人，占49.1%，女420672人，占50.9%。1993年撤县设市，是年末全市共有403245户、2121842人，其中男1069706人，占50.4%，女1052136人，占49.6%。2003年1月撤市设潮阳区、潮南区。2002年末，全市共有502768户、2682200人，其中男1354490人，占50.5%，女1327710人，占49.5%。2010年末潮阳区共有334219户、1659365人，其中男838878人，占50.6%，女820487人，49.4%。当年出生17725人，出生率10.84‰，死亡人口7556人，死亡率4.62‰，自然增长率6.22‰。总人口中，18岁以下人口565589人，占总人口的比重为34.1%；18～35岁的人口479565人，占总人口的比重为28.9%；36～60岁的人口454703人，占总人口的比重为27.4%；60岁以上的人口159508人，占总人口的比重为9.6%。

2011年末潮阳区共有348215户、1676846人，其中男848895人，占50.6%，女827951人，占49.4%。当年出生17200人，出生率10.33‰，同比下降0.51个千分点，死亡人口7548人，死亡率4.5‰，自然增长率5.83‰。总人口中，18岁以下人口547101人，占总人口的比重为32.6%；18～35岁的人口509534人，占总人口的比重为30.4%；36～60岁的人口454621人，占总人口的比重为27.1%；60岁以上的人口165590人，占总人口的比重为9.9%。

【民族】 潮阳人口历来以汉族为主，全国第三至第六次人口普查，少数民族人口逐次有所增加。

1982年第三次全国人口普查，全县9个民族计1663855人，其中汉族1663755人，占总人口99.99%，少数民族有壮族82人、黎族4人、侗族3人、瑶族3人、苗族2人、回族2人、满族2人、水族1人、外籍华人1人，共计100人，占0.01%。1990年第四次全国人口普查，全县有17个民族计1999443人，其中汉族1998734人，占总人口99.96%，少数民族有壮族590人、苗族31人、瑶族22人、黎族21人、土家族13人、回族8人、侗族5人、彝族4人、满族4人、维吾尔族3人、布依族2人、仫佬族2人、藏族1人、白族1人、傣族1人、土族1人，共计709人，占0.04%。2000年第五次全国人口普查，全潮阳市有23个民族计2470812人，其中汉族2469416人，占总人口99.94%，少数民族有壮族841人、苗族220人、土家族84人、黎族53人、瑶族50人、侗族34人、藏族23人、布依族23人、回族13人、蒙古族9人、彝族6人、土族6人、满族5人、仡佬族5人、朝鲜族4人、白族4人、畲族4人、傣族4人、维吾尔族3人、佤族1人、仫佬族1人、毛南族1人，共计1396人，占0.06%。2010年第六次全国人口普查，全潮阳区有31个民族计1626357人，其中汉族1619895人，占总人口99.6%，少数民族有壮族3554人、苗族1542人、土家族394人、瑶族247人、黎族155人、彝族94人、布依族82人、回族74人、土族74人、藏族38人、佤族30人、满族27人、畲族25人、仡佬族25人、蒙古族21人、怒族15人、傣族14人、哈萨克族6人、毛南族6人、京族5人、朝鲜族4人、撒拉族3人、布朗族2人、门巴族2人、哈尼族1人、纳西族1人、赫哲族1人、德昂族1人、塔塔尔族1人、仫佬族1人、未识别民族5人、外籍华人1人，共计6462人，占0.4%。

【姓氏】 1997年普查时潮阳辖区文光、棉北、城南、金浦、海门、和平、贵屿、谷饶、铜盂、金灶、关埠、西胪、河溪13个镇（街道）共有姓氏225个。其中人口最多的是陈姓，其后依次是郑、林、黄、吴、张、郭、马、李、蔡等，100人以下有141个姓，10人以下有99个姓。

1997年普查时潮阳辖区姓氏人口情况表

姓氏	人口	姓氏	人口	姓氏	人口	姓氏	人口	姓氏	人口
陈	158595	苏	6185	卓	1414	占	194	贾	24
郑	132418	周	6138	孙	1325	布	185	麦	23
林	131647	高	5656	宋	1147	伍	159	奚	23
黄	95657	廖	5608	谭	1077	薛	154	巫	22
吴	74458	徐	5112	杜	1031	毛	149	门	21
张	62858	吕	5019	程	942	严	138	郝	21
郭	58769	游	4975	柯	927	蓝	99	房	20
马	57602	朱	4612	汤	905	施	98	古	19
李	48758	谢	4418	孔	888	唐	93	葛	15
蔡	34110	范	4259	钟	849	万	92	甄	15
许	30611	罗	3963	章	778	梁	82	饶	15
姚	29856	曹	3598	颜	737	成	79	元	15
萧	28167	柳	3467	潘	730	韩	76	谷	14
刘	25287	陆	2986	连	643	麻	76	田	14
庄	23597	冯	2807	戴	570	倪	66	阙	13
洪	19913	何	2255	池	445	侯	63	单	13
曾	17065	纪	2222	丁	408	尤	61	路	11
杨	15023	余	2153	史	400	金	60	袁	10
翁	14155	沈	2084	欧阳（欧）	338	韦	58	包	10
彭	13716	詹	1915	辛	312	温	45	樊	10
赵	12290	羊	1864	邹	298	夏	35	白	10
王	9666	莫	1678	石	275	顾	32	城	10
卢	8849	方	1587	熊	219	关	32	雷	9
魏	8010	赖	1582	傅	214	梅	31	费	9
丘	7114	江	1580	蒋	210	岱	27	宗	9
叶	6835	董	1515	辜	197	齐	25	孟	8

续上表

姓氏	人口	姓氏	人口	姓氏	人口	姓氏	人口	姓氏	人口
苗	8	佃	2	利	1	于	1	戍	1
刁	8	凌	2	季	1	青	1	銮	1
易	7	贺	2	穆	1	邵	1	隋	1
景	7	喻	2	祁	1	龙	1	炳	1
鄞	6	任	2	车	1	强	1	佟	1
官	6	尹	2	桑	1	姜	1	其	1
茅	5	骆	2	舒	1	东	1	珍	1
符	5	全	2	屈	1	屠	1	商	1
汪	5	卫	2	钱	1	花	1	表	1
康	4	覃	2	简	1	宁	1	寥	1
阮	4	列	2	蚁	1	娄	1	誉	1
黎	4	欣	2	嵇	1	银	1	登	1
文	4	陶	2	翟	1	滕	1	褐	1
秦	4	扈	2	常	1	左	1	绪	1
俞	4	鲁	2	岳	1	向	1	帅	1
蔺	4	冉	1	郁	1	寿	1	延	1
戎	3	华	1	鲍	1	涂	1	蕲	1
佘	3	皮	1	蒙	1	博	1	阔	1
霍	3	解	1	段	1	付	1	亢	1

【语言】 潮阳区通行的方言是潮阳话，潮阳话是潮汕方言的一种，属闽语闽南区语系和潮汕地区的闽语方言，统称潮州话或潮汕话。

潮阳方言分4种口音：

县城音。通行于文光、棉北、城南、金浦、和平、河溪、西胪、贵屿、谷饶、铜盂等镇（街道）及海门镇的湖边、竞海、坑尾等村（社区）。

直浦音。通行于关埠（讲石井音的地方除外）、金灶等镇，语言接近揭阳音。

石井音。通行于关埠镇属的石井、圆山、新红、集德、玉山等地。

海门音。通行于海门镇区及所属新地、洪洞两村。

客家方言主要分布于小北山的谷饶、金灶镇部分地区及西胪镇的个别村，属双方言地区，绝大多数客家人既会讲客家话也会讲潮阳话。

20世纪50年代开始推广普通话。改革开放后，随着外出、外来人口增多，推动了普通话的普及，普通话成为对外人际交往的主要语言。

华人华侨　港澳台胞

【简况】　潮阳区是广东省乃至全国重点侨乡之一，全区13个镇（街道）都有居民旅居海外及港澳台地区。其中和平、贵屿、铜盂、谷饶、文光等镇（街道）为重点侨乡。全区272个村（社区）中，有186个有居民移居海外及港澳台地区，占68.1%。全区移居海外及港澳台地区约120万人，分布于世界五大洲几十个国家和地区，其中以旅居泰国、香港占绝大多数。

移居海外的侨胞及港澳台胞超过1万人的村（社区）有和平镇的凤善、下厝，贵屿镇的东洋，谷饶镇的仙波，文光街道的兴归、文光等。旅外人口超过村（社区）常住人口数的，除上述大多数村（社区）外，还有铜盂镇的潮港、铜钵盂、老溪西、市上、屿南，谷饶镇的东明、横山，和平镇的凤皋，关埠镇的田东等。

【职业和成就】　潮阳区旅外乡亲具有吃苦耐劳、勤奋拼搏、艰辛创业的精神，早期多以出卖劳力或从事小商、小贩、小手工业谋生。经过几代人的努力，一部分人脱颖而出，逐步进入工商业、金融业、建筑房地产业、政界。

在泰国，早期侨领陈耀衢，创办制冰厂，经营金银首饰业，捐资支持北伐，曾被选为国民党第二次全国代表大会代表。在新加坡有侨领郑则士，经营酒业，坚持在家乡棉城办义学20多年，曾任广东省参议，省侨委顾问。晚期旅居新加坡的刘侯武，从事政务，长期支持孙中山民主革命，曾任国民政府监察院监察委员兼特派广东广西监察区监察使，曾弹劾汪精卫（南京国民政府中央政治委员会主席兼行政院院长）和顾孟余（铁道部部长）在办理陇海、津浦等铁路时贪污舞弊而轰动朝野。旅泰侨领陈纯，是泰国华文报业巨子，曾任泰八世皇慈善基金会筹款委员会主席，是中华文化慈善基金会创始人之一。刘荣坤从事酒业和金融信托业，是泰国亚洲银行最大股东，曾任泰政府国务院顾问。马定伟经营大米，与美国米竞争获得成功，曾被阿曼国王暨政府册封为该国驻泰王国全权总领事。吴逢金专营出口木薯粉，被誉为“木薯粉大王”，泰政府委任为商务专员，其子吴汉泉曾任泰王国驻菲律宾大使。陈世贤从事地产和旅游业，是泰华报人公益基金会创始人，历任主席，长期为华文报人谋福利，促进华文报业的发展，曾任中华文化促进会副会长。姚宗侠经营纺织、地产业，任泰国中华工商会永远名誉顾问。陈汉士创办亚洲最大规模的罐头食品生产企业，被誉为“罐头大王”，曾任泰国行政院院长顾问，泰中友好协会副会长。马振平，少将军衔，曾任泰政府副总理、国防部长、内务部长、工业部长。马德祥曾任泰政府实业部长、内务部长、财政部长、交通部长。马裕炎曾任泰政府实业部长等。在马来西亚，萧遥天是一位多产作家、书画家和考据家，是集“文、诗、书、画”四艺的学者，被誉为“南天一支笔”。旅居法国的郑辉，是经营超市企业家，在商场设中国商品专柜，专卖中国货，销售网络遍及欧美、非洲及亚洲，年销售额4亿欧元。刘遵义教授是美国乃至世界知名经济学家，被中国台湾聘为“中央研究院”院士；郭培宣被评为杰出教授，获美国科学专家、教育专家称号。

在香港，林百欣从事服装业、纺织业、传播业，历任香港丽新集团董事局主席、亚洲电视有限公司董事局行政主席。马松深，经营纺织业，历任港九潮州公会主席。陈彦灿长期经营服装业，服装畅销欧美、东南亚，后又拓展房地产、金融、证券、保健食品、日用百货、进出口贸易等，成为拥有15个分支机构的蓝雀集团跨国公司，曾任汕头总商会名誉主席、澳门潮州同乡会名誉主席、潮阳市政协名誉主席等职。

【荣誉】　潮阳区旅外乡亲，长期在异国他乡艰苦奋斗，创家立业，与住在国（地区）人民融为一体，为社会经济发展作出贡献，获住在国（地区）元首或政府的赞誉和嘉奖。

在泰国，荣获泰皇御赐勋章的有林渭滨、陈纯、林金武、陈世贤、马定伟、马实秋、刘荣坤、郭振、陈振刚、杨奕豪、蔡明祥、姚宗侠、陈郑伊梨、吴逢金等。在新加坡，总统授予李禧金公共服务有功勋章（BBM）。在马来西亚，国家最高元首授予萧楚钗拿督勋衔、陈锦泉晋升最高拿督勋衔。在法国，国际美食旅游协会授予郑辉亚洲食品批发商欧洲最高声望金质奖、亚洲食品品质推销推广荣誉金牌奖。

在香港，马锦明、林建名、叶庆忠、刘铭坤、马锦灿等获英国女王颁授 MBE 勋衔或荣誉奖章。叶庆忠、李业广被港督委任为本港太平绅士，叶庆忠、林百欣荣任香港特别行政区第一届政府推选委员会委员。林百欣、李业广还被国务院港澳办公室及新华社香港分社聘请为香港事务顾问。

【社团组织】 潮阳区旅外乡亲以“五缘”（即地缘、血缘、语缘、业缘、文缘）关系为纽带，积极参与倡导、组织各种社团。历史悠久，较有影响的社团有新加坡潮阳会馆（成立于民国 35 年）、新加坡潮州八邑会馆（成立于民国 14 年）、泰国潮阳会馆（成立于民国 36 年）、泰国潮州会馆（成立于民国 27 年）、泰国中华总商会（成立于清宣统二年即 1910 年）、泰中促进贸易商会（成立于 1986 年）、马来亚潮州公会联合会（成立于民国 23 年）、美国北加州潮州同乡会（成立于 1981 年）、美国南加州潮州同乡会（成立于 1982 年）、加拿大卡城潮州同乡会（成立于 1984 年）、澳大利亚潮州同乡会（成立于 1988 年）、香港潮阳同乡会（成立于民国 34 年）、香港潮州商会（成立于民国 10 年）、香港潮商互助社（成立于民国 19 年）、香港九龙潮州公会（成立于民国 37 年）、台湾基隆市广东同乡会、台北市潮州同乡会、台中市潮州同乡会等，共计 110 多个。祖籍潮阳区的乡亲郑则光、郑振文、李禧金、陈振刚、林渭滨、马实秋、陈纯、马定伟、刘荣坤、林金武、姚宗侠、郑锦良、马天翼、郭鹏、陈汉士、陈兴勤、蔡明祥、郑则士、刘侯武、郑则民、黄仕元、萧楚钗、郭振、陈彦灿、张楚光、萧钦炳、萧承忠等在社团组织中曾任总理（理事长、会长）、永远名誉理事长、名誉理事长等职，他们为实现社团组织“联络感情，敦睦乡谊，开展互助，增进团结，倡导慈善，兴学育才，造福社会”的宗旨，发挥自身优势，积极活动，出钱出力，为华侨社会所推崇。

【赤子心】 潮阳区旅外乡亲具有爱国爱乡的优良传统。19 世纪末到 20 世纪中叶，有的捐献家产，有的奔走募捐、筹集巨资，支持孙中山发动的民主革命，从广州起义，辛亥革命到民国建立后的讨袁斗争、北伐战争；支持抗日战争和解放战争。他们从舆论、人力、物力、财力上都给予毫无保留的支持。新中国成立后，特别是改革开放后，他们满怀报效祖国赤子之心，为社会主义建设事业作贡献。据不完全统计，1980 年以来，旅外华人华侨、港澳台胞捐资兴学育才、赈灾救济、建桥筑路、建医院、兴办自来水工程、支持文化建设等，共捐资人民币 4.5 亿元。其中，捐资超过人民币 1000 万元的有林百欣、黄丕通、董明光、陈彦灿、姚宗侠、陈兴勤、陈世贤、郑翼雄、马松深、张楚光、林炳宣、陈琳等。林百欣、林余宝珠伉俪在汕头、潮阳捐资额达人民币 4 亿元。

【荣誉市民】 1991～2010 年，汕头、广州、澄海、潮阳、江门、恩平、清远、韶关、始兴、茂名、从化、揭阳、重庆、成都、天津等市、县人民政府先后授予潮阳区旅外乡亲陈郑伊梨、陈世贤、陈兴勤、姚宗侠、陈汉士、林百欣、林余宝珠、马松深、郑翼雄、黄泽明、陈彦灿、董明光、张楚光、黄丕通、马宝基、萧辉文、郑卓标、林炳宣、陈琳、吴国明、吴镇明、黄丕强、郑志才、马馀雄、张植伟等“荣誉市民”称号，颁发“荣誉市民”证书和金钥匙。其中，获 2 个市“荣誉市民”称号的有陈郑伊梨、姚宗侠、林余宝珠、郑翼雄、陈彦灿、张楚光、吴镇明、黄丕强；获 3 个市“荣誉市民”称号的有林百欣；获 4 个市“荣誉市民”称号的有马松深；获 5 个市“荣誉市民”称号的有陈世贤。

（年鉴编辑部）

党

政

www.gdchaoyang.gov.cn

党 政

中国共产党汕头市潮阳区委员会

【机构设置】 中国共产党汕头市潮阳区委员会办公地址位于潮阳区文光街道中华路136号党政机关办公大楼。至2011年末，有书记1名，副书记2名，常委9名。下设工作部门8个：区纪律检查委员会、区委办公室、区委组织部、区委宣传部、区委统战部、区委政法委、直属机关工作委员会、区编办。

【区委全委会】 2011年，召开区委全委会3次，分别是：

1月24日，区委二届八次全会在区党政机关办公大楼召开。会议学习党的十七届五中全会、中央经济工作会议和省委十届八次全会、市委九届十次全会精神，听取区委书记陈壮生代表区委常委会作《推动科学发展，建设幸福潮阳》的工作报告、区长林伟雄关于经济工作的讲话，审议通过《中共汕头市潮阳区委关于制定全区国民经济和社会发展第十二个五年规划的建议》。

7月29日，区委二届九次全会在区党政机关办公大楼召开。会议深入贯彻党的十七大、十七届五中全会和胡锦涛总书记在庆祝中国共产党成立90周年大会上的重要讲话精神，听取区委书记陈新造代表区委常委会作《加强社会建设，创新社会管理，为建设幸福潮阳作出新贡献》的工作报告。

9月25日，区委三届一次全会在区党政机关办公大楼召开。选举产生新的区委常委会和区委书记、副书记，通过区纪委一次全会选举结果。

【区第三次党代会】 9月22～25日在城区召开。会议实事求是地总结第二次党代会以来的工作，科学规划未来五年的发展蓝图，选举产生新一届区委委员和区纪委委员。

【区党政班子联席会议】 2011年，召开区党政班子联席会议7次，分别是：

1月19日，在党政机关办公大楼七楼会议厅召开区党政班子联席会议。会议传达学习中纪委、中组部1月17日召开的严肃换届纪律，保证换届风清气正电视电话会议精神，讨论《中共汕头市潮阳区委二届八次全会工作报告》（讨论稿）和《中共汕头市潮阳区委关于制定国民经济和社会发展第十二个五年规划建议》（讨论稿），研究规范和增加机关公务员津贴补贴有关问题的意见以及中小学代课教师转岗和解除劳动关系等有关问题，部署有关工作，并相应决定有关事项。

2月10日，在党政机关办公大楼七楼会议厅召开区党政班子联席会议。会议听取区党政班子成员对前段时间工作，包括春节期间有关工作情况的汇报，研究春节后及新一年的工作，并相应决定有关事项。

3月17日，在党政机关办公大楼七楼会议厅召开区党政班子联席会议。会议传达贯彻全市地方党政领导干部安全生产“一岗双责”和安全生产工作暨防范特大安全事故工作会议精神，讨论研究《政府工作报告》（讨论稿）、《潮阳区2010年国民经济和社会发展计划执行情况与2011年计划草案的报告》、《潮阳区2010年预算执行情况和2011年预算草案的报告》、《潮阳区第十二个五年规划纲要》、《2011年潮阳区10件民生实事》、《潮阳区重点水利工程建设实施方案》和《潮阳区影剧院抢险加固修缮工程资金投入有关情况》，并相应决定有关事项。

4月2日，在党政机关办公大楼七楼会议厅召开区党政班子联席会议。会议传达全市村（社区）“两委”换届选举工作情况分析会议精神，讨论研究潮阳城区老过境路、东山大道、中华路、新华东路改造工程采用BT施工承包方式建设方案和有关工作，并相应决定有关事项。

5月12日，在党政机关办公大楼七楼会议厅召开区党政班子联席会议。会议通报茂名市原市委书记罗荫国违纪处理有关情况，讨论研究《关于做好镇党委换届选举和镇领导班子配备工作方案》和《关于推进我区企业上市后备资源企业土地处置的试行办法》，听取潮阳城区老过境路、东山大道、中华路、新华东路建设情况以及当前税收情况的汇报，部署有关工作。

8月10日，在党政机关办公大楼七楼会议厅召开区党政班子联席会议。会议听取区党政班子领导成员、区人大、区政协主要负责人对近期工作及下一步工作打算的汇报交流，讨论研究《潮阳区扶持保护重点企业（项目）实施办法》、《潮阳区处置违法上访行为协作工作机制》、《汕头市潮阳区2011年保障性住房建设实施方案》和《关于设立潮阳新华书店有限公司的请示》，并相应决定有关事项，会议还部署有关工作。

11月25日，在党政机关办公大楼七楼会议厅召开区党政班子联席会议。会议主要讨论研究关于深入贯彻潮阳区第三次党代会精神、加快推进工作落实的工作方案、启动汕头市潮阳旧货交易中心以区财政出资形式参与贵屿镇循环经济园区相关项目投资经营、拨款解决城南东内土地征地补偿经费、核拨潮阳区2011年第一批土地开发整理补充耕地项目经费、潮阳区2011年第二批土地开发补充耕地项目调查情况等有关问题，听取关于省水利厅主要领导到潮阳区调研村村通自来水试点工程和饮水安全工程建设情况的汇报，并部署下一步工作。

（区委办）

附：2011年中共潮阳区委书记、副书记、常委名录

书　记： 陈壮生（任至7月）
陈新造（7月任职）

副书记： 林伟雄（任至8月、区长）
杜怀丹（8月任职，代理区长、区长）
张锡潮

常　委： 黄克坚（任至9月）
陈邦津（常务副区长）
陈建辉（任至8月）
刘晴虹（任至8月）
高明哲（任至6月）
郭英杰（任至8月）
吴锡龙（任至9月）
姚佐雄
方潮生（9月任职）
杨涛广（6月任职）
吴　军（8月任职）
林永河（8月任职）
池小玲（9月任职）
姚欣文（9月任职）
许翰生（挂职）

汕头市潮阳区人民代表大会常务委员会

【概况】 汕头市潮阳区第二届人大常委会设主任1名，副主任6名，委员20名。2011年11月换届后，第三届人大常委会设主任1名，副主任6名，委员22名。常委会机关行政编制14名。2011年底常委会及机关在职人员34人。常委会下设财政经济工作、法制工作、农村工作、教育科学文化卫生工作、华侨外事工作5个工作委员会。区人大机关设办公室、选举联络任免室、法制工作室3个正科级综合办事机构。办公室受常委会的委托，管理机关的日常工作，综合协调机关各办事机构和联系常委会各工作委员会的工作。依法治区工作领导小组办公室设在区人大常委会。

【依法治区工作】 2011年，区依法治区工作贯彻落实科学发展观，坚持党的领导、人民当家做主和依法治国的有机统一，全面推进依法治区工作，加快法治潮阳建设。区人大常委会充分发挥主导作用，加强对依法治区工作的指导、组织、协调和督促。4月，区委办公室通知各镇（街道）和区直局以上单位主要领导收听收看广东省依法治省工作会议。根据会议部署，各单位对依法治区工作进行传达贯彻，并积极组织实施。区人民政府工作部门依法开展行政执法，区法院和检察院以“阳光法治·法治惠民”为主题，开展审判和检察工作，促进公平正义，司法公正。5月，为开展法治文化建设，区依法治区工作领导小组办公室派员到区文化局联系开展法治文化建设事宜，并与区文联等单位负责人就法治文化建设的有关问题进行探讨、交流，达成共识。利用现有资源，在有关文化载体中加载法治文化元素，达到法治宣传目的。9月，召开《法治广东建设五年规划》宣讲报告会。11月，针对潮阳区换届选举结束，领导成员出现新老交接的特点，区依法治区办及时发出《关于深入开展法治区、法治镇（街道）创建活动，推进依法治区工作进程的通知》（潮法治办〔2011〕1号），要求各级、各部门要高度重视依法治区、依法治镇（街道）工作。对换届选举后出现变动的人员，要及时调整，确保工作的连续性。12月，区依法治区办会同区司法局，组织各单位开展《法治广东宣传教育周》活动，在此期间，区依法治区办、区司法局、区文化局还组织潮阳民间剪纸艺人参加汕头市组织的法治广东宣传教育周活动暨法治文化集市活动。

【监督工作】 2011年共召开10次常委会会议，听取和审议工作汇报16项。围绕计划、预算执行情况，听取和审议本级国民经济和社会发展计划草案、预算草案，审查批准潮阳区2010年决算和2011年预算调整，为经济发展提供法制保障。常委会一直把民生政策贯彻落实情况作为监督工作的重中之重，紧紧抓住群众关心的教育、医疗、就业、食品安全、社会治安、为民办实事项目等民生问题，组织调研视察，听取和审议相关工作报告，提出意见和建议，促进相关工作开展。先后审议和检查行政机关贯彻实施《水法》、《中医药条例》、《劳动法》、《体育法》等法律法规，形成有针对性和可操作性的审议意见，及时送交“一府两院”及其相关部门，要求在规定的时间内以书面形式向常委会报告办理结果。区人民政府和职能部门重视常委会的意见、建议，加大执法力度，加强监管，积极推进各项工作正常开展。常委会以促进依法行政和公正司法为目标，对《税收征收管理法》、《广东省宗教事务条例》贯彻落实情况组织开展专题调研与执法检查。组织检查组对区检察院贯彻落实《广东省人大常委会关于加强人民检察院对诉讼活动的法律监督工作决定》情况进行检查，听取相关工作情况汇报，提出进一步加强队伍建设、提高执法水平、维护司法公正的意见建议。常委会把人大信访工作作为密切联系群众、化解社会矛盾的重要工作，健全交办督办机制，增强信访工作实效。全年共受理人民群众来信8件，接待来访32人次，促进社会的和谐稳定。

【讨论决定重大事项】 2011年，区人大常委会紧紧围绕全区工作大局和经济建设中心，坚持抓重点、议大事，依法行使重大事项决定权，切实推动重大项目建设。适时听取和审议区人民政府提出的关于潮阳引韩供水工程、护城河整治和景观工程、潮阳区污水处理厂等贷款方案以及关于“十二五”期间潮阳区重点水利建设实施方案等建设工程项目议案，并审查批准这些议案，支持政府用足金融资本，支持政府加快重点项目建设步伐。组织人大代表视察城区道路交通状况和水利、工业园区等重点工程和重大项目建设。向区人民政府及相关单位提出意见建议，协调有关部门解决实际问题，推动一批重点工程项目顺利实施。

【依法进行人事任免】 2011年，常委会共任免干部69名，其中人大机关2名、政府组成人员42名、“两院”25名。7月25日，二届人大常委会第43次会议，通过接受陈壮生辞去区二届人大常委会主任职务的决定，根据主任会议的提名，决定庄儒忠副主任为区二届人大常委会代理主任。8月26日，二届人大常委会第44次会议，分别通过接受林伟雄辞去区人民政府区长职务、张广生辞去区人民检察院检察长职务的决定；决定任命杜怀丹、庄俊斌为潮阳区人民政府副区长；任命陈辉光为潮阳区人民检察院副检察长；并根据区人大常委会主任会议的提名，决定杜怀丹副区长为潮阳区人民政府代理区长、陈辉光副检察长为潮阳区人民检察院代理检察长。

【开展代表工作】 组织代表做好议案、建议征集工作。为解决制约或影响潮阳经济社会发展的若干问题，常委会组织代表开展调查研究，征求区人民政府及有关部门的意见建议，撰写议案、建议，分别向省、市人代会提交议案、建议11件。省人大代表郑永钊在省十一届人大四次会议上领衔提出“关于要求省财政加大资金补助力度，帮助潮阳区解决中小学代课教师及教师福利待遇资金困难的建议”、“关于要求改造汕头市潮阳区潮海公路的建议”、“关于要求简化居民医保相关报销手续的建议”等4件建议；张南祥、郑广钟、郑建文等7位市人大代表在市十二届人大六次会议上分别领衔提出“关于要求市人民政府对国道324线潮阳城区段进行规划改线的议案”、“关于要求市人民政府对国道324线潮阳金浦梅花至潮南胪岗新庆路段进行大修的议案”、“关于要求市人民政府撤销潮阳金浦路桥收费站的议案”等7件议案，要求省、市人民政府及其职能部门重视和帮助潮阳区解决发展中亟待解决的问题，促进潮阳区经济社会又好又快发展。张南祥、郑广钟、郑建文等3位代表领衔提出的议案被列为大会三号议案，交市人民政府，要求提出议案办理方案的报告，并提请市人大常委会审议。

组织市代表培训。6月14～16日，配合市人大组织部分市十二届人大代表到南澳县青澳湾参加学习培训，提高代表履职能力；12月19日，为提高潮阳区的市十三届人大代表的履职能力，为市新一届人大一次会议的召开做好准备，区人大常委会组织培训班对潮阳区的市人大代表进行培训。

坚持区人大常委会组成人员联系代表制度。为进一步加强同人大代表的联系，及时了解和掌握人大代表和人民群众对区人大常委会及“一府两院”工作的意见和要求，推动潮阳区代表工作的深入开展，根据《潮阳区人民代表大会常务委员会工作制度》的有关规定，建立区人大常委会组成人员联系人大代表制度，强调区人大常委会组成人员要认真履行宪法和法律赋予的职责，明确做好代表工作的重要性，深入基层，调查研究，密切联系代表，及时反映代表的意见和建议，为区人大常委会开展工作提供第一手材料，使人大常委会的作用得到更好地发挥。同时，为代表开展活动、履行职责创造条件，提供服务。

【督办代表建议】 区二届人大六次会议期间，共收到代表的议案21件（经大会主席团审议，确定1件作为议案提交区人大常委会审议，其余20件转为建议件办理）、建议6件，共27件。区人大常委会重视代表议案、建议的督办工作，5月底与区人民政府联合召开议案、建议专门交办会，落实办理工作责任。10月24日，区二届人大常委会召开第四十六次会议，听取区人民政府有关加大力度、支持贵屿发展循环经济产业园建设情况的专题汇报，审议区人民政府关于区二届人大六次会议代表议案、建议办理情况报告，针对存在问题，全面分析研究，对办理不到位、代表不满意的建议，及时跟踪，加大督办力度，促进代表议案、建议办理落实。经各方努力，区二届人大六次会议27件代表议案、建议中所提问题得到解决或正在解决的20件，占74%，其余建议因各种原因一时难以办理向代表作解释说明，代表满意率100%。区三届人大一次会议期间，共收到代表的议案26件（经大会主席团审议，确定1件作为议案提交区人大常委会审议，其余25件转为建议件办理）、建议9件，共35件；12月初与区人民政府联合召开议案、建议专门交办会，落实办理工作责任。

（人大办）

附：2011年潮阳区人大常委会组成人员名录

主　　任： 陈壮生（任至7月）
　　　　陈新造（11月任职）

代理主任： 庄儒忠（7月任至11月）

副 主 任： 庄儒忠
　　　　郑耿斌（11月任职）
　　　　马泽武
　　　　周修盛（任至11月）
　　　　林木贞（任至11月）
　　　　李育荣
　　　　郑少燕
　　　　刘伯仕（11月任职）

委　　员： 杨勤丰（任至11月）

张潮钦
陈桂祯
黄荣林
林鸿城（任至11月）
陈景壮（任至11月）
连武明（11月任职）
周鹤弟（任至11月）
吴鹏仁（任至11月）
黄基盛
郑灿镇（任至11月）
元炳松（任至11月）
蔡庭坚（11月任职）
李振森（11月任职）
陈汉勇（11月任职）
赵丕洲（11月任职）
林志坚（11月任职）
翁庸智（11月任职）
陈楚贤（11月任职）

兼职委员： 翁炳炎（任至11月）
郑映希（任至11月）
周汉和（11月任职）
吴瑶钦（11月任职）
陈　健（11月任职）
马红文
谢叙淦（任至11月）
张喜练（任至11月）
黄小涛
陈伟健（任至11月）
马楚标（11月任职）
郑立平
张元彬（11月任职）
黄壮国（11月任职）

汕头市潮阳区人民政府

【机构设置】 汕头市潮阳区人民政府办公地址位于潮阳区文光街道中华路136号党政机关办公大楼。至2011年末，有区长1人，分管区政府有关工作的区委常委1人，副区长6人。区政府设置的工作部门为：区人民政府办公室、发展和改革局、经济和信息化局、教育局、科学技术局、民族宗教事务局、公安分局、监察局、民政局、司法局、财政局、人力资源和社会保障局、国土资源局、环境保护局、住房和城乡建设局、交通运输局、水务局、农业局、林业局、对外贸易经济合作局、文化广电新闻出版局、卫生局、审计局、外事侨务局、人口和计划生育局、统计局、海洋与渔业局、安全生产监督管理局、城市综合管理局。其中，监察局与纪委机关合署办公，文化广电新闻出版局与区委宣传部合署办公，外事侨务局、民族宗教事务局与区委统战部合署办公，列入区人民政府工作部门序列，但不计入区政府机构个数。

【区政府常务会议】 2011年，区政府共召开9次常务会议，分别是：

1月21日，区长林伟雄主持召开第43次区政府常务会议，研究决定若干事项。原则同意《潮阳区城乡特困居民医疗救助实施方案》；原则同意《潮阳区医药卫生体制改革近期重点实施方案（2009～2011年）》；研究中小学代课教师转岗和解除劳动关系有关问题；会议还讨论其他事项并部署春节前有关工作。

3月7日，区长林伟雄主持召开第44次区政府常务会议。会议审议同意《潮阳区国民经济和社会发展第十二个五年规划纲要》；研究并原则同意《2011年潮阳区10件民生实事》；研究影剧院抢险加固修缮工程增加修缮项目及资金投入有关问题；原则同意《潮阳区重点水利工程建设实施方案》；传达贯彻全市地方党政领导干部安全生产“一岗双责”和安全生产工作暨防范重特大安全事故工作会议精神；研究汕头市纺织服装展示博览中心有关问题。

3月16日，区长林伟雄主持召开第45次区政府常务会议。会议审议并原则同意潮阳区第二届人民代表大会第六次会议《政府工作报告》（讨论稿）；原则同意《潮阳区2010年国民经济和社会发展计划执行情况与2011年计划草案》、《潮阳区2010年预算执行情况和2011年预算草案》。

4月1日，区长林伟雄主持召开第46次区政府常务会议。会议研究并原则同意《潮阳城区老过境路、东山大道、中华路、新华东路改造工程采用BT施工承包方式建设方案》；研究进一步推进殡改工作有关问题，原则同意《潮阳区关于推进企业上市工作的实施意见》；决定部分资金审批问题。

5月12日，区长林伟雄主持召开第47次区政府常务会议。会议研究并原则同意《关于推进我区企业上市后备资源企业土地处置的试行办法》；研究城区老过境路、东山大道、中华路、新华东路改造建设进展情况等有关问题。

5月19日，区长林伟雄主持召开第48次区政府常务会议。会议研究决定调整城市及村镇基础设施配套费收费标准；决定对铜盂镇6家印染企业进行关闭取缔；决定引进社会资金（企业投资）建设潮阳林百欣中学学生宿舍和师生食堂工程。

9月5日，代区长杜怀丹主持召开第49次区政府常务会议。会议研究并原则同意《潮阳区基层医疗卫生机构综合改革工作方案》；决定恢复汕头市潮阳区建筑工程总公司等十家建筑施工企业集体所有制性质；原则同意《潮阳区电机厂实施企业改革安置职工实施方案》；审定潮阳区城镇国有土地基准地价更新成果及潮阳区集体建设用地使用权基准地价评估成果；决定终止执行潮阳老过境路、东山大道、中华路、新华东路改造工程采用BT施工承包方式建设方案以及回购资金计划方案；研究决定拨给区第二次全国地名普查试点工作经费；原则同意《汕头市潮阳区新型农村社会养老保险实施办法》。

10月27日，代区长杜怀丹主持召开第50次区政府常务会议。会议审议并原则同意潮阳区第三届人民代表大会第一次会议《政府工作报告》（讨论稿）；决定成立区土地征收工作领导小组；决定成立区规划委员会；审议同意《潮阳区突发事件总体应急预案》；原则同意《潮阳区公共卫生与基层医疗卫生事业单位绩效工资实施办法》；研究区供销合作联社要求恢复物资回收总公司和汕头市潮阳拍卖行企业经济性质的问题。

12月19日，区长杜怀丹主持召开第51次区政府常务会议。会议研究同意《潮阳区村村通自来水工程建设示范县总体实施方案》；同意《潮阳区提高基层公职人员津贴补贴实施意见》；决定招聘中等职业技术学校短缺专业教师及2012年区直单位、公安分局、检察院、镇（街道）公务员招录计划；确定潮阳区生活垃圾处理场选址；原则同意《潮阳电影公司转企改制工作方案》；研究并原则同意《潮阳区2011年财政预算调整方案》。

【产业经济增量提质】 2011年潮阳区拥有工业企业1361家，规模以上工业企业325家，有省著名商标41件。谷饶镇是“中国针织内衣名镇”；贵屿镇是全国主要的废弃机电产品拆解利用基地，也是国家第一批循环经济试点单位之一。全区初步形成以针织服装、音像制品、纸品文具、机电制造和建筑安装等为支柱的产业格局。针织服装、音像制品两大传统支柱产业加快转型升级，12家音像企业投资近2亿元转产兼营发展新行业，29家纺织企业投入5.2亿元引进先进设备240台（套），产值分别增长19.8%和24.1%。纸品文具、机电制造和建筑安装等行业规模进一步扩大，生物制药、LED半导体照明等新兴产业加快发展。技改创新步伐加快，新增1个省民营企业创新产业化示范基地、3家省优势传统产业转型升级示范企业。农业现代化、产业化水平不断提高，已形成粮食、蔬菜、禽畜、水果、水产五大支柱农业产业。拥有关埠、西胪2个万亩优质水稻生产基地和11家农业龙头企业、18个省级无公害生产基地、4个省级标准化示范区、21个农业部认证无公害农产品以及“金灶三棱橄榄”、“西胪乌酥杨梅”两个国家地理标志保护产品。

【城乡建设统筹实施】 潮阳区积极融入汕头市“一核多组团”的城市发展新格局和“一湾两岸”的城市形态，全面启动《汕头市潮阳区分区规划（2010～2020）》编制工作。高起点、高标准规划厦深铁路潮阳站站前广场、进站路及周边配套设施。推进城市网格化管理，大力整治重点区域“脏乱差”现象，“创卫”、“创模”成果得到巩固，“创文”工作取得新成效，河溪镇西陇村获“广东省文明村”称号。植树造林和绿地建设有效开展，新增绿地面积2.5万平方米，森林覆盖率34.2%，西胪镇青山村获“汕头市生态示范村”称号。完成新农村公路建设项目112个116.2公里，公路危桥改造项目23个，农村客运候车亭161个。继续推动老区山区建设，发展环境得到有效改善。

【重点项目建设有序推进】 积极推进潮阳区22个重点项目和山洽会、侨博会18个项目的建设进程。

引韩供水工程正在积极进行优化方案的第三方论证。贵屿镇循环经济新城一期第一批园区用地已完成挂牌出让，与TCL集团等企业合作进展顺利。海门中心渔港项目全面竣工并通过交工验收，码头后方配套项目建设基本完成。城区四条道路改造前期工作顺利开展，新华东路完成招投标并开工建设。汕揭、揭惠、潮惠高速公路潮阳路段建设前期工作进展顺利。海门、贵屿、谷饶镇污水处理厂和城区生活垃圾处理场等项目前期工作扎实有序推进。

【社会管理日臻完善】 2011年，潮阳区加强社会治安综合整治，重拳打击各类违法犯罪活动，全年查破刑事案件805宗，社会治安状况明显好转。安全生产“一岗双责”有效落实，重点地区和重点领域火灾隐患排查整治持续深化。高度重视信访维稳工作，及时处置化解“12·20”海门不稳定因素，全力维护社会稳定。开展打击侵犯知识产权和制售假冒伪劣商品专项行动，查处各类案件28宗。组织开展环境综合整治大行动，拆除一批酸洗、提取贵重金属、焚烧高压包等工场和作坊，控污减排工作扎实推进。集体林权制度改革顺利通过省验收，获评优秀等次。巩固扩大人口计生工作成果，开展“两无”创建活动，人口出生率10.33‰，同比下降0.51个千分点；政策生育率97.96%，同比提高1.61个百分点。落实殡葬管理目标责任制，加大殡改执法力度，火化率得到巩固和提高，全年推算火化率为96.4%。

【社会事业扎实推进】 区政府扎实推进基层医疗卫生机构综合改革，实施基本公共卫生服务项目，传染病防控工作得到加强，卫生保障能力不断提高。“普九”成果巩固提高，防流控辍工作富有成效，普及高中阶段教育全面实施，毛入学率达到85%。加强教师队伍建设，新招录教师444名，“代转岗”考试招录职工851名。素质教育扎实推进，高考再创佳绩，各批上线率均超过省、市平均水平。开展形式多样的群众性文艺活动，举办“幸福潮阳”民族交响音乐会和国庆群众歌会，组织“潮之春”迎春文化节等系列活动，得到广泛好评。民俗文化活动享有盛誉，荣获“中国民间文化艺术之乡”称号。科普事业取得新突破，荣获“2011~2015年全国科普示范区”称号。不断加大旅游宣传推介力度，组织乡村旅游节系列活动，培育发展特色农业生态旅游。体育健身设施建设不断完善，群众体育广泛开展。

【民生福祉持续改善】 区政府推进民生实事建设，不断改善和提高民生福祉。投资2000万元完成海门安居工程一期174套廉租住房。全区城镇实现新增就业1.24万人，下岗失业人员再就业3625人，转移农村劳动力2.48万人。19个新、改、扩建校舍项目全面启动，投入1.87亿元完成项目15个。投入帮扶资金3305万元，落实项目60多个，超额完成45%贫困户脱贫任务。504名农村“五保”对象纳入财政供养；将城乡低收入特殊困难对象全部列入城乡医疗救助范围并提高救助标准。全区基本医疗保险覆盖率达95.56%，其中新型农村合作医疗参合率达99.8%。13所基层医疗卫生院全部实施国家基本药物制度，实行零差率销售。金关围和练江堤防工程基本完成，海门湾桥闸和练江水闸等项目前期工作扎实推进，城乡水利防灾减灾工程配套电排项目正式开工建设。投入8010万元建设54个村（社区）饮水安全工程，解决18.35万人的饮水安全问题。护城河南北段两岸景观工程建设基本完成。投入780万元，完成埔谷线谷饶段4.46公里路面建设。

（政府办）

附：2011年潮阳区人民政府领导名录

区　　长： 林伟雄（任至8月）
杜怀丹（8~11月任代理区长，11月任职）

区委常委、常务副区长： 陈邦津

分管政府工作的常委： 吴锡龙（任至9月）
姚佐雄（10月任职）

副 区 长： 郑耿斌（常务，任至11月）
马文玲（常务）
陈纯浩
张为东（任至8月）
方潮生（任至11月）
李绪明（11月任职）
庄俊斌（8月任职）
黄志荣（11月任职）

区长助理： 李绪明（任至11月）
池小玲（任至9月）

中国人民政治协商会议汕头市潮阳区委员会

【概况】　2011年，潮阳区政协围绕中心，服务大局，发挥优势，履行职责，团结带领全体政协委员和各界人士，深入开展协商议政、调研视察和民主监督，有效地推动各项工作的落实，为提速科学发展、建设幸福潮阳作出贡献。政协潮阳区第三届委员会共有委员205名，设主席1名、副主席6名、秘书长1名，以及提案委员会、经济科技委员会、城市建设和环境资源委员会、教文卫体委员会、社会和法制委员会、港澳台侨外事委员会、学习和文史委员会7个专门委员会，并设立各镇（街道）委员联络组和港澳委员联络组。政协机关内设办公室、综合联络科、专委会工作科3个科（室），编制12名。

【全体会议】　2011年，潮阳区政协召开二届六次会议和三届一次会议共2次全体会议，分别是：

3月28日，潮阳区政协二届六次会议在区党政办公大楼召开。会议听取和审议区政协常委会工作报告和提案工作报告，讨论潮阳区政府工作报告和其他报告。会议期间，委员们围绕加快转型升级、提高自主创新能力、大力发展服务业、宜居城乡建设、重视民生民安、加强环境保护等问题进行协商议政，建言献策，提出许多建设性意见建议。

11月3日，潮阳区政协三届一次会议在区党政办公大楼召开。会议听取和审议二届政协常委会工作报告和提案工作报告，列席区第三届人民代表大会第一次会议，讨论潮阳区政府工作报告和其他报告；会议选举产生区政协新一届领导班子及常委会组成人员，圆满完成各项议程，达到预期目的，是一次求真务实、共谋发展，民主和谐、团结奋进的大会。

【参政议政】　2011年8月，政协经济科技委员会就巩固发展全区建筑业问题进行专题调研，向区政府提出加快全区建筑企业体制改革步伐的建议。区政府十分重视，在第49次区政府常务会议上进行研究，原则同意汕头市潮阳区建筑工程总公司等十家建筑施工企业恢复集体所有制性质。各镇（街道）委员联络组，围绕当地经济发展、社会建设和群众反映的热点问题，开展调研视察，积极建言献策，有力地推动相关工作的开展和相关问题的解决。11月，常委会围绕区政府实施十件民生实事课题，深入开展专题议政活动。常委们在视察区职业技术教育中心，听取区政府有关领导汇报的基础上，认真讨论，寻求良策，形成《潮阳区政协常委会关于听取区政府2011年十件民生实事进展情况汇报专题议政报告》，提出“加强监管，确保在建项目保质按期完成；克服困难，保障未建项目早日开工；继续跟进，完善已经完成项目”等三方面意见建议，为区政府实施十件民生实事提供有益参考。各专委会围绕政协工作重心，发挥自身优势，选择了发展学前教育，加强普法工作，加强水利建设，加强基层侨联组织建设，加强城区环境卫生和交通管理等课题组织开展调研视察和协商议政活动，取得较好成果。

协助区委、区政府做好协调关系、化解矛盾、发展经济、维护稳定的工作。主席会议成员经常深入挂钩（联系）镇（街道）、村（社区）调查研究、指导工作，妥善处置涉诉涉访事件，做好维稳工作。

政协委员在做好本职工作的同时，把履职实践与承担社会责任结合起来，各尽所能，回馈社会。港澳委员和外地企业家委员捐资人民币217万元、港币20万元，帮助海门镇城关社区部分特困群众解决居住问题；许多委员积极参与扶贫济困、兴学助教活动，据统计，2011年捐资捐物折合人民币3000多万元，为构建和谐社会、建设幸福潮阳作出应有贡献。

【民主监督】　重视委员参与民主监督。区政协选派委员担任法院、海关、公安分局、国税局、消防大队等部门的监督员，参与相关部门的行风检查、情况通报会、座谈会等活动，充分发挥义务监督员在民主监督中的作用，对推进部门依法行政，改进工作作风等发挥积极作用。完善提案监督，2011年委员共提出提案51件，经审查立案48件。组织筛选表彰3件优秀提案和3个先进提案承办单位，督促提案的全部办理答复，取得良好的经济和社会效益。

【团结联谊】 加强与各民主党派、工商联和无党派人士的团结合作。区政协全体会议、常委会议以及其他各种协商议政、调研视察活动，均邀请民主党派、工商联和无党派人士参加，发挥其参政议政作用。

2011年初，举办迎春座谈会，走访慰问委员等活动，加强与社会各界的联系，团结各阶层人士，促进各方面关系的协调和谐。加强与港澳台胞、海外侨胞和在外潮阳籍人士的联系，区政协领导专门赴澳门、香港、深圳等地开展联谊活动，凝心聚力，进一步调动港澳委员、外地委员建设幸福潮阳的积极性。加强与上级政协、兄弟地区政协的联系交流，协助做好汕头市政协调研组“关于我市实施城乡一体化战略，推进统筹城乡综合配套改革”的调研，热情接待全国政协副主席厉无畏、上海潮商会会长姚文琛等参观考察团，密切对外交流与联谊。发挥文史工作“存史、资政、团结、育人”的作用，征集出版《潮阳文史》（第22辑）、《潮阳政协风采》画册，拓展联谊渠道。

【自身建设】 组织政协委员认真学习《政协章程》、《中共中央关于加强人民政协工作的意见》、《中共中央关于进一步加强中国共产党的多党合作和政治协商制度的意见》、《中共广东省委政治协商章程（试行）》、省政协工作会议精神等；举办政协理论知识专题辅导课，提高政协委员的素质与履行能力。健全《区政协常务委员会工作规则》、《专门委员会工作规则》、《委员联络组工作简则》，协助制定《中共汕头市潮阳区委政治协商规程（试行）》、《汕头市潮阳区政协提案办理工作评价考核暂行办法》，制定实施《潮阳区政协委员建言献策直通车制度》等，促进政协工作的制度化、规范化、程序化。

加强领导机关的组织建设和作风建设。调整政协主席会议成员的工作分工，加强专委会自身建设，建立完善政协领导、驻会常委和机关人员工作职责，加强机关日常管理，改善办公环境和设施，促进机关工作的协调统一和规范有序。

（政协办）

附：2011年政协潮阳区委员会主席、副主席、秘书长名录

主　席： 李逸珊（任至11月）
黄克坚（11月任职）

副主席： 郭坤松（任至11月）
吴锡龙（11月任职）
刘　波
陈俊豪
陈见新（任至11月）
高修智
姚润民（3月任职）
郑文伟（11月任职）

秘书长： 黄少华

纪检监察工作

【机构设置】 中共汕头市潮阳区纪律检查委员会（与监察局合署办公）内设办公室、党风廉政建设室（加挂区人民政府纠正行业不正之风办公室衔牌）、调研教育室、执法监察室、纪检监察一室、纪检监察二室、案件审理室、信访室和区机关效能投诉中心（加挂区效能办衔牌）。下设7个派驻组，第一派驻组负责管辖文光、城南、棉北街道和海门镇，办公地点设在文光街道；第二派驻组负责管辖金浦街道、和平镇和铜盂镇，办公地点设在金浦街道；第三派驻组负责管辖谷饶镇和贵屿镇，办公地点设在谷饶镇；第四派驻组负责管辖河溪、西胪、关埠和金灶镇，办公地点设在关埠镇；第五派驻组负责管辖区委工作部门、人民团体和政法系统，办公地点设在区法院；第六派驻组负责管辖区直经济管理、科教文体卫和交通运输等单位和部门，办公地点设在区教育局；第七派驻组负责管辖区直农业系统、建设系统和垂直管理部门，办公地点设在区住建局。区纪委监察局机关干部编制30名、事业编制5名，派驻组干部编制32名，共67名；现有机关干部33人（含书记）、职工3人、派驻组干部30名，共66人。

【区纪委二届六次全会】 2011年2月18日，潮阳区第二届纪律检查委员会第六次全体会议在区党政办公大楼二楼会议厅举行。区委常委、区政府副区长和区人大、区政协各一位领导，区法院院长、区检察院检察长，区纪委委员，不是区纪委委员的各镇（街道）党（工）委书记、镇长（主任）、纪（工）委书记，驻潮单位及区直局以上单位第一把手、纪检组长或分管政工的领导，区纪委机关全体人员，区纪委监察局各派驻组正、副组长共200多人参加会议。区委常委、区纪委书记黄克坚代表纪委常委会作《坚持执政为民，强化监督职能，深入推进党风廉政建设和反腐败工作》的报告。区委书记陈壮生到会并讲话。会议审议通过区纪委二届六次全会工作报告和《决议（草案）》。

【区纪委三届一次全会】 2011年9月25日，潮阳区第三届纪律检查委员会第一次全体会议在区党政办公大楼四楼会议厅举行。新一届21名区纪委委员参加会议，会议通过《中国共产党汕头市潮阳区第三届纪律检查委员会第一次全体会议选举办法》。中国共产党潮阳区第三次代表大会主席团确定吴军主持选举工作。会议选举产生新一届区纪委常委会，吴军、周汉和、陈顺强、陈喜狮、林连文、肖学强、郑晓霞当选为中共潮阳区第三届纪律检查委员会常务委员会委员，吴军当选为中共潮阳区第三届纪律检查委员会书记，周汉和、陈顺强当选为中共潮阳区第三届纪律检查委员会副书记。

【监督检查】 区纪委加强对区委、区政府重大决策部署的监督检查，确保政令畅通。加大建筑市场秩序治理整顿力度，规范建设工程投标人资格条件设置，推行资格后审制度和招标电子化，会同有关部门加强对工程招投标活动的监管，共有25项工程实行公开招投标，降低工程造价3543.3万元，降点率为4.35%。开展工程建设领域突出问题专项整治工作，对存在问题的38个工程项目进行跟踪，督促有关部门落实整改，加强对全区55个新增工程建设项目的监督检查。加大对政府采购行为的监督力度，共进行8次采购，预算金额为180.36万元，实际采购金额为170.37万元，节约资金9.99万元，节约率5.5%。贯彻有关土地政策，落实经营性土地使用权招拍挂制度，强化对土地交易的监督，全区共办理国有土地使用权转让8宗，面积8.72万平方米，成交金额3480.58万元；集体土地使用权流转83宗，面积9.56万平方米，成交金额3965.9万元。深化干部人事制度改革，民主、公开、竞争、择优的选人用人机制逐步健全，公务员管理考核更加科学规范。加大责任审计力度，共完成对20个党政机关、10个企事业单位30名领导干部的经济责任审计，查出管理不规范金额9147万元。会同有关部门对各镇（街道）、各有关部门2011年度安全生产责任制和消防安全责任制进行检查考核，对存在问题落实整改。

【案件查处】 区纪委贯彻执行中纪委《关于进一步加强和规范办案工作的意见》，科学整合办案力量，全面推进全员办案，突出重点，突破难点，严肃查处违法违纪案件，切实把依法依纪办案贯穿信访初核、立案调查及案件审理全过程。全年共受理群众来信来访举报461件（次），初核违纪线索225件，立案查处违纪违法案件63宗83人（其中要案4宗6人，经济大案22宗26人），处分违纪党员干部59宗75人，将6人涉嫌违法的移送司法机关立案侦查。同时，加强各镇（街道）纪（工）委自办案件工作，全区13个基层纪（工）委共立案20宗21人，镇（街道）基层办案率达100%。进一步拓宽信访举报渠道，强化信访监督。加强案件审理和案件监督管理工作，做到依纪依法、安全文明办案。

【反腐倡廉宣传教育】 区纪委围绕建设文化大区和幸福潮阳的目标，制定下发《关于加强潮阳区廉政文化建设的实施意见》，充分发挥廉政文化在党风廉政建设中教育、导向作用，把思想教育、纪律教育与社会公德、职业道德、家庭美德教育和法制教育有机结合起来，多渠道、全方位开展反腐倡廉宣教工作。扎实开展纪律教育学习月活动，举办“反腐倡廉之路”大型图片巡回展，组织领导干部撰写学习心得体会。在推广西胪镇西凤村、外经贸公司、和平镇中寨社区、国税局等反腐倡廉教育示范点建设的同时，深入推进廉政文化进基层进社区的工作，对各镇（街道）已建立的廉政书屋进行跟踪检查，逐步充实、巩固完善。

【从源头上预防和治理腐败】 区纪委制定下发《关于区直有关单位落实2011年党风廉政建设和反腐败工作部署分工的通知》，把60项工作任务落实到有关单位。加快推进具有潮阳特色的惩治和预防腐败体系建设，下发《关于对推进全区惩治和预防腐败体系建设工作开展自查的通知》，将133项任务分解到全区各有关单位，明确分工，狠抓落实。认真贯彻执行《廉政准则》，组织对各镇（街道）、区直局以上单位党政“一把手”的书面述责活动。组织开展2010年度各镇（街道）、区直局以上单位70个班子及426名领导干部和村（社区）“两委”干部执行党风廉政建设责任制情况的考核工作。认真组织对村（社区）“两委”、镇（街道）和区换届选举工作的监督检查，营造风清气正的换届环境。认真执行《关于领导干部报告个人有关事项的规定》和《关于配偶子女均已移居国（境）外的国家工作人员加强管理的暂行规定》，全区39名市管干部报告了有关事项。

【纠正损害群众利益的不正之风】 区纪委坚持标本兼治、纠建并举和谁主管、谁负责的原则，建立教育收费监测制度，确定潮阳一中等27所学校为教育收费监测重点学校。扎实开展政风行风民主评议活动，组织国土资源局等10个具有行政执法职能的部门和2010年未参加评议的基层站所开展民主评议工作。开展党政机关公务用车问题专项治理活动，清理违规公务用车99辆，督促6个单位退还借用公务用车14辆。清理解决用人单位拖欠或克扣农民工工资问题，督促劳动部门加大监察力度，及时依法查处违规行为，共受理拖欠和克扣农民工工资案件161宗，为3858名工人追回被拖欠克扣工资351.87万元。继续抓好治理商业贿赂专项工作，联合卫生局开展收受医药回扣专项治理活动，共有240名医务人员主动上缴医药回扣2.25万元。

【农村基层党风廉政建设】 区纪委重视加强农村基层党员干部的教育，严格责任追究，狠抓农村基层计生、殡改、土地、环保以及安全生产管理等失职行为“多发点”的责任追究，共立案7宗，对16名党员干部实行责任追究。重视加强农村基层党风廉政建设，大力推行农村基层“两项制度”，全区各村（社区）票决事项130项，村务公开、党务公开和农村基层党风廉政信息公开平台建设等工作扎实推进。

【机关效能建设】 区纪委认真贯彻潮阳区第三次党代会精神，坚持把行政效能提速工程作为加强机关作风建设、提高各级领导班子和机关执行力、优化潮阳投资软环境的一项重要举措。开展重点工程和项目建设、加快转型升级建设幸福潮阳、政风行风、协税护税等专项监督检查工作。认真贯彻落实市、区“治贪、治庸、治懒、治散”专项整治动员大会精神，加强领导，广泛宣传发动，制订活动方案，开展明察暗访，坚决查处贪、庸、懒、散等行为，推进全区“四治”专项整治工作，促进全区机关作风建设。

【纪检监察队伍建设】 区纪委认真学习贯彻十七届中央纪委六次全会精神，以贯彻落实《廉政准则》为契机，加强作风建设为重点，全面加强纪委领导班子和队伍建设。顺利完成区纪委、镇纪委的换届选举工作，产生了新一届领导班子。重视加强派驻组和镇（街道）纪（工）委队伍建设，不断完善管理制度，注重协调发展，形成合力。加强纪检监察干部队伍的教育管理监督，从政治、生活上关心爱护干部，为19名干部解决职务待遇问题，调动他们工作的积极性。组织58人次参加中纪委、省纪委、市纪委的业务培训，全区纪检监察干部综合素质进一步提高。

（陈静光　马丹丹）

附：2011年中共潮阳区纪委、监察局领导名录

书　记：黄克坚（区委常委兼，任至9月）
　　　　吴　军（区委常委兼，9月任职）
副书记：翁炳炎（任至9月）
　　　　陈木贤（任至9月）
　　　　周汉和（9月任职）
　　　　陈顺强（9月任职）
常　委：赵丕洲（任至9月）
　　　　林连文
　　　　李永强（任至6月）
　　　　周汉和（任至9月）
　　　　陈顺强（任至9月）
　　　　陈喜狮（6月任职）
　　　　肖学强（9月任职）
　　　　郑晓霞（9月任职）
局　长：赵丕洲（任至12月）
　　　　陈喜狮（12月任职）
副局长：邱传丽（5月任职）
　　　　陈焕亮（7月任职）

区委办公室工作

【机构设置】 中共汕头市潮阳区委办公室是区委的综合办事机构，是区委沟通上下、联系左右、协调内外的枢纽部门，定编43人（包括后勤服务事业编制）。2011年末，在职38人。内设秘书股、行政股、资料股、信息股、督查室、机要局、保密局、政研室、信访局、机关自动化服务中心10个机构。

【秘书工作】 2011年，秘书部门着力规范工作程序，提高文稿质量，做好会务和公文处理。认真细致地做好《区党政班子联席会议纪要》和区委、区委办文件草拟和印发；办理各级来电来文的收发、传阅、送办、催办、存档等工作。全年共收发处理各类文件800多份，制发各种文件、会议纪要110个，严格执行区委和区委办公室有关印鉴的管理和使用制度。完成区委二届八次、九次全会、区第三次党代会、区委三届一次全会等大型会议以及区委常委会议、区党政班子联席会议、区委中心组学习会、民主生活会、电视电话会议等的会务工作。严谨地做好区委、区委办公室文件目录的登记造册，2011年共登记区委文件26个，区委办公室文件62个。做好上级领导到潮阳考察和检查指导工作等活动的组织协调工作，热情接待来访群众，主动牵头或配合其他股、室、局开展工作。

【资料工作】 2011年，资料部门负责完成区委二届八次、九次、区第三次党代会、三届一次全会、区委常委扩大会等全区性重要会议材料的起草；实行每月资料汇报会制度，了解掌握各镇（街道）的各项工作情况，总结先进经验做法，收集对区委、区政府的意见和建议，及时整理编印成《潮阳简报》，分发全区各地各部门，供区领导作决策参考。全年共起草有关领导讲话稿70篇，起草区委、区委办向市委、市委办的工作报告15篇，起草综合材料等文稿93篇，编写会议纪要18篇，编发《潮阳简报》5期。

【督查工作】 2011年，区委督查室坚持以服务区委决策为宗旨，以推动工作落实为目标，切实转变作风，创新思路，完善机制，强化督查力度，着力抓好区委重大决策和区委领导重要批办事项的落实，较好地完成各项任务。全年共下发督查通知书105份，上报《督查专报》3期，《情况报告》28份，编印《区委督查专报》10期，完成区委领导交办的专项督查任务10多件。潮阳区委办公室荣获汕头市党委系统督查工作先进单位，区委督查室主任黄基彬被评为全市党委系统督查工作先进个人。

2011年，围绕区委中心工作，把区委各个时期工作会议、区党政班子联席会议决定事项进行立项督查，及时将落实情况以《区委督查专报》形式上报区党政领导，促进工作落实。按区第三次党代会的工作部署形成《关于深入贯彻潮阳区第三次党代会精神，加快推进工作落实的工作方案》，明确责任分工，强化督促检查，使党代会的重大决策逐步转化为工作成果。

抓好专项督查，突出重点，紧紧围绕重点经济项目、民生实事项目开展督查。对7个列入市重点项目和22个列入区重点项目，全部列为年度重点督查事项，印发《关于进一步推进2011年重点项目建设的通知》，定期组织跟踪督查，动态协调。7个列入市的重点建设项目完成投资在全市区县重点建设项目完成进度中排名第一位，22个列入区重点建设项目顺利完成年度计划。把十件民生实事进行任务分工，明确责任单位、责任领导、完成时限，落实实施单位制订工作方案，逐月上报工作进度，及时向区领导反映实施过程中需要协调解决的困难问题，促成十件民生实事顺利实施，区政协对十件民生实事进展情况组织视察，给予充分肯定。抓好领导批办件，讲究方法，注重效率，对一些领导批办件，主动“走出去”，深入基层、深入实际，与群众面对面交流，掌握情况，加大协调沟通，促进问题有效解决，收到较好效果。抓好督查工作制度建设，专门制订《建立健全督查工作机制，强化执行力的规定》的制度性文件，通过健全督查责任制度、立项督查制度、督查通报制度、问责制度，以制度规范督查行为，提高督查工作的实效性。

【政策研究】 2011年，区委政研室针对经济社会发展中的重难点和热点问题，深入基层和企业开展调查研究，先后开展构建和谐劳动关系、信访维稳、音像制品产业转型升级、生猪屠宰等专题进行研究，形成调研报告送区委领导。牵头有关部门先后组织《积极解决劳资纠纷 维护社会和谐稳定》、《加强文化设施建设 提升文化惠民实效》、《解民忧、促和谐，建设幸福农民居住小区》等专题调研，为区委领导提供决策参考。协助广东省人民政府发展研究中心《广东经济》编撰反映潮阳提速科学发展等相关材料。全年共起草有关会议领导讲话稿62篇，起草汇报材料、综合材料等文稿40篇，印发《潮阳调研》3期。

【信息工作】 2011年信息部门按要求健全信息报送网络，规范信息报送制度。重点围绕潮阳区经济社会发展情况，突出潮阳特色，把换届选举、纪念中国共产党成立90周年、民生建设、文化建设、“扶贫双到”等工作，及时、准确向省、市信息部门和区委领导报送，共上报《潮阳信息》129条。此外，信息部门还加强网络舆情收集，坚持每周向省委办公厅、市委办公室和区委领导报送《一周网民议论热点》。2011年度，潮阳区委办公室信息股被汕头市委办公室评为报送信息先进单位，吴楚填被广东省委办公厅和汕头市委办公室评为“信息报送先进工作者”。

【保密工作】 2011年潮阳区国家保密局落实保密工作领导责任制，深入开展保密宣传教育，强化各项保密管理，加强保密检查监督，杜绝失泄密隐患，全区没有发生泄密事故。年内国家保密局在五年一度的全省保密工作评比表彰中，被评为全省保密工作先进集体，并获奖励，姚增强、黄荣山分获省颁发的金质、银质荣誉奖章。

2011年初，区委、区政府召开全区保密工作会议暨总结表彰大会，传达上级保密工作会议精神，总结过去二年的保密工作，表彰区委办等27个保密工作先进单位和张廷伟等27名保密工作先进工作者，部署新一年的保密工作。在开展保密宣传教育中，把保密教育同“六五”普法教育以及区纪委开展的纪律教育学习月活动相结合，把保密教育纳入干部职工年度岗位考核和干部考察内容。

在管理方面，区国家保密局加强对涉密人员上岗、在岗、离岗的监督管理，建立健全涉密上岗管理制度，落实保密承诺书长效管理机制。区国家保密局采取自查和抽查、定期检查和不定期检查相结合的方法，组织对各单位的保密工作进行检查监督。同时，认真做好潮阳区中考、高考的考前、考中、考后试卷保密管理的检查监督工作，确保中考、高考试题的保密安全。

【信访工作】 2011年，信访部门围绕构建和谐社会的总要求，按照中央和省、市的部署，进一步强化以人为本、执政为民的理念，以领导干部接访、信访积案化解、体制机制创新为工作重点，带动整体工作上新水平，大量信访问题得到及时处理解决，维护人民群众的合法权益，确保社会大局和谐稳定。全年受理群众来信359件，同比下降30.4%；接待群众来访376批3832人次，同比批次下降9.2%，人次上升9.7%。其中集体到区上访127批3410人次，同比批次下降0.78%，人次上升10.8%。集体到市上访37批668人次，同比批次上升37%，人次基本持平；集体到省上访4批29人次，同比分别下降50%和31.0%。承办上级及领导交办信访案件101宗，办结90宗，办结率89.1%。

完善领导干部接待群众来访制度 区党政领导于每月15日（节假日顺延）轮番公开接待群众来访，年内区党政领导公开接访日接待群众来访100批548人次，召开现场协调会议30场次，召开信访问题协调会议26场次，有效解决信访问题79宗；继续坚持自2008年以来建立的领导干部大接访制度，每个工作日安排1位区党政领导轮番值班接访，负责协调处置当天的信访事项，且当晚留宿区党政办公大楼，一旦发生群众越级集体上访，当值领导及时现场处置；做好领导干部定期分类接访有关工作，在领导干部大接访的基础上，按区领导工作分工和镇（街道）包片负责相结合的原则，确定领导干部分类接访具体事项，避免与原有大接访活动相冲突，做到分类接访工作与原有大接访活动的有机衔接。

信访积案排查化解 始终将信访积案排查化解工作贯穿在全年信访工作的整个过程，切实加强组织领导，明确工作分工与责任，落实工作措施，扎实稳步推进，对近年来排查出的、尚未妥善解决的矛盾纠纷进行集中清理和化解，共排查出信访积案

35宗，办结33宗。同时做好矛盾纠纷大排查大化解工作。按照“发现得早、化解得了、控制得住、处理得好”的要求，对全区各领域、各部门、各行业的矛盾纠纷先后7次开展排查摸底，每次排查出来的信访问题全部落实区党政领导包案和责任单位，促进了问题的解决。全年排查信访突出问题和不稳定因素85宗，及时采取措施处置和化解矛盾纠纷67宗。

做好敏感时段的信访工作　全力做好全国和省、市各级“两会”和中国共产党建党90周年、世界大学生运动会在深圳举办、汕头经济特区建立30周年、各级党委、政府换届等特殊敏感时期的信访工作，强化稳控措施，确保社会大局稳定。

解决涉及民生信访问题　2011年，区委、区人民政府把解决好群众反映的实际困难和问题作为信访工作的出发点和落脚点，特别是对群众反映的热点难点问题，落实区党政领导包案负责，逐一分析原因，研究解决办法，维护群众合法权益。

建立综治信访维稳“三级平台”　2010年5月，潮阳区投入100多万元，着手建设面积1000多平方米的综治信访维稳中心，中心设置接访受理工作区、联调联处工作区、联合办公室和联席会议室四个功能区，配套办公设备，可容纳100多人来访。中心于2010年10月建成、11月份正式运作、12月16日顺利通过省考核组的考核，被评定为96.3分、为优秀等级。2011年，综治信访维稳中心共受理矛盾纠纷40宗，调处成功38宗，调处成功率95%。

（区委办）

附：2011年中共潮阳区委办公室领导名录

主　任： 陈棉光（任至6月）
姚欣文（6月任职，9月当选区委常委）

副主任： 朱汉城（任至7月，兼党史地方志办主任）
姚泽建（7月任职，兼党史地方志办主任）
林正钦（任至12月）
黄佩烈（任至6月，兼信访局长）
黄若青（任至12月）
郑会彬（6月任职，兼信访局长）
苏烈庆
肖利伟（6月任职）

组织工作

【概况】　中共潮阳区委组织部加挂中共潮阳区非公有制企业工作委员会衔牌。内设办公室、组织一股、组织二股、干部股、公选与竞岗股、党员电化教育股、调研股、干部监督股（干部二股）8个股室；归口管理区委老干部局（科级单位）。干部职工18人。

区委组织部贯彻执行党中央有关组织工作的路线、方针、政策以及省、市、区有关组织工作的政策法规、决定和指示，并组织实施；指导全区党的组织建设，协调、规划和指导党员教育工作；对全区干部实行宏观管理，按照干部管理权限，严格执行《干部选拔任用条例》的规定，对区管领导干部进行考察了解、科学调配使用；注重后备干部队伍建设，按照干部队伍“四化”方针和德才兼备原则，配备建设好各级领导班子；做好老干部管理工作，选拔管理好区管优秀拔尖人才；管理好干部档案和文书档案，受理党员、干部的申诉及来信来访等工作。

【干部选拔任用】　2011年，区委组织部按照上级的统一部署，依法依规做好区镇两级领导班子换届工作，选举产生新一届区镇领导班子。结合潮阳各级领导班子建设实际，以换届为契机，选准配强各级领导班子，共调整配备正科领导干部28名，副科领导干部80名，增强各级领导班子的凝聚力战斗力。结合换届工作，对部分任职时间长、工作表现突出、群众评价好的副科级和股级干部提高其职级待遇后改任非领导职务，调动干部队伍的积极性和主动性。高标准严要求做好干部服务、管理工作，共抽调6批200多名机关干部赴基层开展整治火灾隐患、解决群体性冲突等工作。全年共办理干部任免文件90个、股级干部任免审批手续29批46人次、备案手续54批465人次，办理干部试用期考核及任命审批手续26批48人、备案手续38批97人；对746名正副科级干部2010年度工作情况进行考核；为6位副处级以上干部、39位科级以下干部办理出国（境）政审手续；完成983名区管干部、1044名股级干部的信息采集工作。

【干部人事制度改革】 2011年，区委组织部致力于推进竞争性选拔干部工作，进一步深化干部人事制度改革，激发干部队伍活力，增强选人用人公信度。采用公开选拔方式，选拔5名单位副科级领导干部和7名镇（街道）团（工）委书记。结合镇换届选举，拓宽领导干部选拔渠道，在村（社区）党组织书记和镇（街道）事业单位干部中公开选拔3名镇领导班子提名人选。在镇换届人事调整中，采用差额酝酿、差额推荐、差额考察、差额票决等方式，扩大干部选拔工作的民主化。探索干部选拔任用的新方法和新途径，先后制定《关于做好潮阳区部分区直单位纪检组长公推公选工作的方案》和《关于潮阳区做好竞争选拔区直部门副职领导干部的工作方案》两个竞争性选拔方案，在委任制干部队伍中努力实现竞争性选拔工作的常态化、制度化。

【基层组织建设】 至2011年底，全区有基层党（工）委26个，党总支80个，党支部1107个；其中村（社区）党（总）支部272个，15个村（社区）设置党总支部，257个村（社区）设置党支部；“两新”社会组织党组织75个。有共产党员4.02万名，其中预备党员1068名，占党员总数的2.7%；女党员7132名，占党员总数的17.7%；35岁以下的党员1.08万名，占党员总数的26.7%；大专以上学历的党员1.15万名，占党员总数的28.7%。农村党员2.08万名，占全区党员总数51.8%；其中55岁以上的农村党员9091名，占农村党员数的43.6%；农村女党员2824人，占农村党员数13.6%。“两新”党组织党员714名，占全区党员总数1.8%。离退休干部职工党员6464名，占全区党员总数16.7%。

完成区、镇、村（社区）三级换届选举 成立换届工作领导小组和指导督导组，加强组织领导，制定换届工作方案、选举工作资料模式，加强对镇、村（社区）换届工作的督促指导，确保选举依法依章按程序进行。至2011年2月12日，在全市率先完成村（社区）党组织换届选举工作，共选出村（社区）党组织成员1159名，村（社区）委会成员1277名，其中交叉任职572名，书记、主任“一肩挑”127名，女干部297名，首次实现每个村（社区）都有女干部的目标。至7月28日，圆满完成镇党委换届选举工作，选出105名镇党委委员，50名镇纪委委员；9月23～25日，中共潮阳区第三次党代会胜利召开，会议审议批准陈新造代表区委所作的《内外发力，争先作为，提速科学发展，建设幸福潮阳》的报告，选举产生第三届区委委员53名，候补委员10名，区纪委委员21名，选举出席汕头市第十次党代会代表50名（含市委提名寄选2名）。在三级换届选举中，坚持教育在先、警示在先、预防在先，严肃换届纪律，营造风清气正换届环境。

扩大党内民主 在海门镇试点镇党代表公推直选工作的基础上，先后在文光街道平和东社区党支部、关埠镇巷口村试点汕头市和潮阳区党代表初步人选公推直选。

开展创先争优 围绕“推动科学发展、促进社会和谐、服务人民群众、加强基层组织”的总目标，认真抓好承诺、践诺、评诺等方面的组织指导、督办检查和考评考核。以窗口单位和服务行业为重点，开展“党员示范岗”、“学比赶超”、“争文明先锋、创优秀业绩”等活动。围绕庆祝建党90周年，组团参加全市“幸福歌声献给党”大型歌咏比赛，与潮阳电视台联合开辟“党旗飘扬”专栏，大力宣传全区14个先进基层单位和优秀党员的典型事迹。通过创先争优活动，涌现出全国、广东省优秀党务工作者董加兰，文光街道桃园社区党支部等26个市级以上先进基层党组织、优秀共产党员和优秀党务工作者。“七一”前夕，10个先进基层党组织、10名优秀共产党员、10名优秀党务工作者受到区委表彰。

村级组织建设 对全区各村（社区）党组织进行全面摸查，排查出存在相对突出问题的19个后进村党支部，按照“一村一策”进行重点整顿。抓好村（社区）“两委”干部关爱激励机制的落实，提高村（社区）书记、主任和其他“两委”干部财政统发的岗位补贴标准，建立离任村（社区）“两委”成员生活补助制度。完善全区镇（街道）、村（社区）285个远程教育终端接收站点的使用管理、学习收看等制度，扩大远程教育覆盖面。结合扶贫开发“双到”，以“五送五帮五有五促进”为载体，充分发挥对口单位作用，帮助结对村（社区）解决实际问题，进一步加强村级组织建设。

【区直单位领导班子考察和配备】 根据潮阳区第三次党代会和上级有关精神，为了解掌握区直局以上单位领导班子及领导干部的全面情况，做好调整配备工作，经区委同意，区委组织部于10月中旬对64个区直局以上单位领导班子及副科职以上领导干部进行考察。通过全面、系统、客观、公正的考察和评价，建立健全科级后备干部队伍，对区直单位领导班子进行调整配备，共提拔任用10名正副科级领导干部，提任61名正副科级非领导职务干部，交流调整16名正副科级干部。同时，为掌握教育系统副科级以上学校领导班子的整体效能及正副校长的思想表现和履行岗位职责情况，正确评价其德才表现和工作实绩，经区委同意，区委组织部联合教育局于11月下旬对教育系统29个副科级以上学校领导班子及正副校长进行考察。通过全面、系统、客观、公正的考察和评价，掌握一批可聘任的人选，为实行教育系统校长聘任制打好基础。

【干部培训】 为贯彻落实《关于汕头市2009～2012年大规模培训干部工作的实施意见》、《2011年汕头市干部教育培训工作意见》和《潮阳区适应加快转变经济发展方式要求，开展大规模培训干部实施意见》，区委组织部出台《2011年潮阳区干部教育培训工作意见》，要求各级各部门以落实党的十七届五中全会精神为主线，以提高领导干部加快转变经济发展方式推动科学发展能力为重点，以干部教育培训改革创新为动力，坚持理论武装，突出能力培训，加强宏观管理，扎实开展干部培训工作。

潮阳区委高度重视干部教育培训工作，区委学习中心组先后举办《关于严肃换届纪律保证换届风清气正的通知》、四项监督制度、廉政准则等专题学习会，发挥学习示范带头作用，把对县处级干部和各镇（街道）、区直单位党政一把手的学习教育落到实处。注重发挥党校培训主力军作用，认真组织开设各种培训班，针对各类型干部进行培训，全年共举办各类干部培训班28期，集中培训或调训干部4502人次，选调68名不同层次干部参加省、市二级党校和其他院校培训。其中适应加快转变经济发展方式专题培训班、科级干部培训班、股级干部培训班、国土干部、妇女干部培训班等7个主体班共8期，干部信息能力提升培训、公务员培训和专业技术人员培训等各类业务知识培训班20期。结合区、镇、村（社区）三级换届工作的开展，举办组织干部培训班以及参与换届考察人员培训班，加强组工干部政策业务和纪律观念的教育。通过多渠道、多形式的干部教育培训，增强各级领导干部推动科学发展、促进社会和谐，有效提升干部队伍的整体履职能力和工作水平。

（组织部）

附：2011年中共潮阳区委组织部领导名录

部　长：陈建辉（区委常委兼，任至8月）
林永河（区委常委兼，8月任职）
副部长：黄基盛（任至12月）
黄建群（12月起兼任人社局长）
郑永雄（任至6月）
黄少鹏（兼任老干局长）
陈汉勇（兼任人社局长，任至12月）
吴瑶钦（6月任职）
陈佐中（12月任职）

老干部工作

【概况】 中共潮阳区委老干部局归口区委组织部管理，是区委主管老干部工作的行政机构，下辖老干部活动中心（副科级事业单位）和企业离休干部管理服务中心（股级事业单位）。2011年底，区委老干部局及属下单位干部职工10人。

至2011年底，全区离休干部230人，其中，抗日战争时期10人，解放战争时期220人。具体分类：机关事业单位147人，企业单位83人；70～79岁54人、80～89岁166人、90岁以上10人，平均年龄84.5岁；享受县处级待遇73人（其中享受副厅级医疗待遇10人），享受科级待遇157人。全区退休干部8232人，其中副处级以上退休干部84人（原五套班子成员38人）。

【老干部工作情况】 2011年，区委老干部局围绕区委提出的“提速科学发展，建设幸福潮阳”的战略部署，提高老干部政治生活待遇、拓展服务管理，增强幸福感和满意度，为建设幸福潮阳作出积极贡献。老干部工作情况先后在《老人报》、《秋光》、《汕头日报》等省、市新闻媒体上报道。区委老干部局先后被评为“潮阳区文明单位”、“汕头市园林式单位”。

充分发挥老干部作用 从实际出发，因人因地制宜，积极倡导老有所为，充分发挥老干部的政治优势、经验优势，支持引导老干部面向社会、面向群众、面向基层发挥积极作用。在召开党代会、人代会、政协会时都邀请一批担任过区县级党政领导的离退休老干部列席，他们认真负责地审议大会相关工作报告，对加强党建、发展经济、社会进步等工作，提出很多建设性意见，起到参谋作用，有的老干部担任换届选举监督员，发挥监督作用。一些在农、林、工、商、水、电、城建、卫生等部门长期工作过的干部，主动承担技术传教员、咨询员，为潮阳区各项事业发展出谋献策。林务彬等10多位干部被汕头市创文办、市关工委联合聘任为“城市文明监督员”，在创建文明城市工作中发挥了较大作用。区关工委充分发挥老干部特殊的政治经验、社会威望、人文历史的优势，组织对全区7个教育基地进行逐个逐项详细检查，深入16所中小学举办法制教育讲座，加强对青少年学生的心理健康教育辅导，促进青少年的健康成长，多次受到省、市关工委的肯定。年内被市委、市政府评为“文明单位”、“汕头市十一五禁毒工作先进单位”，被中国关工委教育发展中心评为“热心助学先进单位”。

注重政治生活 认真落实老干部阅读文件、参加重要会议和重大活动、每月15日处级老干部集中学习日等制度，采取传达文件、通报情况、电化教育、不定期举办时政讲座等形式，丰富学习内容，提高学习效果；抓好信息宣传工作。以汕头市区级首份老干部工作刊物《潮阳老干动态》、粤东首个老干部局网站“潮阳老干部之窗”网站、老干部宣传专栏等为平台加强老干部宣传工作，全年在各级电视媒体宣传报道16次，向各级报送信息20条，在各级报刊刊登信息14次，组织老干部集中学习12次，为老干部订阅学习资料1000多份，出版《潮阳老干动态》4期。省《老人报》在12月7日首次开辟“潮阳区委老干部局”专版，对老干工作进行专题宣传报道；抓好老干支部建设。在全区离退休干部党支部和党员中深入开展创先争优活动，创新和优化离退休干部党支部的设置方式、活动内容，发挥离退休干部党支部的战斗堡垒作用和离退休党员干部的先锋模范作用。

保障生活待遇 按政策提高离休干部生活补贴标准和扩大发放范围，为152位科级以下离休干部提高享受正科级政治、生活待遇，为4名离休干部提高享受副处级政治、生活待遇；研究解决离休干部医疗保障工作中碰到的问题，采取灵活措施，以就地体检后限额报销的办法，解决长住外地老干部体检对象无法享受体检待遇的问题，为老游击队员联谊会会员、老干部（老年）大学学员共300多人免费体检。完善困难离退休干部帮扶机制，对有困难的离退休干部进行重点照顾帮扶，全年共帮扶慰问老干部180多人次，发放帮扶慰问金20万元，结合春节、中国共产党成立90周年、老人节，对离休干部和原五套班子领导进行全面慰问，对生活困难、生病住院和易地安置的离休干部进行重点走访慰问，全年共慰问老干部980人次、送出慰问金69万元。

注重文娱体育生活 通过争取社会支持，配置英式、美式两台台球桌，增设台球活动项目；根据老年人特点开设麻将、乒乓球、书画、弦乐、舞蹈等兴趣小组，定期组织活动，以兴趣凝人心，使活动中心真正成为老干部娱乐活动的好去处、精神寄托的好场所。

举办庆祝建党90周年活动 围绕庆祝中国共产党成立90周年开展六个专题活动：举办一场“纪念中国共产党成立90周年”专题报告会、组织一场以“回首平生更爱党”为主题的专题读书活动、举办一次“与党同呼吸、共命运、心连心”专题征文活动、组建一支老干部红歌专题合唱团、开展一次专题走访慰问活动、出版一期专题《潮阳区老干部（老年）大学校报》。“七一”期间全区共走访慰问老干部、老党员1128人次，送出慰问金31.98万元；为老干部、老党员办好事实事36件；举办活动42场次，参与老干部、老党员1581人次。

拓展服务渠道 创新拓展老干部管理服务形式，3月在文光街道兴归社区怡园老年人活动室、城南街道新宫社区敬老院、和平镇和铺社区星光老年之家、谷饶镇华光社区老年人活动中心、西胪镇西二社区老年人活动中心、金灶镇东坑村老年人活

动中心等 6 个村（社区）老年人活动室（中心）创建首批“潮阳区老干部‘学乐为’示范中心”，充分利用村（社区）资源为社区老干部提供服务，促进老干部“老有所学、老有所乐、老有所为”，引导老干部“学在社区、乐在社区、为在社区”，以点带面推进利用村（社区）资源做好离退休干部服务管理工作。这一全省乃至全国首创的做法被汕头市委组织部确定为“2011 年度全市组织工作品牌”一类重点创建项目。

【潮阳区老干部（老年）大学】 2005 年 7 月，潮阳区老干部（老年）大学在老干部活动中心挂牌成立。学校坚持以人为本，围绕老年人的特点和需求，以社会性、公益性、服务性为办学宗旨，以“让每一位学员都感受到收获和快乐”为办学理念，立足“特色立校”、“文化立校”办好办活学校，实现老干部终身教育目标。学校开办 3 个专业 5 个班，学员由初办时的 80 多人增至 260 多人。潮阳区老干部（老年）大学在各级的重视支持下，办出自己的特色，走出不平凡路子，赢得各级的好评，被省、市、区新闻媒体多次专题报道，学校顾问、原常务副校长郑维光获得“全国先进老年教育工作者”荣誉称号。

特色办学，彰显生机活力　学校以满足老年群体的需求开设学科。初期开设卫生保健班和声乐二个学科，2008 年声乐按学习状况分为普通班和提高班，2009 年下半年增设电脑学科，同时开办诗词、书法、英语、舞蹈等多个兴趣班。学校坚持特色办学，建立学员随愿随意旁听制度、带着课题开门办学、组织学员外出参观调研、开展社会实践活动、结合形势举办政治时事讲座、每年为学员组织一次免费体检、在“潮阳老干部之窗”网站上开设老干大学窗口，开展网上学习等，提高学员的学习兴趣，增强学校的吸引力。

文化立校，丰富校园生活　学校重视文化建设，注重树立办学理念。在建立健全各项规章制度的基础上，于 2011 年以潮阳文光塔和背山面海的地理特点为背景设计蕴意深远的校徽，制作校章和校旗，正在创作校歌，彰显出当代老年人的精神风采。学校还多次举办文艺表演、文体竞赛、登高旅游、书画作品展览等活动，组织学员参加市、区各级文体竞赛活动，创办《潮阳区老干部（老年）大学校报》等，为学员学习交流和展示才华提供平台，丰富了校园文化生活。

（马镇升）

附：2011 年中共潮阳区委老干部局领导名录

局　长：黄少鹏（区委组织部副部长兼）

副局长：吕　龙（任至 12 月）

宣传工作

【机构设置】 中共汕头市潮阳区委宣传部，加挂潮阳区精神文明建设委员会办公室衔牌。内设人事秘书股（与纪检组、监察室合署办公）、理论教育股、宣传文艺股、新闻出版股。编制 10 名，后勤服务人员 2 名。直属事业单位：潮阳区委对外宣传小组办公室（加挂潮阳区人民政府新闻办公室衔牌、副科级），编制 4 名。

【文化强区建设】 群众性文艺活动　举办了“春潮雅韵”、“幸福潮阳”民族交响音乐会、“我的舞台，我的心声”国庆群众歌会等形式多样的文艺活动。特别是在配合区委、区政府举办“潮之春”——潮阳区首届迎春文化节活动中，区委宣传部通过精心组织策划，特邀国家一级演员张高翔、姜克美伉俪、陈佐辉等一批乡贤名家前来献艺义演，同时举办“春潮雅韵”暨“潮之春”——潮阳区首届迎春文化节开幕式、“潮之春”——潮剧免费专场演出、“潮之春”——元宵灯会系列文艺展演、“潮之春”首届迎春文化节图片展等一系列活动，参与群众超过 20 万人次。各地各部门相继举办英歌舞专场文艺表演以及剪纸展、摄影展、书画笔会等文艺活动。

城乡公共文化设施建设　落实省专项资金支持海门、西胪两个镇和全区 33 个村（社区）的文化室建设。推进“农家书屋”建设工程，落实 63 个“农家书屋”的书柜、图书配送工作。至目前全区达标的镇（街道）文化站 6 个，已建村（社区）文化室 73 个，建成“农家书屋”188 家，提前超额完成省下达建成 178 家的任务，和平镇在省委宣传部等有关部门的大力支持下，投资 195 万元，建成“农家书屋”25 个，率先实现村村配套建设

“农家书屋”的目标。建成潮阳文化信息共享工程区级支中心，2011年10月1日正式对外开放，为民众提供健康、优质的文化信息服务。鼓励民资民力兴办公共文化设施，累计投入资金7249.5万元，兴办村、社区一级文化公园或文化广场等公共文化设施23个，其中投入上100万元的有10个，上500万元的有4个。

传统文化的传承保护 以潮阳民间艺术“三瑰宝”为重点，申报各级“非物质文化遗产”传承人、传承基地。

文化体制改革有序进行积极稳妥地推进文化体制改革的各项工作，顺利完成新华书店重组转制以及潮阳电影公司的转企改制工作。潮阳广播电视台的改革重组以及潮阳潮剧团转企改制等各项工作逐步铺开、有序推进。

文化市场执法 结合“创文”和“扫黄打非”专项行动，进一步加强对文化市场的检查，着手建设网吧监管平台与文化市场综合执法办公系统，提高文化市场管理与执法水平。年内，文化市场综合执法队共出动512人次，检查文化市场经营单位261家次，取缔流动地摊21宗，收缴非法音像制品5358张，书刊247册。

【党委（党组）中心组学习】 以党委中心组为龙头的理论学习活动 按照《中共广东省委宣传部关于我省县级以上党委（党组）中心组2011年理论学习的意见》的通知精神，把理论学习和宣讲活动作为全区各地各单位党员干部学习的重要形式，认真组织各级党委（党组）中心组，采取集中学习和个人自学等形式，围绕加快转型升级，建设幸福广东，努力探索科学发展新思路等方面的内容开展专题学习和研讨。2011年全区各级党组织共组织开展专题学习活动196场（次），各种理论学习培训班15期2650人（次）。

以理论宣讲为载体的学习宣传活动先后邀请汕头市委宣讲团到潮阳区作《法治广东建设五年规划》、《学习贯彻党的十七届六中全会精神》、《学习贯彻市第十次党代会精神》等5场专题报告会。区委宣传部还与区委党校联合成立宣讲团，到各镇（街道）组织开展学习贯彻胡锦涛总书记“七一”重要讲话精神宣讲活动以及“一把手”电视专访活动，把讲话精神延伸到基层、落到实处。

以提高队伍素质为重点的理论培训活动 区委宣传部在4月份专门举办全区宣传干部培训班，邀请汕头市委党校有关专家教授为宣传干部作《关于如何做好新时期宣传思想工作》、《关于如何挖掘传承地方传统文化的思考》等辅导讲座，并组织实地参观学习，提高全区宣传文化干部的政策水平和业务素质，更好地发挥宣传文化工作者在打造文化强区、建设幸福潮阳中的主力军作用，同时以区委名义制定印发《关于进一步加强改进基层宣传思想文化工作的意见》，对基层宣传思想文化工作提出具体措施。

【文艺宣传】 在潮阳区委、区政府建设文化强区的号召下，各地各部门尤其是城乡群众自办文化的热情高涨，除积极配合全区性文艺活动之外，还举办地方特色的贵屿“街路棚”、英歌舞专场文艺表演以及剪纸展、摄影展、书画笔会等一系列活动。有不少企业由此成为文化民生工程中投资精品演出、支持文艺团队的重要力量。城南街道和汕头东信集团有限公司举办的“城南之春文艺晚会”等一系列由政府搭台、企业出资、群众参与的迎春文艺活动，规模大、内容多、影响广、效果好。

参加汕头市委宣传部主办的2011年汕头文艺奖评比赛。有3件作品获得2011年汕头文艺奖精品奖，分别为潮阳作者郑少渠的草书条幅《黄宾虹画论》、黄少琼的剪纸《吉祥》、潮阳后溪英歌队表演的《潮阳英歌舞广场舞蹈》。参加2011年汕头市委宣传部组织的纪念建党90周年“幸福歌声献给党”比赛，潮阳实验学校黄研丽获“优胜奖”。

【对外宣传】 区委对外宣传部门发挥职能作用，借助报刊、电视、网络等新闻媒体，突出主题，立体式开展对外宣传活动，树立潮阳良好形象。

宣传特区建立30周年 区委宣传部与汕头市委宣传部、汕头日报联合举办《我是特区人·潮阳区论坛》，制作庆祝特区建立30周年专题宣传片，在《汕头日报》、《汕头特区报》编辑出版2个潮阳专版，向外展示特区建立30年来潮阳发展成就和特区扩围后潮阳发展新思路。

宣传区党代会精神 区委外宣办主动向上级报社投稿，《南方日报》以《潮阳实施“五大提速工程”》为题，对潮阳新一届领导班子实施“五大提

速工程”施政新理念作了报道。汕头特区报社大华网刊登全文2600多字的《潮阳区科学实施“五大提速工程”》新闻稿，人民、搜狐、新民等网站随后纷纷转载该报道，扩大了影响力。潮阳广播电视台也加强与上级台的沟通，区党代会和人大、政协两会期间，汕头电视台先后播出《潮阳区：实施五大提速工程，加快发展》等16条新闻。

【精神文明建设表彰先进】 2011年随着争创“汕头市文明区”和群众性精神文明创建活动的深入开展，中国移动潮阳分公司、河溪镇西陇村分别获省文明单位、省文明村的光荣称号。区委、区政府召开精神文明表彰大会，表彰2011年精神文明建设先进集体和先进个人，其中：“创建文明城市先行示范点”6个，“文明单位”20个，“文明镇”2个，“文明村（社区）”13个，“文明企业”12个，“文明家庭”16个，“先进工作者”20名。

【开展全民读书和道德实践活动】 以“倡导读书风尚，共建文明潮阳”为主题，组织开展“人人学法守法、争当文明市民”等7项读书活动。文明办还与普法办、教育局、总工会、团区委、妇联、科协等部门联合举办“文明生活进万家”、“讲文明树新风”、“法律六进”等主题实践活动，致力构建学习型社会，提高市民文明素质。

（宣传部）

附：2011年中共潮阳区委宣传部领导名录

部　长：姚佐雄（区委常委兼，任至10月）
池小玲（区委常委兼，10月任职）

副部长：陈　健
李锡松（任至12月）
陈佐中（任至12月）
陈振通（任至6月）

统一战线工作

【概况】 中共汕头市潮阳区委统一战线工作部是区委主管统一战线工作的工作部门，与民族宗教事务局、外事侨务局合署办公，加挂区委台湾工作办公室（区人民政府台湾事务局）衔牌。内设人事秘书股、党派工作股、经济股、联络股。编制13名，其中行政编制11名，工勤编制2名，现有干部职工15名。辖属海门台湾渔民事务工作站为副科级事业单位。2011年，区委统战部认真贯彻落实中央、省委、市委和区委有关会议和上级统战工作会议精神，以开展“我为幸福广东建功业”系列行动为载体，团结凝聚各方力量，积极引导广大统战成员围绕党政中心工作，较好地完成年初提出的各项工作任务。

【多党合作和政治协商】 2011年，区委统战部坚持贯彻落实多党合作和政治协商制度，为党外人士参政议政和政治协商提供平台。10月，认真做好区政协第三届委员会非中共政协委员的提名工作。区政协三届一次会议共有委员205名，其中非中共委员128名，占全体委员数的62.4%。这些非中共政协委员中，大专以上学历63名，占49.2%，比上届提高4.4%；中高级职称35名，占27.8%，比上届提高1.6%，这些委员均有较高的参政议政能力和具有一定的代表性、统战性、进步性。全年各民主党派、无党派及港澳人士参政议政人数283人，其中民主党派24人，无党派235人，港澳人士24人。2011年，全区民主党派成员和无党派代表人士积极建言献策，在两会期间上交提案、议案20多件，为潮阳的社会经济发展出谋献策。

【非公有制经济领域统战工作】 2011年4～8月，区委统战部牵头组织全区非公有制经济代表人士进行综合评价工作，评价对象共130名，主要是现任和拟任的各级人大代表、政协委员、工商联执委等非公有制经济代表人士，评为优秀37名，合格87名，不合格6名。

【海外联谊】 2011年，统战部加强同港澳台侨潮籍社团和潮籍知名人士的联系、联谊。6月初，区政协主席李逸珊，区委副书记张锡潮，区委常委刘晴虹在区政协副主席、区委统战部部长姚润民，副部长彭绍长等陪同下，前往香港拜访潮阳同乡会及部分潮籍知名人士，通报潮阳经济社会发展情况及发展目标，并与港澳政协委员进行联谊。11月下旬，区政协副主席、区委统战部部长吴锡龙，副部长彭绍长等前往香港拜会香港潮阳同乡会及有关社团首领和在港政协委员。通过拜访联谊活动，进一步激发旅港乡亲爱国、爱港、爱乡热情。

附：2011年中共潮阳区委统一战线工作部领导名录

部　长：姚润民（任至9月）
　　　　吴锡龙（9月任职）
副部长：郑映希（任至10月）
　　　　林燕锋（10月任职）
　　　　吴承文
　　　　彭绍长
　　　　郑文彬（任至12月）
　　　　叶琴明（12月任职）

台湾事务工作

【机构设置】　中共潮阳区委台湾工作办公室是区委统战部挂牌的科级单位，现有在职干部2名。主要负责指导、协调各镇（街道）和区直有关部门的对台工作；协调、指导全区对台经贸和台湾渔民的宣传、接待工作；承办赴台交流、考察项目，直接参与台商投资项目的立项、审批和报批工作；负责台胞的联络和接待工作；向区委、区人民政府和上级有关部门提出对策和建议。

【主要工作】　2011年，区委台湾工作办公室认真履行职能，积极做好对台服务工作。4月，专题组织对台资企业进行调研，协助解决生产经营中碰到的问题。6月下旬，区委统战部副部长、台办主任郑映希等参加省台办组织的赴台交流团，期间，拜会了在台的潮汕同乡会和海门同乡会以及部分潮阳籍台商，参观统一集团等台湾本土企业。12月，汕头市潮阳交通公共汽车有限公司（台资）扩资75万元，新置公交汽车6辆，增设城区第4路公交线路。另外，帮助1位潮阳籍旅台同胞寻找在大陆的遗产继承人，使其遗产得到保护。

附：2011年中共潮阳区委台湾工作办公室领导名录

主　任：郑映希（区委统战部副部长兼，任至10月）
　　　　林燕锋（区委统战部副部长兼，10月任职）
副主任：陈锦辉

外事侨务工作

【概况】　潮阳区外事侨务局内设人事秘书股（加挂监察室、宣传接待股衔牌）、侨政经济股和外事签证股，编制8名。2010年10月起与区委统战部合署办公。2011年全区共接受海外侨胞、港澳同胞捐助兴办公益福利事业3932.6万人民币，办理港澳通行证2760人次，邀请外国人282次。9月，香港金鸿业投资公司董事长郑志才、香港力嘉国际集团有限公司董事总经理马馀雄、香港骏荣织造有限公司董事长张植伟三人被汕头市人大常委会授予第八批汕头市“荣誉市民”。

春节期间，筹集资金1.52万元慰问困难归侨、侨眷88人，慰问百岁老归侨眷2人。10月，海门镇北新社区获国务院侨办、农业部授予“侨爱新村”称号。

【联络接待】　2011年全区接待海外嘉宾7个团队、345人次。2月18日接待香港蓝雀集团董事局主席陈彦灿一行35人参加文光街道平和东学校新校舍落成十周年庆典暨如琴教育基金会颁奖仪式。5月15日接待陈有庆为名誉团长、陈智文为团长的香港潮阳同乡会访问团一行23人。10月12日接待以詹汉坚为团长的美国俄勒冈州潮州同乡会访问团一行6人。10月19日接待越南芹苴市人民委员会主席阮青山一行4人。10月20日区委、区政府主要领导拜访参加汕头经济特区建立30周年庆典活动的海外潮阳籍乡亲陈有庆、吴宏丰等14位侨领。12月8日接待泰国潮州会馆主席陈汉士为团长的泰国资本市场高级研修班一行40人。

（外事侨务局）

附：2011年潮阳区外事侨务局领导名录

局　长：郑旭生
副局长：李少玲

直工委工作

【概况】　中共潮阳区直属机关工作委员会内设办

公室、组织部、区直机关纪工委、行政监察室，现有干部职工10人。所属机关党委12个（下设党总支部24个、党支部396个）和直属党总支部20个，党支部32个，党员总数9358名。2011年，围绕新时期党的中心任务，按照区委、区政府的工作部署，切实加强党的思想、组织、作风和制度等建设，发挥党组织的战斗堡垒作用和党员的先锋模范作用，推进党建和机关作风建设，为潮阳经济社会发展提供坚强有力的组织保障。年内，选举出席区第三次党代会代表70名，之后在区直单位、驻潮单位中选举出席区三届人大代表16名。

【思想政治建设】　指导区直单位坚持党委中心组理论学习和支部学习制度，结合各级党组织的工作实际，坚持上下联动，相互促进，学以致用，理论联系实际解决问题、推动工作上见成效。指导区直单位深入开展专题活动，组织党员干部开展学习贯彻胡锦涛总书记“七一”重要讲话，围绕提速发展，建设幸福潮阳等方面的内容开展专题学习活动，把思想和行动凝聚到区委决策上来，提高党员队伍的理论素质和业务水平，增强政治敏锐性和工作能力，为潮阳各项事业发展提供坚强思想保证和精神动力。

【基层组织建设】　加强组织领导，明确职责，层层落实党建工作责任制。直工委书记负总责，其他班子成员分工负责，直接挂钩联系区直各单位的党建工作，加强检查督促和指导，取得较好成效。开展争先创优活动：“七一”期间，召开建党纪念和表彰“一先二优”大会，表彰先进基层党组织21个，优秀共产党员33名，优秀党务工作者18名。做好党员慰问工作：“七一”和春节期间，对区直国有企事业单位的困难党员进行调查摸底，审查核实后报区委组织部批准，发放补助款慰问困难党员、老党员535人，发出慰问金13.5万元。举办入党积极分子培训班：全年举办入党积极分子培训班二期，区直机关企事业单位、驻潮单位共有285名积极分子参加培训并通过考试，合格率达到98%以上。发展新党员：落实发展党员“十六”字方针，严格入党审批程序，2011年共审批吸收新党员91名，讨论批准转为正式党员85名，接转党组织关系422人次。推进“两新”组织的党建工作：2011有鑫誉会计师事务所、东沙律师事务所、练江律师事务所、实验学校和中英文学校等5个“两新”社会组织党支部，吸收“两新”社会组织党员6名。

【党风廉政建设】　指导区直各级党组织深入开展纪律教育学习月活动，以警示教育、廉政谈话、廉政文化等为载体，开展形式多样的党风廉政宣传教育。严格执行党风廉政建设各项规定，抓好领导班子、领导干部特别是党政“一把手”履行“一岗双责”，落实党风廉政建设责任制，自觉践行社会主义荣辱观。配合区纪委、区委组织部指导区直局以上单位和驻潮单位开好党员领导干部民主生活会。

（沈立新　陈益源）

附：2011年中共潮阳区直属机关工作委员会领导名录

书　记： 李振森（任至12月）
　　　　陈伟光（12月任职）
副书记： 庄明石（任至12月）
　　　　陈伟光（任至12月）
委　员： 沈立新（任至12月）
　　　　谢映明（任至12月）

机构编制委员会办公室工作

【机构设置】　潮阳区机构编制委员会办公室于2011年4月从人事局析出，保留正科级单位，办公室加挂区事业单位登记管理局衔牌，内设综合股（监督检查股）、行政机构编制股、事业机构编制股、事业单位登记管理股。机关行政编制8名，行政执法专项编制2名，后勤服务人员1名，缺编3名。

【机构改革和编制管理】　完成机构改革评估2011年3月，通过评估。机构改革后各部门均已正式运作，职能、人员划转基本到位，各项工作运转顺畅。改革后，区政府工作部门从25个减为24个，核销机关后勤服务人员事业编制122名，有关部门划转移交职能13项。

完成镇（街道）机构改革　经上级批准，认定潮阳区特大镇（街道）5个，较大镇（街道）8个，印发《潮阳区镇（街道）机构改革方案》，对镇（街道）内设机构进行适当调整，对部分事业单位进行整合或撤并。2011年6月，全区13个镇（街道）的机构改革和89个事业单位分类改革全面完成。

推进事业单位分类改革　根据事业单位的社会功能，划分为行政类、公益服务类和经营服务类三大类。全区原746个事业单位经过简政强镇事权改革和事业单位分类改革的机构划转，整合82个单位，撤销2个单位，至2011年底，共有事业单位662个，完成分类574个（其中：公益一类475个、公益二类12个、公益三类10个、经营服务类1个、正在申报行政类事业单位76个）。

机关事业单位机构编制实名制管理　从2011年6月起全面铺开潮阳区机构编制实名制管理工作。配备专用电脑，与省编办进行机构编制实名制系统单机版远程安装对接。9月中旬，潮阳区党政群机关及参照公务员法管理事业单位的实名制数据从单机版顺利接入汕头市实名制数据库。10月14日全面完成全区机关、事业单位的信息采集和数据入库工作，共计791个，其中：主管部门54个，下设机构62个，镇9个，街道4个，事业单位662个。

完成交通综合行政执法改革　清理、整合交通部门及交通领域有关单位的道路运政、水路运政、公路路政、港口行政、交通规费稽查等方面的监督检查、行政处罚、行政强制等职能，统一由交通运输局综合行政执法局承担。交通领域的其他机构不再承担行政执法职能。2011年9月交通运输局综合行政执法局“三定”规定经编委批准印发，交通综合行政执法改革工作全面完成。

【事业单位登记管理】　规范事业单位登记管理，全面实行网上登记和年检，严格把关，做到材料真实齐全，年检和登记事项无遗漏。2011年全区核准设立（备案）登记事业单位464个，办理事业单位法人变更登记80个，办理事业单位法人年检393个。

（区编办）

附：2011年潮阳区机构编制委员会办公室领导名录

主　任：郑棉儿

副主任：彭　燕

党史地方志工作

【概况】　中共潮阳区委党史研究室、潮阳区地方志办公室于2001年机构改革时合署办公，一套人员，两块衔牌，归口区委办公室管理。党史工作由区委1位常委分管，地方志工作由区委常委、区政府党组副书记分管，属参照公务员管理的科级事业单位。编制18名（含电子机械工业办分流人员4名），内设人事秘书股、党史股、地方志股、宣传出版股。2011年，按照上级的要求，围绕区委工作中心，较好地完成党史、地方志各项任务。

【《中共潮阳地方史》（第二卷）资料搜集】　2011年，办公室人员分工合作，深入档案馆、图书馆查找档案资料，走访知情人士、发函到外地有关单位和个人了解情况，搜集、整理《中共潮阳县（市）历史大事记》（1949.10～2003.1）资料共17万字和《中共潮阳县（市）历次代表大会资料汇编》（1956～1998）资料47万字，作为编写《中共潮阳地方史》（第二卷）的基础性资料。

【党史宣传教育】　2011年，区委党史研究室多次协助有关部门组织党员干部和青少年前往革命迹地进行参观教育。协助发行《广东党史》、《汕头党史与方志》和发行《中共潮阳地方史》（新民主主义革命时期）等书刊。

【《潮阳市志》初审、复审和通过终审】　潮阳第二轮新方志编修的综合志书《潮阳市志》（1979～2003）经省人民政府地方志办公室和汕头市地方志办公室的协调，汕头市人民政府办公室作出《关于潮阳区与潮南区合修（潮阳市志）有关问题的复函》，明确《潮阳市志》由潮阳、潮南两区共同承修，潮阳区为主负责，潮南区积极配合。两区合修一部志书，在全省属首例。2005年初正式启动编修工作，各承修单位、各部门根据市志参考篇目，按单位实际，写出部门志稿报潮阳区地方志办公室校核修改、补充完善，形成《潮阳市志》初稿，总计275万字。2009年10月，汕头市地方志办公室和潮阳区、潮南区人民政府联合在潮阳区召开《潮阳市志》（稿）评议会，经省、市、县（区）方志系统的领导和专家评议，提出许多宝贵意见，潮阳区地方志办公室根据评议意见进行梳理修改，形成初定稿。2011年5月，《潮阳市志》初审委员会成员对市志稿进行初审，经修改后形成送审稿，于2011年8月和9月分两次报汕头市地方志办公室复审。2011年9月30日，汕头市复审领导小组在潮阳区召开复审工作会议，与会成员对《潮阳市志》提出了修改意见。根据复审意见，潮阳区地方志办公室对全志从篇目到内容再行调整、拆并、删节，全志由275万字压缩到177万字。11月初报汕头市志书终审委员会审定。2011年11月24日，汕头市人民政府地方志书终审委员会在潮阳区召开《潮阳市志》终审会议，省人民政府地方志办公室主任陈强应邀出席，发表指导性意见。中共潮阳区委常委、区政府党组副书记姚佐雄代表编纂单位作了情况汇报，潮南区有关领导也参加会议，经终审委员审议表决，同意《潮阳市志》通过终审。要求潮阳区地方志办公室对欠妥的地方修改后报汕头市地方志办公室复核，方可报送出版社出版。

【编纂出版《潮阳文物志》】 潮阳是粤东名胜古迹较多的地区，文化积淀深厚，遗存在社会上或埋藏在地下的历史文化遗物众多。2011年，为配合潮阳区人民政府开展“打造潮阳文化强区”活动，“服务当代，垂鉴后世”，地方志办公室启动了《潮阳文物志》的编纂出版工作。重点收录获省、市、县（市）批准的文物保护单位；向各镇（街道）、各有关单位、团体（个人）征集入志资料；深入文物迹地实地考察，调查了解，拓展内容；广泛吸纳有关单位（个人）编写的志书、专著、专集、汇编等精华，完善《潮阳文物志》内容，使之较好地展现数千年来潮阳先民遗留下来的历史文化。全书分8章、30节、379目，照片1560多张，共70万字。2011年9月出版发行，受到社会各界关注和好评。

【启动《潮阳年鉴》前期准备工作】 根据上级的要求，2011年11月，潮阳区地方志办公室开始筹划《潮阳年鉴·2012》（首卷）的准备工作。拟定《潮阳年鉴》参考编目、组稿及撰稿要求，向潮阳区人民政府呈报“关于启动编修《潮阳年鉴》的请示”，确保首卷《潮阳年鉴》于2012年内出版发行。

（史志办）

附：2011年潮阳区党史地方志办公室领导名录

主　任：朱汉城（任至7月，区委办公室副主任兼）
　　　　姚泽建（7月任职，区委办公室副主任兼）

副主任：蓝松娇
　　　　陈春晖（4月任职）

党校工作

【概况】 中共潮阳区委党校内设办公室、培训室、函授管理室、教研室、图书管理室、电教管理室、后勤管理室，在编人员43人。2011年，党校共举办党员干部培训主体班9个班次30期，培训党员干部4401人次。其中：科级干部培训班两期共82人；股级干部培训班两期共119人；村（社区）基层干部土地管理知识培训班两期共411人；干部信息能力提升培训班10期共1306人；行政机关公务员全员培训班11期共2105人；公务员初任培训班1期共157人；村（社区）妇女干部培训班两期共221人。

【科研和教研工作】 组织教师编写《认真学习党的十七届五中全会精神》、《深刻领会和全面实施“十二五”规划纲要》、《推进文化大发展、建设文化强区》、《胡锦涛总书记“七一”讲话精神解读》、《全面贯彻落实潮阳区第三次党代会精神》、《党的十七届六中全会精神专题辅导》六个专题课，为干部教育提供实用教材。教员刘晖婉撰写的《创先争优是保持和发展党的先进性的有效途径》一文，在《汕头日报》上发表（2011年1月24日）。同时，为提升教学科研水平，表彰先进个人，制定《关于设立“教学优秀奖”的规定（试行）》。

【学历教育和对外培训】 坚持“社会效益第一”理念，充分利用教学资源和长年积累的学历教育经验，积极与高等院校合作，拓展办学渠道以继续办好学历教育。2011 年，招收汕头大学函授大专“村官班”36 人，广东第二师范学院函授本科班 53 人。

（刘晖婉）

附：2011 年中共潮阳区委党校领导名录

校　　长：张锡潮（区委副书记兼）

常务副校长：吴先伟

副 校 长：李瑞通

郑旭龙

洪梅东

区人民政府办公室工作

【机构设置】 潮阳区人民政府办公室是协助区人民政府领导处理政务、开展工作并负责管理政府机关行政事务的区政府组成部门和综合办事机构，行使参谋助手、公共服务和综合协调职能。办公室加挂汕头市潮阳区人民政府法制局衔牌。内设监察室、人事秘书股、资料股、调研股、督查室、综合一股、综合二股、综合三股、行政财务股、边防股、区人民政府应急管理办公室（副科级）、无线电管理办公室（副科级）12 个股室。其中无线电管理办公室为内设机构对外挂牌单位。归口管理单位有潮阳区机关事务管理局。属下事业单位：区政府接待办公室（副科级）、区接待所（副科级）、区政府采购中心、区政府信息中心、区无线电监测站。

【承办人大议案和政协提案】 区政府办认真做好议案、提案的交办、督办和答复材料审查把关工作，共承办区人大二届六次、区政协二届六次会议议案（建议、意见）、提案 51 件，全部按时答复代表、委员；区人大三届一次、区政协三届一次会议 56 件议案（建议、意见）、提案，已全部办理完毕。对与现行政策规定、实际情况不相符合或其他条件限制暂时无法办理的议案、提案，做到及时向人民代表和政协委员反馈，实事求是做好工作。

【综合协调】 区政府办做好办文、办会工作，加强对公文执行落实情况的跟踪、督促，维护公文的严肃性和实效性，保证工作的正常开展。2011 年共收办上级文件明传 1211 件，制发各种文件、函件 510 件，受理各镇（街道）、区直各部门的请示、报告 785 件，基本办结不存遗留。做好区政府常务会议、区长办公会议、区政府工作会议等各种会议、大型活动的会务工作，保障区政府工作的正常运转。继续推进全区政务公开工作，认真贯彻上级有关政务村务公开工作会议的精神，采取区领导和区直有关部门挂钩帮扶等措施，切实抓好村务公开和民主管理“难点村”治理工作。做好突发公共事件应急管理工作，重新修订完成区级应急预案 89 个，积极指导各镇（街道）、各部门应急体系、应急信息平台建设，及时上报突发公共事件信息，协调处理相关应急管理工作。规范和落实 24 小时值班制度，及时做好上传下达、综合协调，确保各类信息报送工作有序开展。

【信息工作】 区政府办发挥参谋助手、以文辅政作用，认真做好各项文字材料工作，先后起草了 2011 年《政府工作报告》换届《政府工作报告》和各类重大会议、活动的领导讲话稿。积极开展资料收集和专题调研活动，查找存在问题，提出对策建议，组织编写《情况反映》、《潮府调研》等专题材料，及时反映全区工作动态，为领导的决策提供有力依据。收集上报政务信息，编制《潮阳信息专报》上报有关领导和汕头市人民政府办公室，共上报 54 期。做好《广东年鉴》、《汕头经济特区年鉴》的组稿工作，为上级有关部门提供潮阳经济社会的基本面貌和发展情况。加强信息督查工作，建立健全督查工作责任制，准确、及时地跟踪、督办人民群众关心的热点、难点问题和十件民生实事落实情况，全年共收到各类信件近百件，均能严格依法迅速转办、交办、督查，切实维护潮阳大局的稳定。

【法制工作】 区政府办加强依法行政，扎实推进依法治区进程，建立健全执法监督机制，加强行政执法人员的学习培训工作，组织区直部门行政执法人员参加市法制局举办的法律培训班。巩固查禁公路“三乱”成果，深入治理公路“三乱”。严格执法证申领的审核上报，为区直部门申领执法证 75 份，注销 1 份。加强规范性文件管理工作，认真做好规范性文件审核、上报备案，定期对规范性文件进行清理，向区政府提出予以废止、重新修订、继续实施的意见，共上报市政府备案文件 2 件。同时认真审核领导交办的文件 15 件，出具意见为领导决策提供参考依据。

【机关事务】 区政府办做好党政机关大院的后勤管理和服务工作，确保机关大院的安全，维护机关正常的工作和生活秩序。做好区党政机关大院的规划、建设、管理、修缮和房产财产使用登记，发现问题及时整改，做到防患于未然，有效地保障了机关大院的安全，大院环境卫生、车辆管理、食堂等后勤服务管理进一步规范。做好机关信件收发、会议服务等，全年共服务各种会议 510 场次，收发各类信件近 5 万件。

【政府采购】 遵循公开、公平、公正的原则做好政府采购工作，严格按照相关法规制度、操作程序组织实施采购，圆满完成各项采购任务，提高政府采购资金的使用效益，节约采购资金 21.9 万元，节约率达 11%，维护国家利益和社会公共利益。

【接待工作】 区接待办公室负责接待到潮阳区视察、检查工作的中央和国家领导、中央军委各总部、各大军区领导，省和市各套班子领导，省直有关部门副厅级以上领导，负责接待到潮阳区联系工作的各省、市、县（区）各套班子领导和应邀参加区重大公务活动的海内外宾客；负责接待方案的制订，协调公安、机场、酒店、参观考察点和旅游景区（点）等部门（单位），为到潮阳领导和宾客提供良好的考察、参观环境和安全保障。在接待工作中不断强化服务意识，规范各项规章制度，注重突出潮阳的侨乡特色、潮汕文化特色。一年来，共接待到潮阳考察调研和观光的来宾 813 批次，2.75 万人次。

（政府办）

附：2011 年潮阳区人民政府办公室领导名录

主　　任：吴贻贵
副 主 任：郑世洲（任至 12 月）
林楚民
蓝少恒（任至 7 月）
郭大平（7 月任职）
纪检组长：刘沛荣

群团组织

www.gdchaoyang.gov.cn

群团组织

总工会

【概况】 潮阳区总工会内设办公室、组织宣传教育部、经济技术部（加挂劳动竞赛委员会办公室衔牌）、保障工作部（加挂总工会女职工委员会、困难职工帮扶中心衔牌）、财务部（加挂总工会第三产业办公室衔牌）。机关行政编制8名，后勤服务人员事业编制1名。属下有工人文化宫、职工业余学校2个事业单位。镇级工会13个，配专职工会主席（副科级）；村（社区）工会联合会271个，工会主席由同级副职兼任；行业工会联合会14个、覆盖企业1732家；基层工会1356个，会员15.15万人。2011年，区总工会贯彻全国总工会“组织起来、切实维权”的工作方针，围绕中心，服务大局，履行工会职能，为建设和谐潮阳、幸福潮阳作出积极贡献，被汕头市总工会评为“2011年度工会工作先进单位”、“帮扶工作先进集体”、“固本强基工作一等奖”、“工资集体协商工作先进奖”。

【纪念“五一”活动】 “五一”前夕，区总工会在文光塔广场隆重举行庆祝“五一”国际劳动节“欢乐五一、幸福潮阳”广场系列活动。内容有：职工健身表演、职工卡拉OK演唱、广场电影、灯谜竞猜。区委书记陈壮生，汕头市总工会副主席周波等出席活动并观看演出。劳动模范、工会干部代表和职工群众近7000人参加活动。

【组建非公有制企业工会】 继续在各镇（街道）开展非公有制企业工会组建工作的集中行动，推动“固本强基”工程的深入开展。2011年，全区新组建基层工会组织100个，涵盖企业195家，发展会员1.02万名。为提升基层工会的活力和凝聚力，把建会与建设“职工之家”紧密结合起来，在新建工会的非公有制企业中全面开展建设合格“职工之家”活动。

【劳动技能竞赛活动】 区总工会组织开展“创建学习型组织、争做知识型职工”、“当好主力军、建功‘十二五’、和谐奔小康”和争当“工人先锋号”等活动，引导和组织广大职工学习现代科学文化知识、学习岗位劳动技能，积极投身各项劳动竞赛活动之中，创造了较好的社会效益和经济效益。在活动中涌现出一大批先进人物和单位。潮阳供电局马武雄被全国总工会授予“五一”劳动奖章，区公安分局吴玲被广东省授予“五一”巾帼奖和“五一”劳动奖章，潮阳农信社营业厅被省总工会授予“工人先锋号”，汕潮建筑工程总公司深圳分公司、区妇幼保健院妇幼科被汕头市总工会授予“工人先锋号”。

【职工民主管理】 推动职工参与企业民主管理，切实保障职工的民主权利。推行以职代会为基本形式的民主管理制度，完善职代会职权和运行机制，健全和完善企事业单位厂务公开民主管理制度，厂务公开建制率达到70%以上。聘任80名工资集体协商指导员，签订工资集体合同319份，覆盖企业792个，覆盖职工3.46万人。

【为困难职工排忧解难】 2011年区总工会为618名困难职工和农民工解决生活困难问题，共发放送温暖资金21.96万元；为困难企业每位困难孤寡职工和孤寡退休人员发放救助金1000元，共发放35人次3.16万元；帮扶困难职工子女就读和患重病职工就医共31人3.6万元；继续落实劳模荣誉津贴和医疗保障制度，共发放劳模津贴217人次27万多元。

【工会干部培训】 6月，区总工会组织各镇（街道）工会主席、人力资源和社会保障服务所所长参加汕头市总工会、汕头市人力资源和社会保障局联合举办的工资集体协商专题培训班。8月，区总工会在党校举办工资集体协商专题培训班，各镇（街道）工会主席、人力资源和社会保障服务所所长、工资集体协商指导员、区直有关局（公司）工会主席、行业工会主席、部分村（社区）工联会、非公有制企业工会主席共200多人参加培训，区领导池小玲、马泽武和汕头市总工会有关领导等出席培训班。

（总工会）

附：2011年潮阳区总工会领导名录

主　席： 马泽武（区人大常委会副主任兼）

副主席： 肖坚烈

卓楚吟

共青团潮阳区委员会

【概况】 共青团汕头市潮阳区委员会是中共汕头市潮阳区委领导下负责青少年工作的群众团体。内设办公室、组织部、宣教部、团直属机关委员会4个机构。人员编制：行政6名，事业1名。2011年团区委加强团的基层组织建设，组织青年开展各类有益于社会、有益于青年身心的活动；对外开展青年交流与合作，指导青联组织和青年社团开展活动；做好青少年教育工作；指导全区少先队工作。

【基层团建】 2011年3月，为解决村镇团委书记年龄结构偏大问题，开展公开招考镇（街道）团（工）委书记工作，公开选拔7个镇（街道）的团（工）委书记，优化团干队伍的年龄和文化结构。改善基层共青团办公条件，在广东天盈信息技术有限公司的支持下，为各镇（街道）团（工）委配置了14台电脑，进一步完善共青团网站，利用信息化技术提高团委的工作效率。

【志愿者服务】 在各镇（街道）、村（社区）建立志愿服务站，形成覆盖全区的志愿服务组织网络，3月22日，潮阳区委常委刘晴虹、团汕头市委副书记赖恒辉、广东天盈信息技术有限公司董事长吴锡雄、团区委书记郑晓霞以及各基层团委负责人点击开通了潮阳青年志愿者网上服务中心，全区共有3.5万青年志愿者登记注册。利用志愿者信息平台，完善志愿服务运行的管理机制。

1月22日联合区青年企业家协会、区青年书法协会到金灶镇前洋村开展“青春情暖送温暖献爱心”活动，现场撰写春联，为群众送去新春的祝福；组织大峰医院的青年志愿者为村民义医义诊、送医送药；筹集4万多元现金和大米、油、棉被及方便面等一批物资，到金灶镇玉浦社区、海门镇城关、莲新社区和城南街道风北社区走访慰问孤寡老人、留守儿童、孤儿等120多户贫困户，让他们过上一个温暖祥和的春节。贯彻落实团省委关于“幸福广东·健康同行”行动精神，带领青年志愿者医疗队深入金灶镇、西胪镇等四个贫困乡村开展六场“送医送药送健康”活动，为群众义医义诊，并免费赠送医药包，还走访贫困户，为他们送上慰问金和医药包。6月24日，与区创建文明城市办公室联合开展青年志愿者投身创建省文明城市誓师大会及服务系列活动。

【扶贫助学工程】 2011年助学工程启动后，得到社会企业家的支持，新增“助学工程·潮星集团爱心助学行动”，“合群山海豪庭助圆大学梦行动”，“辰光爱心资助行动”等项目。连同原有的助学项目，共筹资52.2万元，资助202名以单亲家庭和孤儿为主、经济困难的贫困大学生、高中生、初中生，使大批贫困学子圆了求学梦。广东阳柳集团首批捐资50万元成立“阳柳爱心助学基金”，用于资助潮阳贫困学子。

【潮阳区第二次团代会】 5月25日，共青团潮阳区委召开第二次代表大会，总结第一次团代会以来的工作，部署今后三年的工作任务，选举产生了新一届委员会，审议通过《工作报告的决议》。随后召开的二届一次全委会选举产生新一届团区委领导班子，书记1名，副书记1名。

（团委）

附：2011年共青团潮阳区委员会领导名录

书　记：郑晓霞（任至11月）
　　　　肖涤桦（12月任职）
副书记：赵伟全（4月任职）

妇女联合会

【概况】 潮阳区妇女联合会是党和政府联系妇女群众的桥梁和纽带。内设办公室、妇女工作部、儿童工作部、宣传教育工作部，编制7名。2011年，区妇联加强普法宣传，推动区、镇（街道）、社区三级妇联组织依托综治信访维稳中心三级平台，加大妇女维权力度，参与综治信访维稳中心调解案件53宗。开通12338维权热线，接待来信来访53宗，办结率达98%，维护妇女儿童的合法权益。

【深化“双学双比、巾帼建功”活动】 区妇联通过开展农村妇女职业技能、农村妇女劳动力转移、下岗再就业等培训，引领妇女参与经济建设。做好小额贷款宣传工作，推广广东省扶持妇女创业小额财政贴息贷款项目。发挥“巾帼创业示范基地”辐射作用，带动城乡妇女增收致富。2011年创建省级“巾帼文明岗”1个，市级“巾帼文明岗”4个，市级“星级妇女学校”3所。董加兰被全国妇联授予“三八”红旗手。

【推进家庭文化建设】 以创建幸福家庭，提高家长素质，提高儿童思想道德水平为目标，开展家庭教育大讲堂活动。邀请棉城中学副校长、区关工委家教辅导团团长郑红颖，南粤优秀教师、省十佳阅读优秀指导教师陈海专，镇二小学政教主任曾竹茹等到各镇（街道）、学校、社区举办家教知识讲座15场次。开展文明家庭创建活动，2户家庭被汕头市妇联授予“五好文明家庭”称号。

【关爱贫困妇女儿童】 区妇联开展“爱心父母牵手困境儿童大联盟行动”，筹资近10万元帮扶困境儿童311人次。潮阳大愿义工、中国人寿保险潮阳支公司积极响应，发动单位员工捐款献爱心，资助孤儿、贫困儿童61名；5名优秀困境女大学生经妇联穿针引线，得到资助；开展“姐妹情深10元捐”行动，为贫困妇女儿童捐款2.97万元。争取省、市妇联组织支持资金30万元，扶助150名贫困妇女发展生产；帮扶4名患重病贫困妇女，每人3000元；开展特困单亲母亲“四援助”活动，援建“安居房”19户，援助资金25.3万元。

（妇联）

附：2011年潮阳区妇女联合会领导名录

主　席：马红文
副主席：林秀玲

工商业联合会（总商会）

【概况】 潮阳区工商业联合会（总商会）是党和政府联系非公有制经济人士的桥梁和纽带，是政府管理和服务非公有制经济的助手。工商联内设人事秘书、组织联络二个股，在职人员7人。截至2011年，区工商联（总商会）共有会员380名，行业商会3个：民营企业、音像、纺织服装商会。基层商会2个：和平镇商会、谷饶镇纺织服装商会（谷饶镇商会）。2011年1月被评为汕头市工商联系统先进单位，3月被评为潮阳区文明单位，6月被中国关工委教育中心授予“热心助学先进单位”称号。区工商联（总商会）主席郑永钊被评为潮阳区精神文明建设先进工作者。

【参政议政】 2011年是人大、政协换届年，把有代表性的非公有制经济人士推荐为各级人大代表、政协委员是工商联组织参政议政的有效方式。这次换届选举共推荐安排64名，其中：汕头市人大代表10名、汕头市政协委员4名，潮阳区人大代表

24 名、潮阳区政协委员 26 名。推荐担任汕头市工商联（总商会）第十四届副主席人选 2 名、常委 1 名、执委 10 名、出席代表 11 名、名誉主席 1 名。林宁、黄洁波、马钦训为汕头市人民检察院人民监督员，郑永钊、黄洁波受聘为潮阳供电局“行风义务监督员”。3 月 28 ~ 31 日，区人大、政协第二届六次会议召开，来自工商界的人大代表、政协委员提交《关于进一步加强市容市貌管理工作的建议》等议案、提案 15 件。在 11 月召开的区人大、政协三届一次会议上，共提交《关于扶持民营企业发展，助推民营经济上新台阶的提案》等议案提案 4 件。30 多位企业家参加各民主党派、工商联、各界人士代表以及外商、企业家代表迎春座谈会、潮阳区国民经济和社会发展“十二五”规划纲要征求意见座谈会等，参与有关视察活动，为建设幸福潮阳建言献策。

【交流联谊】 2 月 20 日，由上海潮汕联谊会名誉团长、上海市人大常委会副主任郑惠强率团的上海潮汕联谊会一行莅潮阳访问。受到区领导陈壮生、林伟雄、陈邦津、刘晴虹、庄儒忠以及区工商联（总商会）的热烈欢迎。双方畅叙乡谊，共商发展大计。上海市人大常委会副主任郑惠强等表示，联谊会将一如既往发挥桥梁纽带作用，加强与家乡的联系与合作，让更多企业来潮投资创业，为家乡的建设多做贡献。3 月 17 日，由澄海区政府副区长陈德生、黄常新，区政协副主席、区委统战部部长陈卓光，区政协副主席、区工商联主席林岳等率领的澄海区工商联（企业家）学习参观团一行 60 多人到潮阳区参观。在区委统战部副部长、区工商联党组书记郑文彬等陪同下，先后参观汕头市骏荣纺织有限公司、广东省粤东磁电有限公司和文光公园、文光塔广场。5 月 18 日，由上海潮汕商会会长姚文琛带队的上海潮汕商会、香港区潮人联谊会访问团一行 20 多人到潮阳访问，区领导李逸珊、陈邦津、刘晴虹、陈纯浩、姚润民等与客人畅叙乡谊。访问团一行表示联谊会将积极发挥自身优势，为家乡的建设多做贡献。12 月 7 日，由北京潮人商会荣誉会长杨贤足带领的北京潮人商会访问团一行 33 人莅潮访问。区领导陈新造、姚欣文、马文玲等热情会见访问团一行，并陪同参观海门莲花峰，宾主双方合影留念。随后举行座谈，区长杜怀丹参加座谈会，区委书记陈新造向客人介绍潮阳的经济社会发展情况和投资环境。

【社会公益】 1 月 20 日，在区工商联（总商会）二届五次执委会议上，动员会员捐款 40.3 万元，帮助扶贫开发“双到”挂钩点城南街道凤上社区铺筑古巷水泥村道及配套路灯照明设施等。同日，区工商联（总商会）副主席企业、广东阳柳（集团）实业有限公司举行扶贫济困物资发放仪式，公司和素有“慈善老太”之称的许锦清女士捐资 20 万元、大米 25 吨、食用油 1000 罐等，帮助兴归、文光、平和东社区共 1000 户生活困难的群众过好年。1 月 27 日，与水利局联合组织到凤上社区慰问贫困户，共发放大米 3250 公斤、食用油 65 罐以及慰问金。7 月 19 日，有 16 位企业家参与广东省扶贫济困日活动认捐 52.9 万多元。8 月 19 日，区工商联（总商会）组织举行 2011 年贫困大学生资助金发放仪式，郑永钊等 24 位企业家和马燕吟、杜健鹏 2 位热心人士出资 20.3 万元，资助 60 名贫困大学生，每人获得 1 万元至 3000 元不等的资助，其中资助 2011 年考上清华大学的海门镇城北居委贫困学子林研贤 1 万元，8 名学生每人受资助 5000 元，其余 51 名大学生给予一次性资助每人 3000 元。本次贫困大学生资助金发放仪式是潮阳区工商联（总商会）第九次助学活动，累计扶助贫困学生 292 名，金额 128.1 万元。

【迎春团拜会】 1 月 20 日晚，区工商联（总商会）在潮阳孔庙宾舍一楼宴会厅举行 2011 年潮阳区工商界迎春团拜会。区领导林伟雄、李逸珊、张锡潮、黄克坚、刘晴虹、郭英杰、马泽武、陈纯浩，区工商联（总商会）顾问，驻潮、区直有关单位负责人，各镇（街道）宣传统战委员以及全区工商企业界人士等 170 多人欢聚一堂，互致新春祝愿，共谋新年发展。区委统战部副部长、工商联党组书记郑文彬主持团拜会，区工商联（总商会）主席郑永钊在团拜会上致辞，区委副书记张锡潮在团拜会上通报了上年区经济社会发展情况。

【宣传报道】 编印《潮阳商会信息》5 期，向会员宣传有关政策信息。潮阳电视台《潮之潮》专题以“积极履行职责，服务经济建设”为题，专题报道区工商联（总商会）近年来积极开展会务工作情况。在由汕头市委统战部和《汕头日报》编辑部合办的“我为幸福汕头建功业”专栏中，以“骏荣纺织：亲情化企业文化培养行业精英”为题，报道汕头市骏荣纺织有限公司重视企业文化建设，营造和谐企业环境的做法。

【“工商联关工委”揭牌】 6月27日，潮阳区工商联关工委召开热心助学企业家座谈会，并举行“工商联关工委”揭牌仪式。区关工委主任陈世英和区委统战部副部长、区工商联党组书记郑文彬等出席会议。陈世英、郑文彬为上年成立的“区工商联关工委”揭牌。座谈会上，区关工委主任陈世英受中国关工委教育中心的委托并代表区关工委分别向工商联关工委及广东新通达钢管厂有限公司、汕头市南沂内衣有限公司、广东威信纺织有限公司等单位颁发“热心助学先进单位”奖牌。

（郑建生）

附：2011年潮阳区工商业联合会（总商会）领导名录

主　席：郑永钊

副主席：郑文彬（任至12月）
叶琴明（12月任职）
郑建生

归国华侨联合会

【机构设置】 潮阳区归国华侨联合会是由归侨、侨眷组成的人民团体，是区政协的组成单位，也是党和政府联系归侨侨眷以及海外侨胞的桥梁和纽带。侨联编制6名。具体履行“群众工作、参政议政、维护侨益、海外联谊”四大职能，具有涉外性、民间性、统战性、群众性和对外联系广泛的独特优势。

【为侨服务】 2011年，区侨联以维护归侨侨眷和海外侨胞的根本利益为宗旨，竭诚为侨服务，筹集资金1.2万元，开展“送温暖、献爱心”活动，慰问困难归侨侨眷20名；慰问患病侨联干部3名。协助侨属企业解决有关生产生活问题2宗，协助解决侨房遗留问题，归还侨房143平方米，处理来信、来访4宗。

【联谊活动】 侨联通过“走出去、请进来”，深交老朋友，广交新朋友，扩大侨联组织在海内外的影响力。利用传统节假日，通过寄送贺卡、致贺电等密切与法国华裔互助会、澳大利亚中国和平统一促进会、加拿大温哥华潮州同乡会、马来西亚潮阳公会、泰国潮州商会、香港潮州商会的联系。在两会期间，侨联领导登门拜访，介绍家乡发展情况。一年来，侨联系统共接待海外侨团13个，接待旅外侨胞600多人次。

【倡捐公益】 2011年，侨联系统动员海外乡亲捐资兴办公益事业5宗，捐资额210万元；兴建殡仪馆1宗，捐赠金额120万元；兴建学校1宗（和平镇里美力嘉中学），金额2400万元；捐资扶贫济困资金41.8万元。

（马喜光）

附：2011年潮阳区归国华侨联合会领导名录

主　席：郭振明（任至12月）
李毓玲（12月任职）

副主席：林丹宇

科学技术协会

【概况】 潮阳区科学技术协会是全区科学技术工作者的群众组织，是党和政府联系科技工作者的桥梁和纽带。负责全区科普工作，开展各类科普宣传、教育、科技培训、咨询服务；为全区科技工作者服务；组织开展学术交流及对外科技交流活动；开展青少年科学技术教育活动，提高全民科学素质；对所属学会、镇（街道）科协的业务指导工作；兴办符合本会宗旨的社会公益性事业等。定编7人，在职4人，内设办公室、学会部和科普部。2011年，潮阳区被中国科协命名为“2011～2015年全国科普示范区”，同时成为“2011～2015年广东省科普示范区”。

全年区科协围绕创建全国科普示范区，深入贯彻实施《科学素质纲要》。年内潮阳区科协被中国科协确定为“2011年全国科普宣传栏建设示范项目”单位，《在共建共享中推进科普“站栏员”建设》案例被广东省评为实施《科学素质纲要》优秀案例，荣获2011年“汕头市科普工作先进集体”称号；主席苏晓生出席中国科协第八次全国代表大会；潮阳区关埠绿生果园科普示范基地被省科协确定为“广东省第三批科普惠农服务站”。

【主要工作】 主题科普活动 区科协围绕“节约能源资源、保护生态环境、保障安全健康”的主题，注重联合协作，创新科普载体，认真开展科普进社区、进老区山区、进校园的“三进”活动。5月12日，联合区民政局等部门，在和平镇和铺社区举办“2011年全国防灾减灾日科普进社区”活动；6月10日，与汕头市科协和金灶镇科协联合，在潮阳老区山区村——东坑村举办2011年全省科技进步活动月“科普进老区山区”活动；5月27日和6月7日，邀请汕头市心理学会理事宋宁医师分别在西凤小学、西凤初级中学举办“青少年心理讲座”；9月16日，联合区委宣传部、文明办、棉北街道等单位，在棉北街道平北学校开展“科普进校园”活动。全年主题科普活动共有科技（普）工作者400多人次参加，受众2万多人次，发放科普宣传资料6万多份（册）。

科普阵地建设 区科协积极巩固基层科普阵地建设，利用社会资源，共同推进科普阵地的共建共享，加大科普设施及阵地建设力度，提升基层科普服务能力。先后派员深入有关科普示范点调研、指导，及时帮助解决实际问题，使其更好发挥科普传播作用；加强科普“站栏员”建设，关埠绿生果园科普示范基地被省科协确定为“广东省第三批科普惠农服务站”；在和平镇和铺社区建立“科普志愿者”工作站；加强科普宣传栏的建设与管理，更好地发挥宣传效果；继续推进科普示范创建工作，在金灶镇越秀种养基地建立“潮阳区优质黄鸡饲养科普示范基地”。同时，对原有的创建成果进行巩固。

科技培训与服务 区科协加大农村党员、基层干部科技素质培训工作力度，上下联动，取得较好的培训效果。先后组织农培讲师团、农村科技专家服务团成员前往关埠绿生果园举办农科知识培训班、农综项目培训班，到金灶镇玉路村举办“农村实用技术培训班”；和平镇科协结合实际，与镇安全办、企业服务中心联合举办“安全生产、环保节能、保障安全”培训班；区农学会为进一步宣传消防安全知识，增强学会会员的消防安全意识，提高火灾防控水平，邀请汕头市消防大队教官开展“消防安全知识讲座”等。科技素质培训有效地提高劳动者的科学素质和劳动技能，促进企业安全生产、农业增效、农民增收和新农村建设。2011年，区科协及所属团体共组织举办各类培训班58期次，培训人数6850人次。

科协坚持以科技人员为本，营造“尊重劳动、尊重知识、尊重人才、着重创造”的良好社会氛围，创新工作方式，提高服务水平，为科技工作者提供优质服务。帮助所属团体及科技工作者涉及的法律问题提供咨询服务，维护科技工作者的合法权益，继续聘请广东丰粤律师事务所律师作为常年法律顾问；为繁荣学术氛围，促进科技创新和人才成长，推动学科发展，区科协鼓励各团体科技工作者撰写学术论文，推荐参加省、市学术交流会。区科协启动了“潮阳区科协第四届学术交流会暨自然优秀论文评选活动”论文征集工作。另外，对在科普工作中作出贡献的先进集体和先进个人进行表彰。

【队伍建设】 区科协围绕党政中心工作，增强服务大局意识，切实加强科协团体自身建设，增强履职能力。加强对胡锦涛总书记“七一”讲话和中国科协八大精神，省、市科协有关会议精神等理论学习，统一思想认识，增强做好“三服务一加强”工作的使命感和责任感；召开学会工作座谈会，明确工作目标，动员所属学会开展各类科普活动，推动学会工作；召开镇级科协秘书长工作会议，研究部署镇级科协工作，做到年初有布置、年中有检查、年终有总结。动员镇级科协开展各类科普活动，使活动更具针对性，收到良好成效，同时加强基层信息宣传工作，及时掌握工作动态，搭建信息交流平台；加强科协机关建设，提高服务能力，打造学习型、创新型、服务型机关。

（科协）

附：2011年潮阳区科学技术协会领导名录

主　席：苏晓生

副主席：马新明

文学艺术界联合会

【概况】 潮阳区文学艺术界联合会是由潮阳区各文艺协会组成的人民团体，是党和政府联系文艺界的桥梁和纽带，也是宣传潮阳文化综合实力的重要窗口。编制5名。下设8个协会：潮阳区文学协会、潮阳区美术协会、潮阳区书法协会、潮阳区音乐协会、潮阳区摄影协会、潮阳区灯谜协会、潮阳诗社、潮阳区东信文艺协会。文联机关另设《潮阳风》杂志编辑部。

【文艺活动】 1月28日，文联组织部分知名书法家在文光塔广场为群众义务撰写春联，并于1月31日赴谷饶镇举行“送文化下乡”活动。2月16～18日晚，文联及属下美术协会、书法协会、摄影协会在护城河畔、文化馆展厅举办“‘护城河之春’——2011年潮阳区元宵灯会书画笔会”及“‘幸福潮阳’摄影作品展”。端午节（6月6日），潮阳区文学协会组织会员举行“潮阳诗歌朗诵会”，会员朗诵自己创作的诗歌作品以及中外诗歌名作，以此庆贺一年一度的诗人节。9月15日，东信文艺协会、潮声丝竹社在城区分别举办“潮阳笛套、潮州音乐联欢赏仙会”，来自潮汕地区多个潮州音乐艺术团体参加演出。

【文艺创作】 为进一步加强文艺作者的创作交流，开阔创作视野，积极响应党的十七届六中全会关于社会主义文化大发展大繁荣的号召，区文联、区文学协会于10月28～30日联合举办“梅州、惠州采风行”活动，参加活动的文艺作者以独特的艺术手法讴歌祖国的美好河山，创作了一批优秀的文艺作品。

【文艺展览】 2月8～10日，由汕头市老干部（老年）书画研究会、潮阳区文化馆、潮阳区美术协会联合主办的《红荔飘香——姚春来国画作品展》在区文化馆展厅展出，其创作的国画作品选也于同期出版。3月15～19日，中国美协会员、潮阳区美协副会长李振声的个人画展在区文化馆展厅展出，共展出中国画、版画、水彩画作品40多幅。6月23～25日，文联、书法协会联合举办“庆祝建党九十周年书法作品展”，同时发送《庆祝建党九十周年潮阳书法作品选集》一书。6月27～29日，文联、摄影协会联合举办“‘活力特区·幸福潮阳’摄影作品展”。展出的80多幅摄影作品，从不同角度反映了潮阳改革开放以来的城乡新貌和地域文化特色。9月11～15日，由文联、文化馆、美协、民间艺术学会联合举办的“逸兴·七人书画作品联展”在区文化馆展厅展出，同时发送《逸兴·七人书画作品集》一书，参加展出者为潮阳区7位知名的老年书画家：戴开武、姚春来、刘加达、李祚仁、姚友凯、陈基雄、姚传孝等。

【文艺成就】 2011年，文联各协会会员郭思源的中、短篇小说集《多情的山谷》由天马图书出版有限公司出版。马庆浩的长篇小说《心啊心》由作家出版社出版，这是作者继长篇小说《沉重的翅膀》之后出版的第二部著作。陈创义的作品集《艺林屐痕》（《陈创义文录》之三）由天马出版有限公司出版。蔡金才的散文集《蔡金才散文》由书艺出版社出版。陈世英的文集《耄耋圆梦》由天马出版有限公司出版。陈丰强的国画集《陈丰强仿仕女画百图》由天马出版有限公司出版。林宝瑞的书法作品集《林宝瑞楹联书法作品集》由天马出版有限公司出版。郑少渠的书法作品《黄宾虹画论选钞》入选由中国书法家协会主办的“全国第十届书法篆刻展”（上海展区），获得优秀奖。

（文联）

附：2011年潮阳区文学艺术界联合会领导名录

主　席：陈佐中（任至6月，区委宣传部副部长兼）

副主席：黄贵生（任至12月）

残疾人联合会

【机构设置】 潮阳区残疾人联合会内设办公室、组联股、康复股和宣文股。属下有残疾人就业服务所和残疾人康复中心二个公益一类的股级事业单位。编制20名。

【残疾人康复】 2011年区残联共投入康复专项经

费94.17万元，为各类残疾患者提供康复救助和服务5000多人次。全区共设立11个社区精防点，由汕头市第四人民医院的主治医生定期坐诊，凡是在精防点登记造册的贫困精神病患者每月均可享受免费看病、取药。同时，帮助373名重度特困精神病患者获得汕头市残疾人康复救助基金的救助，免费住院强化治疗，稳控病情。2011年9月，省残联派出“复明2号”流动手术车到大峰医院为贫困白内障患者施行复明手术，共有196名患者免费接受施术重见了光明。依托西胪镇西二社区老年人活动中心和关埠镇宅美村残疾人黄宋群的玩具厂建立社区康园中心，更好地为精神病人及智残、重度肢残人提供康复功能训练和庇护性就业等服务。

【残疾人扶贫解困】 2011年共投入资金65.87万元，从生活、教育、修建住房等方面对残疾人进行扶助。其中，扶助50户残疾人特困户，每人每年发给1200元救助金；为13户农村家庭经济特困的残疾人危（无）房户修建住房，每户拨给1.5万元；为65名贫困残疾学生及列入低保对象的残疾人子女发放生活补助；资助44名在高等院校就读的残疾学生或低保户残疾人子女发放助学金11.4万元。实施“阳光家园计划”，为250名视力一级残疾人每人一次性补助600元、150名长期需要专人照料的智力、精神和重度残疾人每人一次性补助350元，为120名残疾人发放机动轮椅车燃油补贴，每车每年200元。2011年底，按区政府出台的专项补助政策，区残联将从2011年起为极重度残疾人每人每月发放100元生活补助。

【残疾人就业培训】 2011年各用人单位共安置残疾人就业148人。对未按比例安置残疾人的用人单位依法征收残疾人就业保障金，共收取就业保障金277.69万元。举办“南粤春暖”残疾人就业专场招聘会等系列活动，拓宽残疾人就业之路。依托区残疾人种养技术培训基地，先后举办四期农科技术培训班，共培训残疾人学员120多名，帮助他们掌握一技之长，提高就业本领。

【节日助残活动】 春节和“全国助残日”期间，开展形式多样助残活动，为贫困的残疾人办好事实事，共拨出慰问金4万元和轮椅18只、助听器10部、拐杖24支、手摇三轮车1部、助行器4只及坐厕椅3只等残疾人用品用具，走访慰问残疾人460户。

【残疾人宣传文化】 树立肖尔善、王春平等一批残疾人自强典型和扶残助残先进典型，并借助新闻媒体进行宣传报道，倡导“自尊、自信、自强、自立”的思想观念及弘扬扶残助残新风尚。征订《中国残疾人》和《三月风》残疾人文化读物936本及《汕头都市报》赠送部分残疾人阅读，丰富其精神文化生活。

（洪楚英　谢妙娜）

附：2011年潮阳区残疾人联合会领导名录

理 事 长： 徐应华

副理事长： 郑蔓瑜

谢敏宁

老区建设促进会

【机构设置】 潮阳区老区建设促进会是由热心老区建设的原潮阳市（县）五套班子离退休老领导、老科技人员为主体，部分与老区建设密切关联的现职区局领导，各镇（街道）老促会会长组成的社团组织，组织机构由理事大会选举产生。

潮阳县老区建设促进会于1991年建立，2003年潮阳撤市分区，改名为潮阳区老区建设促进会，聘请2名老领导为顾问，设会长1名、常务副会长2名，副会长8名，秘书长1名、副秘书长2名，理事33名，工作人员2名，共52名。

【主要工作】 开展老区建设情况大调研　按照中国老促会和省老促会《关于做好革命老区情况大调研》精神，4月份对老区情况开展大调研，10月份对需上级政府支持的建设项目再次调查摸底，建立资料库，为2012年省老区工作会议提供情况和制订“十二五”期间支持老区建设规划。

扶持老区山区建设项目　汕头市扶持潮阳区老区山区建设项目共有13项，潮阳老促会从申报立项、项目设计、评估、资金筹措等协助区政府和建设主体联系主管单位，按照“老区优先”的原则给予支持，加快建设进程，使13个项目中除东谷公路

（金灶东坑至谷饶新寮）谷饶路段继续在建外，其余12个项目均已按期建成。协助关埠镇堂后村向省老促会申请村道建设项目，得到6.5万元补助。

宣传与助学　订发《中国老区建设》、《源流》和《汕头老区》等老区刊物；积极宣传革命老区，一年来在各级报刊发表文章和照片69篇（张），副秘书长郑会侠撰写的《大南山革命石刻标语》入选中央文献出版社出版的向建党90周年献礼一书，并被评为《中国老区建设》全国优秀评刊员。2011年继续发放烈士后裔助学金2.2万元、资助15名。

（老促会）

附：2011年潮阳区老区建设促进会领导名录

顾　　问：赵钟标
　　　　　江明清
会　　长：黄荣安
常务副会长：张怡蒙
　　　　　黄宏森
副 会 长：周修贤
　　　　　林德厚
　　　　　刘　鼎
　　　　　周修茂
　　　　　欧育镇
　　　　　林　宏
　　　　　郭　保
　　　　　姚老肖
秘 书 长：肖增达

关心下一代工作委员会

【机构设置】　潮阳区关心下一代工作委员会（简称区关工委）设主任1人，常务副主任1人，副主任2人，秘书长1人，办公室主任1人（由副主任兼）。特邀副主任11人，聘请关工委荣誉主任1人，荣誉委员3人。由主任、常务副主任、副主任、秘书长、办公室正副主任组成主任办公会议，负责处理日常事务。关工委内设办公室、法制组、学校组、社文组、科教组、中心通讯组。

【组织情况】　潮阳区共有关工组织557个，成员2809人，其中：区直机关关工委15个，成员86人；镇（街道）关工委13个，成员113人；村（社区）关工小组288个，成员1368人；中小学校关工小组241个，成员1242人，形成区、镇（街道）、村（社区）三级关工组织网络。

【主要工作】　2011年5月18日，汕头市关工委在潮阳区召开现场会议，总结推广潮阳区校外教育经验，会议印发潮阳区关工委《创新形式，提高思想道德教育水平》等7篇材料。区关工委法制教育报告团以海门镇为重点，10月12～18日为2所中学、16所小学1.7万名学生上《做一名遵纪守法的好学生》的法制课；为文光、金浦街道16所中小学2万多名学生举办《努力增强法律意识，养成良好行为习惯》的法制讲座。

8月下旬，区关工委对全区7个爱国主义教育基地进行检查，查基地硬件及展品管理保养是否完善；查基地制订的规章制度是否落实；查管理机构人员、讲解员是否配备完整；查教育基地效能。

2011年全区各镇（街道）关工委举办法制教育172场次，受教育的青少年达12万人次；为文光、金浦、河溪、西胪、海门等镇（街道）学生上心理教育课，受教育青少年2万多人，接受学生心理健康咨询800多人次，有50多人通过咨询，消除心理障碍，解开了心结。

【宣传报道】　2011年在市级以上报刊、杂志刊载37件，其中国级8件、省级8件、市级21件。中国关工委教育发展中心编辑出版青少年德育读本《忠诚》，收入潮阳区关工委7篇文章。其中2篇获青少年思想道德建设优秀作品特等奖，5篇获青少年思想道德建设优秀作品一等奖。

（陈景明）

附：2011年潮阳区关心下一代工作委员会领导名录

主　　任：陈世英
常务副主任：林传韬
副 主 任：高允荣
　　　　　林务彬
秘 书 长：陈景明

民主党派

www.gdchaoyang.gov.cn

民主党派

民盟汕头市潮阳区总支部

【概况】 民盟汕头市潮阳区总支部2011年共有盟员56人，1人担任区人大副主任，6人担任区政协委员，其中1人担任区政协副主席，2人担任汕头市人大代表，1人担任汕头市政协委员，2人担任民盟汕头市委委员。

【主要工作】 在3月份召开的潮阳区“两会”期间，刘锡标代表民盟潮阳区总支部在政协二届六次会议上作《关于加强我区学前教育的建议》的大会发言，同时向大会提交《关于加强对城区乱停乱放车辆整治的建议》等提案，刘永涉撰写的提案《关于创建文明城市，构建幸福潮阳的提案》被评为区政协二届四次会议以来“优秀提案”。张喜练向区二届人大六次会议提交《关于创新招聘中职学校专业教师方法，切实为中职教育规模发展与质量提高提供师资保障》的议案。11月召开的潮阳区“两会”期间，总支部向政协三届一次会议提交提案2件，其中《关于加强农村基层文化建设的建议》被列为重点提案。社会服务：开展“农村教育烛光行动”，组织总支部骨干教师到南侨中学、城南中学、西凤中学三所中学举办高考应考指导讲座。中秋节期间，总支部与文联、灯谜协会共同举办庆中秋迎国庆灯谜竞猜活动。

（刘锡标　郭宏欣）

附：2011年民盟潮阳区总支部领导名录

主　委：郑少燕（区人大副主任）

民建汕头市潮阳区支部

【概况】 民建汕头市潮阳区支部2011年共有会员25人，有2人为潮阳区人大代表，其中1人任区人大常委；3人为潮阳区政协委员，其中1人为汕头市政协常委，1人任汕头市人大代表，1人任民建汕头市委委员。

【主要工作】 在3月份召开的潮阳区“两会”期间，马红濠代表民建潮阳区支部在政协二届六次会议上作《实施名牌战略 增强企业竞争力》的发言，同时向大会提交《关于助推我区民营经济发展的提案》，被评为政协二届四次会议以来“优秀提案”，许吟裕提交《关于提升我区纺织服装发展水平的提案》。在11月召开的潮阳区“两会”期间，许吟裕向政协三届一次会议提交《关于开通城区至经济开发区公共汽车线路的提案》和《关于在我区中小学生中开展非物质文化遗产传承教育的提案》。

（陈伟健）

附：2011年民建潮阳区支部领导名录

主　委：马楚标（区人大常委）

副主委：陈伟健（区政协常委）

　　　　马红濠

农工党汕头市潮阳区总支部

【概况】 农工党潮阳区总支部隶属农工党汕头市委员会。2011年发展新党员3名，至年底共有党员60名，其中，医疗卫生界45名，文化教育界10名，其他界别5名，中高级职称51名，占总数85%。党员中，担任区人大常委1名，区政协常委1名、政协委员5名，区纪委特邀监督员1名。

【参政议政】 积极参加中共潮阳区委、区政府、区人大、区政协和有关部门召开的各种形式的民主协商会、通报会，就潮阳区的中心工作、方针政策和重大问题建言献策。在2011年3月区政协二届六次会议上，副主委、区政协常委邱传丽代表农工党作题为《关于加大力度打击非法行医，确保人民群众就医安全的建议》的大会发言，提交《关于加强我区道路交通安全宣传工作，提升市民的交通安全意识和文明交通意识的建议》等三个提案。11月，在区政协三届一次会议上，总支委员、区政协委员魏文扬代表农工党作《扶持发展中医中药，进一步加强医疗保健工作》的大会发言、提交《组织社会公德讨论、拒绝冷漠》等三个提案。

（农工党）

附：2011年农工党潮阳区总支部领导名录

主　委：黄小涛（区人大常委）

副主委：陈健华

邱传丽（区政协常委）

陈应雄

九三学社汕头市潮阳区支社

【概况】 九三学社是以科学技术界高、中级知识分子为主的具有政治联盟特点的政党组织。潮阳区于2009年1月16日成立九三学社潮阳小组，2010年3月2日成立九三学社汕头市潮阳区支社。全社现有7人，全部为中级职称以上，有2人担任潮阳区政协委员，1人担任汕头市人民检察院人民监督员。

【参政议政】 在2011年3月29日召开的政协汕头市潮阳区第二届委员会第六次会议上，吴森德代表潮阳区支社向大会作《保护和发掘文化遗产，加快潮阳旅游事业发展》的发言，同时提交《关于完善公交设施及加强公交管理的建议》和《关于加快潮阳旅游事业发展的建议》等提案。在11月3日召开的政协第三届委员会第一次会议上，潮阳区支社向大会提交《关于规划和建设潮阳“绿道网”的建议》和《关于整治、监管砂石运输车辆的建议》二个提案。同时，潮阳区支社在政协提交的提案《关于加强我区学生交通安全教育的提案》被评为优秀提案。

（九三学社）

附：2011年九三学社潮阳区支社领导名录

主　委：吴森德（区政协常委）

副主委：郭谷生

政法·军事

www.gdchaoyang.gov.cn

政法·军事

政法委员会工作

【概况】 中共潮阳区委政法委员会与维护稳定及社会治安综合治理委员会办公室合署办公，加挂区人民政府打击走私综合治理办公室衔牌，内设办公室、政工室、纪检组、执法督查室、禁毒办公室。编制20人。

区委政法委按照构建社会主义和谐社会的要求，以建设平安幸福潮阳为目标，以创新社会管理为抓手，巩固社会治安重点地区和突出问题排查整治成果、优化外来人口和出租屋服务管理、构建治安视频监控网络、开展“打黑除恶”专项斗争。继续推进社会矛盾化解、社会管理创新、公正廉洁执法三项重点工作。完成深圳大运会、建党90周年、汕头经济特区成立30周年等重大政治活动安保工作，营造稳定的社会环境和良好的治安环境。

【维护社会稳定】 2011年，区委政法委和政法各部门全力做好维稳各项工作，按照“属地管理”、“谁主管，谁负责”的原则，落实区、镇（街道）、村（社区）三级维稳及综治工作责任制，形成纵到村（社区），横到部门的维稳工作责任网络。在处理各类涉稳事件中，坚持“哪里问题哪里解决，谁家孩子谁家抱”。让事件解决在镇（街道）、部门，控制在区一级，防止问题上交。各镇（街道）实行每月一次矛盾纠纷排查，及时掌握社情民意，化解矛盾纠纷。维稳及综治办全年开展5次全区性大排查，排查不稳定因素106宗，成功调处化解92宗。开展“下基层、察民情、解积案、纾民困”主题活动，把信访问题解决在基层，把信访重点人员稳控在当地。区领导全年接待上访和下访群众见面95批532人次。主要领导接待人民群众来访23批52人次。对涉军群体、涉农涉土、城建拆迁、劳动社保以及涉法涉诉等5大类信访突出问题，明确包案领导，落实排查稳控措施，做到矛盾纠纷第一时间排查，化解在内部，处置在当地。对信访重点人员，指定专人做好疏导教育、跟踪掌握情况。各镇（街道）把责任落实到包片领导，公安、维稳、民政、人事、信访等部门及时跟踪，合力化解主要矛盾，稳住重点人员。协助区党政和有关部门及时处置因华电发电项目引发的海门镇“12·20”群体性事件；和平镇新龙社区与潮南区胪岗镇胪溪社区的“河头角”纠纷引发的不稳定因素等。政法委组织系统各部门，开展“解难案、创平安、迎大运”等专项活动及案件评查工作，加强执法督查力度，提高办案质量，规范执法行为，推进公正廉洁执法。协调处置解决一批社会治安隐患，涉法涉诉非正常上访、重大疑难信访问题、信访老户等矛盾纠纷。全年共协调各类案件28次18宗，接访15宗185人次。以社会治安视频监控系统建设为切入口，全面推进技防和人防相结合的新防控机制。2011年“平安潮阳”视频监控系统已建立150个前端视频监控点（其中建成并投入使用95个），设立区公安分局监控中心1个、派出所监控点13个，实现指挥室（值班室）、监控室“二室合一”，并配合上级部门做好市际治安卡口建设的调研规划，建成并投入使用的市际治安卡口2个（潮揭公路金灶花园路段、洪和公路贵屿西美路段）。各镇（街道）筹资自建卡口10个：其中文光街道7个，谷饶镇2个，铜盂镇1个。利用视频监控、卡口系统查破刑事案件96宗，占破案总数的25.9%，抓获各类违法犯罪嫌疑人230名，缴获赃款赃物一批。全区共建成视频监控探头3.14万个，帮助破案42宗。同时，加强基层治安防控体系建设。全区各派出所已建警务室124个，配备社区和驻村民警157名；已建治安岗105个，其中区际治安岗5个、镇级治安岗13个、村级治安岗87个；治保会274个、治保人员2152名。

【反走私工作】 区打私办协调职能部门开展各项缉私专项行动，打击走私贩私活动。组织开展“元旦”、“春节”等打私联合行动。加强对走私动态分析和研判，制定破解问题的方案和应对措施。2011年，全区出动警力、执法人员1220人次，出动车辆252辆次、船舶66艘次；检查市场、废品堆放点132个，废旧经营门店（小作坊）60家，油库油点（站）40家，检查油罐车辆45车（次），查获走私案件17宗。其中：潮阳海关查获13宗，货值304.26万元；公安部门查破非法经营柴油4宗，查获柴油21.2吨。

【禁毒工作】 区禁毒办组织公安、文广新、工商管理等部门对公共娱乐场所，开展明察暗访和深夜突击检查等专项行动，集中整治娱乐场所吸贩毒，对利用娱乐场所进行吸贩新型毒品违法活动予以查处。公安机关共破获贩毒案件56宗，抓获犯罪嫌疑人58人，收戒吸毒人员676名，缴获毒品海洛因85.6克、冰毒99.4克、麻古16.8克；工商管理部门将海门、贵屿、谷饶镇列为涉毒重点地区实施动态监管；文广新局在辖区内歌舞、游艺娱乐场所及网吧开展禁毒宣传，全年出动52人次，检查歌舞娱乐场所19家，游艺娱乐场所4家，网吧62家；卫生局要求医疗卫生单位严格按照国家有关管理规定，加强对麻醉药品和精神药品的管理，严格进货关、保管关、使用关；食品药品监督管理局潮阳分局把加强特殊药品监管作为履行禁毒工作职责的主要内容，抓好特殊药品的规范经营和使用。

1月中旬，禁毒办组织有关单位在全区开展禁毒“流动课堂”活动，受教育人员达10万人次。1月25日，区禁毒办到汽车站张贴摆放禁毒挂图、资料，要求播音室在春节期间每天滚动播放禁毒信息，向外出务工人员和流动人口展开禁毒宣传。2月6日，禁毒办和文广新局配合区委宣传部在文光塔广场开展《幸福春天文艺巡演》，受教育的群众4500多人。各镇（街道）还在人口密集地段张贴禁毒标语3500多张，悬挂横联85条。有9个镇（街道）的有线电视台播映禁毒电教片400多场次。6月，开展“全民禁毒月”活动。6月1日，禁毒办联合团区委和妇联，在青少年活动中心举办禁毒图片展。6月13～17日，政法委领导带队，在河溪、金灶镇一些边远乡村设立禁毒宣传点。6月22～28日在影剧院两侧电子大屏幕播映禁毒公益广告。禁毒办利用手机短信发送禁毒宣传口号8万多条。6月23～24日组织电影公司到区文光塔广场、文光公园放映《毒品致命的诱惑》等禁毒教育影片，在文光塔广场举办大型禁毒灯谜活动。6月24～30日，在电视台插播禁毒宣传标语和公布涉毒举报电话。6月25日，禁毒办联合文广新局在文光公园举办“远离毒品、走向幸福”禁毒书画笔会，有20多位书画家现场挥毫泼墨，创作反映禁毒内容的书画作品200多幅。6月26日，禁毒办组织公安分局、检察院、法院、司法局、妇联、团委等单位在文光塔广场举办“青少年与合成毒品”为主题的纪念“6·26”国际禁毒日咨询活动暨大型禁毒图片展，吸引6500多人次参展咨询。

【“打黑除恶”专项斗争】 区委、区人民政府于2011年10月8日起在全区开展“打黑除恶”专项斗争，贯彻落实上级部署，保持对黑恶犯罪的严打高压态势，加大社会秩序整治力度，为建设“和谐潮阳”、“幸福潮阳”创造良好的社会环境。区委成立打黑除恶领导小组，由区委书记陈新造任组长，区委副书记、区长杜怀丹，区委副书记张锡潮，区委常委、政法委书记方潮生，副区长、公安分局局长庄俊斌任副组长。领导小组下设办公室，设于区委政法委。

【流动人口和出租屋管理】 按照“党委政府领

导，部门参与，保障有力，综合治理”的精神，做好流动人口和出租屋服务管理工作，做到管理中体现服务，服务中加强管理。2010年全区登记流动人口4.02万人，2011年新增登记1.92万人，2010年办理居住证3.19万份，2011年新增发居住证1.71万份，延期3497份；2011年出租屋备案登记694间，录入出租屋信息694条，签订治安责任书694份，签订率达100%。

【规范综治信访维稳“三级平台”】 继续推进综治信访维稳“三级平台”规范化建设，区综治办两次对各镇（街道）综治信访维稳中心和村、社区工作站的运作情况进行专项督导，推进业务流程和档案管理运作规范。8月，区综治办专门召开镇（街道）综治信访维稳中心信息管理系统单机版软件应用培训会议。9月，13个镇（街道）“中心”全部安装使用单机版软件，各镇（街道）“中心”的业务规范化取得实质性进展。2011年，全区“三级平台”共受理矛盾纠纷1023宗，调处成功952宗，调处成功率93%。

【政法队伍建设】 开展“发扬传统、坚定信念、执法为民”主题教育实践活动，建立经常性教育培训机制，健全队伍管理绩效考核制度，推进执法规范化、信息化和队伍专业化建设。坚持从严治警和从优待警并重，对个别违法乱纪的干警从严处理，严肃了警风警纪；一批表现突出的干警得到奖拔重用。政法干警职级偏低的状况逐步改善。扎实开展创建好班子活动，全区政法各单位班子的思想、作风和领导水平不断提高。2011年，政法系统受区委表彰的优秀党务工作者1名；受区直工委表彰的先进基层党组织2个、优秀党务工作者2名、优秀党员2名；受政法系统机关党委表彰的先进基层党组织10个、优秀党务工作者20名、优秀党员20名。有3个单位荣立集体二等功，6个单位荣立集体三等功，有4名干警荣立个人二等功，31名干警荣立个人三等功。被区委、区人民政府授予“精神文明建设先进工作者”1名、“文明单位”1个。

（姚壮蓬）

附：2011年中共潮阳区委政法委员会领导名录

书　　记：郭英杰（区委常委兼，任至8月）
方潮生（区委常委兼，9月任职）

副 书 记：庄俊斌（8月兼）
张广生（兼至8月）
陈辉光（8月兼）
曾澄熙（兼）
张凯宗（任至12月）
张少晖（任至12月）
吕玉龙

纪检组长：汤庆强（任至12月）

委　　员：蔡镇春（兼至12月）
陈海峰（兼）
郑少波（12月兼）

公安工作

【机构设置】 汕头市公安局潮阳分局内设综合管理机构3个：政工室、监督室、警务保障室；执法勤务机构10个：指挥中心、法制室、国内安全保卫大队、刑事侦查大队、交通警察大队、治安管理大队、巡警大队、经济犯罪侦查大队、出入境管理大队、网络警察大队；公安派出机构15个：文光、城南、棉北、海门、金浦、和平、铜盂、贵屿、谷饶、河溪、西胪、关埠、金灶、水上派出所，海门边防派出所；监管场所3个：看守所、拘留所、强制隔离戒毒所。在职民警771人。

【开展专项斗争和专项整治】 开展“粤安11”专项行动　从2011年初至3月份公安分局开展为期3个月的“粤安11”专项行动，共查破刑事案件176宗，抓获刑事犯罪嫌疑人177名，查处治安行政案件370起555人。经过打击整治，2011年前三个月刑事发案同比下降27.05%，确保元旦、春节及“两会”期间全区社会大局稳定。

开展“创平安、迎大运”专项行动　为确保深圳“大运会”期间潮阳区社会治安稳定，公安分局从3月1日起至8月31日在全区开展“创平安、迎大运”专项行动，行动中查破刑事案件406宗、抓获刑事犯罪嫌疑人546名，查处治安行政案件1163起1418人，抓获网上逃犯162人，缴获各类枪支5支、子弹1发，管制刀具93把，毒品海洛因70克、冰毒90克、摇头丸126粒，实现“六个不发生”的总体工作目标，确保大运会期间潮阳区社会治安平安稳定。

开展社会治安突出问题重点整治　4月26日，根据省、市、区的专门部署，公安分局确定入室盗窃、抢劫问题较为突出的贵屿、谷饶二镇为重点地区，实施重点整治。整治行动中，共破获刑事案件215宗365人，查处治安行政案件691起735人，其中查破治安突出问题“入室盗窃”案11宗22人，“抢劫”案71宗88人，捣毁盗抢团伙25个，整治行动取得明显成效。

开展“清网行动”　5月27日开始，根据上级公安机关的统一部署，潮阳区开展网上追逃案犯专项行动，行动前，全区共有各类网上逃犯298名，通过“强化组织领导、强化追逃责任分工、强化信息清理排查、强化宣传发动、强化考核奖惩机制、强化督导检查”六项工作措施，截至行动结束，共抓获各类网上逃犯375名，其中本地逃犯291名（其中行动前上网逃犯260名），外省逃犯84名，清网率87.2%，超额完成省厅、市局下达的各个阶段任务目标。

开展“九月战役”行动　9月，公安分局开展以“打涉枪、压盗抢、追逃犯、肃赌毒”为主要内容的“九月战役”。行动期间，开展集中统一行动4次，抓获各类违法犯罪人员524名，查破刑事案件91宗，抓获刑事犯罪嫌疑人184名（其中逃犯98名），查处行政治安案件186起340人，成效明显，主要体现在“两降两升”：接处刑事警情124宗，比2010年同期204宗下降39.2%，比2011年8月份140宗，环比下降11.4%；接处“两抢一盗”警情131宗，比2010年同期194宗下降32.5%；破获刑事案件91宗，比2010年同期破66宗上升37.9%，比2011年8月破64宗上升42.2%；抓获各类违法犯罪嫌疑人518名，比2010年同期438名上升19.6%。

开展打黑除恶专项斗争　10月8日开始，潮阳区开展为期一年的“打黑除恶”专项行动，打掉郭某某、四川籍姚某某、冉某某、赵某某、谷饶镇黄某某、金浦街道郑某某、普宁籍李某某、海门镇杨某某、贵屿镇郭某某等9个涉黑涉恶犯罪团伙，共抓获犯罪团伙成员103名、查破刑事案件28起80宗、缴获枪支9支及其他作案工具一批。

开展“平安汕头”专项行动　11月9～30日，在全区范围内开展以“创平安、保稳定”为主题的“平安汕头”专项行动，突出以清网追逃和侦查破案为重点，重拳打击围剿各类违法犯罪活动，共抓获各类违法犯罪嫌疑人715名，查破刑事案件127宗，抓获犯罪嫌疑人136名，查处治安行政案件412起579人，查扣非法机动车815辆。

【打击严重暴力犯罪】　2011年公安分局共立严重暴力犯罪案件459宗，破256宗，抓获犯罪嫌疑人374名。其中立杀人案8宗，破8宗，抓获犯罪嫌疑人16名；立放火案12宗，破8宗，抓获犯罪嫌疑人11名；立伤害案116宗，破72宗，抓获犯罪嫌疑人117名；立强奸案25宗，破18宗，抓获犯罪嫌疑人23名；立绑架案4宗，破4宗，抓获犯罪嫌疑人9名；立抢劫案294宗，破146宗，抓获犯罪嫌疑人198名。

【打击“两抢一盗”】　2011年公安分局查破“两抢一盗”案件350宗（其中抢劫146宗、抢夺51宗、盗窃153宗），抓获“两抢一盗”犯罪嫌疑人393名（其中抢劫198名、抢夺27名、盗窃168名）。接报“两抢一盗”警情1797起，与2010年接报2071起相比减少274起，下降13.23%。

【打击经济犯罪】　根据公安部部署的打击侵犯知识产权“亮剑”行动，结合潮阳区实际，公安分局开展打击经济犯罪，全年共立经济犯罪刑事案件35宗，破33宗，抓获犯罪嫌疑人71名，捣毁制假窝点32个、犯罪团伙4个，查获制假机械85台（套），缴获假冒“云烟”、“白沙”等各式香烟标识120多万张，假“安利”、“舒肤佳”、“海飞丝”、“红牛”饮料、烟丝、影碟机等涉假物品一大批，为国家和企业挽回经济损失2300余万元。此外，协助外地警方查获各类经济案件55宗（其中：来人28宗，信函27宗），协助抓获犯罪嫌疑人4名。

【打击黄赌毒】　2011年，公安分局查破涉黄案件12宗48人（其中强迫、容留妇女卖淫3宗16人、卖淫嫖娼案件7起25人）。查破赌博案件706宗，抓获涉赌人员1863人（属刑事案件76宗106人、属治安案件630起1757人），办理刑事拘留106

名，已批准逮捕36名，治安处罚1757名，缴获赌具、电子赌博游戏机等一批。破获各类毒品犯罪案件89宗，抓获犯罪嫌疑人88名，抓获吸毒823起842人，收戒711名，缴获毒品海洛因94.7克、冰毒100.2克、其他毒品67克，以及吸贩毒工具一批。

【户政管理】 全年清理核对档案55.49万份，其中属1990年（含1990年）后市外迁入的6.65万人，未随父母申报出生登记385人，补录户口806人；办理出生小孩入户3.12万人，受理居住证1.64万份，登记出租屋935间，落实重点人口管理485人，监外罪犯122人。

【道路交通管理】 2011年全区发生交通事故93宗，死亡38人，受伤98人，直接经济损失12.29万元，同比分别下降35.9%、11.6%、45.0%、19.7%。全年公告并销毁非法机动车2批共6571辆；纠正各类交通违法行为10.77万起，查处故意遮挡、污损机动车号牌1087宗，查处无证驾驶556宗，拘留无证驾驶377人，查处饮酒驾车49人、醉酒驾车10人；扣留非法机动车5560辆；检查客运车辆2400辆次，查处超载客车21辆，检查货运车辆1600辆次，查处超载货运车6辆。通过管理整治，全区道路交通状况得到进一步改善。

【消防监督管理】 2011年全区发生火灾事故2起，造成4人死亡，直接经济损失737.44万元。全年接警出动270余次，出动车辆470多辆次，出动官兵2400余人次，抢救疏散被困群众200余人，保护了国家和人民财产近3423万元；查处“三合一”场所18家、检查整顿“三小”场所1148家、查处使用不合格消防产品工程9宗，并全部发出责令改正通知书。

【特种行业管理】 2011年，公安分局对全区旅馆、卡拉OK厅（歌舞厅）、拍卖行、网吧、公章刻制店、印刷厂、废旧收购站（点）、机动车修理业等特种行业开展治安检查936家次，制发现场检查记录936份，发现安全隐患累计72家处，责令现场整改64家次，限期整改8家次。取缔无证旅馆33家，查处不按规定登记住宿信息场所3家，发函通报取缔各类场所、旅业6家。全年共审批民爆物品购买证528份、运输证528份，对全区6家涉爆单位进行治安检查81场次，发现并消除安全隐患累计2处。查获非法储存烟花爆竹刑事案件2宗、非法运输烟花爆竹行政案件2宗，抓获涉案人员4名，缴获非法烟花爆竹一批。

【治安管理】 2011年，公安分局受理查处治安（行政）案件2568起，其中查处妨害公共安全18起23人，侵犯他人人身权利、财产权利980起900人（其中殴打他人458起351人），妨害社会管理1560起2671人，抓获各类违法人员3617名（其中拘留1318人，罚款1234人，警告17人）。查处的案件数比去年同期3111起下降17.5%，抓获的人数比去年同期4231人下降14.5%。

【边防管理】 2011年共受理治安案件37宗，查处35宗；办理船舶行政案件5宗，拘留19人；处罚赌博违法人员17人，强制隔离戒毒1人；立刑事案件9宗，破2宗，逮捕1人；抓获网上逃犯7人；查扣摩托车50余辆；推动辖区安装视频监控76个，警务通采集信息56人，办理居住证46张。消除安全隐患19处，化解不稳定因素2宗，调解各类纠纷6起。开展陆上、海上统一清查行动30余次。

【出入境管理】 全年办理各类出入境申请4万多人次，其中往港澳个人游2.44万人次，往港澳个人游网上续签7937人次，公民因私出国护照8845人次。回复外地公安机关协查信函、商务协查函255件；接待申请、来访群众6.5万人次；清理遣送“三非”（非法入境、非法居留、非法就业）外国人17人。

【网络管理】 公安分局成立潮阳网络警察大队（副科级），开展网络社会各项情报信息处置管理工作。通过网络巡查、监控等措施，全年共编报《每周网络舆情摘报》45期，发现各类敏感信息300多条，抓获公安部“708专案”涉案人员1名、公安部“8·31”涉毒专案检验涉嫌吸毒人员一批，抓获网上逃犯6名；严格落实网吧实名上网登记制度，确保网络安全管理，全年检查网吧500多家次，将全区45家无证经营黑网吧依法进行取缔。

【警卫工作】 2011年，公安分局共落实安全（警卫）保卫任务40项，其中一、二、三级警卫各1项，制定保卫方案（通知）40份，调动治安、派出所等有关单位304个次，投入保卫力量3087人次，保证各项保卫工作任务顺利完成。

【公安法制】 2011年公安分局共审核刑事案件688宗964人，其中释放105人，劳教8人，取保候审443人，监视居住36人，解除取保候审225人，解除监视居住3人；审核行政案件共1188宗1563人，其中行政拘留1483人；共发出催办案件通知书45份，纠正违法通知书3份，提出案件审核意见38条。

【指挥中心110报警服务】 指挥中心2011年共接收汕头市公安局指挥中心通报警情1.8万宗，指挥协助基层单位破获刑事案件1866宗、治安案件2248宗。充分发挥治安信息汇集口的作用，及时把治安动态信息收集、整理，编发《值班日志》601期，《每日治安信息》365期，协助有关部门处置了一批群体突发性事件、事故和案件。通过110报警台和社会治安视频监控，及时发现线索，协助破案42宗，利用卡口缉查布控系统查获非法车辆2辆。

（公安分局）

附：2011年潮阳区公安分局领导名录

党委书记、局长： 郭英杰（区委常委兼，任至8月）
庄俊斌（副区长兼，8月任职）

党委副书记、政委： 李远明

党委副书记、副局长： 李　升

党委委员、副局长： 朱镇龙
郭　伟（任至11月）

党委委员、政治室主任： 李少龙

党委委员、纪委书记、督察长： 姜明坤

党委委员、副局长： 郑铮春
廖烈响（11月任职）

党委委员、交警大队长： 郑东生

党委委员、文光派出所所长： 郑梓平

检察工作

【机构设置】 潮阳区人民检察院内设12个机构（办公室、政工科、监察室、侦查监督科、公诉科、反贪局侦查一科、反贪局侦查二科、反渎职侵权局、监所检察科、民事行政检察科、控告申诉检察科、职务犯罪预防科）1个直属机构（法警大队）。全院共有检察人员78人，其中检察官（检察员、助理检察员）43人，书记员13人，办事员11人，司法警察6人，职工5人。

【刑事检察】 2011年，检察机关把维护社会稳定、创建平安潮阳作为首要任务，以提高办案质量和增强服务效果为核心，坚持严打方针不动摇，做到快批捕快起诉，全力维护社会稳定。全年受理公安机关提请批捕606件866人，批准逮捕各类刑事案件547件780人，决定不批准逮捕49件77人（其中存疑不捕案30件49人）；改变定性（增加罪名）案件12件20人；立案监督7件；向公安机关发出《提供法庭审判所需证据材料意见书》65份、《补充侦查提纲》31份；提前介入公安机关刑事案件侦查8宗；向公安机关发出《侦查监督意见书》21份、《纠正违法侦查措施通知书》1份；经审查发现公安机关漏报而直接批准逮捕犯罪嫌疑人1件1人；发出《听取犯罪嫌疑人意见书》866份。所有案件均在法定时限内依法办结。新受理公安机关、本院自侦部门等办案单位移送审查起诉（包括审查不起诉）案件564件863人，审结案件（含上年积存）共计493件759人，其中决定提起公诉432件663人，不起诉32件37人，移送汕头市人民检察院审查起诉29件59人，提起公诉案件准确率和法定时限内结案率均达100%；提前介入重特大案件侦查3件和协助汕头市检察院公诉科提前介入“涉黑涉恶”重特大案件侦查17人；向公安机关发出检察建议2份；全年共提出量刑建议160件210人，其中有89件122人已判决，法院判决采纳量刑建议65件88人，采纳率73%。

【反贪污贿赂和渎职侵权】 2011年，检察机关受理贪污贿赂等职务犯罪案件97件105人，立案侦

查11件15人，其中贪污7件11人，挪用公款3件3人，贿赂1件1人。侦查终结移送公诉3件4人，办结历年积案9件10人，协助外地检察机关查办案4件，追逃7人。通过办案，为国家和集体挽回经济损失500多万元，其中追赃130多万元。受理各类渎职侵权案件线索16件，其中立案侦查玩忽职守案件1件1人，滥用职权案件1件1人，协助上级机关办案7件。

【预防职务犯罪】 检察机关开展对“潮阳新华东路改造工程项目”、“潮阳区谷饶镇污水处理厂”、“潮阳区贵屿镇农村饮水安全工程”、“潮阳区西胪镇农村饮水安全工程”等工程在招投标阶段的专项预防工作，以及对在建的“潮阳区练江堤防加固达标工程”、“潮阳区职业技术教育中心”等重点工程项目的关键环节强化监督检查。为城管局、林百欣中学、黄图盛中学、董明光中学、水务局等单位的工程招投标有关法律问题提供预防咨询5次。应邀为环保局等单位上预防法制课，开展警示教育10多场，举办全国检察机关惩治和预防渎职侵权犯罪图片展览，受教育人数3000多人，发放宣传资料400多份。深入13个镇（街道）开展预防职务犯罪工作，针对存在问题进行查漏补缺，提高镇（街道）干部职工的法律意识。

【民事行政检察】 2011年，检察机关受理民事、行政申诉案件2宗，立案审查民事审判、行政诉讼申诉案件2件，建议提请抗诉1件，已经被广东省检察院采纳，提请抗诉1件。通过提请抗诉、检察建议和释法说理等方式，把执法办案同化解矛盾相结合，促进社会和谐。

【监所检察】 积极争创驻所一级规范化检察室，强化监所检察职能，认真做好安全防范，配合看守所开展法制教育2次，对在押人员作个别教育谈话308人次，开展清仓检查11场次，纠正看守所及各办案单位人员违法违纪现象27宗，考察监外执行罪犯47人次，审查减刑、假释、暂予监外执行7件7人，无超期羁押案件发生。

【控告申诉检察】 检察机关畅通控告申诉渠道，提供网上举报、申诉和查询等服务，开展文明接待活动，年内共受理群众来信78件，接待群众来访64批486人，开展检察长接待日28场次。通过耐心细致的工作，有效化解矛盾纠纷，实现无涉检信访人进京上访。

【预防未成年人违法犯罪】 完善未成年人刑事案件办案制度，实行未成年人刑事案件分案制度，办理未成年案件坚持“教育、感化、挽救”的方针和“教育为主、惩罚为辅”的原则，坚持“慎诉”。2011年，荣获团区委颁发的“青少年维权岗”称号。

【队伍建设】 开展“发扬传统、坚定信念、执法为民”主题教育实践活动，创建全市组工品牌项目活动，通过集中学习、开展警示教育、撰写学习心得体会、举办辅导讲座、组织干警轮训等方式，提高队伍的政治理论水平和业务素质，促进机关作风的转变。有针对性地开展岗位练兵活动，积极参加上级检察机关组织的公诉、侦查监督等业务培训和竞赛，提高专业技能。积极开展岗位练兵和模拟法庭论辩、庭审观摩、业务能手评比等活动，培养一专多能型人才。有目标、有计划地鼓励干警进行学历深造，提高队伍知识水平和专业水平。干警具备本科以上学历占比达95%。

（检察院办公室）

附：2011年潮阳区人民检察院领导名录

党组书记、检察长：张广生（任至8月）
陈辉光（9月任代检察长，11月任检察长）

党组成员、副检察长：罗云清
黄罗霞
黄海声（挂职，任至8月）

党组成员、纪检组长：郑灿发

党组成员、政工科长：吴岱伟

党组成员、公诉科科长：蔡健生

审判工作

【概况】 潮阳区人民法院内设：立案庭、刑一庭（加挂少年刑事审判庭衔牌）、刑二庭、民一庭、民二庭、行政庭、执行局、审判管理办公室（加挂案件督查办公室衔牌）、政工科、纪检组监察室、研究室、办公室、综合科；直属行政单位法警大队；基层人民法庭7个：海门法庭（辖海门镇）、和平法庭（辖和平镇）、铜盂法庭（辖铜盂镇）、贵屿法庭（辖贵屿镇）、谷饶法庭（辖谷饶镇）、西胪法庭（辖西胪镇、河溪镇）、关埠法庭（辖关埠镇、金灶镇）。全院现有142人，其中法官65人，书记员26人，法警17人，职工20人。

2011年，区法院坚持以科学发展观和“三个至上”为指导，围绕三项重点工作，牢固树立审判服务大局、服务民生的思想，团结一致，勤奋拼搏，改革创新，推动审判执行工作不断取得新进展。办案质量和效率得到提升，全年共受理各类案件1697件，审结1558件，结案率91.8%，案件上诉发改率为0.19%、一审服判息诉率95.5%、发回重审率为0；民商事案件调撤率高，全院共审结民事案件791件，其中程序案件788件，调解撤诉627件，调撤率提升至79.6%，再创历史新高，人民法庭共受理案件324件，结案303件，结案占全院的19.4%，调解撤诉率高达82.1%；有效解决“执行难”问题，全年案件执结率95.2%，作为全省法院系统排头兵达标竞赛考核指标的实际执行率也高达98.6%，执行各项指标均创历年新高。

区法院在全市法院年度考核中名列前茅，继集体荣膺“全省优秀法院”之后，又被省高级法院记集体二等功并授予“全省无执行积案先进单位”荣誉称号。全年先后有6个集体、21名个人立功受奖。

【刑事审判】 2011年开展严打整治斗争，从严惩处“涉枪、涉拐、涉毒、涉赌”等犯罪行为，区法院共受理刑事案件463件706人，比增16.6%和24.1%，审结385件583人，有力地打击了犯罪行为；同时，坚持“宽严相济”政策，大力推行量刑规范化，根据被告人的犯罪事实、自首、立功、认罪态度等情节科学计算被告人的刑罚，对具有法定或酌定从轻、减轻处罚情节的，依法从轻或减轻处罚，真正体现法律精神与人文关怀，使刑罚处理的社会效果和法律效果有机统一。

【民事审判】 区法院民事审判坚持从有利于化解矛盾促和谐的角度开展调解工作，注重按照“调解优先，调判结合”的要求，通过邀请330名特邀调解员协助调解，在各人民法庭设立人民调解工作室建立大调解工作格局，出台激励调解工作规定，实行立案、审判、执行全程全方位调解等措施，成功调处了各类民事纠纷。全年共审结民事案件791件，其中程序案件788件，调解撤诉627件，调撤率提升至79.6%。创新社会矛盾化解机制，专门在区交警大队设立交通事故调解工作室，联合公安、司法、行业协会职能部门设立诉前联调工作室，建立诉前联调工作机制，认真细致化解矛盾纠纷，促进息诉罢访，有36件案件经诉前联调调解成功化解了矛盾，维护社会的和谐稳定。

【行政审判】 主要审理潮阳法院管辖的第一审行政案件；审查、执行行政机关申请强制执行其具体行政行为的案件。全年共受理行政案5件，审结4件，审查行政非诉案件2件。通过审判，既有力地支持行政机关依法行政，又维护行政管理相对人的合法权益。

【执行工作】 区法院采取措施有效解决“执行难”问题，创新执行工作机制，建立健全执行联动机制、能动执行前置机制等有效制度，在案件多、人手少、经费紧缺的情况下，发扬不怕苦不怕难的精神，加班加点工作，有效地执结了一批积案难案，保障当事人合法权益。2011年共受理执行案件399件，执结350件，执结率87%，执行实际到位率高达81%。同时，法院还全面铺开主动执行举措，对已审结的生效案件可不经当事人申请，而由法院直接立案执行，全年共受理主动执行案件399件，执结379件，执结率95%，执行实际到位率高达81%，主动执行工作处于全市领先。院执行局被广东省高级法院荣记集体二等功，执行局长郭壮烽荣立个人二等功并被评为“全市优秀法官”。

【人民陪审员】 区法院通过聘请人民陪审员参与案件审理，认真落实“五个严禁”的要求，积极推行各项审务公开措施，自觉接受人民群众、社会各界和新闻舆论的监督，确保公正办案。2005年5月20日，由潮阳区人大常委会首批任命的9名人民陪审员持证上岗、宣誓就职。2009年，由区人大常委会第二批任命的17名人民陪审员到法院各业务庭和基层人民法庭执行职务。同时，法院加强对人民陪审员的业务培训，不定期选派陪审员到省院、中院参训，提高参审能力。

（区法院）

附：2011年潮阳区人民法院领导名录

党组书记、院长：曾澄熙

党组副书记、副院长：郑燕萍

党组成员、副院长：郑桂明

陈少洪

郑映龙

党组成员、执行局局长：郭壮烽

党组成员、政工科科长：张淑创

党组成员、纪检组组长：郑雪香

司法行政工作

【机构设置】 潮阳区司法局内设政工室（副科级、与监察室合署办公）、秘书股、法制宣传股、公律管理股、基层工作管理股、社区矫正股，直属股级事业单位：公证处、“148”法律服务中心、法律援助处、公职律师事务所；在13个镇（街道）设置司法所，为局派出股级行政机构，实行双重领导，以司法局为主的管理体制。主要承担法制宣传、人民调解、法律服务、社区矫正和安置帮教工作。局编制21名，后勤人员3名。13个司法所政法专项编制39名，后勤人员职数4名。

【法制宣传】 制订并实施《关于在全区开展法制宣传教育的第六个五年规划（2011～2015年）》。结合村（社区）“两委”班子换届选举工作，组织开展“法律进社区”和“法律进农村”活动。9月份在全区各镇（街道）组织开展一个月的“基层普法维稳宣传月”活动，开展法律服务咨询活动23场次，举办各类型法律知识培训班14期，为在校学生上法制课43场次，受教育人数约12万人次，出版法制宣传栏63期，张贴标语、横联9200张（幅），举办法制图片展23场。12月组织参加汕头市“弘扬潮阳民间剪纸艺术，构建法治潮阳”为主题的“12·4”法制宣传活动。

【人民调解】 4月制定下发《潮阳区司法局2011年开展学习宣传贯彻〈人民调解法〉暨“争当人民调解能手”活动的实施方案》。宣传并组织《人民调解法》专题培训。广州亚运会期间，组织开展矛盾纠纷排查化解专项活动，共排查化解矛盾纠纷306件。至年底，全区共设立各类人民调解委员会290个，有调解员1474人；共调解各类民间纠纷1274件，调解成功1270件，调解成功率99.7%，防止矛盾纠纷激化43件1687人，防止民间纠纷转化为刑事案件7件11人，防止群体性上访14件435人。

【法律援助】 2011年承办法律援助案件40件，其中刑事案件29件，民事案件11件，解答法律咨询649人次，代拟各类法律文书114份。

【公证工作】 潮阳公证处全年共办理各类公证2699件，其中国内经济公证149件，国内民事公证1943件，涉外公证443件，涉港澳台公证164件。

【律师事务】 潮阳区（练江、东沙）律师事务所共担任常年法律顾问58家，承办各类案件88宗，其中刑事辩护案件32宗，民事诉讼案件46宗，行政诉讼案件7宗，办理非诉讼法律事务3件。

【社区矫正】 10月20日，召开《潮阳区司法行政系统参与打黑除恶专项斗争实施方案》座谈会，加强对社区服刑人员的监管力度，防止被黑恶势力引诱、拉拢走向重新犯罪。全区累计接收社区矫正对象245名，顺利解除矫正46名，正在接受社区矫正199名（其中管制3名、缓刑149名、假释19名、暂予监外执行9名、剥夺政治权利19名）。

【安置帮教】 5月，组织对近5年来回归潮阳区的494名刑释解教人员进行问卷调查，通过调查尚无发现重新犯罪。2011年回归潮阳区的刑释解教人员117名（其中刑释人员112名，解教人员5名），在册列入帮教对象790名，帮教率100%，安置785名，安置率99.4%，区安置帮教办被省司法厅表彰，荣记“集体三等功”。

（司法局）

附：2011年潮阳区司法局领导名录

局　　长：蔡镇春（任至12月）
　　　　　郑少波（12月任职）

副 局 长：李育通
　　　　　张宏标（任至12月）
　　　　　马庆明

纪检组长：马史绵（任至6月）

地方军事

【概况】 中国人民解放军广东省汕头市潮阳区人民武装部（以下简称人武部）先后隶属汕头军分区、汕头警备区，并受潮阳市（县）党委、人民政府领导。1986年改归地方建制，任务不变，实行地方和军队双重领导。人员改为地方干部，1987年1月起由地方供给。1996年4月人武部收归军队，为团级建制，由上级配备现役军官，隶属汕头警备区。潮阳市党委书记兼任人武部党委第一书记，人武部主官加入地方党委常委会。2003年撤销县级潮阳市，分设潮阳、潮南2区。潮阳区人武部仍为团级建制，内设军事、政工、后勤3个科，下辖13个镇（街道）人武部。

【武装工作】 以邓小平理论和“三个代表”重要思想为指导，贯彻落实科学发展观，着眼提高应对多种安全威胁、完成多样化军事任务能力，建强组织、落实战备、严格管理、完善设施、理顺关系、发挥作用。认真做好安全管理，成立由部长、政委负总责，副部长具体抓落实，由军事科、政工科、后勤科人员组成的安全工作领导小组，召开形势分析会，组织干部、职工和哨员学习条令条例和安全管理规章制度，对人武部营院、民兵武器装备仓库、民兵哨所进行安全隐患排查，整修营院环境，维修仓库监控系统和报警防盗设施。

【征兵工作】 2011年10月18日召开征兵工作会议，传达省、市征兵工作会议精神，部署征兵工作任务，成立区征兵工作领导小组，制定下发《征兵工作奖惩规定》，各镇（街道）也先后召开征兵工作会议，成立相应的领导机构。在落实送检对象和体检政审等关键阶段，区、镇（街道）领导深入现场检查督促，征兵领导小组成员分片包干，落实责任，保证各个阶段工作的落实。区人民政府下发《潮阳区征兵工作责任制规定》，明确规定各级、各部门以及征兵工作人员的职责。实行“三包一奖一惩”责任制。做到区包片、镇（街道）包村，村（社区）包人的逐级承包制度，并做到包数量、包质量、包完成时限，奖励先进单位。利用潮阳电视台、潮阳广播电台宣传征兵新政策规定和条件标准；副区长庄俊斌、部长郑庆德分别发表征兵电视讲话；汕头市征兵办在潮阳城区文光塔广场组织征兵宣传活动，市征兵办副组长、警备区政委胡世军作了重要讲话，鼓励青年积极报名参军。全区派出宣传车146辆次，张挂横幅300多条，标语1200多张，印发宣传提纲2400多份，办宣传专栏290多版，各镇（街道）领导分别就征兵工作发表电视讲话16场次，利用广播电台播放征兵工作有关政策150多次，听众51万人次。通过各类宣传，激发适龄青年积极报名的热情。在审批定兵阶段，开展“坚决服从组织安排，端正入伍动机，正确对待兵种去向”的教育。在征兵工作过程，严把体检关、政审关、定兵关。兵员确定后，以镇（街道）为单位召开入伍青年座谈会，进行革命传统教育和人民军队宗旨教育，上好入伍第一课。新兵启运时，村（社区）、镇（街道）、区召开新兵欢送会，各级领导作讲话，提要求，给入伍青年披红戴花、加油鼓劲，增强青年保卫祖国、安心服役、为家乡人民争光的信心和决心。

【民兵预备役】 按照《退伍军人预备役登记统计暂行规定》，每年对回乡退伍军人符合服预备役者进行登记统计，并形成制度。2011年民兵预备役军事工作，以转变战斗力生成模式为主线，围绕提高基于信息系统的体系作战能力和推进融合式发展两个重点，优化组织结构，突出能力建设，抓好武器装备管理，完善征兵政策，着力推动民兵预备役组织、训练、装备和兵役工作协调发展，在新的起点上全面提高民兵预备役部队整体建设质量，加强后备力量组织建设，推进民兵预备役体系作战能力，搞好报废弹药销毁和武器装备管理，抓好兵役工作落实，发挥民兵参建和维稳作用。

【民兵训练】 根据上级军事训练工作指示，区人武部采取因势利导，科学安排，灵活组训，突出抓好民兵骨干、应急队伍和各专业队伍的训练，抓好针对性训练，强化各项配套建设，提升全区民兵预备役部队的军事训练水平。民兵干部、骨干参加海上民兵训练、民兵应急分队训练、专业技术分队训练，没有发生事故，取得较好成绩。专职武装干部训练实弹射击及格率100%，考核成绩总评在良好以上。

（唐登科）

附：2011年潮阳区人民武装部领导名录

部　　长： 高明哲（区委常委，任至4月）
郑庆德（4月任职）
政治委员： 杨涛广（区委常委兼，6月任职）
副 部 长： 陈育文
政工科长： 邓　剑
后勤科长： 王　海

财政·税收

www.gdchaoyang.gov.cn

财政·税收

财　政

【概况】 潮阳区财政局（加挂潮阳区国有资产管理办公室衔牌）主管全区财政收支、财税政策、财务管理、财政监督和行政事业资产及政府资源性资产监督管理，指导全区13个镇（街道）财政所业务等工作。2011年在职人员85人，内设人事秘书股（与监察室合署办公）、预算股、国库股、综合股、文教行政股、农业股（农业综合开发办公室）、经济建设股、社会保障股、会计股、外经金融工贸股、绩效评价股、法规股、监督检查办公室（政府采购管理办公室）、行政事业资产管理股、农村财务管理股15个股室，下辖潮阳区国库支付管理中心、潮阳区工程预结算审核中心、潮阳区会计人才培训中心3个单位。2011年全区财政一般预算收入完成10.53亿元，比增21.04%，财政一般预算支出14.38亿元，比增23.46%。2011年潮阳区财政局被汕头市委评为“先进基层党组织”，被潮阳区委评为“2011年度汕头市潮阳区文明单位”等光荣称号。

【财政收入】 区财政机关坚持依法行政和依法理财，履行职能，积极组织财政收入，合理安排财政支出，规范财政管理，确保财政平稳运行，实现保工资、保运转、保民生的政策目标。2011年全区财政收入10.53亿元，其中税收收入完成6.22亿元，增长3.44%，非税收入完成4.31亿元，全面完成年度任务，增长60.52%。非税收入占一般预算收入比重40.89%，比上年30.83%增加10.06个百分点。

【财政支出】 财政机关围绕区委、区政府的工作部署，贯彻落实中央扩内需、保增长“一揽子”刺激经济增长的政策措施，实施积极的财政政策，实行“家电摩托车下乡”、“家电以旧换新”，提高公职人员津贴标准等一系列措施，发挥财政资金“四两拨千斤”的杠杆作用，为推进经济结构调整和发展方式转变发挥积极的引导作用。全年财政一般预算支出14.38亿元，其中教育支出6.12亿元，一般公共服务支出1.95亿元，科技、文化、卫生、体育等支出1.11亿，社会保障和就业支出1.47亿元，农林水事务支出7390万元，城乡社区事务支出5479万元，其他支出2.44亿元。

【财政管理】 按照建立公共财政的要求，加强和完善财政资金管理、会计管理、财务管理、国有资产管理等财政管理制度建设，严肃财经纪律，维护财经秩序，提高依法理财水平。

加大对镇级财政所的业务指导力度　及时掌握镇级财政收支执行情况，开展分片汇报和账务互审工作，发现问题及时解决，确保资金使用安全，提高资金使用效益；贯彻执行中央、省、市有关财政政策，调动镇级财政增收节支的积极性，推动全区经济社会全面协调发展。

规范收支两条线管理　贯彻执行《广东省财政票据管理办法》，全面落实行政事业性收费和罚没收入“收缴分离、罚缴分离”制度，严格机关事业单位开设银行账户的审批，取消各单位的收入过渡账户，推行委托银行代收款制度，避免资金被截留、挤占、挪用和坐收坐支；配合执法部门，加强对罚没财物的管理处置工作，确保非税收入及时上缴财政。同时，建立健全财政票据领、用、存、销等各项管理制度，做到以票管费，以票促收。

政府采购管理　根据《政府采购法》的规定，结合实际，认真执行《潮阳区财政系统开展不正当交易行为自查自纠的调查方案》、《关于规范潮阳区政府采购运作程序的通知》等文件，切实做好治理政府采购领域商业贿赂专项工作，规范管理，发挥政府采购办公室的管理监督作用。

资金管理　严格核拨经费，保证财政统发工资正常发放；定期、不定期跟踪、检查、督促省专项资金使用情况，做到专款专用。加强财政支农资金报账管理，规范报账制度，确保财政资金安全落实到位。

基建管理 加强对财政投资项目的管理监督，严格工程预结算审核。全年完成预算编制 1628.68 万元，预算审核送审资金 6.29 亿元，审定资金 4.72 亿元，核减预算投资 1.57 亿元，结算审核送审资金 5.22 亿元，审定资金 4.65 亿元，核减投资 5763.67 万元。

会计从业资格管理　严格把好会计人员资格准入关，建立健全会计从业人员资料信息，完善会计人员档案管理；推行会计从业资格考试无纸化，2011 年度组织会计专业考试 4 次，参考人数 1129 人，合格 331 人；组织会计电算化考试 2 次，参考人数 467 人，合格 232 人；开展会计专业培训，举办会计从业资格和持证人员继续教育培训班 10 期，培训人员 1279 人；开展农村财会人员财政支农政策培训，提高财会人员整体素质和业务水平。

【财政监督】　开展行政事业单位“小金库”专项治理和专项资金绩效评价工作，完善财政支出监控机制，逐步把监督环节由事后检查为主向事前审核、事中监控、事后绩效评价转变，及时纠正财政资金使用中的截留、挪用、损失浪费和效益低下问题。

【财政改革】　树立科学理财理念，推进公共财政改革。推行部门预算、国库集中支付、政府采购、收支两条线、财政支出绩效评价、行政事业资产管理等财政改革。

推进部门预算改革试点　根据积极稳妥推进部门预算改革的工作部署，对试点工作中出现的问题进行研讨，提出规范意见，进一步推进部门预算改革工作。年内区直有 20 个单位进行部门预算改革试点，并纳入国库集中支付。

扩大国库集中支付改革试点规模　组织有关人员对国库集中支付业务进行学习研究，掌握国库集中支付的有关政策和业务流程。目前纳入国库集中支付改革的预算单位 20 个。

深化收支两条线改革　推进政府公共资源（资产）有偿使用收入管理，拓宽管理范围，挖掘非税收入潜力，提高非税收入质量，把非税收入的可用财力纳入预算管理，弥补财政缺口，缓解收支矛盾。

推进金财工程建设　组织人员参加全省金财工程培训，加快金财工程建设步伐，增强财政决策科学性和财政工作透明度。

【队伍建设】　根据国家财政政策的发展变化和财政工作的需要，潮阳财政部门注重加强队伍建设，努力建设一支政治坚定、业务精通、作风优良、清正廉洁的财政队伍。

创先争优　组织全局干部职工学习邓小平理论和“三个代表”重要思想、学习《党章》等，贯彻落实科学发展观，开展创先争优学习教育活动，使干部职工进一步增强理想信念和党性观念，树立正确的世界观、人生观、价值观。

学法守法　认真学习《财政违法行为处罚处分条例》、《行政许可法》、《公务员法》以及有关财政工作的方针政策和法律法规等业务知识，增强法制观念；对全区财政系统工作人员进行教育培训，切实提高政策水平和业务水平，使之更好地适应新形势新任务要求。

廉洁从政　通过各种形式教育学习活动，进一步落实党风廉政建设责任制，完善和规范各项规章制度，提高抵御各种腐朽思想的自觉性，遵纪守法、廉洁自律、干净干事、务实清廉。

（财政局）

附：2011 年潮阳区财政局领导名录

局　长：郑文伟（11 月当选为区政协副主席）

副局长：蔡文华

邱建瑞

翁键璇

郑创平（6 月任职）

国　税

【概况】　汕头市潮阳区国家税务局担负全区国税征管和税收宣传服务工作。内设办公室、政策法规股、收入核算股、纳税服务股（办税服务厅）、征收管理股、人事教育股、监察室、税源管理一股、税源管理二股、税源管理三股10 个行政股室；1 个直属单位（稽查局）及 1 个事业单位（信息中心）；下设 4 个基层税务分局（和平、谷饶、关埠、海门）。在编干部职工 187 人，助征员和临时工 45 人。全区国税在管正常户（不包括注销及非正常户）8710 户，其中增值税一般纳税人 867 户。负责征收的税种和规费包括增值税、消费税、企业所得税、储蓄存款利息个人所得税、车辆购置税、城市维护建设税、教育费附加和堤围防护费等。

【税收收入】　2011 年国税系统征收国内税收 10.04 亿元，同比增收 1.92 亿元，增长 23.58%，按考核口径计算完成汕头市局下达年度计划的 120.52%。增值税、消费税、企业所得税、个人所得税分别为 7.45 亿元、7621 万元、3698 万元、687 万元，增长幅度分别为 31.04%、24.12%、75.26%、63.57%。完成区级一般预算收入 2.29 亿元，同比增长 23.71%，增收 4391 万元。

【税收征管】　国税局坚持税收征管科学化、精细化、专业化，抓好企业所得税全程集约化监控管理，实施预缴环节申报利润率动态监控。全年完成 2845 户个体“双定户”定额调整工作，通过纳税申报审核和辅导建账建制，压缩小规模纳税人申报额与实际经营收入的差额及无税户比例。在实行免抵税额管理和税负监控预警分析的基础上，加快退税审核进度，全年办理出口退税 4.84 亿元，同比增长 58.01%。开展对塑料制品行业、文教体育用品制造业等四个行业和工业小规模纳税人的产能预警监控。做好税收执法管理信息系统疑点信息核查，征管辅助系统“实地调查任务完成率”达 90.80%，台账录入、报表生成、纳税评估等模块工作得到应用，执法信息管理系统考核正确率 99.9%。

【税收执法】　国税局严把固定资产进项抵扣审核关，累计为企业办理固定资产抵扣 1.2 亿元；推进增值税五类纳税人、工业用电大户和商贸小规模纳税人普通发票清理核查，完成 2011 年税收专项检查工作，累计查补税款 1969.36 万元；开展医保定点零售药店、农产品收购行业、购油企业、水产品企业等专项评估工作；规范和发挥稽查作用，开展“黄金案件”涉税企业的协查和检查，防范和查处发票涉税违法犯罪事项，全年稽查查补各税收入 1216.39 万元；全年清理并纳入正常税务管理的业户 1480 户，清理超标小规模纳税人，新增一般纳税人 210 户。开展出口退税专项检查，防范和打击出口骗税。

【纳税服务】　国税局树立全员、全程服务理念，推进办税服务厅规范化建设，加大基层服务厅设施投入力度，延伸在谷饶分局、和平分局推行“办税服务双系统”，率先推行 POS 机刷卡缴税业务，简化零星税款缴税流程；推进国地税联合办证、涉税业务“同城通办”、“三资”企业联合年检工作，拓展“企信通”业务，完善出口企业互联网邮箱资料，举办 6 期税务学习讲座；推行纳税服务公开承诺，严格落实首问责任制、一次性告知、一次性办结等各项制度，实现办税服务“零距离”、办税过程“零障碍”和管理服务“零投诉”；打造税收宣传品牌，开展窗口税宣、网上税宣、校园税宣等一系列宣传活动，完成办公楼前大型税收宣传牌的建设，承办了“税月欢歌　幸福潮阳”税收宣传专题晚会，扩大税宣覆盖面与影响力。

【内部管理】　2011 年，国税局深化税务系统作风建设，加强税收执法权和行政管理权“两权”监督，提升基层工作质效；开展“机关基层工作绩效互评”、“创先争优”、党员轮训及民主评议党员活动；围绕104个岗位查找的132个税收工作风险点，提出372条防范措施；制定《潮阳区国家税务局内控机制建设实施办法（试行）》和《潮阳区国家税务局税收执法监察工作实施方案（试行）》，弥补执法效能监察领域空白；深入开展纪律教育学习月活动，推进民主评议政风行风和“四治”专项整治行动。

【队伍建设】 国税局坚持从严治队的方针，打造一支运行高效、令行禁止的高素质干部队伍；改善基层办税服务质量和办公生活条件；组织开展税收执法管理信息系统、计算机知识技能等各类培训26期，参加培训330人次；提高干部职工福利待遇，组织健康体检，解决离休人员医药报销和特困人员福利补助4.49万元，募集各类爱心捐款2.77万元；举办迎国庆乒乓球、象棋比赛，营造和谐税务文化氛围。

（国税局）

附：2011年潮阳区国税局领导名录

局　　长： 郑泽英
副 局 长： 吕炳佳
林伟洲
方柳波
陈贤强
纪检组长： 朱炼斌

地　税

【概况】 潮阳区地税局内设办公室、人事教育股、监察室、税政股、征收管理股，1个直属单位（稽查局）、1个事业单位（纳税人服务中心），下设8个税务分局：城区、文光、和平、谷饶、贵屿、海门、西胪、关埠税务分局。编制179人，现有干部职工170人，离退休人员76人，临时工27人。

2011年是潮阳地税工作压力最大的一年。这一年全局上下齐心协力，共克难关，全年组织收入总量13.47亿元，同比增收2.4亿元，增长21.81%，首次突破13亿元大关。其中税收8.7亿元，增收1.2亿元，比增15.94%；社保费收入3.75亿元，增收3196万元，比增9.32%；土地使用税收入5518万元，增收2422万元，增幅达78.23%。

【税收管理】 *加强征管* 区地税局围绕汕头市局加强税收征管若干措施，对企业所得税立足“核实税基、完善汇缴、强化评估、分类管理”，狠抓“两个不低于70%”的落实，通过汇算辅导和加强审核工作，推进科学化、规范化、精细化管理，对全区976户企业进行汇算清缴，纳税调整增加所得额1.1亿元；加强对外出施工企业的税收管理，建筑行业共征所得税1.94亿元，同比增收8283万元，增长74.27%；加强营业税征管，强化分行业管理，加大对房地产开发企业的税收征管力度，全年组织销售不动产营业税收入3738万元，同比增收1752万元，增长88.22%。

加强税收信息化建设 积极推广“天翼税通”，进一步推广网络纳税申报工作，通过集中培训和个别辅导等方式，提高纳税人网上申报缴税水平。至年底，全区已有1694户企业办理网上申报，其中286户企业办理了“天翼税通”。扩大网络开具发票的应用面，全区开票户数达816户，开票份数超过28万份，累计开票金额超过91亿元。

清理漏征漏管 每月与工商登记信息进行比对，及时公布新开业的业户信息，分解下达各分局跟踪落实。发挥税收管理员在户籍管理中的作用，加强辖区管户的实地巡查，定期清理漏征漏管户，建立健全户籍管理档案，2011年共清理漏征漏管户2085户，补办税务登记1279户，有效地堵塞税收漏洞，营造公平竞争的经济环境。

【依法治税】 区地税局以税收宣传月为契机，采取灵活多样的税收宣传活动，成功举办2010年度潮阳区纳税大户表彰大会暨“税月欢歌　幸福潮阳”税收宣传大型晚会；组织对全区8个征收单位2006年以来的税收征管文书档案资料、税收票证、发票、社保费全责征收综合管理、纳税核定情况进行全面检查，制定完善和改进的具体措施；与区公安分局成立联合执法办公室，推动税警合作规范化和常态化；开展税收专项检查和发票专项检查，房地产业、广告业、资本交易项目等企业共39户开展自查，自查税款56.29万元，入库率为100%；

对学校、事务所，工业企业共10个单位进行发票专项检查，查处有问题户8户，罚款8000元；协助基层分局对房、地“两税”开展清理行动，查增税款162万元；严查举报或转、交办案件，对2个举报案件进行查处，共补税款及滞纳金8万元，罚款3.21万元，确保依法纳税。

【纳税服务】 纳税人服务中心精简服务流程，提高办税效率，推行政务公开、“服务承诺制”、“首问负责制”等长效机制，开展“创优争先”和创建“文明示范窗口”活动，发挥服务中心的纽带作用，全年接受纳税人咨询、建议92宗，全部问题都得到及时答复和处理。办税服务厅实施规范化建设，投入200多万元对契税、耕地占用税征收点进行修缮以及增配电脑、视屏监控系统等设备，规范窗口人员的办税服务行为，纳税人满意度显著增强，得到汕头市局和社会各界的肯定，文光分局被区人民政府授予“文明示范窗口”城区、被广东省地税局评为“优秀办税服务厅”。

【队伍建设】 区地税局实施人才强税战略，先后举办企业所得税政策、社保费征管、土地使用税征管以及新OA使用等各种培训活动10多场次，组织全体干部职工参加广东地税教育培训网络系统学习班等各类培训和考试，参训干部达2000多人次，提高了队伍的综合素质。落实党风廉政建设责任、推进领导干部廉洁自律、防范税务廉政风险和预防渎职犯罪，狠抓政风行风建设，提高干部职工法纪意识，确保队伍的廉洁平安。完善内外监督机制，发挥特邀监察员和兼职监察员的作用，有效地促进了反腐倡廉工作，在2011年度全区政风行风评议活动中，地税系统名列第一。

（地税局）

附：2011年潮阳区地方税务局领导名录

局　　长： 肖文安
副 局 长： 郭亨淳
林国平
张植希
纪检组长： 周汉正
总经济师： 郑锐光

经济综合管理

www.gdchaoyang.gov.cn

经济综合管理

发展和改革（物价管理）

【机构设置】 潮阳区发展和改革局，加挂区物价局衔牌，主管全区国民经济、社会发展和负责价格管理。内设人秘股（与监察室合署办公）、产业综合股、投资股、社会发展股（经贸股，加挂高新技术产业股衔牌）、经济体制改革股、重点项目管理股（加挂重大项目稽查特派员办公室衔牌）、收费管理股（商品价格管理股）、服务价格管理股、物价检查所，下辖价格认证中心等事业单位。编制42人。

【“十二五”规划编制】 2011年初，区发改局启动全区“十二五”规划编制工作，多形式开展调查研究，多渠道收集资料，综合梳理，形成《汕头市潮阳区国民经济和社会发展第十二个五年规划纲要（草案）》，广泛征求工商界、学术界、人大代表、民主党派和社会各界人士意见建议，反复补充完善，形成“潮阳区第十二个五年规划纲要”。经区政府常务会议、党政联席会议、人大常委会讨论同意和区二届人代会六次会议审议通过，作为潮阳区今后五年经济社会发展的行动纲领。

【经济运行管理】 区发改局研判形势，掌握动态，认真编制下达年度计划，明确2011年度的发展思路、发展目标，注重经济运行分析、监测、指导和协调，实现地区生产总值197.31亿元（不含华能海门电厂），完成全年计划目标211.52亿元的93.28%，增长11.46%；农业总产值32.12亿元，完成全年计划目标29.02亿元的110.7%，增长3.3%；工业总产值507.98亿元（不含华能海门电厂），完成全年计划目标497.3亿元的102.15%，增长9.06%，其中规模以上工业产值380.38亿元（不含华能海门电厂），与上年持平；外贸出口总额7.25亿美元，完成汕头市下达年度计划目标的108.2%，比增27.7%；社会消费品零售总额175.74亿元，增长18.6%，固定资产投资总额93.65亿元（不含华能海门电厂），完成年度计划目标的102.3%，比增10.65%。

【重点项目建设管理】 区发改局健全月度报告制度和季度分析报告制度，切实加强对市、区重点建设项目的监管，做到明确责任分工，落实工作责任，加强跟踪协调，提供贴身服务。全区列入市重点建设的7个项目累计投资12.01亿元，完成年度计划投资109.79%，列入市开展前期工作的7个预备项目，已投入资金2679.26万元，列入区安排的22个重点项目，已完成投资56.25亿元，完成年度计划投资92%。

【重点企业（项目）扶持保护】 9月，区委、区人民政府制定《关于印发潮阳区扶持保护重点企业（项目）实施办法》，加大对重点企业（项目）的扶持保护和服务力度，促使重点企业（项目）做强做大，全区共有广东金叶烟草薄片技术开发有限公司等318家企业被区委、区人民政府授予“潮阳区重点扶持保护企业”。

【综合协调服务】 区发改局组织一批重点项目申报列入上级主管部门计划盘子，积极争取上级资金支持，共争取国家、省、市主管部门下达潮阳区农村饮水安全工程、农村沼气工程等项目中央预算内投资和省补助资金7049万元。用好用足国家鼓励产业发展政策，为全区12家企业申报办理省备案项目和进口设备免税确认手续，降低企业投资成本。进一步简化审批程序和环节，实现行政审批提速，全力服务企业和项目单位，全年共申报和审批政府投资项目16宗，计划总投资1.42亿元；核准项目13个，计划总投资9.49亿元。

【医药卫生体制改革】 潮阳区成立深化医药卫生体制改革领导小组及其办公室，制定《汕头市潮阳区医药卫生体制改革近期重点实施方案（2009～2011）的通知》，转发《关于下发汕头市2011年度医改重点工作各区县量化考评计划和责任分工的通知》，稳妥推进医药卫生体制改革。

【价格改革】 区物价管理部门以规范明码标价为基础，以强化价格自律为依托，创新价格监督机制，加强调查研究，依法公平公正推进水价、居民垃圾处理费等资费改革，科学协调好多方利益。

【市场价格监督】 按照汕头市物价局“六个一”（即：一个分管领导、一个具体负责监测工作的人员、一个菜市场、一个大商场、一个加油站、一个民用石油气供气点）的要求，加强市场价格监测，关注供求情况，密切监测市场主副食品、成品油、液化气、生产资料等价格动态，推进三项建设（即：蔬菜大棚建设、冷藏设施建设、平价商店建设），增强稳价能力，有效控制通货膨胀，全力维护市场价格秩序。

【民生价格管理】 区物价管理部门加强中小学校服务性收费和代收费行为的管理，开展2009～2010年教育培养成本监审工作，对全区学前教育的办学及收费情况进行调研。规范机动车停放保管服务收费和经营秩序，制定潮阳区机动车停放保管服务收费标准。疏导价格矛盾，及时贯彻药品价格管理规定和调整药品、成品油、液化石油气的价格。

【价格服务】 2011年，区物价管理部门加强对涉案物品价格评估、认证工作和道路交通事故定损鉴定工作，为司法机关审理各类案件提供准确、公正结论。全年共受理委托刑事案件的价格鉴定330宗、金额1100多万元；交通事故鉴定75宗、估价定损金额100多万元；受理民事案件价格评估8宗、鉴定金额300万元。1月和7月分两次对全区低保对象3.32万人发放价格临时补贴319.38万元。

【价格执法】 2011年，区物价管理部门对全区18个部门35个经营性执收单位进行综合审验，加强对经营服务性收费的日常监督管理，规范收费秩序，加大价格检查力度，开展春运客运票价、涉农价格、食盐价格、医药卫生服务价格和商品房销售明码标价等专项检查，共查处价格违法案件35宗，查处非法所得金额65.69万元，实现经济制裁金额67.89万元，其中退款29.72万元，罚没上缴财政38.57万元。

2011年潮阳区经济发展主要目标及完成情况表

名称	单位	计划数		实际数	
		目标值	增长（%）	完成值	增长（%）
地区生产总值	亿元	211.52	16	197.31	11.46
财政一般预算收入	亿元	10.527	21	10.53	21.04
工业总产值	亿元	497.3	16.5	507.98	9.06
规模以上工业产值	亿元	397.35	17	401.82	22.1
农业总产值	亿元	29.02	3	32.12	3.3

续上表

名称	单位	计划数		实际数	
		目标值	增长（%）	完成值	增长（%）
社会消费品零售总额	亿元			175.74	18.6
外贸出口总额	万美元	67032	18	72500	28
固定资产投资总额	亿元	82.21	40	84.06	99

（钟秀发、张楚州）

附：2011年潮阳区发展和改革局领导名录

局　　长：张明武

副 局 长：黄迪光

陈少强

林少荣

纪检组长：刘棉菊

工商行政管理

【概况】 潮阳区工商行政管理局隶属汕头市工商行政管理局，并接受潮阳区政府工作指导。内设办公室、人事监察股、财务股、督察队、法规股、经济检查股、登记注册股、企业监督管理股、商标广告管理股、市场合同管理股10个股室；设经济检查大队1个直属单位，机关服务中心、12315投诉举报中心2个事业单位；下辖13个基层工商所。全系统在职人员294名，其中工商所人员240名。2011年，工商局先后获得“汕头市文明单位”、“潮阳区社会治安综合治理先进单位”、“潮阳区保密工作先进单位”、“潮阳区安全生产责任制考核优秀单位”、“区直先进基层党组织”等荣誉称号。

2011年新登记各类企业343户，个体工商户4473户，农民专业合作社18户，引导36家个体户升级为企业，支持9家企业升冠省级名称。至2011年底，全区共有各类企业3197家，个体工商户2.29万户，农民专业合作社64户，个体户升级为企业累计111户，省级名称企业71家，集团公司18家。

【商标管理】 区工商行政管理局扎实推进“谷饶针织内衣”、“金灶鲜果”区域品牌创建工作；引导企业申请注册商标和认定广东省著名商标。全年新增有效注册商标2050件，累计有效注册商标1.07万件；新认定省著名商标7件，省著名商标累计41件。延续认定14件，申请总量创历史新高。

【市场主体监管】 2011年，区工商行政管理局完善网格化监管，利用清理无证照工作列入社会治安综合治理考核这一契机，完善各镇（街道）、村（社区）和有关部门的“清无”工作职责分工，深化部门协调联动，切实加强经济户口清理工作。全年共清理无照经营5220户，补办营业执照4642户，取缔无照经营372户，立案查处无照经营案件206宗，通报1968户。

【食品安全监管】 区工商行政管理局将食品流通许可证下放到工商所登记，推广应用“信誉通”食品备案信息系统，建立“一户一档”食品经济户口档案。开展食品安全专项整治行动，加强食品经营户证照、索证索票、购销台账和流通领域食品质量等日常监管，组织以乳品及食品添加剂等为重点的食品抽检工作。全年共抽检食品14大类58批次，办理食品流通许可证753份，查处食品安全案件23宗。

【市场合同管理】 区工商行政管理局深化商品交易市场信用分类监管，就城区猪肉市场存在“白板肉”的情况开展专项整治。开展文明集市创建活动，海门明德园市场、文光东山花园市场被授予“广东省创建文明集市示范单位”称号。开展“守合同重信用”活动，全区有63家企业被评为“守合同重信用”企业。开展动产抵押登记，支持企业拓宽融资渠道，全年共办理动产抵押登记56宗，抵押贷款5.45亿元。

【行政执法】 推进依法行政，加强行政处罚案件核审工作，规范行政执法程序。结合打击侵犯知识产权和制售假冒伪劣商品、打击传销、扫黄打非、整治黑网吧、打击非法拼装三轮车、开展“红盾护农”等各项专项行动，共查处各类经济违法案件225宗，其中查处“黑网吧”9宗。

【广告管理】 加强广告监管，全年办理户外广告登记证5份、广告经营许可证年检1份，责令停播电视广告1条，整治违法烟草广告257条，查处违法发布虚假医疗车身广告1宗。

【消费维权】 区工商行政管理局组织开展以“消费与民生”为主题的“3·15”国际消费者权益日宣传咨询活动，提高消费者维权意识。至2011年底共设立12315联络站、红盾服务维权工作站等消费维权站点42个。全年接受电话咨询、接待来访286人次，受理消费者投诉举报111宗，立案10宗，为消费者挽回经济损失6.01万元。

（工商局）

附：2011年潮阳区工商行政管理局领导名录

局　长：李柏宏

副局长：彭友忠（任至1月）

詹衡洲

姚俊雄

郑喜坚（1月任职）

潮阳区获广东省著名商标一览表

序号	商　标	使用商品或服务项目	商标持有人	所属镇（街道）
1	和HE SU塑	非金属套管等	广东三凌塑料管材有限公司	和平
2	粮丰	米、面粉、谷类制品	汕头市粮丰集团有限公司	城南
3	紫薇星	电子净化血液循环机	广东紫薇星实业有限公司	文光
4	YUEHUA	光盘（音像）	广东粤华磁电实业有限公司	和平
5	婴之谷 YINGZHIGU	婴儿全套衣，婴儿睡袋	汕头市爱心实业有限公司	和平
6	汾芳王 Fenfangwang	乳罩，内裤	汕头市汾芳王内衣实业有限公司	谷饶
7	Ouslandai 奥丝蓝黛	内衣，内裤，乳罩	汕头市时佳实业有限公司	谷饶

续上表

序号	商　标	使用商品或服务项目	商标持有人	所属镇（街道）
8	FRENCIS 有情	化妆品，香波，护发素	汕头市友情精细化工实业有限公司	棉北
9	WEIXIN 威信	松紧带，花边，服装镶边带	汕头市威信织造有限公司	和平
10	ANGTE	光盘（音像）等	广东昂特音像有限公司	和平
11	YDD	录音带，录像带，光盘（音像）	广东粤东磁电有限公司	和平
12	SOMIC	耳塞机等	汕头市硕美科电子有限公司	谷饶
13	安吉小羊 AN JI XIAO YANG	童装等	汕头市宝贝儿实业有限公司	谷饶
14	ACE	办公用夹、文件夹（文具）、文具盒（全套）	汕头市英仕文具有限公司	和平
15	蕾琪 LEIQI	化妆品等	汕头市蕾琪化妆品有限公司	和平
16	CLM	食品包装机	广东轻工机械二厂有限公司	文光
17	新一步 XINYIBU	内衣	汕头市佳美针织服装有限公司	谷饶

续上表

序号	商　标	使用商品或服务项目	商标持有人	所属镇（街道）
18	JUNE ROSE 六月玫瑰	服装	广东宏杰内衣实业有限公司	谷饶
19	Aowetsili 奥维丝丽	奶罩、胸衣、睡衣裤	广东宏杰内衣实业有限公司	谷饶
20	Xin Ji Long 新紀龍	夹克衫、T恤、衬衣	汕头市新纪龙服饰实业有限公司	海门
21	QianDai 倩黛	内裤	广东雄兴内衣实业有限公司	铜盂
22	JINJIANER 今健儿	服装（针织内衣、内裤）	广东雄兴内衣实业有限公司	铜盂
23	CHENG FENG 成 豐	压合机	汕头市成丰工业设备有限公司	棉北
24		钢管、金属管	汕头市新通达水暖器材有限公司	文光
25	Yingzina 樱姿娜	内衣、内裤、睡衣	汕头市百利安内衣有限公司	贵屿
26	亮爾迷 Liang Er Mi	内衣、乳罩	汕头市茂亮实业发展有限公司	贵屿
27	奥林 AO LIN	空白录音磁带、空白录像带	广东奥林磁电实业有限公司	和平

续上表

序号	商　标	使用商品或服务项目	商标持有人	所属镇（街道）
28	奥林 AO LIN	光盘（音像）、密纹声像盘、唱片清尘设备	广东奥林磁电实业有限公司	和平
29	P BENO P.BENO 派邦奴	睡衣、针织服装（家居休闲服、保暖内衣）	广东凯迪服饰有限公司	和平
30	baoke 宝克	自来水笔、圆珠笔	广东宝克文具有限公司	和平
31	Zixing 滋兴	布、纺织用玻璃纤维织物、平针织物（纤维）	汕头市潮阳区滋兴发展有限公司	谷饶
32	Win Beauty 盈美蒂	乳罩、内衣、内裤	汕头市文武实业有限公司	谷饶
33	雅潮	乳罩、内裤	汕头市雅潮内衣有限公司	谷饶
34	尼娇芬 NIJIAOFEN	紧身衣裤	汕头市永生发针织有限公司	谷饶
35	peisilei	奶罩、内衣裤	广东莫尼卡实业有限公司	谷饶
36	鸿姿情 hongziqing	奶罩、内衣裤	汕头市潮阳区鸿展发实业有限公司	谷饶
37	婷婷玉立 tingtingyuli	内衣、胸罩	广东海之阳实业有限公司	谷饶
38	Yuerxiang 雅尔香	紧身胸衣（内衣）、紧身衣裤、内裤（服装）	汕头市泰源鑫实业有限公司	谷饶

续上表

序号	商　标	使用商品或服务项目	商标持有人	所属镇（街道）
39	馬頭車 MATOUCHE	服装	汕头市高龙制衣有限公司	谷饶
40	HAMQI 哈咪奇	童装、婴儿全套衣	汕头市宝宝妇幼用品实业有限公司	谷饶
41	LPS 乐普升	涂改液（修正带）	汕头市乐普升文化用品实业有限公司	文光

审计工作

【概况】 潮阳区审计局内设人事秘书股、行政事业审计股、财政金融审计股、企业审计股、经济责任和绩效审计股5个股室和1个直属行政单位（固定资产投资审计室），干部职工29人。2011年，共完成审计（调查）项目51个（其中“经责审计”30个），查出违规金额2万元，管理不规范金额6.23亿元，应上缴财政2万元，已全额上缴；提交报告信息1篇。发挥了审计保障国家经济社会健康运行的“免疫系统”功能，为政府依法行政，实现科学发展，建设和谐、幸福潮阳发挥职能作用。

【预算执行审计】 全年完成预算执行审计项目2个，其中地税系统审计为省定审计项目，财政审计为法定审计项目。2011年的预算执行审计，审计局以促进规范预算管理、提高资金效益为目标，树立“大财政审计”理念，深化预算执行审计。财政审计中，揭示了预算外户尚有部分专项资金未及时缴交国库，列支挂存专项资金数额大等问题的同时，从体制、制度方面提出针对性意见建议。财政审计项目共查出管理不规范金额4.89亿元，财政收入核算不实671万元，财政支出核算不实4.66亿元，其他1625万元；地税系统2010年度税收征管情况审计中共查出管理不规范金额5万元，对抽查发现地税局存在实际批准减免税金与“大集中征收管理系统”反映的税收报表数据不一致等问题提出处理意见，责成其落实整改，堵塞漏洞。

【财务收支审计】 根据省审计厅的统一部署对质量技术监督局等2个单位2009～2010年度财政财务收支情况（省定项目）开展审计，对审计发现的主要问题如销毁假冒伪劣商品现场地点不明晰、大额现金支付、历史遗留长期挂账、仓库物资管理存在漏洞等问题提出不同的处理意见及建议。此外，抓好交通局等8个单位的财务收支情况审计，针对存在的问题提出整改意见。

【专项审计】 为确保人民群众的根本利益落到实处，审计局树立“民本审计”理念，切实加强对教育领域、扩大内需项目工程、动物防疫体系建设情况等6个民生项目的专项审计。在对解决中小学教师“代转公”和“两相当”（县域内教师平均工资水平与当地公务员平均工资水平大体相当、县域内农村教师平均工资水平与城镇教师平均工资水平大体相当）问题专项经费审计中，揭示在当前财力水平低下，解决中小学教师“代转公”问题资金结存额较大、教师待遇“两相当”问题资金压力大等问题，提出按省政府办公厅的文件精神，要求上级按教师绩效工资实发金额的80%给予补助等意见建议。联合有关部门对农村义务教育债务进行清理，覆盖面达100%。审核结果确认潮阳区中小学（义务教育阶段）涉债学校共104所，涉债项目144

个，申报债务额 1.42 亿元，审计确认额 9669.79 万元，核减数为 4640.52 万元，核增数额 75.54 万元，并对各涉债单位和数据予以公示。

【经济责任审计】 2011 年，审计局以履行职责为目标，做到对领导干部的“问绩”和对资金“问效”的有机结合，集中精力打好换届选举领导干部离任审计这一攻坚战，共完成经济责任审计项目 30 个（其中任中审计 7 个），查出管理不规范金额 9146 万元。针对被审计单位存在的问题逐一界定领导者的责任并提出整改意见，对某镇存在 2011 年度 1～6 月社会抚养费 112.84 万元未按规定上缴的问题，责成该镇自行与财政局办理缴交手续；对另一个镇教育组存在违规收取教研费及经费资助款 78.28 万元的行为，责成镇教育组整改。同时强化对权力的监督和制约，围绕领导干部“三权一廉”（经济决策权、经济管理权、经济执行权、遵守廉政规定）事项对公路局等 7 个单位开展任中审计，从源头上预防治理腐败，把审计监督关口前移。

【专项审计调查】 为查清医疗机构是否存在“以药养医”、未经批准自立项目收费、超标准、超范围收费等问题，按照省审计厅的统一布置，2011 年，审计局对全区医疗机构 2009～2010 年的药品医疗服务收费情况进行专项审计调查，并对某单位 2010 年 7 月份存在多收 375 位病人 1 天床位费（42 元/天），计 1.58 万元的行为做出予以没收上缴国库的审计决定。

（郑巧璇）

附：2011 年潮阳区审计局领导名录

局　长：蔡庭坚（任至 10 月）
　　　　郑立侯（10 月任职）

副局长：郑镔新
　　　　蔡陈勇
　　　　吴朝胜

质量技术监督

【机构设置】 潮阳区质量技术监督局是汕头市质量技术监督局直属科级行政机构，具有管理全区标准化、计量、质量、生产加工环节、食品安全、特种设备安全监察综合管理及行政执法的职能。内设办公室、质量业务股、特种设备股等股室，直属行政单位有潮阳区质量技术监督局稽查队，潮阳区人民政府打击生产经销假冒伪劣商品违法行为办公室（简称区打假办）。在职 24 人，编内 22 人，食品安全巡查员 2 人，特种设备安全巡查员 2 人。

【计量管理】 2011 年，区质量技术监督部门帮扶 4 家企业通过二级、19 家企业通过三级计量保证体系确认，1 家企业通过 C 标志考核确认，3 个单位签订诚信计量承诺书。巡查气站、加油站、宾馆酒楼等计量使用单位 80 家 380 台（套），发出整改通知书 14 份。全区累计通过三级计量保证体系 60 家（有效期内）；二级计量保证体系 14 家；测量管理体系 1 家；C 标志 4 家。推荐 4 家企业申报创建计量诚信单位，检定计量器具 1604 台件（强检 865 台套、非强检 739 台套），其中医疗机构和集贸市场开展免费检定 168 台套，加大对定量包装商品和过度包装商品的执法力度，重点开展对液化石油气、食品、化妆品的监督检查和抽查，检查企业 60 家次，抽检定量包装商品 6 批次，全部检验合格。强化节能减排，制定节能降耗服务方案，对列为省级重点耗能企业的华能电厂，督促签订节能降耗增效工作责任书，落实计量器具检定和 2 项制度、1 项自评。

【质量监管】 名牌培育。对重点企业进行帮扶，提升其质量档次，2011 年度共有友情精细化工和三凌塑料管材 2 家企业荣获广东省名牌产品称号，全区累计获得省名牌 7 个。加大监管力度。抽查纺织服装、文具、化妆品等产品 129 批次，抽样合格率为 97.67%；加大对 3C、ISO 质量管理体系和农产品认证等获证企业的监督检查力度，检查强制性产品获证企业 3 家、质量管理体系获证企业 36 家、环境管理体系获证企业 10 家、职业健康安全管理体系企业获证 8 家、食品农产品认证获证企业 4 家，规范企业获证标志的使用，监督企业按获证资质进行生产经营；帮助产品不合格企业分析原因，提高产品合格率，全年抽检的 4 批次不合格产品全部落实整改。

【标准化工作】 2011年，区质量技术监督部门实施技术标准，以针织服装、光盘、机械等支柱产业为重点，完成采标确认31项，提前超额完成市局下达任务，企业标准通过审查备案11份、复审29份；邀请专家开展创建标准化良好行为企业专题培训，指导编写标准化手册等有关资料，推动乐普升文具通过4A、三凌塑料管材和新通达钢管厂通过3A标准化良好行为企业确认，全区累计8家企业通过标准化良好行为企业确认；以谷饶镇被定为广东省开展实施技术标准战略示范镇建设试点单位为契机，组织制定针织内衣和束身文胸联盟标准2项。推进农标建设，推荐申报三棱橄榄国家级农业标准化示范区，玻璃油甘、水稻市级农业标准化示范区顺利通过审查，新建马拉巴栗市级农业标准化示范区，推动西胪莲藕栽培技术市级地方标准通过市局专家审查，西胪乌酥杨梅省级地方标准上报省局立项，推动金灶绿色水果基地获得地理标志产品标志使用，农标建设工作在汕头市名列前茅。

【打假工作】 2011年，区质量技术监督部门以“双打”行动为契机，加大打击制贩假活动，净化区域经济秩序。将日化、耳机、塑料配件、印刷制品、酒类、卷烟等产品列为打假重点产品，对制假活动进行挖源、截流、堵漏洞。组织捣毁假冒耳机产品案件6宗、假冒化妆品案件7宗以及为他人提供假冒包装物案件4宗。查获一生产假冒名牌香水窝点，假冒名牌香水产品2016瓶及包装物一批，有效地遏制制贩假活动。

【产品、食品安全监管】 区质量技术监督部门强化质量源头监管，围绕食品企业生产原辅材料、食品添加剂以及出厂检验记录等问题，出动巡查人员1138人次，检查食品生产企业、食品添加剂企业和食品相关产品企业257家次，发出整改通知书51份。开展抽样检查整治，制订每季度食品抽样检验计划，抽查产品137批次，合格率85.4%，实现食品抽查覆盖率100%、产品后处理率100%；开展大米、米面制品、食用油、糕点以及添加剂等8个专项监督检查，检查企业85家次，抽检产品20批次，发出整改通知书7份，立案20宗。

【特种设备安全监管】 2011年区质量技术监督部门举办电梯、锅炉、压力容器作业人员培训班6期，培训作业人员539人次，有效地提高潮阳区特种设备作业人员的操作水平和持证上岗率；举办“质量月”、“安全月”和气瓶安全进社区宣传咨询活动，发放宣传资料5000余份，接受现场咨询260余人次；深入开展安全大检查，节假日及大运会期间，组织对游乐设施场所、气瓶充装站等重点单位进行安全大检查，共检查使用单位66家、发出安全监察指令书3份；全面实施日常监管，检查使用单位329家次，受理特种设备安装告知21家77台，办理特种设备使用登记证13家35台，发出监察指令书33份，14家企业35台重点监控设备现场检查率实现100%，确保安全生产无事故。

【专项执法整治】 食品专项执法 区质量技术监督部门以蜜饯凉果制品、米面制品、糖果果冻制品、酒类为重点产品，以城区和城乡结合部以及金灶镇、和平镇为重点区域，检查食品生产企业88家次，立案查处20宗。

质量专项执法 开展食品添加剂、婴幼儿服装、中性笔、学生文具等专项执法行动，抽查产品44批次，抽样送检产品20批次，立案查处生产不合格产品3宗。

民生计量专项执法 检查定量包装商品11家17批次，检查加油站、液化石油气站26家次。督促充装站互派监督员，并向各充装站派驻协管员，同时开展日常巡查、突击执法检查和季度质量抽查，共出动巡查人员316人次，气瓶送检10.34万只(其中报废7327只)，投放新瓶近10万只，立案查处8宗。

特种设备专项执法 重点查处充装含二甲醚的液化石泊气、非法安装和使用压力容器以及电梯等违法行为，立案查处充装含有二甲醚的液化石油气企业1家，充装超期未检气瓶企业4家。

起重机械专项整治 以使用环节为切入点，坚持全面覆盖与重点攻坚相结合，跟踪落实签订改造维修保养合同6份，6家23台落实改造，拆除遥控电源及附件等措施17台，起重机械使用登记率、定期检验率、持证上岗率不断提高，起重机械监管步入良性轨道。

电梯专项整治 在谷饶、和平两镇召开未注册登记的电梯使用单位宣贯会，并分片区召开整治动员会，约谈各电梯安装维保单位，共排查简易电梯2台，均已报装合格梯，补办未注册使用登记证116份，立案查处1宗，解决156台电梯未注册登记的历史问题。

锅炉专项整治　按照锅炉房达标建设内容，逐项检查企业安全管理制度、节能设备投入、锅炉水处理设备、作业人员持证上岗率等，敦促企业加装省煤器，热载体炉增设蒸汽储罐，热水循环系统，排查3起擅自安装使用小型锅炉和1起擅自启用超期未检锅炉行为，立案查处1宗。

（质监局）

附：2011年潮阳区质量技术监督局领导名录

局　长：潘俊梅

副局长：林烈明

许列标

潮阳区获广东省名牌产品企业名表

序号	企业名称	获证产品名称	地　址	备　注
1	广东轻工机械二厂有限公司	啤酒灌装生产线	城区西岩山西侧	2009年度
2	广东昂特音像有限公司	ANGTE 牌可记录光盘 CD-R	和平镇广汕公路南侧	
3	广东省粤东磁电有限公司	YDD 牌可记录光盘 CD-R	和平镇广汕公路	
4	广东粤华磁电实业有限公司	YUEHUA 牌可记录光盘 CD-R	和平镇和惠路	
5	汕头市雄兴内衣实业有限公司	图形商标牌 针织内衣	铜盂镇老溪西练江工业城	2010年度
6	汕头市友情精细化工有限公司	洗发水	棉北街道平北工业区	2011年度
7	广东省三凌塑料管材有限公司	PE 管材管件	和平镇新龙路	

统计工作

【概况】　潮阳区统计局内设人事秘书股、综合统计股、工交贸易能源统计股、农村与投资统计股、人口社会科技统计股。行政编制13名，事业编制2名。

2011年完成汕头市布置的地区生产总值核算季报、2010年年报等工作。做好镇（街道）、村级综合季报、年报的审核、数据处理、汇总、归档等工作。做好工业、投资等各项定期报表、专项调查任务和不定期的专项统计调研活动。按时保质完成规模以下工业企业抽样调查、农村住户收入支出情况调查（100户）、R&D（研究与试验发展）科技调查和《妇女儿童两个规划》重点监测统计年报工作。完成“三上”企业网上直报试点工作。2011年荣获广东省“2006～2010年全省统计法制宣传教育先进单位”称号；人口普查办公室荣获广东省“第六次全国人口普查先进集体”称号。

【统计服务】　编印《潮阳统计月报》、《潮阳区经济运行情况分析》和各镇（街道）主要经济指标完成情况表，及时提供区主要领导和部门参考。为社会无偿提供统计信息咨询服务，全年共接待来访100多宗，提供统计数据3000余组。

【法制业务建设】　开展常规性的统计监督检查工作，宣传新《中华人民共和国统计法》，纠正和制止统计违法行为，增强统计调查对象的法制观念，推进依法治统的工作进程。针对基层统计人员变动频繁、新手多、统计业务水平参差不齐的情况，结合“三上”企业网上直报试点，采取以会代训、集中培训等多种方式，提高统计队伍的整体业务水平。

【第六次全国人口普查】　开展潮阳区第六次全国人口普查工作。各镇（街道）、村（社区）相继成立普查机构并正常运转。全区选调普查指导员、普查员7803名，通过分级负责的办法，全部选调人员参加了集中培训和辅导，确保区、镇（街道）两级普查经费和“两员”工作补助费落实到位。先后组织多场次电视专题报道，连续3周在潮阳电视台播放人口普查宣传标语口号，出动宣传车和出版宣传专栏，印制普查宣传资料，分发和张贴到各村（社区），定期或不定期编印《人口普查简报》发至各镇（街道）和有关单位，及时通报普查工作动态，顺利完成人口普查数据审核汇总、上报等工作。

（统计局）

附：2011年潮阳区统计局领导名录

局　长：张旭升

副局长：廖楚洲

张顺龙（5月任职）

食品药品监督管理

【概况】 潮阳区食品药品监督管理局，为汕头市食品药品监督管理局直属机构，负责药品、医疗器械、保健食品、化妆品的质量监管和食品安全综合协调监管，内设办公室、食品安全协调股、综合业务股、稽查股，区政府协调机构为区食品安全委员会办公室。2011年10月，进行机构改革，负责消费环节食品安全、药品、医疗器械、保健食品、化妆品监管，内设机构为办公室、食品安全监管股、药械监管股、保健品化妆品监管股、稽查分局。在职干部职工26人。

【行政审批】 全年核发“药品经营许可证”22份，变更30份，换发306份，补发10份，注销83份；核发“医疗器械经营企业许可证”3份，换发22份，变更14份，注销2份；核发“保健食品经营企业许可证”16份，换发25份，变更8份；协助上级对2家化妆品生产企业“卫生许可证”进行复核现场检查，均在承诺时限内提前办结。2011年底，全区共有药品经营企业903家，其中零售药店645家，农村药店176家，OTC专柜82家；医疗器械经营门店45家；保健食品零售企业122家；化妆品生产企业32家。

【监管】 “三品一械”监管　年内对840家药品经营企业进行日常检查，检查覆盖率达93%，GSP认证跟踪检查133家，检查覆盖率达33%，完成GSP认证42家；对84家保健食品经营企业开展日常检查，检查覆盖率达89.3%；对40家医疗器械经营门店进行日常检查，检查覆盖率达88.9%；对26家化妆品生产企业进行日常检查，检查覆盖率达81.3%；对20家医疗机构进行药品、医疗器械、疫苗等综合性检查，检查覆盖率达100%。2011年度全区20个医疗单位共上报药品不良反应359例，同比增长15.1%。上报医疗器不良事件2例。全年共抽样送检药品291批次、保健食品5批次、化妆品21批次、医疗器械14批次。

食品安全监管　加强重大节日、世界大学生运动会期间的重点时段、重点场所、重点对象的食品安全整治。协调相关部门开展“三丸”、“地沟油”和餐厨废弃物、“瘦肉精”、打击食品非法添加和滥用食品添加剂等食品安全专项行动。牵头组织开展食品安全宣传活动，提升食品生产者和消费者的食品安全意识。2011年10月机构改革后开始履行餐饮服务监管职能，当时全区持有餐饮服务许可证（食品卫生许可证）单位共有317家，其中城区229家。至12月底，审核发放餐饮服务许可证31张；完成对171家持证餐饮服务单位的日常检查；通过调查摸底，对城区无证经营的389家餐饮服务单位发出告知书，要求其完善经营管理并及时申办餐饮服务许可证。

【专项整治】 对辖区内药品经营企业进行拉网式检查，全年共检查药店535家，抽验中药饮片21批次；检查特殊药品经营使用单位21家；开展医疗机构在用医疗器械、基本药物专项检查，检查医疗机构20家；开展“化妆品非法添加行为”和“化妆品违规标识”等专项检查，共检查化妆品生产经营企业68家（次）；协助市局督促化妆品生产企业进行国产非特殊用途化妆品备案18家。

【稽查打假】 建立打假长效机制，从严查处“三品一械”违法犯罪行为，坚决取缔违法经营行为，全年共查获假劣药品23个品种，取缔无证经营51家，查处违法案件78宗，涉案金额6.87万元，罚没款20.2万元。

【农村药品“两网”建设】 药品供应网建设：辖

区内有县级医院5家，其他医疗机构2家，乡镇卫生院13家，农村卫生站156家，药品批发中转站1个，供应点258个，供应网覆盖率达97.6%。药品监督网建设：2011年，通过培训、考核和聘任，全区共新增药品监督协管员13名，药品监督协管员队伍从原来的27名增至40名，药品监督网覆盖率100%。

【队伍建设】 开展争先创优活动，引导党员进一步改进思想作风和工作作风，提高办事效率。推进党风廉政建设和党务政务公开，提高党支部在推进科学发展中的领导力和执行力。组织开展城乡基层党组织“五送五帮五有五促进”活动，以“一帮一”结对帮扶的形式开展扶贫工作，在挂钩村和平镇堀内村和金灶镇下寮村各开展一次“送医送药”活动。

（食品药品监管局）

附：2011年潮阳区食品药品监督管理局领导名录

局　长：陈泽波（任至4月）
蔡建忠（4月任职）

副局长：张跃生
肖亮雄

国土资源管理

【概况】 潮阳区国土资源局是主管全区国土资源、矿产资源、测绘管理的政府部门，内设秘书股、财务股、人事股、土地规划与耕地保护股、土地利用股、地籍股、矿产资源管理股、执法监察分局。属下事业单位：信息中心、土地储备中心、矿产资源管理服务站、土地评估所、土地交易中心、潮阳区国土资源测绘大队。在13个镇（街道）各设国土资源管理所，为局垂直管理的股级行政机构，名称为“汕头市潮阳区各镇（街道）国土资源管理所”，现有干部职工156人。

【土地规划】 区国土资源局高质量完成区、镇（街道）两级的土地利用总体规划修编工作。土地利用总体规划修编是事关全区可持续发展的大事，国土资源管理部门把规划修编工作作为全局的头等大事，做到“技术、经费、人员”三保障，至2011年底已全面修编完成上报。

【耕地保护】 区国土资源局落实最严格的耕地保护制度，确保耕地保有量不减少，耕地质量不下降，强化土地用途管制制度，落实耕地保护责任，区财政投入35万元，制作树立基本农田标志牌29块，界桩100条，使基本农田保护区位置、范围更加具体明确，方便群众监督保护，通过省、市两级考核。做好开发用地规划。第一批耕地开发2500亩已完成现场勘查、设计、论证、预算、环评等前期工作；第二批1.35万亩已基本确定开发范围，并落实到具体地块，该项目开发已经区党政联席会议讨论通过，正抓紧完善工作方案。

【地籍管理】 2011年，区国土资源局办理初始登记72宗：其中集体60宗、面积8.75万平方米；国有12宗、面积72.49万平方米。变更登记：国有26宗、面积29.2万平方米；集体107宗、面积28.44万平方米；抵押登记13宗，面积26.96万平方米，抵押金额2.93亿元，农村集体土地所有权登记发证15宗，面积2.55万亩。

【土地利用】 区国土资源局科学配置土地资源，对全区闲置土地进行全面清理，积极盘活存量土地。推进“三旧”改造工作，潮阳区各镇（街道）自行清理上报已经完成改造67宗，面积771.88亩；投入资金约9.7亿元，实际投入资金为9.88亿元。开展前期工作93宗，面积722.75亩。完善调整“三旧”改造数据库，已完成“三旧”改造地块的标图建库工作，并将相关文档报送省厅备案。2011年，全区上报农用地转用和土地征收6批次，面积857.8亩，主要用于谷饶镇污水处理厂、和平镇力嘉中学等省、市、区重点项目和各镇（街道）、村（社区）宅基地建设；做好土地供应，依法按程序办理供地手续。办理集体建设用地手续34宗、面积255.76亩，供应国有建设用地8宗、面积1737.8亩，其中：协议出让5宗、面积1365.7亩，公开招标出让3宗、面积372.13亩。上缴区财政土地出让价款3.3亿多元。

【土地市场】 2011年，区国土资源局办理集体建设用地使用权转让确认123宗、面积16.4万多平方米，成交金额5950.89万元；公开出让1宗、面积18.96万多平方米，成交金额5835万元；办理国有土地使用权转让确认手续7宗，土地面积4.02万多平方米，成交金额1486.68万元。

【矿产管理与地灾防治】 区国土资源局采取定期和不定期方式派员对全区采矿场点安全生产情况进行专项检查，对于检查中发现的安全隐患责令采矿权人进行整改，并按照属地管理的原则，责成国土管理所负责跟踪落实，确保安全不出事故。年内联合西胪镇委、镇政府对非法砂土石场实施取缔整治，共组织500多人次，强制拆除内八单元非法砂土石场43家，消除安全隐患。

【执法监察】 2011年土地执法监察逐步实现由部门执法向联合执法转变、事后拆除向事前制止转变、专项整治向常态化管理转变的目标，执法监察力度进一步加大。实行动态巡查每天“零报告”制度，国土资源执法监察部门通过动态巡查发现违法占地179宗，面积220亩，发出停建通知179宗，做到发现及时，查处整改到位。做好2011年卫片（利用卫星遥感监测等技术手段制作的叠加监测信息及有关要素后形成的专题影像图片）执法监察工作。发现违法占地61宗，面积75.56亩，其中2宗提前落实整改，其余已立案查处，全年违法用地结案率达98.3%。做好12336举报电话工作和群众来信来访工作。落实专人接听电话，受理群众举报，处理违法用地信访案件57件，涉土面积773.9亩，比去年同期减少28%。

（国土资源局）

附：2011年潮阳区国土资源局领导名录

局　　长：李玉才

副 局 长：欧镇武

洪坚辉

江丹苗

纪检组长：刘清湖（任至12月）

执法监察分局局长：陈镇初（8月任职）

安全生产监督管理

【概况】 潮阳区安全生产监督管理局加挂汕头市潮阳区安全生产委员会办公室和汕头市潮阳区安全生产应急救援指挥中心两块衔牌。局行政编制10名，行政执法专项编制8名，后勤服务人员2名。下设人事秘书股（与监察室合署办公）、安全生产综合协调股（安全生产应急管理办公室）、法制股、安全监督管理一股、安全监督管理二股、执法监察分局（执法监察大队）。

2011年，潮阳区共发生道路交通事故93宗，死亡38人，受伤98人。消防火灾事故共发生2宗，死亡4人，与2010年相比，火灾宗数下降25%，死亡人数上升33.3%，财产损失较大幅度上升。全区安全生产状况总体趋于稳定。

【安全隐患排查整治】 2011年是“继续深化安全生产年”，安监管理部门贯彻落实省、市对危险化学品、烟花爆竹企业和非煤矿山的日常安全巡查制度，督促辖区内41家取得各级安监部门安全许可的危险化学品生产经营单位和非煤矿山企业开展安全生产隐患排查治理行动，通过推广HAM防爆阻隔技术、深孔爆破开采技术和阶梯式开采，推动高危行业技术革新，强化高危企业安全生产系数，推进安全标准化建设，提高企业本质安全，营造安全生产环境，确保群众生命财产安全。对发现安全隐患的，按照重大安全隐患分级管理制度规定进行挂牌督办。2011年全局共出动执法检查人数2195人次，发现安全隐患947宗，安全隐患全部落实整改。

开展违法违规监察活动，加大对非法违法生产经营行为的打击力度。先后参加区政府联合整治组对铜盂镇洋美村六家印染企业的洗染整治和贵屿镇非法酸洗整治，共立案查处3宗。通过加大隐患治理排查与打击违法违规力度，有效地促进生产经营单位落实事故隐患排查治理和防控主体责任。

【安全生产教育培训】 每年的6月是全国安全生产月，潮阳区开展主题为“安全责任、重在落实”第十个安全生产月活动。活动月期间，全区发放安全生产读本《逃生与急救》、《交通安全》、《社区安全》、《消防安全》、《电力设施保护》、《安全用电知识》等1.1万多份，安全生产扑克牌1000多副；通过电视播出新闻报道和宣传口号200多条次；6月12日，区政府在潮阳影剧院广场举办大型咨询活动，各镇（街道）、有关单位也开展咨询活动，全区共设立咨询点13个，咨询人数达9000多人次。

举办各类安全生产培训。2011年，分别举办3期乡镇安全生产监督检查员培训班、2期生产经营单位主要负责人、安全生产管理人员培训班、7期特种作业人员安全技术培训班和2期非煤矿山、危险化学品、烟花爆竹生产经营单位从业人员安全生产培训班，培训各类人员1173名。

【安全生产应急管理】 根据辖区重点监管行业现状，多次组织对监管行业应急预案编制情况进行抽查和指导，督促非煤矿山和危险化学品企业按照《生产经营单位生产安全事故应急预案编制导则》编制应急预案及按程序办理备案。同时，组织有关单位开展事故应急救援演练，以此检验企业应急救援水平和应急救援能力。截至2011年底，全区共有37家企业完成评审工作，其中4家企业已备案；已有38个安委会成员单位和98家生产经营单位，进入省安全生产应急预案管理系统数据库。

（安监局）

附：2011年潮阳区安全生产监督管理局领导名录

局　长：许俊耀

副局长：郑灿杰

黄礼才

国家统计局潮阳调查队

【概况】 国家统计局潮阳调查队是国家统计局垂直管理的科级单位。在职人员8人。调查队坚持“反映真实民情民意，服务政府科学决策”的宗旨，发挥职能优势，通过严谨高效的调查，树立国家调查队的形象，为国家、省、市、地方各级党政服务。调查队的恩格尔系数和农民人均纯收入被列入全省科学发展观评比考核体系的指标；规模以下工业、部分商业服务业、主要畜禽监测调查数据是GDP核算的重要组成部分；企业景气调查，提供经济预警信号，为党政决策及行业分析提供参考。潮阳调查队2011年共撰写报送政务信息、调查信息和调查报告44篇。

【专项调查】 2011年，调查队圆满完成或配合汕头调查队完成城市环境保护满意率调查、公共文明指数测评活动问卷调查、组织工作满意度调查、公众安全感和公安工作群众满意度调查、社会公共服务均等化调查、汕头市居民幸福感调查、广东群众幸福感测评调查、中纪委委托的国有企业反腐倡廉民意调查等专项调查，调查结果准确、客观，得到总队和地方有关部门的好评。

（黄绍权）

附：2011年国家统计局潮阳调查队领导名录

队　长：黄绍权

副队长：马兴青

教科文体卫

www.gdchaoyang.gov.cn

教科文体卫

教 育

【综述】 2011年，潮阳区教育系统贯彻落实国家、省《中长期教育改革和发展规划纲要》，按照“优先发展，育人为本，改革创新，促进公平，提高质量”的方针，抓好基础教育、职业技术教育工作，巩固提高“普九”成果，发展高中阶段教育，促进各级各类教育全面、协调、可持续发展。

全区现有基础教育阶段中小学校共330所（公办学校320所，民办学校10所），其中高完中24所，初中44所，小学248所，九年一贯制学校11所，12年一贯制学校3所，在校学生34.6万人。其中高中、初中、小学在校生分别为4.2万人、12.8万人、17.6万人，全区有广东省国家级示范性普通高中4所，广东省一级学校3所，汕头市一级学校4所，潮阳区一级学校8所，广东省一级幼儿园1所，汕头市一级幼儿园4所，潮阳区一级幼儿园6所。中小学公办教职员工16757人，其中中学特级教师7人、高级教师249人、一级教师1598人、小学高级教师3870人。

全区各级教育构建“镇人民政府（街道办事处）—村（社区）—家庭”以及“教育行政部门—学校—级组（班科任老师）”防流控辍网络，落实“双线责任制”。2011年秋季小学年巩固率达到99.8%，初中年巩固率达到98.47%，初中三年保留率达到94.9%，各项指标均达到省、市防流控辍目标要求。经申报，纳入省民生工程义务教育规范化学校28所，开工建设26所，11所已竣工交付使用。

职教中心首期工程2011年8月竣工验收。高中阶段教育毛入学率85%，达到省、市普及高中阶段教育的目标要求，普职比为71.75：28.25。有6830名学生享受国家助学金政策，其中普通高中4212人，中职教育2618人，有412名学生享受中职教育免费政策。计划新建一所特殊教育学校，已筹措资金150万元，完成建设方案、区政府调整建设用地批复、方案图等。

全区新建、扩建、改建6所幼儿园，有900多名幼师参加培训，提高了幼师教学能力。完善全区331所中小学校舍信息的数据录入、审核工作；2009~2011年三年规划改造项目已开工62个（校安工程项目已全面动工），建筑面积16.5万平方米，计划总投资2.17亿元，其中已竣工项目41个，建筑面积10万平方米，工程总投资1.42亿元；校舍规划建设计划投入资金4.17亿元，新、改、扩校舍21.77万平方米，其中竣工建设项目13个，扩建校舍建筑面积13.52万平方米，投入资金2.83亿元；在建项目12个，计划扩建校舍建筑面积8.25万平方米，计划投资近1.34亿元。

组织21名中学校长参加国家、省任职资格、提高、研修和挂职等培训，选送7名校长参加农村中小学校长培训，组织局机关干部和344名中小学校长参加远程培训，组织210名教师参加“国培计划”2011义务教育骨干教师远程培训和484名教师参加新任教师培训；做好中国教育行动项目支教工作，由汕头市教育局派出20位教师（其中8位外籍、12位中国籍）到潮阳区四所中小学支教，时间二年；做好代转岗工作，全区共有1316名代课教师参加考试，有851人经人社部门录用为职工；2011年聘用师范类本科毕业生163名，非师范类本科毕业生11名，师范类大专毕业生270名。

组织开展中小学德育工作绩效评估。潮阳一中等100所学校被评为区德育示范学校，城郊中学等119所学校被评为区德育达标学校。

召开全区高考备考研讨会，研究2011年高考备考策略和做法，加强对各校高考备考的视导；指导初级中学进行中考备考工作；举行各科青年教师教学基本功比赛，为参加汕头市第八届青年教师教学基本功比赛做好准备；组织学生参加国家、省、市学科竞赛，举行各种类型课例，推行成功教学经验和做法。

2011年全区高考报考人数1.13万人，一批上线率11.3%；二批以上上线率47.4%；三批以上上线率82.3%。全区报考高职类（“3+证书”）高考220人，上线率67.3%，上线率及各科平均分均列全汕头市第一。

【机构设置】 潮阳区教育局为区人民政府工作部门。内设秘书股、人事股、计划财务股、基础教育股（加挂职业与成人教育股衔牌）、德育股、体育卫生与艺术教育股、督导室（加挂法制股和潮阳区人民政府教育督导室衔牌）、监察室（加挂审计股衔牌），编制70人。

【教育督导】 2011年初召开全区教育督导工作会议，传达省教育督导工作会议和汕头市教育年度工作会议精神。研究潮阳教育督导面临的一些问题。4月配合汕头市人民政府教育督导室对潮阳区党政主要领导干部的基础教育工作责任考核。做好潮阳区等级学校的申报评估和复评工作。11月，顺利通过汕头市对潮阳区普及高中阶段教育督导验收。潮阳区高中阶段教育毛入学率85%，达到省、市普及高中阶段教育的目标要求。9月，潮阳区教育局被汕头市普及法律常识领导小组评为“2006～2010年全市法制宣传教育先进单位”。

【教育装备与教育信息化】 协调做好第四批广东省现代教育技术实验学校中期评估验收准备工作。潮阳一中明光学校、金堡中学顺利通过省教育厅的现代教育技术实验学校中期评估验收。组织全区师生参加各项现代教育技术的竞赛和培训活动。举办2011年潮阳区中小学现代教育技术（电教）论文、说课评比活动。2011年全区有规范的学校网站18个，计算机室153间，学生用机8759台、教师办公用机2203台，有语音室65间，多媒体教学平台1131套，多媒体网络教室94间，电子备课室和多媒体制作室等专用室53间。全区“新装备”工程实验室179间，中学理化生实验室278间，高中通用技术室9间，高中体艺室28间，小学科学实验室28间，小学音乐室87间，小学美术室124间。

【幼儿教育、特殊教育】 全区各级各类幼儿园85所，在园幼儿2.3万人，幼儿园教职工1772人，其中专任教师1365人。区中心幼儿园、伊梨幼儿园分别开展“做中学”、“潮汕地区民间游戏在幼儿园课程中的运用”等课题研究，并在课题研究过程的不同阶段，提供观摩学习的教育活动现场。撰写教育教学经验的文章参加区论文评选。参评20篇文章中评出一等奖2篇，二等奖5篇。幼儿教育逐步开辟培养幼儿良好行为习惯和个性品质的有效途径，摒弃重知识、技能学习，轻情感、态度的教育行为，让教育既符合幼儿的现在需要又有利于长远发展，促进幼儿的身心健康成长。全区现有残疾儿童随班学校就读55所，随班就读班数99班，随班就读人数115人。小学三残儿童入学率87.9%，初中三残少年入学率70%。普通学校附设特殊班1班，就读学生8人。

【义务教育】 贯彻落实新《义务教育法》等法规，全区开展义务教育阶段学校规范办学行为检查，加大教育行政执法力度。对全区中小学2011年度春秋两季入学组织工作作了周密安排，稳妥地推进小学升初中入学制度改革，严格执行义务教育阶段免试就近入学政策，做到公开、公平、公正。实施农村免费义务教育工作，杜绝中小学乱收费现象。采取措施减轻中小学生过重课业负担。做好义务教育规范化学校建设工作，推进区域内义务教育均衡发展，办好义务教育阶段每一所学校。全区秋季享受免费义务教育学生28.7万人（其中小学生16.6万人，初中生12.1万人），占义务教育阶段学生数96.6%。2011年全区小学学龄人口入学率100%，初中阶段毛入学率107.05%，三残儿童少年入学率87%，全区普九水平进一步提高。

【普通高中教育】 调整学校布局，加强学校建设，完善教育教学设施设备，扩大优质高中的办学规模，重点加大对潮阳一中、林百欣中学、黄图盛中学、潮师高级中学、城郊中学、金堡中学、一中明光学校、实验学校等8所生源充足的优质普通高中的资金投入，共征地面积20万平方米，投入建设资金1.5亿元，扩建校舍11.5万平方米，扩增学位9500个，努力满足社会对优质高中学位的需求。发扬潮阳社会贤达爱家乡、重教育的优良传统，发动社会各界捐资，为潮阳教育事业发展添砖加瓦。金浦街道民营企业家郑开德独资捐建的金堡中学，共投入1.3亿元，校园占地面积11.2万平方米，建筑面积6.7万平方米。目前，全区优质高中18所，在校生3.2万人，占普通高中学生总数82.9%。2007年以来，潮阳一中、林百欣中学、黄图盛中学、实验学校先后通过广东省示范性高中验收确认；金堡中学、潮师高级中学、潮阳一中明光学校先后被评为“省一级学校”。另外，还有1所学校被评为“市一级学校”、4所学校上“区一级学校”。2011年，全区高中阶段教育在校生5.8万人，比2010年增加9004人，比增长18.4%。

【体育艺术教育】 2011年12月举办潮阳区第四届学生田径运动会，有24人4队37次打破23项区学生田径运动会纪录。组织10名体育教师、15篇体育论文参加汕头市第二届中小学体育教师技能大赛和体育科学论文评比活动，获团体总分二等奖。技能大赛个人总成绩获一等奖5人、二等奖1人、三等奖4人；体育科学论文获一等奖2篇、二等奖1篇、三等奖9篇。有3位体育教师代表汕头市参加省第二届中小学体育教师技能大赛，有3篇论文参加省体育科学论文评比和交流。

2011年9月份，为庆祝建党90周年、新中国成立62周年及第27届教师节，区教育局在潮阳影剧院举办“师风和韵”文艺汇演活动。参演师生近500人，汕头市教育局局长、区主要领导、各镇（街道）及相关部门的领导出席了活动。10月潮阳一中明光学校学生合唱团参加汕头市第十一届中小学生合唱节，获得二等奖，区教育局荣获优秀组织奖。

【教育教学科研】 2011年组织骨干教师上区级公开课、示范课、观摩课共120节，开展各类研讨活动50多场次，组织教学交流活动13场次。组织各类青年教师竞赛评比活动，培养一批优秀骨干教师。2011年教师获国家级奖励1人，省级奖励174人，市级奖励158人。教育局教研室各学科教研员深入学校、课堂、教师与学生中间，对教学中的有关问题进行认真的研讨与指导，教研员总听课节数平均每人在120节课以上。在各学科知识竞赛中，潮阳区有95人获得国家级奖励；874人获省级奖励；479人获市级奖励。区教育局教研室定期、不定期举行新课程优秀教学设计、教学论文、教学案例、课例评比活动。共收集到优秀教学设计、教学论文、优秀案例共900多篇。从中推荐一部分优秀论文和优秀案例参加省、市评比。通过请专家作报告及课题开题、结题培训等活动，加强教科研的指导工作。在汕头市教育科学“十二五”规划2011年立项课题中，获立项的课题有8项；2011年，经组织专家评审，潮阳区确定45个课题为立项课题。此外，还有正在研究中的各级各类课题41项，其中，国家级1项，省级1项，市级36项，区级3项。2011年通过专家组鉴定的课题5项，其中，省级3项，市级1项，区级1项。

【中等职业技术教育】 全区中等职业技术学校2所，教职工总数228人，其中专任教师183人，在校学生1.64万人。潮阳区职业技术学校于2010年9月由城区迁入潮阳职教中心办学。2011年15名学生参加汕头市中职生“丹樱杯”英语口语技能、计算机技能、会计技能竞赛，获一等奖3名、二等奖3名、三等奖4名、优秀奖5名和团体第二名；学校还代表汕头市参加2011年广东省中职学校园区网互联及网站建设项目技能大赛，获三等奖。

2011年，潮阳区职业技术学校先后与实力强、有发展前途的厂矿、企业开展校企合作。学生学习期间及毕业后可到上述合作企业实习或就业。学校毕业生就业率达98%以上。汕头市潮阳建筑职业技术学校2011年面向粤东地区招生，在校生首次超过2200人，毕业生就业率达98%以上。

【农村成人教育】 全区各村（社区）镇（街道）成人文化技术学校根据自身的办学条件，因地制宜，开展农民实用技术和农村实用人才的各类短期培训，提高农村从业人员科学文化水平。2011年全区有成人文化技术学校13所，共有8293人次参加各类短期培训班培训。在办学方式上，突出“实际、实用、实效”的办学原则，学校除发挥现有教员专业优势，针对农业生产中技术问题开展培训外，还聘任多名有丰富实践经验的种养能手当教员，实地指导，解决难题。学校配合镇（街道）农业部门开办“绿色证书”培训。在开办农科知识培训的同时，把党的农村方针、政策、法律、法规时政大事等的宣传教育渗透进去，还经常与镇党校、共青团、妇联组织和派出所进行联谊活动。

【成人高、中等学历教育】 2011年潮阳电大本科函授开办有汉语言文学、会计学行政管理、法学等专业；专科函授有小学教育、金融、法学、汉语言文学行政管理、教育管理、会计学等专业。电大在校函授生数2886人，毕业1741人。学校充分利用电大在线教学平台，建立适应学生自主学习的远程开放教育环境，在人才培养模式、课程体系、教学内容、教学方法、教学组织形式、教学资源、教学支持服务和质量监控等方面进行探索，提高办学效益。潮阳电大继续与华南师范大学等6所院校联合办学，在校生数3045人，毕业人数1866人。

潮阳区职业技术学校是广东省幼儿园园长培训基地、广东省幼儿园教师培训基地、潮阳区小学校长培训基地、潮阳区教师继续教育中心。2011年学校培训新教师485人，心理健康教育C证培训191人，公需课培训8291人，教育技术初级培训2639人，中级培训1045人，提高研修培训197人，英特尔培训78人。学校拓展办学思路，与韩山师院联合办学，开办中文本（专）科、数学科本（专）科、英语本（专）科、化学本（专）科、政史本（专）科高等教育在校生1356人。

【教育基金】 潮阳区教育基金会根据原《奖励资助实施细则》的有关规定，继续做好对身患重病、家庭经济有特殊困难的教师和家庭无力承担学习费用的应届大学新生的资助工作。2011年，基金会拨出专款17.32万元，重点资助172名身患重病和家庭遭遇突发事故，导致经济特别困难的教师，每名根据病情和经济困难程度分别给予500～2500元的资助；拨出专款4.5万元重点资助2011年度考上大学但因家庭经济特别困难，无力支付学习费用的特困大学新生15名，每名给予一次性资助金3000元。还通过多条渠道，广泛发动旅外侨胞、港澳台胞、社会热心人士捐款，共资助100名特困高中生，资助金额6万元；郑继坤助学基金10万元，资助应届特困大学新生20名，每名5000元；企业家和区工商联捐资6万元，资助应届特困大学新生20名，每名3000元等。2011年度全区“奖教奖学”获奖教师学生共554名，奖金及奖状总金额5.7万元。

【校舍建设】 2011年，结合中小学校舍安全工程建设、农村义务教育规范化学校建设和大力发展高中阶段教育，完成中小学校舍建设工程项目15个，建筑面积共7.6万平方米，解决学位9600个，共投入校舍建设资金1.33亿元，其中：政府投入1075万元，社会捐资1234万元，社会热心人士捐资建设项目主要有：铜盂中学570万元，和平新龙小学544万元，关埠洋贝初中120万元。

【纪检监察】 根据潮阳区党风廉政建设领导小组《关于区直有关单位2011年党风廉政建设和反腐败工作部署分工的通知》，开展教育收费监测工作，确定潮阳华侨初级中学等27所中小学为收费监测点；按照区纪委的通知，区教育局从加强学校廉洁文化教育等方面开展自查自律工作，加强教育系统党风廉政建设；精心组织，齐心协力，做好潮阳区创建教育收费规范区准备工作。加大查处违法、违纪案件工作力度，提高办案工作质量，全区共受理来电来信举报23件，办结22件，立案1件，办结率为95.7%。

（教育局秘书股）

附：2011年潮阳区教育局领导名录

局　　长：郑灿雄（任至10月）
詹少龙（10月任职）

副 局 长：郑松明
郑少燕（任至3月）
张朝汉
马兴钊
纪检组长：陈 丰
党组成员：吴永钦

2011年潮阳区中小学校舍建设情况表（一）

镇（街道）	学校名称	校园面积（平方米）	动工建设项目（平方米）						建设项目个数	动工时间	预计竣工时间
			小计	教学楼	学生宿舍	师生饭堂	综合楼	其他			
合计		477588	76435	36801	21818		4166	13650	15		
直属	潮师高中	43108	2250		2250				1	2010.12	2011.06
	区职教中心	166750	19000		19000				1	2010.05	2011.05
和平	中寨中学	31375	13650					13650	1	2010.01	2011.03
	白石小学	10000	1120	1120					1	2010.07	2011.07
	新龙小学	46546	4886	4886					1	2010.07	2011.02
	新龙小学分校	46546	568		568				1	2010.08	2011.02
铜盂	铜盂中学	17650	5200	5200					1	2010.05	2011.08
谷饶	仙波中学	30000	10000	10000					1	2010.03	2011.04
	仙波小学	23345	10400	8214			2186		1	2010.02	2011.04
关埠	洋贝初中	6000	1280				1280		1	2010.07	2011.06
	宅美小学	4668	680	680					1	2010.06	2011.06
河溪	华阳中学	19900	1500	1500					1	2011.01	2011.12
西胪	尖山小学	3700	1800	1800					1	2010.07	2011.06
金灶	灶浦二中	16000	1440	740			700		1	2009.02	2011.02
	金灶前洋小学	12000	2661	2661					1	2010.10	2011.08

2011年潮阳区中小学校舍建设情况表（二）

镇（街道）	学校名称	计划投资总额（万元）	资金来源（万元）									资金缺口（万元）	解决学位（个）
			政府投入				集体投资	群众集资	华侨捐资	银行贷款	其他		
			小计	省市	区县	乡镇							
合计		13323	1075	995	70	10	4912	737	500	4294	150	1655	96000
直属	潮师高中	308	44	44						264			250
	区职教中心	4210	180	180						4030			2000

续上表

镇（街道）	学校名称	计划投资总额（万元）	资金来源（万元）									资金缺口（万元）	解决学位（个）
			政府投入				集体投资	群众集资	华侨捐资	银行贷款	其他		
			小计	省市	区县	乡镇							
和平	中寨中学	650	150	150								500	
	白石小学	150					2	3				145	
	新龙小学	700	115	85	30			480				105	400
	新龙小学分校	64						64					100
铜盂	铜盂中学	870	300	300				70	500				500
谷饶	仙波中学	1900					1900						
	仙波小学	2950	30	30			2920						3800
关埠	洋贝初中	185	25	25				120				40	200
	宅美小学	76	46	46								30	150
河溪	华阳中学	280	75	75							150	55	700
西胪	尖山小学	290	40		40		80					170	400
金灶	灶浦二中	180	40	30		10						140	300
	金灶前洋小学	510	30	30			10					470	800

【汕头市潮阳第一中学】 位于棉城东山风景区。是汕头市重点中学、“广东省绿色学校”、“广东省一级学校”、“广东省国家级示范性普通高中”、“广东省普通高中教学水平优秀学校”、“广东省校本培训示范学校”、“广东省文明单位”。学校占地面积 7 万平方米，建筑面积 5.7 万平方米。有 54 个教学班，学生 3200 人，教职工 226 人，专任教师中特级教师 1 人，高级教师 60 人，一级教师 80 人。

潮阳第一中学校门

学校秉承“严、勤、细、实”的良好校风，确立并全面贯彻“求实·创新·科学·人文”的办学理念，全面提高教育教学质量。2011 年高考，第一批上线率 39.3%，列汕头市重点中学第二位，本科上线率 89.6%，创历史新高。学生参加全国和省数学、物理、化学、生物、地理和作文各学科竞赛获省级以上奖项共 151 人，其中国家级 6 人，省级 145 人。

学校坚持以一线老师为主体，以教研组为基地，以课堂教学为阵地，通过目标管理、氛围建设、激励机制、成才机制调动教师的主动性、积极性、创造性，使教师个人的才能及内在活力得以充分发挥，推动教师的专业化发展。2011 年，在荣誉称号的获得和论文评比方面获省级以上 9 项 44 人次，市级 15 项 39 人次，区级 9 项 35 人次。1 名校长被评为汕头市优秀校长，1 名老师获“首届潮汕星河辉勇师表奖”，1 名老师获第七届“全国中小学外语老师园丁奖”。

坚持德育创新，努力构建德育的开放型模式。明确把“人文关怀”作为教育及管理的理念，逐步

潮阳第一中学校园内古迹之一“三圣泉”

构筑以人文关怀为核心，以美作为教育的切入点，以爱心为纽带，以活动为载体的情感型教育模式。使教育成为传递情感关怀的过程，使学校真正成为学生的精神乐园。2011 年，有 2 名学生获得省级“三好学生”和“优秀团员”称号，19 名学生获得汕头市级“三好学生”、“优秀团员”和“优秀学生干部”表彰。有 8 名老师获得汕头市、潮阳区两级德育工作优秀教师荣誉称号。

2011 年，学校被评为汕头市高中教育资源建设“集体贡献奖”、汕头市“优秀考场”。

（陈泽文）

校　长：陈　平
副校长：杨启盛
　　　　王宜泽

【汕头市潮阳林百欣中学】 位于棉城西岩山麓，背依西山翠岭，面向练江碧海。创建于 1989 年，系旅港同胞林百欣捐资兴建的公办高级中学，学校

潮阳林百欣校门

占地面积 5.4 万平方米，建筑面积 5.97 万平方米，设计新颖，独树一帜。学校设 48 个教学班，学生 3000 人，教职员工 218 人，其中中学特级教师 2 人，高级教师 47 人，省级骨干教师 6 人，市、区级学科中心组组长、成员 17 人。

学校推行和实践素质教育，实施新课程改革，办学质量显著提高，高考取得优异成绩，连年来本科上线率 70% 左右，总上线率达 98%。2009 ~ 2011 年学生参加学科竞赛获全国、省级、市级奖励达 78 项。体育、艺术各项比赛屡获殊荣，学生作品获全国第三届中小学生艺术展演、全国书画人才选拔赛一等奖、二等奖；学生篮球队获潮阳区中学生篮球赛第一名、汕头市中学生运动会篮球赛第三名。学校基本实现“教学管理规范化、教育科研规模化、校园环境景观化、学生素质全面化”的办学目标。

林百欣中学校园全景

学校 20 多年的发展历程，尤其是创建国家级示范性普通高中的历程，是全体师生不断探索教育规律、不断追求人本和谐、不断追求创新发展的历程。学校确立“传承、创新、人本、和谐”的办学理念，形成“艺体见长、全面发展”的办学特色。

1995 年学校被评为“汕头市一级学校”，2000 年晋升为“广东省一级学校”，2008 年通过广东省国家级示范性普通高中确认验收。学校还获得“广东省教学水平评估优秀学校”、“广东省绿色学校”、“广东省安全文明学校”、“广东省现代教育技术实验学校”、“汕头市文明单位”、“汕头市园林式单位”、“潮阳区法制教育先进单位”、“潮阳区文明单位”等多项荣誉称号，是一所体现区域办学特色、在当地有一定示范辐射作用、社会声誉较高、开放性较强的普通高级中学。

（张泽宜）

校　长： 刘振雄
副校长： 陈俊豪
罗健华
郑敏生

【汕头市潮阳黄图盛中学】 位于潮阳城区潮海路凤南路段，是旅港同胞黄丕通于1996年捐资兴建的一所高级中学。是“广东省一级学校”、“广东省国家级示范性普通高中”。学校占地面积6.08万平方米，建筑面积4.05万平方米，有60个教学班，学生3298人，教职工228人，其中专任教师201人，中学高级教师33人，中学一级教师85人。

2011年学校共举行区性公开课、校性公开课、新任教师汇报课及课题实验课116个。学校立项的1个国家级课题、5个广东省“十一五”规划课题和1个市级课题成功结题。学校选送教师撰写的论文77篇参加各级评比。

潮阳黄图盛中学校园

学校在高中办学规模扩大、生源整体素质下降的情况下，及时调整备考策略，抓早抓紧抓实。2011年高考，本科上线人数855人，上线率64.8%，比2010年增加165人；总上线人数1240人，总上线率94%，比2010年增加161人，列汕头市第三位，创造“低进高出，低进多出”的办学效益。

学校组织开展校情教育、法制教育、交通安全法规教育、消防教育、高中生心理健康教育和禁毒禁烟等专项教育。组织新生军训，举办“‘庆国庆’歌手大赛”、“‘与幸福同行’演讲比赛”、校园艺术节等系列活动。学校文化氛围浓厚，育人理念进一步提升。

学校协助区教育局成功举办潮阳区第四届学生田径运动会。同时举办了2011年学生田径运动会，打破多项学校记录。进一步完善办学环境，加强校园的美化绿化工作。学校申报汕头市“园林式”单位；部分教室投影设备更换为短焦投影机和电子白板；做好扩建食堂宿舍楼的前期准备工作和报批报建手续。

2011年学校被评为“广东省学生军训工作先进单位”、“广东省绿色学校”、广东省2010年普通高中教师职务培训“优秀班级”。

（陈永辉）

校　长： 洪海豪
副校长： 郑永锦
陈钦勋
郑镇城

【汕头市潮阳实验学校】 位于棉城城北四路。是汕头市建平房地产有限公司投资，于2000年创办的一所全日制民办学校（2004年9月增办高中，开始招收高一新生）。校园占地面积13.3万平方米，校舍建筑面积20多万平方米。小学、初中、高中分区办学，分部管理，中小学生9266人，共有155个教学班，其中小学53班、初中48班、高中54班。学校有教职工809人，其中专任教师412人，中学高级91人，中学一级126人，小学高级61人。

学校按照省一级学校标准规划建设，教学楼、实验楼、图书馆、体育馆、游泳池、运动场、生物

汕头市潮阳实验学校校园

园等设施配套；多媒体演播厅、电脑室、仪器室、实验室、电子阅览室、音乐室、美术室等功能室设置齐全；学校还建成先进的计算机校园网络，各间教室都配备电子白板、计算机多媒体教学平台，教学设备先进。

校办农场占地300亩，种植各类瓜果蔬菜，饲养各种禽畜鱼虾，保证师生食品安全。学校把校办农场建成融劳动实践、思想教育、科技教育于一体的综合活动教育基地，对学生实施实践教育，多渠道育人。

学校面向全国公开招聘优秀骨干教师，拥有一批国家、省、市级骨干教师和特级教师。全校教师师德高尚、敬业爱岗、关爱学生、安教乐教善教，具有强烈的事业心、责任感和服务意识，以校为家，全心全意投入教育教学工作。

学校确立“育人为本，质量立校”的办学理念，“因材施教，努力让每位学生都获得理想的发展”的教学理念，“把学校办成现代化、高质量、有特色的一流学校”的办学目标，“培养德、智、体、美等全面发展，具有创新精神、实践能力和社会责任感的高素质人才”的培养目标，面向全体学生，注重育人质量，以德为先，全面推进素质教育，全面提高办学水平和办学效益，推动学校持续协调健康发展。

学校创办12年来，学校集体和师生个人获县级以上各种荣誉和奖励达5000多项，连年中考、高考成绩均名列汕头市前茅，2007～2011年学校共有五届3375名高中毕业生参加高考，100%考上大学，一本上线率62.3%，本科上线率96.6%，2人获省总分状元，4人获省单科状元，7人获市总分状元，23人获市单科第一名，47人获市文、理科总分前十名，46人考上北大、清华。

学校先后被评为“全国教育系统先进集体”、“广东省一级学校”、“广东省国家级示范性普通高中”、“广东省普通高中教学水平优秀学校”、“广东省先进民办学校”、“全国艺术教育特色单位”、“全国艺术教育先进单位”等。学校还同时获得北京大学“中学校长实名推荐制”资格，清华大学“新百年领军计划”推荐资格和清华大学“优质生源基地”称号。

（李绪标）

学校董事长：郑立平
副 董 事 长：陈继策

【汕头市潮师高级中学】 位于324国道和平路段旁。是由原潮阳师范学校转型的一所高级中学，现为“广东省一级学校”。学校占地面积6.67万平方

潮师高级中学体育馆

米，建筑面积3.67万平方米。现有48个教学班，学生2997多人，教职员工191人，专任教师162人，其中中学高级教师20人，一级教师53人。教师中有南粤教坛新秀、南粤优秀教师、汕头市名教师，汕头市优秀教师、汕头市优秀班主任、潮阳拔尖人才、潮阳优秀教师等。

学校凸显“以人为本，和谐发展”的办学理念，以“正直做人，健康成材”为校训，倡导“团结、友爱、严谨、创新”的校风，努力探索素质教育的新路子。学校努力建设“管理一流、师资一流、环境一流、质量一流”的优质学校，努力构建“教书育人、管理育人、服务育人、环境育人”四位一体的育人体系。

学校具备一支精干高效，开拓创新，具有现代化教育思想的领导班子。坚持以德为先，强化“养成”教育，注重对学生进行法制教育、安全教育、感恩教育、心理健康教育和自主管理教育，对学生实施精细化管理，成效显著，被授予“潮阳区德育示范学校”称号。2011年高考再创佳绩：本科上线率60.5%，总上线率达94.7%，名列汕头市同类学校前茅，办学效益突出。

学校坚持以研促教，科研兴校。广东省教育科学“十一五”规划课题《农村高中生学习现状调查及对策研究》于2011年9月结题，11月又申报汕头市教育科学“十二五”规划课题“践行陶行

知教育思想，提高课堂教学实效性——构建提高农村高中生学习自主性的课堂教学模式探究”，已获得立项。教师论文参加各级论文评选有33篇，其中省级9篇，市级13篇，区级11篇，多数论文发表于各级刊物。教师有10人次参加各级竞赛获奖。

（蔡增裕）

校　长：许赋文

副校长：肖友龙

陆奕华

刘锡标

【汕头市潮阳金堡中学】　位于金浦街道三堡。创办于2004年8月，由南粤慈善家郑开德独斥巨资捐建，是汕头市潮阳区直属公办完全中学，现为“广东省一级学校”、“广东省绿色学校”、“广东省依法治校示范校”、“广东省现代教育技术实验学校”。

学校占地面积11.2万平方米，建筑面积6.7万平方米，按国家示范性高中标准设计建造，布局合理，建筑优美。楼馆场室园等现代教学设施齐备，各类球场、标准塑胶田径运动场、健身器械等运动设施齐全。现有110教学班，学生6700多人，教职员工320人，教师队伍年轻，有朝气，可塑性强。

金堡中学坚持“以人为本，实现学生、教师与学校共同发展”的办学理念。以全面提高教育教学质量为工作中心，注重师资队伍建设和校园环境建设，从区一级学校到市一级学校，再到省一级学校，一年一个台阶，具有强劲的发展潜力。2011年10月郑开德还设立“金堡中学德惠教育促进会”，并筹资1000万元作为教育基金，旨在奖教奖学、扶困助学，不仅奖励品学兼优的学子，还资助贫困学子完成中学乃至大学学业。

潮阳金堡中学成立德惠教育促进会成立仪式

学校把德育放在学校发展的首位，建立德育生活化、常态化管理机制，取得突出的效果，继被评为“广东省依法治校示范校”、“汕头市德育先进集体”、“潮阳区法制教育先进单位”后，又接受汕头市德育示范学校评估。金堡中学还确立科研兴校的治校策略，从教育科研入手，引领教师专业发展，从而实现学生、教师与学校共同发展的愿景。广东省教育科研“十一五”期间，金堡中学有三项课题获广东省教育科研规划课题立项并顺利通过结题；2011年度，金堡中学又有三个课题获广东省教育科研“十二五”规划课题立项，有两个课题获汕头市教育科研规划课题立项。

金堡中学重视学生综合素质的全面发展，着力促进学生身心、学业、人格的和谐发展，开设丰富多彩的活动课程，让学生感受生活、愉快学习、完善人格。继2010年高考获得优异成绩后，2011年高考再创佳绩，本科上线313人，上线率34.10%，总上线769人，总上线率83.77%，总上线人数跃居汕头市前15名。

（陈松华）

金堡中学全貌

校　长： 李先达

副校长： 周厚生

陈松华

郑协生

【汕头市潮阳一中明光学校】 位于海门镇星湖。创办于2005年8月，是旅澳侨胞董明光捐资兴建的一所全封闭式管理的完全中学。学校占地面积9.59万平方米，建筑面积9.14万平方米。学校依山傍海，环境优美静谧，空气清新，诚求学之宝地。2011年，有71个教学班，学生4000多人，教师232人。是"广东省一级学校"、"广东省现代教育技术实验学校"、"广东省绿色学校"、"广东省中小学知识产权教育试点学校"、"广东省安全文明校园"。

明光学校学生整齐队列课间操

学校倡导"全员德育"观念，构建"全员育人、全程育人、全方位育人"的德育管理模式，强调"先成人、后成才"的教育理念，实行双班主任制，注重细节教育，狠抓生活常规，关注习惯养成，让学生快乐学习、快乐生活。2011年，学校充分发挥星湖文学社、明光之声广播站等社团组织在学生中的宣传作用，成功举办学校第二届体育节和艺术节。首次组队参加汕头市中学生运动会，高中女子篮球队、初中男子篮球队双获冠军。学校积极倡导学生多读书、读好书。荣获"广东省朝阳读书活动先进单位"称号。

学校以科研为先导、以教研为平台，全面推进各项工作。2011年，由教研室组织的听课活动丰富多彩，形式多样，全年总计达600多节，每周半天的教研组集中活动时段成为教师互听互评的平台，教师之间主动、自觉互听互评，在保证完成听课节数的同时，更重视听评课的质量和实效。学校听评课不断形成高潮，教师业务素质迅速提高。一年来，有100多人次的教师获得区级以上奖励。学校申报立项的全国教育科学"十一五"规划课题《农村寄宿制中学管理模式的研究》正在研究中。

学校坚持"为发展而教育"的理念，努力培养具有传统美德的现代人。完善各项教学制度，要求全体任课教师按《潮阳一中明光学校教师备课要求》认真备好每一节课，严格按《潮阳一中明光学校教学常规》上好每一节课，《潮阳一中明光学校作业要求》对学生的作业完成情况和老师的批改情况进行规范。2011年高考，本科上线率55.4%，总上线率为93.7%；中考有194名学生考上国家级示范性高中计划生，有74名学生成绩达到潮阳一中计划生分数线，有17名学生达到金山中学计划生分数线（800分），有两名学生总分进入潮阳区

潮阳一中明光学校

前10名。

（办公室）

校　长：游昌志
副校长：黄俊琪
林小明
吕成栋
郑伯鸿

【汕头市潮阳区职业技术教育中心】 位于324国道金浦路段北侧。规划用地面积33万平方米，按1万生的规模分三期进行建设。首期征地面积20万平方米，按5000生的规模设计，总投资约2.5亿元，主体工程于2009年12月开工，校舍建筑面积约8.8万平方米，2010年9月建成投入使用。职教中心加挂潮阳区职业技术学校和潮阳广播电视大学衔牌，三单位合署办公。

区职业技术学校立足“以服务为宗旨，以就业为导向，以学生职业生涯发展为根本落脚点”的办学宗旨，开设计算机技术、美术设计、电子技术、工商管理、机电技术、学前教育、汽车维修、烹饪技术等20个专业，基本覆盖理工、财商、艺文类主要专业。

潮阳职教中心全景

2011年招生788人，在校生总计1992人，设38个教学班；2010～2011年招办非全日制职业技术中专班，两年累计1.14万人，全部实行免费培训；承担潮阳区1万多名中小学教师和小学校长培训工作，被评定为全国计算机等级考试定点学校和市幼师培训基地。

职教中心为潮阳区高中阶段教育结构的战略性调整服务，使潮阳区2011年如期实现基本普及高中阶段教育的任务。

职教中心先后与索尼电子（无锡）有限公司、深圳市比亚迪有限公司等十多家企业开展校企合作，为学生提供更多的实践与就业机会。

职校学生在高职类高考中，屡创佳绩，曾摘取全省“高考状元”桂冠，上线率连年雄居汕头市第一。2011年参加汕头市学生“英语口语技能大赛”、“计算机技能竞赛”和“会计技能竞赛”多人次获一、二、三等奖；学校代表汕头市参加全省中职学校园区网技能大赛，获三等奖。

潮阳电大以培养各类适应当地经济社会发展的应用型人才为办学宗旨，面向社会，以高等专科、本科学历教育为主体，为社会各界人士提供终生学习的机会和条件。自成立以来，共为社会培养1万多名毕业生（含大专和本科），培训两万多名专业技术人员。在校生5808人，办学规模居广东省同类学校前茅。

（郭业新）

主　任：张朝汉
副主任：欧汉明（职校校长）
林溜坚（电大校长）
洪鸿洲
黄俊松

【汕头市潮阳建筑职业技术学校】 位于西胪镇。1994年创办，是一所公办全日制普通中等专业学校，2008年被评为“汕头市重点中等职业学校”。学校先后荣获“汕头市文明优秀单位”、“汕头市绿色学校”、“汕头市教育系统法制教育先进单位”等称号。学校占地面积6.9万平方米，校舍建筑面积3.7万平方米，教室配备多媒体教学平台，拥有教学仪器室、建筑制图室、计算机室、财会模拟实验室、建筑实验实训室、建筑模型制作室等教学场室多间。

2011年学校开设建筑工程施工、工程测量、工程造价、水利水电工程施工、建筑装饰、计算机应用、会计等专业，面向粤东地区招生。学校统筹好规模、质量、结构和效益的关系，招收新生1046人，在校生首次超过2200人。

学校教职工105人，专任教师75人，其中高级职称11人；本科学历教师90人，占教师总数的84%；“双师型”教师20人，占专业课教师人数的

潮阳建筑职业技术学校校园全貌

42%。学校教师在国家级、省级、市级刊物发表论文及作品60多篇，自主开发多媒体课件40多个，独立完成的国家级、市级、区级研究课题5个。

2011年学校首次代表汕头市组队参加广东省中职学生技能竞赛，在工程算量竞赛中有1名学生获得个人三等奖，在工程测量竞赛中有3名学生获得三等奖，其余3名学生获得优秀奖。

学校通过抓规范、重管理、保安全、提质量、促和谐，努力建设管理规范、特色鲜明、专业优化、注重技能、知名度更高的市级重点中等职业学校。以构建学校文化为着力点，推动制度文化、社团文化、班级文化、环境文化建设，逐步建立制度化、规范化、科学化的管理体系，提高管理效率。学校狠抓教育教学管理，以质量带动就业，以就业带动招生，实现招生就业两头热。学校开展毕业生实习指导、就业指导、升学指导和创业培训，联系湖南建设工程公司东莞分公司等多家建筑公司到校招聘毕业生，联合南粤人力资源市场成功举办第三届校园招聘会，2011年毕业生就业率达98%以上。

（陈美成）

校　长：陈　宇

副校长：陈淑明

张喜练

【汕头市潮阳区和平中寨小学】　位于和平镇中寨社区。是“广东省一级学校”、“广东省绿色学校”、“广东省体育特色学校”、“广东省首批校本培训示范学校”、“广东省现代教育技术实验学校”、“汕头市游泳、举重重点训练基地”。学校占地面积2.84万平方米，建筑面积1.63万平方米。有40个教学班、学生2397人，教师108人，其中高级教师（副高）2人，小学高级教师58人。

学校不断改善环境，完善教育教学设备设施，配有校园局域网，有多媒体电教室、电脑室、语音室、图书阅览室等20多间专用室。藏书4.9万册，电子阅览图书15万册，同时还配套有游泳池、举重训练房、田径场。

学校经常开展校本教研和校本培训活动，做到研训一体，举行教师综合素质评比，为教师搭建成长的平台。拥有一支“品格高、业务精、求扎实、敢创新”的师资队伍。结集出版教师论文集五辑，教师论文有16篇发表于各级刊物上，有138篇论文在各级评比中获奖，教师参加区以上基本功比赛或优质课比赛有28人次获奖，涌现全国优秀教师1人，省先进教师1人，省特级教师2人，市优秀教师、优秀班主任、先进教育工作者6人，有8名教师参加省名师及百千万工程培训。

学校开展课堂结构改革，举办各种教研活动，举行教改开放日活动，凸现“实验性”和“示范性”，开创“教育科艺、艺体见长”的办学特色。有立项的各级科研课题13项，其中《信息技术与学科教学整合的策略研究》等12项立项科研课题经专家组审核，已结题。有420名学生参加各级举办的各种竞赛获奖，其中黄晓颖同学参加全国科普知识征文比赛获全国一等奖（全国一等奖5人）。学校也被评定为“课改先进单位”、“汕头市科技特色学校”、“全国多媒体优秀实验基地”。

和平中寨小学校园

坚持“以人为本，全面发展”的育人理念，不断完善德育工作的评价体系，坚持开展各种德育活动，对学生进行法制教育、安全教育、文明礼貌教育、感恩教育、心理健康教育、科普教育等，师生在德育方面取得各级表彰150多项，省刊《源流》以《好雨知时节，润物细无声》为题，报道学校在德育工作方面的经验做法，少先队大队部被省少工委评定为“广东省先进少先队大队部”，学校也被汕头市评定为“安全文明校园”、“汕头市德育先进集体”。

学校根据学生的爱好和特点，发展艺体教育，做到“人无我有，人有我优”，发掘学生的潜能，让学生得到最有效的发展。把游泳、举重这两个运动项目列入校本课程，在普及中提高，取得良好的效果，创出新的成绩。学校被汕头市定为游泳、举重训练基地，为市输送优秀运动苗子 84 人，参加各级比赛获金牌 32 枚。廖少君同学获“潮汕星河奖”体育奖，学校获“汕头市输送人才贡献奖”，被评定为“全国体育俱乐部”。

（洪鸿荣）

校　长：李勉豪
副校长：洪鸿荣
　　　　肖灿大

【汕头市潮阳区中心幼儿园】　位于城区中心。创办于 1956 年，是一所历史悠久的区直属示范性幼儿园，“汕头市一级幼儿园”。园区占地面积 2200 平方米，建筑面积 2800 平方米，绿化面积将近 2000 平方米。幼儿园具有宽敞明亮的幼儿活动室和独立卧室、卫生间。还设有演艺厅、舞蹈室、图书室、科学实验室、美术综艺室和 1200 平方米户外活动场地等，幼儿园有大、中、小 11 个年龄班。

潮阳区中心幼儿园校门一角

幼儿园一贯以“爱”为魂，以“实”为本的办园宗旨，以“游戏为幼儿园的基本活动，以探索性学习为幼儿的基本学习方式，以幼儿一日活动为基础课程，保教并重，为幼儿一生发展奠定良好基础”为发展目标。素有办园正规、管理严格，在全区独树一帜。园教职工学历 100% 达标，95% 以上的教师大专毕业，23 人是幼儿园高级教师。她们积极开展教改和教研实验，多次接受市、区教研活动公开示范课，设计园本教材。其中，在汕头市教育局立项的“尊重幼儿探索过程”的课题，已结题，并在粤东地区举行研讨会，获得专家的好评。另外，有国家教育部“十二五”课题《在科学活动中人文精神的培养》之子课题《让孩子在成功中体验幸福》，于 2011 年汕头教育局陶行知研究专项课题中立项。在日常教育中，区园坚持树立新的教育理念，在《规程》、《纲要》的指导下，将幼儿发展观和科学理念等通过具体的课程、教学活动和日常各项工作进行落实，孩子们在活动中体验成功的快乐，感受到成功的幸福，从而培养幼儿的积极、向上的良好素质。多名教师的教育教学论文在区、市参赛中获奖，多人获市、区人民政府表彰的优秀教师称号，教师、幼儿参加市级、区级各项比赛取得优异成绩。

幼儿园先后被省总工会、省妇联授予“巾帼文明岗”、“女职工文明岗”称号。连年被评为“区先进幼儿园”。

（郑少丽）

园　长：翁陈英
副园长：林　芳
　　　　黄　桦

科学技术

【概况】　潮阳区科学技术局加挂潮阳区知识产权局、地震局衔牌。内设人秘股、科技工作股、专利工作股、地震工作股。在编人员 11 人。2011 年，潮阳区被列入省级科技计划项目 3 项、汕头市级 31 项，争取省、市科技专项扶持资金 192 万元，全年通过汕头市科技局组织的结题验收的科技计划项目 87 个。

【科技成果】　区科技局引导、鼓励企业加强技术创新、培育和开发具有自主知识产权的科技成果。汕头市中绣机械有限公司自主研发的 ZXJ29/1F、ZXJ5/1－EL、ZXJ65/1B、ZXJ43/1B 四款经编机通过省级科技成果鉴定，其中ZXJ29/1F贾卡钢丝多梳多功能经编机填补国内空白，整体技术达到国际领先水平，ZXJ5/1－EL经编机填补国内空白，达到国际先进水平，ZXJ65/1B、ZXJ43/1B贾卡钢丝多梳经编机在技术和结构上有所创新，整体技术水平国内领先、主要性能达到国际先进水平。汕头市星河电器有限公司《基于仿真模型的自动吸奶器技术研究》通过市级科技成果鉴定，基于仿真模型的自动吸奶器技术研究达到国内领先水平。

【农业科技】 区科技局组织开展广东区域优势现代农业技术需求调研。摸查了解潮阳区优势农业的发展情况，做好加快现代农业科技创新和先进实用技术推广应用的前期调查工作。开展粮食优质高产科技示范工作。把水稻良种良法技术配套的应用示范作为农业科技推广重点，针对农民仍习惯于传统种植方式，耗能多，效益低等问题，组织区农科所开展以示范应用水稻抛秧技术、水稻旱育稀植、机械插秧技术和水稻病虫害综合防治等技术，示范栽培种植“特优721”、“天丰优3550”和“黄华粘”等优质水稻品种为主要内容的水稻良种良法技术配套的应用示范。5月，潮阳区被认定为“广东省粮食优质丰产示范区”，成为汕头市首个省级粮食优质高产科技示范区。

【高新技术企业】 抓好高新技术企业认定和复审工作。组织开展高新技术企业认定培训辅导，指导企业做好认定申报工作。广东奥林磁电实业有限公司被省科技厅、省财政厅、省国税局、省地税局认定为高新技术企业。2011年，全区共有高新技术企业4家。

【民营科技企业】 区科技局引导企业开展技术创新，发展壮大创新主体队伍。抓好民营科技企业的认定、复核工作。汕头星河电器有限公司和迅力人信息产业有限公司2家企业通过市科技局认定为汕头市民营科技企业。组织全区18家省级民营科技企业参加复核工作，有14家企业通过市级审核。2011年，全区共有省级民营科技企业14家，市级民营科技企业28家。

【知识产权】 区科技局组织实施专利战略，加强对知识产权的保护和管理工作。加强对企业专利工作的扶持和引导，积极鼓励、帮助企业申报省市专利计划项目，引导企业建立知识产权组织机构和管理制度，培育发展知识产权优势企业。全区有1项专利技术被列为省级专利奖项目和1项专利技术实施重点项目，有1项专利技术项目被列为汕头市专利技术实施孵化工程项目，有1家企业被认定为汕头市知识产权优势培育企业，获省市知识产权专项扶持资金47万元，其中被列为省级专利技术实施计划项目的“可录式光盘生产线”专利技术，荣获2011年广东专利优秀奖，为潮阳区首个获得省级专利奖项目。加强专利执法维权，维护公平公正的市场经济秩序。在全区范围内开展打击侵犯知识产权和制售假冒伪劣商品专项行动。重点查处侵犯商标权、著作权、专利权的案件。专项行动共出动执法人员1913人次，检查企业1617家（含经营主体户），查处侵犯知识产权案件28宗，查获违法产品货值2073多万元。全区全年专利申请量785件，其中发明23件，实用新型73件，外观设计689件；专利授权量253件，其中发明5件，实用新型71件，外观设计177件。专利授权中的发明和实用新型有所突破，总体质量水平得到提高。

【防震减灾】 区科技局积极开展防震减灾宣传。举办防震减灾图片展，发放防震宣传资料进乡村、学校、社区，在平和东小学开展防震减灾知识讲座。组织实施创建农村民居地震安全工程示范村活动，在铜盂镇洋美村开展地震安全农居示范村建设和防震减灾知识宣传，发挥示范村以点带面、示范推广的作用，逐步改变农村民居基本不设防的状况。该村通过汕头市地震局（省地震局委托）组织专家的验收。

（郭文生）

附：2011年潮阳区科学技术局领导名录

局　长：庄镇耀（任至7月）
　　　　黄少平（7月任职）

副局长：郑鹏华
　　　　吴增勇（任至12月）

文化广播电视新闻出版

【概况】 潮阳区文化广播电视新闻出版局（下简称文广新局），为区人民政府主管文化、广播电视、新闻出版、版权工作的工作部门，与中共潮阳区委宣传部合署办公。行政编制14名，后勤服务人员2名。文化市场综合执法队执法专项编制7名，后勤服务人员2名。内设人事秘书股（与纪检组、监察室合署办公）、社会文化艺术股（加挂对外文化股衔牌）、文物股（加挂文物管理委员会办公室衔牌）、文化市场管理股（与文化市场管理工作领导小组办公室合署办公，加挂扫黄打非领导小组办公室衔牌）、新闻出版版权管理股、广播影视管理股和文化市场综合执法队。

文广新局下属单位有文化馆、图书馆、博物馆、文光公园、潮阳潮剧团、影剧院、电影院、影业发行放映有限公司8个单位。全区13个镇（街道）均设镇级文化服务中心。

文化部门充分利用《潮阳民艺》报和“潮阳民艺网”两个宣传平台，弘扬潮阳优秀民间艺术。出版《潮阳民艺》12期，约250万字，发表各类稿件400多条，“潮阳民艺网”上传稿件700多条。

【文化活动】 2011年，区文广新局举办迎春文艺系列展演活动。在中心城区举办8个项目、10个场次的活动，从正月初二开始，一连三天，举行包括英歌舞、笛套音乐、剪纸、灯谜会猜、书画展览、书画笔会、电影专场、文艺巡演等活动。

举办“护城河之春”——2011年潮阳元宵灯会系列文艺活动。从正月十四晚开始，分别在南门桥头、姚宗侠公园、文光公园、文光塔广场、文化馆和图书馆前以及镇二小学后门8个点举办灯谜会猜、潮剧清唱、笛套大锣鼓、电影、书画笔会、剪纸、摄影展览、潮州音乐等文艺节目。

“七一”建党节期间，举办“幸福潮阳”剪纸展、出版《潮阳文艺》专刊、专场民间文艺演出、楹联书法笔会、灯谜竞猜等活动庆祝建党90周年。为庆祝新中国成立62周年，9月29日与区委宣传部联合举办“我的舞台 我的心声”国庆群众歌会及歌会节目海选活动，丰富群众文化生活。

【农村电影“2131工程”】 农村电影“2131工程”（在21世纪，基本实现全国农村一村一月放映一场电影的“三个一”目标）是国家开展的一项跨世纪的公益性农村基层文化建设项目。2011年，潮阳区影业发行放映有限公司（原潮阳区电影公司）在全区13个镇（街道）放映农村电影2716场，并配合中心任务开展计生、消防、科技和法制等方面宣传教育，促进基层农民总体素质的提高。

【文化市场管理】 2011年，文化市场综合执法队开展打击侵犯知识产权和制售假冒伪劣商品专项行动，打击政治性非法出版物专项行动；打击淫秽色情信息和出版物专项行动；在一系列专项整治和清查行动中共出动执法人员4403人次，检查涉黄、涉非工场和书刊市场、音像、电子出版物市场，无证流动地摊800多家次，清理非法出版和盗版出版物地摊320家次，缴获侵权盗版光盘49.63万片，缴获非法音像制品5358张，书刊547册，查处涉非案件5宗8人，刑拘1人，黑网吧案件6宗，文化市场违法经营单位立案调查2宗，作出行政处罚2家。

对文化经营许可单位进行年审，全区音像制品经营单位19家，娱乐经营场所27家，互联网上网服务场所（网吧）63家、印刷企业58家，只读类、可录光盘企业3家，可录类光盘企业3家，磁介质类音像企业7家，书报刊零售21家等文化经营许可单位通过年审。

【文化设施建设】 图书馆信息共享建设 2010年10月1日投入资金68万元（其中省财政38万、区财政30万）在区图书馆建设“全国文化信息资源共享工程潮阳支中心”，为城乡群众提供健康、优质、丰富的文化信息服务。

文光塔修缮工程 文光塔建于宋代绍兴元年（公元1131年），已有880多年的历史，1989年6月被定为省级文保单位，是潮阳最重要的历史文化标志性建筑，也是粤东著名旅游胜迹之一。由于年久失修，存在一定的安全隐患。2009年4月启动文光塔修缮工程，2010年6月竣工，投资约400万元。修缮过程尽可能的恢复历史原貌。

影剧院抢修加固工程 潮阳区影剧院建于1973年，占地面积3300平方米，建筑面积约5000平方米，建成30多年来，一直是潮阳召开大型会议和文艺演出的重要场所。由于使用时间长，多年未进行过系统的维修，成为一处重点安全隐患。维修工程于2010年9月正式动工，投入资金1500万元，2011年5月基本完工。

【非物质文化遗产】 潮阳区被文化部评为“中国民间文化艺术之乡”。文广新局以国家级“非物质文化遗产”、潮阳民间艺术“三瑰宝”（英歌舞、笛套音乐、剪纸）为重点，积极申报各级“非遗”传承人、传承基地。已被列入国家级非物质文化遗产名录项目3项、省级5项、市级5项；列入国家级非遗项目代表性传承人2人（其中1人已去世）、省级6人、市级12人，后溪英歌队被省文化厅公布为首批“非遗”传承基地。7月14～16日，潮阳区棉北后溪英歌队参加“岭南风情”首届广东省农民文艺大汇演，并获银奖。

“三瑰宝”是国家级“非物质文化遗产”，是潮阳的文化名片。文广新局与区委宣传部联合出版了《潮阳“三瑰宝”》DVD宣传片；潮阳民间艺术学会编辑出版了“三瑰宝”系列丛书，该丛书分为“歌、颂、弘、扬”四册，即《诗文歌三宝》、《楹联颂三宝》、《灯谜弘三宝》和《图像扬三宝》，具有较高的艺术价值和资料价值。同时积极开展文化遗产对外交流，先后组织潮阳潮剧团赴深圳和新加坡演出，在新加坡共演出10场，受到侨胞的热烈欢迎。选派省级“非遗”潮阳剪纸传承人许遵英参加广东艺术团到法属留尼旺岛开展文化交流。

【文物保护】 区文管委做好馆藏文物鉴定定级和部分毁损文物的抢救工作，对市级文物保护单位蔡楚生故居进行重新布展并对内外配套设施进行整修，继续做好第三次文物普查资料汇编工作，积极跟踪省级文物保护单位文光塔申报为国家重点文物保护单位的工作，开展各级文物保护单位晋级申报工作，推荐四序堂、东岩、宋大峰祖师墓、和平桥、报德古堂等市、县级文物保护单位申报为省级文物保护单位。

【文艺创作】 区社会文化艺术部门编辑出版《潮阳文艺》庆祝建党九十周年文艺专刊，有四件作品在汕头市戏剧曲艺群众文艺创作评选中获二、三等奖；马东涛的作品在“第二届海峡两岸荷花诗书画大展”活动中获“中国荷花艺术奖”，并获“天宫一号·中华国粹题贺艺术创作活动”一等奖；林楚云创作的小品《千年等一回》、《文主任学电脑》被汕头电视台《厝边头尾》剧组选中拍摄上映；郑少渠的书法作品获“全国十届书篆刻作品展”优秀奖。

潮阳剪纸作品在各大展览中也多次获奖。陈雁淑的《福寿双全》获广东省民间工艺精品展铜奖；《祥和如意乐羊羊》参加第十六届亚运会组委会举办的赛时文化展获得金奖并永久收藏、《龙图腾》获得优秀奖，陈静娜的《和平亚运》获得铜奖；郑琼华的《人才辈出》在第十七届中国豆腐文化节淮南八公山、台湾日月潭山水相连两岸名家剪纸精品展中获精品奖；黄少琼的剪纸《吉祥》系列作品在第七届中国（深圳）文博会上，荣获“中国工艺美术文化创意奖”银奖；魏惠君的剪纸作品《挽面》获第六届孝义三皇文化艺术节“全国名家民俗剪纸精品邀请展”三皇奖；《法眼》获首届全国廉政剪纸大赛优秀奖、连少如的《丹心护法纪》同获大赛优秀奖；《繁荣富强》获第四届神州风韵全国剪纸大赛优秀奖。

【潮剧演出】 2011年，区文广新局组织送潮剧下乡180场，观众45万人次。9月1～3日，潮剧团应邀在深圳市市民中心礼堂举办庆祝广东省潮剧发展与改革基金会深圳基地成立一周年专场演出。全国政协港澳台侨委员会副主任蔡东士等领导观看演出并与演职员合影留念。2011年7月20日至8月1日，应新加坡潮阳会馆的邀请，在新加坡牛车水人民剧场举行10场潮剧专场演出，受到观众好评。

【图书管理】 2011年，区图书馆接待读者15万人次，外借图书5万册次，文化信息资源共享工程潮阳支中心接待读者上网查阅资料3.8万人次，全年收集潮汕地方文献资料250册次，接收广东省中山图书馆赠送《清代手抄本》50册。

（文广新局）

附：2011年潮阳区文广新局领导名录

局　　长：陈振通（任至6月，区委宣传部副部长兼）

陈佐中（6～12月任职，区委宣传部副

部长兼）
副 局 长： 陈　震（任至 8 月）
郑棉龙
丁有敬（任至 12 月）
纪检组长： 郭业盛
文化市场综合执法队队长： 马伟鹏

广播电视

【机构设置】 潮阳广播电视台为汕头广播电视台垂直管理自收自支的单位。内设办公室、人保股、计财股、事业股及广播节目中心、电视节目中心、有线网络中心、技术中心、广告经营中心等业务部门，开办广播节目一套（频率 FM93.4 兆赫），电视节目一套，开通模拟电视节目 40 套，数字电视节目 65 套。2011 年全台干部职工 260 人。

【宣传报道】 2011 年潮阳广播电视台围绕区委、区政府的工作主线，把准导向，出色地完成各项宣传任务，被评为“广东省基层宣传文化先进单位”。广播电台全年播出新闻 2438 条，报送上级台被录用 175 条，作品送评获省级奖 2 条，市级奖 1 条。电视台全年播出新闻 2318 条，专题 88 期，作品送评获省三等奖 2 条，获市三等奖 2 条，报送上级台被录用播出共 165 条，其中上送广东新闻联播 11 条。宣传工作继续保持名列各区县前茅。电视文艺节目求新立变，与中央电视台、中央国际广播电台合作的节目“民乐道遥游”广受好评，精心打造且有浓郁潮味节目“观海听潮”、“流金岁月”等，备受听众喜爱。电视宣传先后推出“创建文明城市、建设幸福潮阳、巡城马”等 22 个专栏，成功打响“特区扩围、区党代会、迎春文化活动”等 10 大宣传战役，为党政各项中心工作的顺利开展鸣锣开道。

【事业建设】 坚持高起点、高标准的原则，有计划地实施网络升级改造，加快数字电视发展步伐，于 2011 年 3 月 27 日建设数字平台，并着手试点工作取得成功后，于 11 月 11 日全面实施数字电视转换工作，传送节目由原来模拟 40 套增加到 65 套，节目图像质量更加清晰，内容更加丰富，更好地满足人民群众的物质精神文明需求。

【安全播出】 严格按照安全播出要求，加强安全播出的监管和督查，提供强有力的技术保障，统一镇站信号，把数字信号直贯各镇站，既统一节目传输质量，又确保信号源的安全，优质高效地传播两会、亚运、大运等重大节目，实现全年安全无事故。

【经营创收】 尽心经营，积极探索创收渠道，在坚持社会效益的前提下，网络经营广告创收超额完成年度任务，经营总量创历史新高，继续保持增长 10% 的良好势头。

（广播电视台）

附：2011 年潮阳广播电视台领导名录
台　长： 刘先忠
副台长： 庄仕生
吴隆豪
林创民

档　案

【概况】 潮阳区档案局（馆）实行档案局馆合一体制，内设人事秘书股、监督指导股、档案管理股、编辑研究股。现有事业编制 15 名，在职人员 9 人。区档案局（馆）总建筑面积 1001 平方米，其中档案库房建筑面积 325.52 平方米。

至 2011 年，区档案馆馆藏文书档案共 3.83 万卷，排架长度 659.74 米，其中，新中国成立前档案 2997 卷，新中国成立后档案 110 个全宗，3.53 万卷。音像档案 164 盘，照片档案 2725 张，地图档案 435 张，专门档案 14 种共 9818 卷，实物档案 76 件。还有馆藏资料 9476 册。

2011 年，区档案局（馆）共接收全区各机关事业单位的文书档案 1028 卷及相关资料，接待查档人员 1597 人次，利用档案 3502 卷次，复印 3789 份档案资料，并努力推进档案信息化建设，新录入电脑档案目录 4.08 万条。同时，对全区各单位进行监督指导，使全区档案管理工作逐步规范化。在开展林权制度改革中，完成13个镇（街道）200个行政村（社区）林权建档工作。

【档案事业评估】 2011年，广东省档案局组织开展全省国家综合档案馆年度评估，潮阳区档案馆被评为合格等次。

（档案局）

附：2011年潮阳区档案局（馆）领导名录

局（馆）长： 胡加坤（任至12月）
刘清湖（12月任职）

副局（馆）长： 郑茂盛
陈界豪

体　育

【概况】 潮阳区体育局内设人事秘书股、群众体育股（加挂体育市场管理股衔牌）、竞赛训练股。编制17名。直属事业单位有：潮阳体育馆、潮阳体育中心、青少年业余体育运动学校。2011年全区群众体育活动蓬勃开展，举办大型健身活动6场次，成立体育社团组织2个，培训三级社会体育指导员1099名，体育设施建设不断完善，4个社区被评为广东省先进社区，2个社区被评为汕头市先进社区。2011年区体育局被评为广东省体彩宣传先进单位。竞技体育水平逐步提高，获得国际性比赛奖项1项，全国性比赛金牌3枚、银牌2枚、铜牌2枚，省级比赛金牌2枚、银牌9枚、铜牌7枚，市第十二届运动会上，潮阳区共有9个项目参加青少年组的比赛，3个项目参加成年组的比赛，各参赛项目均取得较好成绩。

【群众体育】 元旦期间，举办以各镇（街道）组队参加的“2011年元旦潮阳区男子乒乓球邀请赛”。春节期间，组织迎春少儿象棋、围棋赛。6月25～29日“潮阳区庆祝建党90周年‘农信百亿杯’男子篮球邀请赛”在体育馆举行，为党的生日献上厚礼。8月8日，举行以城区为中心、遍布全区各镇（街道）各健身站点的全民健身活动日活动，掀起全民健身热潮，印发全民健身宣传小册子1万多份，大力弘扬全民健身理念。10月5日重阳节，上千人参加的“2011年汕头市潮阳区重阳敬老登山活动”在潮阳西山举行，汕头市领导郭大钦、区委书记陈新造、区长杜怀丹参加本次活动。12月举行潮阳区第四届学生田径运动会，提高青少年参与体育健身热情。通过积极发动和组织引导，谷饶镇乒乓球俱乐部、潮阳区乒乓球协会分别于11、12月份相继成立。12月举办社会体育指导员培训班，共培训三级社会体育指导员1099名，社会体育指导员队伍不断壮大。

【竞技体育】 潮阳区运动员黄文仪在2011年世界赛艇锦标赛上获得女子轻量级2000米双人双桨第七名的好成绩，在2011年全国锦标赛上分别获得8公里单人双桨第一名、2公里单人双桨第一名、双桨全能第一名。羊杰在第七届城市运动会上获得男子RSX级团体赛第二名、在全国翻波锦标赛上获得RSX级场地赛第三名。洪晓槟在全国自由式摔跤锦标赛上获得自由式55KG级第二名、在全国自由式摔跤冠军赛上获得自由式55KG级第三名。陈嘉娜在2011年广东省青少年田径锦标赛上分别获得女子53KG级抓举第一名、53KG级挺举第二名、53KG级总成绩第二名。郑泽鑫在2011年广东省青少年举重锦标赛上获得男子丙67KG＋级挺举第一名。潮阳区运动员代表汕头市参加2011年广东省青少年锦标赛，获得金牌2枚、银牌9枚、铜牌7枚的好成绩。在汕头市第十二届运动会上，潮阳区各个参赛项目均取得较好成绩，其中：青少年组比赛中，获得帆板团体总分第一名、举重团体第二名、摔跤团体第二名、赛艇皮划艇团体第三名、击剑团体第三名，共计金牌18枚、银牌33.5枚、铜牌35枚。成年组比赛中，获得游泳成年组团体总分第一名、乒乓球成年组团体总分第一名的好成绩。

【体育训练】 2011年1月利用体育中心现有田径场的有利条件，青少年业余体育运动学校在原来训练项目的基础上增设田径训练项目。12月22日潮阳区青少年业余体育运动学校乒乓球基地成立。

【体育设施建设】 由潮阳区烟草专卖局捐资100万元，于1月份完成体育中心内占地面积5000平方米健身广场的建设，配套健身路径2条。和平镇投入100多万元建成三和农民体育健身广场。全区村（社区）新增配套106副篮球架、室外乒乓球桌22台，健身路径3条。

（体育局）

附：2011年潮阳区体育局领导名录

局　长：高升光

副局长：刘　波

彭　蓝

医疗卫生

【综述】 潮阳区卫生局着眼于完善基本医疗卫生制度，以保基本、强基层、建机制为主线，促进基本公共卫生服务逐步均等化，健全基层医疗卫生服务体系，推进国家基本药物制度，完善新型农村合作医疗制度，促进潮阳卫生事业的发展。至2011年底，全区共有医疗卫生机构270家，其中：直属9家，即：综合医院2家（人民医院、大峰医院），中医院1家，妇幼保健院1家；专业公共卫生机构4家［卫生监督所、疾病预防控制中心、慢性病防治站（含结核病防治所）、竹棚医院］；民营医院1家（耀辉医院）；镇卫生院9家、街道社区卫生服务中心4家；村卫生站213所（行政村166所，社区47所）；个体诊所（门诊部）33所，医务室2所。在职人员3027人，其中：卫技人员2344人。全区执业医师、助理执业医师1529人，注册护士856人。全区医疗卫生机构总建筑面积14.89万平方米，业务用房11.5万平方米，实际开放病床2272张。拥有MR、64排128层CT、16排CT、DR等一批先进设备。2011年门诊量121.96万人次，出院人数7.12万人，业务总收入3.65亿元，其中医疗收入2.12亿元，药品收入1.51亿元。

【机构设置】 卫生局内设秘书股、医政股（加挂中医股）、防疫保健股（加挂区爱国卫生运动委员会办公室衔牌）、食品安全综合协调与卫生监督股、人事股、监察室等6个行政职能股室。局机关编制20名。

卫生局下辖区人民医院、区大峰医院二家正科级综合医院，文光、棉北、城南、金浦4个街道社区卫生服务中心和海门、和平、铜盂、谷饶、贵屿、金灶、关埠、西胪、河溪9个镇级卫生院，同时管理区疾病预防控制中心、区卫生监督所、区妇幼保健院、区慢性病防治站4家专业公共卫生机构和中医特色专科医院区中医院等5家事业单位，非公立医院汕头潮阳耀辉医院直接受区卫生局的业务指导。

全区20家政府办医疗卫生机构编制3956人，实有2586人，其中区直单位编制1824人，实有人数1386人，基层医疗单位编制2132人，实有人数1200人。

【医疗队伍与技术】 现有在岗人员3027人（除村卫生站、诊所、医务室外），其中：卫生技术人员2344人，占77.4%。具有副高职称以上人员110人，占卫技人员4.7%；中级职称317人，占卫技人员13.5%；初级职称1917人，占卫技人员81.8%。区直属医疗机构开设有中医科、内科、外科、妇产科、儿科、口腔科、烧伤科、皮肤科、肾病专科、骨伤科、不孕不育科，新生儿科、儿童康复科、耳鼻咽喉科、重症医学科及血液透析室等临床科室，能收治各类重症病人，开展各类大型手术，其中肾病专科、骨伤科、不孕不育专科中医药特色显著；有预防接种、妇幼保健、优生优育、计划生育指导、疾病控制、卫生检疫等预防保健科室；检验、心电图、B超室、放射、CT、MR、DR等医技科室及中、西药房等。慢病站负责全区皮肤病（麻风病）、结核病、精神病、性病的监测、预防、治疗、业务指导工作。疾控中心承担对各类急、慢性传染病、地方病、职业病、学生常见病、中毒的预防与控制等公共卫生和预防保健工作。镇卫生院（街道社区卫生服务中心）及农村（社区）卫生站负责提供公共卫生服务和常见、多发病的诊治等工作。形成区、镇（街道）、村（社区）三级医疗、预防、保健服务网络。

【医疗基础设施建设】 全区17家医疗机构现有业务用房总建筑面积14.89万平方米，病床1799张。其中区直4家医疗机构总建筑面积9.75万平方米，9所镇卫生院和4所社区卫生服务中心总建筑面积5.14万平方米。2011年投资1600万元易址建成建筑面积1.3万平方米的西胪镇卫生院完工交付使用；区大峰医院投资645万元建成建筑面积4430.5平方米的七层职工集体宿舍；列入省十大民生实事项目的文光、城南、棉北、金浦4所社区卫生服务中心全面完成设备配套建设和业务用房改造建设，项目取得省、市补助资金79万元；区人民医院计划投资4276万元建设一栋1.71万平方米的十四层住院楼附楼，作为2011年省财政投资县级医院建设项目，省投资1300万元指标已经下达，目前项目已完成图纸设计。

【疫病防治】 2011年，全区共报告法定传染病18种6186例，总发病率380.29/100000，死亡4例，死亡率为0.25/100000，居法定传染病顺序前5位的病种是：手足口病、其他感染性腹泻、肺结核、病毒性肝炎、梅毒。全面落实结核病人的归口管理和督导治疗，全区共接诊可疑者检查1978人，确诊活动性肺结核病1093例，其中新发涂阳病人639例，复治涂阳16例，初治涂阴病人438例，全区享受免费治疗1093例。积极推进瑞海医疗基金重性精神病人免费住院治疗项目，及时为12例符合条件的重性精神病人申报免费住院治疗。

卫生监测有序开展。完成水质监测137份，HIV抗体检测2148人，饮用水监测173人次。

【妇幼卫生保健】 开展妇幼保健进社区活动，实现城区围产保健服务。完善儿童系统管理。加强流动人口的妇幼保健服务。加强《出生医学证明》办证和管理工作。履行计划生育兼职单位职责。推行婚前、孕前及孕期、婴幼儿三期保健。全区产妇系统管理率89.5%，住院分娩率100%，0~6岁儿童系统管理率90.1%，婴儿死亡率0.28‰，无孕产妇死亡病例。

【卫生监督】 区卫生局于2011年10月24日餐饮监管职能划转前，共出动卫生执法人员1968人次，对餐饮业、集体食堂进行监督检查，对不符合卫生条件的餐饮单位警告280家，责令限期整改125家；注重经营服务准入许可，共核发餐饮服务许可证114份。开展打击食品非法添加和滥用食品添加剂专项整治行动，对餐饮业内的“三丸”产品、“火锅底料”、“米面制品”（含淀粉类制品）等食品是否非法添加以及是否使用“地沟油”、“工业盐”和含“瘦肉精”的畜禽肉品等情况进行执法检查，指导和督促经营者建立健全食品原料采购索证索票和进货台账制度。推进宾馆、住宿业等公共场所卫生监督量化分级管理，加强对制水企业分类监督与指导，加大水质监督抽检力度，全年共核发公共场所及生活饮用水卫生许可证41份。开展木质家具、粉尘、石英砂等作业场所职业危害的清理清查工作，会同安监、劳动、工会等部门开展对木质家具职业卫生治理验收的监督检查。对医疗机构的传染病防治、疫情报告、放射卫生、医疗废物处理、隔离消毒等监督检查，确保医疗机构的管理工作正常开展。至2011年底，全区各镇（街道）卫生院（社区卫生服务中心）及局直属各医疗机构已全部实行医疗废物集中处置，处置量为156.4吨，投入处置费74.31万元。开展打击无证行医和非法采供血工作，共出动执法人员148人次，取缔无证行医48户次，收缴没收药品、器械一批，拆除非法医疗广告牌49块，实施行政处罚一宗。

【爱国卫生】 2011年区爱卫办下发《汕头市2010~2012年城乡环境卫生整洁行动实施方案》，以农村卫生环境整治为重点，以加快城乡基础卫生设施建设为中心，不断改善城乡人居环境。切实做好国家卫生城市复审相关工作，开展投药杀鼠、消灭蚊蝇，发放鼠谷2吨、敌敌畏800瓶、三氯800瓶，有效地降低四害密度，预防蚊媒传播疾病的发生。区政府办下发《汕头市潮阳区迎接2011年国家卫生城市复审工作实施方案》，进一步明确各单位、部门创卫工作职责、任务，开展除“四害”、“爱卫日”活动，顺利通过国家、省爱卫会的明察暗访。加快农村改厕和户厕建设，年内完成农村无害化户厕2700户，农村户厕建设进一步改善。开展创建省卫生村活动，金灶镇新基洋村、河溪镇华中村和中田村、和平镇和铺村被命名为“广东省卫生村”。

【公共卫生服务】 扎实推进基本公共卫生服务。在全市率先实行居民健康档案电子化录入。2011年，共建立居民健康档案93.45万份，占全区总人口56.3%，其中规范化电子建档83.2万份，占50.1%；纳入规范管理的0~6个月儿童7.73万人，孕产妇5.79万人，65岁以上老年人10.57万人，高血压患者10.31万人，2型糖尿病患者2.44万人，重性精神疾病患者5538人，均完成上级下达的任务。儿童常规免疫接种率达98%以上，开展农村妇女免费补服叶酸1.21万人，15岁以下儿童乙肝疫苗查漏补种59.68万剂次，贫困白内障患者复明手术100例，孕产妇住院分娩补助7177人。

国家基本药物制度全面实施。13所基层医疗卫生机构都实施国家基本药物制度，实行零差率销售。

【农村合作医疗】 2011年，新型农村合作医疗得到长足发展，全区参合农民126.38万人，参合率99.8%，比2010年提高1.5个百分点，村覆盖率达到100%，基本实现人人享有医疗保障的目标；人均筹资标准提高到230元（其中农民个人出资仍为30元），筹资总额2.91亿元，年报销封顶由上年的8万元提高到10万元，全年共补偿162.62万人次，补偿金额1.9亿元，分别比上年增长79.2%和16.8%。全区实现定点医院住院即时补偿制度，继续实施住院分娩补偿、门诊限额补偿和特殊病种门诊限额补偿制度，进一步推进村卫生站门诊补偿，全区已有152家村卫生站实行门诊补偿，农村合作医疗补偿机制进一步完善。全年住院补偿4.55万人次，补偿金额1.71亿元；住院分娩补偿1468人，补偿金额54.72万元；大额慢性病门诊补偿1129人，补偿金额199.86万元；狂犬疫苗补偿77人，补偿金额0.77万元；普通门诊补偿157.81万人次，补偿金额1575.68万元。开展提高儿童白血病、先天性心脏病保障水平试点工作。

【重点医疗卫生机构简介】 潮阳区人民医院　位于城区牛头山，是一所集医疗、教学、科研和预防保健于一体的“二级甲等”综合医院和达到全球爱婴标准的“爱婴医院”。系广东药学院临床实习教学基地，汕头市120急救中心指挥网络的定点医院，也是汕头市职工医疗保险、城镇居民医疗保险和新型农村合作医疗定点医疗机构。

医院占地面积4万平方米，建筑面积4.61万平方米，其中业务用房2.87万平方米。病床编制数540张。全院共有在职专业技术人员584人，其中正高级主任医（护）师5人，副高级专业技术人员49人，中级专业技术职称151人，专业人才形成梯队；医院行政管理机构设院办公室、人事科、医务科、护理部、医保办公室等10个职能科室。临床医技科室设置较齐全，有急诊科、内科、外科、儿科、妇产科、感染科、中医科、五官科等一级临床科室10个；心血管内科、神经内科、消化内科、内分泌科、骨外科、泌尿外科、神经外科、新生儿科等二级临床科室15个；放射科、检验科、功能检查科等医技科室9个。能成功开展“二甲”医院所要求的各项诊疗技术项目。医院拥有德国西门子16排全身螺旋CT扫描机、德国西门子800MA直接数字X光机（DR）、美国长青800MA数字胃肠机、骨科C型臂X光机，德国西门子彩色B超、日本奥林巴斯全自动生化分析仪、日本奥林巴斯CV145电子胃镜、电子肠镜、瑞典金宝血液透析机等一大批大型的仪器设备。

潮阳区人民医院为病人提供“质优价宜”的医疗保健服务。医院急诊科24小时应诊，门诊部各功能检查科室及诊室节假日照常开诊。住院病房配备空调、电视及热水供应，并实行24小时保洁制。2011年门诊总人数14.26万人，住院总人数1.55万人，住院手术数4068人，住院病人出入院诊断符合率99.97%，治愈好转率97.6%。

潮阳区大峰医院　位于和平镇大峰风景区东侧，创建于1995年12月，是区卫生局直属正科级单位。大峰医院占地面积6.7万平方米，建筑面积6.3万平方米，设置科室70个，配套床位800张，总资产达2.83亿元。大峰医院是广东省普通高等医学院校教学医院，南方医科大学教学医院，汕头市皮肤再生医疗技术规范培训基地，汕头市医疗保险新型农村合作医疗定点医疗机构。

大峰医院全面实施“科技兴医、人才兴院”的战略，创建“院有特色、科有重点、人有专长”的大峰品牌。医院现有员工645人，其中高级职称54人，中级职称80人，医学硕士研究生12人，本科学历228人。有9名副主任职称人员被南方医科大学聘为兼职副教授。

大峰医院拥有10万元以上医疗设备118台（套），其中有美国GE64排128层CT、GE核磁共振仪（MR）、GE全数字化拍片机（DR）、GE全数字化800MA胃肠X光机、德国西门子化学发光免疫仪、日本奥林巴斯电子胃肠镜、韩国麦迪逊四维彩超机等先进设备。

大峰医院基本达到“三甲医院”的技术水平，能收治各类重症病人，开展各类大型手术。普外科、骨外科、妇科、泌尿外科等科室运用腹腔镜、宫腔镜、关节镜、前列腺电切镜等开展胆囊摘除、子宫肌瘤摘除、子宫全切除、半月板修补、前列腺电切等微创手术。

大峰医院于2007年11月顺利通过ISO9001:2000国际质量标准管理体系审核认证；于2009年5月通过广东省普通高等医学院校教学医院评审，成为南方医科大学教学医院。

大峰医院2007～2011年业务发展每年均以20%以上的速度增长。2010年医院业务总收入1.44亿元，比增36.7%；2011年业务总收入1.86亿元，比增29.5%。医院被授予“潮阳区文明单位”、“汕头市文明单位”、“汕头市劳动模范先进单位”、“广东省职业道德建设百优单位”、“广东省百家文明医院”、“全国十大百姓放心医院”、“全国百佳三好一满意示范医院”等称号。

潮阳区中医院　位于城区中华路，是一所以中医为主的二级甲等中医医院，是广州中医药大学教学医院，现已成为一所集医疗、教学、科研和预防保健于一体的综合中医医院，是汕头市医疗保险、新型农村合作医疗定点医疗机构。医院科目齐全，门诊部共设置具有中医特色的内科、眼科、口腔咽喉科、皮肤科、痔科、针灸、推拿按摩、激光、理疗、肠道、糖尿病、肿瘤、肝病、心脑血管、风湿、五官科、不孕不育、24小时应诊急诊科、眼镜配镜部等20多个临床科室；住院部设置肾病科、内科、骨伤科等四个病区；并设有检验科、放射科、血透室、胃镜、心脑电图、AB超声波、碎石中心等医技科室。目前拥有DR、经颅多普勒血流分析仪，彩超等一批医疗设备。

医院一贯重视中医专科专病建设，三大中医名牌重点专科：肾病专科、骨伤科、不孕不育专科，中医药特色突出，已列入广东省中医重点专科项目。中医肿瘤科、糖尿病、高血压等专科在临床上具备优势。其中，针灸理疗康复特色专科被列为广东省中医药管理局建设项目。医院先后被授予“广东省文明中医医院”、“广东省百家文明中医医院”、“广东省农村中医工作先进单位”等光荣称号。医院连续三年在广东省中医医院管理年活动评比验收中名列前茅。

潮阳区妇幼保健院　位于城区西环路，成立于1974年，是一所非营利性医院，以产科、妇科和儿科为特色的专业医疗机构。担负着全区妇女、儿童保健、住院分娩、优生优育、计划生育技术指导和基层卫生院妇幼专干人员的培训和业务指导。

1998年易址重建吴宏丰妇婴医院，并于2001年6月投入使用。老院设为门诊部，实行“一院两点”的运行模式。新院位于棉北路段，建筑面积达到1.16万平方米；门诊部占地面积350平方米，建筑面积735平方米；全院设置病床150张；年门诊量4.5万人次，年住院量约5000人次。医院在编191人，临时工51人。具有卫生专业技术人员227人，其中副高级职称2人，中级职称17人，初级职称208人。

医院开设产科、妇科、新生儿科、儿科、手术室等7个临床科室，检验科、B超室、心电室、乳腺室等6个辅助科室。拥有新生儿重症监护全套设备、彩色B超机、全自动生化分析仪等现代化医疗设备。每年收治高危新生儿将近1000例。其中包括早产儿、超极低或极低出生体重儿、新生儿窒息、缺氧缺血性脑病、颅内出血、新生儿黄疸、新生儿感染性疾病、呼吸循环衰竭等。对胎龄低于28周、出生体重在1500克以下的超极低出生体重儿，取得了较高的成活率。极低体重儿抢救成功率达90%；对于缺血缺氧性脑病和脑瘫患儿，拥有一套综合治疗方案及完整的诊疗后服务体系。平均每年成功救治2500克以下早产儿300多人、1500克以下的超极低体重儿100多人，其中抢救成活最低体重900克。率先开展应用部分换血治疗新生儿红细胞增多症等新技术，新疗法。

潮阳区疾病预防控制中心　加挂潮阳区卫生检验中心衔牌，是顺应卫生监督体制和疾病预防控制体制改革需要，于2003年11月在原潮阳市卫生防疫站基础上依法组建的疾病预防控制专业机构，承担辖区范围内各类急、慢性传染病、地方病、职业病、学生常见病、中毒的预防与控制工作，环境卫生、学校卫生、食品卫生、职业卫生、公共场所卫生和饮用水水源水质检验检测，消毒杀虫、除“四害”、病媒生物危害的控制与中毒、污染等突发公共卫生事件的应急处理，组织实施免疫规划、疫苗使用管理等公共卫生工作和基本预防保健任务。

疾控中心设有办公室、计划财务股2个行政股室，设有计划免疫股、疾病控制股、卫生检验股、预防保健股（科教信息股）、公共卫生股、消毒杀虫股6个业务股室。在编干部职工110人，其中高级职称1人，中级职称7人，初级职称78人。疾控中心占地面积877平方米，建筑面积4179平方米。配置离子色谱仪、原子荧光光度计、气相色谱仪、液相色谱仪、紫外分光光度计、生物安全柜、全自动生化分析仪、酶标仪、血球仪、500mAX光机等大型检验检测仪器设备。2000年10月10日经省卫生厅批准，设立HIV抗体初筛实验室，连续多年开展HIV抗体初筛检测。

2011年全区基础免疫疫苗报告接种率均达到95%以上，麻疹、乙脑等传染病得到有效预防控制，连续18年保持无脊灰状态。服务行业健康体检3344人，考场司机体检5.3万人。开展医疗机构的消毒质量监测项目10个共采集1425个样品，合格1158个；共监测公共场所145家、公共场所监测888份，餐具监测4540份。随访HIV感染者及病人52名并对22名感染者和病人进行了CD4检测。

潮阳区慢性病防治站　位于城区西环路，是区卫生局直属防治机构，负责全区皮肤病（麻风病）、结核病、精神病、性病的监测、预防、治疗、业务指导工作。全站职工65人，其中中级职称5人，初级职称35人。防治站占地面积300平方米，建筑面积600平方米，设置皮肤性病科、结核科、精神科、检验科、放射科等科室，拥有德国百佳生物共振检测治疗仪、300毫安X光机、半自动生化分析仪、三分类血细胞分析仪、尿液全自动分析仪等设备。重点专科皮肤科治疗效果显著。结核科在实施国家结核病控制项目后，结核病患者得到免费和全程督导管理及规范治疗，使结核病得到有效控制。1997年潮阳区实现基本消灭麻风病的目标，各项指标达到国家规定的标准。

潮阳耀辉医院　位于贵屿镇陈贵公路东辉路，为粤东地区首家民营综合医院，由汕头市潮阳区企业家陈学宏投资8000万元兴建。医院占地面积4万平方米，医疗用房面积2.15万平方米，拥有全身螺旋CT、岛津800毫安X光机、全自动生化仪等医疗设备200多台（套），医院按二级甲等医院300张病床标准规模设计，病房设中心供氧、中心吸引、中央呼叫系统。从全国各地招聘专家教授40多人到院任职。2000年12月28日经汕头市卫生局审核合格同意正式执业并发给医疗执业许可证。

耀辉医院属非营利性医院，收费标准低廉。建院以来，共接诊患者50多万人次，收治住院4万多人次，施行各类手术5000多台次，累计营业额1.6亿多元。

2011年医院与汕头市中心医院重组合作，市中心医院占51%股份，耀辉医院占49%股份，由市中心医院负责全面管理。新组建的医院第一年规划病床180张，员工240人，大部分医务人员由市中心医院派出，新组建医院规划购买多层螺旋CT、超导核磁共振、CR、DR、彩色多普勒及全自动生化系统医疗设备一套已经完成招标。届时，将使当地人民群众不出家门就能享受到三甲医院的优质医疗服务。

（卢伟江　林杨　许尊泽　刘义君　卢浩锋）

附：2011年潮阳区卫生局领导名录

局　长：黄銮文

副局长：翁仁宣

姚祝生（兼区人民医院院长）

郭　可

郑健森

纪检组长：曾瑞光（任至12月）

农业

www.gdchaoyang.gov.cn

农 业

农 业

【概况】 潮阳区农业局内设9个股，分别是人事秘书股（与监察室合署办公）、计划综合股、经营管理股（加挂农村集体资产管理办公室、减轻农民负担监督管理领导小组办公室两块衔牌）、农村改革与建设指导股、科技教育股、种植业管理股、政策法规股、市场与经济信息股和财会股。编制25名，机关后勤服务人员3名，在职总人数23人。直属管理单位1个：潮阳区农业机械安全监督管理站（副科级），编制13名，在职10人。属下事业单位9个，分别是潮阳区扶贫开发领导小组办公室（副科级）、农作物病虫测报站、农业植保站、农业技术推广站、农产品质量安全检验检测站、节能开源办公室（副科级）、种子站、农业科学研究所、国营梅花农场（副科级）。其中，节能开源办公室、种子站、农科所、国营梅花农场为独立核算事业单位。定编182人，实有113人。

潮阳为农业大区，各级政府高度重视农业生产，加大对农业的投入。几年来，潮阳区农业现代化、产业化水平不断提高，现有农民专业合作社63个，拥有关埠、西胪2个万亩优质水稻生产基地和11家农业龙头企业、18个省级农产品无公害生产基地、4个省级标准化示范区、21个农业部认证无公害农产品。以及二个国家地理标志保护产品“金灶三棱橄榄”、“西胪乌酥杨梅”。2011年，全区农业总产值32.06亿元，年增长3.3%，农村经济总收入74.52亿元，比增12.5%。农民年人均收入5033元，比增13.5%。全区农作物总播种面积54.69万亩。

【粮食生产】 2011年全区粮食作物种植面积39.57万亩，总产量18.43万吨，其中：主要粮食作物稻谷产量12.79万吨，玉米产量261吨，薯类产量5.5万吨，大豆产量113吨。和平镇种粮大户马镇顺（马四弟）水稻种植面积4150亩，总产4100吨，销售2870吨，总产值1025万元，被国务院授予“全国粮食生产大户十大标兵”称号，奖117匹马力东方红拖拉机一台。

【经济作物生产】 全年经济作物种植面积1392亩，总产量1322吨。其中甘蔗产量370吨，花生产量392吨，木薯产量560吨。

【水果蔬菜生产】 全年果树种植面积8.41万亩，总产量8.23万吨。其中柑桔产量8990吨，香蕉产量4.49万吨。蔬菜种植面积14.93万亩，总产量32.27万吨。

【强农惠农政策】 按照公开、公正、公平原则，贯彻落实种粮补贴和农机购置补贴等强农惠农政策。2011年全区申报种粮补贴农户共5.59万户，享受补贴农民31.95万人，全年补贴种植水稻面积23.92万亩，共发放补贴资金1889.66万元，其中种粮直补资金191.36万元，中央农资综合直补资金1339.51万元，中央农作物（水稻）良种补贴资金358.8万元。2011年全区享受中央、省财政农机购置补贴213户，涉及拖拉机、插秧机、节水喷灌、增氧机等16类农机产品，获财政补贴资金490.73万元。

【农业机械化】 加强农机监理，确保农机安全生产 农机管理部门加强对农机安全生产的督查，重点是检查农机大户和村镇集体农机维修点、整治无牌无证、证照不全、超载超速、“黑车非驾”等违法违规行为。共出动328人次，检查中小拖拉机135台、插秧机25台，外地跨区作业联合收割机80多台、农机停放及维修点21处。发现不合格机车13台、违法操作机手2名、不按规定要求存放油料5处。对发现的问题及时查处并落实整改，有效地保障农机安全生产。与此同时，为方便农机入户注册，农机管理人员主动上门为机主办理入户手续。全年新增注册拖拉机82台，累计注册拖拉机948台，累计注册联合收割机35台，年检拖拉机575台，年检率达60.6%。

推广农机示范，提高作业水平 潮阳区被省农业厅确定为全省20个“水稻插秧机械化示范县（区）”建设项目之一。从2009年开始，历时3年，经上下共同努力，项目建设名列创建县（区）前茅，连续3年被省农业厅评为项目建设先进单位，2011年全区机插率达13.6%，超全省机插率6%的平均水平。通过几年来农机化作业的示范推广，使潮阳区从一个农业机械化生产落后地区跻身到全省中上水平地区。其中，被国务院授予“全国粮食生产大户十大标兵”的马镇顺粮食生产示范场从耕、播、种、收基本实现全程机械化作业。

【农技推广】 2011年，组织农技人员、农业专家开展科技下乡咨询活动3场次，现场接受农民群众咨询1500多人次，发放农技资料1800多份。举办农民职业技能培训班、农村实用人才培训班4期，培训农民技术员280人。

【农田水利建设】 农田基础设施建设 2011年全区累计投入各类农田基础设施建设资金680多万元，实施省级基本农田保护示范区项目、市级农田水利基本建设项目、人大议案落实项目、农田整治改造中低产田项目等，整治、改造、建设基本农田4170亩。

中低产田土地治理项目 潮阳区2011年度国家农业综合开发项目计划总投资1518万元，其中财政资金1380万元（中央财政资金690万元、省财政配套资金552万元、市财政配套资金69万元、区财政配套资金69万元），项目涉及的群众自筹资金以及投工投劳折资共计138万元。项目建设地点分布于西胪镇、金灶镇，其中西胪镇涉及波美、泉塘、东潮、龙寮、西寮、店后、洋文、竹岭、陂头、埔尾10个村（社区），面积0.84万亩。农户7560户，农业人口4.53万人，农业劳动力1.42万人；金灶镇涉及玉浦、前洋2个村，面积0.5万亩，农户2518户，农业人口1.04万人，农业劳动力6268人。

【扶贫开发“双到”】 贯彻省委、省政府关于扶贫开发“双到”工作的一系列重大决策部署，抓好规划引导、落实，推动扶贫开发“规划到户，责任到人”工作高效开展。2011年全区共有887户、4311人实现脱贫，脱贫率达到98%。主要做法：强化组织领导，健全工作机制，成立区、镇（街道）党政主要领导挂帅的扶贫开发“双到”工作领导小组，出台扶贫开发“双到”工作考核办法，以制度保障“双到”工作的落实，按照“一村一策”、“一户一法”的要求，做到定单位、定人、定点、定责包干；丰富扶贫手段，增强脱贫效果，实施观念扶贫、产业扶贫、救济扶贫、就业扶贫、医疗扶贫和基础设施扶贫等，改善扶贫地区生产生活条件，加快脱贫奔康步伐，发挥龙头企业、农民专业合作组织和流通大户的联结带动作用，依托工业特色产业，落实免费培训，组织贫困劳动力参加技能培训1207人次，转移贫困劳动力972人；发动社会参与，增加资金投入，以广东“扶贫济困日”为契机，发动社会各界和海内外乡亲参与扶贫济困活动，掀起扶贫济困新高潮，全区“扶贫济困日”共收到社会各界捐款2109.86万元。

【新农村建设】 加快农村机制体制改革，改善农村生产生活环境 深化农村各项体制改革，完善土地承包经营权流转，探索开展土地流转市场建设，完善农技推广体制和运行机制，强化技术服务，提高公共服务能力。推进农村会计代理制，全区有253个农村及涉农社区实行农村会计代理制，覆盖率100%；加快社会主义新农村建设，按照“生产发展、生活宽裕、乡风文明、村容整洁、管理民主”的要求，以区领导挂钩联系点建设为着力点，加强对新农村建设工作的指导协调，完善工作机制，整体推进社会主义新农村建设；抓好各项民生工程，重点进行低收入户危房核实统计造册登记，通过调查共有低收入住房困难户3695户、1.38万人，面积14.55万平方米。

实行村级公益事业建设“一事一议”财政奖补 2011年，财政奖补项目的村（社区）有：文光街道桃园社区，城南街道新宫社区，棉北街道平北社区，金浦街道寨外村，海门镇北门社区、竞海村、新地村、坑尾村、湖边村，和平镇和铺社区、中寨社区、凤善社区，铜盂镇老溪西社区，谷饶镇大坑村，贵屿镇龙港社区，河溪镇华东村，西胪镇乌岩村、岩前村、青山村，关埠镇港底社区，金灶镇径头村。立项21个，其中饮水4个，村内道路建设8个，农田蓄水排灌1个，文化设施8个。投入资金4954.15万元，其中村民捐资1982.23万元，社会捐赠722.36万元，集体投资694.06万元，其他财政资金55.5万元，申请财政奖补资金1500万元，受益人口19.06万人。

实施名镇名村建设 根据广东省政府《关于打造名镇名村示范村，带动农村宜居建设的意见》和汕头市政府办公室《关于报送名镇名村示范村建设总体发展规划及候选名单的通知》。和平镇、海门镇坑尾村、西胪镇尖山村已被批准为市级名镇名村。名镇和平镇收到下拨建设资金200万元，名村尖山村、坑尾村收到下拨建设资金各100万元。

【农业龙头企业】 *发展概况* 现有县（区）级以上农业龙头企业12家（包含市级4家、国家级1家），农民专业合作组织63个，农业产业化组织196个。各级农业龙头企业总销售收入4.5亿元，年销售收入超1000万的农业龙头企业5家，带动农户2.5万户，户均增收1200元。其中，63家专业合作组织共拥有总资产5806万元，总收入7331.75万元，合作销售农产品总值4506.5万元，成员总数4357人，带动农户3775户，成员人均纯收入比当地生产经营同类产品农民人均纯收入高出15%。

农民专业合作社 至2011年底，全区农民专业合作社63个，待录入专业合作社17个，资产从原来的350万元发展至现在6151万元，农作物种植面积4.87万亩，农作物产品生产总量1.47万吨，畜禽产品产量2154吨，经营总收入7631.09万元，统一组织销售农产品总量2.66万吨，总值4634.84万元。成员通过本组织生产经营获得的农户纯收入3.42万元，带动非成员农户数4885户，非农户年增收600元。现拥有无公害产品商标认证的有智业畜禽养殖专业合作社、成兴柑桔专业合作社、汕头启兴萝卜专业合作社。

新成立农业龙头企业 汕头市集泰种养有限公司成立于2008年9月，注册资本2000万元，是一家从事蔬菜种植为主的区级农业龙头企业。公司自创办以来，依靠科学种田，不断拓展种植规模，推进产业化经营。目前，公司生产基地种植面积3500多亩，配套有农用变压器、拖拉机、除草机、播种机、收获机、自动喷灌设施、供水管道等，投入设备总值3000多万元。2011年基地生产蔬菜2.6万吨，创值3080万元。

（农业局）

附：2011年潮阳区农业局领导名录

局　　长： 黄素光
副 局 长： 卢宗智
陈洪钦
黄少和（5月任职）
纪检组长： 吴锦才（4月任职）

林　业

【概况】 潮阳区林业局内设人事秘书股（法制股）、营林股（加挂绿化委员会办公室和生态公益林经营建设管理办公室衔牌）、林政股，行政编制13名，后勤人员2名，现有19人。直属行政机构：汕头市公安局森林分局潮阳派出所，编制8名；森林防火指挥部办公室，编制未定。

2011年全区共实施人工造林3550亩、补植套种7000亩、人工抚育9350亩、封山育林1.55万亩，累计完成义务植树110万株以上，是潮阳区造林绿化面积最多的一年。开展“万村绿大行动”，建设各具特色的绿色示范乡村（社区）24个。此外，2011年底还完成联合国环境署“南中国海项目”汕头海岸湿地国际示范区科普宣教中心主体楼建设项目，楼高三层，建筑面积864平方米。

【有害生物防治】 制定《汕头市潮阳区2011年松毛虫防治预案》、《汕头市潮阳区2011年松材线虫病预防预案》和《汕头市潮阳区2011年薇甘菊防治预案》，把全区松树病虫害、薇甘菊、桉树病害、木麻黄病害、棕榈害虫、刺桐姬小蜂、阔叶害虫列为监测对象，涵盖全区森林的主要病虫害。实施监测面积39.21万亩，监测覆盖率97%、无公害防治率为100%。组织2吨白僵菌撒施，预防松林面积2800亩，对500亩纯松林进行改造套种，提高混交林比重，增强松林抗病能力。全年培育苗木180亩，进行产地检疫174.6亩，检疫率达97%，未发现检疫对象。

【集体林权制度改革】 以“分股不分山，分利不分林、均股均利到农户”为模式，经过两年多的努力，全区完成了集体林权制度改革的各项任务。全区林业用地面积32.5万亩，涉及林改的有13个镇（街道）、182村（社区）、17.3万户，纳入林改的林地31.7万亩，已发放林权证689宗、面积31万亩；调处山林纠纷9宗；填发股权证16.6万本，发证面积31万亩，至12月，全区林改工作顺利通过汕头市级复查。

【森林资源保护】 2011年，发生一般森林火灾2宗，过火面积54亩，森林受害面积25.5亩。全年查处林业行政案件39宗，处理违法人员39人，行政罚款18.08万元，其中擅自改变林地用途36宗，非法收购木材1宗，无证运输木材1宗，非法收购受保护野生动物1宗，清理收缴捕鸟网1700米。

（董礼荣）

附：2011年潮阳区林业局领导名录

局　　长：马兴和

副 局 长：陈惠秋

　　　　　刘汉庭

纪检组长：陈升坚

畜牧兽医

【机构设置】 潮阳区畜牧兽医局（加挂汕头市潮阳区防止重大动物疫病指挥部办公室衔牌）内设人事秘书股、畜牧股、兽医股，直属股级事业单位有：动物防疫监督所、动物疫病预防控制中心、畜牧良种技术服务中心。事业编制60名。

【家禽】 2011年，全区家禽饲养量504.6万只，产值1.9亿元，主要以水禽（鸭）为主，约占家禽65%，鸡占30%，鹅占5%。鸭主要有潮汕麻鸭、番鸭及菜鸭，是潮阳区传统鸭种，同时也引进一部分广州南海的“樱桃谷”（别称“桂柳”）鸭和澄海“半番”鸭。鸡主要以本地草鸡为主，同时，从丰顺温氏引进“麻黄公”鸡投放金灶镇等规模场。鹅主要有传统鹅和澄海“狮头鹅”。

【家畜】 全区生猪饲养量48.7万头，出栏量30.3万头，存栏量18.4万头，产值6.4亿元；母猪1.34万头。年上市量万头以上的有顺兴、智业、新广大等养猪场，主要饲养大白、长白、杜洛克种公、母猪杂交的商品代猪；散养主要分布于关埠、西胪等镇，主要饲养流沙猪、饶平黑猪。

【疫病防治】 区畜牧兽医局坚持“以防为主，防重于治”的防控方针，防止高致病性禽流感、牲畜口蹄疫等重大动物疫病的发生。对猪丹毒、猪肺疫、猪瘟、鸡传染性支气管炎、鸡传染性法氏囊病、鸡白痢等零星禽畜疫病，通过及时免疫接种、防治，得到有效控制。

【龙头企业】 汕头市新广大畜牧科技有限公司址在潮阳区海门镇湖边村，该公司成立于2005年12月，系一家以种猪扩繁为主，专业从事生猪饲养的现代畜牧企业，占地面积120亩，采用TEAM全电子母猪管理系统，实现精确饲养管理，采用发情鉴定、疾病早期预警及判断的现代化生产工艺，采用高床位、液泡粪、环境自动控制、自动送料、自动给水等创新设计建造新型猪舍，配套完善的消毒、防疫设施和大面积绿化，建有沼气处理系统和沼液深度处理的污水处理工程，实现能源循环利用、环境治理、废物综合利用的生态农业生产模式，是无公害农产品生产基地。2011 年获“广东省重点生猪养殖场”。

汕头市智业畜禽养殖有限公司　址在潮阳区铜盂镇市上村，创立于 1995 年，是一家以养猪业为主的养殖基地，占地面积 60 亩，建筑面积 1.6 万平方米，基地引进国外良种瘦肉型种猪，采用人工授精技术进行自繁自养，采取早期隔离断奶（21 日龄），小栋式建筑，注重隔热、通风、采光，防疫为先、分区隔离、全进全出、免疫防疫彻底。生猪存栏量 9500 多头，年可出栏生猪 2 万多头。2003 年“智业牌”生猪通过广东省农业厅无公害农产品认证；2004 年被汕头市政府评为汕头市农业龙头企业、汕头市农村科普示范基地；“智业生猪”获得国家农业部无公害农产品认证，公司董事长兼总经理赵镇波是汕头市第十、十一、十二、十三届人大代表。

汕头市潮阳区和平明通种养场　址在和平镇练北村，成立于 2001 年，是一家以生猪饲养和水果种植相配套的生态农业企业，总建筑面积 1.1 万平方米，猪舍 12 栋，建有消毒池、饲料生产房、人工授精室、防疫室、沼气池储气柜等，年出栏生猪近万头。

（畜牧兽医局）

附：2011 年潮阳区畜牧兽医局领导名录

局　长： 林昌洲

副局长： 邱锦源

郭锵宏

海洋与渔业

【概况】　潮阳区海洋与渔业局内设人事秘书股、海域与海岛管理股（与资源环境管理股合署办公）、渔业与远洋捕捞股、计划财务股、水产品质量安全监管股；直属副科级行政执法单位广东省渔政总队潮阳大队（加挂“中国海监广东省总队潮阳大队”、“中华人民共和国广东渔业船舶检验局潮阳检验站”衔牌）；下属股级事业单位 5 个：潮阳区水产技术推广站、省渔政总队潮阳大队榕江中队、潮阳区渔政船艇后勤服务中心、潮阳区海上渔业安全通讯救助网络管理中心、潮阳区鱼苗场（企业化管理）。人员编制 136 人，其中：机关行政编制 14 名、后勤服务人员 2 名，行政执法专项编制 17 名、后勤服务人员 2 名，事业编制 101 名（企业化管理事业编制 55 名）。

2011 年，海洋与渔业局围绕市委、市政府建设“海洋经济强市”目标和“五年大变化、十年大发展”的战略部署，团结协作，开拓创新。全年完成水产品总产量 8.81 万吨，产值 8.32 亿元，增加值 2.31 亿元，比 2010 年分别增长 2.1%、13.2% 和 17.4%。其中，海洋捕捞 4.72 万吨，与 2010 年持平；海水养殖 2.33 万吨，比增 3.9%；淡水捕捞 510 吨，与 2010 年持平；淡水养殖 1.7 万吨，比增 5.8%。

【海洋综合管理】　区海洋与渔业局全面落实海域物权制度，办理确权海域证 2 宗、使用权转让登记 1 宗、海域使用权证书年审签证 25 宗，征收海域使用金近 5 万元，新增海域确权率和海域使用金征收率均达 100%。树立“管理就是服务”理念，加强对华电、新大华石化等临港大型用海项目的管理服务工作，解决工程项目用海过程的实际问题。实施海洋资源环境监测管理，每月对 2 艘监测渔船的捕捞信息进行收集、整理、分析、上报。开展海洋经济试点调查。完成港湾海域环境综合整治，从南防波堤至避风塘岸边共清污除障 2 万多立方米。严格执行海监“三巡”制度，组织海上巡航 67 航次，航程 3070 海里，陆岸巡查 50 车次，行程 1360 公里，检查用海项目 145 个（次），查处非法占用海域、违法采砂行为各 1 起。实施“海盾 2011”专项执法行动，查办案件 1 宗。开展海岛保护专项巡航执法，检查 18 个无居民岛 432 次，保护好海岛资源。

【渔业现代化建设】　海门国家级中心渔港建设和码头后方配套项目建设全面竣工。2011 年 4 月，历时 8 年的海门中心渔港工程建设项目通过交工验收。海门中心渔港被列为省、市、区“十一五”规划的重点工程项目，2003 年 11 月申报，2005 年 9 月立项。潮阳辖区工程于 2008 年 8 月开工，总投资约 2600 万元，完成北码头 275 米、南码头 280

米、南码头阶梯小渔船码头40米、南码头阶梯护岸26米、执法指挥中心1017平方米、南防波堤281米、堤头灯塔1座和航标6座等8个分项目建设。2011年10月，海门中心渔港码头后方配套项目完工，回填码头后方土方14万立方米、截流排水干渠872米、疏浚小渔船停泊区1.9万立方米，投资总额1244万元，解决了渔区内涝问题，为中心渔港的配套建设拓展空间。

【渔业管理】　区海洋与渔业局完成潮阳区三屿围养殖基地建设项目验收。拆解省局批准的24艘自愿淘汰渔船，发放补助资金912.25万元。加强渔业捕捞许可和养殖证管理，办理渔船过户40艘、签发捕捞许可证125份，核发新版养殖证27份、面积1.33万亩。全区通过无公害农产品产地认定的水产品企业8家、面积4623亩。承担省重大水生动物疫病检监测任务，完成“对虾白斑病检测”、“罗非鱼致病耐药性与药物筛选试验”2个监测项目，上报水质监测报告150份、水生动物采样80份，对水产病害“早发现、早监测、早改良、早防治”。

开展水产品质量安全监管工作，组织水产品质量抽检，检查养殖场12个、种苗场6个，抽检水产养殖品种、水产苗种样品5批34个，合格率100%。完成14家养殖企业基础数据的摸查录入，对养殖企业实施动态管理。举行质量安全整治行动，检查养殖场39场次、种苗场14家，对生产管理不规范的养殖企业进行清理整顿。

【渔政执法】　2011年7月，潮阳渔业综合执法指挥中心大楼落成投入使用。大楼建筑面积1844.55平方米，配套供电、供水、消防等设施，以及500吨渔政船码头1座，改善了办公条件。执法管理再创佳绩。开展以“护渔2011”为主的多层次、高密度、高效率海上执法行动，中国渔政44181等渔政船艇出海巡航338航次，航程4.45万海里，检查渔船2391艘次，查处违法违规作业案件175宗。完成第13次伏季休渔管理工作，全区366艘休渔渔船全部按时进港停泊，休渔率达到100%；坚决执行24小时港口值班监控制度，确保休渔期间无违规出海偷捕行为和渔船安全无事故。

【支渔惠渔】　区海洋与渔业局认真落实省人大议案精神，结合海门镇老区改造，推进渔民安居工程建设。分两期申报1005户贫困渔民安居工程获省局批准，省级补助资金1507.5万元。渔民安居工程按集中建房和分散购房方式进行，其中：集中建房于2011年2月开工，交付使用后将解决204户贫困渔民居住问题；分散购房计划801户，以省财政每户补助1.5万元的标准，由渔民自行购房。落实渔业政策性补贴，及时发放休渔补助资金51.81万元，其中，休渔渔船366艘，补助资金23.51万元；休渔贫困渔民917户获实物补助，补助资金28.3万元，采购大米45.9吨、食用油4585升，缓解了渔民的生活困难。规范2010年度渔业用油补资金发放，严格申请、核船、公示、监督等程序，补助捕捞渔船581艘、主机总功率4.4万千瓦、资金5485.72万元，帮助渔民解决生产和生活困难，促进渔区社会稳定。

【安全生产管理】　区海洋与渔业局严格执行渔船进出港签证、换证强制上排检验制度，完成渔船新船名号标示整治任务。举办渔民安全教育暨技能培训班2期，培训渔船船长和渔业联社干部810人。在海门避风塘举行渔船防火暨救生浮使用演练，提高渔民的安全意识和自救能力。组织封港查船等行动，检查渔船2825艘（次），查处违规案件7宗，发出《整改通知书》79份，增配救生衣82件、救生圈89个、灭火器766支，配置小型救生浮26个，全年无发生海上渔业生产人员死亡事故。

（海洋与渔业局）

附：2011年潮阳区海洋与渔业局领导名录

局　　长： 郑宗发（任至7月）
郑光浩（12月任职）

副 局 长： 郑光浩（任至12月，8月起负责全面工作）
黄克标
林海宏

纪检组长： 李雪华

水　务

【概况】　潮阳区水务局（原名潮阳区水利局，于2010年10月改称）主管全区水行政工作，组织指导或负责全区水利工程建设管理、江河管理、农田水利、乡镇供水、水土保持、防汛防旱等工作。内设人事股、秘书股、计划财务股、水资源与供水股、法规与安全监督股、建管股；下属单位有潮阳区水利水电勘测设计室、河溪水系工程管理处、海门湾桥闸管理处、练江水闸工程管理处、机电排灌管理总站、城市防洪工程管理处、练江堤工程管理处、榕江堤防管理处、机械疏浚工程管理处、水政监察大队、自来水总公司、水电建筑安装工程总公司、水电综合经营开发公司等13个。全系统在职干部职工958人。

潮阳区年平均水资源量6.5亿多立方米，人均占有量400立方米左右，是全省人均水量的18%、全国的21%，部分地区地下水含氟量超标，属水源性和水质性缺水地区。

【水资源管理】　*地下水资源管理*　区水务局根据《中华人民共和国水法》、《广东省水资源管理条例》和《汕头市取水许可制度与水资源费征收管理办法》等法律法规，潮阳区制定《关于开采地下水若干规定》、《关于整治谷饶镇开采地下水秩序的工作方案》、《关于整顿地下水开采秩序的通告》等规章。潮阳区水务部门为保护地下水资源，联合谷饶镇政府对部分企业擅自抽取地下水的违法行为予以制止，依法进行管理。结合环境保护执法监察专项行动，对全区范围内污染源企业用水情况进行全面检查，对部分违章企业实施整治。对染整企业采取断电、拆除取水设备等手段进行整治，并落实各有关镇跟进监管。

地表水资源管理　区水务局根据《中华人民共和国水污染防治法》、《广东省农村生活饮水安全工程水源保护条例》等法律法规，为保护和改善农村饮水安全工程水源的水质，防治水污染，潮阳区颁布《农村饮水安全工程水源保护办法》，明确各饮水工程水源的保护范围，规定相关职能部门的职责，以保障群众身体健康，促进经济社会可持续发展。

【灌溉排涝工程建设】　区水务局经2010年10月的调查，潮阳区排涝设施严重衰退，急需更新改造（部分重建）的机电排涝站有33座41台、总装机2550千瓦。为改变因机电排涝设施退化而出现提不起水、排不出涝的情况。2011年6月区政府决定启动部分急需的机电排涝站改造建设工程。确定建设潮阳区机电排涝站技术改造工程项目，该项目主体工程改造建设共需资金1717.43万元，于2011年11月3日开工。工程建成后将改善排涝面积7.5万亩，受益捍卫人口17.88万人。

【“三防”工作】　2011年“三防”工作主要围绕“不死人，少损失”、“不决堤、不垮坝”的目标。防风方面：相继防御热带风暴“莎莉嘉”和“南玛都”；防汛方面：根据预案要求适时启动相应级别的应急响应，迅速采取相应措施，2011年全区抢修险工隐患46处，按照“宁可备而不用，不可用而无备”的原则，做好防汛物料的补充、储备；防旱方面：立足“抗大旱、抗久旱”的思想，面对年内的秋冬连旱，水务部门采取抗旱有效措施，力争将损失降至最低。区自来水总公司加大购买境外水量，海门镇启动购汕头自来水，贵屿镇北林村启动购普宁自来水等，保障城乡居民的生活用水。此外，创新工作思路，加快“三防”信息化建设，率先建成覆盖全区的“三防”雨情自动测报系统；利用卫星云图接收系统、“三防”雨情自动测报系统和台风实时采集分析系统密切监测，及时向各地发出预警，取得“三防”工作的主动权，最大限度地减少灾害带来的损失。

【水利综合执法】　区水务局加强江河堤防巡查监管，查处水事违法事件，严厉打击“三乱”行为。面对辖区内部分江河堤段出现乱倒垃圾甚至倾倒淤泥阻塞河道污染环境的现象，水务部门组成二个工作组进行定期与不定期巡查执法，加大打击力度，及时制止和打击了乱排乱倒等违法行为。全年查处乱倒废土淤泥7宗，查处违章搭建物2处2584平方米，清理违法种植香蕉500株，确保防汛通道畅通；加大对违法采砂的执法力度。区政府办公室发出《关于转发区水利局打击榕江潮尾水闸至棉北鲑头段和练江海门湾桥闸至贵屿段水上违法作业联合执行方案的通知》，确定由水务局牵头，会同海事、公安、海洋与渔业、航道、金灶、关埠、西胪、河溪镇等部门组成专项执法队伍，联合打击违法采砂行动，查扣违法采砂船1艘、运砂船2艘。

（水务局）

附：2011年潮阳区水务局领导名录

局　　长：林燕锋（任至10月）
彭振崇（10月任职）

副 局 长：郭鹏华（7月任职）
马凯松
赵宏展（任至10月）
赵志宏（7月任职）

纪检组长：陈培端（任至12月）

自来水供应

【概况】 潮阳区自来水总公司创建于1980年，为国有企业，隶属于区水务局，担负潮阳城区和榕江片区部分村镇的自来水生产和供应任务，以及全区村镇改水的技术指导工作。内设办公室、生产技术股、计划财务股、稽查股、供水管理股、水质管理股、业务经营股7个职能部门以及第一水厂、第二水厂、榕江水厂、城东供水管理所、城西供水管理所、自来水管道安装公司、维修工程处、机械修造厂、新铺水库管理处九个下属单位。2011年在岗干部职工472人，其中各类专业人员42人，各类专业技术工人192人。

【供水建设】 改革开放后，为适应潮阳经济快速发展需要，公司的供水建设快速发展，1985年日产1万立方米的第一水厂建成投产后，于1990年扩建为日产4万立方米。1996年建成日产3万立方米的第二水厂。2000年又建成日产5万立方米的引汕供水工程。为解决榕江片区人民饮用水难的问题，2002年建成日产3万立方米的榕江水厂。经过近30年的发展，公司现有固定资产规模1.3亿元，日总供水能力15万立方米，内径100毫米以上的各类供水管道236公里，用户7万户，用水人口35万人，供水面积21平方公里，城区供水普及率达98%。

2011年，公司总供水量3170万立方米，其中：城区供水量2638万立方米，榕江水厂532万立方米；售水量2176万立方米，供水回收率68.64%。水质综合合格率为99.92%；工业总产值4138万元；上缴税收284万元；全年投入资金318.74万元改造内径100毫米以上管道4.5公里，现有内径75毫米以上管道256公里；全年新安装水表1076个，现有水表7.66万个；现有消防栓433个。

（自来水总公司）

附：2011年潮阳区自来水总公司领导名录

总 经 理：黄洪铮

副总经理：陈桂潮
陈敬弘
林　仲
郑海武
姚秋桂

气　象

【概况】 潮阳区气象局属广东省汕头市气象局垂直管理单位，内设办公室、业务股、防雷设施检测所，编制9人，在编职工3人，编外人员9人。

潮阳区气象局属于国家一般气象站，主要负责地面3次正点基本气象要素观测。全区共有17个区域自动站，实现基本气象要素24小时自动观测。

【气象服务】 2011年发布台风、暴雨等天气预警信号72次（其中台风6次，暴雨14次，雷雨大风21次，高温8次，大雾4次，寒冷8次，森林火险11次）。重大气象信息专报6份、重大气象信息快报17份，天气报告20份。及时提供中短期天气服务，根据天气变化，通过天气专题，为农业等部门提供早晚稻田间管理等不同生产期气象服务，全年共发布专题服务16期，共1600份。

【防雷减灾监督】 根据《汕头市防御雷电灾害条例》，推进气象防雷知识的推广和普及，对易燃易爆场所的防雷设施进行专项检查，重点完成对29个加油站、17个石油气储配站、2个烟花爆竹及民爆工厂的检测及防雷设施的整改完善。全年检测验收单位共191个。

（杜勤博）

附：2011年潮阳区气象局领导名录

局　　长：刘俊旭

交通・邮电・电力

www.gdchaoyang.gov.cn

交通·邮电·电力

交通运输管理

【机构设置】 潮阳区交通运输局主管全区交通运输行业，内设人事秘书股（与监察室合署办公）、规划建设股、道路运输管理股、安全技术股（水路运输管理股）、财务审计股和交通运输综合行政执法局，下设事业单位16个：道路运输管理总站、地方公路管理总站、航务管理所、道路运输稽查大队、路政管理大队、质量监督管理站、机动车辆驾驶员培训管理中心、道路运输车辆办证室及棉城、海门、和平、谷饶、贵屿、西胪、关埠、金灶运输管理所。局机关21人，综合执法局45人，事业单位150人；属下企业9家，企业干部职工2043人（其中下岗人员1540人）。

【主要工程项目建设】 2011年，区交通运输局协调完成埔谷线（揭阳埔尾至谷饶）谷饶段4.46公里的工程建设工作，项目总投资522.75万元，省厅工程建设补助资金267.6万元；协调落实陈南（陈店至南洋）新线改线段5.8公里的前期准备工作，计划先行对桥梁项目进行建设，沿线北港华联大桥已完成项目建设前期准备工作，计划投资866.2万元；协调实施东谷公路（东坑至谷饶）谷饶段3.34公里项目的实施建设，市、区老促会协调解决补助资金300万元，项目总投资364.75万元；完成上报省道S234至深汕高速海门互通（潮阳段）路面改造项目上报计划前期工作，计划于12月份前立项建设；完成将金谷公路作为潮惠高速公路连接线并入潮惠高速公路项目实施的前期协调工作；完成火车站疏通道路项目的规划和计划上报工作。全面实施2009～2010年新农村公路建设项目，计112个村116.22公里；实施客运均等化工作的规划和实施建设工作；在已建成村镇简易站的基础上，建成4个农村客运招呼站。完成全区农村客运候车亭161个项目的建设工作，争取省交通厅项目建设补助资金352.4万元。协调落实危桥改造（建）的实施工作，至2011年底累计完成危桥改造（建）16座，其中列入2009年度危桥改造计划项目10座，2010年度危桥改造计划项目6座。主动积极配合做好汕头至揭西高速公路、潮惠高速公路、揭惠高速公路、潮汕二环高速公路路线方案定线工作和实施方案会审评定工作，以更好地优化路线方案力争达到最佳经济效益和社会效益。

【行业管理】 区交通运输局重点加强春节等节日运输安全生产管理，落实陆路、水路客运单位和相关职能部门的责任，加强检查监督，提高运输保障能力和服务水平。春运期间投入公路客运车辆390辆、1.45万个座位；公路客运发出班车3.88万班次，运送旅客83.35万人次。实现“安全顺畅、和谐有序”的春运目标。做好车辆船舶经营资格审验和维护检测。全年共审验货运经营户961家、车辆2532辆，换发道路运输许可证708份、核发道路运输许可证253份、配发道路运输证278本；审验客车316辆、出租小汽车128辆、危货车10辆。办理营运车辆技术等级评定2058辆次；办理营运车辆二级维护质量检测2115辆次，确保营运车辆安全性能和技术性能过关。同时把好水运企业和船舶的经营资质关，辖区1家水运企业和1家服务业及8艘船舶顺利通过核查。

【运输市场整治】 2011年，区交通运输局组织整治道路运输市场秩序，规范运输经营行为，打击违章运输。结合创建文明城市，迎“创卫”、“创模”复检工作部署及汕头市交通运输局《关于印发市中心城区道路运输市场百日专项整治活动方案的通知》精神，开展道路运输市场“百日”专项整治、城市管理综合整治等活动，对非法营运、“黑票点”、客车越线经营、非法驻点营运等违法违规行为进行查处打击。一年来共出动执法人员6000人次，查处各种违规违章车辆300多辆次，维护道路运输市场秩序。

【公路养护】 区交通运输局管养地方公路总里程1045.32公里，其中省道2条22.37公里，县道4条37.7公里，乡道79条261.12公里，村道819条724.13公里。2011年共修补坑槽6.85万平方米，路面热沥青灌缝10公里，清挖水沟237公里，修补路肩4万平方米，扫沙3600平方米，排水268公里，清理堆积物、路障830立方米，修剪花木及粉刷树木4300棵，确保管养线路畅通，保持良好路况。

【路政管理】 区交通运输局加强路政管理力度，坚持上路巡查，及时查处侵犯路产路权行为。全年检查货车965辆次，其中，查处超限超载车辆120辆次，卸载车辆120辆，卸载总重量2577吨。加大资金投入，增设各类标志及安全设施，其中更新、增设警示桩60支，标志20套，安装重点线路百米桩、里程碑，消除安全隐患，确保道路交通安全。

【公共交通管理】 2011年投入6辆公交车恢复城区第4路公交线路营运。完成农村客运服务均等化三个百分之百，达到通车条件的161个行政村（社区）开通客运班车，建成161个通农村客运班车行政村（社区）候车亭，农村乡镇实现镇镇有站，在已建5个简易站的基础上，建成4个农村客运招呼站。

附：2011年潮阳区交通运输局领导名录

局　长： 马化武（任至12月）
郑永雄（12月任职）

副局长： 张廷伟（任至12月）
翁甲健
吴伟胜

纪检组长： 林加林

综合行政执法局局长： 李克锐（7月任职）

航道管理

【机构设置】 广东省粤东航道局潮阳航道站是广东省粤东航道局派出机构，股级单位，担负潮阳范围内的航道维护、建设、行政管理等任务。在职人员10人。

【航道维护管理】 贯彻执行航道维护管理政策法规，做好航道维护管理工作，开展日常航道巡查，及时掌握航道基本设施和水情、水深变化情况，及时清障，确保航道安全畅通。2011年辖区航道维护里程124公里（其中七级航道58公里，等外航道66公里），航道水深保证率100%。

【航标维护管理】 落实航标维护管理办法，执行航标维护质量标准，缩短维护周期，加强航标维护保养工作，提高维护质量，航标发光正常率100%。至2011年底辖区维护管理航标12座。

【船舶维护管理】 贯彻执行广东省航道局《船舶机务管理办法》规定，落实航道行政船舶的航行和值班管理制度，加强日常维护保养，保证船舶技术状况良好。做好粤标505船年审、船员换证、年审工作，船舶完好率100%。

【航道行政监管】 执行航政法规，加强航道巡查和监管、落实航政监管工作制。通过巡查、监管，及时发现和处理问题，完善执法档案和日常记录等相关资料。

【安全教育培训】 推进“班组安全管理标准化”建设，组织全员安全培训，强化安全意识，组织2次船舶应变安全演练，参加上级安全知识、技能培训学习，提高全员安全意识，实现全年安全生产无事故。

汽车运输

【概况】 潮阳汽车运输总公司创立于1947年1月，为连通筑路行车公司。承领潮阳、普宁、惠来、南山管理局四县局路权，从事筑路、修路、造桥及客货运输。1956年1月成为国营企业，随着行政区域的多次调整，2003年3月更名为“汕头市潮阳汽车运输总公司”。总公司属下拥有全资子公司汕头市潮阳高速客运有限公司，内设劳动人事部、财务统计部、经营部、质管部、物业管理部、安全技术部；潮阳汽车客运站（二级站）、峡山汽车客运站（三级站）及金玉汽车客运站（四级站）、简易汽车客运站7个；304车队、南方车队、汕头市潮阳广达专线客运有限公司、汕头市潮阳区广达公共汽车运输有限公司、汕头市潮南区广达公共汽车运输有限公司、修理厂等。2011年员工445人。

【经营状况】 2011年，总公司拥有客车179辆，7354座位。营运线路37条，其中：省际线路8条；市际线路19条；县际7条；县内线路3条。全年完成客运量239.04万人次，旅客周转量4.06亿人。全年总营收1300万元，上缴税金120万元，盈利25万元，实现扭亏为盈。

【公交运输】 至2011年底，有公共汽车57辆，线路7条，分别是：潮阳至峡山、潮阳至红场、潮阳至雷岭、井都至陈店、仙城至成田、峡山大宅至贵屿、两英东北至潮南民生医院。

【运输安全】 总公司建立安全生产责任制，立足“安全文化、安全科技”。不断增加对安全生产的投入，改善安全生产条件。抓好营运车辆安全技术管理和现场安全管理，严格执行安全检查检测制度，完善车辆GPS卫星监管监控。搞好安全生产隐患排查整改工作，实现全年安全生产无重大事故。

（交通局）

公路建设管理

【概况】 潮阳区公路局现行体制为双重管理单位：即行政关系、人员编制属潮阳区人民政府直属管理；业务、经费属汕头市公路局管理。内设5个职能股（室），直属股级行政执法单位2个；直属股级事业单位9个。局机关及直属事业单位在职人员210人。主要负责潮阳区境内国、省道的养护、建设、管理及年票代征工作。管养的公路有国道324线红旗岭至和平路段长23.7公里、省道S237灰田线22.4公里、省道S234线揭海公路长49.13公里等3条线路，共计95.23公里。

【公路养护】 2011年公路养护工作按照“组织精心、作业规范”的要求，对所辖路段进行全面养护和预防性养护，公路技术状况指数84.58%，辖内管养公路路况质量稳步提高。公路局加快协调，积极推进国道324线潮阳金浦至新庆路段和揭海公路关埠至金灶路段大修工程建设以及红旗岭至金浦路段的配套设施建设；维护管理公路附属设施，及时修补路面坑槽，保障公路通行能力；加强日常养护管理工作，结合所管养路线特点和季节养护重点，加强检查考评，提高公路通行能力；加强桥梁养护管理，建立完善桥梁管理制度，定期开展检查，及时发现和处置隐患，确保桥梁运营安全。

【规费征收】 2011年，共代征汕头市路桥通行费2530万元，比2010年同期增收371万。

【路政管理】 2011年共清理公路路障377立方米，牛皮癣（随处乱贴的广告）306宗；设置移动或临时招牌225块、路树遮挡标志52宗、路面标线6165.42平方米、限速限载圆形标志9块，三角形警示标志29块、18支、宣传牌2块、示警桩30支；修复公路警示标志32支、标牌45块；扶正示警桩125支；刷新示警桩406支；刷白路树6400棵；修剪花木5800株。

（张策增）

附：2011年潮阳区公路局领导名录

局　　长：林志坚（任至12月）
张廷伟（12月任职）
副 局 长：郑炳和（任至12月）
黄松发
黄少平（任至6月）
肖植玲（6月任职）
纪检组长：林松炎（任至12月）

港口管理

【机构设置】 潮阳区港口管理局设人事秘书股、财务股、规划建设股、港口管理股，编制23名，在职21人，属下有沿海、榕江、练江三个港口管理所。

【港口建设】 2011年主要做好华能海门电厂码头项目的日常管理和跟踪服务工作。该项目一期工程已投入运营，一号泊位于年底成功升级为15万吨级泊位，二号泊位7万吨级煤炭中转基地码头项目的前期工作正在抓紧进行，已于12月通过国家发改委核准。协助做好华电丰盛燃煤电厂项目和新大华石化项目的前期准备工作，协助其做好码头工程可行性研究报告的评审等前期服务。华电丰盛燃煤电厂项目码头工程于7月份和9月份通过可行性研究报告的评审和复审，11月21日举行奠基仪式。新大华石化项目码头工程也于7月份通过工程可行性研究报告的预审。

【港口管理】 2011年，区港口管理局监督8家取得港口经营资质的企业依法依规经营，按规定办理年审，完善管理制度；监管船舶进出港状态，对离靠岸的船舶及时跟踪管理，对危险货物的进出港装卸严格依规范作业，确保码头装卸作业安全；完成港口货物吞吐量29万吨（不含华能海门电厂）；做好潮阳港码头和弗兰克油库的正常维护和日常安全管理工作；加强港口规费的代征收管理，严格做到“应征不漏，应免不征，”及时足额上报上缴，年内代征收港口规费31.3万元（不含华能海门电厂）；落实“一岗双责”，确保港口生产安全无事故。6月份，港口管理局与辖区内8家港口企业签订年度安全生产责任书，明确双方的安全生产责任。

（港口管理局）

附：2011年潮阳区港口管理局领导名录

局　长：陈廷文
副局长：林昌雄
吴茂泉
陈　宇（任至6月）
赵宏展（10月任职）

供　电

【概况】 广东电网汕头潮阳供电局2009年11月23日划归广东电网公司直管，是广东电网公司全资子公司。2011年底，机构设置有：办公室、人事部、财务部、生产技术部、市场及客户服务部、计划建设部、监察审计部（纪委）、党群工作部、安全监察部、信息部、输变电部、调度中心、物流中心13个职能部门和文光、城南、棉北、金浦、海门、和平、铜盂、贵屿、谷饶、关埠、西胪、金灶、河溪、峡山、司马浦、两英、仙城、陈店、陇田、胪岗、成田、井都、红场、雷岭24个供电所，企业总资产13.94亿元，在职员工2848人。

【主要经济技术指标】 2011年潮阳供电局完成购电量65.58亿千瓦时，同比增长12.28%；售电量59.26亿千瓦时，同比增长14.21%；综合线损率9.65%，同比降低1.53%；电费回收率99.81%；旧欠电费回收率44.78%，应收电费余额比年初减少2365.40万元；供电可靠率99.82%，同比提高0.11%；用户平均停电时间15.97小时/户，同比减少9.74小时/户；用户年平均停电次数4.74次/户，同比减少2.81次/户；按ABCD区计目前配网可转供率完成22.89%，同比增长22.27%。

【安全生产】 潮阳供电局按照安全生产“创新、务实、严谨、和谐”这一理念，大力推行安全生产风险管理体系暨规范化建设，确保潮阳电网安全稳定，确保大运会可靠供电；有效杜绝人身伤亡事故，杜绝恶性误操作事故，杜绝人为责任事故和管理责任事故；较好地降低外力破坏事故，全年实现年度安全生产目标。安全生产风险管理体系通过外审，达到二钻水平，在全省50个县级供电子公司排名第三。截至2011年12月31日，全系统实现连续安全运行8166天。

【电网规划与建设】 2011年，潮阳供电局围绕“十二五”电网规划目标，狠抓规划的开局起步。完成潮阳电网主配网规划2011年度滚动修编；完成“十二五”110千伏及以下配电网规划修编；完成农网改造升级三年规划编制；完成“十二五”配网自动化规划编制；完成2011年中低压配电网年度规划编制。新建投产110千伏神山输变电工程和500千伏潮南变电站配套的220千伏线路工程；220千伏司马浦、海门变电站已进入建设前期各项准备工作；110千伏东洋、里美、港美、华桥、田心、仙城变电站正在进行前期征地和报建工作。

截至年底潮阳电网拥有220千伏变电站4座，主台9台，总容量1530兆伏安。110千伏变电站20座，主变45台，总容量1947.5兆伏安。110千伏线路48条，总长度438.68公里。10千伏线路288条，总长度3125.36公里。公台3786台，总容量946.89兆伏安。专台4849台，总容量1458.67兆伏安。

【为民服务 创先争优】 根据中央关于开展“为民服务创先争优”活动要求，潮阳供电局围绕上级机关的工作部署，成立“为民服务创先争优”工作小组及活动办公室，积极开展“为民服务 创先争优”活动，真情开展“六走进”，用心服务“五到位”。各收费营业网点坚持每天中午、节假日照常收费，实行联网收费，刷卡缴费；以“95598”客服中心为平台，对10千伏计划检修停电作业，除通过电视台提前7天告知外，坚持以人工电话服务和短信方式提前24小时通知村（社区）和专用变电用户；坚持10千伏急修班和供电所24小时值班制，做到故障抢修复电不过夜；各供电所坚持义务上门为400伏用户维修表后线路，较好践行“服务永无止境”这一中国南方电网服务理念。

【电力供应】 认真开展电力需求侧管理，实施综合停电管理，推行配网带电作业，科学调度，优化细化错峰限电计划，全年仅在1~5月份出现小错峰，错峰损失电量248.77万千瓦时。制定大运会、迎峰度夏、高（中）考保供电方案并狠抓落实，确保电力正常供应和各重大活动的保供电。

2011年电网日最大供电量2269.5万千瓦时（8月19日）；最高负荷112.9万千瓦（8月19日）。同比2010年，分别增长14.6%和14.5%。

【信息化建设】 落实广东电网公司和汕头供电局信息化工作部署，完成省公司安全生产管理、财务管理、物资管理、配网工程管理、人力资源管理、办公自动化系统、综合管理信息系统、营销管理信息系统等八大主营信息系统的推广应用工作，通过广东电网公司信息化水平评价冲A的考评，信息化工作取得跨越式发展。初步实现信息化技术在基层单位落地生根，各基层设立信息联络员，信息系统的使用程度和岗位覆盖率都达100%；信息化系统推广取得优异成绩，八大主营业务系统及营配一体化系统的覆盖率达100%，数据完整率90%以上；信息化装备水平明显提高，和平培训中心电教室落成，局机关及基层单位人机拥有率达80%以上；信息安全总体形势平稳，基本完成防病毒、域管理、桌面管理等安全措施的推广。

【企业文化】 结合创建国内先进供电企业，贯彻《南网方略》，弘扬企业文化，1月15日举办潮阳供电局迎春与双超“五十亿”大型联欢晚会，凝聚员工人心，共享企业发展成果。春节期间，开展“开门红”灯谜会猜、歌舞表演、象棋比赛、乒乓球比赛等一系列文艺活动，丰富职工文娱生活。积极发动参与“每人捐献十元钱，我把爱心献边疆”、“姐妹情深10元捐”、“广东扶贫济困日”、“人人奉献爱心，共建幸福家园”等捐献活动，发扬员工爱心精神。

（供电局）

附：2011年潮阳供电局领导名录

局　长：马武雄

副局长： 姚建生
陈文龙
郭勤忠
纪委书记、工会主席： 张育丰

邮　政

【概况】 汕头市潮阳区邮政局为汕头市邮政局垂直管理的国有公用企业，承担邮政普遍服务及特殊服务，依法经营邮政专营业务，对竞争性业务实行商业化运营。内设综合办公室、市场经营部和监督检查与安全保障部；辖金融业务中心等二级单位21个，其中农村支局10个、城区直属单位7个以及后台支撑单位4个；全局邮储网点9个（剔除银行一类网点2个）。在职员工421人。

2011年业务收入3820万元，同比增长13.96%，完成年计划104.72%。其中，代理金融类业务实现收入2896万元，同比增长20.58%，净增邮储余额2.48亿元；邮务类业务实现收入583万元，同比增长8.22%；速递物流类业务实现收入165万元。

【邮政业务】 潮阳邮政业务范围包括邮务类、速递物流类、代理金融类三大板块，为城乡居民提供函件、包件、报刊、集邮、机要、储蓄、汇兑、代理保险、基金理财、电子商务等现代邮政服务。

【邮政基础设施建设】 推进网点整治建设工程，对铜盂、海门、关埠网点进行整治改造，着手开展和平网点整治准备工作，并在全区投入存取款一体机、ATM机、补登折机等自助设备12台，新增LED广告牌、大厅液晶电视、“今日行长推荐”展示柜等，邮政网点服务能力及品牌形象得到较大提升。

【经营管理】 开展“节支增效”活动，节约成本开支，财务运营效益得到进一步提升。严格执行用工总量“零增长”，“减员增效”目标要求，抓好工时精细化管理，加大内部盘活力度，重新调整配备5人到新岗位，进一步提升效能。开展“创优争先，至臻服务”、“创星级”、微笑服务、“为民服务，创优争先”、“创新服务理念，创建文明窗口”示范网点等专项活动，并加强监督及考核，促进服务质量的提升。组织干部职工观看交通安全教育片、资金安全警示片，出台《安全生产管理考核办法》、《关于推行车辆定点停放制度的通知》等规章制度，修订“储汇系统突发事件应急预案”等多个预案，增补部分消防器材，在海门、关埠、铜盂三个整治网点安装110和“3防”设施等，抓好网点木门、锁具改造工作及西门支局电路整改工作，开展消防演练和防盗抢演练，排查安全隐患，促进企业安全运营。

【和谐建设】 多措并举地宣传“双关爱”理念，为员工谋求“硬实惠”和“软福利”，形成企业融洽和谐的工作氛围。组织慰问患病员工、困难员工，实行企业补充医疗门诊医药费报销办法，推动带薪休假制度和基本医疗保险的落实，组织员工健康体检，做好员工住房补贴的发放工作。组织开展“三八”节女工旅游、庆“五一”登山活动、乒乓球比赛、员工休闲羽毛球活动、太极拳培训等活动，完善“职工之家”及“投递员之家”建设，增强小家的吸引力，稳定基层一线员工队伍，促进企业和谐发展。被汕头市局授予“2011年度汕头邮政系统先进单位”荣誉称号。

（李燕芝）

附：2011年潮阳区邮政局领导名录
局　长： 林俊雄
副局长： 黄静波
吴楚汉

无线电管理

【概况】 潮阳区无线电管理办公室对外加挂汕头市潮阳区无线电管理办公室衔牌。行政编制4名，事业编制3名。2011年度共审核上报新设置通信基站手续45个，审核办理无线电对讲机手续32份。

【无线电监测】 2011年，无线电管理办公室运用先进的无线电监测设备，通过固定监测与移动监测方式，对无线电信号进行跟踪监听和测量分析，及时发现和查处非法无线电台。除每月固定监测外，还开展各类专项无线电监测 12 场 60 多人次，查处非法电台案件 3 宗。完成省下达的“保障水上渔业无线电通信指挥频率安全”的专项监测任务；配合汕头市无线电监测站完成省下达的深圳第 26 届世界大学生运动会举办期间重要频率专项监测任务。

【普查登记】 2011 年共查处非法设台单位 4 个，清理电台执照过期单位 4 个，清理不按期缴费单位 2 个，追收频率占用费 4100 元；登记各类通信基站及无线电台 1237 个，其中：CDMA 通信基站 589 个，GSM 通信基站 112 个；中波调频电台（含差转台）21 个；单边带船舶电台 441 个；微波通讯网络 28 个 3316 路；无线自动报警通讯网络 4 个；无线数据传输系统 6 个；无线对讲机 32 部；单（双）向卫星地球站 4 个。通过普查登记，建立无线电台站技术资料数据库，为规范管理打下基础。

【行政执法】 针对通信运营单位基站受到非法设置使用直放站（即信号增大器）干扰的情况，潮阳区无线电管理部门组成执法小组，多次开展取缔非法设置直放站的行政执法活动，在有关镇、村（社区）及职能部门的配合协助下，对 13 个违规用户责令其自行整改，有 5 个用户经过宣传教育后自行拆除设备，其他用户通过更换设备，消除无线电干扰，保障合法用户的权益。对未办理合法手续擅自使用对讲机的 4 个单位以及电台执照过期的 4 个单位进行清理整顿，责令补办手续。

【设施建设】 2011 年，无线电管理技术设施建设进一步加强，车载移动监测技术设备得到升级，配置价值 300 多万元的无线电监测测向接收机、无线电干扰分析仪、手提式卫星定位仪以及设置有电子地图的车载移动监测测向系统等监测设备。在区政府大楼顶层建设配置一个无线电监测站，实现区县与汕头市无线电联网监测。完善计算机网络设施建设，利用区政府网站的平台，设置计算机局域网，实现区县与汕头市无线电管理网站联接，区县与市网资源共享，为开展管理工作提供便利。

（吴汉辉 吴文雄）

附：2011 年潮阳区无线电管理办公室领导名录

主 任：吴汉辉

副主任：马创雄

电 信

【概况】 中国电信股份有限公司汕头潮阳区分公司隶属中国电信有限公司汕头分公司，是一家拥有固定资产 10 亿多元、员工 419 人的国有大型通信运营企业。设有综合部、客维部、销售部、政企客户服务中心及下属 6 个营销服务中心，营业厅 14 个，合作品牌、授权店 72 家，空中充值缴费网点 350 多个，服务网络覆盖全区各镇（街道）。2011 年中国电信潮阳区分公司认真贯彻落实省、市公司的工作部署，执行聚焦客户信息化创新战略，加强业务融合，积极拓展移动、智能 3G、宽带市场，完善企业基础管理，优化业绩考核体系。全年完成全业务收入计划 100.12%，同比增长 3.94%。2010 年中国电信潮阳区分公司被潮阳区委、区人民政府授予“文明单位”和“信访先进集体”荣誉称号，荣获省公司年度先进绩效单位二等奖，汕头分公司年度先进绩效单位一等奖。

【经营业务】 树立“围绕收入核心，注重效益”的发展观念，突出“便民、利民”主题，聚焦客户需求，先后组织开展“全家 e 乡情网”、“宽带优惠提速”、“用天翼、宽带大优惠”、“不玩 2G 玩 3G”等多项优惠促销活动，适时推出各类优惠套餐和终端补贴政策，引导 3G 通信潮流，向用户免费提供“院线通”、189 邮箱、网厅自助服务、“视线通”、“GPS 导航”等各类 3G 应用综合信息服务，全方位提升客户信息化通信水平，促进移动、宽带通信市场发展。

【基础设施建设】 加快宽带、3G 网络建设及光纤网络平移改造。全年共建成 6 个管道项目工程，规模 24.3 管孔公里；完成 7 个驻地网线路项目工程建设，规模 2356 线对公里；对 52 个住宅小区进行 FTTH 光纤薄覆盖改造建设，完成光纤入户覆盖 1.96 万户；新建扩容宽带 3.59 万线；开通 C 网基站 9 个，在用基站和室分系统达到 192 个，完善宽带接入、3G移动信号和光纤网络覆盖，推进“光网城市”发展战略。完成“平安潮阳”公共设施监控等一批ICT项目，配合区税务局推广“天翼税通”业务，以促进行业信息化为主题，为各大企业提供“物流e通”、“翼机通”、“旺铺助手”等综合信息服务，积极推进潮阳信息化建设。

【客户服务】 落实全业务服务标准，提升营业厅服务质量。开展“3G应用体验”、“自助终端缴费、电子渠道推广”活动，增强营业厅的综合服务能力，提高客户感知度。落实“五个一”服务标准，定期组织开展服务技巧、亲和力的培训、考试，提升客户服务水平。组织开展“翼马当先”营业厅劳动竞赛，增强服务意识，提升前台服务主动性。优化业务受理、办理、开通流程，提高前台服务效率。加快社会渠道“三直网点”、“品牌店”、“空中充值”铺设，拓展服务覆盖面，为用户提供各类缴费、业务办理的便捷通道。落实前台“首问负责制”，优化投诉、故障处理流程，组织开展“装维投诉专项整治行动”，“装维满意度提升攻坚行动”，提高客户的感知度和满意度。

【精神文明建设】 坚持党建工作与转型发展紧密结合，组织开展“党员先锋岗创建活动”、“天翼3G党员先行”、“创先争优党员评比活动”、“天翼飞扬党员走访客户活动”、“为民服务创先争优”等系列党建活动，发挥共产党员的先锋模范作用，不断改善服务支撑工作。加强企业文化建设，突出以人为本的科学发展观基本理念，结合创先争优活动，组织开展“家园式营销服务中心”创建活动，激发一线员工“以企业为家，建设美好家园”的工作热情，增强队伍的凝聚力和生命力。实施关爱员工系列活动，加强对员工的关注、关心和关怀，落实各项员工福利政策和休假制度，完善民主管理，确保员工权益，帮助员工解决工作和生活中遇到的困难和问题。开展乒乓球、羽毛球、拔河等文体活动，促进员工身心健康。

（电信分公司）

附：2011年中国电信潮阳区分公司领导名录

总经理：冯国强

副总经理：姚镇波

陈少荣

中国移动

【概况】 中国移动通信集团广东有限公司潮阳分公司是中国移动通信集团广东有限公司汕头分公司隶属部门，为潮阳区最大的移动通信运营企业。2011年在职员工164人，设有综合部、市场部、网络部和城区、谷饶两大区域，服务网络覆盖潮阳区各镇（街道），年上缴税收上1000万元，多次被评为“纳税大户”，多次荣获“广东省文明单位”、“广东省青年文明号”、“汕头市三八红旗集体”、“汕头市承诺诚信单位”等荣誉。

【网络建设】 2010年，潮阳分公司成立网络部，至2011年，潮阳区域内的中国移动GSM网络覆盖率达98%以上，基站遍布城乡各地。

【市场运营】 进入3G时代，公司在巩固2G市场的同时，通过“老客户精品购机”、“星级购机”等活动，大力推广TD的普及应用。推进农村信息化进程，提供彩铃彩信、企业名片、企信通商务短信、企业邮箱等综合信息增值服务，使各项业务得到长足发展。

【安全管理】 组织全员参加消防知识、交通知识培训讲座，多次与区安监局、消防大队进行沟通、座谈，在综合大楼实地开展紧急消防演练，订购《安全手册》，签订“安全生产责任书”，提高全员消防安全意识和安全生产能力。开展“安全生产月”活动，确保企业安全运营。

（潮阳移动）

附：2011年中国移动潮阳分公司领导名录

总经理：陈奕拯

副总经理：陈允孝

中国联通

【概况】 中国联合网络通信有限公司汕头市潮阳区分公司是中国联通集团公司的分支机构（以下简

称潮阳联通），为国有综合电信业务运营商。内设综合部、营销部、客户服务部、集团客户营销部，并在城区、谷饶、贵屿、和平、关埠设立5个营销服务中心，配套7个自有营业厅，共有员工95人。2011年潮阳联通根据中国联通集团公司“3G领先与一体化创新战略”的统一部署，集中资源加快3G建设，构建领先的无线宽带网络，全面整合业务资源，在WCDMA（3G）网络全面覆盖城区的基础上，进一步完成各村（社区）镇（街道）和国道全线的建设，WCDMA（3G）网络覆盖水平不断提升，覆盖率已达82%；完善GSM（2G）网络的深度覆盖，进一步提升村（社区）镇（街道）广度覆盖，覆盖率已达98.7%，并大幅度提高GPRS速率，用户感知度得到大幅提升；在大客户专线接入、电路出租及ICT项目的拓展上也取得了突破。

【市场运营】 2011年，潮阳联通以“3G领先与一体化创新战略”为引领，以“聚焦增长，提升效率”为战略目标，不断优化产品结构、渠道结构和佣金体系，实施话务量和数据流量差异化经营，提升渠道发展有效性，赢得客户和渠道的信任。至2011年底，潮阳联通特许代理网点244个，销售网点超过600个，移动电话用户23.06万户，同比增长16.7%，互联网专线及家庭宽带用户数0.87万户，同比增长98.5%。全年业务收入完成5515.65万元，同比增长28.6%。其中移动业务（含2G、3G）收入为4938万元，宽固业务收入577.65万元，比2010年2G、3G和宽固业务收入分别增长14%、91%和125%。

【互联网业务】 潮阳联通的宽带线路资源现已覆盖城区、谷饶、西胪，关埠、河溪、金灶等区域。2011年加快FTTH高速网络、光纤到户的覆盖及家庭综合服务模式推广，加强原有小区FTTH线路改造工作，新建规模小区100%进行资源覆盖，为2012年FTTH业务的大力发展打下基础。

【电信基础设施建设】 至2011年，潮阳联通移动通信基站共有328个，比2010年增长85.3%，通信管道837公里，比增11%，光缆皮长637公里，比增10.97%，宽带机房和ONU增加13个，新增宽带端口5500个，比增82%。全年投资8950万元，比2010年增长123.8%。

（潮阳联通）

附：2011年中国联通潮阳区分公司领导名录

总经理：林福通

副总经理：陈锦波

郑仲鑫

商业流通

www.gdchaoyang.gov.cn

商业流通

经济和信息化

【机构设置】 潮阳区经济和信息化局（简称“区经信局”）成立于2011年9月1日，将原区经济贸易局（加挂区中小企业局衔牌）、区信息产业局的职责整合组成经济和信息化局。经信局内设秘书股、综合管理股（加挂区经济协作办公室衔牌）、技术改造和创新质量股、市场管理和商品流通股（加挂区生猪屠宰监督管理所、区酒类专卖管理办公室衔牌）、中小企业股（加挂区乡镇企业办公室衔牌）、资源环境和能源电力股、信息产业股、企业改革和监督股（加挂区属国有企业监事会工作办公室衔牌）、人事股、监察室。编制28名，现有34名；生猪屠宰监督管理专项事业编制15名。

直属单位有：区中小企业服务中心（股级），区国有集体企业服务中心（副科级）；归口管理单位有：区拍卖行（科级）、区市场物业管理中心（副科级）；管理企业有：区商业集团公司、区物资总公司、区食品总公司、区财贸房地产开发公司、区有色金属工业公司。

【工业经济服务】 2011年，区经信局指导、监测和协调、服务全区工业、商贸业与信息化工作。全区完成工业总产值587.81亿元，比2010年增长16.8%；其中规模上工业产值460.21亿元，增长19.2%；批零销售额和食宿餐饮营业额264.67亿元，增长24.04%；全社会固定资产投资93.65亿元，增长37.4%；工业投资67.42亿元，增长16.21%。

【重点项目建设】 2010年12月8日，广东省第六届珠三角地区与山区及东西两翼经济技术合作洽谈会（以下简称“山洽会”）在汕头市召开，潮阳区在“山洽会”签约、开工项目建设有15个，区经信局全力做好跟踪和服务工作，至2011年底，“山洽会”8个开工项目累计完成投资6.56亿元，占计划总投资额47.84%。贵屿镇废旧电子电器集中处理场正处于建设关键期，茵悦豪苑、新河湾、蕾琪等5个项目竣工投产，谷饶镇污水处理厂、东方明珠项目主要责任单位正积极推进项目的前期基础工作。同时，区经信局组织一批签约项目参加“中国中小企业博览会”、“广州大型民企招商引资”、“泛珠洽谈会”等经贸活动，并进行跟踪、协调和服务，推进项目顺利开工建设。

【推动产业转型升级】 2011年，区经信局共登记备案技术改造项目24个，计划总投资3.91亿元，引进国内外生产设备382台（套），年可增创产值近10亿元；获省技术引进项目确认15个，投资额2.36亿元，设备投资用汇约0.32亿美元，引进经编机等国外先进设备133台（套），为企业减免进口设备税费1700多万元，提高企业生产技术水平。帮助企业申请国家、省2011年中小企业技术改造、自主创新和转型升级、示范基地项目10个，项目总投资2.23亿元，可增创产值近7亿元。扶持一批支柱产业和骨干企业申报示范基地、示范企业、企业技术中心的认定工作。3月份，广东三凌塑料管材有限公司被认定为广东省民营企业创新产业化示范基地，广东粤华磁电实业有限公司、广东昂特音像有限公司被认定为汕头市企业技术中心。8月份，金叶烟草薄片、粮丰、宏杰3家企业获广东省优势传统产业转型升级示范企业。这些技改创新引进项目既推动纺织服装、光盘音像等传统产业转型升级，又加快生物制药、半导体照明、烟草薄片等新兴高新技术产业发展，一批企业自主研发及创新能力得到提高，核心竞争力不断增强。同时，加强技改创新项目的竣工验收准备工作，发挥和推动财政资金支持项目带来的经济效益和社会效益。全区20个技改创新竣工项目中，已有3个顺利通过验收，14个项目正准备验收资料，另有3个项目处于准备阶段。

【循环经济建设】 经信局协助贵屿镇做好循环经济试点单位、共建循环经济产业基地的各项基础工作，组织贵屿镇开展广东省循环经济工业园认定和申报工作，并指导协助编写《潮阳区贵屿镇循环经济工业园管理办法》和《潮阳区贵屿镇园区循环经济管理办法》。贵屿废弃电器电子产品集中处理场（试点）项目与TCL集团已初步达成协议，TCL集团与德庆公司及代表区政府投资的旧货交易中心拟合资注册成立汕头市TCL德庆环保发展有限公司；中色公司已与区政府签订《战略合作协议》，明确与贵屿镇共同建设运营有色金属资源再生处理厂示范项目；新加坡一合环保控股集团计划在贵屿镇投资建设一个符合欧美标准的世界级环保企业。

【节能降耗】 经信局牵头有关部门做好2010年度汕头市政府对区政府的节能考核和节能行政监察督查工作，考核结果为完成等级。2010年全区单位GDP能耗0.663吨/万元，“十一五”期间能耗下降15.03%，完成2010年下降3.38%及“十一五”期间节能指标整体下降15%的任务目标；制定并报区政府印发《2011年汕头市潮阳区高效照明产品推广实施方案》，在全区重点能耗企业、公共机构、贫困地区推广高效照明产品，推动节能产品的应用；制订并报区人民政府批转和实施《百日节能降耗目标督查方案》，采取有效措施，确保2011年节能降耗达标，为“十二五”规划开好头起好步。指导协助潮阳区列入省千家清洁生产企业的华能海门电厂等7家企业开展清洁生产工作。2011年，深圳市深宝华城科技有限公司汕头分公司已经完成清洁生产申报工作，并通过省经信委、科技厅、环保厅三部门联席会议审定；华能海门电厂已经做好编写清洁生产审核报告、初审等工作。牵头区发改、财政、环保、安监、国土、质监等部门，制订2011年淘汰落后产能计划。进行综合分析，分类排查，把8家落后产能企业列入整治或淘汰对象，上报市、省行业主管部门审批。2011年底8家落后产能企业整治淘汰顺利通过省经信委的考核和检查验收。

【经济运行监测】 2011年2月，由区政府办、经信局、人社局联合组成民营经济考核小组，对全区各镇（街道）2010年民营经济工作进行考核；6月初，参与省组织的中小企业（民营）贷款融资的调研工作，做好全区重点企业的调查摸底工作，贯彻实施《潮阳区扶持保护重点企业（项目）实施办法》，实施《潮阳区关于推进企业上市的实施意见》，建立上市后备企业数据库，做好企业上市融资需求的调查工作。7月份，协调供电部门做好电力调运工作，解决用电高峰期的电力供需矛盾，保障企业生产及群众生活用电需要。10月份，加强成品油的运行监控和油运、经营和销售的安全管理，严厉打击无证无照油点销售经营成品油活动，做好粤Ⅲ（国标Ⅲ）汽油和柴油推广工作，确保供油安全。

【行业行政管理】 *生猪定点屠宰管理* 区经信局负责潮阳行政区域内生猪屠宰活动的监督管理。规范生猪屠宰秩序。根据《广东省生猪屠宰管理规定》和省、市生猪屠宰布点的设置和整治要求，强化生猪屠宰管理措施，解决本区生猪定点屠宰厂（场）“多、散、小”的状况，整合、提升生猪定点屠宰场的规模、档次，从原来有屠宰场29家压缩为11家，落实11个定点屠宰场完成工商、防疫、环保等证照的变更和设备更新工作，18家屠宰场进入淘汰过渡阶段。加强生猪定点屠宰场检查监督，督促企业严格生猪进场关、肉品检验关和出场关，严格遵守屠宰企业质量安全管理规定，落实屠宰厂（场）与生猪养殖场（户）签订产销协议书，防止生猪收购、屠宰“瘦肉精”等问题的发生；严厉打击生猪私屠滥宰专项行动。明确落实各镇（街道）属地管理职责和责任，加强职能部门的联动配合，严厉打击和查处私屠滥宰等违法行为。并重点配合西胪镇开展生猪屠宰联合执法，对该镇的生猪私屠滥宰行为进行打击、取缔，维护生猪正常屠宰秩序。

酒类专卖管理　2011 年，区经信局受理申办广东省酒类批发许可证、广东省酒类零售许可证，按照行政许可和服务承诺制度给予审核和发证，审核发放广东省酒类批发许可证 2 家、广东省酒类零售许可证 97 家。同时，编印广东省酒类专卖管理条例 500 份，深入各镇、街道办事处进行宣传，加强对超市、餐饮、酒店和酒吧等场所的检查，依法取缔无证酒类经营网点，打击销售假冒伪劣酒产品行为，使酒类经营单位守法经营意识明显提高，酒类市场逐步规范化，“放心酒”工程渐显成效。

市场监控和家电下乡　2011 年以来，区经信局加强重大节假日的生活商品市场供应的监控，组织超市、大型集贸商场重要日常用品储备和正常供应工作。落实国家扩大内需、开展家电下乡、以旧换新政策。共受理家电下乡销售网点 9 家，销售各类家电产品 1966 台、金额 450 万元，发放家电下乡财政补贴资金 53 万元。家电以旧换新销售各类家电产品 5876 台、销售金额 2137 万元，回收旧家电产品 5903 台、回收金额 14 万元。

成品油加油站管理　区经信局负责潮阳区企业申请成品油经营资格证书的受理、初审和年审、换证以及日常经营管理工作。2011 年潮阳区符合城乡规划、加油站行业发展规划、经营资格和领取“成品油仓储经营批准证书”的加油站共 36 家。在重大节日和特别防护期前，组织有关部门对加油站进行专项检查，督促其依法、诚实经营，严格遵守国家安全生产、消防安全法律法规和管理制度，确保全区加油站有序安全经营发展。

【安全生产管理】　区经信局落实领导干部安全生产“一岗双责”，制订 2011 年度安全生产计划和专项检查实施方案，履行安全生产和消防安全监督管理责任和企业安全生产主体责任。制订并与所属单位签订《潮阳区经贸系统 2011 年安全生产和消防安全责任书》，按照属地管理、谁主管谁负责原则，严格落实各单位安全生产责任。组织对所属单位主要负责人进行安全生产考核。做好重大节日和特别防护期间的安全生产专项检查行动，发现隐患，落实现场整改与建立台账、领导挂牌督办措施，消除安全隐患。全系统安全生产资金投入 32 多万元。经过各级单位的共同努力，2011 年度经贸系统安全生产实现全年无发生事故，完成经信局安全生产目标任务和区政府签订安全生产责任书规定任务。

【企业改革】　按照上级有关国有企业改革政策规定和工作部署，区经信局选择条件成熟的企业有序进行改革。2011 年初，针对属下潮阳区医药公司、潮阳区药材公司、汕头市和信药品公司、汕头市海康医药公司 4 家国有医药企业无法继续经营的实际，经企业职代会研究同意实施改革并上报实施改制方案，区经信局通过深入调研，计划将 4 家医药企业统一实施改制。成立区四家国有医药企业改制领导小组，由分管副区长任组长，政府办、经信、发改、财政、人社、社保、总工会、房管、审计等 10 个部门领导为成员。改制方案是：将 4 家医药企业经营权剥离，组建新的有限责任公司，同时，将企业原有资产依法进行拍卖，拍卖所得资金全额上缴区财政后回拨给企业安置职工，按照汕头市企业改革政策中职工安置补偿标准一次性发给经济补偿金，职工与企业解除劳动关系。2011 年下半年，4 家医药企业的改革工作主要是进行企业改革方案申报批准程序和企业进行清产核资工作。

2011 年 8 月，重新启动区电机厂改革工作，由区政府收回电机厂划拨土地使用权，从区财政预拨资金作为职工安置资金，撤销 2005 年电机厂改革方案，落实区经信局重新制订企业改革方案报区政府批准。9 月 19 日区政府批准区电机厂实施改革，成立改革领导小组，并从区财政预拨资金 1419 万元，作为电机厂安置职工资金。是年底，电机厂改革工作主要是做好安置职工工作。

（刘映川）

附：2011 年潮阳区经济和信息化局领导名录

局　　长：卓少跃

副 局 长：陈汉武
马化民
郑松洲
纪检组长：姚泽璇

粮食储备管理与流通

【机构设置】 潮阳区粮食局为发改局挂牌单位，内设秘书、人事、财会、储运基建、综合股，编制13名，工勤人员2人。下辖1个股级事业单位（粮食收储管理中心）和24个镇（街道）国有粮食企业（基层粮管所），在册人员970人，离退休人员771人。

【落实储粮规模】 潮阳区认真落实粮食工作政府负责制，按照汕头市下达的储备粮规模指标，2011年100%完成粮食储备规模，在库粮食经检验，质量良好、品种结构合理。为贯彻落实上级关于成品粮应急储备的要求，委托粮丰集团有限公司落实10天以上的成品粮作为动态应急供应，确保辖区内的应急供应。

【加强储备粮监管】 加强对储粮安全的监管。在区级储备粮的管理上，认真开展储粮安全责任制考核工作，提高储粮规范管理，制定《关于开展储备粮规范化管理活动考核》，印发至各储粮企业，要求储粮企业按考核办法对照检查，进一步规范仓储管理。同时，坚持和完善储备粮入库成本核准，轮换价差核定，粮源报告抽样送检和建立质量档案等储备粮管理制度。对储备粮从入库到出库实施全程监督管理，在库区级储备粮均为三年内的宜存粮，储备粮的轮换已步入正轨，对在库储粮达到三年的则及时更新。2011年，在库储备粮经各有关部门开展春秋两季普查，库存粮食账账相符、账实相符、质量安全。

【健全粮食应急机制】 粮食部门坚持以人为本，始终把稳定市场粮价和确保军需民食作为出发点和落脚点，完善粮食调控手段，建立粮食应急机制。在原来建立粮食市场信息采集、粮食应急加工、应急运输、应急供应网络的基础上，对粮食应急保障网点重新进行筛选、认定，通过调查、申报，认定加工、运输、供应等粮食应急保障网点14家，并按省制定的格式统一制作牌匾分发各应急保障网点悬挂。按照粮食应急工作的要求，出台粮食应急工作意见，制订粮食应急保障计划。按照中央、省、市有关稳物价、促转型、惠民生的要求，把保持粮油市场价格稳定作为一项重要工作来抓，设立粮丰集团有限公司和文光兴耀粮油经营部2家平价粮油店。全年从安徽、江西、湖南、辽宁等省份共购进粮食23万吨，保证粮食供需基本平衡，未出现断供断档脱销现象。

【增强军粮供应保障能力】 按照国家军粮办和省、市粮食局的要求，军供企业通过提高服务水平，制订各项制度，增强军粮保障能力，在购进粮食中，严格把好质量卫生标准，使驻军吃上安全粮、放心粮。

【加强粮食流通监督检查】 按照国家《粮食流通条例》和《广东省粮食收购资格审核及监督管理暂行办法》，2011年继续坚持粮食市场准入制度，为经营者提供公开、公平、公正的经营环境，允许非公有制企业参与市场经营，把好粮食市场准入关，全区经营粮油企业232家。设立260多个粮油价格监测点，监测全区市场价格动态和居民粮油供应情况，了解粮油供需平衡和价格动态情况，当价格出现波动时，及时对销售者进行提醒或告诫，防止人为涨价。加强对已取得粮食收购资格企业的指导、服务和监管工作，落实定期核查制度，督促粮食经营者严格执行国家粮食收购政策，确保粮食市场秩序稳定。

【规范粮食流通秩序】 积极做好农村固定农户用粮调查和每年夏秋二造稻谷的品质及卫生的抽样调查工作，较好地掌握粮源的品质及卫生情况。加大对《粮食流通管理条例》和《广东省粮食安全保障条例》的宣传力度。采取悬挂横幅标语、印发宣传资料、开辟专栏、利用互联网等多种形式进行宣传，增强全社会依法治粮意识，使所有的粮食经营主体了解自身的权利和义务，接受粮食行政管理部门的管理，守法经营。

（翁宏轩　林辅松）

附：2011 年潮阳区粮食储备管理局领导名录
副局长：郭义财（负责全面工作）
翁宏轩

供 销

【概况】 潮阳区供销合作联社定编 24 人，内设：秘书股（办公室）、人事股、财会股、基层股、股金股。属下直属公司 10 家，基层供销社 11 个。2011 年在册职工 2590 人，代管合作商店 10 家，职工 474 人。2011 年销售总额 3.59 亿元，比上年增长 2.5%，报表盈亏相抵亏损 8 万元，同比减亏 7 万元，上缴税费 543 万元，同比增长 5%。

【经营网络建设】 2011 年着重加强农业生产资料、农副产品、日用消费品、再生资源四大经营网络的“新网工程”建设，至年底建成涵盖农资商品、农副产品、食品、日用杂品、针织服装、五金百货等不同门类的经营服务网点 350 个，其中：农资配送中心 1 个、农资直营店 10 个、农资加盟店 5 个。同时在关埠、和平供销社分别建设承担政府储备化肥、农药任务的仓库及配套设施。此外，在原有 30 家专业合作社的基础上，继续开展与农合作，兴办专业合作社，至年底累计创办农资、农副产品、水果集散市场等各类专业合作社 33 家。

【农资供应】 根据不同农时，组织适销对路商品投放市场。春耕、夏耕生产前，对农资经营网点储备情况全面检查，落实早行动、早订货、早调运、早入库，保证全区农业生产需要。全年销售化肥 3.38 万吨、磷肥 2818 吨、各种化学农药 1082 吨，分别同比增长 21%、25%、11%。

【企业管理】 资产管理 加强内部监督，盘活增效。属重点地域的经营场地，合理提高承包、出租基数；土产公司运用法律手段收回被侵占资产 50 多平方米，副食品、干鲜果公司依法维权，获得超时限回迁安置补偿费 10 万元。

财务管理 加强对改革发展资金、“新网工程”建设专项资金的监管，组织开展财政专项资金使用情况的检查，加强常规财务检查，完善上报审批制度，加强财务审计和企业法人离任审计，发现问题，及时跟踪落实整改。

安全管理 召开 2 次安全生产专题会议，交流研究安全生产工作。21 个企业责任人与区供销联社签订《安全生产责任书》，组织 10 次安全检查，发现安全隐患 27 宗，投入整改资金 20 万元，增添消防器材 220 件，完成整改 100%。

【队伍建设】 先后选送参加省供销社举办的农资、农副、日用消费品、再生资源经营业务以及专业合作社等各种培训班 10 人次，联社和基层社组织举办职业道德、文明诚信、综合能力培养等培训班 25 场次；通过培养、考察，提拔聘任副股级干部 3 人，调整使用副股级干部 5 人，同时招收 3 名大中专毕业生充实到企业，优化队伍人员结构。

【维稳工作】 2011 年底，全系统下岗职工 2180 人，离休 25 人，退休 2095 人。下岗人员占在册人员结构比例 84%，还有军转干部、荣残军人等，这些群体大多生活比较困难，需要帮助照顾。联社通过不同渠道筹集解困资金，帮助解决各类弱势群体困难补助 30 万元，解决偿还股金 36.5 万元，帮助困难职工子女解决上学难等。每逢重大节日，组织开展走访慰问离休干部、军转干部、荣残军人等活动。全年慰问离退休职工 325 人次、发送慰问金 9.2 万元，慰问生病职工 125 人次、7.7 万元。还及时调处反映欠发退休费、荣残军人生活困难、股金借款偿还等信访案件 10 宗。化解了矛盾，保持企业稳定。

（郑宏标）

附：2011 年潮阳区供销合作联社领导名录
主　任：郑灿坚（任至 12 月）
张泽鹏（12 月任职）
副主任：张泽鹏（任至 12 月）
马鹏程（任至 8 月）

商 业

【概况】 潮阳区商业集团公司前身为潮阳市商业

局，1996 年改制为企业集团。集团公司设有办公室、人事部、财务部、贸易部、纪检组等机构，干部职工 26 人。下属企业 23 家，经济体制改革后，基本上处于停业状态。全系统总人数 3678 人，其中在编人员 1966 人，占 53%；离退休人员 1712 人，占 47%。在编人员中，在岗人员 166 人，占 8%，下岗人员 1800 人，占 92%。

【主要工作】 面对下属企业处于停业且困难较多的实际，集团公司多方挖潜，抓好资产经营、闲散场地利用和清收历史债务等工作，努力提高经济效益。2011 年利用经营场所 66 处，实现资产经营收入 108 万元。同时做到开源节流，缓解企业经费困难，确保全系统工作正常进行。坚持把关心职工群众生活作为困难企业工作的一项重要内容，为职工排忧解难、办好事实事。在经费紧缺的情况下，通过集团公司挤一点、争取上级给一点等多渠道筹措经费，开展对困难职工的慰问帮扶活动，帮助解决实际问题；另外，注重做好特困职工基本生活优待工作，2011 年全系统享受政府特困补贴的职工有 54 户、184 人，年补贴金额 15 万多元。

（商业集团公司）

附：2011 年潮阳区商业集团公司领导名录

经　理：郑镇平

副经理：胡俊贤

钟奇浩

黄少文

盐　务

【概况】 汕头市盐务局潮阳分局（汕头市潮阳区盐业有限公司）是汕头市盐务局直属机构，负责贯彻执行国家有关盐业方针、政策和法规；负责食盐供应工作计划；负责碘盐小包装市场供应、监督和管理。分局内设办公室、专营部、盐政队、财务部、销售部，2 个食盐经营部。干部、职工 44 人，临时工 4 人。2011 年全区销售各类盐产品 5629 吨，其中食盐 3352 吨，小工业盐 1827 吨。

【市场监管】 配合卫生、工商、技监、公安等部门，组成打击私盐联动机构，出动执法人员 639 人次，检查市场、店档、超市、小食店等 3555 个次。进一步规范食盐市场秩序。

【经营管理】 健全各镇（街道）、村（社区）食盐经营网络。全年发放食盐零售许可牌照 148 家。

【规范服务】 对全区零售批发点、超市采取直接送货上门，定期或不定期访销，减少中转环节，推行每月一次质量检查制度，对不合格食用碘盐进行销毁，严厉打击惩处私盐经营者。对客户做到“全方位服务、全天候配送、全过程负责、全年度供应”，保证碘盐供应。

【碘盐宣传】 为消除碘缺乏病危害，保护人民群众身体健康，积极协助卫生、教育部门在全区范围内开展“防治碘缺乏病健康教育活动”，提高学生碘缺乏病知识的知晓率和碘盐覆盖率。利用“5·15”碘缺乏病宣传日到人群密集的地方开展宣传，现场介绍识别真假碘盐的方法，提高群众对碘盐的识别能力。发放各类宣传资料 1.5 万多份。

（赖小锐）

附：2011 年潮阳盐务分局（盐业有限公司）领导名录

局　长（经　理）：肖海洲

副局长（副经理）：周竟丰

烟草专卖

【概况】 汕头市潮阳区烟草专卖局（分公司）既担负潮阳区烟草专卖管理职能，又负责潮阳、潮南二区的卷烟供应任务，属国有股份制公司，主营烟丝、卷烟、雪茄烟，处理没收走私烟卷烟。局（分公司）内设综合管理部、专卖管理办公室（稽查大队）、营销部、财务部，现有员工 229 人。

【卷烟经营】 2011 年购、销卷烟 39.1 万件，同比增长 1.77%；销售总值 17.98 亿元，同比增长 15.05%；实现利润 2.21 亿元，同比增长 23.79%，上缴税金 1.61 亿元，同比增长 18.48%。全年持证入网零售户 6437 户。

【专卖管理】 烟草专卖局（分公司）依法清理整顿烟草市场，维护烟草市场经营、流通秩序。全年出动专卖、稽查人员7325人次，开展检查253次，查处违法违规经营1032户次，查缴假私非烟1388条，行政处罚287宗，金额3.17万元。加大打假力度，全年共查获制售假烟案件22宗（其中网络案件1宗）、查缴卷接烟机4台、嘴棒机（藏匿的）4台、八刀切丝机1台、小型包装机1台、假烟525件，以及烟丝、烟梗等原辅料一批，（追逃）逮捕1人，判刑3人，震慑了犯罪行为。

（林映澄）

附：2011年潮阳区烟草专卖局（分公司）领导名录

局　长（总经理）：王春龙

副局长（副总经理）：杨烈华

郑浩明

马镇银

石　油

【概况】 中国石油化工股份有限公司广东汕头潮阳石油分公司的前身是广东省潮阳县石油公司，成立于1978年8月，1998年7月整体划归中国石油化工集团公司管理，改称广东省石油企业集团潮阳市公司。2000年11月改为中国石油化工股份有限公司广东汕头潮阳石油分公司。主要承担潮阳、潮南区域成品油主渠道供应以及配合当地政府做好战备、“三防”油料储备和保障工作；负责做好辖属加油站的安全、环境与健康体系等各项管理。潮阳石油分公司在潮阳辖区内设有一个批发直销综合服务中心及9座在营加油站，在潮南辖区内设有在营加油站4座，公司汽油储存总容量为1237立方米，柴油储存总容量为492立方米。现有在岗正式职工39人，在岗劳务工108人。

【业务经营】 2011年度批发直销汽油7198吨、柴油3935吨；零售汽油2.72万吨，柴油1.99万吨，主营业务收入5.63亿元，便利店销售188万元，润滑油销售6.36万元，上缴税收649万元。

（石油分公司）

附：2011年潮阳石油分公司领导名录

经　理：李春升

市场物业管理

【概况】 潮阳区市场物业管理中心归口区经济和信息化局管理，实行独立核算，经费财政核补。中心内设人事秘书股、财务股、物业管理股、规划建设管理股。下辖13个镇（街道）市场物业管理所，分别为：文光、棉北、城南、金浦、海门、河溪、关埠、西胪、金灶、铜盂、谷饶、贵屿、和平管理所。中心编制245名，在编干部职工203人。

2011年管理中心开展整治规范，全面做好“创文”、“创卫”工作，顺利通过国家和省爱卫办的“创文”、“创卫”明查暗访，检查项目全部合格，受到汕头市和潮阳区有关领导的肯定。

【市场物业建设】 2011年管理中心管辖国有市场29个，代管市场3个。分布在城区的国有市场有：东门市场、西门市场、棉新市场、南门市场、凤岗市场、北门市场、平北市场；分布在乡镇的国有市场有：金浦街道金新市场，海门镇莲峰市场、西门市场、宫前市场，河溪镇桑田市场、西田市场、华阳市场，西胪镇波美市场，关埠镇福仓市场、服装市场，金灶镇灶浦新市场、金玉老市场、金玉水果综合市场，和平镇中寨市场、下寨市场、综合市场，谷饶镇茂广市场、“三鸟”场、综合市场，贵屿镇南阳市场，铜盂镇岐北市场、铜盂市场。代管市场有4个，分别是石珠园市场、南关2个市场，以及海门镇的和睦市场。其中停业的国有市场7个。全年共投入23.4万元对部分市场设施进行改造和修缮。

（市场物业管理中心）

附：2011年潮阳区市场物业管理中心领导名录

主　任：翁汉木

副主任：林贞坤

林启豪

吴训林

城乡建设·环境保护

www.gdchaoyang.gov.cn

城乡建设·环境保护

城乡规划

【概况】 潮阳区城乡规划局内设人事秘书股（与监察室合署办公）、计划财务股、规划管理股、村镇规划管理股、建筑工程管理股、市政工程规划管理股。下辖规划监察大队、规划测绘大队、规划设计研究院和城建档案馆等4个事业单位。行政编制13名，后勤服务2名。

2011年，城乡规划局围绕“提速科学发展、建设幸福潮阳”的目标，发挥规划龙头作用，抓住汕头特区扩围的有利时机，加快潮阳城乡规划建设，推进融入大汕头发展的进程。坚持“一个城乡规划全覆盖”的指导思想，把握“两个硬性要求”（即在城镇规划区内没有编制控制详细规划的，在城镇规划区外没有编制村庄总体规划的，一律不办理规划用地许可），按照“政府组织、专家领衔、公众参与、科学决策”要求，协调城乡规划与国民经济社会发展规划、土地利用总体规划，做到“三规融合”，增强城乡规划科学性、前瞻性和可操作性，构筑布局合理、功能明确、生态平衡、发展协调的城乡规划新格局。通过稳步推进规划编制，加强规划监管，树立经营城市理念，打造城市客厅——文光塔广场，提升潮阳的城市形象和竞争力。

【城区建设规划】 推进《潮阳城区分区规划2010～2020》的编制工作，做好潮阳分区规划与汕头市城市总体规划的衔接，解决汕头市行政区域调整后潮阳城区规划编制滞后于社会经济和城市建设发展的问题。实施“东南扩展、北部延伸”的城市空间拓展战略，启动潮阳东部新城概念规划，完成潮阳区棉北新城片区控制性详细规划的编制。

【村镇建设规划】 坚持科学规划，对土地利用规模、开发次序作出统筹安排，实现土地资源合理利用，形成以城带乡、城乡统筹，双向受益，协调发展的宜居城乡一体化新格局。加快村镇规划编制，2011年金灶镇总体规划通过区政府批准实施，和平、关埠等2个中心镇总体规划完成初步成果编制，西胪镇总体规划编制工作正式开展；完成《厦深铁路潮阳站及周边片区控制性详细规划》、《潮阳区关埠镇老镇区改造片区控制性详细规划》等9宗控制性详细规划和铜盂镇光星村等23个村庄规划的编制工作。

【规划审批和管理】 强化城乡规划审批管理工作，一方面是严格履行规划管理程序，执行“一书两证”的审批核发制度，对建设项目严格把关，发挥规划对建设项目选址的引导和调控作用。另一方面是强化对项目建设过程的监督，严格执行建设项目验、复线制度和规划验收等在建工程的一系列跟踪管理制度。2011年，中心城区核发建设用地规划许可证28份，用地面积约129.97万平方米；建设工程规划许可证30份（含换发），建筑面积

115.25万平方米；经规划验收合格核发5宗，户外广告许可1宗。村（社区）镇（街道）方面共核发“一书两证”48份，其中核发选址意见书、用地规划许可证28份，规划用地面积14.51万平方米；核发建设工程规划许可证20份，建筑面积32.16万平方米。收取城市（村镇）基础设施配套费3990.68万元。解决城乡规划管理的历史遗留问题，对符合规划的城区、村镇规划区已建建设工程项目补办手续。同时，强化规划执法监察，依法查处违反规划建设的行为，采取日常巡查与集中整治相结合的方式，遏制违章违法建设行为。2011年共查处违法建设45宗，处罚金额80多万元，收到群众来信来访5件次，办结4件次，1件还在办理中，案件办结率80%。

（赵少彬）

附：2011年潮阳区城乡规划局领导名录

局　　长：翁庸智（任至12月）

副 局 长：叶琴明（任至12月）

翁泽琪

纪检组长：吴钦贤

住房和城乡建设

【概况】 潮阳区住房和城乡建设局（加挂区人民防空办公室衔牌）是主管建工、房地产资质、燃气、人防工作的政府工作部门。内设秘书股、人事股（与监察室合署办公）、计财股、建筑管理股、综合管理股、乡镇建设和燃气管理股，行政编制19名，后勤服务人员2名。下属事业单位有质监站、安监站、造价站、散装水泥管理办公室、劳保办、交易中心、质检中心、东山风景区管理处、建筑设计院等9个；直属企业有8家建筑企业、2家开发企业、1家咨询企业、1家监理企业和1家建材企业。干部职工2002人。

2011年，潮阳区建筑业完成建筑安装工作量46亿元，占年计划153%，比增22.7%；外税转移入库1.45亿元；房屋竣工面积200万平方米，占年计划133%。建设监理完成工程量2.5亿元，监理费收入320万元。

【乡镇建设】 2011年加快保障性安居工程建设，推进农村“三旧”改造进程，推行农村居民公寓式建设和商品房开发，逐步改变一院一户的建设模式。谷饶镇华光社区农民公寓和海门镇廉租房一期工程正式启动。探索多元化投入机制，加快村镇公用服务配套设施建设，和平镇力嘉中学正式开工，西胪镇西二社区继凤公园建成使用。

【燃气市场监管】 潮阳区住建局贯彻执行《广东省燃气管理条例》，加强燃气行业消防安全“四个能力”建设，完成燃气企业经营许可证换证工作，全年完成17家燃气企业经营条件检验和资质换证工作，提高了燃气行业安全管理水平。开展燃气安全生产季度大检查、日常巡查和突击检查。联合相关部门开展燃气市场消防安全隐患清理整治，依法取缔非法经营燃气点，加强对过期气瓶的清理整治，强制送检气瓶10.5万个，回收报废气瓶6500个，发放8000份宣传资料。2011年，有4个住宅小区建设配套管道燃气，1500多户实行临时瓶组供气。

【建筑施工企业】 区住建局引导施工企业围绕新一轮资质就位和提高竞争力进行产业结构调整，新设2家建筑企业，3家企业取得新增资质，4家施工企业创优业绩突出，受到各地的表彰。其中汕头市潮阳建筑总公司、汕头市潮阳第一建安总公司、汕头市潮阳第三建筑总公司分别荣获“广西建筑业先进企业”、“绿色施工先进单位”、“诚信企业”、“大运会场馆保障工作突出贡献奖”、“优秀参建单位”和“广州建设工程质量创优优秀单位”等称号。潮阳建设工程监理有限公司业绩突出，被评为“2011年全国监理行业安全管理先进单位”。此外，住建局还积极争取恢复10家施工企业集体所有制性质，为企业改制转型打下基础。

【建筑设计】 区住建局加强勘察设计市场监管，引导勘察设计单位适应市场变化，推动业务稳步发展。全年建筑设计完成设计面积38万平方米，工程投资概算总额3.8亿元，业务收入385万元。加强施工图审查工作，审查完成工程施工图设计文件和工程勘察成果报告29项，审查项目钻探总进尺1.59万米，总建筑面积29.78万平方米，提出审查意见421条（其中涉及违反国家强制性规范条文和存在较大安全隐患的99条，占23.5%），及时纠正违反国家强制性规范条文和存在安全隐患的问题，促进勘察设计质量的提高，有效地提高建筑工程质量。

【建筑工程管理】 区住建局开展住宅工程质量通病整治和施工安全专项整治，全年清查违建项目23项，发出停工或整改通知书23份。外出施工稳步发展，加强外出施工调研，加强协调服务。工程建筑节能、工程抗震设防和工程科技创新等工作稳步推进。积极引导施工企业加大工程施工科技投入，大力运用“四新”技术，提升施工科技含量，总结申报工法2项，申报专利1项。

【建筑安全生产】 把工程创优工作作为工程建设安全生产重中之重来抓，及时发现和整改各项违规行为。2011年，3项工程荣获广东省建设工程“金匠奖”，1项工程荣获大运会场馆工程建设突出贡献奖，30项工程荣获省、市级优质工程和“双优工地”。

【建筑市场】 2011年5月1日起，汕头经济特区扩大范围，潮阳区建筑市场招投标活动一律执行国家、广东省有关法律法规及《汕头经济特区建设工程施工招标投标管理条例》、汕头市政府《关于进一步加强我市政府投资建设工程施工招标投标管理的意见》。全年进入建设工程交易中心招投标的项目24项，工程造价7.1亿元，比上年增长1.9亿元，应招标投标率和应公开招标投标率均为100%。

【人防工作】 严格执行广东省《人民防空工程建设管理规定》和《汕头市人民防空管理办法》，收取人防易地建设费136万元，全区批建人防工程8个。已竣工人防工程3个，面积1.31万平方米；在建2个，面积3万平方米。全区安装报警器共19台，并落实报警器三级管理制度。

（住建局）

附：2011年潮阳区住房和城乡建设局领导名录

局　　长：史松波（任至7月）
郑则欣（7月任职）

副 局 长：叶周和（任至12月）
葛创钦
连远文

纪检组长：庄燕君

房产管理

【机构设置】 潮阳区房地产管理局（加挂潮阳区住房制度改革领导小组办公室衔牌），内设人事秘书股（与纪检、监察合署办公）、财务股、房地产权股、公房管理股、房地产市场管理股（加挂房地产开发管理股衔牌）。现有干部职工32人，超编3人。下设房地产资料信息中心、房地产物业管理中心、房地产交易所、房地产估价所、房地产测绘队、白蚁防治管理所，以及城东、城西、海门、和平、谷饶、关埠、西胪7个房地产管理所。下属机构241人。

【住房保障建设】 区房管局落实住房保障政策，把城镇低收入家庭住房困难的问题列为一项重点工作，制订《汕头市潮阳区2011年保障性住房建设实施方案》。全年完成住房保障任务1245套，完成率103.06%。其中建设廉租住房354套，经济适用房132套，公共租赁住房750套，发放租金补贴25户、补贴人数120人、租金补贴14.4万元。

【房地产市场管理】 *规范市场秩序* 区房管局加大对开发项目的监管力度，对各开发项目进行跟踪管理，掌握建设经营状况，杜绝超期建设和投资不到位现象；严格控制任意哄抬房价和恶意炒作房地产行为。引导开发企业增加中低价位、中小套型普通商品住房的建设，调动群众住房消费的积极性。

加强商品房预售管理 严格预售许可制度，建立商品房现房销售登记制度。2011年共核发商品房预售许可证13宗，预售面积25.8万平方米。推行《商品房买卖合同》、《住宅质量保证书》、《住宅使用说明书》示范文本，维护消费者权益。

审验各类房产交易 认真查验和审核房产交易资料证件，确保交易行为的合法性，全年办理房地产交易鉴证业务3154宗，交易面积40万平方米，

交易额6.82亿元，推动房地产交易市场平稳健康发展。

【公房管理与房改】 区房管局以历史事实为依据，完成公房册籍造册上报，以册籍为基础，加强公房管理，对公有房产实施联动管理，制止违章侵权行为，维护国有房产合法权益。在核发房屋拆迁许可证，办理商品房确权登记，会办有关拆迁改造文件时，及时通知有关房管所对拆迁改造范围内的公有房产进行查核，督促拆迁单位完善补偿等有关手续，使国有资产得到保护。加强公房安全管理，房管部门专门召开汛期防灾减灾工作会议，提出危房管理具体要求，全年共组织检查队伍15支、263人次，对在管公房进行一次全面检查，对查出来的安全隐患，及时进行抢修加固，落实排险措施。计投入资金21万元，落实维修加固19宗。

继续推进住房货币分配等房改配套工作，按政策核准有关单位上报的分配方案，做好申领住房货币补贴人员的资格审核和发放住房补贴的管理工作，全年核准8个单位、1454人、金额763万元。做好房改房上市交易的核准工作，2011年共办理房改房上市交易152宗。

【房屋产权登记】 *规范房地产权属* 区房管局从提高权属登记的质量和效率入手，对一些疑难问题，采取集体研究讨论，对照政策法规妥善解决。全年共完成房地产权登记3375件，办理房地产查封、解封登记216宗。同时加强房屋登记从业人员的学习培训，提高业务素质。

做好产籍档案管理 对各类档案资料进行整理、归档、装订成册，规范档案管理，建立房产信息查询制度。全年整理装订归档6100件，查询房产信息133宗，完成房地产权证缮证3375件，他项权证缮证526件。

抓好房产测绘 认真执行国家《房产测绘规范》，完善流程，规范操作，严格审核，提高业务质量和服务质量，2011年完成房产测绘1029宗，测绘面积78万平方米，为房地产产权登记发证提供科学、准确的资料依据。

【旧城改造】 区房管局坚持对拆迁改造项目实施动态管理，及时纠正、制止违章拆迁和损害群众利益行为，规范拆迁工作程序，确保城镇建设顺利进行。2011年旧城改造项目有：文光街道石珠园西侧片区，城南街道五响永安园住宅西片区、南中路西片区，海门镇莲峰社区后山仔片区、转产转业渔民安居楼、莲新山仔雷片区、东门社区平和片区。开始预售的商品房有：文光街道茵悦豪苑、府前名苑、石珠园住宅E区二期、南门转盘西片区改造范围北区、桃园住宅小区（和兴园）、文光塔配套绿地北侧商住楼（元亨轩）、雅泰园一期，城南街道新华中路东段片区（锦华帝苑）、裕通花园，棉北街道中信华庭，铜盂镇新鼎源商住楼。

【物业管理】 区房管局根据《物权法》规范物业公司的管理行为，提升住宅区文化品位，创建安全、文明和谐的新型住宅区，组织各物业管理公司及住宅区做好创模、创卫工作；做好物业服务企业的资质申报，2011年度办理中港、丽景、鹏润、联国鑫、杰东等五家物业服务企业的暂定三级资质申报和汕头市元亨物业管理服务有限公司、汕头市东建物业服务有限公司核定三级资质的申报业务，通过与汕头市房产管理局协调，使上述公司顺利通过资质评定；做好物业管理区域和物业管理委托合同的备案，2011年共办理物业管理区域备案5个，物业管理委托合同备案4个。

（房管局）

附：2011年潮阳区房地产管理局领导名录

局　长：姚桂洲（任至7月）
张立群（7月任职）

副局长：肖明生（任至12月）
彭淑芬
林金成（任至12月）
陈美华

城市综合管理

【机构设置】 潮阳区城市综合管理局是2010年12月30日由潮阳区城市管理局更名的。内设人事秘书股（与监察室合署办公）、财务股、市政建设管理股、环卫管理股、城管综合股；下辖1个直属行政单位：区城市管理监察大队；3个直属事业单位：区环境卫生管理中心、区园林建设管理处、区路灯管理所。

【环境卫生管理】 2011年是汕头市“创模、创卫”复检、复查的关键一年，城管局围绕区委、区政府的工作部署，坚持“创新机制、突出长效、夯实基础、着眼提高”的原则，针对城市管理工作中的热点难点问题，强化责任，注重实效，以深入开展整治为抓手，加大城市管理力度，层层落实环卫管理责任，建立健全环卫管理长效机制，狠抓城区环境卫生规范管理，做好城区主干道和公共场所100多万平方米路面清扫保洁作业，对城区重点路段和区域实行全天候保洁；对城区日产350多吨垃圾及时处理，落实城区现有270亩垃圾填埋场生活垃圾的日常管理工作；配套护城河水面垃圾打捞船1艘，做好城区护城河水域漂浮物的打捞工作，增购果皮箱100只，垃圾投放箱200多个，改造建设公园路、北关路等10多处垃圾转运点，新建公厕2座，对18座公厕进行修缮，确保潮阳区顺利通过“创模、创卫”复查、复检工作。2011年度城管局被汕头市政府评为“城市管理工作先进单位”，潮阳区委、区人民政府授予“创建文明城市先行示范点”。

【市政道路与护城河景观工程管理】 2011年城管局先后组织专业队伍对城区中山东路、东山大道等破损路面修补12次，修补面积约1.7万平方米，修复崩塌地下水沟3处，加盖沟井盖150个。护城河景观工程作为城防工程及污水处理截污管网工程的附属配套工程，工程分两期建设，首期从万福桥至南门打铁街桥，沿河两岸总长约3.66公里，贯穿中心城区，已交付使用。2011年重点抓好第二期工程南北两段总长约8.8公里景观带的建设。

【园林绿化管理】 城管局组织人力对城区出入口绿地、区政府门前绿化广场、新华东路等路段中心绿带草坪以及城区18.7公里长的分隔绿带及绿岛的绿篱、乔木、灌木进行全面修剪；做好护城河南北段8.8公里的绿化配套建设。加强对城区绿地、绿化带缺损苗木的全面补种。推选区委老干部局、金梅纸业两个单位参选“汕头市园林式单位”。

【路灯管理】 2011年城区新建设路灯1422宗，对城区主次干道的路灯设施、变压台、控制设备、供电设备进行经常检查维修，更换钠灯泡约4000个，钠灯镇流器3700多套，触发器2600多只，增补路灯电线4.5公里，进一步提高城区路灯亮灯率。2011年元宵节，精心布置护城河沿岸景观带、文光塔广场以及10多处街头绿地上悬挂各式的元宵花灯，营造喜庆、祥和的节日氛围。

【城管监察执法】 城管局结合“创文、创卫、创模”复检工作，2011年出动执勤人员1.83万人次，执勤车辆1466车次，清理各类违章2535宗，清理占道经营1.44万宗，处理各类投诉件14宗，结案率100%。在城区重点区域、窗口地段实施网格化管理，做到“定人定岗定责”。

（城管局）

附：2011年潮阳区城市综合管理局领导名录

局　　长：郑耿容
副 局 长：赵明文
　　　　　陈钟坚
　　　　　张立群（任至7月）
　　　　　李辉和（7月任职）
纪检组长：董昭雄

环境保护

【概况】 潮阳区环境保护局是区人民政府主管环境保护的行政部门。内设人事秘书股、综合规划股、污染控制股、政策法规股、环境监察股（加挂环境保护局环境监察分局衔牌）。行政编制11名，后勤事业编制2名；环境监察股核定行政执法专项编制8名，后勤事业编制1名。4个直属事业单位：环境保护监测站、环境科学研究所、环境信息中心（加挂环境宣教中心衔牌）、污水处理厂，事业编制分别为22名、18名、20名、50名，共110名。

2011年，潮阳区环境质量持续改善，城区环境空气质量优良天数占有效天数100%；城区饮用水源地水质继续保持良好状态，城区环境噪声符合国家有关标准，但练江潮阳段水质污染仍较严重。全年环保部门共审批建设项目60项，其中审批登记表8项、审批报告表52项，完成建设项目环境保护竣工验收36项，组织指导西胪镇青山村做好创建汕头市“生态示范村”工作。同时做好扶贫开发“双到”工作，安排3.8万元以及物资一批对金浦街道梅西村23户贫困户进行慰问；其中安排资金1.69万元购买猪苗9头、鸡苗1000多只、饲料一批，分发到贫困户手里。

【污染控制】 2011年，汕头市下达潮阳区重污染物总量减排任务为工业结构减排11家，畜禽养殖场工程治理4家。经努力，全区完成市下达的总量减排任务，其中1家养殖场已关停转产。全年新增核发排污许可证47家，换发排污许可证32家，年审26家，不予换发2家，不予年审2家。

【环保监管】 组织环保专项执法行动8次，全年累计出动环境监察人员980人次，检查企业1210厂次，查处环境违法行为23宗，立案23宗，结案23宗，向法院申请强制执行10宗，处罚金额37.27万元，有力打击环境违法行为。加强排污费征管，共开征排污单位647家，征收排污费534.7万元，入库金额534.7万元，比增11.86%。强化环境信访查处，受理信访案件129宗，调处129宗，理结率100%，妥善解决了129个厂点的环境污染问题，维护群众的环境权益。加快建设污染源在线监控系统，全区46家重点污染源完成安装并联网。加强对水源保护区的巡查监管，确保每月不少于1次的检查。强化危险废物管理，对发现未办理危险废物转移手续的企业限期落实转移手续，落实20家医疗卫生单位和7家企业办理危险废物转移手续。落实2个医疗卫生机构办理辐射安全许可证，目前已有5家医疗卫生机构和4个辐射源使用单位办理辐射安全许可证。

【环境综合整治】 贵屿镇环境污染整治 加强对酸洗、焚烧电路板等环境违法行为的打击力度。4月，由区人民政府牵头，环保、公安、工商、安监等部门配合贵屿镇政府组成联合整治工作组，对严重污染环境的企业和小作坊进行整治。工作组检查了西美、华美、联堤、山联、北林、新乡、山前、新厝8个村（社区）34家非法酸洗加工场及4家焚烧高压包加工场，共出动283人次，勾机5台，汽车10辆，叉车1辆对其进行拆除，并刑拘1名、治安拘留2名违法加工场业主。

铜盂镇土染企业专项整治 对铜盂镇洋美村6家违法土染厂进行整治，由铜盂镇政府牵头，区环保、安监、工商、技监等部门配合，对违法企业采取强制停产措施，确保执行到位。

【环保宣传】 2011年，潮阳区环保局联合相关单位进社区、进校园，举办环保科普宣传活动4次，与教育局筹办第三届“绿色行动在校园”论文评选活动；向《珠江环境报》投稿2篇，宣传环保政策，报道环保动向。配合汕头市国家环境保护模范城市迎复检活动，发放整改达标调查问卷1200份，回收1026份，满意率90.45%；“六五”世界环境日期间，环保部门在文光塔广场举办纪念咨询活动，有2000多民众参加，活动期间共出版宣传专栏10个，挂图挂画13幅，悬挂过街横联10条，现场发放宣传资料2000多份，问卷调查抽奖卡1000多张，环保纪念笔500多支；与移动公司联合群发环保宣传信息4万多条；日常与电视台和广播电台合作，定时播放环保宣传标语和环保公益广告，及时报道环境综合整治等情况。

（环保局）

附：2011年潮阳区环境保护局领导名录

局　长： 郭汉廷

副局长： 易凯宁（任至12月）
倪松耀
黄魏松（任至12月）
陈君成（2月任职）
林格清（7月任职）

监察分局局长： 郑瑞明

外贸·旅游·口岸管理

www.gdchaoyang.gov.cn

外贸·旅游·口岸管理

对外贸易经济合作

【概况】 潮阳区对外贸易经济合作局（加挂汕头市潮阳区口岸局衔牌）是主管全区对外贸易、经济合作、招商引资及口岸管理的职能部门。内设人事秘书股（与纪检组、监察室合署办公）、综合股、对外贸易管理股、加工贸易管理股、外资管理股、口岸管理股。行政编制20名，后勤人员2名。2011年全区外贸出口7.25亿美元，同比增长28%，增速居汕头市第二位。

2011年，全区开展外贸进出口业务的企业135家，实现外贸进出口9.03亿美元，同比增长20.2%。其中，出口累计7.25亿美元，进口累计1.78亿美元。出口主要有纺织服装、箱包、机电、塑料、水产等五大支柱产业的产品，其中纺织服装出口3.51亿美元，占出口总量的48.4%；箱包出口1.38亿美元，占出口总量的19.0%；机电产品出口9053万美元，占出口总量的12.5%；塑料制品出口6847万美元，占出口总量的9.4%；水产品出口1455万美元，占出口总量的2.0%。产品出口全球135个国家和地区，在主要出口市场中，出口拉美、东盟、中东等新兴市场3.5亿美元，占出口总量的48.3%；出口欧盟、美国等传统市场1.83亿美元，占出口总量的25.2%。民营企业成为出口主体，出口累计4.99亿美元，占出口总量的68.8%。在出口大户中，出口额超2000万美元的企业有8家，累计出口2.05亿美元，占出口总量的28.3%；出口额在1000万至2000万美元有12家，累计出口1.67亿美元，占出口总量的23.0%。有10家企业获得“汕头市特色产业出口龙头企业”称号。2011年潮阳车检场出入境车辆1.04万车次，进出货物22.35万吨。

潮阳港现已建成海门澳内湾码头（主体港区）、弗兰克油库码头、对台小额贸易水产品码头、大明液化石油气码头以及华能海门电厂煤专用码头等几大专用码头。2011年华能海门电厂煤专用码头进出货轮117航次，货物吞吐量676.77万吨；大明液化石油气码头出入货轮51航次，进出货物9.07万吨，年内该码头增资350万元，建设液化石油气库扩容项目4台200立方米卧式罐。

【转型升级】 外贸部门选择广东奥林磁电实业有限公司、汕头市新强德磁电有限公司、广东鹏生内衣实业有限公司、汕头市双鹏塑料实业有限公司、广东昂特音像有限公司等5家企业参与申报2011～2013年度广东省外经贸厅重点培育和发展的自主国际知名品牌；广东粤华磁电实业有限公司获广东省专利奖。广东粤华新光电科技有限公司、汕头市鑫谷实业有限公司2家企业获得进口产品贴息金额41.29万元；汕头市南沂内衣厂有限公司、汕头市茂亮实业发展有限公司等20家企业获得进口设备贴息金额124.7万元。

【利用外资】 2011年新批“三资”企业1家，增资项目2家，投资总额1577.21万美元，合同利用外资1545万美元，实际利用外资3150万美元。9月在广州召开“广东省与世界500强和境外大型企业合作交流会”，潮阳区领导与华润新能源控股有限公司“生活垃圾焚烧发电”项目负责人在合作框架协议上签约，该项目拟投资人民币3亿至6亿元。全区现有“三资”企业73家，“三资”企业出口累计1.9亿美元，占出口总量的26.2%。

【参加广交会】 组织区内47家出口大户参加2011年春秋两届广交会。参加春交会的企业42家，展位69个，品牌展位12个；参加秋交会的企业36家，展位62个，品牌展位12个。

【加工贸易】 2011年全区有加工贸易企业33家，其中“三资”企业12家，自营企业17家，来料加工企业4家。签订加工贸易合同129宗，其中进料加工合同121宗；来料加工合同8宗。加工贸易出口累计1.89亿美元，占全区出口总额的26.1%。

（对外贸易经济合作局）

附：2011年潮阳区对外贸易经济合作局（口岸局）领导名录

局　长：陈悦明（任至12月）
马化武（12月任职）
副局长：郑智灿
周宏波
胡钦贤（任至12月）

旅　游

【机构设置】 潮阳区旅游局为区人民政府直属科级事业单位，赋予旅游行政管理职能。内设人事秘书股、质量规范与管理股（加挂旅游质量监督管理所衔牌）、资源与市场开发股，现有干部职工9名。下设“汕头市潮阳区旅游服务中心”（股级事业单位）。

【旅游景区（点）】 潮阳区有名胜古迹和景区（点）98处，其中较具规模的景区和名胜古迹23处，已基本形成的旅游景区有古棉城、莲花峰、大峰、灵山寺、古雪岩5个，度假村有龙虎湾1个，农业生态园区2处（西胪镇乌岩村、金灶镇芦塘村）。莲花峰为国家3A级旅游景区，2011年被汕头市评为最受欢迎的景区。文光塔，灵山寺舌镜塔，莲花峰“万人冢”、摩崖石刻等4处景点被列入省文物保护单位。莲花峰“浩然正气”被评为汕头市新八景之一。

【旅游服务和管理】 服务配套　潮阳区现有各类酒店、旅馆80多家，客房2355间，床位3681个，其中三星级4家（金叶大厦、和平酒店、丰盛发酒店、东方明珠大酒店），共有客房485间，659个床位。有旅行社1家，旅游服务网点2个、旅游服务中心1家。开通国内旅游线路60多条，代售往返全国各地和国际航空机票，已具备一定的旅游服务功能。

宣传推介　组织部分旅游企业先后参加广东国际旅游文化节、2011年中国（广东）国际旅游产业博览会及赴外地进行宣传推介；通过汕头市、潮阳区二级媒体，宣传潮阳独特的民俗文化和旅游资源；举办西胪杨梅节，加强农村文化与旅游结合，培育发展农业生态游；积极联系和配合中央4台拍摄“快乐汉语”《游滨海汕头·学快乐汉语》，中央2台“财经频道”《消费主张》拍摄潮阳特色美食“赵记鲎粿”；对潮阳旅游网进行全新设计。全年印刷宣传资料5万份，宣传潮阳区丰富的旅游资源和旅游文化，树立旅游新形象，提高潮阳旅游知名度和影响力。

项目建设　莲花峰景区南海观音菩萨塑像2011年10月15日落成，观海长廊第三期工程完成主体部分；逐步推进大峰文化公园（人工湖）建设，明安里配套项目也逐步到位；按国家五星级标准设计建设的裕通大酒店于2011年10月20日作为汕头经济特区成立30周年庆典项目剪彩试业。

行业管理　2011年共组织执法检查150多人次，进一步规范企业经营行为，力促旅游企业规范管理，诚信经营；与全区8家旅游企业签订“安全生产责任书”，落实企业主体责任，加强消防建设，开展安全检查督查，排查隐患；开展年度星级饭店复核和评定，加大投入，完善配套，提高档次，提升品位；加强旅游统计工作，跟踪督促旅游企业完成网上旅游统计直报等，有效地提升潮阳区旅游服务质量，净化旅游市场环境。

（郭旭和　陈少冰）

附：2011 年潮阳区旅游局领导名录

局　长：郑立侯（任至 10 月）
马学秋（12 月任职）

副局长：游坤色
郭旭和（7 月任职）

出入境检验检疫

【概况】 汕头出入境检验检疫局潮阳办事处是主管潮阳、潮南两区出入境卫生检疫、动植物检疫以及进出口商品检验、鉴定、认证和监督管理的行政执法机构，直属于汕头检验检疫局，为处级单位。内设综合科、业务一科、业务二科、业务三科、业务四科、查验科。现有人员 29 人，其中在编 21 人，聘用 8 人。

2011 年共检验检疫出入境货物 1.5 万批，货值 7.39 亿美元，分别比减 17% 和比减 3%。其中，入境 281 批，货值 842 万美元，比减 51 % 和比增 2%；出境 1.47 万批，货值 7.31 亿美元，分别比减 16% 和比减 3%。检疫入境车辆 1423 车次，2668 标箱，检出阳性车辆 78 部、检出率 5.48%；检疫出入境船舶 192 艘次，检疫入境人员 2400 人次。签发产地证 4921 份，比减 10%；其中优惠原产地证 2380 份，比减 11%，签证金额 6768 万美元，比减 11%，按减少 6% 进口国关税计，可减免关税 406 万美元，一般原产地证 2541 份，比减 8%，签证金额 7899 万美元，比增 12%。年初，潮阳办事处被质检总局授予 2010 年度全国检验检疫系统“文明服务窗口”荣誉称号。

【行政执法】 深入开展“双打”专项行动及打击非法食品添加剂和滥用食品添加剂以及含“塑化剂”产品专项整治工作等各项专项行动，制订实施方案，明确责任、细化任务，多管齐下，采取强化审单管理、强化检验监管、强化排查核查、强化备案管理、强化批次管理、强化处罚力度等六强化措施，推进“双打”行动等各项专项行动的工作成效，确保辖区企业出口食品的质量安全。对 1 家不如实申报的生产企业实施行政处罚。

【检验监管】 加强质量检验，提高不合格检出率，特别是对食品、化妆品、农产品、玩具等涉及安全卫生项目的敏感产品和输往敏感国家和地区的出口产品，严加检验检测，确保出口产品质量和安全。全年检出不合格出口化妆品、食品 16 批；在输往埃及货物的装船前检验中，多次发现不适载隐患及装错货物情况，及时帮促企业整改。强化出口工业产品的源头把关和生产过程监管力度，以出口服装产品为重点，全面推进出口工业产品的分类管理和合格评定工作，协助汕头检验检疫局认证处完成对 188 家新增法检出口工业品生产企业的分类评定工作和分类管理类别提升评审工作，其中 35 家为二类企业，153 家为三类企业，有 3 家向省局推荐为一类企业。

【检疫查验】 强化对入境运输工具、集装箱、船员、司乘人员及货物的现场检疫查验，提高覆盖率和检出率，加强对卫生处理的监督力度，提高口岸突发公共事件应对能力，做好日本进口集装箱及货物的放射性监测工作和口岸肠出血性大肠杆菌传染病检疫工作。2011 年，首次在入境船舶中截获“四纹豆象”、“锈赤扁谷盗”等有害生物，在进境货柜检疫查验中 63 批次检获有毒有害物质，确保海陆口岸的公共卫生安全。

【产地证签证】 通过加强宣传、引导和服务力度，采取电子邮件、传真等方式为企业提供有关签证业务信息，落实专人通过已收集到的 100 多个企业邮箱定期发送原产地证优惠政策。实行“点对点”帮扶，利用 CIQ 报检数据向企业列明关税优惠清单，引导企业用好原产地证这把“金钥匙”。为帮助企业在产地证签证系统升级后顺利办理业务，办事处利用自助式电脑开通网上注册功能，指导企业注册，方便企业，促进业务发展。

【扶持地方支柱产业】 服装是潮阳、潮南两区支柱产业，潮阳办事处秉承把关与服务并重的理念，采取措施，保证出口针织服装的顺利施检，做到监管有效，服务到位。指导企业做好报检准备，帮助办理备案登记，简化报检资料，提高办事效率；针对出口针织服装批次多、货期紧的情况，通过规范管理，合理调配人员和时间，提高工作效率。全年共检验放行出口服装1.13万批，货值6.38亿美元，出口通关顺畅，质量反馈良好。

（检验检疫潮阳办事处）

附：2011年汕头出入境检验检疫局潮阳办事处领导名录

主　任： 郑建荣（8月任职）

副主任： 郑建荣（8月份前负责全面工作）

调研员： 郑瑞璇（6月任职）

潮阳海关

【概况】 潮阳海关内设办公室、政工监审科、监管通关科、加工贸易监管科、稽查科（同时负责缉私科的日常管理）。在编干部职工77名。业务管辖范围为潮阳区和潮南区两个行政区域，关区境内海岸线长42.6公里，有潮阳货检场、华能海门电厂码头、潮阳港、大明液化石油气码头、海门对台小额贸易码头等5个监管码头和场所。

2011年，潮阳海关共办理进出口报关单1.33万份，监管进出口货运总量607.7万吨，进出境车辆1.04万辆次，进出港船舶198艘次；征收税费5.57亿元，比增68.84%。

【举办活动】 4月25日，潮阳海关举办知识产权海关保护现场咨询会，作为开展“知识产权宣传周”活动内容之一，向公众发放宣传资料，对自主知识产权相关法律、商标法律以及进出口通关过程中涉及的知识产权法律知识等进行重点宣传，鼓励社会举报进出境侵权行为。11月22日，潮阳海关举办“对外业务培训暨政策宣传讲座”。来自潮阳、潮南两区政府分管外经贸工作的领导、外经贸局领导以及辖区从事进出口业务的企业负责人共60多人参加了讲座。潮阳海关分别就廉政建设、通关作业、保税核查、加工贸易等方面进行政策宣讲和业务培训，促进辖区企业从业人员业务素质和廉政风险意识的提高，以利于关区执法环境的改善。

（潮阳海关）

附：2011年潮阳海关领导名录

关　长： 吴静勇

副关长： 张和武

曾　庆

卢少雄

纪检监察特派员： 朱海东

潮阳海事处

【概况】 中华人民共和国潮阳海事处成立于2001年1月1日，由汕头海上安全监督局潮阳监督站与汕头港务监督局潮阳港务监督合并而成，为汕头海事局驻潮阳区的派出机构，副处级单位。内设办公室、执法大队，下设海门办事处、关埠办事处、后溪办事处。在编干部职工15名。负责潮阳区和潮南区水上交通安全和防止船舶污染水域监督管理工作。

2011年，潮阳海事处共办理船舶进出港签证1926艘次，国际航线进出口岸查验191艘次。船舶检验8艘，检验吨位222吨。海船安检44艘次，河船安检11艘次。办理危险货物进出港申报365艘次。开展海港巡航402次7122海里，为河辖区巡航261次5612海里。检查码头渡口201座次。实施行政处罚1宗，罚款9500元，无发生行政复议或行政诉讼案件。

【安全监管】 潮阳海事处坚持预防预控，针对不同季节不同时段的特点，及时做好安全提醒工作，应对浓雾、大风、台风等季节性灾害天气。严把船舶口岸查验及签证关，加强对华能海门电厂电煤运输等重点船舶、重点渡口渡船的安全监管，做好春节、清明节、“五一”、“十一”等重点时段和辖区金溪、秋风岭等山塘水库、福美渡、京北渡等乡镇渡口的水上交通安全监管，确保辖区水上交通安全无事故。

【专项整治】 潮阳海事处开展“迎大运”水上交通安全大检查、“平安大运”船舶专项检查、水上交通安全隐患排查治理、船舶检验质量监督检查、2011年安全生产年暨安全生产月活动、2011年广东海事局渡船海事安全监管、打击走私专项行动、广东省船员服务联合检查、广东海事局2011年船舶及有关作业检查等专项整治活动。在专项整治过程中，结合辖区实际，有重点、有步骤地抓落实，严厉打击非法生产经营建设、违法砂石船运输行为，维护区内水上交通安全，促进水路运输健康发展。

【联动管理】 潮阳海事处加强与地方政府及相关职能部门的沟通联系，形成合力，共同做好春运、清明等重点时段渡口渡船水上交通安全监督及封闭水域山塘水库的管理工作，保障人民群众出行安全。通过联合开展渡口渡船安全大检查及消防救生演练，及时查纠安全隐患，提高渡船应急反应能力；通过与地方沟通，及时将渡口渡船管理不规范行为，诸如载运小汽车等机动车辆行为，作为杜绝的项目列入新签订的安全责任书中，提升渡口管理人员的安全责任意识，为长效管理打下基础；通过调查摸底，对存在安全隐患的练江片区的渡口发出安全建议书，并进行跟踪落实，防止发生水上交通安全事故。定期组织山塘水库等封闭水域的巡查，特别在清明节前后，与地方政府联合进行检查，避免发生水上交通安全群体事故，确保节日期间山塘水库的安全。

【服务地方经济建设】 潮阳海事处按照交通运输部的要求，在做好安全监管的同时，提高服务意识，为地方企业提供优质服务。华能海门电厂是汕头市乃至粤东地区的重点能源生产企业，潮阳海事处以“加强三个安全监管”和“提供卓越海事服务”为着眼点，力求服务提速、监管到位、行政相对人满意。做好大型电煤船舶进靠电厂码头的安全监管和服务工作，实行电煤运输船舶随到随办口岸查验（签证）手续；做好装运粉煤灰船舶的安全监管和服务工作，从规范该类小型助航设施的配置、船员实际操作等入手，强化对公司、船舶、人员和环境等影响船舶航行安全因素的监督管理；发挥海事专业优势和作用，及时为重件卸载和大型特种设备作业船舶提供安全监管和服务工作，为大型重件设备的安全卸载提供技术支持，确保全年2次重件作业安全顺利完成。

【规范管理】 按照“权责一致、分工合理、决策科学、执行顺畅、监督有力”的管理要求，建立完善服务质量管理体系，制订出台《大型船舶进出海门电厂安全管理规定》、《班子重大事项决策议事办法》等制度，对《质量服务体系工作手册》进行完善，提高质量体系规范的可操作性，明确岗位职责、办事程序，使之有章可循，实现内部管理规范化、程序化、制度化。

（张子锋）

附：2011年潮阳海事处领导名录

副处长：张声鑫（负责全面工作）
吴跃辉

金融·保险·证券

www.gdchaoyang.gov.cn

金融·保险·证券

中国人民银行潮阳支行

【概况】 人行潮阳支行是中国人民银行的派出基层机构，内设办公室、会计国库股、综合业务股、外汇管理股，货币金银股、保卫股，以及纪检监察审计室、人行城信社退市工作领导小组。全行干部职工50人。2011年潮阳支行认真贯彻执行稳健的货币政策，以维护地方金融稳定运行，构建良好的金融生态环境为重点，着力做好恢复发行库工作，不断提升金融服务水平，促进地方经济金融平稳较快发展，存、贷款较快增长。金融支持地方经济力度进一步加大，截至年底，潮阳区金融机构各项存款余额281.16亿元，比2010年增加24.37亿元，增长13.73%；各项贷款余额83.31亿元，比2010增加15.86亿元，增长23.52%。

【贯彻落实货币政策】 督促辖区金融机构贯彻落实国家货币信贷政策，落实有扶有控的信贷政策，引导金融机构不断优化产业结构，贷款向支柱产业、“涉农”、基础设施等倾斜，加大对中小企业的信贷投入，支持实体经济发展。增强与地方政府的沟通，促进金融政策与地方经济策略的有机融合。认真做好货币政策监测分析工作，及时统计分析辖区经济金融运行情况。按季组织辖区金融机构联席会议。对2011年人民银行总行7次调整存款类金融机构缴交存款准备金率、3次提高金融机构存贷款基准利率等货币政策措施，及时收集反馈政策效应。督促金融机构认真实施贷款利率的可上浮和下调幅度，商业银行按人民银行制定贷款基准利率最高可上浮30%、最低可下调10%，农信社最高可上浮70%。推荐当地企业列入汕头市中小企业“增信融通”计划。建立农村金融产品和服务方式创新专项监测报告制度，推动金融支持地方中小企业发展。

【维护金融稳定】 人行运用外汇管理、人民币账户、现金收付业务、征信等灵活管理手段，加强金融监测分析工作，防范金融风险，维护辖区金融稳定。加强对潮阳农联社流动性资金监测和全年最高可增加9.8亿元额度的贷款增量指导性管理，实行按季平均递增的指导性规划，实施按旬考核。对潮阳农信社在改革中获得中央银行专项票据兑付5.77亿元的后续监测考核工作，督促和指导农信社实施稳健性评估工作。加强跨境资金流动监测工作，建立重点企业外汇收支监测制度，加大投资贸易真实性核查力度，从整体上控压顺收顺差缺口。2011年辖区贸易顺收小于顺差，外汇收支总体运行平稳。做好人行自办金兴城信社“一社三部”城信社退市清算工作，按月监测资产清收处置情况，通过《汕头日报》保全资产登报33户，金额5356.53万元。2011年清收资产4551万元。

【创新金融服务】 针对区域现金投放量大，部分金融机构现金供应不及时的现状，2010年12月，上级行批准恢复潮阳支行发行库，经过三个多月的库区改造，配备了先进齐全的硬件设施，达到发行库区封闭式安全管理的规定和要求，实现“安全、高效、节约”的目标，于2011年6月15日恢复发行库运行，至12月底，发行基金累计现金投放77.53亿元，回笼21.04亿元。引导商业银行创新金融服务模式，深入农村地区调查了解银行卡助农取款服务需求，12月在潮阳区金灶镇芦塘村选择一家商户作为助农取款服务试点，安装了“商易通”。金融支付服务环境进一步优化，支付清算系统安全高效运行，银行卡等非现金结算工具得到普遍应用。截至2011年末，潮阳区银行结算账户100.84万个、办理银行卡135.03万张；全年办理会计集中核算业务7040笔，金额164.5亿元；同城票据交换7152笔，金额95.2亿元；核准人民币银行结算账户760个，其中：基本账户678个、专用账户46个、临时账户36个，撤销账户284个，变更账户449个。进一步完善电子缴款业务，有效扩大零星税款通过POS机缴纳入库，促进税款及时入库报解，全年办理潮阳国库财政拨款、退库8829笔，金额27.59亿元。

【外汇管理】 在加强贸易活动真实性、一致性审核的同时，简化企业申请审批程序，保证有真实贸易背景收付汇的顺畅进行，促进国际收支基本平衡和地方经济的平稳健康发展。外汇收入和顺差持续增长，创历史最高水平。2011年潮阳区结汇收入5.91亿美元，同比增长38.68%，售汇支出8180万美元，同比下降6.65%，结售汇顺差5.1亿美元，同比增长50.41%，涉外收支企业达到228家。跨境人民币结算业务有新突破，2011年全区办理跨境人民币结算企业30家162笔，金额1.6亿元，比增68倍。

（郑晓光　郑进喜　陈志忠）

附：2011年中国人民银行潮阳支行领导名录

行　长： 张　建

副行长： 李汉源（任至8月）
陈志坚
林金宏（10月任职）

纪检组长： 林永义

中国工商银行潮阳支行

【概况】 中国工商银行汕头潮阳支行内设营业部、综合岗、客户经理岗，辖属有棉城、中华路、东门、西环、牛头山、和平、谷饶、贵屿等8个二级支行。2011年全行在职人员137人，其中正式工106人，柜员合同工30人，服务代理工1人。

2011年，工行潮阳支行各项存款本外币余额41.75亿元，比上年增长6.38%；其中储蓄存款37.51亿元，比增11.7%；企业存款余额4.24亿元，比降-25.1%。各项贷款余额3.56亿元，比增87.15%；其中个人贷款余额1.67亿元，比年初增加3169万元，累计发放7261万元；公司贷款余额1.89亿元，比年初增加1.34亿元，累计发放2.6亿元。全年累计签发银行承兑汇票2140万元，开立国际信用证1051万元。贷款增量与发放量位居全区四行（工行、中行、农行、建行）第二。全年中间业务收入1925万元，比增13.7%。

【经营亮点】 2011年，工行潮阳支行强化公私联动经营力度，与公用企业合作，批量发掘个人客户。同广东电网汕头潮阳供电局签订《委托代收电费操作协议》，改变潮阳、潮南用电户长期跑路缴纳电费的方式，吸引大批个人客户办理电费代扣业务，为民众办了一件实事。同时，支行用好“谷饶针织内衣贷”、“小额便利贷”两种金融服务创新品种，为区域小企业发展在融资需求方面提供支持，促进地方经济发展。其中，“谷饶针织内衣贷”解决了谷饶镇多数企业房地产权属不完善难以抵押办理贷款的难题；“小额便利贷”为小企业融资业务的办理提供了更多的便利。两种创新产品的推出，为工行在区域性小企业信贷业务方面的领先地位奠定了基础。

【网点建设】 2011年，支行对城区网点进行优化整合，原文光支行迁至贵屿镇更名贵屿支行，满足潮阳经济重镇的金融服务需求。把文光支行原址改造为自助银行，在谷饶镇金新花园酒店、和平镇蕾琪化妆品有限公司新厂区分别设立自助银行，共设置自助设备6台，满足合作企业及周边民众的金融服务需求。下阶段拟在支行网点空白城镇布设经营网点，在离经营网点较远而人口密集且经济活跃的区域铺设离行式柜员机，进一步延伸支行的服务渠道。

（工行潮阳支行）

附：2011 年中国工商银行潮阳支行领导名录

行　　长： 郑瑞隆
副 行 长： 杨少龙
刘增光
林辉泉
行长助理： 陈韩彪

中国农业银行汕头分行潮阳支行

【概况】 农业银行潮阳支行隶属于中国农业银行股份有限公司汕头分行。内设综合管理部、运营财会部、个人金融部、公司业务部，下辖支行营业部、潮东支行、潮中支行、中华路分理处、试验区分理处、和平支行、金浦分理处、海门分理处、铜盂分理处、贵屿分理处、谷饶支行、关埠支行、金玉分理处、西胪分理处 14 个营业网点，共有员工 211 人。2011 年，本外币各项贷款余额 6.67 亿元，增量 4728 万元，实际投放 1.3 亿多元，实现拨备前利润 1 亿多元。支行先后荣获第六届“广东省农行精神文明建设工作先进单位”、2011 年度“农行汕头分行先进单位”等称号。

【存款大幅增长】 农行潮阳支行 2011 年人民币存款余额 49.34 亿元，比年初增加 5.37 亿元，稳居潮阳区四家国有银行之首。其中储蓄存款增加 5.01 亿元，居农行汕头分行系统内第一名；对公存款比年初增加 3604 万元。

【中间业务收入大幅增长】 2011 年，中间业务收入 3252.66 万元，总量居农行汕头分行系统内第一名，其中：个人人民币结算业务收入 68 万元；电子银行业务收入 626.77 万元；代理保险业务收入 313.81 万元；实现国际业务收入 146.74 万元。

【企业文化建设】 2011 年，潮阳支行致力于以人为本，提高企业竞争力，保持和谐上进的工作气氛。6 月 24 日，借助支行新办公楼回迁以及存款超 50 亿元为契机，广邀嘉宾、新闻媒体进行大力宣传，以提高社会影响力，增加知名度，构建品牌效益和营销效应。6 月底，组织员工参加汕头市分行庆祝中国共产党建党 90 周年暨建行 60 周年“唱响红歌”歌咏比赛，10 月组织员工参加分行趣味运动会，均取得较好名次。

（农行）

附：2011 年中国农业银行潮阳支行领导名录

行　长： 吴卓群
副行长： 林永文
吴少霓
廖君旭

中国银行汕头潮阳支行

【概况】 中国银行股份有限公司汕头潮阳支行内设营业部、结算业务部及业务发展部，辖属有谷饶、和平 2 个支行及城区 5 个机构共 7 个营业网点，全行员工 113 名。2011 年，人民币存款余额 35.59 亿元（其中储蓄存款 30.85 亿元、企业存款 4.74 亿元）；外币存款余额 749.33 万美元（其中储蓄存款 649.44 万美元、企业存款 99.89 万美元）。全年实现经营利润 4968 万元，进出口结算总量 4.22 亿美元，办理贸易融资 152 笔，金额人民币 1.65 亿元，市场占有率稳居全区同业之首，支行年度绩效考核名列中行汕头分行第一考核组 10 家支行第一名。

【资产业务】 充分利用授信业务为企业搭建融资平台，以新的视野和思维主动寻找零贷业务营销的切入点，采取重点品种重点营销策略，积极寻找产品有市场、经营有效益、发展有潜力的中小民营企业，丰富客户群体。在确保风险可控的前提下，实现资产业务早投放、早收益、多投放、多收益。2011 年，中行潮阳支行投放个人投资经营贷款 97 笔 4.25 亿元，消费贷款 9 笔 2178 万元，中小企业贷款 9 笔 1.13 亿元。

【内控管理】 实现安全运营无事故。始终保持防案工作高压态势，定期召开行务会及内控防案分析会，及时通报内控工作情况，培育员工规范操作的良好习惯。通过召开反洗钱专题会议，剖析案例，教育督促员工认真履行反洗钱工作职责。进一步加强精细化管理，做好“三防一保”工作。通过不定期对支行和辖属网点的值班、“二、三道门”管理进行突击检查，跟进各单位应急预案的演练情况，把精细化管理贯穿到安全生产的每一个环节。

（王建强）

附：2011 年中国银行潮阳支行领导名录

行　长：蔡少雄（任至 1 月）
　　　　蔡钟全（1 月任职）
副行长：陈耿扬
　　　　方兆宣
　　　　陈楚勤

中国建设银行汕头潮阳支行

【概况】 中国建设银行汕头潮阳支行辖属 4 个网点，包括支行共 5 个营业网点，员工 89 人，业务品种齐全，是中国建设银行总行重点优先发展 100 个中心城市分行——汕头市分行的综合型支行。2011 年总负债规模达到 28 亿元，年末全口径存款 28 亿元，年度新增 1.5 亿元；信贷业务快速发展，投放信贷资金 4.8 亿元，贷款不良率为 0.07%；实现中间业务收入 1730 万元，取得较好的经营效益。

【服务质量】 潮阳支行认真履行“以客户为中心”的服务理念，加强内部管理，提升服务水平。加大资金投入，改善服务设施，为客户提供安全舒适的营业环境；加快金融创新，开发适应客户需求的金融产品，为客户提供个性化、综合性、贴身式的服务；通过开展“创建学习型组织，争当知识型员工”活动，提高员工的业务素质和服务质量；落实责任制，规范员工服务行为，为客户提供优质高效服务。被潮阳区委、区人民政府评为“文明示范窗口”。

（洪继宗　吴南光　林卫）

附：2011 年中国建设银行潮阳支行领导名录

行　长：陈子德
副行长：林伟亮
　　　　洪继宗
　　　　郑名锋

广东发展银行股份有限公司汕头潮阳支行

【概况】 广东发展银行股份有限公司汕头潮阳支行内设办公室、公司银行部、个人银行部，下辖支行营业部、棉城支行和中华支行三个营业网点，2011 年在岗员工 56 人。

2011 年，广发行潮阳支行围绕全年各项工作目标和任务，通过早会和周会等平台贯彻落实具有广发特色的企业文化精神，以经营效益为中心，风险控制为前提，负债业务为重点，资产业务为突破口的经营方针，对内全面加强内控管理，狠抓制度落实和服务质量；对外花大力气进行市场营销，努力推动业务发展，取得良好成效。2011 年末各项存款余额 13 亿元，各项贷款余额 2.7 亿元，实现利润 1944 万元，实现中间业务收入近 100 万元。2011 年度，潮阳支行分别获得汕头分行授予的“广发之星年度先进集体”、个人客户综合营销优胜二等奖、利润贡献二等奖、存款贡献二等奖、贷款综合收益贡献三等奖、信贷风险管理综合奖。10 月，支行办公室工会小组被广东省总工会授予“广东省模范职工小家”称号。全行 4 人分别被分行授予“广发之星年度优秀行员”和“年度优秀共产党员”称号。

【业务拓展】 2011 年广发行潮阳支行主要业务：吸收公众存款，发放短期、中期和长期贷款，办理国内外结算，办理票据贴现，发行金融债券，代理发行、兑付、承销买卖政府债券，从事同业拆借，买卖、代理买卖外汇，提供信用证服务及担保，代理收付款项以及经银监部门批准的其他金融业务。目前已形成“广发信用卡”系列、“广发真情理财”系列和“好融通”等金融服务特色。2011 年度把发展存款作为全年各项工作的重中之重，充分运用各类金融工具和服务手段，依靠贷款、融资、结算、理财等传统业务和潮阳行特色业务，将稳存、引存、增存融合在全行各项业务拓展的全过程之中，努力拓宽资金来源，取得良好成效。强化信贷计划管理，服务地方经济发展，推动信贷业务良性发展。全力支持重点客户和中小微型企业经营发展需要，提高信贷资源的使用效率和附加效益。坚持效益取向的原则，合理调度资金头寸，控制压缩非生息资产占用，提高资金营运效率和效益，扩大中间业务收入来源。

【内控管理】 广发行潮阳支行在发展业务的同时，高度重视内控管理，全年保持安全运营无事故。重视会计基础管理，抓制度落实，定期开展常规检查和突击专项检查，规范操作，防范会计风险。贯彻落实信贷制度，强化贷前调查和贷后管理，建立风险预警和处理机制，保证支行信贷资产安全。注重社会责任，通过摆摊设点、走进社区等多形式宣传教育活动让民众掌握金融知识、识别金融风险。重视安全防范工作，落实工作责任制，逐级签订各类安全生产责任，坚持每月一次安全保卫工作检查，组织经警队伍进行业务技能训练、信息安全知识学习等，保证支行安全运营。

【队伍建设】 广发行潮阳支行通过开展文明规范服务活动，教育引导员工树立良好服务意识，规范自身服务行为；加强员工职业道德教育，坚持每季度至少开展一次职业道德教育活动，学习相关法律法规和各项内控制度，引导员工树立良好的职业道德品质；培养员工自我学习意识，结合当前经济形势和全行发展战略，经常对员工进行形势教育，引导员工树立自我学习意识，提高业务水平，适应岗位需求。

（林峰）

附：2011 年广东发展银行潮阳支行领导名录

行　长：陈东腾

副行长：周建智

交通银行股份有限公司汕头潮阳支行

【概况】 交通银行股份有限公司汕头潮阳支行内设综合部、市场营销部、营业部，下辖交通银行股份有限公司汕头和平支行、交通银行股份有限公司汕头文光支行，在编员工 47 人。2011 年人民币各项存款余额 15.32 亿元，比年初增加 1 亿多元；其中对公存款 2.78 亿元，比年初增加 6281 万元；对私存款 12.54 亿元，比年初增加 3779 万元；国际结算量 1463 万美元，贷款余额 1.81 亿元。全年赢利有所提升，家易通业务、代发工资业务取得较大发展。

【业务拓展】 交通银行潮阳支行坚持“立足潮阳，服务潮阳，与潮阳共发展”的理念，积极推进各项金融业务的发展。制定了潮阳支行 2011 年“开门红”营销活动方案和创先争优营销活动方案，把任务分解下达到网点，支行班子成员、客户经理和网点挂钩，配套奖惩措施。借助对公“黄金客户”和对私高端客户联谊会等一系列营销活动走访老客户、发展新客户，利用交行的产品优势和服务优势对客户进行交叉销售和综合服务，提高客户对交行的信任度，促进各项金融业务的发展。

【内控管理】 潮阳支行围绕“管理提升”和“服务提升”的工作主题，深化内控管理。学习有关法律法规，加强职业道德教育，结合开展“合规建设回头看”主题活动和“学规章、遵操守、促倍增”集中宣传教育活动，要求员工依法合规经营、诚信廉洁从业；加强业务学习，严防操作风险，注重员工业务知识和各种制度的学习，以会代训，有效提高会计管理人的业务素质、履职能力和风险识别能力；强化内部管理，严格内控制度，积极防范风险。坚持谁主管谁负责，一级抓一级，层层抓落实的工作原则。

【安全保卫】 按照创建“平安交行”活动的要求和 2011 年汕头分行安全保卫工作重点，坚持“谁主管、谁负责”的原则，切实落实安全责任制度，强化对经警的技能和体能训练，提高战斗力和反应能力。加强对自助区的巡查，对防盗、防抢劫、防火和防诈骗等应急预案进行认真细化，每季组织员工进行演练，提高员工应对突发事件能力。网点每月对 110 报警设备，消防设备和监控设备组织一次检查和测试，对网点门窗的防盗性能进行检查，及时发现和消除安全隐患，实现全年安全无事故。

（吴宏耀）

附：2011年交通银行潮阳支行领导名录
行　长：李益平
副行长：陈少鸿
　　　　陈佐汉

中国农业发展银行汕头市潮阳支行

【概况】　中国农业发展银行汕头市潮阳支行是潮阳区、潮南区唯一一家农业政策性金融机构，服务于“三农”，由中国农业发展银行汕头市分行领导，内设办公室、客户服务部、会计结算部。支行按照国家的法律、法规和方针政策，以国家信用为基础，承担潮阳、潮南二区粮食收购及专项储备的信贷资金供应和管理；办理财政性支农资金的拨付、政府建立的粮食风险基金开立专户并拨付资金；办理农村基础设施建设贷款、农业科技贷款及水利防灾减灾项目贷款以及业务范围内开户企事业单位的存款和结算业务等。至2011年底，各项贷款余额2.54亿元，比年初增加1490万元，其中不良贷款余额538万元，比年初减少218万元。各项存款余额9654万元，比年初减少947万元。完成利润486万元，比2010年增加243万元，超计划指标74万元。

【强化信贷支农　加快业务发展】　支持潮阳区和潮南区做好超期储备粮的轮换补库工作。2011年潮阳区轮换超期储备粮8162吨，潮南区轮换超期储备粮7141吨。贷款已经全部回笼，收回占用贷款，及时、足额供应补库所需信贷资金。发展农村农业基础设施建设项目，协调政府为潮阳区护城河一期3200万元、二期5000万元项目贷款的质押手续，至年底，二期项目贷款按进度已经发放了3780万元。

【推进精细化管理　提高风险管理水平】　农发行潮阳支行组织员工加强业务学习，提高综合业务素质和业务操作技能，严格按管理流程落实岗位责任，确保业务系统高效、准确运行，保证资金安全；利用计算机系统和信贷业务核查系统在信贷风险管理中识别、监测、预警等功能，及时监测贷款变化情况，做到风险防范关口前移；强化库存监管力度，落实责任，定期和不定期对企业的库存进行检查，确保在库粮安全；全面推行综合柜员制，提高柜台工作效率，改善客户服务质量；加强反洗钱内控机制，认真开展反洗钱工作。

【加强企业思想建设　提升软实力】　农发行潮阳支行开展创先争优活动，按照“五个好”的要求，落实基层党组织和共产党员公开承诺书。2011年支行党支部获得市分行“先进基层党组织”称号。发挥个人和集体的先进性和影响效应，引导员工做好本职工作。开展学习严斌、杨善洲先进事迹，提高综合素质，树立正确的世界观、人生观、价值观和利益观，当一名合格的共产党员。开展纪念建党90周年“学党史，谈体会”活动。通过开展征文活动，党员每人写一篇学习体会，加深对党的认识，牢记使命，践行自己对党的誓言。

（马焕南）

附：2011年中国农业发展银行潮阳支行领导名录
行　长：张少鹏
副行长：吴义创

汕头市潮阳农村信用合作联社

【概况】　潮阳农村信用合作联社服务范围覆盖潮阳、潮南两区城乡各地，联社设置10部2室：办公室、人事教育部、业务发展部、资产保全部、财务部、会计结算部、科技部、银行卡部、保卫部、纪检监察室、稽核部、合规部，下辖棉城、城郊、文光、府前、潮新、海门、金浦、峡山、铜盂、谷饶、贵屿、陈店、仙城、司马浦、两英、红场、雷岭、和平、胪岗、沙陇、成田、田心、井都、河溪、西胪、关埠、金玉信用社和联社营业部、联社营业厅29个基层信用社，辖属114个营业网点，现有员工982人。全社先后荣获“全国农村金融先进集体”、“广东省支农先进集体”、“广东省农村信用社系统先进单位”、“全国农村信用社改革知识竞赛组织奖”等荣誉称号，文光信用社工会小组被中华全国总工会授予“全国模范职工小家”荣誉称号；2011年3月联社营业厅被广东省总工会授予

"工人先锋号"荣誉称号；2011 年 7 月联社党委被省联社党委授予"广东省农村合作金融机构先进党委"荣誉称号。

【资金实力雄厚】 潮阳农村信用合作联社是本地区金融行业中经营规模最大、营业网点最多的金融机构，资金和综合实力雄厚居同业首位。2011 年 6 月，各项存款余额突破 100 亿元大关，至年底，各项存款余额 103.7 亿元，存款增量、增幅、余额均创历史最高纪录。各项贷款余额 74.62 亿元，其中，三农贷款余额 59 亿元，占潮阳、潮南两区金融机构农业贷款总量的 95% 以上，农贷增量、增幅、占比均达到银监会提出的"三个高于"的目标要求，发挥了农村金融主力军和联系"三农"重要金融纽带的作用。

【服务日臻完善】 2011 年 6 月 27 日，辖下 114 个营业网点成功加入省联社数据大集中系统。目前拥有人行大额、小额支付系统、全国支票影像系统、广东省金融结算系统、全国农信银资金清算系统等结算网络，电子化金融服务功能日臻完善；ATM 自助柜员机分布城乡各镇，网上银行、电话银行、支付宝快捷支付等电子银行新业务相继推出，提升了中间业务发展的核心竞争力和金融服务能力。至年底，农信社银行卡累计发行量 17 万张，POS 商户 202 户。

【支持中小企业】 针对中小企业多元化的金融服务需求，农信系统根据不同行业、不同规模、不同性质中小企业的实际，整合信贷要素，为客户量身定做系列金融产品，对符合国家产业、环保政策、产品有潜在市场、信用等级高且法人代表信誉好的中小企业建立了贷款审批"绿色通道"；对信用等级较高的企业实行综合授信，在规定期限及授信额度内允许其循环使用、随贷随还，减少审批环节，缩短审批时间；落实信贷优惠政策，在收益覆盖成本和风险的前提下，从贷款利率、期限和贷款额度等方面实行优惠。截至 2011 年末，中小微企业贷款余额 58.7 亿元，占各项贷款余额的 79%，同比增长 4.9 个百分点。连年来受到汕头市委、市政府的通报表彰。

（陈林琦）

附：2011 年潮阳农村信用合作联社领导名录

理事长： 肖希宁
主　任： 姚邦杰
监事长： 邢鸿龙
副主任： 张昌平
　　　　郭光雄
党委委员： 肖炳强

中国邮政储蓄银行汕头潮阳支行

【概况】 中国邮政储蓄银行汕头潮阳支行成立于 2007 年 12 月 10 日，隶属中国邮政储蓄银行总行，内设综合管理部、市场营销部、公司业务部、信贷业务部，下辖网点 12 个，现有干部职工 77 人。支行以面向"三农"、服务大众、服务中小企业为战略定位、以"网络联通城乡、服务便民惠民、支持百姓创富"为特色，经过四年多的发展，2011 年金融总收入 5362 万元，存款余额 21.21 亿元，贷款结余 9904 万元，已累计投放 ATM 机 12 台、存取款一体机（CRS）7 台、可转账自助终端 2 台。2011 年度，潮阳支行营业部被邮储银行广东省分行评为"规范化服务示范网点"。

【主要业务】 潮阳支行承担潮阳区社保养老金、低保金、村（社区）干部工资、新农保等多项涉及民生的资金代发工作。至 2011 年底，办理个人参保 23 万多人、待遇领取 7.5 万多人。专注小额贷款、支持"三农"建设，小额信贷客户经理队伍已达 14 人，全年各类贷款结余 1524 户，其中从事小规模经营的乡村客户占 99.5%，累计发放小额贷款 2.6 亿元。

（刘创豪）

附：2011 年中国邮政储蓄银行潮阳支行领导名录

行　长： 郑四鹏
副行长： 庄士鑫

中国人民财产保险股份有限公司汕头市潮阳支公司

【机构设置】 中国人民财产保险股份有限公司汕头市潮阳支公司直属中国人民财产保险股份有限公司汕头分公司管理，属国有控股公司。全司有40人（其中正式员工26人，销售人员14人），内设综合部、出单小组、营业一部、营业二部、营业三部、营业四部、第一营销部、第二营销部、第三营销部、第四营销部。

【主要业务】 支公司以“调整、管控、效益”为经营方针，“以人为本、诚信服务、永续经营”为经营理念，打造“求实、诚信、拼搏、创新”的企业精神。2011年保费收入3202万元，同比增长13.64%，上缴税款185万元，首次完成全年保费收入超3000万元。其中政策性农村住房保险2.03万户，为提高农村防灾能力，服务“三农”，促进新农村建设等发挥保险职能。

【主要险种】 主要险种有：企业财产保险综合险、企业财产保险基本险、家庭财产综合保险、个人贷款抵押房屋综合保险、政策性农村住房保险、机动车辆保险、火灾公众责任保险、人身意外险、雇主责任险、货物运输保险等。

【风险管控】 潮阳支公司注重巩固提高优化险种，加强对承保和理赔的管理，提高承保理赔质量。坚持“主动、准确、及时、合理”的理赔原则，依法依规理赔，严控风险，挤压理赔水分。

（财保潮阳支公司）

附：2011年中国人民财产保险潮阳支公司领导名录

经　理：周创洪

副经理：刘林忠

中国人寿保险股份有限公司汕头市潮阳支公司

【概况】 中国人寿保险股份有限公司汕头市潮阳支公司是中国人寿保险股份有限公司的分支机构，内设综合管理部、客户服务部和个险部，员工20人。另设有个险、银保和团险三大业务销售渠道，其中个险有城区一、二、三部，濠江、和平、谷饶、关埠营销服务部；银保有拓展一、二、三、四部；团险有拓展部。代理人队伍600多人，业务区域包括潮阳、濠江两区。支公司围绕“内强素质，外树形象，创新经营，做大做强”的战略思想，狠抓内功训练，增强员工素质，改善硬件设施，树立对外形象。经全体员工奋力拼搏，业务发展快速攀升，总保费收入从1996年寿、产险分设时的1400万元（潮南支公司占三分之一）发展至2011年单潮阳支公司就达5亿多元，市场份额居潮阳、濠江两区领先地位。2011年个险十年期缴保费4395万元，在全省97家区县支公司中排名第一。全年纳税861万元，为当地经济发展做出贡献。潮阳支公司连续七年荣获“守合同重信用企业”称号。2007年连续四年获汕头分公司“先进单位”称号，2008年获总公司“2008年度中国人寿业务发展百强县”称号，2011年4月获汕头市保险行业协会授予“寿险精英团队奖”。2011年营销一部荣获中国人寿“诚信服务百强团队”称号。

【经营范围】 自营业务：主要经营人寿保险、健康保险和意外伤害保险三大业务，100多个险种，其中有储蓄型、保障型、养老型，也有专门为家庭理财而设计的集储蓄、投资、保障为一体的分红保险产品。代理业务：代理法律、法规、规章允许代理的各类财产保险及人身保险。

【诚信经营】 坚持“上级为下级、后勤为一线、全员为客户服务”的服务理念。要求从业人员坚持诚信原则，面对客户要如实告知保险责任、除外责任、现金价值及分红演示等涉及客户权益的重要情况，让客户能充分考虑各种因素，理性决定是否投保。根据客户的实际，为客户量身定做，设计最符合客户需要的人身保障和理财方案，使客户的利益得到充分的保障，实现利益最大化。在理赔过程中，始终坚持“主动、迅速、合理、准确”的给付（理赔）原则。2011年潮阳支公司保障型险种共理赔1337件，赔付金额1199万元，为潮阳社会的稳定发挥了积极作用。

（人寿保险潮阳支公司）

附：2011 年中国人寿保险潮阳支公司领导名录

总经理：洪坚平

副总经理：郑松添

中国平安人寿保险汕头中支潮阳营销服务部

【概况】 中国平安人寿保险股份有限公司汕头中心支公司潮阳营销服务部于 2008 年 2 月 20 日成立，在各级政府部门和汕头保监分局的领导下，努力践行支公司“持续突破，系统经营，人本管理，平台领先”的经营理念，防范和化解理赔风险，不断提升管理水平和服务水平，使经营效益大幅提升。2011 年，平安人寿保险潮阳营销服务部总保费收入 3277.9 万元，同比增长 48.1%，其中新单保费收入 1557.4 万元，同比增长 10.9%。

【主要业务】 2011 年，平安人寿汕头中支潮阳营销服务部遵循保监会出台的一系列规范市场的政策法规，积极探索保险业可持续发展道路。根据潮阳地区的实际，开办金裕人生、智胜人生、吉星盈瑞、吉星送宝、金富贵、金玉满堂、金宝盆等险种，推动 MIT 移动展业模式、多渠道保全服务等，提高服务质量，为民众提供多种保险模式选择。

（平安人寿潮阳营销服务部）

附：2011 年中国平安人寿保险潮阳营销服务部领导名录

经　理：林　凯

安信证券汕头潮阳棉西路营业部

【概况】 安信证券汕头潮阳棉西路营业部是安信证券下属营业部，承接于 1994 年 2 月成立的原中关村证券潮阳中山西路证券营业部，为潮阳最早成立的证券营业机构之一。营业部现有员工 35 人，全部具有执业资格，经过十多年的发展，现成为潮阳区规模较大、实力雄厚、最具发展潜力的证券经营机构，拥有较高的市场份额。截至 2011 年底营业部证券金融总资产 14.66 亿元，累计开户数 2.07 万户，累计证券交易额 201.21 亿元，上缴税收 110.02 万元，实现净利润 1285.66 万元，在汕头辖区 23 家证券营业部排第 11 名，在广东省 464 家证券营业部排第 178 名。

【经营管理】 柜台业务　严格执行公司制度及业务流程指引要求，强化业务流程管理，确保每项业务均按公司相关规定办理，实现业务办理零差错，客户档案资料管理规范化；开展反洗钱工作，完善反洗钱工作机制；落实创业板市场投资者适当性管理工作，优化创业板开通流程；落实违规代客理财风险防范工作。

营销团队　营业部现有营销人员 15 人，组建 3 个营销团队，基本完成对潮阳城区、贵屿、谷饶、和平、西胪等区域的有效覆盖，驻点已包括七大银行（工、农、中、建、交、广发行、邮政）共 36 个银行网点，业务基本覆盖整个潮阳区。

咨询服务　完善客户服务体系，提升客户服务水平，实施服务流程标准化，完成本金卡以上客户的服务指定工作，以服务带动营销，市场份额连续 3 年实现快速增长。

（安信证券）

附：2011 年安信证券潮阳棉西路营业部领导名录

总经理：姚廷彬

副总经理：郭镇南

中国银河证券股份有限公司汕头潮阳营业部

【概况】 中国银河证券潮阳营业部 2011 年总交易额 78.39 亿元，上缴税收 106.27 万元，实现利润 555.81 万元，投资者开户数累计 9709 户。营业部营业面积 1935 平方米，设有贵宾区、大户室、中户交易区，具有网上证券交易、电话委托、手机炒股、自助交易等多样化交易手段，全面实现客户资金第三方存管，提供客户点对点优质服务及个性化证券投资组合咨询服务。营业部现有资产总值 7.35 亿元，从业人员 29 人。

【经营管理】 健全营业部内部风险控制，严格执行经纪业务前台后台分离制度；前台在规范服务的基础上，加强对投资者的风险教育工作，使之理性投资，后台严格执行各项规范化要求，杜绝非现场开户、非现场办理业务、开空户等违规行为。让客户了解证券投资风险，通过询问评估环节；推广新开客户问卷调查机制，了解其身份、收入状况、理财知识、操作经验和风险偏好，提示投资风险。加强对营销员的管理和培训，明确营销业务的职责和禁止行为，利用电话及时对客户进行回访。

（银河证券）

附：2011 年中国银河证券潮阳营业部领导名录

总经理：郑秋明

社会事业

www.gdchaoyang.gov.cn

社会事业

劳动和社会保障

【机构设置】 潮阳区人力资源和社会保障局内设股室11个：人事秘书股（与监察室合署办公）、综合信息股、就业促进股、培训教育股、调配录用股（军队转业干部安置办公室）、任免奖惩股、专业技术人员管理股、工资福利股（退休干部管理股）、养老保险股（农村社会保险股）、医疗工伤保险股、劳动监察股。下设人才交流服务中心（副科级），劳动监察大队，调解仲裁管理办公室（劳动人事争议调解仲裁办公室）；属下事业单位5个：企业退休人员社会化管理服务中心、职业技能鉴定所、职介服务中心、劳动就业服务中心、职业培训基地服务中心。干部职工104人。

【劳动就业和培训】 2011年全区各用人单位与职工签订劳动合同5.04万份，合同签订率86.1%。全年培训农村劳动力8050人，农村劳动力转移就业7765人。办理小额担保贷款1笔，发放贷款5万元，小额担保贷款累计发放14笔，总贷款额31万元。举办各类专场劳务集市67场，进场参加招聘企业754家，提供岗位7675个，吸引2.02万名求职者进场参加交流，达成就业意向7460人；2月18～19日，在潮阳体育馆举办全区城乡劳动力大型招聘会，吸引190多家大型企业进场招聘，提供就业岗位8500多个，吸引劳动力供需双方进场参加现场交流1.5万人次，有4000多名求职者与用人单位达成招聘意向。全区登记失业率控制在2.5%以内；举办各类培训班培训8640人，鉴定1932人。

【社会保险】 区人社局落实国有、县以上集体企业早期离开人员补缴养老保险费政策，解决历史遗留问题，全年累计办理4343人。落实解决国有、县以上集体企业人员应保未保补缴养老保险费，全区累计办理3203人，解决离开机关事业人员缴纳养老保险费16人。实施困难国有和县以上集体企业退休人员参加职工基本医疗保险，累计落实参保1.21万人；办理职工特殊门诊394人；工伤认定案件65宗；上报办理纳入工伤保险统筹的国有集体企业老工伤人员14人；完善城镇居民医疗保险制度，全年参保23.2万人。

【劳动仲裁】 区人社局维护劳动关系的和谐稳定，在发挥仲裁办案“三方协商”机制优势的同时，依法及时稳妥办案。全年收到各类劳动争议仲裁申请28宗，涉及29人，受理案件28宗，至年底办结25宗。

【劳动维权】 区人社局按照“强化监管、严格执法、服务大局、促进和谐”的工作思路，开展劳动监察检查。以贯彻实施“三法一例”（《中华人民共和国劳动法》、《中华人民共和国劳动合同法》、《中华人民共和国劳动争议调解仲裁法》、《中华人民共和国劳动合同实施条例》）为重点内容，组织开展三项专项执法检查。春季开展清理整顿人力资源市场秩序和督查社会办学机构专项行动，重点打击非法职介和违规职业培训行为；夏季开展劳动用工专项行动，重点打击超时加班、使用童工、不依法签订劳动合同等违法行为；冬季开展农民工工资支付情况专项检查，重点打击拖欠工资等违法行动，全年共检查用人单位207家，涉及劳动者2.58万人；清退童工2名，罚款3.5万元；打击取缔非法职介机构9户，整理规范2户；督查社会办学机构4家；办理劳动年审69户；受理举报投诉案件161宗，结案161宗，为3858名劳动者追回工资待遇351.87万元。健全应急处置和部门协调配合工作机制，及时介入处置厦深铁路工程、城区开发工程等6宗大规模上访案件，避免因处置不当引发过激、越级上访事件，确保社会和谐稳定。

【公务员管理】 2011年，区人社局共为54名符合条件人员办理公务员登记手续，配合汕头市人社局面向社会招录潮阳区公安、检察系统公务员及乡镇公务员89人。举办新录用公务员学习培训班，分二期完成初任参照公务员单位工作人员157人的培训工作；组织2000多名机关公务员和政府系统参公管理单位人员，进行职业道德规范培训。

【工资福利】 2011年3月增加机关、事业单位工作人员津贴补贴和离退休人员生活补贴，全区列入调整人员合计3.02万人，月增资1235万元，年增资约1.48亿元。同年12月提高基层公职人员津贴补贴水平，全区符合提津人员合计3.5万人，月增资2186万元，年增资2.62亿元。为教育系统1361名“代转公”、849名“代转岗”人员办理套改、确定和兑现工资工作。

【人才管理】 区人社局协同教育局考录师范大专以上及非师范类本科毕业生为公办教师，新招录444人，其中师范类本科163人，师范类大专270人，非师类本科毕业生11人。

开展农村实用人才队伍情况调查，摸清农村实用人才队伍状况。全区现有农村实用人才1.62万人，其中生产型4145人、经营型5856人，能工巧匠1618人、科技服务型697人、社会服务型3912人。协助教育系统、卫生系统和各类乡镇民营企业选招师范类、医疗专业类以及相关专业毕业生1100名。设立高校毕业生就业见习基地6个，开展经常性就业推荐工作，为毕业生在见习期间提供生活费。加强“潮阳人才网”建设，全年网上查询资料信息18万人次。

拓展人事代理服务领域，配置专用管理软件对人事档案实行电脑化管理。全年为大中专毕业生提供免费代理89人，办理寄档76人、干部调动192人、人事代理人员职称评定40人。

【培训教育工作】 区人社局抓好专业技术人员继续教育工作，对全区9133名专业技术人员进行《低碳知识与低碳广东》公修科目培训，对1300多名专业技术人员核发继续教育证明。

【职称工作】 2011年，全区共申报评审高级专业技术资格239人，中级专业技术资格1073人，办理初级专业技术资格认定1164人，办理初级专业技术资格发证手续273人

【任免奖惩】 区人社局办理政府系统13名正科级以上干部任免的相关工作。解除聘用制干部身份14人，批复辞职39人。做好区直有关先进单位和先进个人的推荐上报审查工作。全区机关事业单位共有2.47万名工作人员参加2010年度考核工作，其中评定为优秀等次的3459人，称职（合格）等次的2.1万人，基本合格等次1人，不称职（不合格）等次20人，不评定等次135人。

【军转干部安置】 2011年潮阳区接收安置军转干部4名，其中副团职干部2名，营职干部1名，连排职干部1名，根据上级有关精神全部安置到潮阳区区直党政机关工作。另外，接受正营级干部自主择业1名，军转干部随调配偶1名。

（人社局）

附：2011年潮阳区人力资源和社会保障局领导名录

局　　长：陈汉勇（区委组织部副部长兼，任至12月）

黄建群（区委组织部副部长兼，12月任职）

副 局 长：吴寿亮
吴辉明
李瑞元
郑泽容
吕耿章
吴文杰
纪检组长：黄跃生

社会保险基金管理

【概况】 汕头市社会保险基金管理局潮阳分局为汕头市社会保险基金管理局的派出机构，内设办公室、征收股、养老待遇核发股、失业工伤生育待遇核发股、医疗保险基金股、医疗保险待遇核发股、财务股、信息股、稽核股9个股室和1个代理分站。行政编制55名、事业编制2名。在岗48人，主要承担潮阳区各项社会保险的事务工作。

2011年全区参加基本养老、失业、工伤、生育四个保险的人数分别有：10.3万人（其中：机关事业单位个人养老保险2.36万人）、4.61万人、4.74万人、4.61万人。参加城镇职工基本医疗保险5.9万人，参加城乡居民医疗保险135.5万人，城乡居民养老保险参保登记24.46万人。四项基金总收入2.68亿元，分别为：养老2.42亿元，失业1633万元，工伤390万元，生育581万元，占任务总额2.55亿元的105.13%。总支出为2.75亿元，其中：养老2.7亿元，失业192万元，工伤184万元，生育87万元。四项基金收支结余－632万元，累计结余6201万元。

【扩面征缴】 潮阳分局在做好社会保险费征收调整的同时，配合区国有企业改革，理顺员工社保关系，协助地税部门做好社会保险扩面征缴工作，确保社会保险费应收尽收。

为完成汕头市政府下达的2011年度城镇居民医保扩面任务，做好民生实事，分局与区人社局联合深入基层调研，认真收集各镇（街道）的意见建议，并与相关责任单位协调，做好居民医保扩面征缴，推进城乡医疗一体化，确保完成上级下达的工作任务，保障人民群众病有所医。

做好城乡居民养老保险的征缴工作。配合区人社局，密切与邮政储蓄银行的合作，加大政策宣传力度，及时发放养老待遇，扩大影响，提高城乡居民的参保意识，按计划推进城乡居民养老保险征缴工作，已审核通过待遇发放7.92万人

【待遇核发】 潮阳分局做好社保各项待遇的调整、核发，按时足额发放各种待遇，做到应发尽发，实现100%发放。至2011年底，企业离退休人员累计2.05万人，月拨付2370万元。同时做好失业待遇、工伤待遇、生育待遇、居民医疗待遇的核发工作，至年底办理核发失业保险待遇32人，发放金额3.4万元；工伤待遇62人，发放金额108.7万元；生育待遇62人，发放金额8.6万元；工伤伤残津贴人员76人次，发放金额13.7万元；工亡供养亲属人员467人次，发放金额29万元；失业保险金人员2296人次，发放金额191.5万元。居民医疗待遇708人次，核发金额403万元。

【解决历史遗留】 潮阳分局积极解决历史遗留问题，化解矛盾，继续做好早期离开国有集体企业人员、离开机关事业单位人员和一次性趸缴养老保险费人员等各类政策性补缴的参保缴费工作，做好未参保集体企业退休人员及企业未参保人员一次性缴费的参保缴费工作。2011年，共办理未按规定参保人员360人，早期离开人员479人，一次性趸缴人员15人，应缴未缴人员123人。

【管理稽核内控】 潮阳分局加大社保基金征缴、社保待遇核发的监督管理，特别是加大对城乡居民医疗保险征缴财务到账确认和待遇核发的拨付管理。做好对企业离退休人员领取养老金资格的审验工作，杜绝冒领、骗取行为。加强内部监督控制，杜绝多头领取社保待遇等骗保行为，加大对居民医保待遇的监督，特别是对交通事故等外伤业务的调查核实，防止骗保行为。

（社保潮阳分局）

附：2011年社会保险基金管理局潮阳分局领导名录

局 长：郑友银
副局长：翁达文
彭旭展
陈婵文

民　政

【概况】 潮阳区民政局（加挂潮阳区民间组织管理局衔牌），内设人事秘书股、优抚安置股、救灾和社会救助股、社会福利和社会事务股、基层政权和社区建设股、区划地名股。直属行政机构：潮阳区民间组织登记管理中心（股级）、潮阳区老龄工作办公室（股级）；直属事业单位：潮阳区福利院（加挂光荣院衔牌）、区儿童福利院、区军队离休退休干部休养所、区殡葬管理所、区宏德殡仪馆、区殡改执法监察队、区社会捐助接收工作站（加挂救灾捐赠物资接收储备站衔牌）、区救助管理站、区婚姻登记处等。全系统干部职工 118 人。

2011 年，民政部门在做好低保、保障困难群体基本生活，完善农村“五保”供养，实施城乡医疗救助制度，制订抗灾救灾应急预案，健全防灾减灾应急体系，开展“扶贫济困日”捐款活动，推进城乡福利事业建设，落实各项优待抚恤和退伍安置政策，完成村（社区）“两委”换届选举任务以及推进社区建设和村务公开等方面做了大量工作。

【社会保障】 最低生活保障　2011 年全区低保对象 15960 户 33158 人，共发放低保金 4261 万多元，月人均救济金 107 元，超过汕头市政府要求的每人月 100 元的救济标准；全区共为 62 户低保重点困难户维修住房，共补助资金 124 万元，其中汕头市和潮阳区各资助 62 万元。

农村“五保”供养　2011 年提高“五保”供养标准。农村集中供养对象由人年 3600 元提高到 4200 元；分散供养对象由人年 3000 元提高到 3600 元。从 6 月份起，将全区农村 504 名符合“五保”供养条件的对象列入“五保”供养范围，使“五保”供养对象增至 1943 人，全年共发放“五保”供养金 660 万多元。

孤儿保障　建立孤儿最低生活养育标准，为未满 18 周岁的集中供养和社会散居孤儿发放基本生活费保障金。集中供养的孤儿每人月 1000 元，社会散居孤儿每人月 600 元。全区列入发放基本生活费保障金的孤儿共 189 名，其中集中供养 20 名，社会散居的 169 名。

社会养老保障　为老年人办理优待证 300 份，老年人凭优待证可在乘坐公交车、进旅游景点、就医等方面享受优惠待遇；居家养老工作在文光街道进行试点的基础上扩大到城区 3 个街道，为 60 名老年服务对象提供居家养老服务。为 46 名百岁老人发放长寿保健金 12.49 万元。

【社会救助】 政府救济与社会救助　安排各级财政资金 225.5 万元作为临时救济和慈善救助，其中，118.5 万元直接下拨到各镇（街道）；107 万元采购棉被 4043 床、大米 109.38 吨，帮助困难群众解决温饱问题。潮阳慈善总会救助重病困难户 149 宗，救助金 23.44 万元。

城乡医疗救助　受理医疗救助 3.01 万次，发放医疗救助金 125 万多元；救助 106 名未成年人心脏病患者接受手术治疗，支出市级和区级救助资金 173 万元（其中区级 38.62 万元）。

城市流浪乞讨人员救助　根据城市生活无着流浪乞讨人员救助管理有关政策，2011 年救助 148 人。

社会捐助　6 月 30 日，在广东省第二届“扶贫济困日”活动中，共接收社会捐款 1700 万多元。

【福利彩票发行】 全区有彩票发行销售点 70 个，主要发行“中国福利彩票”和广东“南粤风采”2 大系列。2011 年销售各类福利彩票 3605 万元，同比增长 29%。筹集福利彩票公益金 288 万元，从中安排 134 万元资助农村老年人活动场所、镇（街道）敬老院、残疾人事业、福彩爱心助学子等 80 个项目的建设。全区有 33 处村（社区）老年人活动场所的建设得到市、区二级福利彩票公益金的资助，其中市级资助改建和扩建 6 处，资助金额 60 万元，区级资助 27 处，资助金额 72 万元。

【“双拥”和优抚安置】 “双拥”工作　区民政部门于元旦、春节、“八一”期间，与驻军举办军政座谈会、联欢会、文娱晚会 326 场次；组成拥军慰问团 50 多个，慰问驻潮阳部队 11 个；走访慰问优抚对象 5253 人。给现役潮阳籍士兵发出节日慰问信 2.5 万封；为烈属、残疾军人及重点优抚对象发送对联 4500 对；为优抚对象办好事实事 682 件。

优抚工作　2011 年，区民政部门落实各项优待抚恤政策，发放重点优抚对象抚恤补助金 2446 万元，为义务兵家属和重点优抚对象 992 户发放优待金 390 万元；做好退役士兵参战和涉核身份认定后续工作，累计确认参战人员 3685 人。

安置工作 2011 年，区民政部门接收退伍义务兵、转业士官 411 人，其中 298 名回农村安置，93 名领取一次性安置补助金 215.5 万元，20 名重点安置对象由政府安排工作。

【民政管理】 行政区划管理 根据汕头市人民政府办公室《转发汕头市民政局关于汕头市 2008～2012 年行政区域界线联合检查工作实施方案的通知》，潮阳区于 2011 年 5～10 月，开展 7 个镇（街道）级行政区域界线（行政管辖范围）总长 58.3 公里的联合检查。

地名管理 2011 年，根据上级的部署，潮阳区开展第二次全国地名普查试点工作，全面开展地名普查，规范地名管理，建立地名数据库和信息系统。同时，继续推进地名公共服务工程，进一步完善镇政府驻地主干道路牌标的设置。至年底，已采集地名信息 1235 条，完成全区镇区主干道路路牌的设置；审批地名命名 1 宗，审核地名命名 2 宗。

殡葬管理 继续开展殡改宣传活动，印发殡改宣传资料，利用有线电视、宣传车、宣传栏、巨幅广告等形式进行殡改宣传。加大殡改执法力度，严厉查处违规土葬和违规建造“生基”，扭转殡改工作的落后局面。全年火化遗体 6918 具，火化率 96.4%。

社会组织管理 根据国务院《社会团体登记管理条例》和《民办非企业单位登记管理暂行条例》的规定，批准登记社会团体 7 个，民办非企业单位 7 个。至年底，全区共有社会团体 76 个，民办非企业单位 21 个。

婚姻登记管理 潮阳区婚姻登记机关加强婚姻登记法律法规的宣传和规范化建设，落实婚姻登记员跟班培训制度，不断提高婚姻登记服务质量。2011 年全区共办理结婚登记 1.5 万对、离婚登记 284 对。

收养登记管理 根据《中华人民共和国收养法》和《中国公民收养子女登记办法》的规定，对符合收养条件予以办理收养登记，发给收养证。2011 年办理收养登记 2 宗。

【老龄工作】 元旦、春节期间，区直各单位、部门组织离退休老干部外出参观，召开座谈会 382 场次，参加活动的离退休干部 2 万多人次，各镇（街道）、村（社区）举办老年人茶话会、座谈会、文娱活动等 856 场次。

【村级换届选举】 2011 年，区民政部门做好村（社区）换届选举工作，至 4 月 9 日，全区 272 个村（社区）全部完成换届选举工作，共选出村（社区）居民委员会成员 1279 人，其中“两委”交叉任职 572 人，占 44.7%；书记、主任一肩挑 127 人，占 46.7%。

【社区建设】 推进文光街道平东社区等 14 个社区的“六好”（自治好、管理好、服务好、治安好、环境好、风尚好）平安和谐社区创建工作，至年底，已完成 50 个社区“六好”平安和谐社区创建工作，有 5 个村（社区）列入“强居促和谐、强村促稳定”计划。

（郑汉城）

附：2011 年潮阳区民政局领导名录

局　　长： 陈海峰
副 局 长： 罗瑜标
林启雄
陈悦英
朱伟宏
纪检组长： 吴泽棉

民族宗教事务

【概况】 潮阳区民族宗教事务局与区委统战部合署办公。负责潮阳区民族工作，宗教事务，依法管理宗教团体和宗教活动场所。全区共有佛教、道教、基督教、天主教，已成立佛教协会、天主教爱国会、基督教“三自”爱国会和基督教协会（两会合署）。全区已登记的宗教活动场所 129 处，其中属寺观教堂 121 处（其中佛教 77 处、道教 3 处、天主教 17 处、基督教 24 处），属固定处所 8 处（其中佛教 7 处、基督教 1 处）。宗教界人士任汕头市人大代表 1 人、任汕头市政协委员 1 人、任潮阳区政协常委 1 人、任潮阳区政协委员 8 人。

【“四教”】 潮阳区佛教、道教、基督教、天主教共有教职人员 281 人。其中：佛教 255 人（僧 146 人、尼 109 人）；道教 11 人（乾道 3 人、坤道 8 人）；基督教 15 人（牧师 2 人、长老 3 人、传道士 10 人）。信教群众 1.39 万人。其中佛教 3274 人（经常到寺庙参加宗教活动）；道教 154 人（经常到宫观参加宗教活动）；基督教 1.22 万人（洗礼 7305 人）；天主教 3210 人。

【民族事务管理】 2011 年，区民族宗教事务局以保障少数民族群众合法权益，维护民族团结和社会稳定工作为中心，开展对在潮阳的少数民族和来潮阳经商务工的少数民族的摸查，掌握全区的少数民族情况；加强民族政策宣传，提高全社会民族团结意识，巩固和发展平等、团结、互助、和谐的社会主义民族关系。

【宗教事务管理】 区民族宗教事务局认真贯彻《广东省宗教事务条例》，依法加强对宗教事务的管理。配合上级完成天主教专项工作，抓好宗教活动场所的防火安全，开展民间信仰活动情况的调研，做好佛教教职人员申报资格认定的审查。协助佛教协会做好换届选举，推荐宗教界人士参选市、区二级人大代表和政协委员，共有 11 名宗教界人士当选为市、区两级人大代表和政协委员。全区有 23 个宗教活动场所被评为第二批“全国创建和谐寺观教堂达标场所”。有 5 个宗教活动场所在“百寺扶千户”活动中成绩突出，受到汕头市民宗局的表彰；3 个宗教团体和全区宗教活动场所积极组织扶贫助学、修路筑桥等公益活动。全年共计用于各项慈善公益资金 200 多万元（其中佛教 149.7 万元、道教 2.1 万元、基督教 34.8 万元、天主教 13.4 万元）。

（刘文伟）

附：2011 年潮阳区民族宗教事务局领导名录

局　长： 吴承文

副局长： 刘文伟

人口和计划生育

【概况】 潮阳区人口和计划生育局内设人秘股、宣传股、科学技术股、政策法规股、规划统计股、流动人口管理股，加挂汕头市潮阳区人口与计划生育目标管理责任制考核办公室衔牌。属下有技术服务站、药具站、计生协会、宣教中心。在职干部职工 66 人。2011 年，潮阳区共出生 1.72 万人，出生率 10.33‰，对比 2010 年下降 0.51 个千分点；其中生一孩 1.06 万人，一孩率 61.70%，生二孩 6536 人，二孩率 38.07%，生多孩 39 人、多孩率 0.23%，政策内生育 1.68 万人，政策生育率 97.96%，对比 2010 年提高 1.61 个百分点。全区共落实四术 1.52 万例，其中结扎 8215 例（纯二女结扎 2762 例），一孩上环 6537 例，补救措施 477 例。清理查处违反计生政策的党员干部 9 人，实现无政策外多孩出生镇（街道）11 个，占全区的 84.62%，无政策外出生村（社区）211 个，占全区的 77.57%（统计时间为 2010 年 10 月 1 日至 2011 年 9 月 30 日）。

【计生执法】 2011 年，加大社会抚养费征收力度，摸查确定应征收对象 2887 人，落实征收 1938 人，征收金额 1154 万元。建立健全领导阅批信访件、接访、包案、查办等信访制度，将计生矛盾纠纷的信访案件解决在基层。全年共受理群众信访 33 件，办结 33 件，办结率 100%。

【计生服务】 开展创建省优质服务区活动，投入资金 140 多万元，按照名称、标牌、着装、设施、制度、文书“六统一”和手术室、消毒室、化验室“三室”基建达标的要求，加强区、镇（街道）计生服务机构的标准化建设和规范化管理。加强计生医技人员队伍建设、人员教育培训和练兵活动，提高计生医技人员的综合素质和服务水平。开展查环、查孕、查病，生殖保健服务的“三查一服务”活动，建立随访制度，做好术后回访工作，免费上门送医送药。

【计生利益导向】 落实省、市农村部分计生家庭奖励制度和城镇独生子女父母奖励制度，帮助计生对象解决后顾之忧。2011 年，全区发放省农村部分计划生育家庭奖励 1544 人（人月 80 元）、金额 37.06 万元；发放省计划生育家庭特别扶助奖励金 5 人（人月 150 元）、金额 2250 元；发放汕头市计划生育节育奖励 736 人（人月 50 元）、金额 11.04 万元；接受城镇独生子女父母一次性补贴 170 人，金额 68.71 万元，享受城镇独生子女父母奖励 101 人（人月 80 元）、金额 13.29 万元。实施对农村纯二女户和独生子女家庭升学照顾、扩大生育保险覆盖面、免费享受农村合作医疗保险等六项优先优惠措施。投入资金 30 万元，为 80 户纯二女结扎户落实了“三结合”项目（每户拨给 3000～5000 元）。

【计生基础建设】 投入资金 200 多万元，重点搞好文光街道桃园社区、棉北街道平北社区、和平镇中寨社区等 12 个规范管理示范点建设。投入 200 多万元建设全区人口计生系统局域网，为镇（街道）和部分村（社区）配置电脑，实现区、镇（街道）、村（社区）电脑互联，信息共享，提高信息化管理水平和工作效率。投入资金 300 多万元，抓好 272 个村（社区）“一校一会二室三栏”（婚育分校、计划生育协会、计生办公室、计划生育服务室、人口和平共处计划生育公开栏、宣传栏、阅报栏）的配套，加快潮阳区凤肚人口文化公园、平北、中寨、莲花峰等人口计生宣传阵地的建设，形成立体的计生宣传网络。

【流动人口计生管理】 加强对流动人口计划生育的清理清查和查证验证工作。建立健全区域协作管理制度，与周边及珠三角等流动人口比较集中的地区开展区域协作，信息共享，实现流动人口双向服务、互补管理。建立和完善流动人口已婚育龄妇女基础档案和数据库，开展流动人口信息调查，对于现居住地和户籍地通过网络平台通报的信息做到及时反馈。

（计生局）

附：2011 年潮阳区人口和计划生育局领导名录

局　　长：郑育武

副 局 长：黄如明（任至 12 月）
　　　　　郑定文（任至 12 月）
　　　　　陈红妮
　　　　　陈镇奎（任至 10 月）

纪检监察员：卢庆丰

镇（街道）·开发区

www.gdchaoyang.gov.cn

镇（街道）·开发区

文光街道

【概况】 1994年11月棉城镇分为文光、棉北、城南3个街道。文光街道地处练江下游北岸，东濒汕头市濠江区，西接金浦街道，南界城南街道，北连棉北街道。下辖10个社区（其中涉农社区6个）。地域面积12.03平方公里。总户数46738户，总人口162905人，其中非农业人口145679人。2011年完成工农业总产值16.71亿元，比增25.0%，其中工业产值16.31亿元，比增25.6%；农业产值4020万元，比增7.1%；社会固定资产投资3.52亿元，比增47.3%；外贸出口1590万美元，下降4.2%；本级一般预算收入3375万元，比增13.3%；农村居民年人均纯收入5573元。

【基础设施建设】 筹措资金516万元，建设桃园凤肚公园二期工程；继续完善风吹涵休闲活动场所的配套建设；修缮西山、东山风景区文物景点；完成辖区内护城河沿岸后续拆迁工作，护城河整治和沿岸景观长廊建设后期工作进展顺利。新铺设双望双竹大道、老一新新华西路。

结合“三旧”改造工作，开发利用土地资源，合理优化土地结构和用地布局。共清理上报“三旧”改造项目71宗，面积110万平方米，其中旧城镇36宗82万平方米，旧村庄1宗2万平方米，旧厂房34宗26.5万平方米。利用中心城区的区位优势和“三旧”改造的有利契机，不断加快新河湾、白莲池、月宫池、八公池、兰竹苑二期、区中心幼儿园及周边、风冠洋坊等片区的旧房改造，推进雅泰园、百禧豪府、丽景华庭等片区的房产开发，高起点、高标准建设一批宜居小区和安居楼房。

【水利】 辖区内现有风广洞、雷打石、岭后、风吹涵、凤肚5个水库，集雨面积1.55平方公里，灌溉面积311亩。2011年，在上级水利部门的帮助下，在双望社区增设电泵站两座，古帅社区增设电泵站1座；完成对岭后水库渠道沟的清理、修缮工作和对凤肚水库坝坡的灌浆工作，改善农业生产条件，提高防灾抗灾能力。完成第一次全国水利普查工作，对街道辖区内的灌区、泵站、水闸、堤围、渠系、山塘、水库等水利设施进行调查、核实，并登记、造表。

【工业】 文光街道现有工业企业117家，其中规模上企业6家，总产值2.8亿元。主导产业有纺织服装、摩托配件、文化用品三大类。2011年，街道工业呈现持续、健康、科学的发展势头。引进红冠文具厂、汕头市潮阳区鸿基混凝土有限公司等2个工业项目。乐普升文具有限公司、嘉致消声器实业有限公司、汕头市兄弟塑胶有限公司、汕头市宇润凯贸易有限公司、永生药行连锁店等5家企业增资扩产，新增投资1340万元。

【农业】 街道现有耕地面积537亩，林地4557亩，涉农社区6个，分别为：西门、桃园、双望、平东、旷园、古帅。2011年街道因地制宜发展生态农业和特色农业，农作物总播种面积2136亩，其中粮食播种面积436亩（水稻116亩、番薯320亩），蔬菜等经济作物1700亩。全年粮食总产量268吨，蔬菜总产量5418吨，饲养“三鸟”4万只、生猪1.8万头。完成林权改革工作并通过林业部门的检查验收，为街道林业创造良好的发展环境，促进生态、经济、社会的协调可持续发展。

【文化教育】 2011年，街道充分发挥历史、地缘、人文优势，加强文化建设，加大公益性文化设施建设投入，完善风吹岩休闲活动场所的配套建设，修缮西山、东山风景区的文物景点，配套完善社区文化活动室、农家书屋等，提升公共文化服务水平；广泛开展“和谐示范社区”、“文明家庭”、“文明市民”等群众性精神文明创建活动，开展“六五”普法教育，举办“震东杯”科普知识竞赛；配合区宣传部、文广新局举办“潮阳区纪念改革开放30周年大型文艺晚会”、2011年城区春节文艺活动和“护城河之春”元宵灯会文艺活动，丰富人民群众的文化生活，营造“文明”社会氛围；现有文化设施风吹涵休闲活动场所、东山风景区、文光街道文化活动中心、凤肚公园等，另各居委有社区文化活动室、农家书屋。

文光街道辖内有小学6所，初级中学3所，九年一贯制学校2所，普通高中学校4所。中小学在校生2.42万人，教职员工1043人。街道积极发动社会办学，兴办投资850多万元的图南民办学校，优化教育资源；多方筹资130万元，配套完善各中小学的基础设施和教学设备，优化办学条件，促进街道教育事业的发展。

【体育卫生】 街道重视群众体育工作，多方努力兴办体育健身场所，目前街道辖区内拥有风吹涵健身园、凤肚公园、东山休闲中心、世贤园等群众体育活动场所。10个社区都有1个以上固定全民健身点，并配有10件以上健身器材。2011年，街道在获得2010年广东省城市体育先进街道的基础上，继续加大投入，加强对群众性体育设施的建设。

文光街道辖内现有潮阳区人民医院、潮阳区文光卫生院、文光社区医疗中心、潮阳区卫生防疫站、潮阳妇幼保健院、潮阳中医院、潮阳结核病防治所等医疗设施，另各社区居委设有医疗站，医疗卫生环境优良，基本能够满足群众就医所需。

【劳动就业和社会保障】 2011年街道落实城乡居民医保7.42万人，落实农村养老保险5976人，帮助120名下岗职工实现再就业，为33户社区“五保”老人提供养老服务。街道加强社会保障，开展扶贫开发“规划到户、责任到人”工作，想方设法为群众多办好事实事。多渠道筹集资金和物资合计折款330多万元，帮助783名贫困学生解决入学难问题，慰问“五保”户、困难户、残疾人共3711户，扶持14户贫困户脱贫，帮助59户农村低收入住房困难户进行住房改造建设，支持平东社区居委成立“汕头市平东肖华松慈善基金会”，推动街道公益慈善事业迈上新台阶。

【环境卫生】 2011年，街道以创模创卫迎检为动力，加大市容市貌和环境卫生综合整治力度，组织力量集中突击，全面整治清理脏乱差和乱搭乱建、乱摆乱卖、占路为市等问题，切实加强环境保护，查处环保违法行为。街道全年共投入整治资金123.4万元，出动人力3000多人次，车辆300多辆次，辖内市容环境卫生整治实效凸显，美化、净化、亮化城区，为群众创造“绿色”宜居环境。

【综治维稳】 按照上级的统一部署，突出重点，综合治理，重典治乱，认真开展社会治安突出问题排查整治，开展“打黑除恶”专项整治行动，加大校园周边安全整治力度，加大扫黄禁赌禁毒力度，加大打击制贩假力度，加大流动人口和出租屋管理力度，加大重点人员司法矫正力度，重拳打击各类违法犯罪活动，保一方平安。同时，广泛发动社会力量累计筹集资金833.5万元，新增旷园、桃园、水门路3个视频卡口，全街道治安视频卡口累计11个，每个卡口装有4支摄像枪，累计安装视频探头5000个，扩大社会治安防控网络，增强群众安全感。全年共破获各类刑事案件97宗，查结治安行政案件210起，抓获各类违法犯罪嫌疑人252名，发案率明显下降，社会治安明显好转；依托街道综治信访维稳中心和社区工作站，构筑矛盾调处化解平台，先后调处化解了73宗信访案件，没有发生群体性事件。

（街道党政办）

附：2011年文光街道党工委、人大、办事处、纪工委、工会领导名录

党工委书记：吴锡贞
副书记：周昭谦
赵少雄
委　员：周勤武（6月任职）
卢红霞（6月任职）
林爱希
陈旭龙（兼武装部长）
姚玉龙
马庆良（任至6月）
黄炳和（任至6月）
肖朝来（任至6月）
郑金雄（任至6月）
欧伟明（任至6月）
洪国胜（任至6月）
李毓玲（任至12月）
人大工作室主任：赵少雄
副主任：洪国胜（任至6月）
许创斌（7月任职）
办事处主任：周昭谦
副主任：林世忠
王梅芳
李汉瑜
林健生
纪工委书记：马庆良（任至6月）
卢红霞（6月任职）
工会主席：黄俊烈（3月任职）

2011年文光街道社区基本情况表

社　区	书　记	主　任	面　积（平方公里）	总户数（户）	总人口（人）	经济总收入（万元）	农村居民年人均纯收入（元）
文　光	肖汉明	徐广玲	0. 25	10288	36901		
兴　归	姚玉龙	赵立辉	0. 50	16986	55369		
平和东	陈展华	刘忠华	0. 54	5400	20323		
西　双	黄国平	庄崇龙	1. 30	2685	9409		
平　东	张元朝	张元朝	0. 80	4352	12343	2390	5460
桃　园	陈增森	陈增森	1. 16	1496	5710	2613	5882
西　门	郑金平	郑建兴	3. 95	2718	8750	3027	5796
双　望	郑镇通	翁桂宣	0. 32	1008	3646	1917	5597
旷　园	高　三	高　三	0. 53	506	1423	430	5462
古　帅	黄戊城	蔡志川	1. 30	1131	5034	2459	5119

2011年文光街道主要社会经济指标

项　目	单　位	指　标	项　目	单　位	指　标
社　区	个	10	水产品总产量	吨	220
村委会	个		生猪饲养量	万头	1. 8
自然村	个	8	牛饲养量	头	15
农产总产值（当年价）	亿元	0. 40	“三鸟”饲养量	万只	4. 0
工业总产值（当年价）	亿元	16. 31	水果总产量	吨	

续上表

项目		单位	指标	项目	单位	指标
工业企业		家	117	蔬菜总产量	吨	5418
其中	外资企业	家	10	中学	所	9
	私营企业	家	107	小学	所	6
实际利用外资		万美元		中小学在校生	人	24210
个体工商户		户	2427	教职工	人	1043
年末储蓄余额		亿元		电话普及率	%	100
职工人均年收入		元		自来水普及率	%	100
粮食总产量		吨	268	水泥公路	公里	25.7

2011 年文光街道产值 1000 万元以上企业基本情况表

企业名称	职工人数	主要产品	产量		年产值（万元）	年销售额（万元）	年出口额（万美元）
			单位	数量			
兄弟塑胶	150	塑胶制品	吨	2719	3000	2700	422
南辉公司	170	服装	件	22167	2900	2700	421.9
乐普升文具	200	文具	千支	23166	2680	2549	136.7
太平健康品	220	减肥茶	箱	25034	6255	6100	111.3
富兰正东	81	饮料机	只	9495	9380	9280	1450
嘉致公司	205	消声器	千套	210	3870	3140	406

城南街道

【概况】 城南街道地处练江入海口北岸，位于潮阳城区南部，西北至东北与文光街道和汕头市濠江区接壤，东南和海门镇毗邻，西南隔练江龟头海与潮南区井都镇相望。街道于 1994 年 11 月从原棉城镇析出，称潮阳市城南街道。2003 年 1 月，潮阳撤市分区，改称潮阳区城南街道。下辖 14 个社区。地域面积 25.88 平方公里。总户数 23111 户，总人口 107413 人，其中非农业人口 38500 人。2011 年完成工农业总产值 12.07 亿元，比增 24.5%，其中工业产值 11.46 亿元，比增 25.5 %；农业产值 6050 万元，比增 7.2%；完成工商各税 1996 万元，其中增值税 582 万元，地方税 1414 万元，分别比增 37.3%、32.3% 和 39.5%；农村居民年人均纯收入 3514 元。

【基础设施建设】 加快城市建设步伐，配合上级有关部门，做好新华东路改造建设项目，前期筹备包括招标工作已落实；上马建设裕通世纪华府项目，该项目计划总投资 15 亿元，建设规模 48 万平方米，已完成投资总额近 2 亿元，完成一期第一个组团 8 栋封顶，第二个组团 8 栋已完成桩基础及地下室工程，正在进行地上主体施工；开发建设锦华帝苑项目，该项目总投资 6000 万元，建设规模约 6 万平方米，已基本建成，投付使用；抓好扩大镇五学校周边旧城改造片区范围工程，该项目拆迁总面积 1.7 万平方米，其中规划 2000 平方米用于学校的操场和配套设施，其余用于商住楼建设，已基本拆迁完毕，开始动工建设商住楼；对南中路西片区进行改造，改造片区面积20.8万平方米，已完成测丈，正在办理协议实施拆迁阶段；对五响永安园住宅区西片区进行改造，项目用地面积7800平方米，已进行查丈并办理有关手续；对南门桥河东街改造片区进行改造，项目用地面积1万平方米，正在查丈并办理有关手续，其中部分已拆迁。

【农业】 2011年有耕地面积3323亩，山林面积4435.5亩，水域面积3541.5亩。在确保完成粮食种植面积的基础上，增加资金投入，加快农业科技进步和农业基础设施建设，改善生产条件，农业产业化逐步形成。通过合理调整农业生产结构，推进产业化经营，实现农业增效，农民增收。逐步引进高产、优质、高效新品种，提高淡水养殖经济效益；利用东内、“四凤”的土地资源，鼓励群众种植反季节蔬菜，推广新鲜蔬菜种植；鼓励新宫、沧洲、口美、东内的养猪、养羊专业户扩大养殖规模，提高经济效益。利用完善农村土地第二轮承包的契机，将分散的耕地集中到种养能手手中，因地制宜加快发展种养。全年粮食总产量2494吨，水产品总产量3430吨，蔬菜总产量1.03万吨。

【水利】 街道管辖的水利设施主要有海堤1条长1.2公里，江堤2条共长8.8公里，涵闸8处，水库4座。凤岗片区饮水安全已于2009年度全面完成。街道通过对东岩水库进行灌浆补强，做好东岩水库加固保修工作；大南社区居委和凤北社区居委共投入80多万元清理北港，解决内涝问题；沧洲社区居委投资11万元，对内洋住宅排污沟进行清淤整治，解决下路洋居民住宅受浸问题，同时对长1600多米的北干渠堤进行加高加固，确保群众生命财产安全。

【工业】 2011年，街道继续推进产业转型升级，促进现代产业体系加速形成。在鼓励扶持兴办工业优惠措施的基础上，推进涉工部门建章立制，提高服务质量，形成合力扶工的氛围，通过改善环境，引导更多的企业和新经济项目到工业区落户，形成规模化、集约化发展。街道共有工业企业230家，其中规模上企业5家，年生产总值7.7亿元。年产值1000万元以上的企业8家。

【文化教育】 文化事业开展“三下乡”活动、农村电影放映等文化惠民工程。社区文体设施覆盖工程进一步完善，至2011年末，共有7家农家书屋投入使用。街道还开展文物普查保护工作，致力挖掘文物保护单位东岩与“四序堂”的文化底蕴，申报为省级文物保护单位。

辖内有高完中1所，初级中学1所，九年一贯制学校2所，小学11所，中小学在校生1.9万人，教职工1037人。通过巩固“普九”成果，全面实施素质教育，加强师资建设，提高教育质量，2011年城南中学高考上线率达48.7%。

【体育卫生】 全民健身活动深入开展，通过加强基础体育设施建设，充分挖掘现有场地空间，沧洲社区扩建老人活动中心等惠民健身的场地，并配套篮球场等体育设施。

2011年辖内共有医疗卫生机构10个，其中街道卫生服务中心1个，社区卫生服务站9个。通过加强社区卫生服务站建设，增强公共卫生服务能力，深化医疗质量管理，强化重大疾病防控和职业病防治。全年居民到社区卫生服务机构就诊6万多人次，社区就诊比例达68%。

【劳动就业和社会保障】 2011年街道实施积极的就业政策，促进城乡劳动力就业。配合区举办大型专场招聘会1场，新增就业1160人，共帮助800人就业。其中农民工620人，下岗人员180人。社会保障体系日趋完善。2011年街道顺利完成社保扩面征缴任务，基本医疗保险参保率达98%，社会保险覆盖面大幅扩大。全年共发放各项社保待遇112.13万元。

【民生工程】 扎实推进八项民生工程建设。争取上级支持，做好拓通新华中路前期工作；多方筹资，对城南公园进行扩建；着手建设垃圾压缩站，解决辖内居民片区的生活垃圾收集处理问题；争取社会各界支持，建设凤南公园骨灰楼；致力于东岩风景区规划修建，发展休闲文化和旅游业；规划汽车站以及做好交通配套设施建设，缓解辖区交通压力；动员凤岗片区乡贤对南港和北干渠整治认捐1370万元，做好南港和北干渠整治前期准备工作；争取政府支持，投资75.6万元重建红灯脚电排；沧洲十斗电排建设被区水务局列入重建、新建电排项目建设范围。街道自来水以区自来水厂直供为主。近年来，街道致力电网建设、改造，满足人民生活、生产用电需求。街道设环卫站，各社区居委会也成立环卫队，共有103名环卫工人负责做好公共场所保洁和垃圾清运工作，确保垃圾日产日清。春节前，街道和各社区共筹集资金及物资约60多万元，访贫问苦，慰问困难户、老干部、老党员等。

【综治维稳】 2011年街道继续推进“平安城南”建设，全年共排查出22个台账，通过加强对不稳定因素的排查、调处工作，及时消除潜在的不稳定因素，维护辖区治安大局稳定。完善街道、社区二级综治信访维稳工作平台建设，共受理各类矛盾纠纷193宗，成功调解186宗，成功率为96.4%。落实派出所做好视频监控探头安装的整体规划，并牵头各社区治保会加快社会治安视频监控系统建设，全年共安装1695个视频监控探头，辖内社会治安环境明显改善，群众安全感和满意度明显提升。

（街道党政办）

附：2011年城南街道党工委、人大、办事处、纪工委、工会领导名录

党工委书记： 黄志荣（任至12月）
黄少龙（12月任职）
副书记： 吴名裕（任至6月）
蓝少恒（6月任职）
郑锦锋
委　员： 黄奕丰
林友强
郑永钊
林树敏
郑可海
蔡毓生（6月任职）
陈美光（任至6月）
杨洽荣（任至6月）
陈国真（任至6月）
人大工作室主任： 郑锦锋
副主　任： 肖辉雄
办事处主任： 吴名裕（任至6月）
蓝少恒（6月任职）
副主任： 黄奕丰
黄壮由
马学秋（任至12月）
郑创平
纪工委书记： 陈美光（任至6月）
工会主席： 张作立（3月任职）

2011年城南街道社区基本情况表

社　区	书　记	主　任	面　积（平方公里）	总户数（户）	总人口（人）	经济收入（万元）	农村居民年人均纯收入（元）
新　华	肖松钦	肖锦才	1.85	3025	11173		
五　响	肖钟元	陈森宏	2.20	1709	6649		
龙　井	姚章虎	姚章虎	1.65	3241	13329		
新　宫	江创裕	江松泉	1.23	1317	4591	1612	4367
五　仙	姚汉文	姚汉文	0.63	717	2141	657	4335
口　美	张廷南	魏汉喜	1.64	1011	4529	1258	4228
后双园	姚木河	姚木河	0.85	1025	2391	524	4321
大　南	翁才豪	翁才豪	3.30	1544	8496	3563	4211
沧　洲	林炳兴	姚　戆	2.18	1446	8182	3594	4270
东　内	郑钦智	郑侯添	1.10	665	2973	1066	4279
凤　上	刘少波	刘少波	2.75	1823	10842	3064	2984
凤　北	郑友洪	郑伯通	3.56	1892	10585	3145	2984
凤　东	郑伯松	曾庆林	3.07	1765	10314	3120	2984
凤　南	郑沐伟	郑友裕	3.25	1931	11218	3247	2988

2011 年城南街道主要社会经济指标

项目		单位	指标	项目	单位	指标
社区		个	14	水产品总产量	吨	3430
村委会		个		生猪饲养量	头	900
自然村		个		牛饲养量	头	
农产总产值（当年价）		亿元	0.61	“三鸟”饲养量	万只	18.77
工业总产值（当年价）		亿元	11.5	水果总产量	吨	
工业企业		家	230	蔬菜总产量	吨	10319
其中	外资企业	家		中学	所	4
	私营企业	家	230	小学	所	11
实际利用外资		万美元		中小学在校生	人	18992
个体工商户		户	1246	教职工	人	1037
年末储蓄余额		亿元		电话普及率	%	
职工人均年收入		元		自来水普及率	%	100
粮食总产量		吨	2494	水泥公路	公里	4.5

2011 年城南街道产值 1000 万元以上企业基本情况表

企业名称	职工人数	主要产品	产量		年产值（万元）	年销售额（万元）	年出口额（万美元）
			单位	数量			
汕头市粮丰集团有限公司	89	大米、食用油	吨	12710	30131	28925	
汕头市万盛兴五金制品有限公司	220	电器产品外壳	个	118931	15031	14007	
汕头市永乐光电音像实业有限公司	370	音像制品	盒	3200	12197	12255	
广东新通达钢管厂有限公司	158	热镀锌钢管	吨	23186	11314	12190	
汕头市雄狮不锈钢管材有限公司	58	不锈钢制品	吨	860	2108	2108	
汕头市五星机械设备有限公司	53	羽毛球机	台	3000	1702	1680	
汕头市好彩服饰有限公司	95	儿童服装	件	36750	1470	1325	
汕头市中顺商贸有限公司	50	卫生用纸	吨	10810	1424	1366	

棉北街道

【概况】 棉北街道地处榕江下游南岸，位于潮阳城区北部，北接牛田洋和汕头市金平区相望，东隔大小北岩山与汕头市濠江区接壤，南临文光街道，西与河溪镇、金浦街道毗邻，属城乡结合部。324国道、潮揭公路贯穿全境，交通方便。街道东西两侧为丘陵所围，北临榕江，中部为平原地带。街道于1994年11月从原棉城镇析出，称潮阳市棉北街道。2003年1月潮阳撤市分区，改称潮阳区棉北街道，下辖9个社区（其中平西为纯居民社区，其他为涉农社区）。地域面积29.78平方公里。总户数13174户，总人口53120人，其中非农业人口19487人。2011年，完成工农业总产值22.80亿元，比增21.2%，其中工业产值22.14亿元，比增39.2%；农业产值6586万元，比增7.6%；固定资产投资完成3.8亿元，比增52.6%；农村居民年人均纯收入5067元，比增13.1%；工商各税本级一般预算收入3048万元，比增36.9%。

【基础设施建设】 2011年以改善群众居住环境和生活质量，推进城乡一体化建设为目标，加快推进城市景观配套建设和住房建设，配合区人民政府做好护城河棉北段景观工程建设，拆除护城河两侧控制区建筑物，城区环境明显改观。筹资500多万元，拓宽城北四路西段、冰池路、望楼岭路，配置安装路灯、建设绿化带，完善社区道路交通网络。做好安全生产和火灾防范工作，整治不符合安全生产要求的企业20家，街道各社区、工业区、工业企业基本落实消防设施建设，消除火灾隐患。加大城乡住房建设项目投入，推进“中信华庭”大型房地产综合建设项目第一期、“润泽山庄”房地产建设项目、东家宫社区36套廉租房建设项目、明华花园、大宫旧城改造项目建设，群众居住环境不断改善。

【农业】 2011年有耕地面积2860亩，山林面积1.53万亩。全街道申报种粮补贴面积2954亩，联合财政所、农信社做好“一卡能”的申报、审核及录入工作，“一卡能”政策落实到每个种粮农户，补贴资金按规定发放到位。完成林权改革面积1.45万亩，发放集体林权证8本，社员股份权益证书6881本。落实山林管理工作责任制，加强森林防火工作。发挥农业部门的技术力量和服务功能，开展技术下乡活动，提高农业生产水平和动物防疫工作。发展生态高效农业，种植水稻面积5245亩、草莓30亩、蔬菜8549亩，粮食总产量2098吨，蔬菜总产量1.65万吨，饲养“三鸟”7783只、生猪1700头；加强和区海洋与渔业局的合作，投入资金90万元，完善三屿养殖西场的建设和管理，实现年水产养殖总产量1300吨，产值1015万元，形成初具规模的水产养殖基地。

【水利】 以水库除险加固为重点，完善防洪抗旱减灾体系建设，为农业生产安全提供保障。筹资180万元，加强潮水溪整治、清理五吼排洪沟，维修加固三屿围涵闸、新光闸和蝴蝶社区居委环山排洪渠，完成土方3万立方米，浆砌石650立方米，干浆石510立方米，混凝土方80立方米，改善农村生产、生活和生态条件。加强对棉北海堤、城防工程违章建筑物行政执法，拆迁违法建筑物350平方米，消除水利设施安全隐患。做好全国第一次水利普查工作，全面摸清辖区水资源分布和利用情况，掌握农业灌溉和群众饮用水安全情况。

【工业】 街道现有平北、平南、东家宫、棉田4个工业区，建筑面积18.5万平方米，厂房42幢。其中平北工业区占地面积13.34万平方米，建筑面积12.5万平方米，厂房30幢，是目前汕头市规模较大的村办工业区。有工业企业40家，拥有省著名商标1个，产品专利62个。其中规模上8家[广东轻工机械二厂、马华隆纺织（潮阳）有限公司、广东省深宝华城有限公司、汕头市霸诺科技发展有限公司、汕头市健生塑胶制品有限公司、汕头市友情精细化工有限公司、广东省八达制药有限公司、广东省莱达制药有限公司]，总产值4.88亿元。广东省莱达集团有限公司轻工机械二厂生产的啤酒灌装生产线等系列产品在国内同类行业处于领先地位，年销量2.5亿元。逐步形成机械制造、塑料制品、纺织服装等支柱产业，年创产值占全街道工农业总产值70%以上，成为街道主要经济增长点。

【文化教育】 街道已建成社区图书室4个，平北社区图书室藏书5000多册，被汕头市评为“十佳基层图书室”。投入资金150多万元，建设老年星光活动室12处。围绕“打造文化强区，建设幸福潮阳”，扩建后溪文化公园，打造后溪英歌和笛套音乐培训基地，满足群众学习文化、休闲娱乐、健身的需要。组织后溪英歌队伍、笛套大锣鼓队伍和龙舟赛队伍参加国内外文化交流和表演，弘扬传统文化，推进文化建设。

街道有公立小学9所，中学3所（区直属），私立学校2所（潮阳实验学校和红棉小学）。公立小学教职工313人，中学在校生5777人，小学在校生 4802 人，校舍建筑面积 3.45 万平方米。2005～2011 年，李科然、郑立平、郑继坤、陈金兴、蔡锡洲等乡贤先后捐资 2160 万元，兴建李德小学、平北小学、后溪中学。小学适龄儿童入学率达 100%，应届小学毕业生升学率达 100%。

【医疗卫生】 1999 年 6 月设立预防保健型的棉北卫生院，建筑面积 320 平方米，卫生院现有 15 人，其中主治医师 1 名、医师 2 名、卫生技术人员 7 名。卫生院开设计免门诊、内科门诊、妇幼保健门诊和检验室。投资 2 万元，开设儿童体检室，为辖区 0～3 岁的 3150 名儿童进行健康体检，整理成档。全面做好儿童疫苗接种和传染病预防管理工作，定期组织对辖区群众进行免费健康体检，公共卫生不断巩固和完善。

【劳动就业和社会保障】 做好街道辖区内农村劳动力、外来劳动力、新增劳动力资源的调查。新增办流动人口居住证 1016 份，登记申办率达 90%。组织技能培训，发挥公共职介作用，为 1500 名群众提供就业渠道。做好城乡居民养老保障及社会保险的宣传、推广工作，加大社会保险扩面工作，城乡居民医疗保险参保率 99.4%；做好低保调查、录入和发放工作，全街道 584 户 1208 人办理贫困家庭低保救助；1.18 万人参加新型农村养老保险。全面贯彻落实农村低收入困难户住房改造建设工作和扶贫开发“规划到户，责任到人”工作。

【人民生活】 辖区内学校、幼儿园、住宅区、停车场、宾馆、酒楼、休闲娱乐场所、各种生活购物商场等基础设施项目比较完善。城乡居民有线电视收视率 100%，电话普及率 100%，自来水普及率 100%，电脑网络基本普及。城乡居民平均收入不断增长，消费水平逐步提高，消费结构日趋优化。居民人均居住面积不断增加，城区部分居民家庭住宅由实用型向观赏型、享受型转化。居民的文化生活消费逐步增加，城区居民家庭用于智力投资的花费大幅度增加。居民闲暇生活也日趋丰富多彩，书画、跳舞、种花养草、上网等文化娱乐生活陶冶着居民的情操。农业科学技术的推广应用，农民收入增加，生活明显改善，由温饱跨入小康阶段。

【旅游】 街道旅游资源丰富，源远流长，历史悠久，文化底蕴深厚，有大北岩、石泉岩、后溪古渡、海口天后古庙、茶亭庵 5 个旅游景点。大北岩 1978 年被列为潮阳县级文物保护单位。石泉岩 1998 年被列为镇级文物保护单位。后溪古渡位于棉北街道平北居委，内建“天后圣母”庙，是古时人们为海上航行安全，求神保佑的渡口，1997 年被列为县（市）级文物保护单位。海口天后古庙，俗称“海口妈”，位于棉北大棉田北侧的山丘上，创建于明洪熙乙巳年（1425），素有风地之称，天后圣迹。茶亭庵创建于北宋崇宁四年（1105），位于棉北平南柳厝园内，坐西朝东，相传昔年潮邑姚族有游宦子外者，梦佛感应而发愿建庵，设茶亭施医赠药以济群生，由是庵以亭名，于今已 900 多年。

【重点项目建设】 以引进“大项目、大投资、促发展”的总体思路，立足城郊优势，创新招商方式，努力营造投资环境，不断加大协调服务力度，把招商引资和企业新上项目作为推动经济发展、壮大街道经济的一项主要措施来抓，共引进经济项目 5 项，包括中信华庭、矿山机械、法纳实业有限公司、鸿基混凝土有限公司、后溪片区旧城改造等经济、民生、基础设施建设项目。大型综合房地产建设项目中信华庭计划总投资 17.5 亿元，占地面积 21.7 万平方米，总建筑面积约 60 万平方米，分四期建设。第一期投入建设资金 3.5 亿元。

【综治信访维稳】 街道成立综治信访维稳中心和社区综治信访维稳工作站，接受群众来信来访，建立工作台账，督查督办各类信访案件。经常开展不稳定因素的排查化解工作，及时妥善处理好民事纠纷，把矛盾化解在基层，解决在萌芽状态，避免发生群体性事件；落实信访维稳工作责任制，建立领导干部接访日和定期下访制度，落实信访领导包案督办制度，努力做到上访反映的问题事事有回音、有办结。2011 年共受理解决民事纠纷案件 118 宗。以“打黑除恶”为社会治安综合整治重点，充分发挥派出所打击犯罪行为主力军的作用，加强社会治安巡逻检查，追查网上在逃人员。加强出租屋管理，签订治安责任书和消防安全责任书，街道社会比较稳定。

（街道党政办）

附：2011 年棉北街道党工委、人大、办事处、纪工委、工会领导名录

党工委书记： 郭予明

副书记： 赵钦彬
李光信（任至6月）
陈　泽（6月任职）

委　员： 姚泽建（任至7月）
杨木钦（任至6月）
赵炳甲（任至6月）
郑远钦
郑桐根（兼武装部部长）
曾立芝（任至6月）
郑宇丹（任至6月）
刘汉本（6月任职）
方少群（6月任职）
吴晓雪
黄礼梅

人大工作室主任： 陈　泽（6月任职）

副主任： 曾立芝

办事处主任： 赵钦彬

副主任： 姚泽建（任至7月）
郑远钦（6月任职）
林孝成（任至6月）
黄晓晖（任至6月）
肖涤桦（任至11月）
吴轶群（6月任职）

纪工委书记： 赵炳甲（任至6月）

工会主席： 黄楚恭（任至6月）

2011 年棉北街道社区基本情况表

社　区	书　记	主　任	面　积（平方公里）	总户数（户）	总人口（人）	经济总收入（万元）	农村居民年人均纯收入（元）
平　北	李良金	李良金	5.80	3245	12508	6038	5800
平　南	陈春雄	姚锦文	4.25	2426	7558	2206	5704
平　西	钟广文	余朝明		3702	13439		
东家宫	洪松成	洪松成	0.95	433	2051	582	5400
棉　田	辛喜福	肖伟忠	4.50	1651	8688	4015	4900
白　竹	黄礼梅	赵林强	4.20	815	4174	1632	4899
五　二	李文波	李芝高	0.98	338	1716	240	2920
五　三	蔡广水	蔡广水	0.86	342	1875	563	3100
蝴　蝶	郑金海	郑金海	0.84	222	1111	180	2445

注：平西居委属非农社区，与平北、平南居委混杂居住，无具体面积。三屿围西场水产养殖基地面积约 0.7 平方公里，水域面积、未利用土地、交通用地约为 9.14 平方公里。

2011 年棉北街道主要社会经济指标

项　目	单　位	指　标	项　目	单　位	指　标
社　区	个	9	水产品总产量	吨	1300
村委会	个		生猪饲养量	头	1700
自然村	个		牛饲养量	头	14
农产总产值（当年价）	亿元	0.66	“三鸟”饲养量	只	7783
工业总产值（当年价）	亿元	22.14	水果总产量	吨	42

续上表

项　目		单　位	指　标	项　目	单　位	指　标
工业企业		家	40	蔬菜总产量	吨	16453
其　中	外资企业	家	2	中　学	所	4
	私营企业	家	38	小　学	所	10
实际利用外资		万美元	500	中小学在校生	人	10579
个体工商户		户	1712	教职工	人	381
年末储蓄余额		亿元		电话普及率	%	100
职工人均年收入		元	18000	自来水普及率	%	100
粮食总产量		吨	2098	水泥公路	公里	2. 1

2011 年棉北街道产值 1000 万元以上企业基本情况表

企业名称	职工人数	主要产品	产量		年产值（万元）	年销售额（万元）	年出口额（万美元）
			单位	数量			
广东轻工机械二厂	512	啤酒机	台套	25	25000	25000	
广东省莱达制药有限公司	110	药品	万件	5. 2	2200	2200	
广东省八达制药有限公司	100	药品	万件	6. 4	3030	3030	
广东省深宝华城有限公司	82	茶粉	万包	10. 3	3120	3120	
汕头市健生塑胶制品有限公司	307	牙刷	万支	301. 0	5048	5048	5048
汕头市友情精细化工有限公司	68	洗发水	万瓶	80. 3	2500	2500	
马华隆纺织（潮阳）有限公司	122	印染	万吨	5. 1	5570	5570	5570
汕头市霸诺科技发展有限公司	135	电子	万支	20. 8	2310	2310	2310

金浦街道

【概况】 金浦街道地处练江北岸，位于潮阳城区西侧，东与文光街道相接，西邻和平镇，南临练江，北与河溪镇一山之隔。1986 年 11 月设金浦镇，1994 年被汕头市列入革命老区镇，同年 11 月金浦镇改为金浦街道办事处，下辖 1 个社区 4 个村，其中，三堡社区、南门村、寨外村属革命老区村，三堡社区被评为省文明社区。地域面积 44. 17 平方公里。国道 324 线贯穿全境，交通便利。辖区内供水、供电、道路、电信等基础设施配套完善。总户数 16058 户，总人口 85540 人，其中非农业人口 5001 人，占总人口的 96. 5%。2011 年完成工农业总产值 13. 06 亿元，比增 28. 3%，其中工业产值 11. 73 亿元，比增 30. 7%；农业产值 1. 33 亿元，比增 9. 5%；社会固定资产投资 4. 81 亿元，比增 45. 7%；农村居民年人均纯收入 4187 元，比增 13. 0%；工商各税本级收入 1723 万元，比增 9. 2%。

【工业】 街道有规模上企业 10 家，总产值 7. 51 亿元。街道通过扶持和引导纸制品业进行技术升级和增资扩产，巩固金浦纸制品业在粤东的龙头地位。推进被区列为重点项目的广东省金叶烟草薄片技术开发有限公司二期工程项目和梅花工业园区项目的建设，与企业建立定期联系制度，及时沟通情况，共同研究解决建设过程中碰到的困难和问题。烟草薄片二期工程计划投资近8亿元，至2011年底累计投资金额已超过4亿元。规划面积133万平方米的梅花工业园区建设正在与区国土局等有关部门研究土地统征等有关事项。

【农业】 2011年有耕地面积1.12万亩，山林面积2.36万亩，森林资源丰富。大力推广良种良法，指导农民科学种植，全年完成粮食播种面积2.0万亩，粮食总产量8787吨，其中水稻1.55万亩，产量6792吨。认真落实种粮直补、综合直补和良种直补等支农政策，2011年直补金额99.2万元。加强重大动物疫情防控、病虫害防治和农机安全重大事故预防工作。2011年新增农民专业合作社2个。在省、市、区帮助下，投入资金800万元建设的三堡现代农业示范区粮菜轮作区，已建成800亩无公害蔬菜种植基地，年平均创产值556万元，经济效益、社会效益和环境效益良好。基地采取“公司+基地+农户”的经营模式，带动1000多户周边农户种植蔬菜3500亩，受益农户年收入增加1400多元。饲养生猪1.74万头、“三鸟”37.2万只。

【基础设施建设】 高标准、高起点完成街道国土规划的修编工作，规范土地管理，推进村政基础设施建设。2011年街道共筹集资金1350万元，建设三堡社区月英池路、梅东环乡路、寨外村社道路等村（社区）主干道，总长2300米；投入资金88万元对南门村三角河沿河路段1200米安装护栏和路灯，完成农场中住宅区路段的水泥路面铺设。投入70万元完成寨外村村前1500平方米的公园建设，并完善相关配套；三堡社区芦厝池公园基本完成建设，完善配套设施后将成为村民休闲娱乐的好去处。投入资金880万元建设占地3600平方米的梅西村生活市场，改善当地有市无场现状。

【农田水利】 2011年街道、村（社区）两级共投入资金40多万元，对辖区内山塘、水库和堤防、涵闸、排灌渠系、农田路桥等农田水利设施进行清淤、修整和加固，更换、维修一批水利设备，切实解决农业生产需要的交通、给排水等问题。加快推进惠及街道梅花片区4万多群众的北港渠综合整治工程建设，项目计划总投资1.4亿元，工程的前期准备工作基本就绪，可行性研究报告已制订完毕，区已批准立项，工程设计监理的招投标工作正在抓紧进行。

【文化教育】 推进农村基层文化建设，开展特色文化村、文明家庭等群众性精神文明创建活动，丰富农村群众的文化生活。有广播电视站、文化活动中心、老年活动中心等设施，各村（社区）都按上级要求标准设置农家书屋，基本完成有线广播村村通的建设。金浦历史文化促进会继续完善对金浦历史文化资料的收集、研究和编辑出版工作。2011年街道共录制各种政策宣传教育光盘20多张，印制创建文明城市宣传册100多本、挂图40多套。

街道现有潮阳区职教中心、2所中学和6所小学，中小学在校生1.84万人，教职员工964人。金堡中学是省一级学校。继续加大对教育事业的投入，投资1100万元的三堡小学教学综合楼已经动工建设；总投资1128万元的梅东小学综合楼、教学楼已经封顶，教师宿舍楼正在抓紧建设中；投资150万元在南门小学内建设中心幼儿园。

【社会治安】 强化执法培训，提高街道政法干警办理案件的能力和水平，确保严格依法办案，加强社会治安综合治理力度，坚决打击各种违法犯罪行为，2011年共破获刑事案件14宗。同时投入资金150多万元，建设南门村治安岗和三堡社区治安岗，并配套治安监控系统一批，为构建治安联防网络打下坚实的基础。

【医疗卫生】 街道现有卫生院1所，设置预防保健科、全科医疗、妇产科、中医科、超声诊断等8个科室，共设置病床20张，医务人员34人。卫生院下设门诊2处，各村（社区）均设有卫生站，共有8所乡村卫生站。

【社会保障】 认真落实扶贫开发“规划到户、责任到人”工作责任制，提高贫困人口的自我发展能力，在上级有关单位的挂钩帮扶下，街道111户贫困户已有57户脱贫；2011年，街道共发放大米7.9吨、慰问金2.34万元、棉被154床、食油950公斤，以及各类补助资金300多万元（其中低保金138.06万元，参战人员生活补助金57.96万元，抚恤金18.75万元）。

【建筑】 金浦街道有近100支在外建筑施工队伍，建筑从业人数8000多人。由金浦籍施工队长带领的各支建筑队伍在广州、深圳、东莞、惠州等城市开拓新兴市场，到全国热点地区抢占滩头，通过优化资源配置，扩大经营范围，推进由单一经营向多元经营转变，向城市绿化、路桥建设、钢结构、玻璃幕墙等领域渗透。金浦建筑施工队伍承建的各类工程多次获得国家、省、市级优质工程称号。2003～2011年共有郑开德等10多位在外从事建筑业的乡贤捐资1.9亿元反哺家乡公益事业，在修桥筑路、支持教育、兴修水利、敬老助幼等方面作出贡献。

（街道党政办）

附：2011年金浦街道党工委、人大、办事处、纪工委、工会领导名录

党工委书记： 张国春（任至6月）
陈棉光（6月任职）

副书记： 李绵宏
杨桂青

委　员： 谢洁新
吕立伟
张君雄
谢少君
陈奕楷（兼武装部长）
陈景和
肖桂峰（3月任职）
方廷强（6月任职）
陈新华（任至6月）

人大工作室主任： 杨桂青

办事处主任： 李绵宏

副主任： 谢洁新
黄德合（任至6月）
吴灿峰（6月任职）
陈新华（6月任职）
郑澍棉（任至6月）

纪工委书记： 吕立伟

工会主席： 马少鹏

2011年金浦街道社区基本情况表

社　区	书　记	主　任	面　积（平方公里）	总户数（户）	总人口（人）	经济总收入（万元）	农村居民年人均纯收入（元）
三堡社区	郑瑞明	郑加浩	9.27	3032	16236	9220	4221
南门村	郑衍轩	郑汉增	7.78	2684	14301	8036	4211
寨外村	郑辉鹏	郑振发	6.00	2738	14868	7611	4164
梅东村	郑广钟	郑广钟	11.74	3590	20586	9484	4192
梅西村	郑奇光	郑奇光	8.74	2688	16593	8958	4147

2011年金浦街道主要社会经济指标

项　目	单　位	指　标	项　目	单　位	指　标
社　区	个	1	水产品总产量	吨	950
村委会	个	4	生猪饲养量	万头	1.74
自然村	个	1	牛饲养量	头	80
农产总产值（当年价）	亿元	1.33	“三鸟”饲养量	万只	37.2
工业总产值（当年价）	亿元	11.73	水果总产量	吨	667

续上表

项目		单位	指标	项目	单位	指标
工业企业		家	107	蔬菜总产量	吨	22630
其中	外资企业	家		中学	所	2
	私营企业	家	107	小学	所	6
实际利用外资		万美元		中小学在校生	人	18406
个体工商户		户	923	教职工	人	964
年末储蓄余额		亿元		电话普及率	%	61
职工人均年收入		元		自来水普及率	%	87
粮食总产量		吨	8787	水泥公路	公里	

2011年金浦街道年产值1000万元以上企业基本情况表

企业名称	职工人数	主要产品	产量		年产值（万元）	年销售额（万元）	年出口额（万美元）
			单位	数量			
广东省金叶烟草薄片技术开发有限公司	24	烟草	吨	3615	7231	7303	
广东金科再造烟叶有限公司	697	烟草	吨	8603	14012	16074	
汕头市万欣纸业有限公司	64	纸板	吨	16573	4972	4972	
汕头市万丰纸业有限公司	182	纸板	吨	53303	15991	15791	
汕头市金梅纸业有限公司	291	纸板	吨	46407	13922	13922	
汕头市潮阳区金属型材厂	53	铝型材	吨	8620	2586	2864	
汕头市明得纸品实业有限公司	188	纸板	吨	21373	6412	6215	
汕头市万诚纸品有限公司	39	纸板	吨	9120	2736	2599	
汕头市金中发纸业有限公司	105	纸板	吨	9406	2822	2806	
汕头市协帆纸业有限公司	85	纸板	吨	14743	4423	4423	

海门镇

【概况】 海门镇地处练江出海口，位于潮阳城区东南端，东至南临南海，西隔练江与潮南区井都镇相邻，北与汕头市濠江区、潮阳城南街道接壤。下辖16个村（社区），其中村委会5个，社区11个。总户数20767户，总人口数120740人，其中非农业人口106555人。地域面积30.54平方公里，海域面积4000多平方海里。2011年完成工农业总产值14.54亿元，比增20.8%，其中工业产值9.25亿元，比增29.4%；农业产值5.29亿元，比增8.2%；农村居民年人均纯收入3298元，比增13.0%；财政收入6144万元，其中一般预算收入898万元。

【工业】 2011年全镇有工业企业163家，从业人员7740人。主要行业有服装、贝雕工艺、龙凤灯、电子、机械、塑料、化工、造船、建材、水产品加工等。

全镇共有规模上企业3家，总产值1.89亿元。

【农（渔）业】 2011年有农用地2.07万亩，其中耕地5576亩，园地174亩，林地1.29万亩，其他农用地2021亩。主要农产品有：水稻、甘薯、大豆、花生、芋、马铃薯、西瓜、花生、蔬菜等，粮食总产量2475吨。

海门渔港水产资源十分丰富，水产品类多质优。2011年，全镇有各类渔船近492艘，总马力4.67万千瓦；渔业总劳动力7762人，海洋水产总产量4.78万吨。镇下设四家渔业捕捞公司（即：第一捕捞公司、第二捕捞公司、第三捕捞公司、第四捕捞公司），一家渔需品供应公司和一家渔业发展总公司。

2011年海门镇各渔业公司渔船统计表

单　位	60～599匹马力	60匹以下马力
第一捕捞公司	112	1
第二捕捞公司	109	2
第三捕捞公司	29	163
第四捕捞公司	3	73

【教育文化】 全镇有中小学19所，中小学在校生1.47万人，教师943人。九年制义务教育得到全面实施，适龄儿童入学率达到100%。

文化娱乐设施较为齐全，有广播电视站、文化站、老人活动中心等场所，城乡居民有线电视收视率达100%。有国家“AAA”级景点一处，其他文化设施还有影剧院、露天剧场、文化公园、老人活动室、渔民技术培训中心等。群众文化生活有文学创作、摄影、灯谜、卡拉OK、有线电视、广播、潮州大锣鼓、琴棋书画等。

【医疗卫生】 有卫生院1所，设置床位38张，医生24人，有医疗站9个，医疗卫生环境良好，卫生院占地面积1.1万平方米，建筑面积近万平方米，内设有内科、外科等13个科室。

【重点建设项目】 华能海门电厂3、4号机组正在申报审批中；海门国家中心渔港潮阳辖区工程全面竣工并通过交工验收，码头后方配套正在规划中；新大华石化码头项目正在加紧做好各项前期工作；南区污水处理厂海门分厂已完成征地工作，其他前期工作（包括管道的走向等）正有序推进。

【传统产业】 通过加大渔业技术改造，切实加强渔业产前、产中、产后服务，不断提升捕捞作业、海水养殖、渔产品加工、渔产品交易等产业的档次和规模。引导渔民购置钢壳远洋渔船，提高生产捕捞能力，发展远洋捕捞；扶持发展水产品深加工企业，鼓励企业加大投入，扩大规模，提高市场竞争力；加强渔港码头的管理，营造良好的水产品贸易市场秩序，壮大水产品贸易经济。充分利用沿海地区特殊的气候环境和特定的地理位置，在外四片区规划建设占地面积3500亩的无公害、优质的蔬菜基地，实行科学种养，提高农业经济。

【旅游餐饮】 莲花峰风景区是海门一大特色。景区内有省文物保护单位摩崖石刻群（宋至清）、“万人冢”，还有文天祥等珍贵史迹，文化底蕴丰富，自然风光旖旎。改革开放后，景区逐步完善配套设施，扩建寺院，绿化环境，同时扩大宣传，提高景区知名度。2001年国家旅游局授予莲花峰风景区为AAA级旅游景区。2011年到莲花峰景区、龙虎湾和龙潭旅游观光的海内外游客超过100万人次。

旅游业的兴起带动了餐饮业。海门充分发挥地缘和海洋渔产资源丰富的优势，打造具有地方特色的餐饮文化，海产珍品鲜活、价廉物美，成为吸引四方食客的重要因素。特色餐饮反过来又促进旅游业的发展。海门较有特色的海鲜食店有成兴酒家、成园酒家、亚义海鲜食店、亚来海鲜食店、裕丰海鲜店等。

【基础设施建设】 顺应特区扩围，积极融入“东部新城”的城市发展新格局，编制了《潮阳经济开发试验区及港口片区控制详细规划》和《海门镇旧城区控制性详细规划》，高起点、高标准启动老城区、旅游区的规划建设。

城关社区旧区首期改造项目，已完成拆迁平整和前期建设各项准备工作；建筑面积7500平方米，总投资1300万元的区廉租住房海门安居工程首期项目和建筑面积6000平方米，总投资1000多万元的转产转业渔民安居工程首期项目即将竣工；区廉租住房海门安居工程二期工程正在积极推进中；东信花园、盈泰房产、泰和住宅区等三块楼盘已动工建设。

共投入资金2000多万元，完成全镇供水主管工程以及北新、北门、竞海、和睦等村（社区）供水管网建设；投入800多万元，修筑莲峰叠石路、东兴路，拓宽改造莲峰中路，贯通镇区交通网络；投入近300万元，新建疏港路东门坑桥、东兴桥，并对多处山体滑坡进行除险加固，消除安全隐患；引导海门乡贤、民众筹措资金1000多万元，建设海门和敬堂和老年人活动中心，完善和提高城镇服务配套功能。围绕创模创卫和创建文明城镇的工作部署，加强城镇管养。建立健全城镇环境卫生管理机制，组织专门队伍，开展镇容镇貌综合整治行动，确保镇区环境卫生清净整洁。2011年累计投入资金176万元，实施“亮灯工程”、“绿化工程”，在镇区主要路道安装路灯，并种植风景树，城镇面貌有明显的改善。

【综治维稳】 坚持“抓管理促稳定，保稳定促发展”的方针，落实责任，抓好制度建设，强化各项社会管理，依法治镇，实现社会和谐发展、有序运作。

及时处置化解“12·20”（因华电发电项目引发的群体性事件）不稳定因素，全力维护社会大局稳定。加强社会治安综合整治，开展“清网行动”和“打黑除恶”等专项斗争，重拳打击各类违法犯罪活动，社会治安状况明显好转。加强综治信访维稳中心和基层工作站的建设，有效地化解各类矛盾，为海门经济社会各项事业的发展营造一个良好的社会氛围。

【劳动就业和社会保障】 医疗社保体系不断完善，疾病防控体系日趋成熟，城乡医保工作得到巩固，廉租公房建设顺利推进，优抚安置工作得到加强。基本医疗保险参保率达到96%。

（镇党政办）

附：2011年海门镇党委、人大、政府、纪委、工会领导名录

党委书记： 张元武（任至6月）
郑学彤（6月任职）

副书记： 郑学彤（任至6月）
李永强（6月任职）
郑炎松（任至6月）
林秋荣（6月任职）

委　员： 郑镇水
谢桂纲
陈南泰
许丽芳
戴宏伟（兼武装部长）
林坚茂
陈丽贤
翁海山
李晖武（任至6月）
林辉武（任至6月）
林伟杰（6月任职）
陈　鹏（6月任职）

人大主席： 张元武（任至6月）
郑学彤（6月任职）

副主席： 翁海山（任至7月）
姚壮哲（7月任职）

镇　长： 郑学彤（任至6月）
李永强（6月任职）

副镇长： 郑镇水
黄楷冰
林辉武（6月任职）
林秋荣（任至6月）
黄茂志（6月任职）
庄炎忠（任至6月）

纪委书记： 谢桂纲

工会主席： 林文光

潮阳经济开发试验区

【概况】 潮阳经济开发试验区于1993年7月经省人民政府批准设立。从1999年1月起，试验区与海门镇合署办公。现开发区规划面积32C万平方米，征地面积320万平方米，实际开发面积87.5万平方米。

【投资环境】 试验区创建以来，在上级的重视及有关部门的支持下，紧紧围绕加快发展这个中心，以建设现代化海滨城区为目标，努力克服开发建设中碰到的困难和问题，积极招商引资，优化投资环境。已实现“四通一平”（通路、通水、通电、通讯和土地平整）。先后筹资8000万元，完成一批路、水、电的工程建设项目，建成总长约5公里的水泥路面，铺筑内外环路共8.1公里长的道路路基，基本形成“四横三直”道路框架；现有11万伏输变电站1座，电力供应充足，高标准架设长6.1公里的1万伏双回路高压输电线路；顺利完成全长5.1公里、直径600毫米首期供水管道的铺设，市区到海门日供水5000吨的管道已开通，日制水6万吨的自来水计划引一主管道到试验区，保证供水需要；埋设300门程控电话地下管道电缆能源，通信设施基本配套。2010年投入资金300万元，对区内的供水主干道进行整修，开发区基础设施基本完善。

【招商引资】 加大招商引资力度，2011年共招引企业2家，即计划总投资8000万元的飞达制罐项目和计划总投资3000万元的锦泰冷冻厂项目，目前两个招引项目已动工建设。到区内落户的企业共有5家，另外三家是：计划投资8000万元的日本亚贺克株式会社，该公司主要生产花边、松紧带等；计划总投资300亿元，占地约100万平方米的华能汕头海门电厂；汕特通辉实业开发总公司计划投资1亿元建设度假村项目，首期完成投资4000多万元，建成规模较大的海滨浴场及别墅群。

【交通优势】 水陆交通方便。开发区濒临南海，毗邻接壤的潮阳港是国务院1996年批准设立的一类港口、广东省对台贸易重点口岸、潮阳市唯一对外贸易口岸，可对外国籍船舶开放，建有5000吨级集装箱码头和500吨级散货泊位，年吞吐能力达到10万个标准箱，经香港岛可达国际各大港口。穿境而过的深汕高速公路、磊海公路直通汕头特区。往西的潮海公路、新华大道直达潮阳区连接324国道，环海公路贯穿全境，形成纵横交错的交通运输网络。

（海门镇党政办）

附：2011年潮阳经济开发试验区管理处领导名录

党委书记：郑灿雄

主　任：郑学彤（任至6月）

　　　　李永强（6月任职）

副主任：郑伯南

2011年海门镇各村（社区）基本情况表

村（社区）	书记	主任	面积（平方公里）	总户数（户）	总人数（人）	经济总收入（万元）	农村居民年人均纯收入（元）
莲新	林老伍	杨炎城	0.23	975	5631		
莲峰	丁汉进	丁汉进	0.48	2439	14054		
城南	张镇洲	张镇洲	0.34	1934	11389		
城北	郑明林	马钦才	0.35	2055	12250		
城关	董加兰	林秋坤	0.13	1494	8295		
北新	董春奇	傅宗荣	0.44	1757	11112		
和睦	姚文龙	姚佑福	0.29	1611	9478		
新德	杨坤松	冯启文	1.71	1836	10599		
西南门	林西	张木钦	5.01	1222	6600	54.8	3655
北门	方厚皮	姚锡彬	3.17	1378	8250	29.5	3635
东门	罗宗贤	马廷灿	3.04	915	5120	72.5	3622
洪洞	李永标	李永标	5.51	1127	7111	170.6	3632

续上表

村（社区）	书记	主任	面积（平方公里）	总户数（户）	总人数（人）	经济总收入（万元）	农村居民年人均纯收入（元）
新　地	马华德	林明贤	1.71	831	4125	26.4	2341
坑　尾	吕松平	吕耿锡	1.63	414	2200	20.1	2357
湖　边	陈元兴	陈元兴	3.26	469	2755	30.7	2387
竞　海	陈茂明	陈启兴	2.00	250	1338	20.4	2864

2011 年海门镇主要社会经济指标

项　目	单　位	指　标	项　目	单　位	指　标
社　区	个	11	生猪饲养量	万头	0.97
村委会	个	5	“三鸟”饲养量	万只	6.88
自然村	个	5	蔬菜总产量	万吨	2.01
农业总产值（当年价）	亿元	5.29	中　学	所	4
工业总产值（当年价）	亿元	9.25	小　学	所	15
工业企业	个	163	中小学在校学生	人	14727
其中：外资企业	家	3	中小学教师总数	人	943
私营企业	家	58	电话普及率	%	100
个体工商户	户	1261	自来水普及率	%	100
粮食总产量	吨	2475	水泥路	公里	26
水产总产量	万吨	4.78			

2011 年海门镇主要企业基本情况

企业名称	职工人数	主要产品	产　量		年产值（万元）	年销售额（万元）	年出口额（万元）
			单位	数量			
志远水产食品有限公司	150	水产品加工	吨	2272	3940	3920	3920
展正冷冻有限公司	120	水产品加工	吨	3500	5000	4697	4640
正林食品有限公司	58	水产品加工	吨	1380	5288	5008	1978

和平镇

【概况】　和平镇地处练江中下游，位于潮阳城区西部，东与金浦街道相接，西和潮南区峡山街道、胪岗镇毗邻，北界西胪、铜盂镇，南连成田、沙陇镇。324 国道贯穿全境，水陆交通便利。下辖 21 个村（社区），其中村委会 2 个，社区 19 个。地域面积 58.94 平方公里。总户数 31884 户，总人口 173698 人，其中非农业人口 9693 人。旅外乡亲 10 万余人，是潮阳区重点侨乡之一。2011 年完成工农业总产值 175.06 亿元，比增 23.2%，其中工业产值 173.76 亿元，比增 23.2%；农业产值 1.3 亿元，比增 14.6%；工商各税本级收入 7267 万元，比增 25.0%；社会固定资产投资 21.1 亿元，比增

37.6%；农村居民年人均纯收入7405元，比增14.0%；年用电量6.37亿千瓦时，比增8.2%。先后被省、市评定为实施固本强基工作省级示范点、省中心镇、专业镇、严打整治斗争先进镇、文明镇、“创建好班子”、平安建设先进镇、全国群众体育先进单位、农村党建示范点。2011年和平镇被区评为“五五”普法先进集体，新和社区被广东省创建示范区工程办公室授予“广东省创建和谐劳动关系示范工程示范点”，和铺社区被省卫生厅评为“省卫生村”。

【工业】 全镇有工业企业554家，其中规模上企业121家，总产值166.26亿元。个体工商户1700户。拥有工业厂房200万平方米，从业人员5万多人。累计拥有省著名商标12个，省名牌产品3个，省高新技术产品5个，省高新技术企业8家。20个工业重点建设项目如期进行，投入资金4.6亿元，新上贴片LED、经编、无缝内衣、无纺布等新型项目一批，新建厂房15万平方米，新增产值5亿元。有30多家企业到上海、北京、杭州等大中城市参加展销活动，成交金额5.6亿元。侨博会项目签约金额达7.5亿元。

【农业】 2011年有耕地2.08万亩，山林2.09万亩。全年粮食作物播种面积2.8万亩，总产量1.16万吨。淡水养殖2175亩，水产品总量2132吨。扶农措施扎实有效。种粮直补等惠农政策有效落实，共完成18个村（社区）补贴金额近151万元。

【水利】 抓好防汛减灾。发动社会贤达捐资600多万元整治下寨前山溪，砌石篱约900米，培土加高加固堤围约1000米。有下厝、下寨、白石、和铺等9个村（社区）投入500万元，结合开展环境整治，疏通沟渠，加固堤围，修缮水利电排。

【综治维稳】 加强社会治安综合整治，开展“清网行动”和“打黑除恶”等专项斗争，重拳打击各类违法犯罪活动。2011年全镇查破刑事案件57宗，抓获各类犯罪嫌疑人54名，社会治安状况明显好转。加大视频监控系统建设力度，现有视频监控摄像头5000多个，通过视频监控破案5宗。重视信访维稳工作，发挥镇综治信访维稳中心的职能作用，处置化解各类不稳定因素，维护社会大局稳定。

【社会管理】 组织开展印染、电镀等重污染企业环保专项整治工作。开展非法办学机构及校车安全管理等专项排查整治行动，巩固校园安全。落实安全生产“一岗双责”，全年未发生重、特大安全生产事故。火灾隐患重点地区（和平镇）整治工作顺利通过市、区验收摘牌。

【劳动就业和社会保障】 推进城乡一体化基本医疗保障工作，医疗社保体系不断完善，城乡医保工作得到巩固，2011年农村新型合作医疗参合率94.57%，新型农村社会养老保险参保率25.55%。扶贫开发工作顺利完成，12个镇级帮扶村（社区）、2个区级帮扶村（社区），共92户贫困户531人全部实现提前1年脱贫。部分参战人员、伤残军人医保社保、生活补助等待遇问题得到进一步落实。

【基础设施建设】 2011年，和铺、下寨、里美、练岗等8个村（社区）投入约1000万元，进行道路修建，发动企业捐资100多万元，改造、架设新和惠路路灯，全长2.5公里。

【医疗卫生】 辖内有医院1所，广东省汕头市潮阳区大峰医院（原名广东省潮阳市大峰医院），创建于1995年12月，2001年后扩建，占地面积6.7万平方米，建筑面积6.3万平方米，设置专业科室70个，配套床位800张，现有专业技术人才478人，其中高级职称专家54人、中级职称人员80人。镇卫生院1所，和平卫生院，成立于1958年，属公益一类事业单位，1996年被评为“一级甲等”医院，占地面积4289平方米，设置临床辅助科室16个，配套住院病床40张，现有卫生技术人员128人。村（社区）卫生站12个。镇内人民群众可以及时就近医治和自主选择医生，医疗卫生环境良好。

【教育文化】 全镇现有4所高中（其中潮师高级中学和新世界中英文学校为区直属），3所初中，23所小学，中小学在校生3.28万人，教职员工

1762人。九年制义务教育得到全面实施，适龄儿童入学率达到100%。2011年升学考试成绩再创新高，高考上线率为83.2%，全镇新投入资金近6000万元，新建、扩建教学用建筑面积约2.5万平方米，完善校门、围墙及运动场地等建设，配套设施一批。由香港力嘉集团马伟武及马馀雄兄弟累计捐资近4000万元建设的南侨中学分校力嘉中学，占地面积5.5万平方米，总建筑面积1.8平方米，主体工程已完成；投资650万元完善中寨中学围墙、运动场建设；投资760多万元新建新龙小学教学楼和宿舍楼各一栋，面积5500平方米；投资110万元，新建和铺小学礼堂一座，建筑面积1800平方米；投资130万元，新建白石小学教学楼一栋，建筑面积510平方米；另有部分学校进行修缮，购置仪器设备。这些投入改善了和平教育的办学条件，为和平教育持续发展提供物质保证。大峰风景区、中寨植庭文化活动中心、新和体育健身广场、和铺农民公园等7个公共文化活动场所开放使用，农家书屋建设全面覆盖，民间业余文艺曲乐队、锣鼓队共17支，群众体育广泛开展。有新和、中寨、和铺、和平、下厝等5个社区先后通过省、市体育先进社区验收。

（镇党政办）

附：2011年和平镇党委、人大、政府、纪委、工会领导名录

党委书记： 刘伯仕（任至6月）
张国春（6月任职）
副 书 记： 吴瑶钦（任至6月）
吴名裕（6月任职）
陈大立（任至6月）
郑锦良（6月任职）
委　　员： 郑炎桐（任至6月）
林代燕（6月任职）
洪少东（6月任职）
吴灶林（任至6月）
欧表宗（任至6月）
陈茂荣
谢坤明
廖绪枝（兼武装部长）
翁祥标
林坤河
郑宇丹（6月任职）
余轩烁
许教伟（3月任职）
人大主席： 刘伯仕（任至6月）
张国春（6月任职）
副 主 席： 许教伟（任至7月）
吴上涛（7月任职）
镇　　长： 吴瑶钦（任至6月）
吴名裕（6月任职）
副 镇 长： 郑炎桐（任至6月）
郑宜椿（任至6月）
林代燕（6月任职）
冯锦洲
许少卿
姚壮雄（6月任职）
纪委书记： 吴灶林（任至6月）
洪少东（6月任职）
工会主席： 陈楚豪（任至7月）

2011年和平镇村（社区）委会基本情况表

村（社区）	书　记	主　任	面　积（平方公里）	总户数（户）	总人口（人）	经济总收入（万元）	农村居民年人均纯收入（元）
新　和	马荣茂	马荣茂	1.97	1329	7359	7131	8408
和　平	林德文	林德文	2.93	1441	8505	7294	7794
中　寨	马镇辉	马镇辉	2.88	1878	13621	11842	8352
凤　善	吴天林	范镇泉	0.78	708	4036	2668	5784
凤　皋	王烈宗	王烈宗	0.40	382	2034	1269	5807
安　轿	郑文雄	郑文雄	3.95	205	1271	184	1244

续上表

村（社区）	书　记	主　任	面　积（平方公里）	总户数（户）	总人口（人）	经济总收入（万元）	农村居民年人均纯收入（元）
练　岗	洪坚隆	洪坚隆	1.44	121	627	122	1355
练　北	张荣宣	张荣宣	3.05	1369	7646	3854	4632
潮　联	陈灶才	陈徐源	1.73	711	4059	2577	6100
塭　内	郭伟鹏	刘瑞奇	0.52	448	2376	476	1459
光　明	郑相科	郑相科	0.49	322	1883	397	1538
和　铺	陈坚辉	陈坚辉	0.91	405	2026	1402	6157
白　石	肖开孟	肖开孟	0.97	506	2899	2165	6361
下　寨	马周奴	马周奴	5.68	3792	21733	18726	8164
塘　围	马学坚	马炎松	2.48	1982	11445	9560	8024
里　美	马庆深	马庆城	5.21	2707	15997	14539	8370
下　厝	吴和智	吴锡宏	6.03	3790	21502	18306	8220
新　龙	吴湖镇	吴伟雄	4.29	3440	20195	16996	8231
五　和	程和兴	廖瑞廷	3.45	1865	11067	8062	6668
高　丰	高修勇	高修勇	0.77	342	2010	1253	5638
临昆上	张亚为	张汉彬	1.86	803	4584	2896	5968

2011 年和平镇主要社会经济指标

项　目		单　位	指　标	项　目	单　位	指　标
社　区		个	19	水产品总产量	吨	2132
村委会		个	2	生猪饲养量	万头	2.41
自然村		个	11	牛饲养量	头	23
农产总产值（当年价）		亿元	1.30	“三鸟”饲养量	万只	33.83
工业总产值（当年价）		亿元	173.76	水果总产量	吨	1821
工业企业		家	554	蔬菜总产量	吨	1835
其　中	外资企业	家	8	中　学	所	5
	私营企业	家	546	小　学	所	23
实际利用外资		万美元	15000	中小学在校生	人	32814
个体工商户		户	1800	教职工	人	1762
年末储蓄余额		亿元	20.92	电话普及率	%	85
职工人均年收入		元		自来水普及率	%	98.5
粮食总产量		吨	11637	水泥公路	公里	68

2011 年和平镇主要企业基本情况表

企业名称	职工人数	主要产品	产量		年产值（万元）	年销售额（万元）	年出口额（万美元）
			单位	数量			
汕头丰兴盛包装材料有限公司	200	包装薄膜	万吨	3.6	45000	45000	3000
广东省粤东磁电有限公司	250	光盘	万片	5.4	25000	25000	3000
汕头市荣昌纺织公司	200	棉纱布	万吨	1.2	21000	21000	430
汕头市新强德公司	300	塑料盒	万吨	4.0	20000	20000	3000
广东粤华磁电公司	500	光盘	万片	5.0	13700	13700	2000
汕头市双凤实业公司	380	彩条布	万吨	2.0	13600	13600	2100
广东昂特音像公司	200	光盘	万片	4.0	13300	13300	2100
广东三凌塑料管材公司	350	管材	万吨	6.0	12000	12000	
汕头市恒永得塑料公司	300	塑料盒	万吨	3.0	11560	11560	1400
汕头市益通电信设备公司	350	电信产品	万件	30	10470	10470	
广东奥林磁电实业公司	320	光盘	万片	4.0	10040	10040	1500
汕头市松春盛音像公司	250	塑料盒	万吨	2.0	8997	8997	1300
汕头市双鹏塑料实业公司	350	彩条布	万吨	3.0	87970	87970	1400
广东连坚集团有限公司	400	服装	万件	100	6470	6470	680
汕头恒通塑胶工业公司	300	丙纶长丝	万吨	2.5	6190	6190	968
汕头市万能实业有限公司	350	彩条布	万吨	3.5	6180	6180	
汕头市东宇磁电公司	250	塑料盒	万吨	2.0	5470	5470	800
汕头市鑫谷有限公司	300	塑料盒	万吨	1.2	5332	5332	300

铜盂镇

【概况】 铜盂镇地处练江中游北岸，位于潮阳城区西部，东邻和平、西胪镇，北接谷饶镇，西与贵屿镇毗连，南和潮南区司马浦镇、峡山街道隔江相望。下辖 28 个村（社区），其中个 3 社区居委会，25 个村委会。地域面积 42.91 平方公里。总户数 24092 户，总人口 127665 人，其中非农业人口 6973 人。2008 年铜盂镇被省旅游局授予“旅游特色镇”；2010 年被汕头市评为“文具办公用品科技创新专业镇”；2011 年计划生育工作被汕头市评为优质服务单位。2011 年完成工农业总产值 33.55 亿元，比增 26.4%，其中工业产值 31.85 亿元，比增 27.6%；农业产值 1.7 亿元，比增 7.6%；农村居民年人均纯收入 5377 元，比增 13.0%；固定资产投资 7.52 亿元，比增 47.0%；外贸出口 1680 万美元，比增 4.0%；社会消费品零售总额 23.89 亿元，比增 1.2 倍；本级一般预算收入 1452 万元，比增 36.3%。

【工业】 铜盂镇加快经济建设，产业优化取得实效，经济实力持续增强。全镇规模上工业企业 15 家，总产值 18.5 亿元。拥有驰名商标企业 1 家，省著名商标企业 2 家。传统产业加快转型升级，全年有汕头市亿威泰实业有限公司、海燕织造厂、泽诚实业有限公司等多家企业进行增资扩产，扩建厂房并投资3亿多元引进先进设备56台套。文具办公用品和纺织服装两大支柱产业继续发挥主导作用，生产规模进一步扩大。辖内汕头市齐心文具制品有限公司是中国最大的办公文具（文件夹）制造商之一，在业内具有较高的品牌知名度。齐心文具连续被中国文教体育用品协会评为“中国十大文具品牌企业”称号。广东雄兴内衣实业是一家实力雄厚的现代化内衣企业，产品的市场占有率稳居国内同行前列。公司旗下拥有“学士”、“倩黛”、“今健儿”三大内衣品牌，其中“学士”品牌被评为广东省名牌产品，“倩黛”品牌于2008年被评为广东省著名商标。

【农业】 铜盂镇有耕地面积2.64万亩，林地面积8975亩。镇党政把发展农村经济、增加农民收入作为工作的出发点和立足点，积极寻找农村可持续发展的突破口，因地制宜，大力发展农业主导产业，以农业产业化促进农村发展、农业增效、农民增收。扶农措施扎实有力，种粮直补、农机购置补贴等惠农政策有效落实，农业综合开发建设加快推进。粮食生产保持稳定，全镇播种面积4.95万亩，总产量2.15万吨。特色效益农业迅速发展，全镇薯类种植面积1.2万亩，建成养殖场8个和4686亩生态公益林。农业现代化、产业化水平不断提高。

【旅游】 铜盂镇旅游资源丰富，文化底蕴深厚。拥有千年古刹——灵山寺、潮汕民间艺术殿堂——明安里、中国电影先驱者、现实主义电影奠基人蔡楚生少年时期学习、生活的地方——蔡楚生故居等旅游景点，已成为旅游特色镇。2011年各旅游景点共接待游客10多万人次。

【基础设施建设】 铜盂镇着力加强村镇规划，投入资金30多万元，完成了铜贵公路草港段路灯配套及绿化，做好铜贵公路镇区段改道环北路的规划设计工作，分期实施完成北港路老溪西至集星路段的前期规划工作，改善交通环境，提升城镇品位。房地产业较快发展，镇区建成第一个成规模商住小区——新鼎元小区，该小区功能齐全，环境优美，进一步提升镇区的形象和品位。投入资金498万元，建设河陇、草尾、桶盘、洋美4村饮水安全工程，解决群众饮水难问题；启动灵山水库作为全镇居民生活用水应急水源，缓解全镇供水压力，确保饮用水的需求。

【水利】 2011年，共投入资金1700多万元，加固练江堤围铜盂段和一批小水库、排涝闸，同时做好练江、北港运河等河道的清淤清障；投入资金350万元建设建筑面积830平方米、装机容量456千瓦的铜盂围治涝电排东站，解决排涝问题。

【文化教育】 铜盂镇文化娱乐设施较为齐全，规划建设东山片、胜前社区、铜钵盂社区、老溪西社区及凤壶村等主题公园，目前老溪西农民文化计生公园、胜前农民休闲公园及后岐文化休闲公园已初具规模，较好地满足广大群众的娱乐需求，丰富人民群众的文化生活。

通过加大教育投入，改善办学条件，推动教育工作上新台阶。启动铜盂中学二期教学楼、阶梯教室及连廊工程的建设；推进屿北中学等校舍的改建，不断完善教学基础建设。校园安全措施全面落实，全镇有中学5所，小学28所，中小学在校生19722人，教职工933人。33所中小学均安装监控设备。

【医疗卫生】 卫生医疗服务体系进一步健全，传染病防控工作得到加强，卫生保障能力大幅提高。铜盂卫生院占地面积3800平方米，建筑面积3503.5平方米，主体为5层综合大楼。院内设有急诊、住院部、中药房、西药房、中西医门诊、妇产科、放射科、检验室、B超室、皮肤科等主要科室，配备防疫组、妇幼组从事预防保健工作，设置病床32张。2011年在职医务人员91人，专业技术及管理人员54人，其中卫生技术人员52人，中级职称1人，师级职称6人，士级职称45人。村（社区）设有卫生站16处。全镇范围内有病人可以及时就近医治或自主选择医生，医疗卫生环境良好。

【社会保障】 城乡低保、医保和农村义务教育“两免一补”政策得到落实。推进低保扩面、扶贫济困及规划到户，责任到人“双到”扶贫开发工作。全年下拨低保金450多万元，低保对象基本生活得到保障。农村新型合作医疗工作顺利进行，全镇28个村（社区）农村新型合作医疗参合率达96%。加快推进低收入住房困难户的住房改建，2011年，共落实住房改建20户，发放帮扶金30万元。

（镇党政办）

附：2011年铜盂镇党委、人大、政府、纪委、工会领导名录

党委书记： 徐献明

副 书 记： 吴华瑾
叶楚荣

委　　员： 郑宜椿（6月任职）
陈少齐（6月任职）
郭林清
卢奇亮（6月任职）
林树川（兼武装部长）
刘　容
陈毓钦（6月任职）
郑晓宾（6月任职）
周勤武（任至6月）
马鹏武（任至6月）
郑油南（任至6月）
郑永城（任至6月）
黄茂志（任至6月）

人大主席： 徐献明

副 主 席： 郑油南（任至6月）
卢顺和（7月任职）

镇　　长： 吴华瑾

副 镇 长： 马鹏武（任至6月）
郑宜椿（6月任职）
张汉潮（任至6月）
林格清（任至6月）
马史绵（6月任职）
郑海波（6月任职）

纪委书记： 郑永城（任至6月）
陈少齐（6月任职）

工会主席： 翁开楦

2011年铜盂镇村（社区）基本情况表

村（社区）	书　记	主　任	面　积（平方公里）	总户数（户）	总人口（人）	经济总收入（万元）	农村居民年人均纯收入（元）
树　香	蔡楚光	蔡楚光	0.65	395	2168	30.2	5124
屿　北	李锦辉	李映贤	1.23	709	3955	16.4	5781
屿　南	翁开展	翁海平	0.90	498	2750	0.6	5334
玉　窖	蔡蹬江	蔡蹬江	0.79	484	2652	11.0	5773
双　岐	郭泽强	郭锦奇	1.09	669	3649	13.5	5099
潮　港	郭达凯	郭达凯	1.99	948	5176	9.0	5898
宅　美	萧镇丰	萧镇丰	1.29	536	3052	4.5	5280
岐　美	洪光明	洪生亮	1.77	906	5720	8.4	5365
光　星	洪镇锋	洪宏树	0.90	494	2689	8.1	5135
集　星	蔡智全	蔡子森	2.11	1102	5897	17.0	5196
李　仙	刘容林	吴乙灿	0.71	364	2165	5.4	5135
新　桥	林裕锋	林宗烈	2.14	1078	6240	38.5	5275
溪　边	翁豪明	翁振徐	1.22	590	3529	14.5	5230
深　圹	徐耿和	李周文	1.22	513	3364	95.0	5300
河　陇	吴沐坚	吴佳俊	4.23	1220	6966	44.0	5244

续上表

村（社区）	书记	主任	面积（平方公里）	总户数（户）	总人口（人）	经济总收入（万元）	农村居民年人均纯收入（元）
洋美	吴鉴洪	吴盛开	1.03	386	2219	5.0	5362
草尾	沈焕龙	洪创盛	3.61	1089	6345	34.7	5307
桶盘	许练平	许远生	1.40	464	2598	1.3	5260
胜前	许湘江	许湘江	2.82	1975	10643	29.0	5480
铜钵盂	郭桂波	郭海扬	1.37	984	3895	97.0	5482
老溪西	陈统泽	陈钦赐	2.03	1085	6171	63.1	5528
华岐	朱县泽	朱县泽	0.92	456	2548	25.5	5040
溪东	胡翠娥	李戊强	1.15	867	5104	22.0	5394
凤田	蔡享廷	蔡享廷	0.70	421	2326	2.3	5241
肖渡	郭文彬	郭汉贤	1.65	1055	6230	15.0	5503
新岐	叶炎松	赵楚州	0.84	493	2936	35.3	5378
市上	赵上杰	赵上杰	1.20	750	4213	3.6	5095
凤壶	陈统文	陈运奇	1.77	909	5492	19.6	5558

2011年铜盂镇主要社会经济指标

项目		单位	指标	项目	单位	指标
社区		个	3	水产品总产量	吨	282
村委会		个	25	生猪饲养量	万头	3.03
自然村		个	42	牛饲养量	头	827
农业总产值（当年价）		亿元	1.7	“三鸟”饲养量	万只	28.94
工业总产值（当年价）		亿元	31.85	水果总产量	吨	282
工业企业		家	175	蔬菜总产量	吨	24859
其中	外贸企业	家		中学	所	5
	私营企业	家	175	小学	所	28
实际利用外贸		万美元	1850	中小学在校生	人	19722
个体工商户		户	735	教职工	人	933
年末储蓄余额		亿元		电话普及率	%	100
职工人均年收入		元	18000	自来水普及率	%	100
粮食总产量		吨	21500	水泥公路	公里	62

2011 年铜盂镇产值 2000 万元以上企业基本情况表

企业名称	职工人数	主要产品	产量		年产值（万元）	年销售额（万元）	年出口额（万美元）
			单位	数量			
汕头市亿威泰实业有限公司	202	经编	吨	667	20000	20000	
汕头市雄兴内衣实业有限公司	190	服装针织品	万件	630	3400	3400	720
汕头市齐心文具制品有限公司	812	文具	万个	12350	4900	4850	560
广东晨光文具有限公司	285	文具	万支	620.5	6130	6100	
汕头市南沂内衣厂有限公司	350	服装加工	万件	240	8400	8400	6300
汕头市登佳针织实业有限公司	32	服装生产	吨	135	3450	3450	
汕头市能通实业有限公司	90	文胸	万件	60	2100	2100	
汕头市恒茂实业有限公司	68	织布	吨	165	4300	4300	
汕头市俏丹娜实业有限公司	185	文胸	万件	95.8	3140	3140	
汕头市泽诚实业有限公司	95	棉纱	吨	1875	4500	4400	
汕头市东兴针织有限公司	52	针织经编	吨	125	3040	3000	
汕头市泰诚纺织有限公司	56	文胸	万件	4.9	2000	2000	
汕头市环美织造有限公司	84	织造加工生产	万件	6	2100	2100	
汕头市海燕织造实业有限公司	48	经编织造	吨	75	2080	2050	
广东赛洋电子实业有限公司	167	电子元件及组件织造	万个	458	3920	3810	3120

贵屿镇

【概况】 贵屿镇地处练江中游北岸、小北山南麓，位于潮阳城区西部，东邻谷饶、铜盂镇，西与普宁市南径、麒麟二镇交界，南濒练江与潮南区陈店、司马浦镇相望，北连金灶镇。下辖 27 个村（社区），其中 8 个社区，19 个村委会。地域面积 52.13 平方公里。总户数 37332 户，总人口 151885 人，其中非农业人口 6196 人，外来人口约 5 万人。旅外侨胞、港澳台胞约 8 万人，是潮阳区重点侨乡之一。2011 年完成工农业总产值 42.82 亿元，比增 27.8%，其中农业产值 1.54 亿元，比增 2.6%；工业产值 41.28 亿元，比增 29.0%；社会固定资产投资 13.64 亿元，比增 49.9%；农村居民年人均纯收 5477 元，比增 19.0%；工商各税总收入 2761 万元，比增 8.4%，其中增值税收入 361 万，完成任务 98.3%，比增 8.9%；地税收入 697 万元，完成任务 99.1%，比增 14.2%。

【农业水利】 2011 年有耕地面积 2.8 万亩，山林面积 1.9 万亩，全年粮食播种面积 5.2 万亩。农作物耕作全部实现种粮机耕化、排灌电气化，机械化收割率也达到 90%。粮食总产量 2.66 万吨，蔬菜总产量 1.66 万吨，饲养生猪 6400 头、“三鸟” 23.52 万只。全镇申报种粮补贴面积 3.51 万亩，发放种粮补贴资金 505.7 万元。整治农田 1400 亩，建设排灌站 4 座，清污清障 1.48 万米，整修农渠 1.35 万米，投入资金 196 万元。贵屿镇目前为污染型缺水地区，溪河水质很差，为劣Ⅴ类。地下水含氟量高，已受到地表水污染。无法作为饮用水源。饮用水源来自蟹窑水厂、潮南区的金溪水厂和普宁市长源自来水厂。

【工业】 贵屿电器拆解、塑料回收再生、文胸针织三大支柱产业持续较快发展，形成规模化、集群化生产。现有工业企业271家。企业增资扩产势头良好，汕头市深港电工实业有限公司等4家亿元企业完成年产值5亿多元。全镇共有年产值2000万元以上企业32家。拥有年拆解量2万吨以上的企业10家、1000吨以上的企业40家，个别企业在高峰期日拆解量达200吨；年加工生产再生塑料、铜、铁2万吨以上的大型企业4家。贵屿镇已成为全国最大的废弃机电产品拆解基地之一。

【规划建设】 完成《汕头市潮阳区贵屿镇总体规划》、《贵屿镇土地利用总体规划》修编。贵屿镇各交通主干道全部实现路面水泥化，全镇现有交通主干道5条，总长40公里。新谷贵路北港桥已经完成立项申报、规划测设、质量论证、设计、环评等工作，省拨款已经到位，进入投资立项环节。

【教育文化】 全镇有中学5所（其中贵屿中学近年开设高中部），在校生9430人；小学27所，在校生1.95万人。中小学教师1371人。全面贯彻九年义务教育政策，落实农村人口免收书杂费政策，兑现农村贫困生的生活补助，强化常规教学手段，加强校园安全工作，建设规范化学校。完善教育配套设施，完成贵屿中学二期危房改建，新厝小学、南安小学和泗美小学易地重建。

仙马、华美、新厝等社区先后被省、市评为文明社区，渡头、玉窖、山力等村（社区）也被区评为文明村（社区）。贵屿供电所被区评为文明单位，茂亮实业发展有限公司被区评为文明企业。非物质文化遗产得到良好的保护和传承，贵屿“街路棚”被列入省级“非遗”名录。农村迎春象棋锦标赛、灯谜竞猜等贴近群众有益身心健康的活动得到深入开展。

【医疗卫生】 有卫生院2所，医生172人，病床235床，各村（社区）均设有卫生站。农村居民合作医疗参保率达到100%。耀辉医院与汕头中心医院合作，提高医疗档次和水平。镇重视医疗卫生事业的发展，积极争取上级拨款，启动卫生院危房改造，改善医疗环境；落实疫病防控措施，做好甲流接种和结核病管治等免疫工作。

【社会保障】 2011年城乡居民基本医疗保险参保率100%；新型农村社会保险推广半年来，16周岁以上10.5万人，参保4.2万人，参保率40%，其中60周岁以上参保1万人，发放保险金金额330万元。

【人民生活】 改革开放后，群众的物质生活水平已发生了重大变化。吃的方面，普遍不是吃得饱的问题，而是吃得好、吃得安全的问题。衣方面，与城市已没有大的差别，本地各种品牌专卖店林立，网络购物也成为年轻人的时尚，只要有流行的东西，什么“港台”、“韩式”以至于欧美款式，都可以买到。行方面，村庄道路，基本上实现路面水泥化。外出步行或骑自行车（包括摩托车、电动车），一般只限于散步或就近购物工作，稍远的外出，都是依靠公交汽车或私家车。本地个体经济发达，很多家庭拥有私家车，每年上牌的私家车二三百辆。在通讯方面，家庭电话在若干年前就已经普及，青少年以上年龄的人群，都普遍配有手机，家庭普遍安装宽带。住方面，随着经济的发展，很多村（社区）对村庄进行了规划扩展，很多村民都建起了楼房，部分村（社区）高楼林立，住的问题基本得到解决。日用电器如电饭锅、电视机、冰箱、空调等，普遍的家庭都广泛使用。从衣食住行等物质生活层面，基本达到小康水平。

【供水建设】 完成贵屿镇村村通水主管道铺设工程以及入户管网铺设工程，全镇各村（社区）全部饮用自来水；启动“引普入贵”抗旱应急抢险改水工程，投资约1200万元，从普宁市南径镇引用自来水，完成约8公里主管道铺设，于12月底通水使用，为上练片区、贵屿片区9.86万群众生活、生产用水提供了保障。

【综治维稳】 积极开展各种专项整治行动，全面推进流动人口出租屋的清理整治工作，严厉打击各种违法犯罪行为，解决社会治安存在的突出问题，筹备成立南阳社会治安协会，全力维护社会治安稳定，力争摘除社会治安突出问题重点地区帽子。2011年，查破刑事案件167宗，缴获枪支6支。全镇安装视频探头5000多个，完成联堤、华美等地段16个治安卡口车辆识别系统建设。

【环境卫生】 制订《贵屿镇深化环境综合整治工作方案》，集中力量，加大投入，多次集中组织环境污染综合专项整治行动，清理整治在镇主干道两侧乱堆放货物、乱倒垃圾行为，浚深打捞练江、北港等内溪河污泥杂物，改变镇容村貌脏乱差的状况。加大打击力度，取缔严重污染源，淘汰落后产能，节能减排工作扎实推进。落实环保执法监察队和派出所加强巡逻监管，严禁酸洗等造成环境污染的违法行为。继续开展村前屋后的环境综合整治，大搞植树绿化，绿化、美化、净化环境。

【贵屿镇循环经济产业园】 建设贵屿镇循环经济产业园，按照“变堵为疏，疏堵结合”的精神，以现代循环经济和工业生态理论为指导，以科学规划为龙头，以无害化高效利用为核心，以科技创新和制度创新为动力，以建设贵屿国家循环经济产业园区为重点，以环保达标为标准，建立“政府主导、市场驱动、企业运作、公众参与”的长效运行机制；推进拆解行业的转型升级，实现规范化、专业化、无害化的产业园区管理，整合现有资源，构筑集市场交易、集中拆解、集中处理为一体的资源回收体系；引进战略投资者，推动产业化进程，构筑集物流、储运流通、加工利用的再生资源利用体系；推进技术创新和制度创新，构筑组织机构、政策法规、技术供给、宣传教育、公众参与的支撑保障体系，从根本上解决废弃家电拆解产业的环境污染问题，促进拆解产业转型升级、走循环经济发展道路的基础。

（镇党政办）

附：2011 年贵屿镇党委、人大、政府、纪委、工会领导名录

党委书记：张楚丰
副书记：黄少龙（任至 12 月）
郑灿坚（12 月任职）
郑会彬（任至 6 月）
郑金雄（6 月任职）
委　员：葛镇文
郑海松（6 月任职）
欧伟明（6 月任职）
李燕娜
陈建南（兼武装部长）
卢奇亮（任至 6 月）
詹大豪
林赐波（任至 6 月）
柳松南（任至 6 月）
林国和（任至 6 月）
人大主席：张楚丰
副主席：林国和
镇　长：黄少龙（任至 12 月）
郑灿坚（12 月任职）
副镇长：葛镇文
黄茂涌
李晖武（6 月任职）
陈辉通（任至 6 月）
郑汉本（任至 6 月）
纪委书记：郑海松
工会主席：蔡宗长

2011 年贵屿镇村（社区）基本情况表

村（社区）	书　记	主　任	面　积（平方公里）	总户数（户）	总人口（人）	经济总收入（万元）	农村居民年人均纯收入（元）
渡　头	马志豪	马英华	2.64	1426	7777	4483	6015
龙　港	彭老蒋	彭友宏	2.47	1784	9997	8264	6526
仙　彭	彭宗宏	彭瑞川	1.93	1354	7502	6486	6061
仙　马	马汉荣	马汉荣	1.92	1350	8191	5860	6026
凤　港	卢河成	卢老捌	0.90	676	4239	3350	6022
凤　新	卢伟展	卢伟展	0.56	340	2177	1673	5990
泗　美	庄如宏	庄仕展	0.46	277	1846	940	4300

续上表

村（社区）	书　记	主　任	面　积（平方公里）	总户数（户）	总人口（人）	经济总收入（万元）	农村居民年人均纯收入（元）
华　美	陈文联	陈汉林	4.57	3104	18235	13497	6210
南　安	杨建安	杨瑞祯	1.56	1061	5631	4170	5521
北　林	李楚昭	李子鹏	2.75	1825	10314	7612	5521
玉　窖	庄定洪	庄创利	1.52	797	4409	3001	5726
后　望	庄俊光	庄健裕	0.67	365	2207	1272	5210
新　厝	庄楚文	庄楚文	0.81	603	3517	1890	5136
湄　洲	苏锡松	苏振发	1.12	693	4258	2572	5210
佳　安	杨春亮	杨秋泉	0.81	237	1609	922	5211
联　堤	郭全胜	郭全胜	4.32	1925	11206	6443	5210
东　洋	郭理铭	郭理铭	4.63	1565	9138	5788	5210
山　力	郭光泉	郭秀荣	1.50	562	3479	2138	5128
下　陇	郭汉松	廖来阳	0.52	174	993	455	3796
新　乡	郭永镐	郭立文	1.11	378	2204	1305	4787
坑　仔	郭予元	郭桂强	2.00	654	3862	1577	3790
浮　山	杜泽明	杜秋明	1.57	430	2585	1058	4218
山　联	郭伟洲	郭伟洲	2.78	1071	6163	3670	4790
山　前	郭汉雄	郭础武	1.72	771	4449	1621	4671
西　美	郭暹雄	郭暹雄	4.69	1422	8208	5867	4788
石　夹	郑丰明	郑武宣	0.63	224	1484	725	3990
居　民	陈宏和			2250	6196		

2011年贵屿镇主要社会经济指标

项　目	单　位	指　标	项　目	单　位	指　标
社　区	个	8	牛饲养量	头	23
村委会	个	19	“三鸟”饲养量	万只	23.52
自然村	个	3	水果总产量	吨	199
农业总产值（当年价）	亿元	1.54	蔬菜总产量	吨	16615
工业总产值（当年价）	亿元	41.28	中　学	所	5
工业企业	家	271	小　学	所	27
个体工商户	户	2543	中小学在校生	人	28930

续上表

项目	单位	指标	项目	单位	指标
年末储蓄余额	亿元	6.99	教职工	人	1371
粮食总产量	吨	26571	电话普及率	%	100
水产品总产量	吨	150	自来水普及率	%	100
生猪饲养量	万头	0.64	水泥公路	公里	40

2011年贵屿镇产值1000万元以上企业基本情况表

企业名称	职工人数	主要产品	产量		年产值（万元）	年销售额（万元）	年出口额（万美元）
			单位	数量			
汕头市深港电工实业有限公司	43	漆包线			9820	9820	
汕头市深电漆包线营销有限公司	35	漆包线			7370	7370	
汕头市国英铜业有限公司	40	铜线铜带			6780	6780	
汕头市荣光贸易有限公司	38	塑料			5410	5410	
汕头市明兴发塑料有限公司	36	塑料			4930	4930	
汕头市荣业塑料五金有限公司	35	塑料			3980	3980	
汕头市三泰五金有限公司	37	五金塑料			2720	2720	
汕头市登昌烽塑料有限公司	35	塑料			1880	1880	
汕头市威都海绵实业有限公司	38	海绵			1430	1430	
汕头市伟强塑料有限公司	32	塑料			1420	1420	

谷饶镇

【概况】 谷饶镇地处小北山中段的西南麓、练江平原的北边，位于潮阳城区西北部，东邻西胪镇，西与贵屿镇接壤，南连铜盂镇，北界金灶镇。下辖27个村（社区），其中村委会22个，社区5个。地域面积70.29平方公里。是厦深铁路汕头站所在地，交通便利。总户数27977户，总人口160375万人，其中非农业人口7967人，外来及流动人员约10万人。旅外侨胞、港澳台胞近10万人，是潮阳区重点侨乡之一。先后被评为“中国针织内衣名镇”、广东省区域中心镇和省专业镇技术创新试点单位。2011年完成工农业总产值155.23亿元，同比增长27.2%，其中工业总产值153.68亿元，比增27.4%；农业产值1.55亿元，比增7.6%；外贸出口总额1.33亿美元，比增15.4%；工商各税1.74亿元，比增20.0%；社会固定资产投资17.09亿元，比增43.0%；农村居民年人均纯收入6750元，比增16.0%。

【基础设施建设】 结合厦深铁路汕头站的落户，按高标准、高起点，完成2010～2020年土地利用总体规划和控制性详细规划，促使城乡规划体系逐步完善，城镇水平不断提高。

2011年投入资金推进基础建设。修筑镇区对外交通主干道（宽度16～40米）共6条，总长15.33公里。修筑镇区主要干道1条，总长4.46公里。完善配套路灯设施7公里，27个村（社区）已全部实现村村通水泥路。

【环境卫生】 镇设有一个环卫站，下设27个环卫组，共有161名保洁人员，全镇日产生活垃圾60多吨，采用包片、定段、定人、定时等收集方式，做到日产日清。目前，环卫设施配有55个垃圾箱，187个垃圾收集点，84辆运送车，42座公厕。

【农业】 全镇有耕地面积1.96万亩，农作物总播种面积5.38万亩，其中水稻6494亩，产量2825吨；薯类3.29万亩，产量1.27万吨；蔬菜1.44万亩，总产量2.78万吨。共计发放种粮补贴资金96万元，1016户种植户直接受益。饲养生猪3.38万头、“三鸟”27.58万只。

【水利】 镇内有小（一）型水库5个，小（二）型水库9个，塘堰21个。小（一）、小（二）型水库集雨面积18.82平方公里，总库容1445万立方米，实际库容量1216万立方米。塘堰集雨面积5.98平方公里，总库容量62万立方米。主要排灌干渠3条，防洪排涝电排站4座，水厂5座。

【工业】 谷饶镇特色产业——针织内衣产业，有注册商标1900多件，省著名商标15个，2个国家免检产品和一批知名品牌；全镇各类生产经营场所8000多家，其中工业企业2692家，规模上企业129家，总产值119.11亿元。建有上堡、茂广、华光、深洋4个初具规模的工业区。

【文化教育】 谷饶镇文化底蕴深厚，现有县级文物保护单位1处，即梅祖家祠；有贵山书院、小可楼为代表的镇级文物保护单位5处。非物质文化方面，谷饶“祭社”源远流长，已经成为远近闻名的民俗风情，成为谷饶籍在外乡亲无法忘记的家乡文化印记。各村（社区）热心投入群众文化生活设施建设，基本都拥有自己的文化室、戏台、文化广场。目前，有镇广播电视站1所，农家书屋11家、职工书屋1家。

全镇有小学27所、初级中学5所、完全中学1所，九年制民办学校1所，其中，潮阳区一级学校2所，中小学公办教师1472人，小学在校生2.25万人、初中在校生1.09万人、高中在校生1551人。九年制义务教育得到全面实施，适龄儿童入学率达到100%。

【体育卫生】 谷饶中心卫生院又名谷饶华侨医院，是一所规模完整、配套齐全的基层综合型医院，占地面积1.43万平方米，建筑面积8877平方米，医院拥有门诊楼、住院楼、宿舍楼及其他配套设施，基建投入资金累计1200万元。主要任务为医疗、预防保健和计划生育工作。

2011年，谷饶各项体育事业齐头并进。在区举行的庆元旦乒乓球比赛中，谷饶乒乓球代表队勇夺冠军；并成立汕头首家非盈利性镇级乒乓球俱乐部，促进谷饶乒乓球事业的发展。

【劳动就业和社会保障】 通过广播和发放宣传单等方式，宣传国家劳动保障法律法规，提高劳动者维权意识，稳定劳动关系，促进社会经济协调发展。协助上级部门对侵害劳动者合法权益的违法行为进行查处，全年共调处劳资纠纷145宗，返还劳动者金额25.4万元；积极与上级主管部门联系，为群众办好各项业务，全年共办居民医保15.3万人，新农合养老保险1.9万人；多渠道开拓就业方式，营造良好就业环境，全镇就业人数6.7万人，就业率为97%。

【人民生活】 农村居民年人均纯收入6750元，同比增长16.0%。在收入增长的同时，人民群众的消费能力也日益增强，生活质量不断提高，消费热点不断延伸，有效促进谷饶第二、第三产业的发展。

【招商引资】 发挥侨乡优势和产业优势，实施外向带动战略，全方位开展招商引资工作。霞黛芳内衣有限公司、时佳实业有限公司等企业先后与东南亚、南非等地客商达成合作意向，签订多笔针织内衣合同；汕头市骏荣纺织有限公司等多家企业投资约2亿元增资扩产，其中，利用外资350万美元；东成食品有限公司与后沟村达成投资意向，共投资200多万元，建立“袖珍菇”生产基地，提高当地农民收入。

【综治维稳】 深入开展各项治安整治行动，加强基层治保会的管理，完善全镇视频监控建设，促进社会治安工作向纵深推进。全镇共成立28个综治信访维稳工作站，配套完善社会治安视频摄像头5069个，成功调处化解矛盾纠纷29宗，信访及越级上访情况呈现明显下降趋势，谷饶社会治安形势持续稳定。

2011年，茂广社区被省民政厅命名为广东省“六好”平安和谐社区；华光社区、仙波社区、横山村、东星村、深洋村荣获省民政厅命名的“广东省村（社区）务公开民主管理示范创建达标村（社区）”称号。

【信息产业】 2011年，谷饶邮政支局通过走访、调查，在谷饶各村（社区）设立39个便民服务站，为群众带来极大便利。

谷饶电信继续保持固定电话优质的通信质量，固定电话到达数2.8万户；移动净增2150户，移动到达数1.4万户；宽带净增2340户，宽带到达数1.5万户；业务收入4201万元。

【科技】 谷饶镇是粤东地区经编行业最集中的地区之一。随着镇针织内衣产业的快速发展，以中绣机械有限公司、伟兴发织造有限公司、滋兴泰织造有限公司等为龙头企业的经编行业也得到相应的发展，中绣机械有限公司尤为突出，其自主研发的全电脑经编织布提花机、全电脑经编花边机和各种款式型号的电脑刺绣机，均处于国际先进水平，其中全电脑大型单层15码、双层15码多色飞梭刺绣机填补了国内多项空白。截至2011年，全镇专利申请授权获得使用累计120件，年创新花色品种1000个以上。从业人员达8万多人，科技人才5000多人，引导、支持企业自主设立技术开发部和技术开发中心40多个，并进一步完善谷饶镇针织内衣技术创新中心、谷饶镇针织内衣信息平台（www.gurao.gov.cn）、技术检测服务平台。

【重点建设项目】 2011年，配合做好厦深铁路汕头站周边片区的规划，完善周边路网。至年底，埔谷公路二期工程已投入700多万元，完成工程量的90%，东谷公路开始上马建设；谋划建设谷饶内衣商贸城，初步计划在洪和公路南侧规划30万平方米（前期17万平方米）作为商贸城的用地，建设一个与针织内衣产业相配套的专业市场及物流集散地，至年底，该项目以上堡、华光、茂广3个社区居委合股联合注册成立股份制公司，相关手续正在积极推进中；加快污水处理厂筹建步伐，规划在谷饶溪西侧（新厝村和溪美村交界处），首期征地48亩，投资建设日污水处理能力3.2万吨的污水处理厂，至年底，已累计投资1900万元，完成环评、可研、选址、土地预审、征地等工作，争取上级在用地指标、资金等方面的支持、帮助；加快治涝工程等重点项目；全力推进潮阳消防二中队营房、华光社区居民住宅小区等在建重点项目的建设。

（镇党政办）

附：2011年谷饶镇党委、人大、政府、纪委、工会领导名录

党委书记： 陈喜狮（任至6月）
张元武（6月任职）
副 书 记： 詹少龙（任至6月）
陈武鹏
陈亚武（6月任职）
委　　员： 卓木钦
黄仁扬（6月任职）
李勉盛
赵育娟
吴佩峰（兼武装部长）
庄庆坚
刘　茵
黄启亮
陈文佳（3月任职）
郑文杰
人大主席： 陈喜狮（任至6月）
张元武（6月任职）
副 主 席： 张明学
政府镇长： 詹少龙（任至6月）
陈武鹏（6月任职）
副 镇 长： 卓木钦
李再好
郭　英
柯传荣
黄仁扬（任至6月）

纪委书记：黄仁扬（6月任职）

2011年谷饶镇村（社区）基本情况表

村（社区）	书记	主任	面积（平方公里）	总户数（户）	总人口（人）	经济总收入（万元）	农村居民年人均纯收入（元）
石壁	黄锡奎	黄锡奎	7.90	958	5691	2473	5306
新寮	张俊杰	张秋文	2.36	399	2362	1121	5356
木丹坑	黄文雄	黄文雄	4.35	493	3124	1417	5086
案前	黄和忠	黄和忠	2.36	620	3670	1575	5230
石光	张泽贤	张泽贤	4.26	833	4581	1803	4529
仙地	陈盛荣	陈洪强	1.23	432	2338	1182	5440
深洋	陈岳生	陈岳生	7.36	1457	7909	4112	5301
径脚	朱裕兴	朱文成	2.17	323	1762	846	5078
屯内	郑泽民	郑南河	1.48	353	2044	1227	5407
莲塘	陈志雄	陈志雄	2.20	511	2903	1538	5634
官田	张爱洲	赖双龙	5.71	984	5533	3736	6571
仙波	刘创镇	刘伟昭	11.55	2442	14199	10854	7301
新光	洪兵雄	洪兵雄	1.83	416	2417	1355	6322
乌窖	卢松溪	卢舜伟	4.47	624	3556	2168	5577
沟南	罗锦炎	罗明龙	2.17	378	2243	935	5009
后沟	陈晓锋	陈汉森	0.94	247	1508	1030	6970
横山	陈树钦	陈楚忠	1.86	740	4150	3199	6975
东明	翁得洲	翁勇智	2.96	771	4741	3506	6980
东星	吴香荣	吴耀源	1.92	576	3425	2285	6658
茂广	张昭鹏	张昭鹏	2.75	1814	10519	9229	7777
上堡	张练洲	张锦章	9.42	4434	26537	20720	7982
头埔	李永坤	李永坤	1.22	284	1580	752	5037
华光	张华东	张华东	6.76	2337	14278	11092	7727
大坑	陈桂鸿	邱建忠	10.59	2348	14275	9492	6790
新兴	张锦雄	张锦雄	1.39	482	2642	1589	6838
新厝	黄萍成	黄创木	1.74	681	3777	2215	6550
溪美	张盛松	张盛松	0.87	432	2448	1631	6671

2011 年谷饶镇主要社会经济指标

项目		单位	指标	项目	单位	指标
社区		个	5	水产品总产量	吨	650
村委会		个	22	生猪饲养量	万头	3.38
自然村		个	2	牛饲养量	头	30
农产总产值（当年价）		亿元	1.55	“三鸟”饲养量	万只	27.58
工业总产值（当年价）		亿元	155.23	水果总产量	吨	1445
工业企业		家	2692	蔬菜总产量	吨	27794
其中	外资企业	家		中学	所	6
	私营企业	家	2692	小学	所	27
实际利用外资		万美元	350	中小学在校生	人	34954
个体工商户		户	2279	教职工	人	1472
年末储蓄余额		亿元	8.17	电话普及率	%	98
职工人均年收入		元	24012	自来水普及率	%	70
粮食总产量		吨	15557	水泥公路	公里	70.7

2011 年谷饶镇产值 1000 万元以上企业基本情况表

企业名称	职工人数	主要产品	产量		年产值（万元）	年销售额（万元）	年出口额（万美元）
			单位	数量（万）			
汕头市时佳实业有限公司	82	内衣	件	179	4131	4572	
汕头市文武实业有限公司	364	针织内衣、内裤	件	1000	4900	4838	692
汕头市利生针织服装厂	326	针织内衣、内裤	件	661	4575	4905	534.73
汕头市四海纺织有限公司	110	织布、织带	公斤	561	2861	2861	
汕头市丽德美针织制衣有限公司	399	内衣	件	750	4983	4983	
汕头市宝宝妇幼用品实业有限公司	149	针织内衣	件	700	8400	8044	
汕头市骏荣纺织有限公司	1454	针织品	件	2167	19528	15266	2325
汕头市威美内衣有限公司	76	内衣	件	453	5444	5297	
汕头市向葵内衣有限公司	200	文胸	件	732	4000	3266	519
汕头市金茂电光源实业有限公司	155	汽车灯泡	只	5233	3876	3898	198

续上表

企业名称	职工人数	主要产品	产量		年产值（万元）	年销售额（万元）	年出口额（万美元）
			单位	数量（万）			
汕头市纳佳兴针织内衣有限公司	129	内衣	件	615	2397	2243	356
汕头市光伟针织有限公司	400	文胸	件	240	9000	8230	1054
汕头市永倩服装有限公司	475	文胸	件	1946	7785	7855	
汕头市七彩飞霞针织实业有限公司	408	内衣针织	件	2530	6288	6139	976
汕头市蓝天成实业有限公司	246	针织内衣	件	577	6935	6935	953
汕头市海鸿服装有限公司	95	文胸	件	584	1437	1437	228
汕头市聚龙针织实业有限公司	60	文胸	件	140	3522	2837	
汕头市怡利织造有限公司	620	针织内衣	打	188 万	8138	9774	1554
头市润信发实业有限公司	171	针织	件	383 万	4989	4681	

河溪镇

【概况】 河溪镇地处榕江下游南岸，位于潮阳城区西北部，东北与汕头市区隔海相望，东与棉北街道毗邻，北至西接西胪镇，南邻金浦街道，背山面海。揭海公路贯穿全境，交通便利。下辖12个村（社区），其中村委会11个，社区1个。地域面积55.57平方公里。总户数17748户，总人口86100人，其中非农业人口4362人。2011年完成工农业总产值2.36亿元，比增14.1%，其中农业产值2.09亿元，比增8.9%；工业产值2720万元，比增76.6%；工商税本级一般预算收入396万元，比增24.1%；社会固定资产投资1.04亿元，比增40.1%；农村居民年人均纯收入2729元，比增13.0%。2011年被潮阳区评为“文明镇”，西陇村被评为“省文明村”，中田村被评为“省卫生村”。

【基础设施建设】 制定《河溪镇土地利用总体规划》、《华阳片区土地利用控制性详细规划》，充分发挥民资民力雄厚的优势，凝聚民资民力，新建、扩建、改建一批道路、学校、医院、改水、水利设施等项目，基础设施日臻完善。2011年投入80多万元，完成“凤兜岭”路段中学段长约800米的水泥路面建设，启动华阳中心路拓宽改造工程。完成西陇、新乡、湖东、南田、中田、西田等6个村饮水安全工程建设，群众饮水难问题得到根本解决。

【农业】 有耕地面积1.2万亩，山林面积2.68万亩，海滩涂和低洼水面2.4万亩。农业资源丰富，传统种植业、养殖业形成自身特色，姜薯、香芋、莲藕、膏蟹等特色农产品远近闻名。全镇的水产养殖基地被汕头市、潮阳区列为“三高”（高产、优质、高效）农业示范基地和“菜篮子”工程建设项目。规划建设姜薯、莲藕、蔬菜、优质稻、香芋等5个1000亩生产基地，打造“河溪姜薯”等特色名优农产品品牌，特色效益农业初具规模。全镇粮食种植面积8000亩，2011年总产量1.04万吨。整合水产养殖资源，加大投入，实施池塘改造、水体改良、品种改优，提高水产养殖业的生产效益。全镇海淡水养殖面积2.4万亩，其中高值精养面积1.1万亩，总产量1.34万吨。

【水利】 境内有一溪（潮水溪）、二堤（棉北海堤、二防线堤）、三港（桑田港、河溪港、华阳港）、五库（河溪水库、鸡笼山水库、石硖水库、尖石水库、里篮水库）、十六闸，水资源丰富，水利设施较完善。在上级大力支持下，近年来完成鸡笼山水库、里篮水库、尖石水库、石硖水库、湖东山塘坝体除险加固和农田水利设施建设。2011 年投入 130 多万元，对镇属范围内的重点水利工程进行防护、整治，改善农业生产条件。里篮水库除险加固项目被省水利厅列入“全国重点小（二）型病险水库除险加固规划”项目，正在抓紧做好建设的前期工作。

【工商业】 河溪镇工业基础薄弱，近年来在经济建设中，不断加快民营经济发展步伐。结合河溪的区位特点，在“白沙—姚厝堀”规划一个占地 33 万平方米的工业园区，突出抓好工业园区通路、通水、通电、通讯等配套建设，为企业的发展提供优势平台。目前，全镇有民营企业 18 家（其中 2011 年新增 3 家），个体工商户 658 户（其中 2011 年新增 50 户），从业人员 3000 多人。行业主要涉及五金、塑料、电子、建材、服装、食品、制糖等。2011 年重点扶持西田诗海内衣加工厂的发展，完成西陇村饲料厂用地报批手续。

【文化教育】 全镇有中学 3 所、小学 12 所，中小学在校生 1.55 万人，教职员工 757 人。坚持教育优先发展，加强教育基础设施建设，调整学校布局，教育布局更趋合理。近年来，新建桑田中学，扩建河溪中学和华阳中学，改造东陇小学、南陇小学、湖东小学、河溪小学和上陇小学，办学条件进一步优化。河溪中学 2007 年恢复高中教育，成为一所完全中学。2011 年投资 500 万元，新建华阳中学教学楼一幢，占地面积 500 平方米，建筑面积 2810 平方米。

以“文化兴镇、和谐河溪”为主线，加快农村文化阵地建设。2011 年新建农家书屋 2 家，文化广场 1 个。目前，全镇有新建的桑田公益生态园区、镇级文化服务中心，还有文化广场 5 个，潮乐社 3 个，农家书屋 10 家，廉政书屋 6 家，藏书量超 50 万册。组织文化下乡活动，开展送戏下乡、潮乐演奏、文艺表演、灯谜竞猜，举办“共建新家园”、“书香飘万家”系列活动，活跃农村文化，丰富群众精神生活，农村文化氛围日渐浓厚，洋溢着文明和谐新景象。

【卫生体育】 以改善医疗卫生基础条件为重点，大力发展农村体育卫生事业。新建河溪镇卫生院华阳分院，配套完善河溪镇卫生院医疗设备，解决群众就医难问题。河溪镇卫生院（含华阳分院）在岗 84 人，其中执业医师 11 人，执业助理医师 26 人，执业护士 18 人，其他卫生技术人员 29 人。现拥有 500amX 线诊断仪、彩色超声诊断仪、全自动生化分析仪、全自动血球分析仪、全自动洗胃机、电动吸痰机、多参数心电监护仪、全自动分析心电图机、电解质分析仪等医疗设备。开放床位 50 张，开设预防保健科、内科、妇产科、儿科、中医科、急诊科、放射科、检验科、B 超心电图科等科室。2011 年河溪镇进一步规范乡村合作医疗定点卫生站管理。致力发展农村体育事业，改善农村体育基础设施，新建群众休闲活动广场 5 个。争取上级体育部门支持，更新全镇 12 所小学篮球运动设施。河溪中学高中组田径队在潮阳区第四届田径运动会上获得第一名，并有 5 人次打破区纪录。

【劳动就业和社会保障】 以劳务市场需求为导向，做好劳动力转移工作。加强与在外企业家的联系，扩大劳务输出的数量，组织免费技能培训，促进农民工由体力型向技能型转变。争取上级和社会热心人士的支持，成立河溪福利会，并以此为平台，动员社会热心人士捐资，开展扶危济困送温暖活动，解决贫困家庭的生产生活等问题，不断提高社会保障水平。扎实推进农村新型合作医疗，全镇参合率达 99.5%。

【人民生活】 2011 年，群众生活水平继续提高，生活质量进一步改善，初步实现家有余粮、袋有余钱。全镇 96% 的农户建了新房，人均住房面积 14.2 平方米，农村居民年人均纯收入 2729 元。全镇居民都饮用上洁净的自来水，各种家用电器进入寻常百姓家。全年社会商品零售总额达 5.55 亿元。

【旅游业】 境内有联合国环境与规划署南中国海项目汕头海岸湿地示范区、候鸟自然保护区、双忠古庙、海岩寺、海棠古观等，自然景观众多，生态环境优美，文化底蕴深厚。2011 年通过整合境内双忠古庙、海岩寺、海棠古观等文化景点和近万亩的鸟类自然保护区、2 万多亩的种养面积等丰富自然文化旅游资源，加强各个旅游景点设施的配套，开通河溪文化生态旅游线路，培植新的经济增长点。

【建筑业】 河溪素有“建筑之乡”的美称，建筑行业是河溪的支柱产业。全镇有集体建筑企业1家，属国家建筑安装二级企业，年建安量1.5亿多元。建筑施工队伍300多支，遍布省内外各地。以第八建筑公司为平台，支持建筑业做强做大，提高市场竞争力，吸纳税源，按时完成税收任务，增加财政收入。同时，加强专业技术人员培养，做好劳动力输出，扩大就业，在外务工人员常年保持在万人以上。

【民生民安工程】 围绕建设社会主义新农村的工作要求，坚持以人为本，统筹兼顾，集民资民力民智，致力推进民生民安事业的发展，新农村建设成效明显。加强道路建设，完成镇、村主干道路建设及部分道路的绿化，配套路灯和道路视频监控系统，道路贯通，交通便利。实施饮水安全工程，完成全镇12个村（社区）的饮水安全工程建设，群众用上洁净卫生的自来水。加强环境卫生整治，做好垃圾清运填埋，营造洁净优美的生活环境，建设宜居城乡。

【综治维稳】 创新管理模式，健全工作机制，加大资金投入，实行网格化安全管理模式，维护辖区安全稳定。建设镇综治信访维稳中心和各村（社区）综治信访维稳工作站，成立一支83人的治安联防队伍，切实做好辖区内综治信访维稳工作。2011年投入资金200多万元，在镇村主干道出入口建设治安岗亭13个，并在辖区内重点部位设置了1001个闭路监控点，构建机防人防物防的管理格局。筹划成立河溪镇社会治安协会，动员社会力量的支持和参与，筹措治安管理经费，加强治安基础设施建设，打造平安和谐社区。

【河溪镇湿地和河溪鸟类市级自然保护区简况】
河溪镇地处榕江下游南岸，背山面海，境内有湿地面积2.4万亩。2001年，联合国环境规划署“南中国海”项目协调处将汕头海岸湿地列为湿地国际示范区时，河溪被列为示范点之一，具体示范内容为：水草湿地的恢复和保护；植被、鸟类资源调查与水质与土壤的环境监测。

2004年，位于河溪水库和芝兰山一带总面积约1.6万亩被规划为汕头河溪鸟类市级自然保护区。潮阳河溪水库水源丰富，水库周围森林生态系统保护较为完好，栖息着许多候鸟及跨境越冬的候鸟，其中许多是国际协定中的保护鸟类，是汕头市乃至全省较有代表性的自然生态系统。据初步调查，保护区内有鸟类103种，其中列入国家Ⅱ级保护有黑翅鸢、领角、红隼、褐翅鸦鹃等12种，列入省级保护19种，保护区内还有属国家、省重点保护植物。

（镇党政办）

附：2011年河溪镇党委、人大、政府、纪委、工会领导名录

党委书记： 郑则欣（任至6月）
詹少龙（6月任至10月）
张瑞洲（12月任职）
副 书 记： 张瑞洲（任至12月）
张　松（12月任职）
林文生
委　　员： 陈坚如
郑伟忠
黄顺镇
庄明钦（任至6月）
陈英选
黄琼芳
林宏彬
陈贵芳
汤庆健（6月任职）
人大主席： 郑则欣（任至6月）
张瑞洲（12月任职）
副 主 席： 林文伟（7月任职）
镇　　长： 张瑞洲（任至12月）
张　松（12月任职）
副 镇 长： 郑伟忠
林代燕（任至6月）
陈　泽（任至6月）
吴灿峰（任至6月）
郑澍棉（6月任职）
张仲毅（挂职）
纪委书记： 黄顺镇
工会主席： 陈培忠

2011 年河溪镇村（社区）基本情况表

村（社区）	书　记	主　任	面　积（平方公里）	总户数（户）	总人口（人）	经济总收入（万元）	农村居民年人均纯收入（元）
河　溪	陈少荣	陈少荣	1.5	636	2982	866	2400
湖　东	柳增贤	柳增贤	1.6	485	2377	657	2720
华　东	吴茂才	吴茂才	5.0	2021	10450	2872	2729
西　陇	吴木雄	吴木雄	6.9	2400	12552	3469	2766
南　陇	姚汉加	姚汉加	2.0	453	2497	653	2650
上　坑	游细晶	游细晶	2.4	454	2126	560	2650
东　陇	吴汉标	吴汉标	5.8	1922	10419	2862	2782
上　陇	吴喜生	吴喜生	1.9	425	2334	579	2400
新　乡	游发明	游发明	2.3	533	2559	683	2622
南　田	郭奕兴	郭奕兴	6.4	1852	9235	2612	2770
中　田	赵育儒	李辉平	3.8	2647	13663	3791	2770
西　田	林进通	林木雄	3.4	2124	10544	2957	2800
居民组				1796	4362		

2011 年河溪镇主要社会经济指标

<table>
<tr><th colspan="2">项　目</th><th>单　位</th><th>指　标</th><th>项　目</th><th>单　位</th><th>指　标</th></tr>
<tr><td colspan="2">社　区</td><td>个</td><td>1</td><td>水产品总产量</td><td>吨</td><td>13382</td></tr>
<tr><td colspan="2">村委会</td><td>个</td><td>11</td><td>生猪饲养量</td><td>万头</td><td>1.7</td></tr>
<tr><td colspan="2">自然村</td><td>个</td><td></td><td>牛饲养量</td><td>头</td><td>15</td></tr>
<tr><td colspan="2">农产总产值（当年价）</td><td>亿元</td><td>2.09</td><td>“三鸟”饲养量</td><td>万只</td><td>30.8</td></tr>
<tr><td colspan="2">工业总产值（当年价）</td><td>亿元</td><td>0.27</td><td>水果总产量</td><td>吨</td><td>1561</td></tr>
<tr><td colspan="2">工业企业</td><td>家</td><td>7</td><td>蔬菜总产量</td><td>吨</td><td>8734</td></tr>
<tr><td rowspan="2">其中</td><td>外资</td><td>家</td><td></td><td>中　学</td><td>所</td><td>3</td></tr>
<tr><td>私营企业</td><td>家</td><td>7</td><td>小　学</td><td>所</td><td>12</td></tr>
<tr><td colspan="2">实际利用外资</td><td>万美元</td><td></td><td>中小学在校生</td><td>人</td><td>15518</td></tr>
<tr><td colspan="2">个体工商户</td><td>户</td><td>620</td><td>教职工</td><td>人</td><td>757</td></tr>
<tr><td colspan="2">年末储蓄余额</td><td>亿元</td><td></td><td>电话普及率</td><td>%</td><td></td></tr>
<tr><td colspan="2">职工人均年收入</td><td>元</td><td></td><td>自来水普及率</td><td>%</td><td>80</td></tr>
<tr><td colspan="2">粮食总产量</td><td>吨</td><td>10384</td><td>水泥公路</td><td>公里</td><td></td></tr>
</table>

西胪镇

【概况】 西胪镇地处榕江下游西岸出海口，位于潮阳城区西北部，南毗邻和平、铜盂镇，西与谷饶镇相连，北和关埠镇接壤，东与汕头市区隔江相望。境内有山有海有平原，自然资源丰富，处于汕头市规划的生态经济带中心位置。下辖27个村（社区），其中村委会23个，社区居委会4个。地域面积109.82平方公里。总户数31556户，总人口173504人，其中非农业人口7726人。经济结构以农业为主，是潮阳区乃至汕头市的农业大镇，建筑业发达，农业、建筑业是全镇的支柱产业。2011年完成工农业总产值6.17亿元，比增15.3%，其中农业产值4.9亿元，比增9.1%；工业产值1.27亿元，比增47.2%；工商税收367.4万元，比增70.4%；农村居民年人均纯收入4422元，比增19.1%。

【基础设施建设】 西胪镇加强村镇规划，高标准、高起点修编《西胪镇土地利用总体规划》、《村镇总体规划》，全镇已有20个村（社区）完成村庄总体规划、详细性控制规划。发挥民资民力雄厚的优势，通过动员社会力量捐资，争取上级支持，镇、村挤等方法，多渠道筹集资金加快基础设施建设，完成一批道路、学校、改水以及西胪卫生医院新址等项目的建设，全镇27个村（社区）已经基本实现村村有硬底化干道通往镇区，总长54公里，部分道路实现亮化并配套绿化，初步形成四通八达交通网络；投入2600多万元，改造19个村（社区）供水管网，成立供水公司，组建西胪水厂，利用飞英水库和调剂榕江水厂供水，解决13个村（社区）10多万人民群众的饮水难问题。海田、后埔、青山、泉塘、西二、竹岭、店后、洋文、埔尾、兴平、龙寮、西寮、乌岩、外拳、岩前、尖山、里溪、龙溪、内拳等19个村（社区）完成农村饮水安全工程，自来水普及率75%。

【农业】 西胪有耕地面积3.23万亩，山林面积7万亩，是一个农业大镇，农业资源十分丰富，特色“三高”（高产、优质、高效）农业发展初具规模，初步形成沿海万亩海淡水产品养殖、平原万亩优质稻和蔬菜，山区和半山区高值水果等三大特色农业经济带，建成西胪乌酥杨梅、姜薯等省级标准生产基地，形成西胪乌酥杨梅、海淡水产品、竹笋、莲藕、姜薯等一批知名度较高的拳头产品，乌酥杨梅更是享誉海内外，有“岭南佳果”的美称，2011年获得国家地理标志产品保护；海淡水产品主要有对虾、草虾、膏蟹、尖头、咸水草鱼、罗非鱼（非洲鲫鱼）等，品质上乘，其中草虾主要销往上海、北京等大城市，经济价值较高。全镇粮食种植面积6.52万亩，总产量约3.29万吨；海淡水养殖8504亩，产量7150吨，水果种植面积2.37万亩，年产量1.8万吨，其中杨梅种植面积1.5万多亩，乌酥杨梅种植面积8000多亩，年产量6000多吨。饲养生猪2.24万头、“三鸟”31.4万只。

【水利】 境内水利设施点多、线长、面广，棉北海堤西胪段全长21公里，被称为西胪“生命线”，按50年一遇标准进行建设，有排洪港4条，穿堤港闸10宗，肩负着整个西胪的排洪、排涝。2010年全面完成10宗港闸的重建、改建。全镇有山塘水库38宗，其中，小（一）型水库1宗。近几年来，共投入农田水利建设资金3500多万元，完成飞英水库、石水坑水库、文堂水库、洞尾水库等9宗山塘水库的除险加固，疏浚西胪港下游段和潮水溪西胪段等工程。

【工业】 西胪镇工业基础薄弱，全镇仅有工业企业14家，主要从事生产经营塑料制品、五金制品、油气贮存销售、红木家私、土木工程等。

【教育文化】 有2所高中和12所初中，小学26所，在校中小学生3.23万人，教职员工1500人。汕头市潮阳建筑职业技术学校位于西一社区辖区内。近年来，西胪镇重视发展教育事业，加大投入，改善教育教学条件。通过争取上级支持和动员社会力量捐赠等形式，筹集资金6390万元（其中社会热心人士捐资4400多万元），新建、改建、扩建校舍14所，建筑面积5万多平方米，全面完成危房校舍改造，办学条件得到明显改善。全面实施免费义务教育，巩固和扩大“普九”成果，教育教学质量明显提高，中考优秀率连年来名列全区镇级前茅。西胪中学和西凤高中首次参加高考。

引导群众弘扬和发展传统文化，成立了西凤书画协会、象棋协会等群众文化组织，不少村还组建音乐队、少年腰鼓队、仪仗队等。尖山村重新组织英歌队，开展书画展，象棋赛等群众性文化活动，丰富群众文化生活。2011 年西胪镇被区评为“文明镇”，西二村被区评为“文明村”，西胪派出所被评为“文明单位”。

【体育卫生】 有一级甲等卫生院西胪卫生院，新院址占地面积 1 万平方米，由西一社区无偿提供，2011 年 4 月建成投入使用，建有一幢三层门诊住院综合楼，建筑面积 1 万多平方米，设置床位 50 张，总投资 1600 多万元，其中乡贤蔡如星捐资 1000 万元，李茂水、陈亿武、庄成茂等乡贤共捐资 150 多万元，省财政厅、卫生厅拨款支持 160 多万元。各村均设有医疗站，共 32 所，卫生医疗人员 136 人。全镇共投入文化体育设施建设资金 2870 多万元，建有西凤公园、西凤生态公园、西二宫前公园、西二继凤公园和后埔公园等 5 个乡村文化公园以及竹岭、南凤、兴平等 7 个村的公共文化体育活动场所，包括休闲活动中心、集体文娱活动场地，并配套篮球场、健身器材、绿化设施等项目。

【劳动就业和社会保障】 西胪镇利用建筑业发达的有利条件，积极推进人力资源服务体系建设，举办劳动力就业技能培训，为在外建筑企业和劳力牵线搭桥，实现农村富余劳动力转移就业。2011 年全镇外出从事建筑业的务工人员约 4 万人。重点解决困难群众等弱势群体的生活生产问题，做好落实农村低保扩面工作，推进农村社会保障体系建设，全镇低保数有 1563 户 3822 人；投入 600 多万元实施 452 户低收入群众的住房改造工作，解决弱势群体的基本生活问题；落实智力扶贫工作，共输送 25 名初中毕业生到省、市技工学校免费就读。

【人民生活】 随着经济的发展，群众的购买力日益提高，市场购销两旺，平板电视、电脑、冰箱、空调等现代化的家用电器进入农家，许多家庭还拥有小轿车作为代步工具。群众的居住环境不断改善，有“四点金”、“下山虎”甚至“九龙吐珠”等浓郁传统潮汕民居特色建筑，有欧美风格的别墅建筑群。群众生活在已经解决温饱的条件下，镇党政积极引导群众适时开展各种传统民俗活动，丰富农村文化生活，营造西胪文明社会风尚。

【商业】 在全镇范围内建有西胪、波美、西凤等 3 个综合性市场。其中西胪综合市场规模最大，占地面积达 6.7 万平方米，建筑面积 1 万多平方米，拥有 700 多间商铺和 200 个摊档位，是榕江片区最大的市场。市场商品种类繁多，生活生产用品、食品、电器等等，应有尽有，充分发挥了商贸主渠道作用，辐射毗邻各镇，吸引了汕头市凯德连锁药店、高新连锁药店以及好又多等多家商贸公司来此经营。境内潮揭公路波美至泉塘路段两侧，多家瓷砖建材零售批发商铺规模颇大，商贸流通十分活跃，繁荣了农村经济。

【旅游餐饮】 西胪镇着力发掘、整合农业生态和人文景观资源，开发“农家游”、“休闲观光游”等生态旅游产品，开辟生态农业观光旅游线路。西胪特色旅游路线有古雪岩、梅峰寺，观音山奇石公园、西凤生态公园、苏六娘墓等景点。2011 年举办的第四届杨梅节让游客观赏乡村风景，体验亲摘杨梅的农家生活的乐趣。杨梅节期间共接待游客 4 万多人次。“西胪杨梅节”已经成为西胪镇的一张名片，成为带动特色农业发展的载体和形式。

【建筑】 西胪镇是著名的“建筑之乡”，在外地的建筑施工队伍有 1000 多支，建筑业务遍布全国各地，从事建筑业近 4 万人，建筑劳务收入成为群众主要收入来源之一，在外乡亲创办的房地产开发及建筑企业，规模较大的有蔡如星创办的广东华标创业集团、李茂水创办的深圳海岸集团、李汉发创办的深圳名居房地产有限公司、陈亿武创办的深圳荣德集团等等。潮阳第七建筑公司是西胪镇属一家具有国家建筑施工二类资质建筑企业，连年来，公司建安量都达到 10 亿元左右，每年创企业所得税 1000 多万元，占全镇税收总额的近 80%，是镇的主要税收来源。

【民生工程建设】 2011 年，西胪镇调动和发挥社会力量的作用，多渠道筹集资金，推进民生实事项目建设。完成海田、兴平等 2 条村道和波青路长福段路面改造；加大扶贫工作力度，深入实施“规划到户、责任到人”扶贫开发，落实帮扶资金766万元，新建、改造尖山小学、尖山村医疗站、办公楼以及里溪改水工程，完善里溪小学配套设施等项目。启动新型农村养老保险工作，居民基本医疗保障范围不断扩大，2011年新农合医疗报销各类金额共2000多万元，群众基本医疗得到有效保障。整治农村环境卫生，以泉塘村为试点，开展农村环境卫生管理制度改革，探索适合农村实际的卫生管理制度，2010年在泉塘村召开环境卫生管理制度改革现场会议，引导各村改革传统卫生管理制度，建立适合村情，科学合理的卫生管理制度，切实改变环境卫生脏乱差的状况，至2011年底，全镇80%以上的村进行卫生管理制度改革，实行定时定点到农民住宅区收垃圾的制度，农村卫生状况得到改善。

【综治维稳】 重视维护社会稳定工作，完善西胪镇综治信访维稳中心建设，成立西胪镇信访维稳工作领导小组，负责信访维稳工作的统一领导和组织指挥。做好信访和矛盾纠纷调处工作，全年受理各类信访事项17宗，成功调处16宗，成功调处率94%。排查化解各种矛盾纠纷和不稳定苗头，及时介入，化解2宗边界纠纷。抓好刑事案件侦破、治安案件查处和各类社会问题整治工作。2011年，查破刑事案件27宗，抓获各类犯罪嫌疑人38人，查破治安案件79宗，此外，抓好禁毒、流动人口和出租屋管理整治、治安巡逻等工作，社会治安状况明显好转，群众安全感提升。

【工业园区建设】 近年来，西胪镇全力加快经济建设，重点抓好工业用地储备、规划等基础工作，工业园区的规划取得阶段性成果，区人民政府已同意在六景片区规划建设潮阳西胪工业园区，成为西胪镇第一个区级工业园区。园区占地面积100万平方米，其中现有连片建设用地面积46.7万平方米，园区将以发展新兴工业、少污染和无污染工业项目为目标，严把项目环保关，把工业园区打造成绿色、生态的创业平台。

（镇党政办）

附：2011年西胪镇党委、人大、政府、纪委、工会领导名录

党委书记：黄厚杰
副 书 记：蔡少松
　　　　　郑广波
委　　员：蔡松音
　　　　　黄绍坡
　　　　　洪生章
　　　　　肖丹华（6月任职）
　　　　　郑锦良（任至6月）
　　　　　黄瑶辉（兼任武装部部长）
　　　　　林彦生
　　　　　吴平盛
　　　　　吴　铭
　　　　　林佩卿（任至6月）
　　　　　黄楚文（3月任职）
　　　　　林坚雄（6月任职）
人大主席：黄厚杰
副 主 席：陈汉城（7月任职）
镇　　长：蔡少松
副 镇 长：郑锦良（任至6月）
　　　　　蔡松音（6月任职）
　　　　　曾廷文
　　　　　蔡旭彬
　　　　　肖五二（任至6月）
　　　　　林巧兰（任至6月）
　　　　　林佩卿（6月任职）
纪委书记：黄绍坡
工会主席：林玉荣

2011年西胪镇村（社区）基本情况表

村（社区）	书记	主任	面积（平方公里）	总户数（户）	总人口（人）	经济总收入（万元）	农村居民年人均纯收入（元）
西　一	陈木源	陈木源	7.08	2455	11136	6455	4623
西　二	陈列宣	陈列宣	5.68	2460	13171	8065	4546

续上表

村（社区）	书记	主任	面积（平方公里）	总户数（户）	总人口（人）	经济总收入（万元）	农村居民年人均纯收入（元）
竹　林	黄克贤	纪泽伟	3.21	1200	6492	3824	4711
海　田	蔡文坚	蔡镇才	4.20	1345	7063	3474	4082
后　埔	林坚科	林雄德	2.53	1040	5604	3102	4803
乌　石	黄容江	黄容江	1.19	480	2550	1539	4826
东　凤	庄达泉	庄兴耀	6.65	2501	13903	7498	4708
西　凤	李钦雄	李钦雄	8.04	2730	14966	9118	4798
南　凤	郑国辉	郑国辉	2.88	1255	6694	3651	4562
波　美	黄萍德	黄秋坚	2.76	2200	11224	7580	4590
泉　塘	林少楷	林粉壮	5.40	2430	13092	7066	4354
陂　头	林创勋	林镇元	2.85	1350	6797	1170	4353
东　潮	郑镇坤	郑镇坤	1.28	580	3023	1518	4080
竹　岭	蔡建辉	蔡建辉	1.10	401	1460	455	2545
洋　文	黄广兴	黄广兴	1.11	546	2737	1486	4433
店　后	张旭文	张吉松	5.38	1100	5706	2864	4173
兴　平	黄美兴	黄美兴	1.61	578	2974	1840	4638
青　山	林淑雄	林淑雄	5.18	1340	6781	3617	4266
埔　尾	林伟庆	林伟庆	3.31	875	4379	2599	4835
龙　寮	黄婵才	黄少明	1.14	216	1090	674	2568
西　寮	黄婵才	黄少明	0.41	180	919	674	2568
内　辇		郑壹双	11.63	1835	10657	5473	4092
龙　溪	徐木和	徐楚武	3.09	348	2025	724	3085
里　溪	黄才文	黄才文	2.53	196	971	437	3605
尖　山	林瑞龙	林展雄	3.75	302	1528	780	4098
外　辇	郭锦铭	郭锦铭	4.14	640	3556	1847	4155
岩　前	李础炎	李振雄	4.87	360	1980	833	3364
乌　岩	洪镇为	洪镇为	6.20	588	3300	1870	4531

2011年西胪镇主要社会经济指标

项　目	单　位	指　标	项　目	单　位	指　标
居委会	个	4	水产品总产量	吨	7150
村委会	个	23	生猪饲养量	万头	2.24
自然村	个	3	牛饲养量	头	304
农产总产值（当年价）	亿元	4.9	“三鸟”饲养量	万只	31.4

续上表

项目		单位	指标	项目	单位	指标
工业总产值（当年价）		亿元	1.27	水果总产量	吨	17971
工业企业		家	14	蔬菜总产量	吨	44546
其中	外资企业	家		中学	所	14
	私营企业	家	14	小学	所	26
实际利用外资		万美元		中小学在校生	人	32324
个体工商户		户	1222	教职工	人	1500
年末储蓄余额		亿元	13.13	电话普及率	%	62.1
职工人均年收入		元	41400	自来水普及率	%	75.0
粮食总产量		吨	32939	水泥公路	公里	54

关埠镇

【概况】 关埠镇地处榕江下游南岸，位于潮阳城区西北部，西南倚小北山、南接西胪镇，西连金灶镇，北与揭阳市地都、炮台镇隔江相望。省道234线跨境而过，与潮汕机场仅一江之隔，厦深铁路穿境而过，同谷饶站距离不足10公里，规划中潮惠高速公路也从关埠经过，交通方便。下辖30个村（社区），其中村委会26个，社区4个。地域面积54.56平方公里，榕江岸线22.4公里。总户数27385户，总人口130993人，其中非农业人口11151人。2011年完成工农业总产值4.73亿元，比增10.5%，其中农业产值3.5亿元，比增9.7%；工业产值1.23亿元，比增12.5%；工商税收520万元，比增26.2%（其中国税53万元，比增20.9%；地税467万元，比增26.6%）；固定资产投资2.14亿元，比增39.6%；农村居民年人均纯收入4204元，比增13.0%。

【农业】 关埠镇有耕地面积2.68万亩，山林面积9165亩。是省著名水稻高产镇，汕头市“三高”（高产、优质、高效）农业科技示范镇。2009、2010、2011年连续三年获得国家级农业综合开发建设项目，累计投入资金3030万元，完成近3万亩中低产田的改造，农田综合生产能力得到有效提高。“三高”农业示范区建设扎实推进，农业部创建水稻高产示范片，面积1.05万亩，2011年亩产达1080公斤，粮食总产2.89万吨。绿生果园、巷口花卉苗木和中蔬公司关埠基地等“三高”农业生产基地建设扎实推进，基地效应凸显，“优质稻、优质果、花卉苗木”三大生态农业基地已初具规模，农业效益得到提高。

【第二、三产业】 工业基础薄弱。近年来，关埠镇全力加快经济建设，不断加快民营经济发展步伐。全镇现有民营工业企业29家，其中2011年新增3家；个体工商户995户，其中2011年新增250户。有五金、塑料、电子、食品、服装、制糖、建材等行业。抽纱是关埠的传统手工艺，镇党政因势利导，引导发展成为抽纱刺绣业，以榕丰绣艺厂为代表的关埠抽纱刺绣业稳步发展，解决农村富余劳力尤其是妇女劳力出路，增加农户收入。建筑业也是关埠传统优势产业，素有“建筑之乡”的美称，1995年潮阳市第五建筑总公司升格为二类企业，2001年通过ISO国际认证，现公司属下有4个分公司。运输、仓储、商贸业进一步发展，市场贸易活跃，是附近乡镇货物集散点，全镇现有综合市场3个。

【交通】 镇区主干道路（关后、关谷、关金、中公路、南炮台路）全部实现路面水泥化，村村通水泥路，全镇水泥公路长达80公里。关埠港是内河

良港，拥有3000吨级基础，1000吨级泊位的码头一座。此外，还有三个横水渡口（京北渡、土尾渡、玉一渡）和一个汽车轮渡（福美轮渡）。

【水利】 辖区内堤围长度22.4公里，其中棉北海堤（尖头担水闸至西胪界）6.95公里，金关围（尖头担水闸至金灶界）15.45公里。全镇现有13座水闸（老三斗闸、新三斗闸、大割闸、尖头担闸、浮头湾闸、路内闸、路外闸、上仓闸、巷内闸、巷口闸、西平闸、下底闸和下底新荣闸），3座水库［其中1座小（一）型水库（树下水库）、2座小（二）型水库（大坑口水库和蟹地水库）］，小山塘4座（大坑槽山塘、丰饶山塘、坪林山塘和阴生塘）。农田灌溉渠系主要是南北干渠和潮水溪，担负全镇农田排涝灌溉和群众日常生活用水，其中南北干渠总长15公里，潮水溪主流10.7公里。

【水、电、电信】 2002年，投资1394万元，完成全镇35公里的主干供水网络建设，各村基本实现通自来水，自来水由榕江水厂供给，日供水量达1万吨。1998年完成农村电网改造，近3年来投资3000多万元完成电网改造升级，现有110千伏输变电站1座，年用电量350万千瓦时。2011年投资1360万元，建成占地3000多平方米的供电办公大楼并投入使用。2005年建成邮电中心大楼1座，面积2500平方米，2011年市话交换容量2.5万门，装机数量1.5万门，市话普及率50部/100户。

【教育卫生】 现有中小学校33所（其中初级中学7所、小学26所），区一级学校3所，区一级幼儿园1所，在校学生21781人（其中初中生9238人，小学生12543人），成人学校1所，小学适龄儿童入学率达99.8%，2011年升学率达98.2%。投资480万元，配套完善各学校的教学设施和做好上仓学校礼堂建设各项前期工作，启动中心幼儿园的改建，已完成规划环评等相关工作，切实解决适龄儿童就学难问题。

关埠镇卫生院创建于1956年，1984年改称为“关埠中心卫生院”，2001年搬迁新址办公，占地面积1.49万平方米。关埠中心卫生院达到“一级甲等”标准，设有急诊科、内科、儿科、外科、妇产科、中医科、眼科、耳鼻咽喉科、口腔科、检验科、放射科、B超科、心电图科、经颅多普勒科、预防计免门诊等。主要开展业务有医疗急救、常见病、多发病的门诊治疗、住院治疗、普外手术、妇科手术、剖宫产和各医技科室的检查等。卫生院现有在职人员153人，其中卫生技术人员141人，高级职称人员1人，中级职称人员3人、初级职称103人；大学本科学历7人，大学专科学历35人，中专学历70人。全镇设基层卫生站25个，儿童计划免疫率达100%。

【文化娱乐】 以社会主义新农村建设为主题，加快农村文化阵地建设，建成镇级文化服务中心1个，农家书屋21家，藏书量超10万册，成立潮乐社13家，另外，还有电影院、图书馆、有线电视站，农村乡俗文化日益活跃。

【民生民安工作】 争取各方面的支持，兴办一批民生项目，民生环境得到改善，群众得到实惠。投资145万元，完成洋贝潮水溪桥、上仓桥等桥梁建设，改善交通环境；投资510万元，完成老揭海线集德路口至桥东桥路段、巷口和洋贝等村的村道建设，解决群众行路难的问题；争取上级支持，做好“村村通自来水”的申报立项工作，力争全面解决群众饮水难的问题；医疗保障工作扎实推进，2011年医保覆盖率达98.3%，新农合覆盖率达100%，同时，做好中心卫生院住院楼建设的申报立项工作，改善医疗卫生条件，缓解群众看病难问题；引导农村富余劳力外出就业，全年新增劳力转移、劳务输出2250人次，帮助群众解决就业难的问题；扶贫“双到”扎实推进，投资1281万元，完成19个项目的建设；完成新增低保户127户、170人的扩面调查申报核实工作，扩大低保覆盖面，低收入群众的生活有一定保障。

【综治维稳】 重视信访和维稳工作，充分利用镇维稳中心和村（社区）维稳工作站二级工作平台，及时排查和调处各种矛盾纠纷，消除隐患，维护社会的稳定。完成全镇主干道视频的设计规划和1001个视频监控的建设，形成较为完善的治安防控体系，社会治安形势稳定。严格落实安全生产和打假工作责任制，加大检查执法和专项整治力度，加强消防安全的宣传教育，全镇生产环境安定，市场经济秩序逐步规范。

【招商引资工作】 新增福仓社区纺织加工厂和万泰花园酒店两个投资项目，相关工作正在跟进中。做好全镇总体规划评审的有关工作和相关村（社区）控制性详规的修编工作，关埠工业园区的选址规划工作正在扎实推进中。

（镇党政办）

附：2011 年关埠镇党委、人大、政府、纪委、工会领导名录

党委书记： 姚欣文（任至 6 月）
黄伟立（6 月任职）

副 书 记： 黄伟立（任至 6 月）
陈大立（6 月任职）
林老迪（任至 6 月）
郑柏华（6 月任职）

委　　员： 吴瑞川
陈少齐（任至 6 月）
陈悦和
陈惜宏
陈绿文（兼武装部长）
黄文生（任至 6 月）
肖丹华（任至 6 月）
林　生（3 月任职）
吴莹莹（6 月任职）
李俊炯（6 月任职）

人大主席： 姚欣文（任至 6 月）
黄伟立（6 月任职）

副 主 席： 陈和明（任至 3 月）
林　生（3 月任职至 7 月）
林益盛（7 月任职）

镇　　长： 黄伟立（任至 6 月）
陈大立（6 月任职）

副 镇 长： 吴瑞川　陈泽铭　陈坚文　吴思聪
郑柏华（任至 6 月）

纪委书记： 陈少齐（任至 6 月）
陈悦和（7 月任职）

2011 年关埠镇村（社区）基本情况表

<table>
<tr><th>村
（社区）</th><th>书　记</th><th>主　任</th><th>面　积
（平方公里）</th><th>总户数
（户）</th><th>总人口
（人）</th><th>经济总收入
（万元）</th><th>农村居民人均
年纯收入（元）</th></tr>
<tr><td>玉　一</td><td>林友明</td><td>林汉鹏</td><td>7.95</td><td>2832</td><td>15097</td><td>8123</td><td>4590</td></tr>
<tr><td>玉　二</td><td>张史光</td><td>叶若双</td><td>4.49</td><td>1702</td><td>9232</td><td>4781</td><td>4484</td></tr>
<tr><td>玉　山</td><td>洪悦斌</td><td>洪春雄</td><td>1.14</td><td>643</td><td>3439</td><td>1638</td><td>4254</td></tr>
<tr><td>集　德</td><td>郑楚汉</td><td>郑楚汉</td><td>1.13</td><td>437</td><td>2472</td><td>1032</td><td>4028</td></tr>
<tr><td>新　红</td><td>林雄清</td><td>林雄清</td><td>0.69</td><td>261</td><td>1332</td><td>416</td><td>3242</td></tr>
<tr><td>圆　丰</td><td colspan="2">林洽华
（自然村负责人）</td><td>0.86</td><td>225</td><td>1122</td><td>375.1</td><td>3501</td></tr>
<tr><td>桥　东</td><td>陈潮龙</td><td>陈惠波</td><td>1.72</td><td>919</td><td>4493</td><td>2239</td><td>4078</td></tr>
<tr><td>福　仓</td><td>陈开盛</td><td>陈洪表</td><td>2.50</td><td>1267</td><td>6151</td><td>3280</td><td>4436</td></tr>
<tr><td>港　底</td><td>曹静辉</td><td>曹静辉</td><td>3.32</td><td>1051</td><td>5223</td><td>1850</td><td>4434</td></tr>
<tr><td>树　下</td><td>陈耀齐</td><td>陈惠亮</td><td rowspan="3">3.86</td><td>1035</td><td>4930</td><td>2342</td><td>4185</td></tr>
<tr><td>三　联</td><td colspan="2">陈惠亮
（自然村负责人）</td><td>490</td><td>2372</td><td>1107</td><td>4174</td></tr>
<tr><td>大　湖</td><td colspan="2">黄铁金
（自然村负责人）</td><td>123</td><td>594</td><td>180</td><td>3275</td></tr>
</table>

续上表

村（社区）	书 记	主 任	面 积（平方公里）	总户数（户）	总人口（人）	经济总收入（万元）	农村居民人均年纯收入（元）
洋 贝	黄永红	黄郁州	2. 7	1082	5040	2397	4248
田 东	黄佩杰	黄佩杰	1. 37	695	3052	1475	4370
东 湖	陈松辉	陈松辉	1. 20	712	3286	1454	4141
桥 头	黄泽光（任至10月）黄赛平（10月起任）	黄泽光（任至10月）	1. 19	857	3902	1685	4078
上 底	黄俊强	黄俊强	0. 86	587	2789	1179	4261
溪 西	黄凤鸣（自然村负责人）		0. 45	264	1134	483. 3	3902
欧 厝	陈碧娥（自然村负责人）		0. 33	244	1084	430	3902
埔 上	黄文忠	黄文忠	1. 52	1013	4733	2184	4134
堂 后	黄卓彬	黄卓彬	0. 98	551	2506	1159	4049
下 底	黄杰辉	黄杰辉	3. 28	1722	8230	4270	4355
洋 心	黄惠周（自然村负责人）		0. 30	217	1000	328	4105
上 巷	黄汉裕（自然村负责人）		0. 32	194	956	424. 8	4105
下 巷	吴炎树（自然村负责人）		0. 62	278	1300	539. 7	4105
西 平	陆龙车	陆裕丰	0. 99	557	2659	1259	4177
河 腰	徐城发	徐城发	0. 65	456	2175	800	3518
巷 口	林木树	林木树	0. 91	578	2666	1309	4198
巷 内	林卓焕	林惜城	1. 74	919	4404	1823	3689
庄 厝	庄廷波	庄廷波	0. 35	252	1200	539	4108
宅 美	陆桂兰	陆桂兰	0. 72	338	1634	760	4111
上 仓	吴惠亮	吴惠亮	1. 52	756	3551	1600	4230
路 外	许少亮	许巧娟	1. 46	724	3445	1218	3208
路 内	许汉杰（任至10月）许勤昌（11月起任）	许裕其	1. 95	998	4724	2420	4315
井 美	曾亚梦	曾亚梦	1. 00	430	2015	925	4260
居 委	林莲叶	林莲叶		1976	7051		

2011 年关埠镇主要社会经济指标

项目	单位	指标	项目	单位	指标
社区	个	4	牛饲养量	头	112
村委会	个	26	“三鸟”饲养量	万只	182.0
自然村	个	35	果菜总产量	吨	47070
农业总产值（当年价）	亿元	3.5	中学	所	7
工业总产值（当年价）	亿元	1.23	小学	所	26
工业企业	家	29	中小学在校生	人	21781
个体工商户	户	995	教师职工	人	952
职工人均年收入	元	26511	电话普及率	%	50
粮食总产量	吨	28928	自来水普及率	%	100
水产总产量	吨	3252	水泥公路	公里	80
生猪饲养量	万只	5.0			

2011 年关埠镇产值 1000 万元以上企业基本情况表

企业名称	职工人数	主要产品	产量		年产值（万元）	年销售额（万元）	年出口额（万元）
			单位	数量			
榕丰绣艺厂	120	服装			1200	1200	1200

金灶镇

【概况】 金灶镇是原金玉、灶浦两镇于 2003 年 11 月撤并成立的新建制镇，地处潮阳区西北部，榕江中游南岸，小北山北麓，背山面江，东接关埠镇，西界普宁市麒麟镇，南连谷饶、贵屿镇，北隔榕江与揭阳市仙桥街道、渔湖开发试验区相望，是潮、普、揭三地交汇处。是一个经济结构以农为主的半山区、老区镇。下辖 46 个行政村（社区），其中村委会 42 个，社区 4 个。地域面积 79.13 平方公里，总户数 30393 户，总人口 142908 人，其中非农业人口 6444 人。山区自然村 11 个，人口 23808 人；老区自然村 21 个，人口 54796 人。2011 年完成工农业总产值 5.77 亿元，比增 13.6%，其中农业产值 4.37 亿元，工业产值 1.40 亿元，分别比增 9.7%、28.0%；工商各税本级一般预算收入 296 万元，比增 22.9%；固定资产投资 1.11 亿元，比增 40.0%；农村经济总收入 5.47 亿元，农村居民年人均纯收入 3953 元，比增 13.0%。先后被中共汕头市委评为农村党的建设“三级联创”活动“五个好”镇党委、固本强基先进基层党组织，被市委、市人民政府评为汕头市文明镇。

【农业】 有耕地面积 3.1 万亩、山林 5.15 万亩。农业围绕“保护、发展、推介”的发展思路，大力推进特色效益农业建设，巩固发展 1 万亩橄榄（其中 8000 亩三棱橄榄）、1.5 万亩杨梅、6000 亩玻璃油甘、2 万亩香蕉、5000 亩生柑、3000 亩桑果等无公害农产品、绿色食品生产基地，年水果总产量 5.32 万吨，创值 2 亿多元，是粤东地区特色水果的主产地和重要集散地。目前，抓紧建设玉路村汕头市江畔农业科技有限公司 500 亩台湾红肉火龙果高效农业项目，加快农业结构优化升级，做精做强现代效益农业。2008 年 9 月 5 日，金玉三棱橄榄地理标志产品保护通过国家质监总局评审认证，这是汕头市首个获得国家认证的地理标志产品；在“三棱橄榄、青蒂杨梅、流涎酥、玻璃油甘、灶香香蕉”等农产品注册商标基础上，抓紧“金灶鲜果”集体商标申报工作，打造特色农业品牌。组织实施农业综合开发项目，改造中低产田800亩；投资480万元，组织实施玉浦、前洋2个村高标准农田建设。

【工业】 有工业企业27家，产值上1000万的有2家，其中内资企业26家，外资企业1家（松宝石矿业有限公司），规模上企业1家（粤盛兴钢铁实业有限公司）。主要从事食品加工、五金制品、服装加工、水泥制品生产等。水果加工业持续发展，柿饼年加工量3200吨，创值1500多万元；抓紧桑果深度加工业建设，联系汕头市雅园酿酒有限公司和广东长乐烧酒业有限公司探索桑果加工业合作。加快规划建设“一带二区”工业园区（“一带”即沿揭海路3.81平方公里的工业经济带；“二区”：即波头村范围内0.94平方公里的东片工业园区，径头、宫山、花园、潮美等村范围内2.65平方公里的西片工业园区），积极稳妥推进园区的规划建设。改造提升传统产业升级，鼓励三鑫服饰有限公司加快发展步伐，培植粤盛兴钢铁实业有限公司扩产升级，加快技术创新，创建品牌，增产扩资。

【基础设施建设】 2011年8月完成编制《金灶镇总体规划（2009～2020年）》和揭海路工业经济走廊（一期）用地控制性详细规划以及完成编制径头、芦塘、广美、后洋、前洋、徐寮等14村（社区）的控制性详细规划编制工作，抓紧桥前、桥陈等7村（社区）的控制性详细规划编制工作，完善城乡规划体系，提升城镇建设水平，加快基础设施建设。省道234线（揭海公路）金灶路段和镇人民政府东西两侧路桥建成使用；投资2280万元完成村村通水泥路建设，总建设里程57公里；投资1078万元完成新增中央投资项目等类型村道改造，建设里程26.1公里；争取上级支持建设东谷公路，完成辖区路段水泥路面建设；规划“四横三纵”道路交通建设，依托揭海公路主线，改造升级山区路、六支路；规划建设平原路，连接堀嘴桥，打通与揭阳市的通道；改造建设六支路，连接谷金公路，打通与厦深铁路潮阳站的连接通道；规划建设经五路、新港线与平原路、揭海公路对接，形成环形交通网，打造覆盖全镇、对接周边、连接汕头乃至整个粤东的现代交通体系；投资576万元改建危桥玉浦、旗头、田心围等17宗。

【农田水利、供水】 投资1730多万元除险加固水库涵闸，修建农田排灌渠系，实施潮水溪清淤清障，砌筑石篱，疏通溪港，改善水质；配合上级全力推进“金关围”堤段的达标加固工作。投资1810万元，组织实施下寮、竹桥、东坑等18个村（社区）饮水安全工程建设；抓紧申报45个村（社区）“村村通自来水”工程的立项工作。2011年榕江水厂占地面积2万平方米，潮美取水站占地面积3300平方米，日生产能力3万吨，现供水量1.3万吨，供水范围有金灶、关埠、西胪等镇。金灶镇水资源丰富，境内有榕江、潮水溪、榕南水三大水系，有中小型水库塘堰23座。

【电力、邮电通信】 连年来，投资3300多万元更换变压器台，改造镇内高低压线路；投资800万元完成花园、径头两个村的农网改造工程；镇110千伏变电站于2009年6月建成投产，供电能力大大提升。2011年月用电量2000万千瓦时。

1991年建成邮电中心大楼一座。现装机容量1.5万门，宽带数量3000门，电话普及率100%。

【卫生医疗】 镇、村（社区）两级成立环卫专门队伍，环卫人员255人，形成正常化运作，定时清理卫生，生活垃圾日产日清，落实集中转运填埋，日转运量99.18吨。规划各村（社区）设立45个转运点垃圾收集站，建设新寨头村垃圾压缩转运点，旗头、下寮等村垃圾集中处理场。投资72万元，实施农村改厕建设，净化美化镇容村貌。

金灶镇卫生院于1996年建成，占地面积4300万平方米，现有医务人员104人，设置床位32张，内设内科、外科、儿科等13科目，村（社区）设41个卫生站，服务于社会。

【教育文化】 有完全中学1所、初级中学5所、小学33所，中小学在校生2.09万人。教职员工1268人。2011年投入300万元完善教学配套设施，提高教育水平。组织实施省C、D级危房校舍改造学校项目建设，投资3500多万元新建、扩建、改建中小学校舍20宗，总建筑面积达到3.8万平方米，抓紧规划金玉中学、灶浦中学、东安中学等学楼改造建设。

文化设施有镇文化服务中心、广播电视站各1所，大吴、径头、玉路等20个农家书屋。组织实施文化设施工程建设，加快农村文化室、文化广场、农家书屋、老人活动室等建设进程，加快广播电视村村通工程建设步伐，扩大全镇覆盖面。继续挖掘和保护金灶文化遗产，重点抓好革命烈士遗址、红军洞、涵元古塔、麻田寺等8个文物保护工作，收集、整理和编辑《金灶文化》，弘扬金灶的人文精神。

【综治维稳】 全镇有治保调解会60个，治保人员385人，调解人员328人（包括兼职）；治安联防队3支（华岗单元、潮美单元和波头单元），联防村数25个，联防队员55人；治安岗10个（潮美、塭嘴、金溪、玉浦、波头、玉路、前洋、径头、东坑、官坑）；安全文明达标小区44个；安装监控摄像头952个。加强社会治安管理，整合派出所、保安队、治保会和群众力量，落实三级联防机制，以10个治安岗为点，以“四横三纵”公路为线，加强路面巡逻和区域联防，专群结合，各方联动，全民参与，构建点、线、面三位一体的社会治安防控体系。抓紧在揭海公路径头村路段建设一座市际治安岗，发挥重要治安卡口的堵控作用，增强群众的安全感和满意度。开展“打黑除恶”专项斗争，加强信访维稳工作，及时消除不稳定因素。建立健全应急管理机制，提高应急处置能力，确保社会长治久安；开展“清剿火患”实施工作，清理整治消防安全隐患，全年无发生安全事故。

【社会保障】 推进新型农村合作医疗和城镇居民医疗保障工作以及新型农村养老保险开展，全镇基本医疗保险覆盖率98%，其中新型农村合作医疗参合率100%；切实做好低保扩面工作，2011年底全镇低保达1591户2910人得到救助；切实开展扶贫开发“双到”工作，组织实施低收入、低保户89间危房改造，解决困难家庭住房问题。

（镇党政办）

附：2011年金灶镇党委、人大、政府、纪委、工会领导名录

党委书记：彭振崇（任至10月）
陈悦明（12月任职）
副 书 记：张　松（任至12月）
陈敏镌（12月任职）
黄德池
委　　员：黄武强
黄诗拥
蔡树勃
林勇双（6月任职）
姚学智（兼武装部长）
林惠娟
刘启荣
许育东
陈天忠（任至6月）
人大主席：彭振崇（任至10月）
陈悦明（12月任职）
副 主 席：陈亚六（任至6月）
镇　　长：张　松（任至12月）
陈敏镌（12月任职）
副 镇 长：黄武强
吴暹河
陈潮填
肖　剑
吴轶群（任至6月）
纪委书记：黄诗拥
工会主席：卢惜填

2011年金灶镇村（社区）基本情况表

村（社区）	书　记	主　任	面　积（平方公里）	总户数（户）	总人口（人）	经济总收入（万元）	农村居民年人均纯收入（元）
玉　浦	林利宏	林利宏	3.2	1563	6987	2748	3959

续上表

村（社区）	书　记	主　任	面　积（平方公里）	总户数（户）	总人口（人）	经济总收入（万元）	农村居民年人均纯收入（元）
竹　桥	林双美	林君平	2.3	1174	5676	2249	3984
新　陈	陈　洁	陈　洁	1.2	251	1298	516	4033
新　林	林　川	林　川	2.0	366	1995	756	4034
金　溪	蔡惠岳	蔡旭生	2.7	1684	8564	3599	3942
邹　阳	李盛通	李洪裕	1.2	831	3993	1649	4041
舒　荣	苏建丰	苏建丰	0.5	352	1648	613	4064
大　吴	吴映荣	吴映荣	0.6	293	1330	538	4049
花　园	陈楚填	陈楚填	1.1	567	2720	1074	4070
宫　山	陈思标	陈思标	2.2	619	2870	1171	4085
径　头	林创文	林填城	2.9	696	3473	1313	4088
潮　美	吴悦忠	吴悦忠	1.8	938	4604	1783	4068
桥　陈	陈林江	陈林江	0.4	218	1095	375	3995
桥　前	黄少雄	郭松明	0.5	320	1589	628	3994
东　坑	张锦文	张锦文	8.3	1483	7268	2767	3842
芦　塘	刘蔡忠	刘清平	4.6	1134	6389	2495	4085
徐　寮	林坤发	许仁荣	2.2	333	1913	740	3846
官　安	邱文锋	邱文锋	3.4	595	3092	1317	3954
下　寮	刘美松	刘美松	7.9	1038	5146	2019	3911
新寨头	林陈彪	林陈彪	0.5	246	1133	437	3858
大　联	陈泽潘	陈泽潘	0.7	339	1670	669	3858
波　头	陈瑞杰	陈瑞杰	1.8	671	3072	1206	4010
金　沟	吴列文	吴列文	1.2	442	2037	807	4009
东　仓	洪文壮	洪文壮	0.4	298	1262	520	4009
新　荣	黄映高	黄映高	0.4	256	1092	372	3872
灶　市	黄悦辉	黄俊忠	0.3	409	1583	684	3784
灶　内	黄乌狮	黄程亮	0.6	416	1934	746	3858
沟　头	陈训生	陈训生	1.9	905	4062	1805	4009
前　洋	陈文丰	陈文丰	1.4	840	3879	1335	4089
东　里	陈映明	詹坚龙	0.8	504	2248	800	4078
河　下	詹奕林	詹玉娇	0.4	280	1318	576	4030
河　尾	陈瑞拱	陈瑞拱	0.3	242	1100	450	4012

续上表

村（社区）	书记	主任	面积（平方公里）	总户数（户）	总人口（人）	经济总收入（万元）	农村居民年人均纯收入（元）
玉　路	黄武强	谢文衡	1.8	1171	5324	2400	4079
溪　路	陈汉林	陈秀波	1.0	649	2940	1050	3825
港　内	林集波	林江泉	0.8	569	2656	1115	4012
旗　头	周木良	周木良	0.6	336	1604	750	4009
华　岗	陈永辉	陈秀喜	0.9	523	2290	965	4030
涂　寨	林伟龙	林伟龙	0.2	400	836	320	4072
仙　阳	林瑞乳	林敏冬	0.6	285	1901	981	4010
新　庙	林九弟	林九弟	0.4	174	1261	516	4012
广　美	陈战胜	陈战胜	0.4	200	940	452	4046
人家头	陈立文	陈立文	0.4	294	1364	660	4003
新基洋	陈烈秋	陈烈秋	1.2	610	2883	971	4010
柳　岗	陈俊生	陈俊生	3.3	1703	8433	3274	3948
鼓　美	黄选书	黄锡藩	1.7	1230	5865	2460	3954
居　委	黄陈松	黄陈松		1905	6444		

2011 年金灶镇主要社会经济指标

项　目		单　位	指　标	项　目	单　位	指　标
社　区		个	4	水产品总产量	吨	1190
村委会		个	42	生猪饲养量	万头	8.22
自然村		个	63	牛饲养量	头	173
农产总产值（当年价）		亿元	4.37	“三鸟”饲养量	万只	80.16
工业总产值（当年价）		亿元	1.40	水果总产量	吨	53170
工业企业		家	27	蔬菜总产量	吨	53496
其　中	外资企业	家	1	中　学	所	6
	私营企业	家	26	小　学	所	33
实际利用外资		万美元		中小学在校生	人	20915
个体工商户		户	1169	教职工	人	1268
年末储蓄余额		亿元	0.95	电话普及率	%	100
职工人均年收入		元		自来水普及率	%	100
粮食总产量		吨	20578	水泥公路	公里	95

2011年金灶镇产值1000万元以上主要企业基本情况表

企业名称	职工人数	主要产品	产量		年产值（万元）	年销售额（万元）	年出口额（万美元）
			单位	数量			
粤盛兴钢铁实业有限公司	50	轧钢	吨	1200	2100	4000	
鑫达五金实业有限公司	40	五金制品	吨	850	1200	2000	

人物

www.gdchaoyang.gov.cn

中共潮阳区委书记、副书记、常委名表

届 别	职 务	姓 名	籍 贯	任职时间	备 注
中共潮阳区第三届委员会	书 记	陈新造	潮南	2011.07	
	副书记	杜怀丹	澄海	2011.08	
		张锡潮	普宁	2009.04	
	常委	陈邦津	潮阳	2003.10	
		姚佐雄	潮阳	2010.01	
		方潮生	惠来	2011.09	
		杨涛广	湖南	2011.06	
		吴 军	陆丰	2011.08	
		林永河	惠来	2011.08	
		池小玲	揭阳	2011.09	
		姚欣文	潮阳	2011.09	
		许翰生	饶平	2009.08	挂职

（区委组织部提供）

潮阳区人大常委会组成人员名表

届 别	职 务	姓 名	籍 贯	任职时间	备 注
潮阳区第三届人大常委会组成人员	主 任	陈新造	潮南	2011.11	
	副主任	庄儒忠	潮南	2010.05	常务副主任
		郑耿斌	潮南	2011.11	
		马泽武	潮南	2006.11	
		李育荣	潮阳	2010.05	
		郑少燕	潮南	2010.05	民盟
		刘伯仕	潮南	2011.11	
	委 员	张潮钦	潮阳	2003.09	
		陈桂祯	潮阳	2003.09	
		黄荣林	潮阳	2006.11	
		连武明	潮南	2010.05	
		黄基盛	潮南	2004.03	
		蔡庭坚	潮南	2011.11	
		李振森	潮阳	2011.11	
		陈汉勇	潮南	2011.11	
		赵丕洲	潮阳	2011.11	
		林志坚	潮南	2011.11	
		翁庸智	潮阳	2011.11	
		陈楚贤	普宁	2011.11	
		周汉华	潮南	2011.11	
		吴瑶钦	潮阳	2011.11	
		陈 健	潮阳	2011.11	
		马红文	潮南	2006.11	
		黄小涛	潮阳	2003.09	农工党
		马楚标	潮阳	2011.11	民建
		郑立平	潮阳	2003.09	无党派
		张元彬	潮南	2011.11	
		黄壮国	潮阳	2011.11	

（区人大办提供）

潮阳区人民政府正、副区长名表

届 别	职 务	姓 名	籍 贯	任职时间	备 注
潮阳区第三届人民政府	区 长	杜怀丹	澄海	2011.11	2011.08 任代理区长
	副区长	陈邦津	潮阳	2003.09	
		马文玲	潮阳	2006.11	
		陈纯浩	汕头	2003.09	
		李绪明	潮南	2011.11	
		庄俊斌	濠江	2011.08	
		黄志荣	潮安	2011.11	

（区委组织部提供）

政协潮阳区委员会主席、副主席、秘书长、常务委员名表

届 别	职 务	姓 名	籍 贯	任职时间	备 注
政协潮阳区第三届委员会	主 席	黄克坚	揭阳	2011.11	
	副主席	吴锡龙	潮南	2011.11	
		刘 波	河北衡水	2001.04	
		陈俊豪	潮南	2006.11	民盟
		高修智	潮阳	2010.05	
		姚润民	潮南	2011.03	
		郑文伟	潮阳	2011.11	
	秘书长	黄少华	潮阳	2008.03	
	常 委	张少晖	潮阳	2006.11	
		郑映希	潮阳	2011.11	
		郭振明	潮阳	2006.11	
		蔡镇春	潮阳	2011.11	
		郑旭生	潮南	1998.06	
		郑文彬	潮南	2011.11	
		陈顺强	潮阳	2011.11	
		林秀玲	潮安	2006.11	
		卓楚吟	潮阳	2011.11	

续上表

届 别	职 务	姓 名	籍 贯	任职时间	备 注
政协潮阳区第三届委员会	常委	吴森德	潮阳	2010. 05	九三学社
		邱传丽	潮阳	2010. 05	农工党
		陈伟健	潮阳	2011. 11	民建
		郑红颖	潮南	2006. 11	
		程文进	潮阳	2003. 09	
		张映昌	潮阳	2003. 09	
		马镇标	潮阳	2011. 11	
		许先礼	潮阳	2011. 11	
		陈伟标	潮阳	1998. 06	
		马庆宣	潮阳	2011. 11	
		郑卓汉	潮阳	2011. 11	
		吴喜荣	潮阳	2006. 11	
		吴灶兴	潮阳	2011. 11	
		张奕丹	潮阳	2006. 11	
		李奕标	潮阳	2006. 11	
		连慈琴	潮南	1996. 03	
		许旭鹏	潮阳	2006. 11	
		释隆道	潮州	2006. 11	
		张钦洲	潮阳	2008. 03	
		吴振城	潮阳	2007. 03	
		张楚光	潮阳	1996. 03	
		张和和	潮阳	2011. 11	
		陈桂洲	潮阳	2003. 09	
		许 凡	潮阳	2006. 11	
		陈育文	梅州	2012. 03	
		郭汉雄	潮阳	2012. 03	

（区政协办提供）

中共潮阳区纪律检查委员会书记、副书记、常委名表

届 别	职 务	姓 名	籍 贯	任职时间	备 注
中共潮阳区第三届纪委会	书 记	吴 军	陆丰	2011.09	
	副书记	周汉和	潮南	2011.09	
		陈顺强	潮阳	2011.09	
	纪委常委	陈喜狮	潮南	2011.06	
		林连文	潮南	2003.10	
		肖学强	潮阳	2011.09	
		郑晓霞	潮南	2011.09	

（区纪委办提供）

中国科学院院士、中国工程院院士名表

姓 名	性别	出生年月	籍贯	工作单位	职务	职称	备 注
马大猷	男	1915	潮阳	中国科学院声学研究所	所长	院士	世界知名声学家
佘畯南	男	1916	潮阳	广州市设计院	名誉院长	院士	勘察设计大师
郭慕孙	男	1920	潮阳	中国化学工业部化工研究所	所长	院士	世界知名化学家
郑儒永	女	1931	潮阳	中国科学院真菌植物研究室	博导	院士	真菌专家
唐希尧	男	1932	潮阳	中国科学院上海药物研究所	博导	院士	神经药理学家
郭豫元	男	1933	潮阳	中国农业科学院	所长	院士	农业昆虫学家、植保专家
周国治	男	1939	潮阳	中国科学院、北京科技大学	博导	院士	冶金材料物理化学家
周福霖	男	1939	潮阳	中国科学院广州大学工程抗震研究中心	主任	院士	隔震减震控制专家
陈运泰	男	1940	潮阳	国家地震局地球物理研究所	所长	院士	地质专家
林尊琪	男	1942	潮阳	中国科学院上海光机所	总工程师	院士	高功率激光技术专家
吴国雄	男	1943	潮阳	中国科学院大气物理研究所	实验室主任	院士	大气物理专家
范上达	男	1952	潮阳	香港玛丽医院	外科主任	院士	肝脏移植及肝胆胰外科专家

注：1. 本表录自《汕头年鉴·2010》，其中郭慕孙“原籍广东潮州”误，应为广东潮阳。

2. 祖籍潮阳，移居海外的院士有旅居香港的林垂宙，当选瑞典皇家工程院院士（外籍）、亚洲太平洋材料科学院院士、香港工程院院士；旅居美国，世界知名经济学家、中国台湾“中央研究院”院士刘遵义；旅居美国，癌症治疗专家、美国安泰略省癌症研究院院士刘佐端等。

2011年获省（部、军）级及以上授予先进单位称号名表

单位名称	获奖名称	授奖单位
海门镇北新社区	爱侨新村	国务院侨办、农业部
海门国家中心渔港	全国文明渔港	农业部
和平镇新和社区	全国和谐社区建设示范社区	民政部
汕头出入境检验检疫局潮阳办事处	文明服务窗口	国家检验检疫局
潮阳区	全国科普示范区	中国科协
潮阳建设工程监理有限公司	全国监理行业安全管理先进单位	中国建筑施工管理协会
和平镇和铺社区	全国综合减灾示范社区	国家减灾委员会、民政部

2011年获省（部、军）级以上授予先进工作者名表

姓　名	性　别	工作单位	获奖名称	授奖单位
马镇顺	男	和平镇（种粮专业户）	全国粮食生产大户十大标兵	国务院
董加兰	女	海门镇城关社区	优秀党务工作者	中共中央组织部
马武雄	男	潮阳区供电局	全国“五一”劳动奖章	中华全国总工会
董加兰	女	海门镇城关社区	全国“三八”红旗手	全国妇联
郑维光	男	潮阳区老干部大学	全国先进老年教育工作者	中国老年大学协会

潮商会长风采

编前语 在改革开放中，一大批勇于创业、敢于闯关的潮阳籍青年抓住机遇，奔向全国各地，以潮汕人特有的“爱拼才会赢”气概，在竞争激烈的商海中拼搏，历经十年、二十年、甚至更长时间的奋斗，他们中的一些人脱颖而出，取得不凡业绩，获得社会认可，担任了省、市潮汕商会会长、副会长，成为商界一方的领军人物，他们以实际行动回报社会、回报家乡。今天，《潮阳年鉴·2012》（首卷）第一批介绍（以姓氏笔画为序）吴开松、陈才雄、周修鸿、林玉潮、郑文光、姚文琛、姚壮文、游德武、廖立国等9位省、市潮汕商会会长、副会长，以期让读者从他们的人生经历和朴实无华的事迹中得到启示。

吴开松 1952年出生，汕头市潮阳区人。现任深圳市潮汕商会会长、深圳市东方明珠集团董事长、创世纪转基因技术有限公司董事长、汕头市荣誉市民、第五届潮商大会主席。荣获“深圳市改革开放30年百名杰出企业家”称号、“建国60周年创新人物奖”，被誉为中国转基因抗虫棉产业化的开拓者和奠基人之一。

吴开松19岁参军入伍，历任战士、班长、排长、连长、营长，支援过西藏，参加过对越自卫反击战。1983年转业进入深圳市福田区人民政府。1989年“下海”经商，出任深圳市东方旅游公司总经理，挑起了这个只有六七名员工、却有二三百万元债务的企业担子。

1990年吴开松大胆推出一个“全国首创”——在深圳建起全国第一个集餐饮、住宿、娱乐于一体的大厦——东方明珠大酒店；继之又有接二连三的“第一”——在深圳市黄木岗建成一个十几万平方米的安置小区，成了暂住人员的乐园，创造了国内外来人口管理新经验，被中央政法委评为“全国文明小区”，获“全国首家外来流动人员安置区”等荣誉；成立全国第一个计划生育协会。这些成功项目创下了良好的经济效益和社会效益。1998年东方旅游公司改制为深圳东方明珠（集团）股份有限公司，吴开松任董事长。

吴开松在旅游餐饮业获得成功之后，把眼光投向发展高新技术产业，面对美国公司凭借“抗虫棉转基因技术”，垄断中国棉花市场，1公斤抗虫棉种子卖到人民币200多元，让棉农不堪重负，美国抗虫棉种子已占中国市场份额的95%，基本控制中国棉花的生产结构和产量，并将进而影响中国纺织业的状况而心急如焚，决心抗击美国转基因棉花技术垄断，“打一场没有硝烟的战争”，遂于1998年

4月组建创世纪转基因技术有限公司，深圳东方明珠（集团）出资金（近亿元）、中国农业科学院生物研究所出技术，同时转基因抗虫棉的技术专利权也转让给了“创世纪”，从而推动抗虫棉转基因在全国实施产业化。凭借技术、质量、价格和诚信的优势，创世纪转基因技术有限公司迅速赢得了棉农的信任和口碑。走“公司+农户”的产业化之路，以股份合作、联产联销、特许经营、品种权转让等多种形式，形成多种转基因抗虫棉种子的产业化经营模式。两年间，迅速占领全国16个省份产棉区市场，覆盖长江流域、黄河流域及新疆（南疆和北疆）三大棉区。美国的转基因棉种从1999年占中国棉种用量95%下降到20%左右。到2005年，国产转基因棉种市场占有率已经达到70%以上。目前，世界上拥有抗虫棉转基因技术只有中国和美国，中国创世纪转基因技术有限公司抗虫棉种子占国际市场75%的份额，而美国公司只占25%。

在成功的路上，吴开松把视野投向国外，与印度、菲律宾、越南、巴基斯坦、乌兹别克斯坦、阿根廷等多个产棉国建立合作，成为中国加入WTO后农业生物技术领域进军国际市场的先锋。时至今日，已培育出64种适应不同棉区的转基因抗虫棉品种，全国累计推广国产抗虫棉1.56亿亩，每年产生经济效益近100亿元。全国4000万棉农因为推广国产转基因抗虫棉种子，少施化学农药80%以上，每亩可节省成本80~100元，棉花产量每亩增收600~800元。吴开松和他的团队所取得的成就，对我国棉花生产影响深远，使每个中国人都成了受益者。

2006年12月，深圳市成立潮汕商会，吴开松被推选为会长。商会成立之初，吴开松便确立“在商言商，以商养会”的方针，提出商会要坚持“团结、整合、发展”的宗旨，以足够的风度和胸襟，集结人脉资源和资金实力，以“大财团”的实力与格局，在未来发展战略中，要成立潮商银行、潮商国际大厦、潮商医院和潮商学校，开展慈善事业，回报社会。

吴开松事业有成，想到的第一件事就是资助乡亲，支持家乡建设。他认为商会要搭建桥梁，发挥优势为潮商创造更多回乡投资兴业的机会，参与潮汕的建设事业。他还发起设立“汕头市慈善总会潮商公益基金”，希望以此带动更多的潮商企业家支持家乡公益、投资家乡建设。多年来，深圳市潮汕商会在他的带领下努力为公益慈善事业活动搭建平台，商会本身及企业家在公益慈善上累计捐资额超过人民币10亿元。

（深圳潮汕商会秘书处）

陈才雄 1963年出生，汕头市潮阳区人，现任阳柳（集团）实业有限公司董事长，汕头市第十、第十一、第十二、第十三届人大代表，北京潮商助学基金会理事长，北京潮人商会常务副会长。

阳柳集团于20世纪80年代，由陈才雄始创。1996年春，阳柳（集团）实业有限公司正式成立，并逐步发展为以商业地产为主业，集地产、高科技、工业为一体的多元化现代民营企业集团。

20多年来，阳柳集团奉行造福于民的理念，在北京、广东、海南等地已成功地开发多个地产和其他商业项目，完成商住项目开发面积100余万平方米。目前正在进行汕头市潮阳区新河湾城市综合体项目、海南三亚海棠湾等项目的开发、建设。近年来，阳柳集团顺应时代需求，调整经营策略，致力于城市综合体开发，即以商业地产、度假地产为主体，以写字楼、公寓和住宅为核心业务板块，并使各业务板块之间相互支持，形成了阳柳集团的核心业务发展模式。阳柳集团始终奉行遵纪守法、规范经营的宗旨，先后荣获广东省工商行政管理局授予的“十五年守合同重信用单位”，以及政府授予的“两个文明先进单位”、“先进科技民营企业”、“质量信得过企业”等荣誉称号，被中华全国工商业联合会房地产商会聘为“理事会员单位”，并被国家有关机构评为“中国最佳形象单位”；1999年被中共汕头市委、汕头市人民政府授予“全市乡镇企业纳税大户”，2006年北京项目公司还被评为“北京千户最佳纳税企业”。

多年来，在母亲许锦清女士（荣获“汕头市文明市民”、“汕头市优秀爱心父母”、潮阳区首位“关心下一代工委荣誉委员”等称号，2011年6月份被汕头市人民政府授予“许锦清先生·最具爱心慈善捐赠个人”荣誉奖章）的鼓励和襄助下，陈才雄及阳柳集团大力倾情于慈善事业，热心公益，回报社会，为兴教助学、修桥造路、扶贫济困、维护治安等慈善事业先后捐资数千万元。

陈才雄本人也当选为汕头市第十、第十一、第十二、第十三届人大代表。还被推选为中国企业家协会理事、广东青年商会第一届副会长、潮阳市儿童福利会名誉会长、潮阳区青年联合会第一届委员会副主席、潮阳区第一届青年企业家协会会长等荣誉职称。2009年后，陈才雄被推选为香港中国商会创会会长，北京海外潮人联谊会副会长，北京潮人商会常务副会长。2011年陈才雄捐款1000万元倡办北京潮商助学基金会，被推选为理事长，被汕头市人民政府授予“汕头市荣誉市民”称号，以及颁发“爱心慈善”奖章。

（北京潮人商会）

周修鸿 1966年出生，汕头市潮阳区人。现任广西壮族自治区第十届政协委员、桂林市潮人海外联谊会会长、桂林市潮人商会会长、广东鸿瑞投资有限公司董事长。2007～2011年连续被评为“广西优秀企业家”。

20世纪80年代，在改革开放浪潮中，周修鸿走上了从商之路，历经20年的拼搏，事业有成。2004年周修鸿响应国家开发大西部以及广东省产业转移的号召进驻桂林。同年4月，创办桂林鸿瑞投资有限公司。该公司拥有世界最先进的德国光盘复制技术和数码技术，产品从CD到VCD、CD-ROM、DVD5、DVD9、DVD-ROM、CD－R等，日生产能力30万张，投资额5.3亿元，已成为西南地区最大的光盘生产基地。2004年7月，周修鸿成立桂林高新担保有限公司，主要业务：为桂林市高新技术企业、重大高新技术项目的起步阶段、持有高新科技项目的创业者、留学回国创业者、下岗人员再创业的经营活动提供信用担保。同年9月，周修鸿注册成立桂林鸿瑞房地产有限公司，主要业务是房地产开发、销售及物业管理。2005年3月和7月承建了桂林鸿瑞科技园和鸿瑞·香格里拉花园住宅小区两个大项目，总投资4亿多元，获得良好的社会经济效益。2008年11月，周修鸿投资8000万美元，创立桂林鸿瑞商务印刷有限公司，被广西区新闻出版局认定为“广西新闻出版印刷复制产业示范基地”和“广西新闻出版印刷复制科研教学学习基地”。公司拥有目前世界上最先进的德国海德堡设备多台（套），配备“印通”印刷色彩管理系统和产品工艺设计中心。产品有：烟包、酒标、高档化妆品盒、画册、纪念册、摄影集、商标、高档手提袋等。2010年11月，周修鸿又投资2亿元，创办桂林瑞乐复合材料有限公司。该公司年可生产液体包装12亿包，产值3亿多元；烟包20万大箱，产值2亿元。是西南地区规模最大的纸基复合材料包装生产企业。

2004～2011年，仅8年时间，周修鸿便创办5家公司，投资规模超过人民币15亿元，产业涵盖高新技术产品的生产、加工与研发，房地产开发，物业管理，融资担保，印刷产品的生产、加工与研发，高端产品无菌包装，图书发行，进出口贸易等诸多领域，建立起效益好、规模大、产业广的集团式企业。广东鸿瑞投资有限公司的发展历程，彰显了周修鸿执著的创业精神和开拓进取的雄心壮志。在做强做大企业的同时，周修鸿深怀一颗感恩和回报社会之心，乐善好施，积极参与慈善事业和社会公益，在广东、广西担任多个民间公益和商会团体职务，广泛了解民意民生，时刻关注回馈社会。2008年，他捐资在其母校棉城中学设立周修鸿奖教奖学金。20多年来，周修鸿捐资助学，捐资帮助贫困学生完成学业，捐资广西遭受冰冻灾区，捐资汶川地震灾区，捐资桂林国防建设，捐资公司一员工进行肾脏移植手术、另一员工进行心脏搭桥手术，捐资江西省一女婴先天性心脏移位手术、潮阳一女孩患白血病骨髓移植手术，捐资扶贫济困等，总捐资额超过3000万元。

2007年8月，周修鸿当选桂林市潮人海外联谊会会长，在其领导下，潮联会积极组团出席国际潮团、潮青联谊年会、各界潮商大会、潮人社团联谊活动，潮汕四市人民政府与桂林当地其他商（协）会的联系与交流，同时积极协助桂林市人民政府做好承接东部产业转移等各项招商引资工作，努力把潮联会办成与政府联系的桥梁和拓展商机的平台。

周修鸿切身体会到个人成长的力量来自故乡这片热土。他表示潮人商会在为桂林社会经济发展做出贡献的同时，还要多组织潮人商会会员多回家乡看看，为家乡的发展出谋献策，投资创业，合力建设幸福家园。

（桂林市潮人商会）

林玉潮 1962年出生，汕头市潮阳区人。现任珠海市政协委员、珠海市潮人总商会主席、第六届潮商大会主席、珠海市美球集团董事长等职。

1978年林玉潮高中未毕业便辍学辗转广州、珠海务工，在建筑队当杂工，起早摸黑，住工棚，苦活、重活、脏活样样干，历经艰辛，在劳动实践中，他虚心向同伴、向师傅、向专家学习，点滴积累，逐步成长为建筑行业的行家里手。此后辗转进入珠海市政法机关工作，成为一名行政人员。1986年辞去公职，抓住珠海大规模建设的机遇，作出大胆的决定，组建建筑队伍，承包建筑工程，开始了创业新征程。

林玉潮长时期驻足珠海，奋力拼搏，充分了解这个城市文化、人情风俗，看到了珠海发展的优势：地理上毗邻港澳，有漫长的海岸线，素有“百岛之市”美称，土地资源充足；《珠三角规划纲要》把珠海定位为珠江西岸核心，珠江口西岸枢纽。这些都为献身珠海的创业者提供良好发展条件和新的机遇。

回顾创业的历程，林玉潮充分体会到作为一个企业家，要有海纳百川的胸怀，自立自强，相信自己，相信团队，相信人才，才能立于不败之地。特别要“诚实守信”，这是企业的生命。长期以来，他坚持依章纳税，守法经营。林玉潮认为：一个人、一个企业，如果缺乏信用，人品欠佳，走到哪里都没有机会，即便侥幸取得一点成绩，也只能是昙花一现。企业家还要懂得奉献，饮水思源。如果没有共产党的英明领导、没有国家的好政策，没有改革开放，也就没有个人的健康成长和事业的成就。林玉潮事业有成不忘“根本”，不忘报效社会，热心公益事业，扶贫济困等捐资800多万元，在家乡兴建后埔小学、西胪中心幼儿园、西胪中学“珠海楼”；积极参加拥军爱民共建活动，从2003年开始，每年都到珠海海岛慰问驻军官兵；热心推动全民健身活动，担任珠海市太极拳协会会长，捐资支持珠海、汕头两市发展体育事业，资助汕头市兴建跳水馆；捐资慰问弱势群体；支援汶川抗震救灾等。

林玉潮在珠海已奋斗20多年，毫无保留地贡献自己的聪明才智，受到珠海潮商的信任和推崇，荣任珠海潮人总商会主席。林玉潮认为，珠海潮人总商会是联系家乡和珠海潮人的桥梁和纽带，要增强团结，致力为会员企业排忧解难，抱团发展，强强联合，共同承接大项目，为困难企业提供资金支持。总商会将全力为潮籍企业家与家乡搭建联系桥梁，鼓励更多企业回到潮汕投资兴业，为家乡作贡献。

（珠海市潮人总商会）

郑文光 1957年7月出生，汕头市潮阳区人。现任东莞市政协委员、东莞市潮商民营企业协会会长、世界郑氏宗亲会名誉主席、东莞市财富广场开发有限公司董事长、东莞市誉高投资有限公司董事长。

1978年郑文光应征入伍，初为部队一名工程技术人员并获助理工程师职称，1983年退伍后就职于潮阳县建筑公司任工程技术员，1993年至2003年就职于广东省第二建筑公司东莞分公司任副经理及工程师，2004年至今任东莞市财富广场开发有限公司董事长。2008年起任国际潮人联谊会理事，2009年起任广东省潮人联谊会常务理事。

20世纪80年代，郑文光乘改革开放春风，以其敏锐的经济视角，白手起家，把自己从部队学到的基建知识及多年积累的工作经验，带领团队从建筑业开始艰苦创业，由小到大，以潮汕人的诚信、勤奋，开拓进取，逐步做强做大，在东莞这块富饶的土地上创下骄人的业绩。郑文光名下财富广场位于东莞市政治、经济、文化中心，项目总建筑面积7.3万平方米，有商铺、写字楼等物业6.2万平方米，是东莞市地标性建筑之一。

多年的商海拼搏与艰苦创业，郑文光以真诚、拼搏、奉献和乐于助人等品质逐步成为一位优秀的企业家，又以关心社会、关心家乡等深孚众望，受到地方政府的高度重视及社会各界人士的尊重。2008年6月在东莞市潮商民营企业协会换届选举中全票当选为第二届会长，在四年会长任期内，带领在东莞的潮籍乡亲和400多家会员企业积极发展经济，融入当地社会，和谐族群，为东莞与家乡的建设作出重大贡献，树立了东莞潮商形象和品牌，受到政府的重视和社会的拥护与推崇。同时，他本人采用象征性收取租金的方式，拿出自己经营核心物业财富广场600多平方米作为协会新办公会所，提升东莞潮商形象。

郑文光热心公益，有高度的社会责任感，关心东莞与家乡的发展，拥军爱民、救助灾区灾民、慰问敬老院、捐资教育、出资修路等个人累计捐款捐物超过800万元。在个别省份遭遇重大自然灾害时，他积极响应政府号召，慷慨解囊，或亲力亲为、或协调指派专人到灾区慰问。先后组团慰问并援建汶川地震灾区、玉树地震灾区，以及慰问东莞军分区、海军南海舰队“东莞护卫舰”、沙角部队官兵、东莞消防部队官兵等。另外，还专门指派协会慰问团慰问饶平县台风重灾区等公益事业，通过个人的倡导与影响，使更多的潮籍企业家投入到各项慈善事业中。据不完全统计，东莞潮商为社会及家乡捐款捐物兴办慈善公益事业总计数千万元，为社会作出了重大贡献。

（东莞市潮商协会）

姚文琛 1951 年 8 月出生，汕头市潮阳区人，大专学历。现任上海市嘉定区政协委员、上海潮汕商会会长、上海姚记扑克股份有限公司董事长等职。20 世纪 80 年代初，在改革开放浪潮中，姚文琛到深圳、广州等地从事文教用品贸易。1994 年，姚文琛凭着强烈的经商意识和吃苦耐劳的精神，单枪匹马到上海，承包一家濒临倒闭的国有扑克牌生产企业，创办上海姚记扑克股份有限公司，任董事长。“姚记扑克”从此诞生。姚文琛以开创性的眼光，进口扑克用纸，放弃了已经投资上百万元、国内同行普遍使用的用料，同时从德国引进世界一流的四色印刷机，不惜重金从全国各地招聘专业人才，从一开始，姚记公司就奠定了质量取胜的基础。1998 年，姚记扑克一鸣惊人，成为当年美国客商唯一订购的国产扑克，一举进军欧美市场。

姚记公司建立了一套科学的内部管理机制、激励机制、交流机制和奖惩机制，把质量创新和中国民族品牌的观念贯穿到每一名员工的思想行动中。在产品创新中，姚记不断开拓规模化、机械化、自

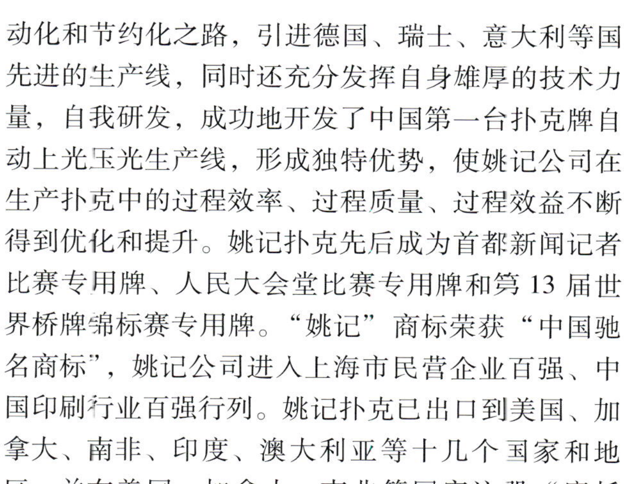

动化和节约化之路，引进德国、瑞士、意大利等国先进的生产线，同时还充分发挥自身雄厚的技术力量，自我研发，成功地开发了中国第一台扑克牌自动上光压光生产线，形成独特优势，使姚记公司在生产扑克中的过程效率、过程质量、过程效益不断得到优化和提升。姚记扑克先后成为首都新闻记者比赛专用牌、人民大会堂比赛专用牌和第 13 届世界桥牌锦标赛专用牌。“姚记”商标荣获“中国驰名商标”，姚记公司进入上海市民营企业百强、中国印刷行业百强行列。姚记扑克已出口到美国、加拿大、南非、印度、澳大利亚等十几个国家和地区，并在美国、加拿大、南非等国家注册“摩托车”牌扑克商标。2011 年 8 月，“姚记扑克”正式在深圳交易所挂牌上市。

姚记公司投资 2.5 亿元的上海“姚记扑克”生产基地占地面积 15 万平方米，年生产能力 10 亿副，是全球最大的扑克牌生产基地，姚文琛被誉为“世界扑克大王”。姚文琛以战略家的眼光，在上海市崇明岛开发新投资项目，计划总投资 40 亿元。

姚文琛以其精明强悍和不凡业绩受到潮商推崇，1995 年担任上海潮汕商会会长，并争取到（唯一）中国二级商会省级法人的地位，在上海国际会议中心成功举办了第四届潮商大会，受到海内外媒体广泛报道和全球潮人的关注，在上海滩为天下潮人树立了新形象。

姚文琛对于家乡的发展，怀有浓厚的乡土情怀，他设想在上海建立“潮汕国际大厦”，在汕头市南澳岛设立两年一届的“潮商永久国际论坛”，实现汕沪两地旅游业的对接，“让上海这座国际大都会与汕头遥相呼应”。

姚记公司利用自身的有利条件，几年来在上海为潮籍的子女解决了数百人的读书难题。发挥上海潮汕商会组织协调作用，为家乡的经济发展“牵针引线”，招商引资，并代表商会为雷岭镇建教学楼、老人服务中心，多次捐资支持国家女子足球队训练比赛以及潮阳棉城中学、潮阳一中、汕头四中等，为社会公益事业、家乡教育和扶贫济困尽一份力量。

（上海市潮汕商会秘书处）

姚壮文 1970年出生，汕头市潮阳区人。本科学历。现任广州中港建设综合开发有限公司、广州空港物流仓储有限公司、广州志高物业管理有限公司董事长兼总经理，广东省潮人海外联谊会名誉会长，广东省潮商会常务副会长，广州市光彩事业促进会副会长，广州市人大代表，广州市花都区工商联主席，广州市花都区政协常委，广州市花都区慈善会副会长，广州花都空港物流协会名誉会长，广州花都潮汕经济文化促进会名誉会长。

24年前的1988年，18岁的潮阳少年姚壮文只身离开家乡进省城，来到广州白云国际机场打工。这位潮阳籍新潮商就将自己的一生锁定在了广州白云国际机场的跑道边。他执着地不让自己的事业越出机场大道两侧。他在这里奋斗、创业、成长，半步不肯离开。

1990年在广州白云国际机场创办广州白云东盛商业中心、广州白云国际机场商业广场，广州白云国际机场东门市场，凭着一股子初生牛犊不怕虎的闯劲，姚壮文很快打拼出了一片属于自己的天地。1998年在广州新白云国际机场成立广州新港机场实业有限公司。2003年又相继成立广州中港建设综合开发有限公司、广州航空港物流有限公司、广州空港物流仓储有限公司、广州志高物业管理有限公司、广州空港物流管理有限公司等。广州中港建设综合开发有限公司主要投资经营房地产开发经营、商业地产、现代航空物流等业务。拥有丰富的航空物流用地资源、高级公寓写字楼、五星级酒店，为现代航空物流建设提供了航空物流基地。为各航空公司、航空货运代理、国内、国际物流企业以及相关企业提供完善的服务。

姚壮文认为，企业有义务也有责任为建设一个和谐稳定的社会作出贡献。企业社会责任感是企业对待社会的一种责任态度，评价一个企业的成功，不单是实现超额的利润，理所当然还要包括企业对社会的贡献。他的企业所做的一切，都出自社会责任感和企业公民的意识。再者，“企业家”是经济发展的重要标志，“慈善家”是社会文明进步的重要标志，企业参与公益慈善是和谐社会的一种重要表现，只有通过公益慈善行为使社会大众受益，才能实现真正的公益，才是最高意义上的善举，和谐社会才能真正实现。

姚壮文从商二十多年来，始终秉承爱国、爱事业的理念，遵纪守法，文明经营，关爱员工，致富不忘国家，倾心回报社会，把关心、帮助他人当作人生的最大快乐，付出了许多辛勤的汗水和心血，成为广州市民营企业家的一面旗帜。他拥护中国共产党的领导，对国家和企业有强烈的责任感，热爱工商联组织，积极做好工商联的工作，积极参政议政，撰写人大议案和政协提案20多篇。在企业的经营过程中推崇以人为本的经营理念，充分尊重和保护员工的合法权益，重视安全生产与环境保护，恪守职业道德，严把质量关，注重信誉，公平竞争，使其企业社会效益和经济效益不断进位创先，得到较高的社会声誉；2010年，荣当广州亚运会火炬手；2011年被中国扶贫基金会授予公益爱心奖；被广州市总商会授予热心公益事业单位。

姚壮文在把自身企业做好、发展好的同时，积极支持广州空港国际物流园的发展，投资建设中国南方进出口商品交易中心、广州机场国际公寓、广州航空港物流商住大厦，广州航空港物流中心等空港物流业配套产业，使广州市空港产业得到不断提升和发展，为广州市空港经济作出较大贡献。他致富思源、富而思进，乐于奉献，热心社会公益事业。无论平时他工作多忙，逢年过节，总是亲自慰问孤寡老人和贫困家庭孩子，及时给予经济上的扶助，帮助他们渡过生活难关，以自己的爱心，扶助他人，回报社会。

（广东省潮商会）

游德武 1949年8月出生，汕头市潮阳区人。现任政协广东省（港澳台）常委、广东省潮商会会长、广州宏新投资集团有限公司董事长等职。

20世纪60年代末，年青的游德武走出潮汕平原，穿州过省到了武汉，从事建筑行业。在改革开放的80年代，已掌握一身建筑行业“武艺”的游德武，辗转回到广东开拓建筑市场。凭着敏锐、果敢、执著的性格和心态，游德武抓住难得的商机，走上创业之路，在激烈商业竞争中脱颖而出，成为早期崛起的成功企业家。

在游德武宽敞的办公室，一幅“诚信为本”的书法横幅格外引人注目。谈及成功之道，游德武总结道：“我一向主张‘先做人，后做事’，诚信是人之本。”游德武从建筑行业起步，从潮汕到广州到香港，转入对外贸易，完成了资本的原始积累；90年代以后，再从香港到内地到广州，投资房地产业，他始终亲善诚信的为商为人之道，守信誉、重承诺，抓质量、抓安全，为企业树立了口碑。良好的社会诚信度、美誉度使游德武的事业如同插上腾飞的翅膀，赢来了事业发展的高峰。

游德武事业有成，不忘回报社会，他大手笔捐资助学，关心和支持教育事业；他扶危济困，热心慈善事业。尽管不事张扬，但他热心社会公益事业的善举在业界和潮商中有口皆碑。

为造福桑梓，他给家乡潮阳的饮用水改造工程捐助1500万元；为潮阳河溪新乡捐资300万元建设“新乡德武学校”；汶川地震发生后，他第一时间召集广东省潮商会常务理事会议，发动企业家们捐款，自己带头捐资200多万元；第二届“广东扶贫济困日”活动中，深圳潮汕商会、北京潮人商会、广东省潮商会和上海潮汕商会联合汕头市慈善总会设立的汕头市慈善总会潮商公益基金，游德武捐资500万元。为社会慈善事业贡献力量，游德武累计捐款6000万元。

“作为一名成功的企业家，从善是一种社会责任，而不是荣耀。”他说：“一个人能吃得了多少用得了多少？那都是很有限的。如果只有少数人富裕，大多数人都很穷，社会就不会安宁、不和谐。所以富裕了，要回报社会，扶弱救困，这是一个企业家义不容辞的责任。”朴素的言语中，流露出宽阔而感人的情怀。

时至今日，事业蒸蒸日上的游德武会长坦言自己的事甚少求人，可为了公益事业，他却要在潮商会落力地多方“求人”——动员更多有能力的企业家为社会多做公益事业、多作贡献，用他的话来说，就是“动员更多的社会力量”，来把公益事业这件事做大、做强。在游德武的身上，体现出来的社会责任感一点也不亚于他发展企业的魄力和雄心。

作为潮商界的领头人，游德武被推选为广东省潮商会会长，他身上又多了一副重担和责任。他认为，商会是一个非营利性单位，是企业与政府沟通的桥梁，是为在外潮商服务的温暖之家，更重要的作用是凝聚潮商力量，抱团发展，扩大潮商的影响。

作为政协广东省（港澳台）常委，游德武善于观察时政，常以自己经历反思历史，瞻望未来；谈论国事政事，每有真知灼见，必大胆直陈。他所提出的提案，多次被评为优秀提案。

在激流勇进的商潮中，游德武始终以诚信为奠基石，一步一个脚印，走出了一条成功的道路；在多种社会责任的肩负下，他始终不忘社会，富不忘本，以行动践诺自己的责任，并用自己的力量去影响别人。这就是一个智者、一个善者所展现的风范。

（广东省潮商会秘书处　陈苗）

廖立国 1963年5月出生于潮阳，中共党员。大法学（人口学）和金融管理学双博士研究生，教授。珠海潮人海外联谊会永远名誉会长。1995年起历任东丰集团（香港）有限公司董事长、广东东丰集团有限公司董事长、珠海鼎基投资集团有限公司董事长、吉林大学珠海学院董事长、珠海市华政教育投资有限公司董事长、吉林大学珠海学院党委书记。同时兼任中国人口老龄化与经济社会发展研究中心副主任，中国人民解放军国际关系学院兼职教授，北京大学——中国残疾人联合会中国残疾人事业教学与培训基地主任，首批特聘教授，吉林大学第一届董事会副主席，吉林大学粤港澳台区域合作与发展研究中心副主任。廖立国长期北上的追求和谋生，至今无时不以潮阳和平老家，宋代至善大德大峰祖师的济世精神为激励榜样，以乡亲父老的信任为奋斗动力，积极发展，遵父母之命，为家乡不遗余力做点实事，倡导兴建五华玉华中学（得到廖光明乡彦的鼎力资助），满足乡里小孩读书需要。

廖立国目前主要服务于吉林大学珠海学院。吉林大学珠海学院现有8大学科，14个系，42个本科专业，本学期将拥有2.6万名本科在校生。学院建筑面积73万平方米，有教学楼3座，实验楼3座，教师公寓12栋，学生公寓36栋，操场1座，学生活动中心1座，高尔夫训练场1个，食堂2座，图书馆1座（面积5.46万平方米，是目前亚洲单体面积最大、投入资金最多的图书馆）。截至目前土地以外的总投入资金已超过20亿元人民币，不含4个多亿的捐赠资产。几年来连续被国家教育评估部门评为全国独立学院十强单位、十佳和谐独立学院及先进独立学院等殊荣。在全国322所独立大学中，综合实力排行第四位。学院还有吉林大学研究生院珠海分院、吉林大学南方研究院、无机合成与制备化学国家重点实验室珠海分实验室、国家地球物理探测仪器工程技术研究中心珠海分中心、符号计算与知识工程教育部重点实验室珠海分实验室、吉林大学海洋油气资源研究中心、中国人口老龄化与经济社会发展研究中心南方基地、吉林大学粤港澳台区域合作与发展研究中心等9个教学、科研和管理机构。

南方研究院和研究生院珠海分院成立于2006年。现有大楼1栋1万多平方米，研究生400多人；国家重点实验室4个，占地面积1000多亩，第一期投入约6000万元。承担着国家、省、市很多重点科研项目。国家级专家近30人常住，100多名社会名流、中科院和社科院院士来校讲课，家乡就有300多赤子在校攻读本科学位和研究生学位。

在老年事业研究方面，将有对整个未来老年事业从养老、保健、康复等26套《金硕年华》在全世界陆续出版发行。它是由国家计生委、民政部、吉林大学等和现任安徽省省长李斌、吉林大学副校长、东北亚研究中心主任和廖立国等20多位专家编辑论证汇集而成。

在残疾人方面，廖立国与国家残联、北京大学合作，创办全国残疾人教育培训基地。一年不少于两次，为全国所有地区的残联会长、副会长及主要会员，在北京大学开设培训、学习基地。

廖立国认为教育是立国之本，文明传承弘扬的根，立足加大对家乡赤子和未来人才的培养和塑造，是个人的愿望和追求，服务家乡，报答祖国。

（吉林大学珠海学院）

文献专载

www.gdchaoyang.gov.cn

内外发力　争先作为
提速科学发展　建设幸福潮阳
——在中共汕头市潮阳区第三次代表大会上的报告
（2011 年 9 月 23 日）

陈新造

同志们：

现在，我代表中共汕头市潮阳区第二届委员会向大会作报告，请予审议。

过去五年的工作

区第二次党代会以来的五年，是潮阳设区之后第一次完整实施五年规划并取得较好业绩的五年。五年来，潮阳区委带领全区人民，坚持以科学发展观为指导，认真落实省委、省政府粤东工作会议精神和市第九次党代会精神，按照区第二次党代会的决策部署，不断解放思想，开拓创新，积极化解发展中碰到的困难和矛盾，有力推动经济社会持续较快发展。

经济实力持续增强。经过努力，2010 年全区实现地区生产总值 177 亿元（不含华能海门电厂因素，下同），年均增长 13.4%；工业总产值 414.4 亿元，年均增长 16.2%；固定资产投资 58.7 亿元，年均增长 21.6%；财政一般预算收入 8.7 亿元，年均增长 25.7%；今年上半年，完成地区生产总值 96.9 亿元，增长 11.3%；工业总产值 253.3 亿元，增长 15%；规模以上企业达到 296 家，完成产值 194.4 亿元，增长 18.5%。各项经济指标均超额完成第二次党代会确定的目标。五年来，我们着力加强招商引资经贸工作，共组织 60 宗项目参加侨博会、山洽会等经贸洽谈和招商引资活动，累计吸纳投资 65.3 亿元。大力鼓励企业技改创新，全区累计认定高新技术企业 8 家，专利授权量 1110 件。新增省著名商标 31 件。针织服装、音像塑料、纸品文具、五金机电、建筑安装等五大支柱产业不断发展壮大。电力、电信、烟草等国有经营行业加快发展，推动财税收入较快增长。重点项目建设加快推进。华能海门电厂 1、2 号机组和 500 千伏输出工程已建成投产，推进 3、4 号机组加紧建设并进行试运营。华电发电、新大华石化、大明气库等项目筹建工作加紧推进。贵屿废弃电器电子产品集中处理场试点首期 500 亩园区将启动招拍挂程序。棉北海堤、金关围、练江堤、城市防洪等列入省城乡水利防灾减灾工程项目已基本完成。完善潮阳港配套建设，完成海门国家中心渔港项目建设。农业产业化程度不断提高。全区已创建粮食高产示范片2个，发展农业龙头企业12家、优势农产品生产基地16个。三棱橄榄、乌酥杨梅成为全市仅有的两个国家地理标志保护产品。

社会建设扎实推进。优先发展教育事业。先后筹资6.57亿元，新、改、扩建校舍50.2万平方米，新增学位6.4万个。筹资1.96亿元完成区职教中心（一期）建设，2010年8月按期交付使用。全面实施城乡免费义务教育，加强师资队伍建设，妥善解决中小学代课教师问题，教学质量有较大提高，高考上线率不断创历史新高。扎实推进文化强区建设。加强文物保护和传承，修缮文光塔和文光公园，编辑出版《新坡遗址资料汇编》；拍摄“三瑰宝”宣传教育片，“潮阳剪纸”亮相上海世博会，英歌舞赴京参加央视电视舞蹈大赛，笛套音乐走出国门赴新加坡开展文化交流。举办文光塔广场系列迎春活动、“护城河之春”元宵灯会。重视民主法制建设。充分发挥人大及其常委会的作用，支持和加强政协、统战工作，发挥工、青、妇、文联、商会等群团组织的桥梁纽带作用。推进依法治区，加强普法教育，营造人人学法守法的良好社会氛围。科普事业取得新成效，2011年顺利通过“2011—2015年全国科普示范区”创建检查验收。妇女儿童、残疾人、老龄、慈善和社会福利事业加快发展。重视解决民生民安问题。累计投入1.46亿元完成132个行政村229.4公里的水泥路建设，投入1.44亿元完成78个村34.3万人饮水安全工程，解决群众行路难、饮水难问题。启动建设廉租住房海门安居工程。不断扩大新型农村合作医疗、城镇居民医保覆盖面。加大力度解决低保群众生活困难、国有企业改制遗留问题以及下岗工人、知青、涉军等有关人员医保社保、生活补助等问题。加大“规划到户、责任到人”扶贫开发力度，落实帮扶资金3000多万元，启动建设项目85个，全区贫困村脱贫率约47%。有效加强社会管理工作。建立起区、镇（街道）、村（社区）三级综治信访维稳中心（工作站），先后依法处置了海门镇洪洞村部分村民围堵华能海门电厂、谷饶等地涉土和厦深铁路潮阳段拆迁维稳问题，加大社会面的稳控力度，维护了奥运会、亚运会、山治会等敏感时段社会大局稳定。及时处置劳资纠纷问题，构建和谐劳动关系。着力加强社会治安管理，顺利摘掉省社会治安突出问题重点地区牌子，治安形势持续向好，群众的安全感逐步提升。狠抓生育节育政策落实，有效稳定低生育水平，政策生育率逐年上升，人口计生工作进入省二类地区行列。林业生态管理得到加强，集体林权制度改革即将完成。殡改工作扎实推进，火化率巩固提高。强力推进谷饶、贵屿、和平等重点地区消防安全专项整治行动，安全生产管理进一步加强，顺利摘掉谷饶镇省火灾隐患重点地区牌子。加强土地“卫片”执法检查，规范国土资源管理。深入开展质量强区活动，打假工作取得新成效。认真开展创模、创卫、创文工作，加大城乡环境综合整治力度，严格控制污染源。加强食品药品卫生监管和卫生防疫、畜牧工作，防控疾病传播。有效应对台风、内涝等灾害。

城市化建设步伐加快。大力改善人居环境。加快城区分区规划编制工作，完成全区镇级总体规划编制审批，发挥规划龙头作用，提升城市建设管理水平。启动一批市政工程建设，先后投入资金3.16亿元实施护城河整治和景观工程。改造文化宫片区，建成文光塔广场，修缮影剧院，完善体育中心改造和硬件设施配套。府前名苑、茵悦豪苑等一批房产项目已建成，裕通酒店等项目也即将建成，有效提升了我区的城市形象和品位。大力推动交通网络建设。国道324线、省道234线、237线部分路段以及和平大桥大修改造等一批项目相继竣工通车。全面实现区到镇通等级公路，镇到行政村基本实现路面水泥化的目标。厦深铁路潮阳段拆迁工作顺利完成，汕湛、潮惠、揭惠3条高速公路建设前期工作加快推进。大力加强新农村建设。加快旧镇区、旧村庄改造步伐，鼓励开发农民公寓，提高土地集约利用率，和平中寨农民公寓、铜盂新鼎元小区已建成交付使用，谷饶、西胪等地一批农民公寓也正在加紧规划建设。2010年全区城镇化水平达到60%。加快生态示范村建设，创建省级生态示范村7个、市级生态示范村4个。

党的建设得到加强。积极创建学习型党组织，认真抓好各级党委中心组理论学习，深入开展解放思想学习讨论活动、学习实践科学发展观活动和“创先争优”活动，引导各级领导干部树立正确的政绩观和群众观。坚持以正为要，扎实开展创建好班子活动，对区党政班子研究决定的重要事项，强化责任落实，切实提升各级领导干部执行力。认真

提速工程”。要以产业转型提速为核心，以民生共享提速为出发点，以宜居城乡提速为落脚点，以行政效能提速为动力，以人才培育提速为关键，构筑保障和推进“三个重点、三个推进”的新机制。要紧紧把握好汕头特区扩围的重大机遇，既要有开阔视野，敢于超前谋划、开拓创新，又要立足市情区情，出实招、出新招，使“五大提速工程”落到实处。

（一）实施产业转型提速工程

加快产业转型升级是潮阳经济社会提速发展的核心。要立足潮阳现有的产业基础，瞄准国内外市场的新变化，着力加强科技创新、制度创新、管理创新和人才队伍创新，做大经济总量，提高经济质量，推进我区传统制造业、农业和服务业的转型升级，建立起技术先进、结构合理、清洁环保、附加值高、吸纳就业能力强、具有潮阳特色的产业集群和产业结构。为加快潮阳产业转型升级，必须树立“产业升级第一、招商引资第一、全民创业第一”的新理念，集中力量、加强领导、统筹规划、精心组织，重点突破制约产业转型升级的关键环节。

1. 抓统筹规划。设立全区产业转型提速工程指挥部，由区委、区政府主要领导负责，规划和统筹全区产业转型升级，部署和检查招商引资、考核评比、区内外协调合作等有关工作。指挥部实行一站式办公，按重点产业和重点组团设立分指挥部，区委、区政府领导班子成员分工负责，对产业转型、招商引资和全民创业进行指导和督促。各项总量指标和速度、规模指标要分解到各镇（街道）和各行业。

2. 抓引资创业。“抓大扶小”是潮阳新一轮招商引资的核心要求。为积极培育壮大潮阳特色产业集群和经济支柱，要充分发挥岸线、港口、高速公路和工业园区土地资源等优势，利用华能海门电厂等大项目集聚带动效应，以高新技术新兴产业和临港工业为重点，积极招引国际500强企业和大型国企前来落户，打造临港产业集群，做大临港经济。要从加强硬件配套和软件服务等方面入手，着力营造有利于吸引投资、推动全民创业的良好氛围。落实领导干部分工挂钩帮扶企业制度，在落实重点企业“直通车”、一站式服务、工业用地、信贷、保障企业发展等方面，为企业提供优质高效的服务。充分利用潮阳在外成功人士众多、能人辈出的优势，大手笔策划招商项目，大力实施亲情、友情招商，吸引他们来家乡投资兴业，将“潮阳人经济”变成“潮阳经济”。

3. 抓特色产业。加快潮阳针织服装、音像制品和废旧家电拆解业三大特色产业的转型升级，提高其市场竞争力，是潮阳经济提速发展的重要支撑。对谷饶、铜盂等地的针织服装、纸品文具产业，一方面要鼓励企业提高产品、装备、工艺的技术层次；另一方面要紧紧抓住厦深铁路潮阳站启动建设的契机，将练江片制造业链条向现代服务业延伸，向谷饶高铁物流区以至榕江片区拓展，在粤东致力打造除了澄海玩具、普宁纺织之外的第三个融物流、会展、研发、信息服务为一体的新型贸易中心。对和平及其周边地区的音像制品业，一方面要大力鼓励企业将音像材料制造业与“内容产业”相结合，引入文化创意，瞄准目标市场，保持一定的国际和国内市场占有率；另一方面要出台相关政策，引导企业“腾笼换鸟”，适时转入附加值高、市场前景好的产业。对贵屿等地的拆解产业集群，要利用好国家级循环经济试点的政策，重点研究如何突破拆解产业清洁、卫生、安全地升级为循环经济产业的技术障碍，落实资金全面推动拆解回收新技术的普及和运用。要扶持铜盂文具办公用品和金浦纸品制造业做强、做大，形成新的特色产业。至2015年，全区争取培育10亿元以上的企业3家，3亿元以上的企业15家。要以海门莲花峰风景区为核心，整合全区旅游资源，完善旅游发展规划，坚持资源开发与生态保护、景点建设与弘扬特色传统文化相结合，提升旅游文化品位，打造旅游文化品牌，拓展旅游市场，壮大旅游产业。要以提升“金灶三棱橄榄”、“西胪乌酥杨梅”两个全市仅有的国家地理标志保护产品影响力，打造特色农业品牌，积极发展农产品精深加工业，增加农产品附加值，做精特色效益农业，推动休闲观光农业发展。

4. 抓品牌形象。品牌和形象是影响力，也是竞争力。要及时抓住潮阳纳入汕头经济特区范围的机遇，集中力量，整合资源，亮出“汕头特区潮阳制造”的品牌，树立“潮阳制造就是优质制造、绿色制造、低碳制造”的群体形象。在“外树形象”的同时，要在“内强素质”上提速，强化产业质量监督、生产安全监督、环境保护监督，打造一批知名品牌和龙头企业。要进一步做强谷饶“中国针织内衣名镇”、和平“粤东音像城”、铜盂“文具创新专业镇”等行业品牌。要加快全区行业协会和商会的组建步伐，充分发挥行业协会的自主创新作用、自律和协调作用，维护企业权益和品牌声誉。

5. 抓保障平台。要构筑好产业园区、自主创新、企业融资和基础设施四大平台，以保障产业升级提速工程的顺利实施。一要科学规划和整合工业园区资源，构筑承接投资发展平台，借助特区扩围的东风，利用汕头的省产业转移示范园区的政策，争取潮阳成为“一园多区”的落脚地，或让潮阳企业直接进园，以解决制造业总量扩张和本土发展的用地指标紧缺问题。要重点加快贵屿循环经济园区、金浦、铜盂、金灶、关埠、西胪等工业园区的规划建设。二要强化潮阳在粤东铁路运输网中的中心地位和功能，积极与大财团大企业合作，高起点、大气魄规划建设厦深铁路潮阳站及周边配套功能区，进一步完善路网、专业市场等基础配套，吸引物流和资金流，打造粤东地区综合交通枢纽，构建服务粤东、连接珠三角、对接海西的现代物流中心，推动物流业与针织服装、音像制品、纸品文具等传统产业融合发展。三要按照市委市政府建设“国际循环经济试验示范区”的发展定位，积极引进战略合作者，加速贵屿循环经济产业园区的建设，抓紧开展碳交易的可行性研究，打造引领全国、影响世界的国际级循环经济示范区。四要积极鼓励企业上市融资，以大资本运作推动发展大提速，做大产业规模，打造产业集群，发展总部经济。五要坚持自主创新，提速强化核心竞争力。要加强政府对企业自主创新的支持力度，区委、区政府已决定设立扶持重点企业（项目）专项基金，用于扶持企业技术改造、技术创新和服务体系等项目建设。六要着力整合潮阳港、海门国家中心渔港、关埠港等港口资源，积极配合厦深铁路、汕湛高速公路、揭惠高速公路、潮惠高速公路等交通设施建设，推动榕江第三跨海大桥项目的规划建设。同时，加紧配套建设一批地方公路，形成依托港口、铁路、高速公路网络，与粤东地区及珠江三角洲地区紧密相连的一体化综合交通体系，融入全市半小时和粤东1小时经济生活圈，以大交通促进大发展。

（二）实施民生共享提速工程

民生共享是经济社会提速发展的出发点。要高度重视社会建设，关注民生，纾解民困，努力使全区人民学有所教、劳有所得、病有所医、老有所养、住有所居，让广大群众共享改革开放成果。今后五年将确保民生民安支出占财政一般预算支出的比重达到70%以上，在动员乡贤支持和社会资源参与民生建设上有重大进展，在民生服务的重点领域取得新的突破。

要搞好“基本民生”，在加快建立人人可及的基本公共服务上提速。坚持每年办好十件民生实事，重点解决饮水安全、道路交通、农田水利、电力通讯、环境整治、公共服务设施等群众最关心、最迫切、最现实的问题。加快发展普通高中教育，大力发展中等职业技术教育，全面推进义务教育规范化学校建设，促进义务教育均衡发展。进一步加大社会保险扩面征缴力度，逐步提高各种对象的保障标准，构建覆盖城乡惠及全民的社会保障网络。加快构建城镇职工养老保险、机关事业单位人员养老保险、新型农村养老保险和被征地农民基本生活保障等组成的“普惠型”城乡基本养老保险制度体系。大力推进医药卫生体制改革，进一步健全基层医疗卫生服务体系，致力促进基本公共卫生服务逐步均等化。加快医疗保险制度的融合，建立城乡一体的医疗保障体系，努力实现全民医保。

要保障“底线民生”，在更加关心困难群众的生产生活上提速。要通过政府统筹和广泛动员社会力量参与的方式，进一步完善医疗救助制度，加大对农村五保户、城乡低保对象及特大病患者医疗救助力度，积极发展社会慈善医疗救助事业。加大廉租住房建设力度，增加经济适用住房供应，加快特困农户危房改造，逐步解决城乡各类困难家庭住房保障问题。创新扶贫开发工作思路，深入开展“规划到户、责任到人”扶贫开发工作，实施综合扶贫措施，全面改善贫困村和贫困户的生产生活条件和发展环境。千方百计增加农民收入，多渠道促进农民和低收入者的收入较快增加。

要关注“热点民生”，在着力解决群众反映强烈的热点难点问题上提速。要从发展全局的高度谋划、加快全区水利基础设施建设。加快启动练江流域污染整治工程。认真按照省制定出台的《练江污染整治工作方案》的目标要求，动员京粤等地潮籍领导积极参与，和揭阳、潮南等各方联手，推动专业机构和战略投资者开展项目论证、规划等各项前期工作，争取国家、省的政策支持，运用市场机制吸纳社会力量，着手开展练江整治，力促这一惠及数百万群众的德政工程、民心工程尽快启动建设，到2020年实现恢复农业、景观用水功能，沿岸各镇环保基础设施建设和产业同步调整，实现企业、社会和政府三方“合作共赢”。要尽快完成练江堤等江海堤防加固建设，加快海门湾桥闸、练江水闸、北港堤防、三屿围堤防等水利项目立项、改造建设，加大对谷饶镇等重点地区内涝问题和重点河段综合整治力度，确保有效增强城乡防洪减灾能力。要全力推进引韩供水工程建设步伐，进一步理清思路，理顺关系，争取上级支持，努力破解工程建设的招投标、资金等瓶颈问题，把工程建设成上级放心、群众满意的德政工程、民心工程。

（三）实施宜居城乡提速工程

汕头特区扩围，提出了统筹特区一体化发展、建设宜居城乡的新要求，为潮阳打破行政边界，提速建设宜居城乡创造了条件。

要在创新理念、优化宜居城乡规划上提速。树立“四规合一”理念。把土地利用总体规划、城乡发展规划、产业发展规划、交通规划“四规合一”，统筹推进城乡规划、产业发展、基础设施、公共服务、社会保障等一体化。宜居城乡规划要注重保持潮阳历史文化特色，注重环境生态的可持续性。要在维护人民群众基本权益的前提下，树立经营城市理念。充分运用市场机制和经营谋略来配置城市资源，通过多种融资渠道来解决城市建设资金问题，优化城市规划、建设、管理、发展的观念与行为方式，争取社会效益和经济效益最大化，实现城市升级、群众得益、财政增收。积极推行城市网格化管理，利用网络数字技术，使城市管理朝着优质、高效和服务职能转变，形成条块结合、以块为主，职责明确、协调配合，统分结合、高效运行的网格化城市管理模式。在加快“三旧”改造中体现规划新理念。充分利用“三旧”改造政策，推进宜居社区、宜居村庄、宜居城镇建设，形成整齐、整洁、有序的城乡面貌，建设富有特色的宜居城乡。

要在创新思路、拓展城市发展空间上提速。为拓展城市空间，优化城市布局，我区将继续实施“东南扩展、北部延伸”的城市形态发展战略，打造东部、练江、海湾“三个新城”。东南扩展：往东南，把海门片区纳入中心城区，与城南、文光街道东部7千多亩土地资源连成一片，依托东山风景区、莲花峰AAA风景区、龙虎湾度假区以及优质海湾资源，规划建设集旅游观光、休闲娱乐、文化商业居住于一体的东部新城；往南，把练江北岸、金浦北干渠以南片区约6平方公里土地、滩涂、养殖场作为开发用地，结合练江整治及开发，规划建设练江新城，建成生态宜居、设施齐全、金融集聚的商务核心区。北部延伸：充分利用棉北街道北部和三屿围约11平方公里的土地，引进战略合作伙伴，规划建设海湾新城，建成集居住、文化博览、游憩休闲于一体的生态、低碳、宜居新城。同时，还要确立“城市化”不是“城区化”的理念，加快社会主义新农村建设，让住在乡村地带的居民也同样能共享现代城市的生活方式，重点解决农村的社会保障和环境整治问题。近期准备委托同济大学对潮阳区城区分区规划（2010～2020）和潮阳区次区域规划再次进行论证优化。

要在创新社会管理上提速。区委、区政府将成立社会工作委员会，统筹推进社会管理和社会服务。要让群众享有安全感和归属感。切实开展社会治安重点地区和突出问题的排查整治专项行动，加快视频监控系统建设，建立健全社会治安防控体系，加强流动人口和特殊人群的服务管理，提升社会管理水平。进一步畅通信访渠道，引导群众依法合理地表达利益诉求和解决利益矛盾，切实维护人民群众合法权益。强化“属地管理、条块结合、以块为主”的维稳责任制，加强排查调处矛盾纠纷，维护社会稳定。加强安全生产，全面落实安全生产“一岗双责”责任制。推进公共卫生安全体系建设，健全应对社会性事件的预防预警和应急处置体系。坚决落实计划生育基本国策，稳定低生育水平，减少人口对环境资源的压力。要让群众民主权利得到充分保障。坚持党的领导、人民当家做主、依法治区有机统一，扩大公民有序政治参与，保障人民的知情权、参与权、表达权、监督权。支持人大及其常委会加强和改进监督工作，推进政治协商、民主监督、参政议政。落实司法为民的各项措施，加强司法救助和法律援助。贯彻落实妇女、儿童发展规划，维护妇女儿童权益。贯彻民族宗教政策法规，依法管理宗教事务。加大“六五”普法工作力度，提高全民法治水平。

要在文化建设上提速。为了让群众享受到更为丰富的文化生活，要积极实施文化惠民工程，加强基层文化设施和队伍建设。加强英歌舞、剪纸、笛套音乐等文化遗产的传承保护，加强文物发掘、申报和保护。实施文化精品工程，建设城市文化地标，不断提升城市形象和文化品位。要弘扬潮阳优秀的人文精神，努力增强潮阳文化的开放性、兼容性和时代性，消除封建落后的文化习俗，培育奋发进取、理性平和、开放包容的社会心态。要充分宣传和展示潮阳改革开放的新景象，激发广大群众共谋发展、共建和谐的热情和社会责任。要积极发展体育事业，提高人民身体素质。

要在环境保护和生态建设上提速。为了让群众享受优美的人居环境，要严格执行节能减排目标责任制，强化污染物减排和治理，深化高污染行业的专项整治。加快一批城镇污水处理厂的建设，加大练江、护城河、潮水溪等重点河段水污染防治力度。加强土地资源节约和管理工作，十分珍惜和合理利用每一寸土地，加快7.5万亩后备土地资源的开发。加强水资源、海域、岸线开发保护。积极创建省、市级生态示范区、绿色社区和全国环境优美乡镇。加强林业生态区建设，整治毁林造坟行为，加大东山、西环山、灵山林业栽培和保护力度，着力培植生态景观林、沿海防护林和水源涵养林。

（四）实施行政效能提速工程

加强行政效能建设是改善发展环境，实现提速发展的动力。

要围绕科学决策抓提速。建立健全重大决策专家咨询和讨论制度、重大事项社会公示制度，加大行政决策法律审查和规范性文件管理力度，推进决策的科学化、民主化、法制化。坚持工作快节奏、高效率，特别是提高决策工作效率，凡是区委、区政府确定的工作事项，都要立刻行动、马上就办，决不能拖拉卡压，消极应对。要敢于决策、善于决策，开拓思路，大胆创新。

要围绕执行力抓提速。利用特区扩围的机遇，积极主动争取先行先试的政策，将政府职能转变、创新工作流程和管理方式有机结合起来，全方位推进行政管理体制改革，实行扁平化管理，提高执行力。要进一步深入开展创先争优活动，增强党员干部大局意识、责任意识、服务意识，着力解决当前制约潮阳发展的思想观念、发展理念、工作作风和精神状态等问题，努力营造风清气正、干事创业的良好氛围。大力整治干部队伍中“贪、庸、懒、散、乱”等问题，提高政府执行力和公信力。建立健全“目标倒逼进度，时间倒逼程序”的抓落实倒逼机制，促进工作落实，以工作的高效率推动潮阳的高速发展。

要围绕检查监督抓提速。执行力的本质是检查力。要强化行政效能考核，以目标分解、责任到岗、进度到人制定新的行政效能考核标准。要建立党委督办、政府负责的制度。着力加强机关效能投诉中心建设，进一步完善投诉受理核查机制，加大问责力度，严肃查处不认真履行职责、不及时履行职责、拒不履行职责、为谋私利违法违规乱作为等行为，切实解决机关和单位效率低下、办事推诿、资源浪费等问题，促进党政机关及其工作人员勤政、高效。

（五）实施人才培育提速工程

加快潮阳经济社会发展是一项综合性的系统工程，实施人才强区战略，形成人才竞争比较优势，是潮阳经济提速发展的保障。

要在制订人才发展新政策上提速。真正把人才工作作为强区之基、竞争之本、转型之要。要围绕“三个重点、三个推进”的要求，特别是潮阳产业转型升级的紧缺人才，制订全区中、近期人才发展规划，建立开放灵活、吸引力强、覆盖面广的人才政策体系，增强各项人才政策的针对性、灵活性和有效性。要以引进培养高层次专业人才和高技能人才为重点，加快形成一支与科学发展要求相适应、门类齐全、素质优良、梯次合理的人才队伍。

要在建设技能培训新阵地上提速。以区职业培训基地服务中心和技工分校为主阵地，结合潮阳支柱产业和高新技术产业发展对高技能人才的需求，推进实训基地建设，扩大办学规模，提升办学整体水平，建立覆盖城乡的人才技能培训体系。同时，要采取多种方式和渠道，3～5年内将全区公务员、事业单位工作人员全面轮训一遍，以提高全区干部队伍的综合素质及办事能力。

要在创建人才服务新体制上提速。善于运用市场机制配置人才资源，建立“人才引进绿色通道”，改革创新人才的收入分配体制，鼓励个人科研成果、专利、专有技术资本化和股权化，形成人才集聚地。建立和营造吸引人才、留住人才、用好人才的机制与环境，设立人才开发基金、贡献奖励基金和创业发展基金。定期吸纳各类专业优秀人才充实到区管拔尖队伍中来，落实服务保障措施，充分发挥他们在潮阳经济社会建设中的作用。

全面提高党的建设科学化水平
为实现未来发展目标提供坚强保障

实现潮阳提速发展，关键在于各级党组织和全体共产党员的责任感、方位感、使命感。我们必须毫不动摇地坚持“以人为本、执政为民”的宗旨，坚持把人民放在心中最高位置，始终牢记我们的党、我们的每一名共产党员都来自人民、植根人民、服务人民。要以改革创新精神加强和改进党的建设，工作重心向下，扎实推进党的先进性建设，通过各级党组织和全体党员的先锋带动作用，把全区人民的智慧和力量凝聚起来，为实现提速发展、开创幸福潮阳建设新局面提供坚强的思想、政治和组织保障。

（一）全面推进学习型党组织建设，进一步提升党员思想政治水平与综合素质

面对特区扩围后潮阳加速发展的新机遇、新使命、新挑战，我们必须坚持解放思想，全面加强党的理论创新和理论武装工作，全面提高党员干部运用科学发展观分析和解决实际问题的能力，在“三个重点、三个推进”和“五大提速工程”的实践中有所作为、大有作为。要依托党校、行政学院和大专院校等党员干部培训教育的主渠道，不断创新党员干部学习教育培训形式和内容，积极运用现代信息传播手段提升学习教育培训的现代化水平。要进一步丰富学习内容，完善干部知识结构，加强对现代产业体系转型升级、现代科技以及管理和法律等知识的学习，在广泛了解各种资讯、掌握实际工作情况的基础上，与时俱进，大胆创新，努力创造出超越前人的成果。要强化学习型党组织建设的制度保障，完善和落实党委（党组）中心组学习制度，建立健全党组织集体学习、基层党员轮训、学习成果转化等制度，不断提升我区党员队伍整体素质。

（二）健全党内民主制度机制，进一步激发各级党组织的生机与活力

坚持党委总揽全局、协调各方的领导核心作用，改革完善党的领导机制和工作机制，完善党委与人大、政府、政协的工作衔接机制，坚持以党建带工建、带团建、带妇建，促进工青妇、工商联等群团组织建设，发挥它们的桥梁和纽带作用。大力发扬党内民主，完善全委会、常委会议事规则和决策程序，健全决策失误纠错改正机制和责任追究制度，认真执行党委讨论决定重大问题和任用重要干部票决制度，坚持和完善集体领导与个人分工负责相结合的制度，完善民主监督机制，提高决策科学化、民主化水平。加大发展农村年轻党员的力度，解决农村党员队伍青黄不接的问题。认真贯彻党员权利保障条例，尊重党员主体地位，全面推行党务公开，增强党组织工作的透明度。积极探索镇（街道）、村（社区）班子成员和党代表公推直选工作。

（三）加强各级领导班子和干部队伍建设，进一步增强领导和推动科学发展的能力

坚持五湖四海、任人唯贤的方针，坚持德才兼备、以德为先的标准，把务实创新、勇于开拓、能干成事作为各级领导班子建设的重点内容，选好配强党政“一把手”，全面优化班子配备结构，大力提升各级班子的执政能力。以开展创建“团结、高效、正气”领导班子活动为抓手，着力加强镇（街道）、区直单位和村（社区）班子建设。强化和落实“一把手”责任，进一步带好班子和队伍，增强各级班子和队伍的整体战斗力，形成强大的工作合力。继续深化干部人事制度改革，落实民主、公开、竞争、择优的改革方针，加大干部交流力度，提高选人用人公信度，形成充满活力的选人用人机制。近期将加大公推公选等竞争性选拔干部的力度，使更多的优秀年轻干部进入各级领导班子。切实抓好后备干部队伍建设，加强女干部、党外干部培养选拔，努力开创人才辈出、人尽其才新局面，使干部队伍保持蓬勃活力。

（四）推进基层党建工作机制创新，进一步提高基层党建工作科学化水平

牢固树立党建“主业”意识，整合区域党建资源，建立健全城乡的基层党组织互帮互助机制，在以地域、单位为主设置基层党组织的基础上，按照便于党员参与活动、党组织发挥作用的要求，逐步建立以块为主、条块结合、优势互补、共建共管的基层党建新格局。建立和完善农村干部奖罚机制，

激发农村干部干事创业热情。为形成“党委领导、政府负责、社会协同、公众参与”的社会管理格局，我区将在基层党建工作中引入网格化管理模式，将基层党建工作与基层政权、村居自治组织和其他社会组织建设紧密结合，探索以建立幸福社区（村）民事民治理事会为平台，引导民间慈善组织、“老人组”、“理事会”等群众组织和社区的能人、热心人发挥积极作用，参与社会建设，开拓基层党建工作新路子。各级党组织要将幸福社区（村）民事民治理事会的建设作为基层党建的重点和亮点来抓，为基层党建注入新的动力和活力，以好的党风带动好的政风、民风。加强“两新”组织党建工作，不断扩大党组织覆盖面。加强和改进流动党员管理，建立健全城乡一体党员动态管理机制。建立健全党内关爱帮扶机制，关心和爱护基层干部、老党员、生活困难党员。强化党管武装意识，加大国防教育力度，提升全民国防观念，充分发挥驻潮部队参与幸福潮阳建设的生力军作用。

（五）推进反腐倡廉工作创新，扎实推动惩治和预防腐败体系建设工作

坚持以正为要，弘扬正气，严格执行党风廉政建设责任制。坚持标本兼治、综合治理、惩防并举、注重预防的方针，建立健全教育、制度、监督、惩处并重的惩治和预防腐败体系，坚决从源头上防治腐败，全力打造清正廉洁的执政环境、从政环境和社会环境。强化落实党政正职监督和领导干部问责等制度规定，全面推行“阳光政府”工程，进一步完善党内监督、群众监督、舆论监督，不断探索加强监督的形式与手段。创新形式，深入开展以纪律教育学习月为重点的党性党风党纪教育，注重增强反腐倡廉教育实效，筑牢拒腐防变的思想防线。健全反腐败协调工作机制，严肃查办滥用职权、贪污贿赂、失职渎职案件，坚决纠正损害群众利益的不正之风，切实解决群众反映强烈的问题。加强工程建设、土地资源、国有资产管理、司法等领域的专项治理。

同志们，美好的蓝图令人鼓舞，宏伟的目标催人奋进。未来五年，是加快科学发展，建设幸福潮阳的关键时期，党和人民赋予我们的使命既光荣又艰巨。让我们紧密地团结在以胡锦涛同志为总书记的党中央周围，高举中国特色社会主义伟大旗帜，在市委的正确领导下，振奋精神，抢抓机遇，内外发力，争先作为，为提速科学发展、建设幸福潮阳而努力奋斗！

潮阳区人民代表大会常务委员会工作报告

——在汕头市潮阳区第三届人民代表大会第一次会议上

（2011年11月6日）

汕头市潮阳区人大常委会代理主任　庄儒忠

各位代表：

我受区二届人大常委会的委托，向大会报告区二届人大常委会的工作情况和今后工作的建议，请予审议。

五年来的工作情况

区人大常委会于2006年11月由区二届人大一次会议依法选举产生。五年来，区人大常委会在中共潮阳区委的坚强领导下，以邓小平理论和“三个代表”重要思想为指导，全面贯彻党的十七届四中、五中、六中全会精神，深入贯彻落实科学发展观，认真履行宪法和法律赋予的职责，围绕中心，服务大局，关注民生，促进和谐，为加快科学发展、建设幸福潮阳发挥了积极作用。

（一）服务发展大局，审议决定重大事项

常委会紧紧围绕全区工作大局和经济建设中心，坚持抓重点、议大事，依法行使重大事项决定权。五年来，区人大常委会举行例会46次，审议和批准区政府提请审议的议案16项，听取和审议“一府两院”各项工作报告49项，做出决议、决定34项，并将决议、决定和审议意见印发给“一府两院”，要求认真执行、落实办理。加强对计划和财政预决算的审查监督，开展专题调研，提出合理的建议。审议和批准区政府提出的财政预算调整方案，并形成决议，督促和支持区政府围绕“保增长、保民生、保稳定”目标，抢抓发展机遇，强化财税征管，优化支出结构，提升民生保障水平，促进财政实力稳步增强。区本级一般预算收入从2005年的27688万元增长到2010年的87000万元，年均增长25.73%。切实推动重大项目建设，适时听取和审议了区政府提出的关于潮阳引韩供水工程、护城河整治和景观工程、潮阳区污水处理厂等贷款方案以及关于“十二五”期间潮阳区重点水利建设实施方案等建设工程项目议案，并审查批准了这些议案，支持政府用足金融资本，加快重点项目建设步伐。组织人大代表视察城区道路交通状况和水利、产业园区等重点工程和重大项目建设情况，向区政府及相关单位提出了意见建议，协调有关部门解决实际问题，有力推动了一批重点工程项目顺利实施。

（二）围绕中心工作，履行人大监督职权

围绕民生政策落实，积极开展工作监督。常委会一直把民生政策贯彻落实情况作为监督工作的重点，紧紧抓住群众关心的教育、医疗、就业、食品安全、社会治安等民生问题，认真组织调研视察，听取和审议相关工作报告，提出意见和建议，促进相关工作开展。五年来，先后审议和检查行政机关贯彻实施《教师法》、《食品卫生法》、《道路交通安全法》、《环境保护法》等法律法规16个，形成有针对性和可操作性的审议意见，及时送交“一府两院”及其相关部门，要求在规定的时间内以书面形式向常委会报告办理结果。区政府和职能部门重视常委会的意见、建议，加大执法力度，加强监管，积极推进各项工作正常开展。

围绕法治潮阳建设，切实加强执法监督。常委会以促进依法行政和公正司法为目标，组织执法检查组对区政府及相关部门贯彻实施《人口与计划生育法》、《科技进步法》、《渔业法》和《体育法》等情况开展专题调研与执法检查。组织检查组对基层派出所、司法所建设情况进行检查，听取相关工作情况汇报，提出进一步加强队伍建设、提高执法水平、维护司法公正的意见建议。按照省、市的部署，深入开展法治区、法治镇（街道）创建工作、“阳光法治·法治惠民”主题实践活动，做到有部署、有检查。深入开展普法宣传教育，组织协调有关单位积极开展“与法同行·学校安全法制宣传教育月”和法治广东宣传教育周等活动，夯实依法治区基础。

围绕畅通民意渠道，认真办理来信来访。常委会把人大信访工作作为密切联系群众、化解社会矛盾的重要工作，进一步健全交办督办机制，努力增强信访工作实效。五年来，共受理人民群众来信77件，接待来访129人次，督办重点信访案件10多起，促进了社会的和谐稳定。

（三）坚持规范程序，做好人事任免工作

任免国家机关工作人员，对被任命干部实施监督，是人大常委会的一项重要职权。常委会正确处理党管干部与人大依法行使任免权的关系，认真贯彻区委意图，依法做好人事任免工作，保证了区级国家机关正常运转。在任免工作中，人大常委会坚持充分发扬民主、严格依法办事相统一的原则，规范任免程序，对每一名拟任的干部，常委会党组会议都事先认真讨论，统一认识，并严格按照法定程序任免，确保党委人事安排意图的实现。同时，颁发任命书，向接受任命的干部提出任职要求，促进其正确行使人民赋予的权力。五年来，决定任免区政府组成人员70名、任免两院干部88名、接受各项辞职请求11名。

（四）强化服务保障，提高代表工作实效

强化知情知政，保障代表依法履职。在坚持和完善常委会领导联系代表和代表联系选民制度的基础上，通过邀请代表列席常委会会议、组织代表听取“一府两院”工作汇报、参加调研视察和执法检查、旁听法院庭审、寄送文件资料、邀请人大代表担任行风监督员和法院人民陪审员、检察院人民监督员等多种途径，积极拓展代表知情知政渠道，增强了代表工作的生机和活力。同时，组织开展了多种形式的代表活动。五年来，共组织代表视察5次、执法检查18次，参加代表480多人次，提高了代表参与管理国家事务的水平。

强化督办落实，提升议案办理实效。常委会高度重视代表议案建议办理工作，会同区政府专题召开代表议案建议交办会。区政府高度重视，督促承办单位在解决实际问题上下功夫。对办理不到位、代表不满意的建议，区人大常委会及时进行跟踪督办、重新交办，不断提高代表建议的办成率和满意率。在常委会认真督办以及区政府和相关部门的积极落实下，五年来，代表提出的议案、建议共161件，已按规定时限办结并答复代表。

（五）严格依法办事，抓好换届选举工作

这次区、镇两级人大同步换届选举，面临新问题比较多。常委会对区、镇人大换届选举工作高度重视，从7月底开始，在区委的领导下积极开展工作，依法任命区选举委员会组成人员、各镇选举委员会成员和街道、区直选举工作办公室主任、副主任，制订选举工作方案，召开全区换届选举工作会议，部署换届选举工作。在换届选举中，广泛开展宣传发动工作，增强选民的民主意识，积极参与选举活动。在提名推荐和协商确定代表候选人、组织投票选举中，充分发扬民主，严格依法办事，发动选民依法提名推荐代表候选人，并经过民主协商确定正式代表候选人，积极组织选民投票选举，切实保障选民民主权利。常委会领导和选举委员会办公室工作人员，深入各镇、街道和选区，加强检查指导，及时发现和解决存在问题，确保这次选举工作顺利进行。全区200个区人大代表选区、473个镇人大代表选区，均在9月10日选举日一次投票成功，依法选出区新一届人大代表419名，镇新一届人大代表960名。各镇在10月20日前先后召开镇新一届人大一次会议，依法选出镇人大、政府领导班子成员，顺利完成镇级人大换届选举任务，加强了基层政权建设。

（六）突出自身建设，不断提高履职水平

加强学习，提高素质。常委会始终把加强学习放在自身建设的首位，通过举办培训班、召开座谈会、开展专题知识讲座、坚持集中学习制度等，组织常委会组成人员和人大干部认真学习党的方针政策，学习《监督法》、《代表法》等法律法规、学习人大业务知识，有效提升了人大常委会组成人员依法履职水平和人大干部服务大局、服务发展的能力。

完善制度，改进作风。进一步健全完善人大机关各项工作制度，切实加强人大干部队伍和机关效能建设，提高工作效率和工作执行力。对照有关法律规定，制定了常委会听取和审议专项工作报告实施意见等多项工作制度；细化执法检查、视察和预算监督等工作流程；强化目标责任制，将常委会年度工作安排分解落实到每一个工委，并认真组织实施；强化对机关内部事务的集体决策和工作协调，提高机关工作服务能力和工作效率。

强化联系，指导基层。常委会在坚持邀请镇人大副主席、街道人大工作室副主任列席常委会，参加常委会组织的执法检查、视察、调研的基础上，加强对各镇、街道人大的工作指导，举办了全区基层人大干部培训班，进一步掌握好镇人大工作的方法、途径和程序，提升基层人大干部依法履职能力，促进基层人大工作水平的提高。

五年来，常委会工作所取得的成绩，是区委正确领导、全体代表共同努力的结果。对此，我代表区人大常委会表示衷心感谢！在看到成绩的同时，对照人大工作要求和人民群众的期望，我们也清醒地认识到，工作中还存在着一些不足和差距，如监督工作成效有待进一步提高，监督力度有待进一步加大，人大机关队伍结构有待进一步优化等。存在的这些不足和问题，我们将在今后工作中切实加以解决。

今后工作的建议

为承前启后，继续做好区人大常委会工作，对今后工作提出以下建议：

（一）坚持和依靠党的领导，始终保持正确的政治方向

坚持和依靠党的领导，是做好人大工作的重要保证。常委会应自觉接受党委的领导，正确认识和处理坚持党的领导与依法行使职权的关系，把坚持党的领导、人民当家做主和依法治国有机统一起来。加强政治理论学习，自觉在政治思想和行动上与党委保持一致，认真贯彻党委关于地方国家事务的决策，及时把党的主张通过法定程序转变为地方国家权力机关的决议、决定，使之转化为国家意志和人民群众的自觉行动，从法律上、制度上保证党的路线方针政策的贯彻实施。要紧紧围绕“提速科学发展，建设幸福潮阳”的目标和党委的工作部署来制定工作计划，依法决策，推动潮阳经济社会快速发展。

（二）贯彻落实科学发展观，依法行使人大各项职权

常委会应坚持用科学发展观指导人大工作，坚持用科学的观点和方法看待问题，开展监督，进行决策，依法行使好人大的各项职权。一是依法行使好重大事项决定权。进一步完善行使重大事项决定权的程序，紧紧围绕党委的重要战略和部署，抓住一些带有根本性、全局性和长远性，事关我区改革发展稳定大局的重大事项，依法行使好决定权。注重深入开展调查研究，广泛听取人大代表和人民群众的意见，集中广大人民群众的智慧，促进和保障我区各项重大决策的民主化、科学化，使做出的各项决策更合乎我区的实际，更符合经济和社会发展的规律和要求。二是依法行使好监督权。认真分析和研究作为监督对象的“一府两院”工作的新特点，认真总结历届人大监督工作的经验和做法，从我区的实际出发，进一步改进监督方式，完善监督程序，突出监督重点，提高监督实效。三是依法行使好人事任免权。进一步完善人事任免制度，规范任免程序，不断拓宽常委会组成人员对拟任免人员的了解渠道，正确行使表决权，努力实现党委人事安排的意图，为“一府两院”正常运转提供组织保障。

（三）密切与人大代表的联系，加强和改进代表工作

常委会应始终坚持群众利益无小事，切实加强对农民增收、环境保护、就业再就业、社会保障等人民群众关注的热点难点问题的监督。一要坚持走群众路线。切实加强常委会组成人员与人大代表和人民群众的联系，注重广泛听取代表和群众意见，积极反映代表和群众意愿和要求，做人民群众的忠实代言人。二要进一步加强和改进代表工作。要把我区的代表工作放在更加突出的位置，建立健全代表工作的有关规章制度，积极组织代表开展活动，认真督办代表议案、建议，积极为代表履行职责服务，不断拓宽代表议政督政的渠道，充分发挥代表在建设幸福潮阳和推进潮阳经济社会发展进程中的作用。三要处理代表、群众信访。要进一步提高思想认识，规范处理程序，善于从群众信访中选择一些群众普遍反映的重点问题作为人大监督的内容，督促相关部门妥善处理好群众信访，维护社会稳定。

（四）加强常委会自身建设，不断提高人大工作水平

加强常委会及人大机关的自身建设，是适应形势发展的要求和人大工作的需要。一是要切实加强理论学习。要不断增强理论学习的紧迫感和自觉

性，深入学习党的路线方针政策，学习宪法、法律和人民代表大会制度的理论，增强宪法意识和法制观念，努力学习新知识，把掌握的知识应用到依法履行职责中去，应用到工作实践中去，研究和解决工作中的实际问题。二是要切实掌握人大工作规范。要在实践中积极探索并认真把握人大工作的特点和规律，更好地提高人大工作的成效，发挥人大的职能作用。三是要注重制度创新。要在继承历届人大成功经验和做法的基础上，适应新形势，结合当前我区人大工作的实际，不断加强制度建设，完善工作程序，改进工作方法，进一步探索在行使重大事项决定权、监督权、任免权等方面的新途径和新做法，促进人大各项法定职权进一步落实到位，不断开创人大工作新局面。四是要抓好队伍建设。积极组织开展学习和培训，不断提高人大机关干部队伍的业务水平；进一步优化干部队伍结构，大胆推荐提拔使用业务能力强、工作踏实苦干、成绩突出、群众反映好的年轻优秀干部，加大人大机关干部交流力度；建立竞争激励机制，充分调动人大机关的工作积极性，努力建设一支“政治坚定，业务精通，务实高效，作风过硬，团结协作，勤政廉洁”的人大机关干部队伍，为推进我区人大工作不断向前发展提供强有力的组织保证。

各位代表，区二届人大常委会在区委的领导下，在全体人大代表和“一府两院”及有关部门的支持配合下，已圆满完成历史使命，新一届人大常委会也即将选举产生。我们相信，在邓小平理论、“三个代表”重要思想和科学发展观的指导下，在区委的领导下，新一届人大常委会在坚持人民代表大会制度、行使重大事项决定权、监督权、任免权、发挥人大代表作用等方面，必将取得更大的成绩，为提速科学发展、建设幸福潮阳，实现经济社会全面协调可持续发展做出更大的贡献。

政府工作报告

——在汕头市潮阳区第三届人民代表大会第一次会议上

（2011年11月5日）

汕头市潮阳区代区长　杜怀丹

各位代表：

现在，我代表区人民政府向大会报告政府工作，请予审议，并请各位政协委员和列席人员提出意见。

五年来的工作回顾

五年来，在市委、市政府和区委的正确领导下，在区人大及其常委会、区政协的监督支持和各民主党派的帮助下，我们深入贯彻落实科学发展观，团结带领全区人民，解放思想，抢抓机遇，攻坚克难，胜利完成了二届一次会议确定的主要目标任务，为潮阳提速科学发展奠定了坚实的基础。

——经济指标持续攀升，经济实力明显增强。

全区地区生产总值由90.57亿元增长到177.03亿元（不含华能，下同），年均增长13.4%；工业总产值由171.32亿元增长到414.44亿元，年均增长16.2%；农业总产值由21.34亿元增长到27.35亿元，年均增长1.4%；本级财政一般预算收入由2.77亿元增长到8.7亿元，年均增长25.7%；固定资产投资总额由22.1亿元增长到58.72亿元，年均增长21.6%。

——发展方式逐步转变，三大产业协调发展。

工业主导地位进一步强化。传统优势产业加速转型，着力提升音像光盘、纺织服装、纸品文具等传统行业规模化、现代化、品牌化水平，累计投资30多亿元引进国外先进设备3500多台（套），新增省著名商标31件，规模工业增加值年均增长20.69%。建筑安装业逐步向高等级、多专业资质方向发展，2个承建工程项目获得国家级殊荣。高新技术产业加快发展，LED半导体照明、太阳能光伏等新兴项目投资生产，新认定高新技术企业8家，新增专利授权量588件。现代效益农业发展步伐加快。积极实施农业综合开发治理等项目，改造中低产农田5万多亩，建成关埠、西胪2个万亩优质水稻生产基地，粮食生产能力显著提高。加强农业标准化建设，建成16个优势农产品生产基地、15个无公害农产品生产基地、5个省级标准化示范基地、3个省级健康农业科技示范基地。“三棱橄榄”、“乌酥杨梅”获得国家地理标志保护产品认定。发挥农业龙头企业作用，“企业+基地+农户”经营模式进一步完善。海洋渔业迅速发展，用三年时间率先在全省完成人工鱼礁的十年建设计划，海门国家中心渔港建设全面竣工，获评“全国文明渔港”。第三产业稳步发展。城乡消费活跃，2010年社会消费品零售总额147.33亿元，年均增长18.5%。港口物流业逐步形成，潮阳港国家一类口岸资格得到确保，华能电厂煤码头、大明石油气码头顺利运营，2010年货物吞吐量达到530万吨。城区房产销售逐年增长，累计销售面积37.04万平方米。电信、烟草、交通运输、邮政物流、信息中介、连锁经营等行业较快发展。

——发展后劲日益增强，改革开放不断深化。

重点项目建设有效突破。汕头历史上投资规模最大的华能海门电厂落户潮阳，1、2号机组和500千伏输出工程建成投产，3、4号机组已建成正在调试，煤炭中转基地建设加快推进。华电丰盛发电、新大华石化等项目相继落户，前期工作扎实推进。贵屿废弃电器电子产品集中处理场项目首期500亩园区已启动规划建设。城市防洪、棉北海堤、金关围、练江堤防工程建设基本完成，城区污水处理厂首期工程竣工投入使用，厦深铁路及潮阳站、汕湛、揭惠、潮惠高速公路潮阳路段等重大基础设施筹备、建设工作全面启动，国道324线潮阳红旗岭至梅花路段长13.2公里大修及设施配套工程、和平大桥重修工程顺利完成，省道234、237

线潮阳路段全线建成通车。发展软环境得到优化。制订出台一系列扶持政策措施，强化重点企业、重点项目的扶持、保护和服务。累计报批用地4.41万亩、开发新增耕地6200多亩，帮助企业融资47亿元、招工近4万人次。对外开放程度进一步扩大。积极参加侨博会、山洽会等经贸洽谈及招商引资活动，引进项目91宗。加快发展对外贸易，完成外贸出口总值23.2亿美元，年均增长12.6%。体制改革步伐加快。基本完成农村税费、林权制度、新型农村合作医疗等涉农改革，稳步推进农村金融、公有制企业、价格、电力、财政税收、燃油税费、文化教育卫生等体制改革。

——民生保障取得实效，人民生活更加殷实。

2010年，农民人均纯收入4432元，城乡居民储蓄存款余额207.26亿元，分别比2005年末增长40%和86.54%。社会保障体系不断健全。积极实施职工特殊门诊就医和住院医疗补助制度，实施城镇职工、居民高额补充医疗保险，不断扩大新型农村合作医疗、城镇居民医保覆盖面。一批社保历史遗留问题得到有效化解，有33158名群众纳入低保，累计发放低保金1.3亿多元。省政策性农村住房保险工作取得重大突破，全区有21.4万农户参保，参保率达97.1%。就业再就业工作不断加强，城镇登记失业率控制在3.3%以内。扶贫开发力度加大。落实各级帮扶资金3000多万元，启动建设项目85个，全区贫困村脱贫率约47%。扎实推进扶持老区山区项目建设，老区山区发展环境得到改善。热点问题逐步解决。解决了78个村、34万群众的饮水安全问题，完成村村通自来水海门供水试点工程首期项目建设；保障性住房建设加快推进，完成1479户农村贫困户的危房改造；启动建设海门渔民安居工程解困房204套和廉租房174套，有效改善农村困难户的居住条件。

——社会事业全面进步，幸福指数逐步提升。

教育事业取得新成效。大力发展职业技术教育，筹资1.96亿元，完成区职教中心首期工程建设。有效解决学位不足、大班额和校舍安全问题，筹资6.57亿元，新、改、扩建中小学校舍50.2万平方米，新增学位6.4万个。加强师资队伍建设，累计招录新教师2824名。妥善解决中小学代课教师问题，三批次“代转公”、“代转岗”共招录教职员工2789名。落实教师绩效工资，基本实现教师工资福利待遇“两相当”。全面提高教学质量，高考上线率屡创新高。文化强区建设扎实推进。潮阳剪纸、英歌舞、笛套音乐列入国家级第一批非物质文化遗产代表作名录，贵屿“街路棚”入选省级“非遗”。实施农家书屋、农村公益电影放映、送戏下乡、基层文化设施建设等文化惠民重点工程，积极组织“护城河之春”元宵灯会等文化、民俗活动，进一步丰富了群众文化生活。人口、卫生、旅游、体育等工作取得新进步。2010年，实现人口出生率10.84‰、政策生育率96.35%，分别比2005年降低1.98个千分点和提高18.51个百分点，人口计生工作进入了省二类地区管理水平。落实重大传染病和重大动物疫病防控措施，有效控制人禽流感、甲型H1N1流感等传染病传播；加快农村三级医疗卫生服务体系建设，基层医疗卫生服务能力有较大提升。举办一年一度的杨梅节、橄榄节等“潮阳乡村旅游节系列活动”，重点打造莲花峰、灵山寺、明安里等各具特色的旅游景区（点），旅游知名度不断提高。科普事业取得新成绩，2011年荣获“全国科普示范区”称号。积极开展全民健身运动，发展竞技体育运动，2010年获全国全民健身活动优秀组织奖，有3名运动员在第15、16届亚运会上夺得帆板、赛艇项目金牌。民兵、预备役建设得到加强，审计、统计、物价、畜牧、粮食、民族宗教、外事侨务、妇女儿童、气象、档案、对台、老龄、史志、残联等各项工作都有新进步。

——城乡面貌大为改观，发展环境不断优化。

全区城镇化水平达到60%，建成区面积124.5平方公里，比2005年扩大了14.07平方公里。城区宜居环境逐步优化。积极推进“一水二山三园四路”等市政工程建设，护城河整治及两岸景观工程建设基本完成。东山、西山、文光公园、东山公园、体育中心配套设施逐步完善，新华东路、中华路、东山大道、老过境路等城区主干道改造工程完成前期准备工作，新华东路已完成招标工作，即将开工。启动文化宫片区改造，建成文光塔广场，完成文光塔、影剧院加固修缮。一批高端住宅、酒店、商贸项目加快建设，城市品位进一步提升。新农村建设持续推进。完成132个行政村229.4公里水泥路建设；农村电网及输变配电设施逐步完善；海门、谷饶镇污水处理厂等环境基础设施规划建设扎实推进。有7个村被评为省级生态示范村、36个社区被评为省“六好”平安和谐社区，和平镇新和社区被评为“全国和谐社区建设示范社区”。开展植树造林和绿地建设，新增造林面积9525亩、绿地面积5万平方米，全区森林覆盖率达到33.7%。城乡规划得到强化，“三旧”改造步伐加快，土地集约利用率不断提高，和平中寨等一批农民公寓实施规划、建设。社会管理进一步加强。安全生产形势趋稳向好。妥善处理“5·19”、“5·21”火灾事故，深入开展安全生产隐患排查治理和消防安全“一畅两会”专项行动，强力推进谷饶、贵屿、和平等重点地区消防安全专项整治，顺利摘掉谷饶镇的省火灾隐患重点地区牌子。社会矛盾纠纷得到妥善调处。建立起区、镇、村三级综治信访维稳中心（工作站），稳妥处理群众来信来访问题，积极解决复退军人、知青、下岗人员等群体的合理诉求，依法妥善处置了海门洪洞村民围堵华能海门电厂、谷饶等地涉土和厦深铁路潮阳段拆迁等不稳定问题。平安潮阳建设扎实推进。进一步健全社会治安防控体系，重拳打击各类刑事犯罪，查破刑事案件3429宗，查处行政案件21588宗，顺利摘除省社会治安重点整治地区牌子。灾害应急救援体系初步建立，应急救助能力逐步提高。积极开展“创模、创卫、创文”活动，推行城市网格化管理，强化环境综合整治，城市管理水平得到提升。严厉打击环境违法违规行为，超额完成节能减排目标任务。深入开展质量强区活动，打假工作取得新成效。加强土地“卫片”执法检查，规范国土资源管理。殡改、食品安全、市场秩序整顿等工作取得明显成效。

——民主法制进程加快，行政能力明显提高。

坚持依法行政，自觉接受区人大及其常委会、区政协的监督，认真听取各方意见和建议，推进科学民主决策，五年共办理人大代表议案（建议）186件、政协委员提案175件，制定规范性文件10件。高度重视政府自身建设，开展深入学习实践科学发展观活动和创先争优活动，切实转变作风，加快推进政务公开和电子政务建设，着力提升机关效能。加强公务员队伍建设，公开招录公务员130名，9000多人次接受公务员培训，全面完成区政府机构和乡镇机构改革。深入开展“五五”普法，公民法制观念进一步增强。全面开展“村账镇理”，农村财务管理工作走向规范化。顺利完成两届村（居）委会的换届选举，基层民主政治建设得到加强。实施纪检监察派驻机构改革，强化行政监察和审计监督，加大违法违纪案件查处力度，共查处案件269宗402人，反腐倡廉工作得到加强。

各位代表！过去五年的发展成就和工作成绩，是市委、市政府和区委正确领导，是区人大、区政协监督支持，是包括海内外乡亲在内的社会各界人士关心帮助，是全区广大干部群众同心同德、奋力拼搏的结果。在此，我谨代表区人民政府，向辛勤工作在各条战线上的全区广大干部群众，向大力支持政府工作的人大代表、政协委员和社会各界人士，向无私奉献的驻潮部队官兵、公安政法干警，向关心、支持潮阳发展的各级领导、离退休老同志和海内外朋友致以崇高的敬意和衷心的感谢！

通过五年的实践，我们深深地体会到：必须坚持科学发展，只有依靠发展，才能解决前进道路上的困难和问题。必须坚持以人为本，只有把发展成果惠及全区人民，才能打牢社会和谐稳定的基础。必须坚持转变发展方式，只有大力推进自主创新，节约资源和保护环境，才能提高发展的全面性、协调性和可持续性。必须坚持内外发力，只有充分调动全区干群和海内外乡亲的积极性，才能形成加快发展的强大合力。必须始终加强政府自身建设，只有不断增强政府公信力、执行力和约束力，才能提升区域投资吸引力和竞争力。

在看到成绩的同时，我们也清醒地认识到，我区经济社会发展中还存在不少困难和问题。一是经济总量仍然偏小，产业升级步伐亟待加快；二是城乡统筹任务仍然艰巨，社会建设水平有待进一步提升；三是社会管理创新和公共服务能力仍需加强，保障改善民生工作领域有待进一步拓展；四是政府职能转变还不完全适应新形势新任务的要求，经济发展环境有待进一步优化，等等。对此，我们必须高度重视，采取切实有效措施加以解决，决不辜负全区人民的重托和期望。

今后五年的发展目标和工作任务

新一届政府任期的五年，是提速科学发展、建设幸福潮阳的关键时期。当前，我区虽然存在诸多困难，但我们也欣喜地看到，潮阳已具备克服困难、加快发展的有利条件。一是国家、省、市实施了一系列加快产业转型升级、建设幸福社会的战略部署，汕头经济特区范围扩大到全市后作为区域中心城市的辐射带动作用将进一步增强，为我区实现产业大升级和经济大发展提供了十分有利的时机。二是潮阳与市中心城区隔湾相望，是市中心城区未来向西拓展的重要腹地；有国家一类口岸潮阳港、国家中心渔港；毗邻潮汕国际机场；规划建设中的厦深高速铁路潮阳站和汕湛、揭惠、潮惠等高速公路高密度汇集潮阳；有84.6公里长海岸线，有7.5万亩可开发后备土地资源，发展有得天独厚的区位及资源优势。三是潮阳有丰厚的人文底蕴，人杰地灵，人才辈出，潮阳人民勤劳勇敢，开拓进取，敢闯敢干，经过多年的发展，已积累了比较丰厚的物质和产业基础；当前潮阳全区上下人心思进，干事创业的热情高涨；更为重要的是，潮阳还有旅外华侨和港澳台同胞120多万人，国内各地乡亲100多万人，其中不乏成功人士，他们都爱国爱乡，是我们联通四海、对接世界的重要桥梁，蕴含着无穷无尽的智慧和力量。只要我们内外发力，抓住时机，乘势而上，励精图治，奋发图强，潮阳就一定能够重谱新篇章，再创新辉煌。

今后五年，区政府工作的指导思想是：坚持以邓小平理论和“三个代表”重要思想为指导，全面贯彻区第三次党代会精神，以科学发展观为统领，以提速科学发展、建设幸福潮阳为主题，以加快转变经济发展方式为主线，紧紧抓住汕头经济特区扩大范围的有利时机，大力发展临港经济、高铁物流经济、循环经济、传统工业经济、生态农业经济、开放型经济，积极推动城乡一体化建设，打造东部、练江、海湾“三个新城”，积极发展各项社会事业，强化社会管理创新，优先保障民生民安，推进文明法治进程，促进社会和谐稳定，努力实现潮阳经济社会发展新跨越，努力开创建设幸福潮阳新局面。

根据这一思路，今后五年的发展目标是：

——综合实力全面提升。全区地区生产总值年均增长20%（不含华能，下同），实现2015年人均生产总值比2010年翻一番以上。工业总产值年均增长21%，农业总产值年均增长3.5%，社会消费品零售总额年均增长30%，外贸出口总额年均增长20%，固定资产投资总额年均增长32%，一般预算收入年均增长29%，税收收入占一般预算收入比重达到90%左右。

——城镇集聚全面增强。强化城区、练江、榕江三大组团为基础的功能分区，重点加快包括文光、城南、海门等地在内的潮阳东部新城建设，按照“东联西带、中心带动、区城协调”的思路，加快棉北街道三屿围片区海湾新城融入汕头主城区“一湾两岸”步伐，构建以潮阳中心城区为支撑，三大组团为纽带，和平、谷饶、关埠中心镇为节点的现代城镇体系，努力把潮阳建设成为汕头重要的次中心城市。

——科教水平全面提高。全区各类人才总量达10万人，专业技术人员占人才总量达到30%。全社会研究开发经费占生产总值比重达2%以上，自主研究开发产品比例达45%以上。高标准普及小学至高中阶段教育，高中教育毛入学率达到85%以上，中等职业教育加快发展。

——生态环境全面改善。耕地保有量控制在1.89万公顷，森林覆盖率达35%以上，城区人均公共绿地面积达到9.08平方米。节能减排指标全面达标，城镇生活垃圾处理基本实现无害化，城市生活污水集中处理率达80%以上，全面实施城区园林绿化。

——法治文明全面发展。全面实施依法行政，稳步推进决策民主化、科学化、法制化，形成公开透明、廉洁高效、行为规范的行政管理体制。精神文明建设不断加强，公民科学素质不断提升，形成文明法治、稳定和谐、宽容诚信的社会环境。

——幸福潮阳全面推进。农村居民人均纯收入年均增长20%，居民恩格尔系数下降到43%以下，人口自然增长率控制在7.3‰以内，城镇登记失业率控制在3.3%以内。职工养老保险、职工医疗保险和新型农村合作医疗参保率分别达到80%、95%、99%。

围绕上述目标任务，新一届政府将着重做好以下工作：

（一）加快转变经济发展方式，实现经济又好又快发展

重点发展临港经济。要严格控制和利用岸线资源，下大力气解决潮阳经济技术开发区遗留问题，支持华能海门电厂3、4、5、6号机组、华电丰盛发电厂2台60万千瓦机组、大明石油气库、新大华石化港区仓储项目等重点项目建设，充分利用现有项目带动效应，重点招引国际500强企业和大型国企落户，大力发展临港现代工业。加快潮阳港和关埠港建设运营，整合利用大明石油气码头、华能海门煤炭中转基地、新大华海门港区石化码头、华电丰盛发电煤炭码头等现代港口码头和对台小额贸易试验口岸，大力发展临港现代物流业。充分挖掘滨海资源，加快莲花峰、龙虎湾等沿海景区建设，大力发展休闲、餐饮、度假等滨海旅游服务业。要引导发展高效外海捕捞，支持水产品养殖及精深加工，完善海门国家中心渔港配套建设，加快建设水产品集贸市场，吸引外港船只靠港进行水产品交易和给养补充，打造粤东规模最大的水产品集散基地。

着力发展高铁物流经济。要高起点谋划厦深铁路潮阳站及其周边片区建设，加快规划建设进出站路，建立快捷的疏站路网，积极引进战略投资伙伴，高层次、大气魄建设潮阳站周边配套功能区，构建服务粤东、连接珠三角、对接海西的现代物流服务基地。要充分利用潮阳站大力发展练江片区和榕江片区商贸物流业，加快国际针织内衣商贸城以及音像制品、建筑装饰材料、农产品等各类专业批发市场建设。

引导发展循环经济。要大视野谋划建设贵屿国家级循环经济产业园，积极争取国家和省的政策、资金支持，加快推进与TCL集团、新加坡一合环保集团等企业的合作进度，不断完善园区废水、垃圾、危险废物处理等环保基础设施，加快首期500亩贵屿废弃电器电子产品集中处理场项目建设。要积极引导废旧家电回收利用企业入园，进一步完善产业链条，开发建设电子元件、五金和再生塑料等专业市场，力争把贵屿建设成为全国废弃电器电子产品集中处理示范中心和发展循环经济的典范。

提升发展传统工业经济。要想方设法解决企业用地、用水、用电、用工、融资难等问题，鼓励企业提高自主创新能力，支持企业创建品牌，推动企业上市，打造先进产业集群。纺织服装业要发挥规模优势，加快技术创新，延长产业链条。音像制品业要加快升级换代，提高产品科技含量，加速与文化产业并轨发展。建筑业要加快体制改革步伐，创新管理，狠抓资质升级。纸品文具业要走集约化、规范化发展道路。机电制造业要发挥技术优势，继续加快机电一体化进程。要培育发展LED半导体照明、太阳能光伏、信息电子等新兴产业。

大力发展生态农业经济。要大力发展现代效益农业，抓好标准化农田建设，实施关埠、西胪优质稻示范工程，稳定提高粮食产量。加快金灶小北山果林生态观光农业区、西胪西凤生态农业园区、金浦粮菜轮作农业区、河溪、西胪水产养殖区等优势农业区建设，大力引进“三高”农业，积极发展花卉和苗木种植，做大做强水果、蔬菜和畜牧等主导产业。积极开展农业实用技术培训，加快农业科技推广创新，扶持农业龙头企业发展壮大，发展农民专业合作社，加强无公害农产品、绿色食品、有机食品、地理标志保护产品认证管理，培育发展“三棱橄榄”、“乌酥杨梅”、“姜薯”等农业品牌，大力发展生态观光农业、休闲农业。

积极发展开放型经济。要力促招商引资增量提质，择优引进投资大、用地少、纳税多、污染小的项目。加快产业园区配套建设，高度重视金浦、金灶、关埠、西胪等工业产业园区的规划建设，鼓励现有园区进行二次开发，充分发挥经济园区在招商引资中的骨干作用。要做好亲情招商和对台招商，积极争取在外潮阳人回乡投资创业。服务好现有企业，引导现有企业增资扩产。要扩大外贸出口，支持企业拓展国外新兴市场，扶持有自主知识产权、高新技术、高附加值产品出口，鼓励生产型企业自营出口，促进加工贸易转型升级。加强大通关建设，提升口岸通行能力和效率，引导企业在本地报关、出口。支持鼓励企业开拓国内市场，参与国内经贸活动。

（二）强化规划龙头作用，加快宜居城乡建设进程

统筹推进城乡规划。要顺应特区扩围新形势，主动融入大汕头，加快潮阳城乡一体化建设进程。重点抓紧做好潮阳城区分区规划编制，科学谋划新城区规划，加快镇村总体规划和控制性详细规划编制，抓好产业布局规划和园区规划，强力推进公共基础设施和服务设施规划建设步伐，提升潮阳区域竞争力。

推进基础设施建设。要全面完成城乡水利防灾减灾工程，加快引韩供水工程建设，推进北港堤防、海门堤防、三屿围海堤等项目改造；抓好海门湾桥闸、练江等一批大中型水闸改（重）建，加快做好一批中小型水库除险加固，积极争取更多项目

列入省万宗农田水利建设工程；加大对榕江、北山灌区改造建设力度，加强谷饶等地内涝整治工作。要协助做好厦深铁路和汕湛、揭惠、潮惠等高速公路建设，积极推动深汕高速海门互通至国道324线（潮阳段）连接线路面改造，加快揭海线、埔谷线、草南线等项目改建，配套建设一批地方公路，完善城乡客货运站场，完成自然村公路硬底化建设。要推进粤东成品油管道工程、LNG管网以及一批输变电工程，加快农村电网改造升级和城市电网管网入地规划建设。要加快潮阳城区生活垃圾处理场、垃圾卫生填埋场、污水处理厂二期工程建设步伐；推进海门、谷饶、贵屿、铜盂、和平、关埠污水处理厂规划建设，做好贵屿、西胪、金浦垃圾处理设施建设。

拓展城市发展空间。要实施“东南扩展、北部延伸”的城市发展路径，打造东部、练江、海湾“三个新城”。要将海门片区纳入中心城区，规划建设集旅游观光、休闲娱乐、文化商业居住于一体的东部新城；要利用练江北岸、金浦北干渠以南片区约6平方公里开发用地，规划建设生态宜居、设施齐全、产业发达的练江新城；要充分利用棉北街道北部和三屿围共11平方公里的土地，引进战略合作伙伴，规划建设集居住、文化博览、金融商贸和游憩休闲于一体的生态、低碳、宜居海湾新城。

加强城区配套建设。要加快“一水二山三园四路”等市政工程建设，全面完成护城河两岸景观工程建设，实现护城河水清景美，完善东山和西山风景区、东山公园、文光公园、体育中心的管理配套，高标准实施中华路、新华东路、东山大道、老过境路等城区四路建设，推动文光塔片区二期、环城东路和新华中路东段的改造建设。支持城区一批高档次的商住、餐饮、酒店项目建设，引进大型连锁超市，提升城区形象和品位。推行城市网格化管理，大力实施城区环境综合整治，提升市民城市卫生意识，健全城市管理长效机制，完善城区交通及环卫配套设施，积极推进城市绿化建设，创建文明、卫生、宜居的城区环境。

扎实推进新农村建设。大力实施国家农业综合开发项目等一批农田水利基本建设和渔业基础设施工程建设，继续发展农村大型沼气建设项目，加快推动农村饮水安全工程和村村通自来水工程建设，继续实施“万村千乡”市场工程。要加快旧城镇、旧村庄、旧厂房改造，推广农民公寓式住宅建设。着力改善农村卫生环境，扎实抓好农村改厕、改水和垃圾集中处理，大力整治农村河道沟渠污染，积极支持农村绿化建设，美化村容镇貌，创建一批生态示范村和新农村示范村，营造优美宜居的生产生活环境。要加强村务公开民主管理，做好扶贫“双到”工作，加大老区山区项目扶持力度。

（三）优先保障民生民安，积极发展各项社会事业

完善社会保障救助体系。进一步加大社会保险扩面征缴和提标工作力度，加快构建城镇职工、新型农村养老保险等覆盖城乡惠及全民的社会保障网络。完善城镇职工和居民基本医疗保险，巩固新型农村合作医疗覆盖面，努力实现全民医保。加大对农村五保户、城乡低保对象及特大病患者医疗救助力度，加快发展社会福利事业，重视发展养老事业。加快廉租房、公租房等保障性安居工程建设和农村危房改造步伐，力争基本解决城乡中低收入家庭和特困家庭的住房问题。

推动居民收入持续增长。建立完善与经济发展相适应的工资标准调整机制，逐步提高企事业单位离退休人员收入水平和企业职工最低工资指导线，着力提高低收入劳动者的工资水平。千方百计扩大就业，开展各类技能培训，强化职业介绍，每年组织技能培训8500人以上，其中农村劳动力转移培训8000人以上，每年实现城镇新增就业岗位1.2万个，新增转移农村劳动力9000人以上。重视对零就业家庭、低保对象等特殊困难群体的就业援助。强化劳动保障监察，依法维护劳动者合法权益。

健全医疗卫生服务体系。加强区级医院的配套设施和医疗水平建设，实现乡镇卫生院建设全面标准化，完善村（社区）卫生服务机构设置与建设。严厉打击非法行医，鼓励和引导社会资源兴办医疗机构。深入推进医药卫生体制改革，全面实施基本药物制度，努力减轻群众用药负担。完善公共卫生服务体系，促进基本公共卫生服务均等化。完成突发公共卫生事件应急指挥中心建设，提高对重大传染病的监测、预警和突发公共卫生事件的应急处置能力。

高度重视科教人才工作。大力推进科技创新，增强自主创新能力，推动“潮阳制造”向“潮阳

创造”转变。高标准巩固“普九”成果，推进义务教育均衡发展。加大中小学校舍维修改造力度，加强校园安全管理，不断改善办学条件。提高普及高中阶段教育水平，大力实施高中建设项目，完善区职教中心配套建设，提升西胪建筑中专等中职学校的办学能力。加强教师队伍建设，加大新教师吸纳力度，不断提高教师素质。突出抓好素质教育，支持鼓励民办教育发展，大力推动幼儿和成人教育发展，重视特殊教育。实施人才发展战略，加强各类人才培养，鼓励个人科研成果、专利、专有技术资本化、股权化，创新人才引进机制，营造有利于人才发展的良好环境，吸引各类人才到我区创业就业。

推进文化体育等事业发展。弘扬潮阳优秀的人文精神，培育奋发进取、理性平和、开放包容的社会心态。深入开展群众性精神文明创建活动，加快区文化中心的规划建设，推进镇、村（社区）公共文化设施建设。弘扬潮阳英歌舞、笛套音乐、剪纸等非物质历史文化遗产，继续挖掘和保护潮阳传统文化。鼓励文艺创作，壮大艺术创作力量。培育文化龙头企业，大力发展文化产业。强化文化市场监管，净化社会文化环境。积极发展体育事业，加强城乡公共体育设施建设，开展全民健身计划，提高人民身体素质。实施妇女儿童发展规划，依法维护妇女儿童合法权益。加强国防动员、拥军优属、优抚安置工作，继续重视和做好宗教、对台、侨务、档案、保密、气象、地方志等工作。

（四）创新社会管理，构建和谐社会

节约集约用地。严格实施土地利用总体规划，坚决落实最严格的耕地保护制度。积极整理开发土地，严格实行耕地占补平衡。强化土地执法监管，严惩土地违法违规行为。继续大力清理闲置用地，加强对建设用地规模、土地经济产出强度的监控，提高土地利用效益。加快土地统征步伐，实施土地储备经营。严格土地市场管理，规范土地交易行为。

加强生态环境保护。加强西环山森林公园、河溪鸟类自然保护区建设，加强红树林、沿海防护林、山区水源涵养林建设和保护。加大污染防治力度，严格控制护城河、练江、榕江、潮水溪、谷饶溪等重点河段水环境质量和污染物排放。加大印染、造纸、电镀等行业的专项整治力度，强化工业固体废物和危险废物的管理。落实节能减排目标责任制，严格控制高耗能、高污染企业准入，加强对工业、建筑、交通等重点领域能耗监管，全面推行清洁生产，加强资源综合利用，创建环境友好型绿色潮阳。

切实保障公共安全。严格执行安全生产“一岗双责”，强化企业主体责任，督促企业完善安全制度和设施，全面深入开展安全隐患大排查大整治，严厉打击各类安全生产违法行为，加强应急救援各项建设，增强安全生产保障能力，广泛开展安全宣传教育和培训，坚决遏制较大、重大消防火灾责任事故和生产安全事故的发生。始终保持社会治安综合治理的高压态势，继续开展社会治安重点地区和突出问题的排查整治专项行动。建设全区一体化治安视频监控系统，着力构建严密的社会治安防控体系，增强群众的安全感。加强信访维稳工作，充分发挥三级综治信访维稳平台的作用，进一步畅通信访渠道，加强矛盾纠纷排查调处，切实解决群众的合理诉求，维护社会稳定。

加强市场经济管理。严厉打击制假售假、传销和变相传销、走私贩私等各种违法犯罪活动，加强食品药品安全监管，加大保护知识产权力度，加强市场信用体系建设，严厉查处各种商业欺诈行为，维护良好的市场秩序和经济环境。全面推进依法治税，加大经济户口和无证照经营清理力度，规范税务登记管理，加强税法宣传，提高依法纳税自觉性。加强协税护税工作，广泛培植税源，加强一般纳税人的认定，严厉打击各类税收违法行为，强化收入征管，确保税负公平，应收尽收。整合盘活各种政府有形、无形资产，多元化经营城市，实现政府收益最大化。要严格执行财经纪律，厉行节约，提高财政资金使用绩效。加快国企改革，加强国资监管，确保国有资产保值增值。继续推进农村金融体制改革，充分发挥金融业服务地方经济发展的积极作用。强化统计执法力度，确保统计数据质量。

加强人口计生和殡改工作。围绕创建省优质服务区的目标，深入开展创建“两无”活动，狠抓二孩结扎，强化社会抚养费征收，加强基层计生基础建设，推动计生工作重心下移，深化流动人口管理，提高优质服务水平，完善利益导向机制，落实计生惠民政策，加大宣传教育和综合治理力度，千方百计稳定低生育水平。进一步深化殡葬改革，逐步实行遗体火化、骨灰寄存等基本殡葬免费服务，继续加大殡改执法力度，大力整治毁林造坟行为，坚决查处违规土葬，巩固和提高火化率。

（五）加强政府自身建设，着力提高政府执政能力

加强法制建设。严格执行人大及其常委会的决议、决定，自觉接受人大的法律监督和政协的民主监督，主动接受群众与舆论监督。认真办理人大代表议案、建议和政协委员提案。健全重大事项集体决策、专家论证、社会听证和合法性审查等制度，推进行政决策科学化、民主化和制度化。认真实施“六五”普法规划，提高依法行政意识和能力，切实维护社会公平正义。

优化政务环境。深化政府执行力建设，着力治贪治庸治懒治散，提高行政服务质量和效率。进一步深化行政审批制度改革，完善网上审批，推进电子政务，精文简会，提高办事办文效率。强化机关效能监察，大力推行行政问责制，坚决纠正和严肃查处行政不作为、推诿扯皮等行为，不断提高行政效能。

大力反腐倡廉。建立健全惩治和预防腐败体系，推进政府廉政建设。继续深入开展政风行风建设评议活动，加强政务公开，加强审计监督，促进行政权力依法公开。严格执行各项廉政规定，规范机关行为，不断提高政府工作人员素质，坚决纠正部门和行业不正之风，认真查处群众反映强烈的突出问题，严肃查处违法违纪案件，打造一支忠于职守、清正廉洁、作风优良的干部队伍。

各位代表，潮阳未来五年的发展蓝图已经绘就，让我们高举中国特色社会主义伟大旗帜，以邓小平理论和“三个代表”重要思想为指导，以科学发展观统领经济社会发展全局，在市委、市政府和区委的领导下，凝聚社会各方力量，依靠全区人民群众，继往开来，与时俱进，抓住机遇，奋力拼搏，为提速科学发展、建设幸福潮阳而努力奋斗！

中国人民政治协商会议汕头市潮阳区第二届委员会常务委员会工作报告

——在政协汕头市潮阳区第三届委员会第一次会议上

（2011年11月4日）

李逸珊

各位委员：

我受政协汕头市潮阳区第二届委员会常务委员会的委托，向大会作工作报告，请予审议。

工作回顾

政协汕头市潮阳区第二届委员会于2006年11月召开第一次会议以来，至今已走过了五年的历程。五年来，区政协在中共潮阳区委的正确领导下，坚持以科学发展观为指导，牢牢把握团结和民主两大主题，紧紧围绕全区中心工作，充分发挥参加政协的各民主党派、人民团体和全体政协委员的作用，切实履行政治协商、民主监督、参政议政职能，为建设和谐幸福潮阳作出了积极贡献。

（一）围绕中心，服务大局，认真履行协商议政职能

区政协二届委员会坚持围绕区委、区政府中心工作，服务全区发展稳定大局，充分运用全委会议、常委会议、主席会议等形式，抓住带有战略性、全局性、前瞻性的重要问题开展协商议政活动。五年来，共召开全委会议6次，常委会议18次，主席会议20次，积极为我区科学发展建言献策。

一是认真组织整体协商。每年全委会议期间，我们组织全体政协委员认真讨论《政府工作报告》和其他重要报告。组织各民主党派和界别委员对全区经济、社会发展全局的重大问题以及人民群众普遍关心的热点问题进行大会发言和小组讨论。邀请区党政领导参加相关活动，听取委员们的意见，形成高层次、面对面协商。在先后召开的6次全委会议上，委员们就我区食品质量安全、大力发展职业教育、推进新型农村合作医疗工作、发展港口经济、提高自主创新能力等重要问题进行发言，得到区党政领导的充分肯定。

二是切实抓好专题协商。科学编制我区“十二五”规划，对加快我区未来五年的发展具有十分重要的战略意义。我们组织区政协主席会议成员及部分常委，对《汕头市潮阳区国民经济和社会发展第十二个五年规划纲要》（征求意见稿）进行认真研究，并提出了一些意见和建议，对完善我区“十二五”规划的编制发挥了积极的作用。

三是积极开展专题议政。一次会议以来，我们先后就如何进一步加强我区食品药品监管工作、发展我区高中阶段教育、发展我区效益农业，听取区法院、区检察院工作情况通报等方面问题进行专题议政，提出了许多有针对性、可操作性的意见和建议。如2008年10月，常委会就如何进一步加强我区食品药品监督工作开展调研视察并专题议政，形成《区政协常委会关于进一步加强我区食品药品监管工作专题议政报告》，为区政府及有关部门加强这方面工作提供了有益的参考。

（二）关注民生，反映民意，深入开展调研视察活动

区政协始终坚持以人为本，参政为民的宗旨，深入开展调研视察活动。五年来，共组织专题调研视察活动31次，形成报告31份，提出意见和建议108条，为党政科学民主决策提供重要依据。

一是精心选择调研题目。按照不求广而求精的原则，紧紧抓住我区中心工作以及人民群众普遍关心的热点问题选择调研题目。例如，根据区委二届八次全会关于加快转变经济发展方式的精神，我们就巩固发展我区建筑业问题进行专题调研，向区政

府提出加快我区建筑企业体制改革步伐的建议。区政府十分重视，在第49次区政府常务会议上进行研究，原则同意汕头市潮阳区建筑工程总公司等十家建筑施工企业恢复集体所有制性质。又如关于大力打造企业品牌，促进我区又好又快发展；加快城区自来水管网改造，保证群众饮水安全；积极实施以港兴区战略，大力推动潮阳经济发展等课题，选题有较强的针对性，意见建议符合实际，有较高参考价值。

二是深入开展调研活动。在组织委员调研视察上，我们十分注重把知情问政与视察活动结合起来，每次调研活动都安排有一定学识和专长的委员参与相关调查，鼓励委员深入到群众中去，倾听群众呼声，把握群众脉搏，掌握实际情况，力求调研做深做透，有的放矢地提意见建议，避免不切合实际的泛泛之论。如关于加强群防群治建设，确保群众安居乐业；加强网吧监管，净化网络环境等调研，调查较为深入，切点较为准确，形成的意见具有科学性和可操作性。

三是注重提高调研实效。我们在调研视察方面取得了较好成效，不少意见建议得到采纳并落实。如2008年8月，组织部分常委和委员，对全区加油站、油库进行专题视察。在了解情况、听取汇报和实地检查的基础上，进行了认真分析和研究，形成《区政协常委会关于进一步强化加油站、油库监管的建议》送区委、区政府。区党政主要领导亲自作出批示，要求有关部门对区政协提出的意见和建议认真抓落实。职能部门积极采取措施，从严格把好加油站、油库企业的市场准入关、做好加油站布点规划、强化宣传教育、提高从业人员素质和企业的安全生产管理水平等方面，切实加强监管，逐步规范油品市场，有效抑制安全事故的发生。

四是主动做好调研服务。五年来，全国政协领导、省政协、汕头市政协多次到我区视察调研，我们都主动做好联络服务工作。如省政协视察团到我区专题视察“我省落实宗教房产政策情况”，市政协常委会及有关专委会围绕非物质文化遗产、旅游资源、村镇规划情况等方面问题到我区专题调研。此外，还接待了全国政协原副主席李蒙、天津市政协原主席吴振、湖北省政协副主席李宗柏、台湾国际洪门中华总会理事长刘沛勋等莅潮参观，为扩大潮阳在外影响发挥了积极作用。

（三）畅通渠道，改进方法，不断加大民主监督力度

区政协二届委员会不断拓宽了反映社情民意渠道，积极探索民主监督的有效形式，有力推进我区的民主政治建设。

一是切实做好提案工作。提案是政协行使民主监督职能最直接和有效的渠道之一。五年来，我们以完善提案工作机制，提高提案质量，促进委员意见建议落实为重点，取得了比较明显的成效。届初，针对不少委员对提案了解较少的情况，特邀汕头市政协常委、提案委员会主任李强锐同志作学习辅导，加深委员们对提案在政协参政议政中的重要作用的认识，提高提案的撰写水平。在立案审查上，坚持工作人员初审，提案委二审，重点提案由主席会议审定的工作机制，严把提案质量关。在提案办理上，通过主席会议成员亲自督办重点提案、提案办理跟踪问效、商请承办单位说明情况以及舆论监督提案办理等方式，有效地提高了提案办理质量。区委、区政府对政协提案办理工作十分重视，今年，党政主要领导分别牵头督办了《关于创建文明城市，构建幸福潮阳》和《关于加大对西胪镇生态农业旅游开发建设扶持力度》的提案，取得了良好的实效。在区政协的积极推动下，区委办公室、区政府办公室联合出台了《汕头市潮阳区政协提案办理工作评价考核暂行办法》，形成联合发文、联合办文、联合检查的提案办理工作机制。五年来，共收到提案180件，经审查立案175件，已全部办复。不少提案所反映的问题得到落实，提案作为政协履行职能的重要载体，其作用得到更好的发挥。

二是认真探索民主监督途径。在坚持完善原有建议案、提案、视察等形式的基础上，推荐政协委员参加有关部门的民主监督工作。如2008年，为配合区委做好全区创建好班子活动考评工作，选派70多位委员参与民主考评。汕头市对我区党政领导干部基础教育工作责任制进行考核，我们应邀参加该项工作，出席述职报告会暨民意测评会以及各部门领导干部座谈会，充分发挥政协的民主监督作用。我们还十分注重发挥各类监督员的民主监督作用，五年来，共有80多人次受聘担任区法院、检察院、海关、公安分局、国税局、消防大队等部门的监督员，通过旁听法院案件审理，参加检察院的情况通报以及出席有关部门的行风检查、座谈讨论

等检查监督活动，对推进依法行政、司法公正等发挥了一定的监督作用。

三是积极反映社情民意。了解和反映社情民意是民主监督的重要内容，也是政协履行职能的重要基础。我们注意把了解和反映社情民意寓于政协的各项工作之中，通过各种形式和渠道捕捉热点、信息，积极了解有关情况，使一些社会问题和人民群众的意见愿望得到反映。以潮阳电视台、广播电台、《政协简报》等为载体，及时报道政协的重要会议和参政议政、视察调研活动。五年来，共有50多位委员，接受媒体采访，在潮阳电视台“关注民生”栏目中提出意见和建议，政协的民主监督工作从舆论方面得到延伸和拓宽。

（四）发挥优势，凝心聚力，努力促进社会稳定和谐

我们坚持团结和民主两大主题，充分发挥联系广泛优势，积极开展多种形式的团结联谊活动，为促进我区社会稳定和谐作出了应有的贡献。

一是加强合作共事。认真贯彻“长期共存、互相监督、肝胆相照、荣辱与共”方针，努力营造精诚团结、合作共事氛围。支持民主党派、工商联和各人民团体以党派、团体名义提出提案、大会发言。邀请他们参加联合调研、联合视察、协商议政和行风评议等活动。通过召开迎春座谈会和上门走访、慰问等形式，沟通情况，充分协商，征求意见，取得共识，为我区稳定和谐争取人心，凝聚力量。

二是开展海内外联谊活动。利用各种机会和渠道，进一步加强与港澳委员及海内外潮属社团的联络。参加“香港潮阳同乡会举行庆祝香港回归祖国十周年暨第21届会董就职典礼”、协同区党政领导赴澳大利亚参加国际潮联大会、到新加坡举办潮阳笛套音乐艺术交流、参加力嘉国际集团成立40周年庆典活动等，畅谈乡情，敦睦乡谊。还多次到香港、澳门、广州、珠海、深圳开展联谊活动，为港澳委员和外地委员知情议政创造条件，激发他们热爱家乡，建设家乡的热情。

三是组织开展庆祝人民政协成立60周年系列活动。2009年是人民政协成立60周年，我们开展了一系列庆祝活动：召开庆祝人民政协成立60周年座谈会；同区纪委联合举办“庆祝人民政协成立60周年、中共中央纪律检查委员会恢复重建30周年文艺晚会”；策划举办“庆祝人民政协成立60周年”系列报道活动，组织十大专题，从不同侧面、不同角度报道区政协履行职能情况，该专题报道在第一届汕头政协好新闻评选活动中，荣获“三等奖”。

四是鼓励委员为建设幸福潮阳捐资出力。五年来，发动委员捐资人民币332万元、港币61万元，先后建设金灶镇灶浦第一初级中学“政协楼”一栋；帮助城南街道凤东社区水改工程建设；帮助海门镇城关社区建设安居工程。在汶川地震发生后，区政协和广大委员响应中央号召，迅速行动，共捐资人民币383万元、港币52万元、澳币3万元，救援物资价值约32万元，为灾区人民奉献爱心。本会名誉主席马伟武先生兄弟捐资3000多万元，在和平镇兴建力嘉中学。陈彦灿、李科然、钟汕生、吴振城、李奕标等先生被中共潮阳区委、区政府表彰为捐资建校先进个人。此外，还有不少委员艰苦创业，把企业做强做大，成为纳税创汇大户，为国家、地方经济建设添砖加瓦。不少委员心系家乡建设，热心公益事业，积极参与扶危济困、捐资助学、修桥筑路、义医义诊等活动，为群众办了许多好事实事，赢得群众高度赞誉。

五是做好文史资料征集整理工作。区政协文史委员会充分发挥文史工作在“存史、资政、团结、育人”方面的独特作用，积极征集、整理、出版《潮阳文史》（第21辑、第22辑）、《潮阳文史精选》、《潮阳政协风采》画册，借此以文会友，加强交流，拓展了联谊渠道。

（五）加强学习，完善机制，有效提高履行职能水平

我们坚持与时俱进，不断加强自身建设。通过抓好理论学习、完善工作机制、加强机关建设等，有效提高履行职能水平。

一是加强思想建设，提高委员队伍素质。区政协坚持把加强学习和培训作为提高委员参政议政能力和水平的基础，多渠道、多形式开展各种学习活动。组织全体委员认真学习《政协章程》、《中共中央关于加强人民政协工作的意见》、《中共中央关于进一步加强中国共产党领导的多党合作和政治协商制度的意见》、《中共广东省委政治协商规程（试行）》、中共十七大精神，以及中央、省、市有关文件精神。组织本会领导、机关干部参加省政

协、市委、市政协举办的有关学习培训活动。聘请党校教师上辅导课、给委员寄发学习参考资料，举行知识测试等，有效提高委员队伍的理论素质和参政议政能力。

二是加强制度建设，提高政协“三化”水平。根据新时期政协工作的要求，进一步建立和完善了《区政协常务委员会工作规则》、《专门委员会组织通则》、《委员联络组工作简则》以及《规范区政协委员参加会议活动的规定》、《区政协委员建言献策直通车制度》等，使政协工作更加有章可循，更加规范有序。

三是加强作风建设，提高机关执行能力。按照创建“学习型、研究型、服务型”机关的要求，以“搞好服务，当好参谋”为目标，认真开展创建“团结和谐、开拓创新、廉洁务实、执政为民”好班子、开展“继续解放思想，坚持改革开放，争当实践科学发展观排头兵”学习讨论活动。扎实做好扶贫开发“规划到户、责任到人”和“十百千万”干部下基层工作。被汕头市委组织部评为“2009 年城乡基层党组织‘双联共建’互帮互助活动”先进单位称号，多次被区委授予“先进驻村工作组”称号。

各位委员，区政协二届委员会各项工作取得了一定的成绩，这是中共潮阳区委正确领导，区人大、区政府大力支持，各民主党派、人民团体、工商联和社会各界人士密切配合的结果，是全体政协委员共同努力，政协机关工作人员辛勤工作的结果。在此，我代表区政协二届常委会表示衷心的感谢！

我们的工作虽然取得了较大的进展，但也存在着不少不足之处。如何进一步推进政协履行职能的制度化、规范化、程序化建设；进一步加大民主监督的力度；政协意见和建议的落实反馈进一步完善等等。这些问题需要我们在今后工作实践中认真研究，不断改进。

主要经验和体会

回顾过去五年区政协常委会的工作，主要有以下几点体会：

（一）必须坚持中国共产党的领导，把握正确的政治方向

人民政协是最广泛的爱国统一战线组织，是中国共产党领导的多党合作和政治协商的重要机构，坚持中国共产党的领导，是做好政协工作的根本保证。五年来，我们始终不渝地坚持中共潮阳区委的领导，坚持主动向区委请示汇报政协工作的重大事项和重要安排，邀请区委、区政府领导参加政协的重要会议和重大活动，积极反映政协委员的意见和建议。为加强对政协工作的领导，中共潮阳区委高度重视并大力支持政协工作，每年的政协全会，区委书记、区长等领导都出席会议，参加专题讨论。对事关全区经济社会的重大决策及时邀请政协委员和民主党派成员参与协商讨论。积极支持政协开展各种活动，及时解决政协工作中遇到的困难和问题，为政协履行职能提供了有力的保障。实践证明，只有坚持党的领导，牢牢把握正确的政治方向，才能提高政协履行职能水平，不断推进人民政协事业的发展。

（二）必须坚持围绕中心，服务大局，把促进发展作为履行职能的第一要务

围绕中心，服务大局，是人民政协履行职能必须遵循的重要原则。我们始终坚持以经济建设为中心，以区委、区政府的工作部署为重点，从客观方面思考问题，在全局工作中找准位置，“尽职而不越位，帮忙而不添乱”地开展工作。这些年来，我们始终把推动经济社会发展作为履行职能的着力点，紧紧围绕全区中心工作，精心选择题目，认真组织专题议政和调研，促进了工作的开展，推动许多社会热点难点问题的解决。实践证明，只有围绕经济建设这一中心，服务于党政工作大局，才能选准切入点和着力点，参政参在关键处，议政议在点子上，政协才能有所作为，政协的优势和作用才能得以充分发挥。

（三）必须牢牢把握团结、民主两大主题，积极维护社会和谐稳定

人民政协是大团结、大联合的组织，把各方面的智慧力量汇聚起来，为解决人民群众最关心、最直接、最现实的利益而献计出力，是人民政协的重要使命。五年来，区政协二届委员会不断改进工作方法，丰富工作内容，把履行政治协商、民主监督、参政议政职能作为发扬社会主义民主的重要形式和实现大团结、大联合的重要途径。进一步增强团结观念，通过各种方式，密切与党派、团体和各界人士的联系，广交朋友，汇聚力量。不断强化民

主意识，在政协的各种会议和活动中，坚持求同存异的方针，努力营造民主和谐的氛围。注重为政协委员、民主党派、工商联和无党派人士履行职能创造条件，积极鼓励他们在参政议政中讲真话，报实情，做到知无不言，言无不尽。实践证明，只有牢牢把握团结和民主两大主题，发挥自身优势，政协工作才有坚实的基础，才能不断推进社会主义民主政治建设，促进社会和谐幸福。

（四）必须坚持开拓创新，固本强基，保持政协工作充满生机活力

对人民政协来说，坚持开拓创新，就是要着眼于新形势的需要，抓好自身建设，注重固本强基，深入探索履行职能的新形式、新方法、新路子。区政协二届委员会按照新时期新任务的要求，建立完善了各项制度和程序，全面加强思想、组织、作风建设，不断完善协商形式，改进调研视察方式，落实跟踪反馈提案办理机制，充分调动委员参政议政的积极性和创造性。广大政协委员能够把社会荣誉和社会责任统一起来，加强与本界别群众的联系，积极反映本界别群众的呼声，政协的人才优势、界别优势得到充分发挥，各项工作取得新的进展。实践证明，只有坚持与时俱进，把委员参政议政的积极性充分调动起来，政协工作才能永葆生机活力。

对新一届政协工作的建议

各位委员，今后五年，是我区实施和实现“十二五”规划重要的五年，区政协肩负着十分重要的使命。在此，我们向区政协第三届委员会建议：

（一）积极学习，为履行职能夯实理论基础

为适应新形势新任务的要求，始终保持政协工作正确的政治方向，要紧紧围绕履行职能，大兴学习之风，坚持把学习放在政协工作的重要位置。要组织全体委员认真学习党的十七大、十七届五中、六中全会和胡锦涛总书记在庆祝中国共产党成立90周年大会上的重要讲话、全省政协工作会议精神，准确把握人民政协履行职能的主攻方向。继续加强对《中共中央关于加强人民政协工作的意见》、政协章程以及有关统一战线政策、人民政协理论的学习，更好把握人民政协工作的特点和规律。要坚持理论联系实际，在把握精神、指导实践、推动工作上下功夫，不断研究新情况，解决新问题，努力推动政协工作不断创新、不断发展。

（二）认真履职，为提速科学发展建言谋策

加快转型升级、建设幸福潮阳是我区落实“十二五”发展规划的核心任务，是“十二五”时期我区科学发展的行动指南。刚刚闭幕的中共潮阳区第三次代表大会，提出要以提速科学发展、建设幸福潮阳为主题，以加快转变经济发展方式为主线，坚持“三个重点、三个推进”，实施“五大提速工程”，推动经济社会协调发展。即以加快厦深铁路潮阳站建设为重点，推进全区产业布局优化升级；以加快练江产业带转型为重点，推进全区产业经济“强二进三”；以加快东部新城建设为重点，推进全区城镇化和城乡协调发展。积极实施“产业转型、民生共享、宜居城乡、行政效能、人才培育”五大提速工程，努力开创建设幸福潮阳新局面。我们要围绕区委的中心工作，抓住特区扩围的新机遇，在转变经济发展方式、加快宜居城乡建设进程、重视民生民安、创新社会管理等方面，精心选择综合性、全局性、前瞻性的课题，切实开展政治协商、民主监督、参政议政活动，积极建睿智之言，谋务实之策，为区委科学决策、民主决策服务。

（三）发挥优势，为建设幸福潮阳凝心聚力

人民政协作为中国人民爱国统一战线的组织，作为大团结大联合的组织，在构建和谐社会中肩负着重要的责任。我们要充分发挥中国共产党领导的多党合作和政治协商制度的优越性，进一步加强同各民主党派、人民团体和社会各界人士的联系，调动一切积极因素，把方方面面的力量凝聚起来，共同致力于幸福潮阳的建设。要进一步加强同港澳同胞、海外侨胞的联系，特别是要加强同新生代的沟通，加深他们对家乡的认识，激发他们热爱家乡，建设家乡的热情。要进一步发挥港澳委员的桥梁纽带作用，共同探求新形势下做好海外联谊工作的新路子，把潮阳的侨乡优势化为推动我区内外发力、再创辉煌的动力。要进一步利用团体组织和政协委员的社会影响力，发挥好党委联系人民群众的桥梁和纽带作用，协助党委做好新形势下的群众工作，促进社会和谐稳定，不断提高人民群众满意度和幸福感。

（四）加强建设，为实现自身发展提供保障

人民政协自身的建设包括党派、界别、委员和机关四个方面，只有做到“四位一体”，才能使政

协自身建设的内涵更加丰富、更加全面。我们要始终坚持“长期共存、互相监督、肝胆相照、荣辱与共”的方针，同各民主党派亲密合作、同舟共济，为各民主党派的参政议政提供更广阔的舞台。要合理设置政协界别，不断扩大团结面，不断增强包容性，把政协界别的优势充分发挥出来。要进一步加强制度建设，完善各项工作程序，不断推进履行职能的制度化、规范化、程序化。要加强政协领导班子建设，进一步提高围绕中心，服务大局的能力。要加强委员队伍建设，特别是加强对新委员的培训，提高委员综合素质和履行职能水平。要加强政协机关建设，内强素质，外树形象，提高机关工作水平和办事效率，为政协委员和政协工作提供优质服务。

各位委员，同志们，回顾过去，我们感到自豪；展望未来，我们充满信心。祝愿新一届政协在中共潮阳区委的正确领导下，同心同德，扎实工作，为建设和谐幸福潮阳作出新的更大的贡献！

中共汕头市潮阳区纪律检查委员会向区第三次党代表大会的工作报告

现将中共汕头市潮阳区纪律检查委员会自2006年10月以来的工作情况及今后的工作建议，向中国共产党汕头市潮阳区第三次代表大会报告如下，请予审议。

一、区第二次党代会以来的工作回顾

2006年10月以来，全区各级纪检监察机关和部门认真贯彻落实中共中央党风廉政建设的工作部署，按照标本兼治、综合治理、惩防并举、注重预防的方针，紧紧围绕区委、区政府的中心工作，全面落实科学发展观，重视加强反腐倡廉教育，加快惩防体系建设步伐，大力加强农村基层党风廉政建设，坚决纠正损害群众利益的不正之风，强化执纪办案职能，突出查处大案要案，为维护社会大局稳定、建设幸福潮阳做出积极贡献。去年，原中共中央纪委副书记张毅同志，省委副书记、省纪委书记朱明国同志等领导到我区视察工作时给予了充分肯定。

（一）围绕中心，服务大局，全力维护社会稳定

全区各级纪检机关牢固树立稳定压倒一切的思想，坚持把维护农村社会稳定作为一项重要政治任务来抓，严厉惩处腐败分子，维护潮阳大局稳定。2007和2008年，谷饶、铜盂、海门等镇有一些村居群众多次到市、区上访，反映个别村居干部以权谋私、私放乱占土地、侵占集体财产等腐败问题，严重影响了当地乃至潮阳的社会稳定和经济发展。对此，区纪委高度重视，按照区委区政府的统一部署，抽调政治素质过硬、业务比较熟悉的同志组成联合调查组进村开展全面调查，一方面做群众工作，平息民怨，安抚民心；另一方面严肃查处违法违纪案件，化解矛盾，建章立制。经多方协作配合，在较短时间内就查清了谷饶镇12名村居党员干部、铜盂镇深玲村1名干部、海门镇洪洞居委1名干部违法乱纪、侵占集体资金等问题，并将涉嫌违法的13名村居干部移送司法机关追究责任，从而缓和了谷饶、铜盂及海门等镇的局势。省监察厅副厅长张渝同志专程到潮阳督查深玲案件，听取汇报后给予了高度肯定。区纪委总结的《认真查处深玲案件，确保农村社会稳定》的经验材料在全省进行了交流。

2009年，贵屿镇龙港村村民多次越级到省上访，反映该村干部违纪违法问题，牵涉了省、市领导和机关的大量精力，造成了不良影响。区纪委及时抽调精干人员组成工作组进村调查，认真查清了该村党支部书记彭楚民在任职期间违法放地19.563亩等问题，及时决定对其开除党籍并移送司法机关追究刑事责任。与此同时，区纪委机关还及时组织力量查处了和平镇和平居委、贵屿镇仙马村部分违法违纪干部的案件，切实把基层矛盾化解在萌芽状态，有力地维护了基层的稳定。几年来，区纪委机关在维稳中积极发挥作用，连续被区委区政府评为维稳先进单位。

（二）从严治党，依纪办案，坚决查处违法违纪案件

区纪检监察机关认真贯彻执行中央纪委《关于进一步加强和规范办案工作的意见》精神，充分发挥反腐败组织协调作用，科学整合办案力量，扎实推进全员办案，突出重点，突破难点，严肃查处违法违纪案件。2006年10月至今年6月，全区纪检机关共受理群众来信来访举报2175件（次），立案查处违纪违法案件269宗402人，其中经济大案61宗82人，要案16宗24人，大要案占办案总数的28.62%；处分违纪党员干部389人，其中副科级以上干部24人。突出查办了徐家育、吴松辉、彭楚民、林幼弟、李胜和等一批有影响、震动大的违纪违法案件。区纪委监察局《整合力量，全员办案，努力推进反腐败工作》的经验做法在粤东12市纪检监察机关办案工作会议上进行交流。2006

年以来，区纪委纪检监察室、区人民检察院侦查一科等先后被评为汕头市反腐败协调查处大案要案先进集体；全区共有9名同志分别被评为全省纪检监察系统先进工作者、全省纪检监察系统信访举报和案件审理工作先进个人、汕头市查处大案要案先进个人。

在查处大案要案的同时，区纪委机关和各派驻组切实加强对基层纪委自办案件工作的指导和检查督促，并采取听汇报、抓调研、分析基层办案形势等形式，深入基层具体指导和帮带，为基层破解难题、撑腰壮胆，扎实推进基层办案工作。2006年10月以来，全区13个镇（街道）纪（工）委每年都有自查自立案件，共立案98宗124人，得到了上级的充分肯定。

（三）深化改革，强化监督，稳步推进源头治腐工作

重视加强农村基层党风廉政建设，扎实推进村务公开、财务公开、党务公开和电子监督工作，在巩固“村帐镇理”、村居“零接待”成果的基础上，大力推行农村基层“两项制度”，规范农村各项管理。在全区13个镇（街道）开通了农村基层党风廉政信息公开平台，进一步拓宽基层民主监督渠道，增强村（居）工作透明度。

以加强反腐倡廉制度建设为重点，加快惩防体系建设步伐，制订《汕头市潮阳区建立健全惩治和预防腐败体系2008—2012年实施方案》，明确任务目标和工作分工，加强组织协调，开展专项检查，确保工作落实。扎实开展商业贿赂和工程领域专项治理工作，取得较好成效。2006年10月以来，重视加强对工程招投标活动的监管，通过实行公开招投标，降低工程造价11189.27万元，降低点率为8.68%。同时，加强对城市防洪、护城河整治和污水处理厂等民生工程的监督检查，力促民生工程变成“阳光工程”。加大对政府采购行为的监督力度，提高政府采购活动的透明度，采购中心为建筑职业技术学校、棉城中学等单位进行67次采购，预算金额为2636.85万元，实际采购金额为2502.18万元，节约资金134.67万元，节约率达5.11%。加强对土地交易行为进行监督，全区国有建设用地使用权转让35宗，面积292244平方米，成交金额12125.57万元；集体建设用地使用权转让304宗，面积284370.6平方米，成交金额13576.12万元。督促劳动部门加大监察力度，及时依法查处违规行为，2006年10月以来，全区共受理拖欠和克扣农民工工资案件669宗，为5515名工人追回被拖欠克扣工资492.62万元，切实维护劳动者的合法权益。

加大责任审计力度。2006年10月份以来，共完成对56个党政机关、43个企事业单位共99名领导干部的经济责任审计，查出管理不规范金额25052万元。进一步深化干部人事制度改革，配合区委组织部对镇（街道）综治信访维稳中心专职副主任、团委书记等职位进行公推公选。加强换届选举的监督，营造风清气正的氛围。几年来，区委选拔任用和调整的区管干部能按有关程序进行，民主、公开、竞争、择优的选人用人机制逐步健全，公务员管理考核更加科学规范。

（四）强化教育，落实责任，进一步促进领导干部廉政勤政

坚持以加强作风建设为重点，把以人为本、执政为民理念贯穿到党风廉政建设工作的各个方面，引导各级领导干部不断加强党性修养和党性锻炼，密切党群干群关系，筑牢拒腐防变的思想道德防线，做廉洁自律的表率。认真组织各级党员领导干部学习《廉政准则》，开展学习讨论和经验交流，不断提高各级领导干部自觉接受监督、从严执行纪律的自觉性。进一步建立和完善党风廉政教育领导体制和工作机制，充分发挥廉政文化在党风廉政建设中教育、示范、熏陶、导向作用，把思想教育、纪律教育与社会公德、职业道德、家庭美德教育和法制教育有机结合起来，多渠道、全方位开展反腐倡廉宣教工作。精心部署每年的纪律教育学习月活动，结合潮阳实际，创新活动形式，拓宽活动载体，开设潮阳廉政网站，拍摄专题教育片和制作廉政标语在电视台黄金时段播出，举办村（社区）干部“三纪”教育培训班，编印《廉政准则七字歌》，举办辅导报告会，开展网上答题，举办“反腐倡廉之路”大型图片展，组织领导干部撰写学习心得体会，得到上级的充分肯定。扎实推进反腐倡廉教育进社区、进学校、进企业、进农村，建设西胪镇西凤村、区外经贸公司、和平镇中寨居委、区国税局等反腐倡廉教育示范点，以点带面，营造了浓烈的廉政氛围，增强了广大人民群众的反腐倡廉意识，《中国纪检监察报》曾对我区创新廉政教育

方式、推行廉政文化进基层进社区的经验做法进行宣传报道。

加强机关效能建设，积极配合区委、区政府的中心工作，重视加强对区委、区政府重大决策部署执行情况的监督检查，确保党纪政令畅通。加强明查暗访，严肃查处不作为乱作为，促进依法行政，提高机关执行力，改善潮阳投资软环境。严格责任追究，狠抓农村基层计生、殡改、土地、环保及安全生产管理等失职“多发点”人员的责任追究。2006年10月份以来，全区共对24宗66名党员干部实行责任追究，贵屿镇“三合一”场所消防安全工作失职、谷饶镇土染厂整治不力、金关堤围玉路段坍塌事故等有关责任人得到及时追究。围绕群众反映强烈的突出问题，认真开展民主评议政风行风活动和纠风治乱工作，组织开展对全区中小学教育收费进行专项检查，严肃查处教育乱收费问题。会同有关部门加大打假工作力度，加强食品药品的监督检查，切实维护群众合法权益。加强对强农惠农政策督查，狠抓新型农村合作医疗、种粮直补政策落实。中纪委监察部以《潮阳区加大督查力度，确保强农惠农政策落到实处》为题刊发了我区的做法，市委常委、市纪委书记孙光辉同志也做了重要批示。

（五）严格要求，严格管理，全面加强纪检监察队伍建设

认真贯彻中央纪委关于加强地方县级纪检监察机关建设的精神，以提高“五个能力”为目标，狠抓班子的思想政治建设，坚定理想信念，保持政治清醒，道德纯洁；认真贯彻执行民主集中制，重视班子成员的作风建设，不断增强他们的党纪政纪法纪观念，自觉接受党内外监督，筑牢拒腐防变防线。重视全区纪检监察队伍建设，扎实开展“做党的忠诚卫士，当群众贴心人”活动。积极争取区委、区政府的支持，健全机构，落实编制。扎实推进派驻纪检机构统一管理工作步伐，公开招考录用部分派驻组工作人员，目前，各派驻组管理比较规范，运作正常，初见成效。加强对镇（街道）纪（工）委换届选举工作的指导，选准配强镇（街道）纪（工）委班子。采取集中培训、专题学习、以会代训、经验交流、以老带新、依托各级党校培训等方法加强教育培训，引导广大纪检监察干部加强实践锻炼，不断提高业务素质。重视在政治生活上关心爱护纪检监察干部，充分调动他们干事创业的积极性。

回顾我区二届党代会以来党风廉政建设和反腐败斗争的实践，主要有以下经验和体会：

一是必须坚持党委统一领导，全面落实党风廉政建设责任制。反腐倡廉是全党全社会的共同任务，必须坚持在党委的统一领导下，以科学发展观为统领，始终把反腐倡廉建设放在更加突出位置来抓。各级党政领导班子及成员应认真执行党风廉政建设责任制，严格按照反腐倡廉工作分工，切实加强组织领导，认真开展督促检查。各部门应按照职责分工，发挥优势，形成合力，促进反腐倡廉各项工作任务的落实，形成全党全社会共同参与反腐败的良好局面。

二是必须坚持围绕党和政府中心工作，为维护社会大局稳定、促进经济发展服务。围绕中心、服务大局，为经济社会发展保驾护航是党委赋予纪检监察机关的重要职能，要坚持在大局中谋划、在大局下推进，为经济社会全面发展提供有力保证。坚持把反腐倡廉建设纳入经济社会发展和党的建设的全局之中，寓于各项改革和重要政策措施之中。要坚持惩防并举、纠处结合，加强对重点领域、重要岗位、重大项目以及机关效能建设的监督检查，保证政令畅通，推动科学发展，促进社会和谐，维护社会稳定。

三是必须坚持解放思想、实事求是、与时俱进的思想路线，以改革创新精神推进反腐倡廉建设。解放思想、实事求是、与时俱进，是党的思想路线的核心，是马克思主义的活灵魂，也是指引反腐倡廉建设的强大思想武器。要善于把中央、省、市的决策部署与我区实际结合起来，始终保持思想观念、工作思路和工作方法与时俱进，加强以完善具有潮阳特色的惩治和预防腐败体系为重点的反腐倡廉建设，不断深化改革，建立健全拒腐防变教育长效机制、反腐倡廉制度体系、权力运行监控机制，科学有效地预防腐败，扎实推进反腐倡廉各项工作。

四是必须坚持以人为本，认真解决人民群众反映强烈的热点难点问题。坚持以人为本、执政为民是党的宗旨的具体体现，要从改进领导干部和领导机关作风入手，从维护群众最关心、最直接、最现实的利益入手，把以人为本的执政理念运用到纠风

工作中去，做到关注民生，体察民情，反映民意，坚决纠正损害群众利益的不正之风，密切党同人民群众的血肉联系。要严格依法执纪，保护党员干部的合法权利，在坚决惩治腐败的同时，最大限度地教育和挽救干部，努力营造宽容、宽松、宽厚的干事创业环境。

五是必须坚持以提高素质为根本，切实加强纪检监察队伍建设。坚持以改革创新为先导、思想建设为基础、组织建设为根本、能力建设为核心、制度建设为保障，全面加强纪检监察领导班子和干部队伍建设。要严格教育、监督、管理，建设一支政治坚定、公正清廉、纪律严明、业务精通、作风优良，让党组织放心，让人民群众拥护的纪检监察队伍。

上述基本经验，归结到一点，最根本的就是必须坚持以马列主义、毛泽东思想、邓小平理论和“三个代表”重要思想为指导，全面贯彻落实科学发展观，坚持以人为本、执政为民，全面履行党章赋予的职责。只有这样，才能保证党风廉政建设和反腐败斗争的正确方向，才能保证党风廉政建设和反腐败斗争的健康发展。

近几年来，我区纪检监察工作更加突出贴近中心工作，服务发展，党风廉政建设和反腐败工作呈现出良好的发展态势。这些成绩的取得，离不开市纪委和区委区政府的坚强领导，离不开各级党委、政府的重视支持，离不开各有关部门的积极配合，离不开全区纪检监察干部的辛勤努力，离不开社会各界人士的关心厚爱。在此，区纪委常委会向关心和支持纪检监察工作的党员干部、人民群众、社会各界人士表示衷心的感谢！

在肯定我区党风廉政建设和反腐败工作所取得成绩的同时，我们还清醒看到存在的问题，尤其是对照形势发展和上级要求还存在一些差距：主要是有个别党员领导干部履行党风廉政建设责任制仍未完全到位，对土地、环保、计划生育、安全生产等工作的监管力度不够，渎职、失职现象时有发生；有的机关和工作人员以民为本意识还不够强，工作责任心、服务质量和工作效能提高不够明显，群众仍不够满意；一些地方和领域以权谋私、侵占群众利益的问题依然存在，违纪违法行为时有发生；个别农村基层党员干部党纪、政纪、法纪观念淡薄，涉土、涉财案件时有发生，从源头上预防和治理腐败的力度有待加大；区纪检监察机关的能力建设有待进一步加强，一些基层纪检监察干部的业务水平有待提高，工作方法有待改进等等。以上这些问题，必须引起高度重视，在今后工作中积极采取措施，认真加以解决。

二、今后五年的工作建议

今后五年我区的纪检监察工作，要以党的十七大、十七届中央纪委六次全会精神和胡锦涛总书记在建党 90 周年庆祝大会上的重要讲话精神为指导，认真贯彻落实区第三次党代会精神，坚持以人为本、执政为民，以推动科学发展、建设幸福潮阳为主题，紧紧围绕实现潮阳经济社会提速发展的目标，全面履行纪检监察职能，扎实推进党风廉政建设和反腐败斗争各项工作。

（一）强化监督检查，确保上级和区委、区政府重大决策部署的贯彻落实

要充分利用汕头特区扩围的机遇，围绕加快转变经济发展方式、建立健全有利于科学发展的体制机制，加强对落实科学发展观的监督检查，重点加强对经济结构调整、市场价格调控、房地产调控、规范和节约用地、资源节约和环境保护、保障和改善民生等重大决策部署落实情况的监督检查。围绕实施产业转型提速工程和“十二五”规划，完善对重点项目、重大活动、重要资金使用的专项督查制度，确保中央、省、市和区重大决策部署的落实。要围绕实施行政效能提速工程，坚持把监督检查与专项治理、案件查处、行政问责有机结合，提高科学决策水平，提高执行力，促进整改工作落实。要健全完善监督检查机制和投诉受理核查机制，强化行政效能考核，出台行政效能考核标准，严肃查处不作为、乱作为。要严明党的政治纪律，严肃查处违反政治纪律的行为，坚决维护党的集中统一，确保党纪政令畅通。

（二）进一步加强作风建设，切实解决群众反映强烈的突出问题

各级纪检监察机关要认真贯彻胡锦涛总书记在建党 90 周年庆祝大会上的重要讲话精神，把以人为本、执政为民作为各项工作的出发点和落脚点，以民生事业和人民群众幸福感为依归，以党政机关和领导干部为重点，以保持同人民群众的血肉联系

为抓手，始终把作风建设作为一项基础性工程来抓。要健全联系群众制度，创新联系群众方式，完善信访联席会议制度，健全党和政府主导的维护群众权益和化解社会矛盾机制，严格执行问责制度，对履职不到位酿成重大群体事件和责任事故的，严肃追究责任。要把作风建设纳入党风廉政建设责任制考核范围，建立健全作风暗访机制，积极营造风清气正的政务环境。

要围绕区委实施宜居城乡和民生共享提速工程，坚决纠正损害群众利益的不正之风，继续开展政风行风评议工作，适时开展专项治理活动。加大监督检查力度，重点解决征地拆迁、住房保障、环境整治、饮水安全、农田水利、食品药品、安全生产等涉及民生的突出问题，加强对医保、社保基金、住房公积金、扶贫资金、救灾救济资金以及政府专项资金的监管，严肃查处资金分配、管理、使用过程中的违纪违法行为，维护群众合法权益。抓好强农惠农政策落实和资金使用的监督检查，严厉查处教育、公路等乱收费行为，切实减轻农民负担。

（三）继续深化改革，充分发挥惩防体系的作用

要加强领导，加快惩防体系建设步伐，力争在2011年底建成具有潮阳特色的惩治和预防腐败体系框架。要加快推出一批重点领域和关键环节的改革措施，会同有关部门深化财政管理体制改革，深化政府投资体制改革，深化公共资源交易制度改革，进一步完善政府采购和建设工程招投标管理，积极探索建立有效的土地流转和宅基地交易、环境产权交易、政府重大投资项目公示制度，建立健全城市土地和规划管理新机制。

要深化干部人事制度改革。认真贯彻落实《2010—2020年深化干部人事制度改革规划纲要》，规范干部选拔任用初始提名，规范领导干部特别是“一把手”的提名权。逐步推行差额选拔干部制度，逐步扩大基层党组织领导班子公推直选范围。实行用人失察问责制，加大对选人用人重大失察失误等问题的责任追究力度。要落实《党政领导干部选拔任用工作责任追究办法（试行）》等4项监督制度，防止和纠正“带病上岗”、“带病提拔”等问题，严肃查处违反组织人事纪律的行为，匡正选人用人风气。

要积极稳妥推进行政体制改革和司法体制改革。强化政府市场监管、社会管理和公共服务职能，深化电子监察工作，提高行政效能。完善对司法权运行的监督制约，健全司法公开、司法回避、司法问责等制度规范，促进公正廉洁执法。

（四）坚持从严治党，严肃查处违纪违法案件

要突出重点，严肃查办发生在领导机关和领导干部中的以权谋私、滥用职权、贪污贿赂、失职渎职案件，重点领域和关键环节中的案件、严重违反政治纪律和组织人事纪律的案件、重大责任事故和群体性事件背后的腐败案件。坚决查处损害群众切身利益的违纪违法案件，尤其要把查处严重损害群众经济权益、政治权益、人身权利的案件作为重点，严肃查处侵占惠民补贴、土地补偿、扶贫救灾等专项资金以及擅自处置集体资产资源、侵吞集体收益的案件。严肃查处食品药品质量、安全生产、征地拆迁、环境保护等方面严重侵害群众切身利益和生命安全的案件，注意查处发生在基层政权组织和重点岗位贪污贿赂、滥用职权的案件。严肃查办商业贿赂案件，加大追逃追赃力度。要充分发挥反腐败组织协调作用，加强宣传发动，形成全社会反腐败的合力。

要加强对办案工作的监督检查，完善查办案件的组织协调和沟通机制，畅通信访举报渠道，鼓励实名举报。健全重大案件督办机制，加强对案件检查措施使用情况的监督管理。要充分发挥案件审理的审核把关作用，做好申诉复查、行政复议和行政应诉，严格依纪依法、安全文明办案。要充分发挥查办案件的治本功能，进一步指导预防工作。要坚持宽严相济原则，最大限度保护党员干部干事创业的积极性。

（五）强化教育管理，促进权力规范运行

要围绕区委实施党建强基提速工程，坚持以正为要，弘扬正气。认真组织开展以密切党同人民群众的血肉联系为重点的党风党纪专题教育，引导各级党员干部讲党性、守纪律、重品行、作表率。要加强对党政领导干部的监督，重点加强对“一把手”的监督，加大《廉政准则》执行和监督检查力度，认真开展党委主要领导干部述职述廉，全面实施党风廉政建设第一责任人述责制度，着重解决领导干部廉洁从政中的突出问题。认真落实《党政主要领导干部和国有企业领导人员经济责任审计规

定》和《关于领导干部报告个人有关事项的规定》，配套完善财产申报等领导干部个人有关事项报告制度。要巩固党政机关厉行节约、制止奢侈浪费、公务用车专项整治工作成果，加快推动公务用车改革，健全禁止公款出国（境）旅游长效机制，进一步规范公务接待经费预算管理，下狠决心解决“三公”经费偏高问题。加大决策监督力度，明确规定决策的程序、形式、范围以及决策失误的责任追究。

要加强基层党风廉政建设。认真落实《农村基层干部廉洁履行职责若干规定（试行）》，推行村级监委会制度，完善村民自治的组织架构。全面推进镇（街道）干部包村责任制和村级重大事项民主决策票决制“两项制度”，深化村务公开，推行党务公开，进一步完善农村党风廉政信息公开平台，提高农村集体资金、资产、资源管理制度化水平。要加强对基层干部的管理和监督，加大对损害群众利益行为的问责力度，着力解决发生在群众身边的腐败问题，切实维护群众利益和农村稳定。

要加强反腐倡廉宣传教育。贯彻落实《关于加强潮阳区廉政文化建设的实施意见》，培育诚信、务实、创新、高效的人文精神。深入推行廉政文化进基层进社区的工作，扎实开展纪律教育学习月活动，多渠道、全方位开展反腐倡廉宣教工作，形成追求公平正义、反对腐败、敢于监督的社会氛围。

（六）狠抓队伍建设，为反腐倡廉建设提供组织保障

要巩固深化学习实践科学发展观和“做党的忠诚卫士、当群众的贴心人”主题实践活动成果，认真贯彻落实《进一步加强和改进纪检监察干部队伍建设的若干意见》，整合资源，优化机构设置，探索有利于廉政建设的体制机制。加强派驻机构建设，积极探索派驻机构充分发挥监督作用的途径和措施。加强干部能力建设，突出对口培训、专业培训，拓宽纪检监察干部视野，改善知识结构，提高服务保障促进科学发展的能力、做好群众工作和维护社会稳定的能力、有效防治腐败的能力。要加强内部监管，严格执行政治、工作、办案、保密和廉政纪律，及时纠正苗头性倾向性问题，严肃处理违法违纪问题，确保队伍的纯洁性。同时，要一如既往在政治、生活上关心爱护纪检干部，积极为他们破解办案难题、撑腰壮胆，充分调动干事创业积极性，努力造就一支政治坚强、公正廉洁、纪律严明、业务精通、作风优良的纪检监察队伍。

同志们，今后五年是我区全面实施“十二五”规划的重要时期，又是建设幸福潮阳的关键时期，做好反腐倡廉工作责任重大，使命光荣。让我们紧密团结在以胡锦涛同志为总书记的党中央周围，在区委区政府的坚强领导下，统一思想，锐意进取，真抓实干，进一步加强潮阳反腐倡廉建设，为建设文化强区、建设幸福潮阳做出新的更大的贡献！

汕头市潮阳区人民法院工作报告

——在汕头市潮阳区第三届人民代表大会第一次会议上

（2011 年 11 月 6 日）

汕头市潮阳区人民法院院长　曾澄熙

各位代表：

我代表潮阳区人民法院向大会作工作报告，请予审议。

五年来的工作回顾

2006 年 11 月区二届人大一次会议以来，我院在区委的领导、区人大的监督和上级法院的指导下，在区政府、区政协以及社会各界的大力支持下，坚持以“党的事业至上、人民利益至上、宪法法律至上”为工作指南，上下团结一致，不断开拓进取，勤奋拼搏，改革创新，全院各项工作取得了长足的进步。5 年来共受理各类案件 13870 件，审结 13160 件，结案率从 2007 年的 95.3% 提高到 2010 年的 96.4%；案件质量稳步提升，至 2010 年上诉率、改判率、发回重审率分别下降为 4.6%、0.3% 和 0，信访投诉率、申请再审率低至 0.1% 和 0.2%，各项质量指标自 2008 年以来连续在上级综合考评中获得满分，法院整体工作一举扭转了前几年一直处于全市中下游的局面。院风院貌、法官形象深受上级和社会各界好评。院集体于 2010 年、2011 年分别荣立集体三等功、二等功，并先后被授予“汕头市精神文明单位”、“全省法院系统纪检监察工作先进集体”、“全省优秀法院”、“全国无执行积案先进法院”等荣誉称号。

（一）公正高效做好审判执行工作，为潮阳的和谐发展提供坚强有力司法保障

5 年来，我院始终坚持公正高效的理念，依法尽职尽力做好审判执行工作，有力地促进了我区各项事业不断向前发展。

一是依法惩处犯罪，维护社会稳定。2006 年以来，根据中央关于开展打黑除恶专项斗争的重大决策，我院坚持从重从快，精心谋划，全力以赴，依法审理了被告人林某某等一批黑恶势力犯罪案件，从严惩处“涉枪、涉拐、涉毒、涉赌”等犯罪行为，有力地压下了犯罪分子的嚣张气焰，推动了打黑除恶和社会治安突出问题专项整治工作的深入开展，维护了潮阳社会稳定。5 年来共受理刑事案件 1716 件 2546 人，审结 1575 件 2319 人。结合潮阳实际，认真审理好公务人员特别是农村基层干部渎职侵占等职务犯罪案件 36 件 59 人，有力地推动了全区反腐败斗争的深入开展。同时，坚持“宽严相济”刑事政策，大力推行量刑规范化，根据被告人的犯罪事实、自首、立功、认罪态度、犯罪手段和后果、是否未成年人等情节科学计算被告人的刑罚，对具有法定或酌定从轻、减轻处罚情节的，依法从轻或减轻处罚，真正体现法律精神与人文关怀，使刑罚处理的社会效果和法律效果得以有机统一。如在审理被告人向广等故意伤害一案时，鉴于案件其中五名被告人犯罪时未满 18 周岁，且已赔偿经济损失得到被害人谅解等情况，依法对该案五名未成年人判处缓刑，取得良好效果。

二是以加大诉讼调解力度为重点，做好民商事案件审理工作，化解纠纷促和谐。在慎重处理好婚姻家庭、损害赔偿、交通肇事、合同纠纷等民生案件的同时，按照“调解优先，调判结合”的要求，坚持从有利于化解矛盾促和谐的角度，多渠道、多形式、耐心细致开展调解工作。通过邀请全区各村居 300 多名特邀调解员协助调解，在基层法庭设立人民调解工作室建立大调解工作格局，出台激励调解工作规定，实行立案、审判、执行全程全方位调解等措施，成功调处了大量民事纠纷。如贵屿法庭在审理一宗积怨甚深曾引起新闻媒体和群众关注的离婚案件时，从化解矛盾促和谐出发，调动各方积极因素，通过 10 多场调解，使案件得到圆满解决，获得了当事人和当地干群的高度赞赏。5 年来共受理民事案件 9269 件，审结 8943

件，结案率96.5%，调撤率75.4%，比2006年的45%提高了30个百分点。

三是积极采取措施，切实解决“执行难”问题。注重创新执行工作机制，先后建立健全执行工作联动机制、能动执行前置机制等一系列行之有效制度。全体执行干警在案件多、人手少、经费紧缺的情况下，发扬不怕苦不怕难的精神，连续作战，穷尽执行措施，有效地执结了陈某某进京上访等一批难案，集中清理了2200多件历年积案，及时实现当事人合法权益。5年来共受理执行案件2560件，执结2319件，年均执结率90.6%，作为全省法院系统排头兵达标竞赛考核指标的实际执行率也高达97.8%，执行各项指标均创历年新高。2009年，我院还率先在全市法院试行主动执行制度，全面推行了一种由被动申请执行变为法院主动执行的执行机制。两年来共受理主动执行案件251件，执结232件，执行实际到位率高达60%，为群众带来了真真正正的实惠。执行工作得到各界充分肯定。院执行局被广东省高级法院荣记集体二等功，执行局长郭壮烽同志也荣立个人二等功并被评为“全市优秀法官”。

四是妥善解决行政争议，促进官民和谐。坚持站在推进法治进程的高度，加强行政审判工作。2006年以来，共受理行政案件14件，审结12件，审查行政非诉案件52件。审理中，积极探索行政诉讼庭外协调和解处理，努力促进社会和谐。通过审判，既有力地支持了行政机关依法行政，又维护了行政管理相对人的合法权益。

五是加强人民法庭建设，促进协调发展。注重强化人民法庭服务基层、贴近群众的前端作用，积极采取措施加强法庭建设。院领导多次深入法庭调研，了解法庭工作中存在的困难并尽力予以解决；及时调整充实法庭队伍，配齐了7个法庭的班子，并将一批业务骨干和新招录大学生安排到法庭工作，有力地保障了人民法庭工作的顺利进行。各法庭充分调动积极性，提高办案效率和质量，5年来，人民法庭共受理案件4965件，结案4817件，占全院的36.6%，结案率97%、调解撤诉率74.2%，为全院工作的协调发展作出了积极贡献。

（二）多措并举抓好班子和队伍建设，打造凝心聚力创一流素质过硬审判队伍

5年来，我院坚持以“人民法官为人民”主题教育、“加速推进排头兵达标”竞赛等活动为契机和动力，多管齐下狠抓领导班子和队伍建设，努力建设一支素质过硬的审判执行队伍，确保全院各项工作的顺利推进。

抓领导班子，团结协作带好头。2006年新班子到任至今，坚持认真贯彻落实民主集中制，健全完善民主议事机制，涉及人事、基建以及大额财务开支、评先奖优等重要决策均充分发扬民主、集体讨论决定。班子成员不断加强理论学习，5年来共组织集体学习活动达32次，先后对《中国共产党员领导干部廉洁从政若干准则》等一系列党纪条规进行了系统的学习，理论水平和决策能力明显增强。工作中班子成员勤政实干，团结合力，廉洁奉公，做好表率、班子的核心龙头作用得到充分发挥，受到了上级和全院干警的一致好评。2007年以来，在年度综合考核测评中，干警对班子的满意度均达到99.1%以上。

抓队伍建设，凝心聚力创一流。始终把队伍的司法能力建设摆在重要位置。注重加强对队伍的教育管理。严格依照法官培训计划，分期分批组织干警参加上级各类业务培训，讲座、交流会等，不断提高司法水平。结合实际开展法官岗位大练兵活动。通过组织审判人员召开观摩庭的方法，邀请人大代表、政协委员和社会各界人士参加旁听，相互学习促进，有效地提高了法官驾驭庭审等各项技能。在加强能力建设的同时，逐步落实从优待警，切实为干警解决了职级待遇偏低等多年未能解决的遗留问题；2007年还率先在全市法院系统成立了困难干警扶助基金会，每年分两批次帮扶困难干警，把对干警的人文关怀落到实处，激励了干警团结一致争创一流的积极性。

抓争先创优，奋力争当排头兵。排头兵达标竞赛活动是2009年以来全省法院的一项重点工作，内容涵盖审判执行、公正效率等18项指标，是评价法院整体工作的重要考核指标。我院高度重视，把它作为争先创优、加强队伍司法能力建设的专项活动切实抓好。活动开展以来，我院坚持一周一报，半月一分析，一月一例会加强检查指导、督促落实，干警的司法能力和争先创优意识均大为提高，自觉地加大工作力度，加快办案进度，认真依法裁判，推动了达标竞赛活动的扎实开展。通过二年多来的努力，我院18项指标数据均顺利达标，

2010年度综合排名位列全市前三名。

抓廉政教育，公正廉洁树权威。结合抓好党建促队建，我院先后组织开展了“纪律教育学习月”等教育活动，切实抓好干警的廉政教育。院领导坚持逢会必强调廉政，警钟长鸣，有效增强干警的廉政意识。逐步完善内部监督措施，指定各部门一名副职领导共20位同志为本院兼职廉政监察员，不断壮大法院纪检监察力量，把纪检监察监督延伸到审判、执行第一线。在加强内部监督措施的基础上，还专门从区人大、区纪委等单位中邀请了8位同志为法院的特邀司法监督员，并建立法官与律师双向监督机制，形成双向监督，共同促进。由于坚持对队伍教育、管理、监督三位一体，落实到位，广大干警自觉公正司法、廉洁办案，保持了自2006年以来连续多年无发生干警违法违纪事件的良好局面。

通过狠抓班子和队伍建设，全院上下呈现了积极向上的精神风貌，整个队伍的思想和干劲拧成一股绳，以争创一流为目标，团结合拍地做好各项工作。不仅院集体屡获殊荣，队伍建设也结出丰硕成果。5年来共有29人次荣立个人二等功、三等功；52人次荣获省、市、区授予的“调解能手”、“优秀法官”、“青年岗位能手”等光荣称号。省、市、区等上级领导机关对我院的工作也给予良好评价，认为潮阳法院“班子团结核心好”、“队伍坚强形象好”，工作尽责尽力，卓有成效。

（三）坚持服务理念，抓好服务到位，服务大局司法为民树立良好形象

牢固树立审判服务大局、服务民生的思想，以“社会矛盾化解、社会管理创新、公正廉洁执法”三项工作为重点，找准审判工作的职能定位和服务方向，很好地发挥延伸了审判机关的服务职能。

主动服务建设幸福潮阳工作大局。坚持主动向区委、区人大报告工作情况和存在困难，赢得了理解支持。克服简单的就案办案观念，注重从有利于大局稳定发展的高度处理好各类案件。如2008年及时审理了海门镇洪洞村部分村民聚众冲击华能海门电厂案，2010年年初，及时审理了贵屿、谷饶等地一批收回宅基地使用权纠纷案件，确保了厦深铁路建设的顺利推进。在深入开展社会治安突出问题专项整治工作中，既坚持优质高效审理好“双抢”、“四涉”等犯罪案件，又注重加强对涉毒重点整治地区海门镇的督促指导，为全区顺利通过省综治委考评验收作出积极贡献。还依法妥善审理好金融纠纷案件，及时帮助区政府追回城市信用合作社被拖欠的金融借款，切实维护全区金融秩序稳定，5年来，我院共受理金融纠纷案件1925件，审结1787件。由于服务大局工作成效显著，我院2008年起连续3年被评为“潮阳区社会治安综治工作先进单位”。

全力参与社会矛盾纠纷多元化解机制构建工作。充分发挥法院在构建和谐社会中的独特作用，积极指派法庭副庭长和机关审判人员参加区综治维稳三级平台建设，专门在区交警大队设立交通事故调解工作室，联合区公安、司法、行业协会等职能部门设立诉前联调工作室，建立诉前联调工作机制，认真细致地开展社会矛盾纠纷化解工作，促进息诉罢访。今年5月以来，已有6件案件经诉前联调调解成功化解了矛盾。

加强司法救助，帮扶弱势群体。在审判中，对应当指定辩护人的一律予以指定辩护，对符合诉讼费减免条件的，坚决100%给予缓减免交诉讼费。5年来，共给予缓减免交诉讼费案件1475件1034万元。设立执行救助基金，对生活陷入困境的执行当事人进行救助，2年来，已对肖某海、郑某镇等多名当事人给予救助，及时缓解其燃眉之急，有力地促进了社会和谐稳定。

加强联络沟通，自觉接受监督。2008年，专门设立了人大代表、政协委员联络工作办公室，通过邀请旁听开庭、开座谈会征求意见、见证现场执行、下基层走访等形式加强与人大代表、政协委员的联络沟通。至今共联络286人次，虚心听取了代表、委员对法院工作的意见建议。同时，认真做好人民来信来访工作，将每月15日院长接访日改为随时接访，由院领导负责接待。5年来，共接待来信来访150场次900人，全部给予及时答复，赢得了代表委员和人民群众的一致好评。

加强物质装备建设，夯实司法为民的硬件基础。积极采取措施，努力为群众提供便利的诉讼条件，5年来，不断推出了快捷立案、网上立案、诉讼指引、帮助缴费等便民举措。立案信访窗口和各业务庭均坚持微笑服务，热情接待，耐心细致解答问题，让当事人切身感受到了热情周到的司法服务。高度重视科技强院工作，近年来我院经多方争取，完成了7个人民法庭的庭址建设，初步建成了审判综合业务系统、安防监控系统、视频会议系统和电子签章系统，大大改善了办公条件，方便了群众诉讼。

各位代表，2006年以来，我院各项工作所取得的成绩，离不开区委的领导、区人大的监督以及区政府、区政协的大力支持，离不开全体人大代表、政协委员和社会各界的关心和帮助。在此，我代表潮阳区人民法院深表感谢和敬意，恳请大家今后给予我院更多的关心、支持和帮助。

在看到成绩的同时，我们也清醒地认识到工作中仍然存在一些困难和问题，主要是：法官队伍青黄不接；干警职级待遇和福利待遇仍偏低；人员编制不足，无法及时招收充实法律、计算机管理等急需人才；办公经费紧缺，办公自动化程度还不高；执行联动机制，诉前联调工作机制的开展还不够深入全面等等。

今后的工作意见

今后五年是实施“十二五规划”的重要五年，区第三次党代会为我们今后的工作指明了方向，我院将在区委提出的战略目标引领下，按照科学发展观的要求，调动一切积极因素，同心同德，抓住机遇，迎接挑战，着重抓好以下各项工作：

（一）着力抓好队伍建设，提高队伍整体素质

一是要加强教育培训。近期要继续开展好“发扬传统、坚定信念、执法为民”主题教育实践、“加速推进排头兵达标”竞赛等学教活动。在学习培训中提高认识，增强司法能力。二是抓好党建工作。继续通过抓好党支部样板工程，创新党支部生活和党员教育管理模式，评选基层红旗支部等举措，争创全省法院党建先进单位，力争将党建工作建设成为我院工作的一面旗帜。三是调整优化人员配备，激发队伍的生机活力。积极争取支持，尽快将专职审委委员和个别空缺职位配备到位，并对队伍进行合理调整交流，使队伍正气上升，积极向上，凝心聚力干事业。四是要抓好法院文化建设。深入挖掘、不断充实法院工作的文化内涵，活跃和丰富干警的文化生活。

（二）充分发挥审判职能，积极参与综治维稳工作

一是加大诉讼案件的调解力度。坚持立、审、执全程多形式地开展诉讼调解，进一步提高民商事案件的调解结案率和执行和解结案率。二是深入推进社会矛盾多元化解机制建设。要进一步加强道路交通事故调解工作室和诉前联调工作室的建设，认真参加区委关于社会矛盾纠纷化解的三级平台建设，不断完善工作制度，增强办案力量，使之更好地发挥作用，全面化解矛盾纠纷。三是做好刑事审判工作，维护社会稳定。要深入开展好打黑除恶专项斗争，对黑恶犯罪坚决从快从重予以打击。要继续全面推行量刑规范化工作，在坚持从严的同时，对于未成年人等具有法定或酌定从轻、减轻处罚情节的案件，依法从轻或减轻处罚，大力提高非监禁刑的适用比例，努力实现刑罚处理社会、法律和政治效果的统一。

（三）加强党风廉政建设，确保公正廉洁司法

要深入开展推进司法公开工作，进一步规范司法行为，促进司法公正。要坚持狠抓队伍廉政建设，加强与特邀司法监督员联络，充分发挥司法监督员和各庭室兼职纪检监察员的作用，建立大廉政网络。要深入推进法官与律师双向监督机制。积极采取措施为律师出庭、查询资料、发表意见等提供便利和保障，虚心听取律师意见。通过相互监督，获得双赢。要进一步落实“五个严禁”，以“零容忍”的态度严肃查处违纪违法问题，确保廉洁办案。

（四）继续做好司法为民各项工作

一是积极探索，大力推行主动执行、网上立案等为民利民好做法，尤其要加大对弱势群体的救助力度，让群众亲切感受到法律的关爱。二是开展征求意见、答问释疑等专题座谈会，加强与人大代表政协委员联络。三是强力推进信息化建设，积极争取各级支持，尽快筹措资金建设安装科技法庭、电子显示屏等设施，提升法院办公自动化水平，为人民群众创造优良诉讼环境。

各位代表，为实施“十二五”规划、构建社会主义和谐社会提供有力的司法保障，是历史赋予人民法院的光荣任务。我院将坚持以科学发展观统领全院工作，认真贯彻落实区委第三次党代会精神，求真务实，开拓进取，努力工作，为完成本次大会提出的各项任务，促进我区社会稳定和经济又快又好发展做出更大的贡献。

汕头市潮阳区人民检察院工作报告

——在汕头市潮阳区第三届人民代表大会第一次会议上

（2011 年 11 月 6 日）

汕头市潮阳区人民检察院代检察长　陈辉光

各位代表：

现在，我代表潮阳区人民检察院向大会报告工作，请予审议，并请各位政协委员和列席人员提出意见。

过去五年的主要工作

区二届人大一次会议以来，我院在区委和上级检察院的正确领导下，在区人大及其常委会的监督下，在区政府、区政协和社会各界的关心支持下，以邓小平理论和“三个代表”重要思想为指导，深入贯彻落实科学发展观，围绕全区工作大局，努力践行“强化法律监督，维护公平正义”的检察工作主题，各项工作均取得了新的进展，为维护全区经济社会发展，促进社会和谐稳定作出了积极贡献。

（一）服务大局积极主动

积极谋划服务大局新思路新举措。牢固树立大局意识，自觉将检察工作置于全区经济社会发展全局中来谋划和推进，先后制定了服务保障企业发展、新农村建设、加快经济发展方式转变等工作意见，积极主动服务我区经济平稳较快发展的大局。深入开展专项工作。通过开展治理商业贿赂、工程建设领域突出问题专项治理、查处涉农职务犯罪等专项工作，加大打击破坏市场经济秩序、危害政府投资安全、侵犯知识产权、危害能源资源和生态环境等犯罪的力度，共批捕此类犯罪嫌疑人 154 人，起诉 163 人，努力为我区经济发展营造良好的政务、商务环境。积极做好综治维稳工作。深入开展社会治安突出问题排查整治专项斗争，坚持“执法想到稳定、办案考虑发展、监督促进和谐”的方针，把打击重点放在黑恶势力犯罪、严重暴力犯罪和多发性侵财犯罪，共批捕此类犯罪嫌疑人 1451 人，起诉 1540 人。对突发性、群体性刑事案件采取提前介入的方式，防止社会矛盾扩散、激化；积极配合区委区政府开展综治维稳督导工作，努力为我区营造公平正义、和谐稳定的法治环境。

（二）职能作用充分发挥

正确履行批捕、起诉职责。五年来，共批捕各类刑事犯罪嫌疑人 3170 人，起诉 2457 人，实现刑事案件无错捕、无错诉、无无罪判决、无超期审理。认真贯彻宽严相济的刑事政策，坚持该严则严、当宽则宽、区别对待、注重效果，对未成年人犯罪或其他轻微犯罪的，依法决定不捕、不诉共 73 人。依法查办贪污贿赂犯罪，五年来，共立案侦查贪污贿赂犯罪案件 63 件 68 人，其中大要案 57 件，占立案总数的 90%，为国家和集体挽回经济损失 4000 多万元，有力推动我区反腐倡廉工作。加大反渎职侵权工作力度。以反渎职侵权局挂牌为契机，进一步加大对渎职侵权犯罪打击力度，共立案侦查渎职侵权犯罪案件 14 件 14 人，重点查处在“5·19”、“10·16”等重大安全事故背后的职务犯罪案件，同步介入事故调查，立案侦查涉嫌玩忽职守犯罪的国家机关工作人员 7 人。深入开展预防职务犯罪工作。坚持惩防并举，从源头上治理腐败，在重点工程建设项目开展同步预防，在教育、医疗、环保等行业开展系统预防，在基层镇（街道）、村居开展共同预防，举办惩治和预防职务犯罪等大型图片展览，广泛开展警示宣传教育，使广大干部职工受到教育，预防和减少职务犯罪的发生。强化对诉讼活动的法律监督。在加强与侦查机关、审判机关协调配合，形成合力的同时，注重发挥监督职能作用，强化对立案、侦查、审判、刑罚执行与监管等诉讼活动的法律监督，共开展立案监督 18 件，决定追捕 8 人、追诉 15 人，监督减刑、假释、暂予监外执行 40 人次，开展监外考察 450

人次，实现五年零超期羁押，维护了司法公正。积极开展控告申诉检察工作。畅通控告申诉渠道，提供网上举报、申诉和查询等服务，广泛开展文明接待活动，共受理群众来信384件，接待群众来访226批2126人，通过耐心细致的工作，有效化解矛盾纠纷，实现五年无涉检信访人进京上访。立案审查民事审判、行政诉讼申诉案件14件，通过提请抗诉、检察建议和释法说理等方式，把执法办案同化解矛盾相结合，促进社会和谐。不断推进行政执法监督。通过派员联系、审阅案卷、审查报表、召开联席会议等方式，建立行政执法与刑事司法相衔接机制，加强对行政机关执法活动的监督，促进各行政执法机关依法行政。

（三）自身监督不断完善

坚持把强化自身监督放在突出位置，主动把检察工作置于人大和社会各界监督之下。加强自身监督制约机制建设。实行办理职务犯罪案件“三书一制度”（即告知犯罪嫌疑人权利义务书、告知犯罪嫌疑人羁押情况书、对犯罪嫌疑人实施同步录音录像知会书和协助律师会见犯罪嫌疑人制度）；推行“一案一评估、一案一建议、一案一教育”办案机制，持续开展检务督查，对45个案件开展了回访监督，对36件直接立案侦查案件开展了案件评查，确保检察权依法正确行使，从源头上防止检察干警违法违纪。自觉接受人大监督。五年来共向区人大及其常委会报告年度全面工作5次，报告反贪、民行检察等专项工作2次，坚决贯彻落实人大及其常委会的决议、决定和审议意见，不断改进检察工作。深入推行人民监督员和检察联络员制度。向社会公开聘任了12名人民监督员和17名检察联络员。共召开人民监督员会议15次，对35件我院直接立案侦查的“三类案件”（拟作不起诉、拟作撤案和犯罪嫌疑人不服逮捕决定的案件）进行监督和独立评议，提出了监督意见。

（四）阳光检务深入推进

突出阳光检务的载体作用。先后制定了《关于进一步解放思想全面推行阳光检务的决定》和《关于进一步深化阳光检务工作的意见》，坚持把推进阳光检务作为拓宽人民群众对检察工作知情权、参与权和监督权的重要载体，推进阳光检务制度化、规范化、常态化建设。加大法制宣传工作力度，通过设置专栏、制作展板、印发小册子，开展“检务公开”宣传日、举报宣传周、法制讲座等形式多样的普法宣传活动，扎实有效地推进阳光检务工作，共举办法制讲座165场次，发放宣传资料6500多份。深入开展检察官下基层进社区活动。将阳光检务工作向社区延伸，广泛开展“无毒校园”、“平安社区”共建活动，组织检察官深入村居、社区开展走访活动，为民普法，宣传法律知识，全方位、多层次、多角度、零距离地为群众服务，让群众对检察机关及其工作职能更加了解。

（五）队伍建设稳步发展

深入抓好各项教育活动。深入开展解放思想学习讨论、社会主义法治理念教育、学习实践科学发展观、“发扬传统、坚定信念、执法为民”主题教育实践和基层党的组织生活创新等活动，突出加强检察队伍思想政治、领导班子和职业道德建设，队伍思想政治水平得到新的提高，党的基层组织生活创新工作经验被省、市作了推介。着力提高队伍素质。鼓励支持干警参加学历教育、专项业务培训，积极开展模拟法庭论辩、庭审观摩、业务能手评比等活动，推动了队伍专业化水平的提升。五年来，有382人次参加了省、市组织的专项业务培训，目前，全院大学以上学历干警占比已达到95%，队伍整体素质稳步提升。完善检察工作机制。建立健全了检察工作目标责任制、执法质量考评、检务督察等机制，对全院20多项规章制度作了修改完善，不断推进检察工作科学化、规范化建设。提高检务保障水平。大力推进科技强检步伐，先后建成了高清视频会议系统、局域网系统和机要通道三级网络系统，建成了院内与驻所两个办案工作区，配置了同步录音录像设备和案件动态管理系统软件，检察办公、办案、办事的科技含量得到新的提高。

各位代表，过去的五年，是我院全体干警紧紧围绕区委工作大局全面开展检察工作的五年；是与时俱进、勇于创新，各项工作取得新突破的五年；是上下一心、团结拼搏，检察队伍展现新风貌的五年。五年来，我院共获得区级以上荣誉21项，被上级机关记功和表彰的干警47人次。我们深知，这些成绩的取得，是区委的正确领导，区人大及其常委会的有效监督和区政府、区政协及社会各界大力支持的结果。在此，我代表潮阳区人民检察院向关心和支持检察工作的各级领导、各位代表和社会各界人士表示衷心的感谢！

在看到成绩的同时，我们也清醒地认识到，我区检察工作还存在一些不足和问题：一是服务大局、保障民生的能力还不够强，服务大局的工作机制还不够健全。二是查办和预防职务犯罪工作力度与党和人民群众的期望还有一定差距。三是诉讼监督工作仍有待进一步加强，诉讼监督措施还不够完善，监督效果不够显著，四是经费保障、基础设施、装备建设水平有待提高，检察工作科技含量特别是信息化应用水平还不高。对这些问题，我们将高度重视并采取有力措施逐步加以解决。

今后五年的工作思路

各位代表，刚刚结束的区第三次党代会明确提出了“内外发力，争先作为，提速科学发展，建设幸福潮阳”的主题，描绘了未来五年我区经济社会发展的宏伟蓝图，深化改革开放、加快经济发展方式转变将进入攻坚克难的关键时期，检察工作也将面临许多前所未有的新情况新问题新挑战。从社会稳定形势看，目前，我区仍处于刑事犯罪高发期和社会矛盾凸显期，社会矛盾敏感性、聚合性、关联性不断增强，维护社会和谐稳定面临新的情况。从反腐倡廉形势看，当前反腐倡廉建设面临成效明显与问题突出并存、打防力度不断加大与腐败现象易发并存、群众对反腐期待不断上升与腐败现象短期内难以根治并存，如何加大打击和预防职务犯罪面临新的挑战。从执法环境看，中国特色社会主义法律体系形成，人民群众对维护公平正义的要求越来越高，检察机关维护司法公正的任务面临新的挑战。

未来五年，我区检察工作的总体思路是：高举中国特色社会主义伟大旗帜，以邓小平理论和“三个代表”重要思想为指导，深入贯彻落实科学发展观，紧紧围绕科学发展的主题和加快转变经济发展方式的主线，以强化法律监督、强化自身监督、强化队伍建设为总要求，以执法办案为中心，以深化三项重点工作为着力点，以改革创新为动力，推动检察工作全面协调发展，为“提速科学发展、建设幸福潮阳”提供强有力的司法保障。重点抓好以下六项工作：

（一）以推动科学发展为主线，在围绕中心、服务大局上更有作为

要认真学习区第三次党代会精神，深刻理解和把握“提速科学发展，建设幸福潮阳”的科学内涵和基本要求，不断增强大局意识和服务意识，把检察工作与全区中心工作更加紧密地结合起来，做到“站在全局看检察找准定位，立足检察想全局用心服务”，充分发挥惩治犯罪、化解矛盾和维护稳定的职能作用，综合运用打击、监督、预防和保护职能，着力在优化发展环境、搞好法律服务、强化司法保障上下功夫，为推动我区科学发展营造良好的法治环境。

（二）以三项重点工作为抓手，在维护社会和谐稳定上更有作为

要充分认识深化三项重点工作的重要性和紧迫性，把执法办案作为深化三项重点工作的基本方式，坚决打击危害人民群众生命财产安全的各类刑事犯罪活动，切实增强群众的安全感；进一步加大对严重破坏市场经济秩序犯罪的打击力度，营造公平竞争的市场环境。全面把握和贯彻落实宽严相济的刑事政策，把化解矛盾纠纷贯穿执法办案始终，切实维护好社会和谐稳定。

（三）以维护人民权益为落脚点，在落实以人为本、执法为民上更有作为

要真正把民生优先的要求落实到各项检察工作中，继续突出打击严重侵害群众利益、影响群众安全感、群众反映强烈的刑事犯罪和民生领域的职务犯罪，依法保障人民群众合法权益。要通过集中培训、案例教学、检察官下基层进社区等形式，努力提升检察干警的群众工作能力。

（四）以反腐倡廉为重点，在查办和预防职务犯罪工作上更有作为

要认真贯彻党中央惩治和预防腐败的决策部署，全面加强侦查信息化、执法规范化、装备现代化、侦防一体化建设，集中力量查办大案要案，严肃查办发生在领导机关和领导干部中的职务犯罪案件，权力集中部门和岗位的职务犯罪案件，国家重点投资领域的职务犯罪案件，破坏生态资源、重大责任事故涉及的职务犯罪案件，加大预防工作力度，推动反腐败斗争深入开展。

（五）以维护司法公正廉洁为目标，在强化诉讼监督上更有作为

认真研究当前执法活动中存在的突出问题，狠抓诉讼监督薄弱环节，通过加强沟通协调，整合监督力量，完善监督机制，提高监督效能等措施，在强化诉讼监督工作的薄弱环节上下功夫，全面加强立案监督、侦查监督、审判监督、刑罚执行监督、民事行政检察监督和行政执法监督，努力解决人民群众反映突出的执法不严、司法不公等问题，维护社会公平正义。

（六）以队伍建设为根本，在强化自身监督、提升队伍整体素质上更有作为

坚持把党的建设与队伍建设结合起来，持之以恒地加强教育、管理和监督，促使干警在思想、能力、作风、廉政等方面符合构建和谐社会的新要求。切实加大教育培训力度，推进队伍专业化建设，发现、培养一批“特别敢创新、特别能办案、特别善监督”的检察业务骨干，全面提升队伍履职能力。以廉政建设和作风建设为重点，抓好检察人员职业操守教育，防止各种违纪违法问题的发生，保持良好的机关作风和职业形象。

各位代表，新时期的检察工作任重而道远。面对新的形势和任务，面对全区人民的期望和重托，我们一定时刻牢记职责和使命，以更加饱满的工作热情，更加务实的工作作风，与时俱进，开拓进取，不断推动检察工作创新发展，为开创全区经济社会发展的美好未来做出新的更大的贡献。

附录

www.gdchaoyang.gov.cn

附　录

2011 年汕头市潮阳区委、区政府及两个办公室重要文件选录

序号	文件号	标　题
1	潮阳区委发［2011］2 号	中共汕头市潮阳区委　汕头市潮阳区人民政府《关于表彰汕头市潮阳区精神文明建设先进集体和先进个人的决定》
2	潮阳区委发［2011］3 号	关于印发《潮阳区 2011 年人口和计划生育“巩固成果、创先争优”工作方案》的通知
3	潮阳区委发［2011］6 号	印发《关于加大殡葬管理力度进一步推进殡改工作的若干规定》的通知
4	潮阳区委发［2011］9 号	中共汕头市潮阳区委《关于进一步加强改进基层宣传思想文化工作的意见》
5	潮阳区委发［2011］13 号	关于印发《中共汕头市潮阳区委政治协商规程（试行）》的通知
6	潮阳区委发［2011］14 号	中共汕头市潮阳区委《关于表彰先进基层党组织优秀共产党员和优秀党务工作者的决定》
7	潮阳区委发［2011］18 号	中共汕头市潮阳区委　汕头市潮阳区人民政府《关于授予潮阳区重点扶持保护企业的决定》
8	潮阳区委发［2011］22 号	印发《关于深入贯彻潮阳区第三次党代会精神，加快推进工作落实的工作方案》的通知
9	潮阳区委发［2011］24 号	印发区委组织部《关于做好潮阳区部分区直单位纪检组长公推公选工作的方案》的通知
10	潮阳区委发［2011］25 号	印发区委组织部《关于潮阳区做好竞争选拔区直部门副职领导干部的工作方案》的通知
11	汕潮阳府［2011］18 号	转发汕头市人民政府《关于进一步鼓励和引导民间投资促进民营经济发展上水平的实施意见》的通知
12	汕潮阳府［2011］59 号	关于印发《潮阳区扶持保护重点企业（项目）实施办法》的通知
13	汕潮阳府［2011］77 号	《关于成立潮阳区规划委员会的通知》
14	汕潮阳府［2011］79 号	关于印发《潮阳区突发事件总体应急预案》的通知
15	汕潮阳府［2011］85 号	潮阳区《关于强化殡葬基本公共服务的实施意见》

续上表

序号	文件号	标　题
16	潮阳区委办［2011］1 号	转发关于印发《汕头市城市管理工作问责暂行办法》的通知
17	潮阳区委办［2011］6 号	关于印发《潮阳区政协提案办理工作评价考核暂行办法》的通知
18	潮阳区委办［2011］14 号	转发《市综治委、市纪委、市委组织部、市人力资源和社会保障局、市监察局关于进一步健全社会治安综合治理和维护社会稳定领导责任制的实施意见》的通知
19	潮阳区委办［2011］27 号	印发《汕头市潮阳区党政机关公务用车问题专项治理工作方案》的通知
20	潮阳区委办［2011］33 号	《关于暂停人事调整的通知》
21	潮阳区委办［2011］38 号	转发区纪委《关于 2011 年全区开展纪律教育学习月活动的意见》的通知
22	潮阳区委办字［2011］41 号	转发《区维稳及综治办、区公安分局关于进一步推进社会治安视频监控系统建设的意见》的通知
23	潮阳区委办［2011］52 号	《关于学习贯彻党的十七届六中全会精神的通知》
24	潮阳区委办［2011］58 号	印发《关于汕头市潮阳区党的基层组织实行党务公开的实施方案》的通知
25	潮阳区委办［2011］59 号	印发《汕头市潮阳区党的基层组织党务公开指导性目录》的通知
26	潮阳区委办字［2011］68 号	印发区委书记陈新造同志在《全区推进重点项目建设动员大会上的讲话》的通知
27	潮阳区委办字［2011］103 号	关于认真贯彻落实市委李锋书记在《关于潮阳区第三次党代会有关情况的报告》上的重要批示精神的通知
28	潮阳区委办字［2011］104 号	印发区委书记陈新造同志《在全区打黑除恶专项斗争动员大会上的讲话》的通知
29	潮阳区委办［2011］107 号	《关于组织参观庆祝汕头经济特区建立 30 周年展览的通知》
30	汕潮阳府办［2011］7 号	关于印发《汕头市潮阳区“十二五”科普工作规划》的通知
31	汕潮阳府办［2011］104 号	转发汕头市人民政府办公室《关于进一步加强我市政府投资建设工程施工招标投标管理的意见》的通知
32	汕潮阳府办［2011］117 号	关于印发《汕头市潮阳区自然灾害救助应急预案》的通知

关于印发潮阳区扶持保护重点企业（项目）实施办法的通知

汕潮阳府［2011］59号

各镇人民政府、街道办事处，区府直属有关单位：

《潮阳区扶持保护重点企业（项目）实施办法》经2011年8月10日区党政班子联席会议审议通过，现印发给你们，请认真贯彻执行。

2011年8月11日

潮阳区扶持保护重点企业（项目）实施办法

为进一步优化我区投资环境，保障投资者合法权益，支持重点项目投资发展，营造“亲商、便商、扶商、富商”的社会氛围，促进全区经济社会更好更快发展，特制定本办法。

一、适用范围

本办法所称重点企业是指我区行政区域内具有独立法人资格、诚实守信、依法经营、照章纳税、配套达标、生产安全的，经统计、税务部门确认上年度产品销售收入（批发销售额）在2000万元以上或纳税额超过200万元的国有、集体、民营、三资企业；重点项目是指当年度被列入区级以上重点推进的投资建设项目。

二、审定和管理

（一）审定

由区政府分管领导牵头区发改、经信、公安、监察、财政、环保、统计、安监、国税、地税、工商、质监等部门，对拟列入扶持保护的重点企业（项目）进行联合集中审定。

（二）授牌

对列入重点扶持保护的企业，由区委区政府发文公布并颁发给“潮阳区重点扶持保护企业”牌匾；对列入重点扶持保护的投资建设项目，由区委区政府发文公布。

（三）管理

享受重点扶持保护的企业不搞终身制，每年由区政府及相关部门根据企业在我区投资、销售、纳税、出口、诚信经营等情况实行动态管理并公布。

三、享受待遇

被列入重点扶持保护的企业（项目），可享受以下扶持、服务和保护待遇：

（一）加大资金扶持

1. 区财政设立扶持重点企业（项目）专项基金，连续5年每年安排200万元，专项用于扶持企业技术改造、技术创新和服务体系等项目建设。在符合有关申报条件的情况下，优先给予申报国家、省、市各类技改创新和产业扶持资金项目。

2. 本办法实施之后，重点企业被认定为高新技术企业、获得“中国名牌产品”、“中国驰名商标”、国家优质工程奖项的，一次性奖励10万元；获得“中国出口名牌”、“广东省名牌产品”、“广东省著名商标”，一次性奖励5万元。重点企业自主知识产权开发按《潮阳区加强知识产权保护和管理工作实施意见》有关规定给予资助。

（二）强化融资扶持

3. 区政府有关部门定期筛选信誉良好、产品有市场、有前景的企业和技术含量高、经济效益好的技改创新项目及新产品研究开发项目，向金融机构推荐，积极搭建银企信贷融资平台。

4. 支持重点企业利用资本市场筹措资金，拓宽融资渠道，鼓励符合条件的企业上市融资、发行债券。对拟上市企业给予土地、资金、技术、政策等方面的扶持和服务。企业已完成上市辅导并向境内外证券交易所提交文件，获得合规性初审意见的，给予20万元的奖励；当年在境内外证券交易所上市的，给予60万元奖励；在异地“买壳”、“借壳”上市，并将上市公司注册地及纳税登记迁回我区的，视同改制上市，给予60万元的奖励。

（三）加大人力资源支撑

5. 重点企业凡招进具有硕士以上学历、中级以上专业技术职称的人员和留学回国人员；或合作开发技术（项目）、投资创办科技、经济实体的法人，由区人社部门、区公安部门给予优先办理审批和入户手续，对其配偶就业、子女入学等方面给予照顾。

6. 提供人力资源信息、咨询、教育、培训、人事代理等服务。发挥区职教中心和省农村劳动力免费定点培训机构的功能作用，开展定单式培训服务，建立起招工—培训—就业的一条龙服务模式。

（四）开通“绿色通道”

7. 区政府有关职能部门要设立重点企业（项目）“直通车”服务窗口，为重点企业（项目）办理各项业务开辟“绿色通道”，提供优质、快捷服务，办理时限原则上比公开对外承诺的时限缩短1/3以上。

8. 重点企业开展进出口业务，给予优先享受各项通关便利措施；参加国家、省、市有关会展，给予优先安排展位；在符合退税条件的前提下，给予优先安排退税。

9. 对符合国家鼓励产业政策且产业集聚力强、发展后劲足、带动作用大的科技型、节能型、生态环保型、外向型的重大项目优先给予供地、供水、供电。

10. 对重大投资项目建立党政领导挂钩联系制度；对年销售收入2亿元以上、已获得省级以上著（驰）名商标（名牌产品）、列入市级以上行业龙头企业的重点企业由区五套班子挂钩联系，确保及时解决企业（项目）建设、生产、经营发展中遇到的困难和问题。

（五）实施贴身服务

11. 重点企业、重点项目单位在办理业务过程中遇到疑难问题，可预约有关职能部门上门服务，相关职能部门应予以落实并对办理结果进行跟踪。

12. 对重点项目投资建设要提前介入、超前服务、靠前指导，主动为企业提供项目建设的前期咨询、市场准入等方面的服务，及时掌握项目进展，对项目进行全程跟踪服务。

13. 企业申报国家、省、市政策支持的项目，在企业要求的前提下，各相关部门要指派专人引领协助企业负责人办理相关手续。

（六）加强保护监督

14. 公安机关要为重点企业提供良好治安环境，优化服务措施，在接到企业报警或报案后，当地公安派出所值班领导要第一时间到现场处理，所长要亲抓落实。

15. 严格规范各级各有关部门对重点企业、重点项目的检查行为。各镇（街道）、区直行政机关、事业单位、驻潮单立及其工作人员根据法定职责和工作需要，决定到重点企业、项目实施检查等行政执法行为的，应严格执行登记制度，并尽量联合进行。对涉案类的即时检查和突发性事件的检查，原则上要事后进行补充登记。具体程序、办法和形式严格按照《潮阳区行政机关对重点以上工业企业实施检查登记暂行办法》（潮阳区纪发［2009］9号）执行。

16. 严禁向重点企业、项目单位以各种名义进行乱收费、乱摊派、乱集资、强行赞助或吃、拿、卡、要。各重点企业、项目单位对上述行为有权拒绝，并及时向区机关效能投诉中心投诉、举报（投诉电话：83600311）。

17. 对企业提出的投诉事项，区机关效能投诉中心要在投诉后7个工作日内调查处理终结并予以答复。情况复杂的可适当延期，但最长不得超过15个工作日。一经发现对企业乱收费、乱罚款、乱摊派的行为，一律从严从重处理。

18. 区纪检监察部门要加强对各镇（街道）、区有关部门贯彻落实本办法的情况进行监督检查并定期公布结果。重点查处影响实施重点企业（项目）扶持保护措施的行政过错行为和行政效能问题。对在为重点企业（项目）服务过程中不负责任、推诿扯皮、损害企业利益的公职人员要按有关规定予以严肃处理。

四、其他

1. 各职能部门要根据本办法，结合实际制定具体的工作方案。

2. 本办法由区发改局、区经信局、区监察局负责解释。

3. 本办法自颁布之日起实施。区政府在此之前发布的政策规定与本办法不一致的，以本办法为准。

中共汕头市潮阳区委　汕头市潮阳区人民政府关于授予潮阳区重点扶持保护企业的决定

潮阳区委发［2011］18号

重点企业是我区经济社会发展的重要支柱，其发展和壮大对加快我区优化经济结构，增强经济实力，促进经济社会发展，建设幸福潮阳具有重要意义。根据《关于印发潮阳区扶持保护重点企业（项目）实施办法的通知》（汕潮阳府［2011］59号）的精神，区委、区政府决定授予广东省金叶烟草薄片技术开发有限公司等318家企业为“潮阳区重点扶持保护企业”（具体名录见附件）。

各级党政各单位要按照汕潮阳府［2011］59号文的通知精神，加大对重点企业的扶持保护和服务力度，进一步优化我区投资环境，保障投资者合法权益，支持重点企业发展，促进全区经济社会更好更快发展。各重点企业单位要诚实守信，依法经营，做强做大，再接再厉，为潮阳经济社会发展做出更大的贡献。

附：

潮阳区重点扶持保护企业名录

序号	企业详细名称	序号	企业详细名称
1	广东省金叶烟草薄片技术开发有限公司	17	汕头市友情精细化工实业有限公司
2	裕通国际大酒店	18	汕头市健生塑胶制品有限公司
3	汕头市潮阳第一建安总公司	19	马华隆（潮阳）纺织有限公司
4	汕头市潮阳第二建筑总公司	20	深圳市深宝华城科技有限公司汕头分公司
5	汕头市潮阳第三建筑总公司	21	广东中唱一帆科技发展有限公司
6	汕头市潮阳建筑工程总公司	22	汕头市潮阳区金属型材厂
7	深圳潮阳建筑工程公司	23	南雄服装（潮阳）有限公司
8	汕头市潮阳水电建安总公司	24	汕头市德明企业有限公司
9	潮阳区金叶大厦	25	汕头市富澜正东自动售货设备有限公司
10	汕头市潮阳第四建筑总公司	26	汕头市青华生化工程有限公司
11	汕头市潮阳建筑安装工程总公司	27	汕头市兄弟塑胶实业有限公司
12	汕头市潮阳区自来水总公司	28	汕头市新强德磁电有限公司
13	汕头市嘉致消声器有限公司	29	汕头市光南房地产有限公司
14	汕头市汉泰实业有限公司	30	汕头市龙辉超级商场有限公司
15	汕头市潮阳区东方康宁购物广场有限公司	31	潮阳区震东超级自选商场
16	广东轻工机械二厂有限公司	32	汕头市粮丰集团有限公司

续上表

序号	企业详细名称	序号	企业详细名称
33	汕头市万盛兴五金制品有限公司	65	汕头市妙韵实业有限公司
34	汕头市永乐光电音像实业有限公司	66	广东宏杰内衣实业有限公司
35	汕头市雄狮不锈钢管材有限公司	67	汕头市裕华内衣有限公司
36	广东新通达钢管厂有限公司	68	汕头市潮阳区雄兴针织实业有限公司
37	汕头市潮阳区金新花园酒店有限公司	69	汕头市潮阳区谷饶佳士发内衣针织厂
38	汕头市高龙制衣有限公司	70	汕头市江和丰针织有限公司
39	汕头市潮阳区谷饶上堡洗熨厂	71	汕头市华联发织绣实业有限公司
40	汕头市蓝天成实业有限公司	72	汕头市三辉内衣有限公司
41	汕头市佳美针织服装有限公司	73	汕头市海之阳实业有限公司
42	汕头市五佳洲实业有限公司	74	汕头市文武实业有限公司
43	汕头市利生针织服装厂	75	汕头市潮阳区鸿展发实业有限公司
44	汕头市兴业染整厂	76	汕头市大世和实业有限公司
45	汕头市协帆纸业有限公司	77	汕头市宏丹纺织有限公司
46	广东金科再造烟叶有限公司	78	汕头市新兴雅针织实业有限公司
47	汕头市万丰纸品实业有限公司	79	汕头市潮阳区安泰发展有限公司
48	汕头市金中发纸业有限公司	80	汕头市丹诚实业有限公司
49	汕头市明得纸品实业有限公司	81	汕头市洽威针织实业有限公司
50	汕头市金梅纸业有限公司	82	汕头市舒琴实业有限公司
51	汕头市鸿昌织造有限公司	83	汕头市裕联发实业有限公司
52	汕头市广盛制衣洗水有限公司	84	汕头市楠惠织造有限公司
53	汕头市雅潮内衣有限公司	85	汕头市东升实业有限公司
54	汕头市雅兰胸围内衣有限公司	86	汕头市骏荣纺织有限公司
55	汕头市潮阳区华联洗染有限公司	87	汕头市恒沛实业有限公司
56	汕头市潮阳区恒丰泰实业有限公司	88	汕头市汾芳王内衣实业有限公司
57	汕头市永嘉发实业有限公司	89	汕头市润信发实业有限公司
58	汕头市潮阳区星星实业有限公司	90	汕头市腾立针织制衣有限公司
59	汕头市时佳实业有限公司	91	汕头市港爽实业有限公司
60	汕头市浩天刺绣服装有限公司	92	汕头市万事发实业有限公司
61	广东霞黛芳内衣有限公司	93	汕头市金茂电光源实业有限公司
62	汕头市兴裕发实业有限公司	94	汕头市潮阳区谷饶恒华电子厂
63	汕头市骏隆发纺织实业有限公司	95	汕头市恒生实业有限公司
64	汕头市南丰针织实业有限公司	96	汕头市潮阳区谷饶茂兴洗染厂

续上表

序号	企业详细名称	序号	企业详细名称
97	汕头市康婉妮内衣实业有限公司	129	汕头市娜姿雅针织刺绣实业有限公司
98	汕头市忠信针织实业有限公司	130	汕头市泰兴发织造有限公司
99	汕头市源兴泰实业有限公司	131	汕头市钦光电脑有限公司
100	汕头市轩华实业有限公司	132	汕头市华宝成针织实业有限公司
101	汕头市德兴盛织造有限公司	133	汕头市永倩服装有限公司
102	汕头市深茂实业有限公司	134	汕头市雅兴旎纺织实业有限公司
103	汕头市港姐内衣有限公司	135	汕头市光伟针织有限公司
104	汕头市信诚实业有限公司	136	汕头市永兴发纺织有限公司
105	汕头市宝贝儿实业有限公司	137	汕头市硕美科电子有限公司
106	汕头市春裕实业有限公司	138	汕头市益顺盛针织实业有限公司
107	汕头市兴泰发服装有限公司	139	汕头市兴联城纺织有限公司
108	汕头市娜黛芬内衣实业有限公司	140	汕头市怡利织造有限公司
109	汕头市万兴泰内衣实业有限公司	141	汕头市南茂针织实业有限公司
110	汕头市威美内衣有限公司	142	汕头市聚龙针织实业有限公司
111	汕头市永华联实业有限公司	143	汕头市华隆发纺织实业有限公司
112	汕头市潮阳区丽绣电脑刺绣实业有限公司	144	汕头市新利机绣针织有限公司
113	汕头市四海纺织有限公司	145	汕头市承泰针织实业有限公司
114	汕头市潮阳区伟兴发织造有限公司	146	汕头市芳菲织造实业有限公司
115	汕头市荣昌实业有限公司	147	汕头市海鸿服装有限公司
116	广东省汕头市五洲织造有限公司	148	汕头市向葵内衣有限公司
117	汕头市南晖针织实业有限公司	149	汕头市黛芙娜内衣有限公司
118	汕头市棉嘉织绣有限公司	150	汕头市潮阳区谷饶瑜康妮针织内衣厂
119	汕头市潮阳区宏泰发海绵实业有限公司	151	汕头市华丰纺织实业有限公司
120	汕头市宝宝妇幼用品实业有限公司	152	汕头市松春盛音像实业有限公司
121	汕头市田野实业有限公司	153	广东三凌塑料管材有限公司
122	汕头市恒茂实业有限公司	154	汕头市粤海音像有限公司
123	汕头市锐宾服饰有限公司	155	汕头市龙泉服饰有限公司
124	汕头市纳佳兴针织内衣有限公司	156	汕头市绵隆纺织实业有限公司
125	汕头市鹏升内衣有限公司	157	汕头市谷茂纺织有限公司
126	汕头市琦密儿针织内衣有限公司	158	汕头市兴明织造有限公司
127	汕头市宏昇内衣实业有限公司	159	汕头市潮阳区谷饶雅文胸围针织内衣厂
128	汕头市勤兴织造有限公司	160	汕头市潮阳区谷饶中伟针织内衣厂

续上表

序号	企业详细名称	序号	企业详细名称
161	汕头市潮阳区谷饶洲恒源内衣厂	193	汕头市星光塑胶有限公司
162	汕头市潮阳区谷饶奋发电脑刺绣厂	194	汕头市国美实业有限公司
163	潮阳区裕丰泰海棉针织厂	195	汕头市顺达制造有限公司
164	汕头市潮阳区谷饶喜湖针织厂	196	汕头市信乐实业公司
165	汕头市潮阳区嘉发针织内衣厂	197	汕头市潮阳区和平联胜化工软油厂
166	汕头市潮阳区滋兴发展有限公司	198	潮阳区和平镇东星覆膜厂
167	广东蓝天成实业有限公司	199	广东省粤华磁电实业有限公司
168	汕头市恒昌磁电有限公司	200	汕头市高美音像有限公司
169	汕头市树盛实业有限公司	201	汕头市双凤实业有限公司
170	汕头市宏裕音像有限公司	202	汕头市凯忠纺织有限公司
171	汕头市大裕实业有限公司	203	汕头市奥林磁电实业有限公司
172	汕头市扬帆塑料实业有限公司	204	汕头市大有实业有限公司
173	汕头市宝龙实业有限公司	205	汕头市文志实业有限公司
174	汕头市谊发包装材料有限公司	206	汕头市益通电信设备实业有限公司
175	汕头市特佳磁电实业有限公司	207	广东威信织造实业有限公司
176	广东宝克文具有限公司	208	汕头市新而亮文化用品实业有限公司
177	汕头市潮阳区新潮实业有限公司	209	广东粤华纺织有限公司
178	汕头市特丝多丽化妆品有限公司	210	汕头市润明塑胶实业有限公司
179	汕头市源兴文化用品实业有限公司	211	汕头市卡琦实业有限公司
180	广东蕾琪化妆品有限公司	212	汕头市联科实业有限公司
181	汕头市潮阳区和平双凤实业有限公司	213	广东昂特音像有限公司
182	汕头市裕鹏磁电实业有限公司	214	汕头市东宇磁电有限公司
183	汕头市潮阳区和平东洋磁电厂	215	汕头市艺佳包装制品有限公司
184	汕头市德丰磁电有限公司	216	汕头市中纶实业有限公司
185	广东省粤东磁电有限公司	217	汕头市鑫恒实业有限公司
186	汕头市恒兴磁电有限公司	218	汕头市双鹏塑料实业有限公司
187	汕头市鑫谷实业有限公司	219	广东省智高磁电有限公司
188	汕头市麒玉日化有限公司	220	广东爱心实业有限公司
189	汕头市万能实业有限公司	221	汕头市华煜实业有限公司
190	广东连坚集团有限公司	222	汕头市正齐文具实业有限公司
191	汕头市新裕实业有限公司	223	汕头市勤必发文具用品实业有限公司
192	汕头市华星磁电有限公司	224	汕头市英仕文具有限公司

续上表

序号	企业详细名称
225	汕头市翼泰塑胶实业有限公司
226	汕头市潮阳区新南辉磁带厂
227	汕头市荣昌纺织实业有限公司
228	汕头市美迪实业有限公司
229	汕头市南海洋实业有限公司
230	汕头市喜通文具实业有限公司
231	汕头市金纤实业有限公司
232	汕头市潮阳区新永隆磁电厂
233	汕头市丰兴盛包装材料有限公司
234	汕头市裕泰磁电实业有限公司
235	汕头市丽涛日化有限公司
236	汕头市亿源塑胶有限公司
237	汕头市国强塑料实业有限公司
238	汕头市恒永得塑料有限公司
239	汕头市宏源塑料实业有限公司
240	汕头市马田光学有限公司
241	汕头市谷铭纸品有限公司
242	汕头市金利彩塑料有限公司
243	汕头市华声磁电实业有限公司
244	汕头市潮阳区新京通音像公司
245	汕头市通智磁电有限公司
246	汕头市源丰实业有限公司
247	汕头市雅光实业有限公司
248	汕头市潮阳区宏洋实业有限公司
249	汕头市雅尔乐服饰有限公司
250	汕头市舜宇实业有限公司
251	汕头市金坚源实业有限公司
252	汕头市信和塑料实业有限公司
253	汕头市潮阳区菲若罗内衣有限公司
254	汕头市亿利音像有限公司
255	汕头市碧伊诗内衣有限公司
256	汕头市恒华织造实业有限公司
257	汕头市恒通塑胶工业有限公司
258	汕头市锦隆发针织实业有限公司
259	汕头市和明塑料有限公司
260	汕头市明达纺织有限公司
261	汕头市合荣汽车贸易有限公司
262	汕头市联科实业有限公司
263	汕头市潮阳区凯迪服装厂
264	潮阳区贵屿捷胜琼塑料厂
265	汕头市德茂森塑胶实业有限公司
266	永高制衣（汕头）有限公司
267	汕头市丽婴服饰有限公司
268	汕头市潮阳区和平镇四通磁带厂
269	汕头市潮阳区和平镇恒星塑料制品厂
270	汕头市潮阳区和平嘉隆磁电有限公司
271	汕头市潮阳区源锋塑料制品厂
272	汕头市潮阳区世昌音像塑料厂
273	汕头市登昌烽塑料有限公司
274	汕头市宝梭人造花有限公司
275	汕头市力星塑胶有限公司
276	贵屿自强塑料切粒厂
277	贵屿丰源塑料加工分厂
278	汕头市国英铜业有限公司
279	汕头市潮阳区港铭实业有限公司
280	汕头市茂亮实业发展有限公司
281	汕头市兴荣实业有限公司
282	汕头市马氏人造花实业有限公司
283	汕头市新鹏宇文具实业有限公司
284	汕头市潮阳区龙港新兴片材厂
285	汕头市荣业塑料五金有限公司
286	汕头市森胜五金塑料实业有限公司
287	潮阳区贵屿可安五金塑料厂
288	汕头市潮阳区贵屿石进塑料切粒厂

续上表

序号	企业详细名称	序号	企业详细名称
289	吉祥切粒厂	304	汕头市潮阳区亿威泰实业有限公司
290	潮阳区贵屿两半塑料切粒厂	305	汕头市雄兴内衣实业有限公司
291	汕头市深港电工实业有限公司	306	汕头市齐心文具制品有限公司
292	汕头市潮阳区贵屿烈忠塑料厂	307	广东晨光文具有限公司
293	潮阳区贵屿龙港作强塑料切粒厂	308	汕头市南沂内衣厂有限公司
294	汕头市荣顺再生资源有限公司	309	汕头市泽诚实业有限公司
295	汕头市新宏信再生资源有限公司	310	汕头市时新针美织有限公司
296	汕头市潮阳区贵屿南豪塑料制品厂	311	汕头市泰诚纺织有限公司
297	汕头市潮阳区贵屿俊业塑料制品厂	312	汕头市东兴针织有限公司
298	汕头市潮阳区贵屿创茂塑料珠厂	313	汕头市摩特神实业有限公司
299	潮阳区贵屿龙港兴发塑料切粒厂	314	华能国际电力股份有限公司海门电厂
300	汕头市潮阳区贵屿新永佳塑胶厂	315	汕头市展正冷冻有限公司
301	汕头市潮阳区贵屿斌发塑料厂	316	汕头致远水产实业有限公司
302	渡头鹏发塑料厂	317	汕头市大明液化石油气有限公司
303	汕头市荣发塑料切粒厂	318	汕头市志远水产食品有限公司

注：重点企业是指产品销售收入（批发销售额）在2000万元以上或纳税额超过200万元的国有、集体、民营、“三资”企业。

关于深入贯彻区第三次党代会精神抓好重要工作部署落实的工作方案

潮阳区委发［2011］18号

9月22至25日，潮阳区召开区第三次党代会，会议围绕“内外发力，争先作为，提速科学发展，建设幸福潮阳”的主题，部署今后五年的工作。为进一步推进党代会精神的贯彻落实，根据区委主要领导指示，区委办公室对区第三次党代会提出的重大工作部署和重点工作任务进行了梳理和分解，形成如下工作方案。

一、指导思想

坚持以邓小平理论和“三个代表”重要思想为指导，深入贯彻落实科学发展观，认真学习胡锦涛总书记在庆祝中国共产党成立90周年大会上的讲话、近期巡视广东重要讲话，省委汪洋书记莅汕调研时重要讲话、省委十届九次全会和市委九届十一次全会精神，抓住特区扩围机遇，调结构、保民生、促稳定，内外发力，强化督查，狠抓工作落实，提速科学发展，全面加快幸福潮阳建设。

二、任务分工

（一）实施产业转型提速工程

1. 树立“产业升级第一、招商引资第一、全民创业第一”的新理念，设立全区产业转型提速工程指挥部，对产业转型、招商引资和全民创业进行指导和督促。各项总量指标和速度、规模指标要分解到各镇（街道）和各行业。（牵头单位：区发改局，参与单位：区统计局、区招商局、区经信局、各镇街道）

2. 抓引资创业，加强硬件配套和软件服务，着力营造有利于吸引投资、推动全民创业的良好氛围。充分利用潮阳在外成功人士众多、能人辈出的优势，大手笔策划招商项目，大力实施亲情、友情招商，推动乡贤回归投资创业。（责任单位：各镇街道、区招商局、区交通局、区公路局、区工商局、区国税局、区地税局、区经信局、区外经贸局）

3. 加快潮阳针织服装、音像制品和废旧家电拆解业三大特色产业的转型升级，提高市场竞争力。要扶持铜盂文具办公用品和金浦纸品制造业做强、做大，形成新的特色产业。（责任单位：谷饶镇、和平镇、贵屿镇、铜盂镇、金浦街道、区发改局、区经信局、区科技局）

4. 至2015年，全区争取培育10亿元以上的企业3家，3亿元以上的企业15家。（牵头单位：区发改局，参与单位：区经信局、区统计局、各镇街道）

5. 以海门莲花峰风景区为核心，整合全区旅游资源，完善旅游发展规划，坚持资源开发与生态保护、景点建设与弘扬特色传统文化相结合，提升旅游文化品位，打造旅游文化品牌，拓展旅游市场，壮大旅游产业。（责任单位：区旅游局、各镇街道）

6. 以提升“金灶三捻橄榄”、“西胪乌酥杨梅”两个全市仅有的国家地理标志保护产品影响力，打造特色农业品牌，积极发展农产品精深加工业，增加农产品附加值，做精特色效益农业，推动休闲观光农业发展。（责任单位：区农业局、金灶镇、西胪镇）

7. 抓住纳入汕头经济特区范围的机遇，集中力量，整合资源，亮出“汕头特区潮阳制造”的品牌，树立“潮阳制造就是优质制造、绿色制造、低碳制造”的群体形象。打造一批知名品牌和龙头企业。（牵头单位：区质监局，参与单位：区工商局、区经信局）

8. 借助特区扩围的东风，利用汕头的省产业转移示范园区的政策，争取潮阳成为“一园多区”的落脚地，加快贵屿循环经济园区、金浦、铜盂、金灶、关埠、西胪等工业园区的规划建设。（责任单位：海门镇、贵屿镇、铜盂镇、金灶镇、关埠镇、西胪镇、金浦街道、区规划局、区国土局）

9. 强化潮阳在粤东铁路运输网中的中心地位和功能，积极与大财团大企业合作，高起点、大气魄规划建设厦深铁路潮阳站及周边配套功能区，进一步完善路网、专业市场等基础配套，吸引物流和资金流，打造粤东地区综合交通枢纽，构建服务粤东、连接珠三角、对接海西的现代物流中心，推动物流业与针织服装、音像制品、纸品文具等传统产业融合发展。（牵头单位：谷饶镇，参与单位：区规划局、区国土局）

10．按照市委市政府建设“国际循环经济试验示范区”的发展定位，积极引进战略合作者，加速贵屿循环经济产业园区的建设，抓紧开展碳交易的可行性研究，打造引领全国、影响世界的国际级循环经济示范区。（牵头单位：贵屿镇，参与单位：区发改局、区经信局、区科技局、区环保局）

11．积极鼓励企业上市融资，以大资本运作推动发展大提速，做大产业规模，打造产业集群，发展总部经济。（牵头单位：区政府办，参与单位：区发改局、区统计局、各镇街道）

（二）实施民生共享提速工程

12．今后五年将确保民生民安支出占财政一般预算支出的比重达到70%以上，在动员乡贤支持和社会参与民生建设上有重大进展，在民生重点服务领域取得新突破。（责任单位：区财政局、各镇街道）

13．坚持每年办好十件民生实事，重点解决饮水安全、道路交通、农田水利、电力通讯、环境整治、公共服务设施等群众最关心、最迫切、最现实的问题。（牵头单位：区政府办，参与单位：区水利局、区交通局、区公路局、区农业局、区电力局、区电信局、区环保局、区城管局、区民政局）

14．加快发展普通高中教育，大力发展中等职业技术教育，全面推进义务教育规范化学校建设，促进义务教育均衡发展。（牵头单位：区教育局，参与单位：各镇、街道）

15．进一步加大社会保险扩面征缴力度，逐步提高各种对象的保障标准，构建覆盖城乡惠及全民的社会保障网络。加快构建“普惠型”城乡基本养老保险制度体系。加快医疗保险制度的融合，建立城乡一体的医疗保障体系，努力实现全民医保。（牵头单位：区人社局，参与单位：区卫生局、区社保中心）

16．大力推进医药卫生体制改革，进一步健全基层医疗卫生服务体系，致力促进基本公共卫生服务逐步均等化。（牵头单位：区卫生局，参与单位：区财政局）

17．加大廉租住房建设力度，增加经济适用住房供应，加快特困农户危房改造，逐步解决城乡各类困难家庭住房保障问题。（牵头单位：区房管局，参与单位：区规划局、区国土局、区住建局、区农业局）

18．创新扶贫开发工作思路，深入开展“规划到户、责任到人”扶贫开发工作，实施综合扶贫措施，全面改善贫困村和贫困户的生产生活条件和发展环境。（牵头单位：区农业局，参与单位：各扶贫挂钩单位、各镇街道）

19．加快启动练江流域污染整治工程。推动专业机构和战略投资者开展项目论证、规划等各项前期工作，争取国家、省的政策支持，运用市场机制吸纳社会力量，着手开展练江整治，力促这一惠及数百万群众的德政工程、民心工程尽快启动建设，到2020年实现恢复农业、景观用水功能，沿岸各镇环保基础设施建设和产业同步调整，实现企业、社会和政府三方“合作共赢”。（牵头单位：区环保局，参与单位：区水利局、区发改局、区规划局、区国土局、沿途相关镇）

20．全力推进引韩供水工程建设步伐。尽快完成练江堤等江海堤防加固建设，加快海门湾桥闸、练江水闸、北港堤防、三屿围堤防等水利项目立项、改造建设，加大对谷饶镇等重点地区内涝问题和重点河段综合整治力度，确保有效增强城乡防洪减灾能力。（牵头单位：区水利局，参与单位：区发改局、区环保局）

（三）实施宜居城乡提速工程

21．把土地利用总体规划、城乡发展规划、产业发展规划、交通规划“四规合一”，统筹推进城乡规划、产业发展、基础设施、公共服务、社会保障等一体化。（牵头单位：区规划局，参与单位：区发改局、区国土局）

22．推行城市网格化管理，使城市管理朝着优质、高效和服务职能转变，形成条块结合、以块为主，职责明确、协调配合，统分结合、高效运行的网格化城市管理模式。（牵头单位：区城管局，参与单位：区公安分局、区交通局、各镇街道）

23．实施“东南扩展、北部延伸”的城市形态发展战略，打造东部、练江、海湾“三个新城”，拓展城市空间，优化城市布局。委托同济大学对潮阳区城区分区规划（2010—2020）和潮阳区次区域规划再次进行论证优化。（牵头单位：区规划局，参与单位：区国土局、各镇街道）

24. 切实开展社会治安重点地区和突出问题的排查整治专项行动，加快视频监控系统建设，建立健全社会治安防控体系，加强流动人口和特殊人群的服务管理，提升社会管理水平。（责任单位：区公安分局、各镇街道）

25. 进一步畅通信访渠道，引导群众依法合理地表达利益诉求和解决利益矛盾，切实维护人民群众合法权益。强化“属地管理、条块结合、以块为主”的维稳责任制，加强排查调处矛盾纠纷，维护社会稳定。（责任单位：各镇街道、区信访局、区维稳办、区公安分局）

26. 加强安全生产，全面落实安全生产“一岗双责”责任制。（责任单位：区安监局、各镇街道）

27. 坚决落实计划生育基本国策，加快升类和创优步伐，稳定低生育水平，减少人口对环境资源的压力。（责任单位：区计生局、各镇街道）

28. 落实司法为民的各项措施，加强司法救助和法律援助。加大“六五”普法工作力度，提高全民法治水平。（责任单位：区司法局）

29. 贯彻落实妇女、儿童发展规划，维护妇女儿童权益。（责任单位：区妇联）

30. 积极实施文化惠民工程，加强基层文化设施和队伍建设。加强英歌舞、剪纸、笛套音乐等文化遗产的传承保护，加强文物发掘、申报和保护。实施文化精品工程，建设城市文化地标，不断提升城市形象和文化品位。（责任单位：区文广新局）

31. 弘扬潮阳优秀的人文精神，努力增强潮阳文化的开放性、兼容性和时代性，消除封建落后的文化习俗，培育奋发进取、理性平和、开放包容的社会心态。要充分宣传和展示潮阳改革开放的新景象，激发广大群众共谋发展、共建和谐的热情和社会责任。（牵头单位：区委宣传部，参与单位：区文广新局、区外宣办、各镇街道）

32. 积极发展体育事业，提高人民身体素质。（牵头单位：区体育局，参与单位：区教育局、各镇街道）

33. 严格执行节能减排目标责任制，强化污染物减排和治理，深化高污染行业的专项整治。加快一批城镇污水处理厂的建设，加大练江、护城河、潮水溪等重点河段水污染防治力度。（牵头单位：区环保局，参与单位：区发改局、区水利局、区规划局、区国土局、各镇街道）

34. 加强土地资源节约和管理工作，十分珍惜和合理利用每一寸土地，加快7.5万亩后备土地资源的开发。（责任单位：区国土局）

35. 加强水资源、海域、岸线开发保护。（责任单位：区水利局、区海洋与渔业局）

36. 积极创建省、市级生态示范区、绿色社区和全国环境优美乡镇。加强林业生态区建设，整治毁林造坟行为，加大东山、西环山、灵山林业栽培和保护力度，着力培植生态景观林、沿海防护林和水源涵养林。（牵头单位：区林业局，参与单位：区住建局、各镇街道）

（四）实施行政效能提速工程

37. 建立健全重大决策专家咨询和讨论制度、重大事项社会公示制度，加大行政决策法律审查和规范性文件管理力度，推进决策的科学化、民主化、法制化。（责任单位：区委办、区政府办、区法制局）

38. 坚持工作快节奏、高效率，特别是提高决策工作效率，凡是区委、区政府确定的工作事项，都要立刻行动、马上就办，决不能拖拉卡压，消极应对。（牵头单位：区效能办，参与单位：各镇街道、区直单位）

39. 大力整治干部队伍中“贪、庸、懒、散、乱”等问题，切实解决机关和单位效率低下、办事推诿、资源浪费等问题，提高政府执行力和公信力。强化行政效能考核，以目标分解、责任到岗、进度到人制定新的行政效能考核标准。（牵头单位：区纪委、区监察局，参与单位：各镇街道、区直局以上单位）

40. 进一步深入开展创先争优活动，增强党员干部大局意识、责任意识、服务意识，着力解决当前制约潮阳发展的思想观念、发展理念、工作作风和精神状态等问题，努力营造风清气正、干事创业的良好氛围。（牵头单位：区纪委、区委组织部，参与单位：各镇街道、区直单位）

（五）实施人才培育提速工程

41. 制订全区中、近期人才发展规划，建立开放灵活、吸引力强、覆盖面广的人才政策体系，增强各项人才政策的针对性、灵活性和有效性。要以引进培养高层次专业人才和高技能人才为重点，加快形成一支与科学发展要求相适应、门类齐全、素质优良、梯次合理的人才队伍。（牵头单位：区人社局，参与单位：区委组织部、区编办）

42. 以区职业培训基地服务中心和技工分校为主阵地，结合潮阳支柱产业和高新技术产业发展对高技能人才的需求，推进实训基地建设，扩大办学规模，提升办学整体水平，建立覆盖城乡的人才技能培训体系。（责任单位：区教育局、区人社局）

43. 建立和营造吸引人才、留住人才、用好人才的机制与环境，设立人才开发基金、贡献奖励基金和创业发展基金。定期吸纳各类专业优秀人才充实到区管拔尖队伍中来，落实服务保障措施，充分发挥他们在潮阳经济社会建设中的作用。（责任单位：区委组织部、区人社局、区财政局）

（六）全面提高党的建设科学化水平，为实现未来发展目标提供坚强保障

44. 依托党校、行政学院和大专院校等党员干部培训教育的主渠道，不断创新党员干部学习教育培训形式和内容，完善干部知识结构，加强对现代产业体系转型升级、现代科技以及管理和法律等知识的学习。3—5 年内将全区公务员、事业单位工作人员全面轮训一遍，以提高全区干部队伍的综合素质及办事能力。（牵头单位：区委组织部，参与单位：区委党校、区人社局）

45. 强化学习型党组织建设的制度保障，完善和落实党委（党组）中心组学习制度，建立健全党组织集体学习、基层党员轮训、学习成果转化等制度，不断提升我区党员队伍整体素质。（责任单位：区委组织部、区委宣传部）

46. 加大发展农村年轻党员的力度，解决农村党员队伍青黄不接的问题。认真贯彻党员权利保障条例，尊重党员主体地位，全面推行党务公开，增强党组织工作的透明度。积极探索镇（街道）、村（社区）班子成员和党代表公推直选工作。（牵头单位：区委组织部，参与单位：各镇街道）

47. 继续深化干部人事制度改革，落实民主、公开、竞争、择优的改革方针，加大干部交流力度，提高选人用人公信度，形成充满活力的选人用人机制。（责任单位：区委组织部）

48. 牢固树立党建“主业”意识，整合区域党建资源，建立健全城乡的基层党组织互帮互助机制，在以地域、单位为主设置基层党组织的基础上，按照便于党员参与活动、党组织发挥作用的要求，逐步建立以块为主、条块结合、优势互补、共建共管的基层党建新格局。（牵头单位：区委组织部，参与单位：各镇街道）

49. 在基层党建工作中引入网格化管理模式，将基层党建工作与基层政权、村居自治组织和其他社会组织建设紧密结合，探索以建立幸福社区（村）民事民治理事会为平台，引导民间慈善组织、“老人组”、“理事会”等群众组织和社区的能人、热心人发挥积极作用，参与社会建设，开拓基层党建工作新路子。（牵头单位：区委组织部，参与单位：区民政局、各镇街道）

50. 严格执行党风廉政建设责任制。坚持标本兼治、综合治理、惩防并举、注重预防的方针，建立健全教育、制度、监督、惩处并重的惩治和预防腐败体系，坚决从源头上防治腐败，全力打造清正廉洁的执政环境、从政环境和社会环境。创新形式，深入开展以纪律教育学习月为重点的党性党风党纪教育，注重增强反腐倡廉教育实效，筑牢拒腐防变的思想防线。（责任单位：区纪委、区监察局）

51. 健全反腐败协调工作机制，严肃查办滥用职权、贪污贿赂、失职渎职案件，坚决纠正损害群众利益的不正之风，切实解决群众反映强烈的问题。加强工程建设、土地资源、国有资产管理、司法等领域的专项治理。（责任单位：区纪委、区监察局）

三、工作要求

（一）加强组织领导

区委成立以陈新造同志为组长、杜怀丹同志为副组长、其他党政领导为成员的工作领导小组，指导、督促各项工作的落实。对区第三次党代会提出的重大工作部署和重点工作任务，各牵头单位、责任单位要按照“一项任务，一个领导负责，一个工作班子跟踪抓落实”的总体要求，相应建立工作领导班子，加强指导协调，全力推进，形成抓落实的工作机制，确保各项工作落到实处。

（二）加强责任落实

各级、各部门要全面落实“一级一级抓落实，

层层包干负责制”，精心组织、科学安排，制订具体工作方案，建立工作倒逼机制，以目标倒逼进度、以时间倒逼程序，确保区第三次党代会提出的重大工作部署和重点工作任务落实到位。各责任单位和牵头单位要切实负起责任，明确责任分工和时间进度。建立工作报告制度，定期报送工作进度和办理结果。各参与单位要积极配合，齐心协力，推动落实。

（三）加强督查督办

各项工作的分管领导要集中精力，深入调研，加大协调督办力度，健全沟通协调工作机制，定期或不定期听取工作进度情况汇报。区委督查室、区政府督查室要加强督促检查，实行动态跟踪督查，并及时向区委区政府反馈各项工作的落实情况。要强化责任问责，对工作不力、任务不落实的责任单位和责任人要分别予以责任告知、通报批评或责任追究。

中共汕头市潮阳区委办公室

2011年9月29日

潮阳区社会经济统计表

项 目	单 位	2011 年	2010 年	2011 年比 2010 年增减（%）
一、人口与劳动力				
全区年末总户数	户	348215	334219	4.19
全区年末总人口	人	1676846	1659365	1.05
1. 城区人口	人			
2. 各镇（街道）人口	人			
年末全社会从业人员	人	627773	623962	0.61
第一产业从业人员	人	217557	218820	-0.58
第二产业从业人员	人	266417	261033	2.06
第三产业从业人员	人	143799	144109	-0.22
二、经济总量指标				
地方生产总值	万元	2209613	1956037	20.2
第一产业增加值	万元	177245	152622	2.6
第二产业增加值	万元	1360854	1265424	23.4
第三产业增加值	万元	671514	537991	17.9
人均地区生产总值	元/人	13543	12124	11.7
工农业总产值	万元	5401053	4935985	9.42
三、农 产				
1. 年末农业机械总动力	千瓦特	74400	80717	-8.49
2. 农业总产值	万元	321246	277979	2.6
3. 主要农产品总产量				
粮 食	吨	170309	164958	3.24
花 生	吨	392	260	50.77
蔬 菜	吨	322654	291137	10.83
水 果	吨	82289	82493	-0.25
禽 蛋	吨	1672	1642	1.83
肉类总产量	吨	25970	28335	-8.35
水产品	吨	88064	86246	2.11
四、工业总产值	万元	5079807	4658006	9.1
其中：规模以上工业总产值	万元	3803799	3810827	-0.18
五、运输邮电业				
地方交通货运周转量	万吨/公里	6.25	6.27	-0.32

续上表

项　目	单　位	2011 年	2010 年	2011 年比 2010 年增减（%）
地方交通客运周转量	万人/公里	58959	58764	0.33
货物吞吐量	万吨	30.08	30.09	-0.03
邮电业务收入	万元	3172.33	5378.48	-41.02
六、固定资产投资				
全社会固定资产投资	万元	936457	681557	37.4
其中：第一产业	万元	9050	1840	391.85
第二产业	万元	674188	580125	16.21
第三产业	万元	253219	99592	154.26
（一）城镇投资	万元	692980	491011	41.13
其中：房地产开发	万元	111755	29984	272.72
（二）农村投资	万元	243477	190546	27.78
七、国内商业				
1. 社会消费品零售总额	万元	1757399	1481698	18.6
2. 城乡集市贸易成交额	万元	2646598.9	2133800.8	24.03
八、外经贸				
1. 外贸进口总额	万美元	17815	18363	-2.98
2. 外贸出口总额	万美元	72544	56807	57.7
3. 实际利用外资	万美元	3150	2280	38.16
九、财政、金融、保险				
1. 财政一般预算收入	万元	105301	87000	21.04
2. 财政一般预算支出	万元	143767	116445	23.46
3. 金融机构存款余额	万元	2811645	2567954	9.49
4. 金融机构贷款余额	万元	833126	674487	23.52
十、人民生活				
1. 职工工资总额	万元	180211.9	89990.1	100.26
2. 职工人数	人	65869	38827	69.65
3. 职工平均工资	元/人	27359	23177	18.04
4. 按农业人口平均纯收入	元/人	5033	4432	13.56
5. 农村居民人均纯收入	元/人	7112	5984	18.85
6. 城乡居民储蓄存款余额	万元	2303179	2072687	11.12
十一、教育文化				
1. 学校数	所	439	441	-0.45
2. 专任教师	人	16055	13875	15.71

续上表

项　目	单　位	2011 年	2010 年	2011 年比 2010 年增减（%）
3. 在校生数	人	387572	396094	-2.2
4. 在园幼儿	人	25414	23398	8.62
十二、卫　生				
1. 医院病床数	张	2207	1918	15.07
2. 卫生技术人员	人	2910	2721	6.59
其中：医（师）生	人	1317	1189	10.77

注：农业、工业总产值为现行价。